코리안 미러클 4
외환위기의 파고를 넘어

나남
nanam

'육성으로 듣는 경제기적' 4기 편찬에 참여하신 분들

증언해 주신 분들 (당시 직함)

이규성 재정경제부 장관
강봉균 경제수석, 재정경제부 장관
이헌재 금융감독위원회 위원장, 재정경제부 장관
진 념 기획예산처 장관, 재정경제부 장관
안병우 예산청 청장
정덕구 재정경제부 차관
김병일 기획예산위원회 사무처장
조규향 교육문화수석, 사회복지수석
김용덕 재정경제부 국제금융국장, 국제담당차관보
진동수 대통령비서실 금융비서관
정병석 노동부 고용총괄국장
오종남 대통령비서실 산업통신과학비서관
조원동 대통령비서실 경제수석실 선임행정관

집필 책임

이계민 前 한국경제신문 주필
홍은주 前 MBC 논설주간, 한양사이버대 교수

편찬위원회

강봉균 편찬위원장, 前 재정경제부 장관
김준경 한국개발연구원(KDI) 원장
안병우 前 국무조정실장
김용덕 前 금융감독위원회 위원장
윤대희 前 국무조정실장
조원동 前 대통령비서실 경제수석비서관
김주훈 KDI 경제정보센터 소장

KDI 연구진

주호성 KDI 경제정보센터 자료개발실장
이정미 KDI 경제정보센터 자료연구팀장
박진채 KDI 경제정보센터 전문연구원

코리안 미러클 4

외환위기의 파고를 넘어

육성으로 듣는 경제기적 편찬위원회

이계민 · 홍은주 집필

나남
nanam

한국의 경제발전 경험은 우리의 후배세대뿐만 아니라 세계 수많은 개도국들과도 공유할 가치가 있는 소중한 자산이다. 이에 2011년 발족한 '육성으로 듣는 경제기적 편찬위원회'는 지난 60년간 한국의 경제사회 발전에 사명감과 통찰력으로 주도적 역할을 한 원로들의 경험을 담아《코리안 미러클》시리즈를 발간하고 있다. 1960~1970년대 경제개발 초기의 고도성장 과정을 담은《코리안 미러클 1》, 1980년대 사회적 격변기의 극복과정을 담은《코리안 미러클 2: 도전과 비상》, 한국 경제기적의 밑거름이 된 중화학공업, 새마을 운동, 산림녹화 추진을 다룬《코리안 미러클 3: 숨은 기적들》을 출간했다.

《코리안 미러클》시리즈의 4번째 기록인《코리안 미러클 4: 외환위기의 파고를 넘어》는 한국 경제사에서 또 한번의 전환점이 된 외환위기 극복과정을 다뤘다. 모든 정부부처의 구조개혁 노력과 경제 살리기에 나선 국민들의 고통 분담이 더해져 우리는 세계가 놀랄 만큼 신속하게 외환위기를 극복할 수 있었다. 그 과정에서 기업과 금융부문의 강도 높은 구조개혁을 통한 사회 전반의 효율성 제고와 국가 경제운용시스템의 선진화를 이뤄냈고, 지도자의 개혁추진 의지와 국민설득 능력의 중요성도 깨우쳤다.

이 책은 1997년 IMF 구제금융을 받기로 한 시점부터 2001년 외환위기가 공식적으로 종료된 시점까지 긴박했던 순간을 고스란히 담았다. IMF 외환위기라는 초유의 사태를 극복하기 위해 추진했던 금융 및 기업 부문의 구조조정, 공공부문 개혁, 서민 생활 보호와 사회안전망 구축 등 경제정책을 입안하고 실행했던 과정을 최고위 정책결정자들의 생생한 육성증언을 통해 들을 수 있다.

외환위기 극복과정을 이렇게 한 권의 책으로 남길 수 있게 기꺼이 인터뷰에 응해 주신 여러 원로님들과 사실 확인과 각종 에피소드 발굴로 생생하게 과거를 기록하기 위해 애쓰신 집필진, 수차례 회의를 통해 수집된 자료를 검토하고 보완 작업에 모든 노력을 아끼지 않은 재경회 소속 편찬위원, 자문위원, 그리고 일련의 과정을 성실히 뒷바라지해 준 KDI 여러분들의 정성과 노고에 감사드린다.

2016년 11월
'육성으로 듣는 경제기적' 4기 편찬위원장
강 봉 균

한국 경제사에서 IMF 외환위기는 명백하게 위기이자 기회였다. IMF의 금융지원에 따른 경제정책 프로그램 이행은 우리에게 '경제정책 주권의 상실'이라는 치욕적 멍에로 다가왔지만 우리는 경제개혁의 방향을 제시해 준 IMF 협약이나 권고 내용을 근거로 경제의 구조적 개혁을 쾌도난마처럼 이루어냈다. IMF의 기대를 훨씬 뛰어넘는 한국의 거침없는 구조개혁 행보 때문에 캉드쉬 IMF 총재는 훗날 "한국의 외환위기는 위기로 위장된 축복이었다"고 표현하기도 했다.

IMF의 지원 여부를 떠나 부도위기에 직면한 국가경제를 되살리는 일이 지난한 과제였음은 너무도 분명하다. 그럼에도 세계 각국이 놀랄 정도로 빠른 시일 내에 위기를 극복하고 정상궤도에 들어설 수 있었던 것은 국가통치권자를 포함한 정책당국자들은 물론 온 국민의 헌신적인 노력 덕분이라고 말할 수 있을 것이다. 《코리안 미러클》 시리즈의 4번째 기록('육성으로 듣는 경제기적' IV권)인 《코리안 미러클 4: 외환위기의 파고를 넘어》는 외환위기 극복을 위한 정책적 노력과 고충 등을 중심으로 정책당국자들의 생생한 육성증언을 담고 있다.

이 책을 기획하고 완성하기까지 적지 않은 편찬위원회의 고민과 토론이 있었다. 그 결과 우선 시기상으로는 IMF와 대기성 차관 협약 체결, 즉 IMF로부터 이른바 구제금융을 받기로 공식화한 시점에서부터 차입을 완전히 상환하여 IMF로부터 조기졸업하게 된 시점까지를 중심으로 서술하기로 했다. 외환위기 극복 역사를 좀더 충실하게 기록하려면 사전 징후가 현재화하기 시작한 1990년대 초반까지를 포함시켜 위기의 발생원인 등에 대한 종합진단이 함께 이뤄져야 한다는 반론도 있을 것이다. 그러나 외환위기의 발생원인과 처방 등에 대한 이견이 상존하는 데다 자칫 잘못 다루면 또 다른 논쟁을 불러올 가능성이 크다는 편찬위원회의 의견에 따라 외환위기의 발생경과는 프롤로그에서 간략하게 요약하고 주요내용은 김대중 정부의 위기극복 기간을 중심으로 편집했음을 밝혀 둔다.

다음으로 육성증언을 해주실 분을 선정하는 작업이 뒤따랐다. 토론 끝에 외환위기 극복기간 중 경제정책 수석부처인 재정경제부 장관을 차례로 역임한 네 분의 국무위원들을 대상으로 인터뷰가 진행되었다. 이규성·강봉균·이헌재·진념 등 네 분의 장관께서 경제사료의 공식기록 차원에서 기꺼이 시간을 내어 증언에 응해 주셨다. 동시에 당시 해당부처나 청와대에 근무했던 국장급 이상 정책실무 당국자들의 증언도 담아 사실기록으로서 객관성과 완성도를 높이려 노력했다.

물론 이것으로 충분하다고 말할 수는 없고, 경우에 따라서는 꼭 필요한 증언이 누락됐다는 우려가 나올 수도 있다. 추후에라도 보완 증언의 필요가 발생하면 기회 되는 대로 보완하는 것도 사료 충실화의 한 방법이라고 생각한다.

편집 형식은 재경부 장관 재임순서에 따라 증언의 내용을 배열했다. 이 네 분의 재경부장관은 김대중 정부 출범 당시 재경부 장관, 경제수석, 기획예산위원장, 금융감독위원장 등으로 직책은 달랐지만 동시에 내각에 참여해 위기극복의 선봉에 섰던 이른바 '드림팀 4인방'이었다. 따라서 인물중심으로 엮어진 정책추진 내용을 시기적인 선후로 따지는 것 자체는 의미가 없지만 그래도 경제정책을 책임지고 진두지휘했던 재경부 장관 역임 순서를 따라 기술한 것도 정책의 흐름을 이해하는 데 의미가 크다고 생각했다.

또 네 분이 혼연일체로 함께 위기를 헤쳐 나갔기 때문에 증언의 내용이 상당부분 겹치는 일이 발생할 수밖에 없었다. 그러나 이를 인위적으로 조정하거나 제거하기도 어렵거니와 주제는 같지만 대처하는 방법이나 평가 등에서 장관 개인에 따라 인식의 차이가 있을 수 있기 때문에 가급적 증언 그대로 싣는 것을 원칙으로 삼았다.

또한 외환위기 극복 정책추진 과정에서 가장 큰 변수로 작용한 것이 대외경제 관계였다. 외환위기 극복의 1차적 목표는 한국 경제의 대외신인도 회복이었기 때문이다. 외환위기 당시 최장수 국제금융국장 및 차관보를 역임했으며 이번 편찬위원회에도 참여한 김용덕 전 금융감독위원장이 체계적으로 보관된 자료와 당시 기록을 기꺼이 제공하여 국제금융과 대외신인도 회복 부문의 일관된 흐름을 별도 항목으로 정리해 주었다. 독자들이 당시 대외부문 외환위기 극복의 흐름을 일관되게 파악하는 데 매우 유용한 자료가 될 것으로 믿는다.

중차대한 역사적 사실을 육성증언으로 기록하는 임무를 부여받은 필자들로서는 매우 좋은 공부 기회를 가졌다는 점에서 감사한 마음으로 참여했다. 다만 부족한 능력과 필력으로 많은 독자들에게 읽히는 쉽고 재미있는 기록을 내놓지 못한 것 같아 죄송할 따름이다. 육성증언인 만큼 필자들이 자의적 해석이나 평가는 하지 않았다. 그러나 소개하는 문장 등에서 잘못된 언급이나 부적절한 표현이 있다면 용서를 바라면서, 지적해 주시면 차후에라도 반드시 시정하겠다는 말씀을 드린다.

무척 바쁘신 가운데 선선히 인터뷰에 응해 주시고, 귀중한 증언을 해주신 장관님들과 정책당국자들께 깊은 감사의 뜻을 올리면서 아울러 많은 격려와 조언을 아끼지 않으신 편찬위원 및 자문위원님들께도 심심한 사의를 표하는 바이다.

아울러 이 사업을 실무적으로 뒷받침해 주신 한국개발연구원(KDI)의 김준경 원장님과 김주훈 경제정보센터 소장님을 비롯한 관련 연구진들께 감사 인사를 올린다.

2016년 11월
집필진 일동

육성으로 듣는 경제기적 IV

코리안 미러클 4
외환위기의 파고를 넘어

차 례

4 공공개혁의 새 틀을 짜다

에필로그:
한국 경제의 재도약과 대외부문의 성과

ABMI (Asia Bond Market Initiative) : 아시아 채권시장 이니셔티브

ADB (Asian Development Bank) : 아시아개발은행

AMF (Asia Monetary Fund) : 아시아통화기금

AMRO (ASEAN+3 Macroeconomic Research Office) : ASEAN+3 역내 거시경제 감시기구

APEC (Asia-Pacific Economic Cooperation) : 아시아태평양 경제협력체

ASEAN (Association of South-East Asian Nations) : 동남아시아국가연합

BIS (Bank for International Settlements) : 국제결제은행

BT (Bio Technology) : 생명공학기술

CB (Convertible Bond) : 전환사채

CMI (Chiang Mai Initiative) : 치앙마이 이니셔티브

CMIM (CMI Multi-lateralization) : 다자간 채널

CP (Commercial Paper) : 기업어음

DA (Document against Acceptance) : 수출환어음

ECB (European Central Bank) : 유럽중앙은행

EFW (Economic Freedom of the World) : 경제자유지수

EMBI (Emerging Market Bond Index) : 신흥시장채권지수

ERPD (Economic Review & Policy Dialogue) : 경제정책 검토 및 정책협의

ESM (European Stability Mechanism) : 유럽안정화기구

EU (European Union) : 유럽연합

EWS (Early Warning System) : 조기경보시스템

FLC (Forward Looking Criteria) : 자산건전성 분류기준

FRB (Federal Reserve Bank) : 연방준비은행

FSB (Financial Stability Board) : 금융안정위원회

FSF (Financial Stability Forum) : 금융안정포럼

IB (Investment Bank) : 투자은행

IBRD (International Bank for Reconstruction and Development) : 국제부흥개발은행

ILO (International Labour Organization) : 국제노동기구

IMF (International Monetary Fund) : 국제통화기금

IPO (Initial Public Offering) : 주식 공개상장

IR (Investor Relations) : 투자설명회

IT (Information Technology) : 정보통신기술

KAMCO (Korea Asset Management Corporation) : 한국자산관리공사

KDI (Korea Development Institute) : 한국개발연구원

KDIC (Korea Deposit Insurance Corporation) : 예금보험공사

KOSPI (Korea Composite Stock Price Index) : 한국종합주가지수

LOI (Letter of Intent) : 정책의향서

MOU (Memorandum of Understanding) : 양해각서

NDF (Non-Deliverable Forward) : 차액결제선물환

NIM (Net Interest Margin) : 순이자마진

NPL (Non-Performing Loan) : 부실채권

NT (Nano Technology) : 나노기술

OECD (Organization for Economic Cooperation and Development) : 경제협력개발기구

OMB (Office of Management and Budget) : 예산관리국

P&A (Purchase & Assumption) : 자산부채이전

REER (Real Effective Exchange Rate) : 실질실효환율

RP (Repurchase Agreement) : 환매조건부 채권

S&L (Savings and Loan Association) : 저축대부조합

SBA (Stand-by Arrangement) : 대기성 차관 협약

SOC (Social Overhead Capital) : 사회간접자본

SPC (Special Purpose Company) : 특수목적법인

SRF (Supplementary Reserve Facility) : 보완준비금융

TARP (Troubled Assets Relief Program) : 부실자산구제기금

TB (Treasury Bill) : 미국 재무성 채권

TRS (Total Return Swap) : 총수익 스왑

VDR (Variable Deposit Requirement) : 가변예치의무제도

WTO (World Trade Organization) : 세계무역기구

1997년 외환위기의 태풍

위기의 새벽

신년을 뒤흔든 한보사태

정축년 첫 새벽이 밝았다.

1997년 1월 1일의 새해 분위기는 여느 해와 비슷해 거리엔 설빔 차림으로 세배를 다니는 시민들로 활기가 넘쳤다. 신년 이틀 연휴를 마치고 1월 3일 아침 출근한 직장인들은 시무식에서 "올해엔 좋은 일만 있을 것"이라는 덕담을 주고받았다. 이들 가운데 1년도 채 지나지 않은 그해 말에 자신들의 일자리가 무더기로 날아가고 대한민국이 파산위기를 맞을 것이라 예측한 사람이 몇이나 될까?

1997년 말에 30대 대기업그룹 가운데 8개를 비롯해 1만 7천여 개 회사가 연쇄도산하고 거리엔 실업자가 넘쳐났으며 외화유동성 부족으로 건국 이래 사상 최악의 국가부도 사태를 맞는다.

일반인들과는 달리 불안 속에서 정축년 새벽을 맞은 사람들도 있었다. 이미 1996년 하반기부터 극심한 자금난을 겪어 부도위기에 몰린 대기업 관계자들이었다. 1996년 하반기에 서주산업, 유원건설, 우방 등 규모가 큰 몇몇 기업들이 부도를 내고 쓰러졌고, 기아차, 쌍용, 삼미, 진로, 한보 등 유수의 대기업들이 자금난에 몰려 있었다. 특히 한보그룹은 1996년 12월부터 이미 부도 초읽기에 들어갔다.

1997년 1월 4일 토요일. 당시엔 은행이 토요일에도 근무했다. 이날 아침 은행 문이 열리자마자 한보그룹 정태수 회장이 주거래은행인 제일은행에 들이닥쳤다. 그는 만나지 않겠다는 신광식 행장의 거절에도 불구하고 11층 행장실로 무작정 찾아가 추가대출을 요구했다. "추가대출을 해주지 않으면 한보뿐만 아니라 관련자들이 다 같이 죽는다"는 정 회장의 협박성 발언에 대해 신 행장은 "죽으면 죽었지 더는 못해 준다"고 맞섰다.

이미 은행권에서 한보철강은 '은행돈 잡아먹는 불가사리'로 소문이 나 있었다.[1] 더구나 한 달 전 은행들 몇몇이 공동 대출했던 긴급협조융자 4천억 원이 제철소 짓는 데가 아니라 종금사(종합금융회사)들 빚 갚는 데 쓰였다는 사실이 알려지면서 은행권의 분노가 컸다. 한때 끈끈한 친분을 과시했던 정 회장과 신 행장 사이였지만 평행선을 달리는 주장 속에 고성이 오갔다.[2]

결국 정 회장은 그날 주거래 제일은행으로부터의 추가대출에 실패한다. 한보가 은행권에서 돈을 구하지 못하게 된 것은 이미 두어 달이 넘은 상태였다. 은행장들은 정 회장의 전화를 받지 않으려고 몸을 사렸고, 한보의 자금담당 임직원들은 어음부도를 막기 위해 1996년 후반기부터 매일 제2금융권 창구에서 살다시피 했다. 종금사, 금고, 할부금융 등에서 급전을 구해 버텼다.

그나마도 돈줄이 막히자 마지막에는 수상한 고리사채(高利私債)까지 빌려 간신히 하루하루를 연명했다. 그러나 사채를 구하는 것도 한계에 달했다. 정축년 정초부터 정 회장이 주거래은행인 제일은행에 들이닥친 것은 더 이상 어떻게 해볼 도리가 없다는 막막함에서 나온 마지막 노력이었다.

1997년 1월 20일 한보는 결국 결제자금을 마련하지 못하고 그날 자정을 넘기고 만다. 특정 기업의 어음이 결제일에 은행에 돌아왔을 때 은행에 잔고가 없는 경

---

1 "환란의 서곡 한보부도 전말", 〈경향신문〉, 1998. 8. 24.
2 〈동아일보〉 1998년 10월 27일자 "비화(祕話) 문민정부 김영삼 정권 5년의 공과"의 한보 관련 내용을 참조하여 재구성한 것이다.

우 당일 영업시간 이후 어음교환소에 돌리게 된다. 그날 밤에라도 돈이 들어오면 부도를 막지만[3] 다음날 아침까지도 돈이 들어오지 않으면 완전히 부도처리된다. 한보가 돈을 마련하지 못해 자정을 넘겼으니 21일 아침에는 부도를 내야 했다.

그러나 경제에 미치는 파장이 워낙 큰 기업이라 거래은행들이 함부로 부도처리를 하지 못한 채 은행감독원에 다급하게 처리방안을 물어왔고, 은행감독원은 한보 상황을 청와대에 보고했다. 한보사태에 대해서는 청와대에서도 매일 동향 파악을 하고 있었다. 은행감독원으로부터 한보사태를 전해 들은 청와대 조세금융 비서관실은 22일 아침 이석채 경제수석에게 다음과 같이 긴급 보고했다.[4]

"이미 이틀이나 한보의 부도어음이 쌓였습니다. 이 상태가 길어지면 결국 은행 지급결제시스템 자체가 무너질 수밖에 없습니다. 정부가 결단을 내려야 합니다."

이석채 수석은 곧바로 김영삼 대통령에게 "부도가 불가피하다"고 보고했고, 대통령의 재가를 받아 한보를 부도처리하기로 결정했다.

1월 23일 오후 3시 30분쯤 열린 채권단 회의에서 한보 측은 "모든 주식을 채권 단에 담보로 내놓기는 하겠지만 이걸 마음대로 처분하지 않겠다는 약속을 해 달 라"고 주장했다. 상황파악을 전혀 못하는 한보 측의 무리한 주장에 더 이상 이야 기를 나눌 필요가 없다고 판단한 채권은행단은 이날 오후 4시 다시 회의를 열어 추가 토론 없이 "한보를 부도처리한다"는 것으로 공식 결론을 냈다.

한보사태로 금융시장 휘청

정 회장은 1월 31일 구속됐다. 그의 구속은 사태의 끝이 아니라 '한보 게이트'라 는 이름의 대형 금융스캔들의 시작이었다. 한보사태 수사과정에서 각종 금융비 리들이 드러났다. 언론보도에 따르면 당시 은행 실무자들은 "외압에 따라 별다 른 타당성 검토도 없이 대출해 주라고 윗선에서 말하면 대출해 줬다"고 증언했

---

3 현재는 이 같은 긴급구제 횟수가 제한되어 있다.
4 조세금융 비서관 윤진식, 금융담당 선임행정관 김용덕 등이었다.

다고 한다. 은행장 2명이 뇌물을 받은 혐의로 구속되었다. 다음은 당시 언론에 보도된 정태수 회장의 로비내용이다.

> 모 호텔 1950호실은 정태수 회장이 정·관계는 물론 금융권에 대한 로비장소로 사용하던 방이었다. 그는 1995년 초부터 60여 회에 걸쳐 이 방으로 각계인사들을 은밀히 초청하여 저녁을 접대하면서 로비를 벌이고 돈을 건넸다. 당시 '은행 문턱이 높다 하되 한보 아래 뫼이로다'라는 말이 나돌았던 것도 정 회장의 이처럼 왕성한 로비력을 근거로 한 것이다. [5]

한보사태는 단순한 금융비리나 정치권 스캔들로 그친 것이 아니었다. 그 이후 한국 경제에 닥친 본격적인 태풍의 전조(前兆)였고 긴 악몽의 서막이었다.

위기의 전조(前兆) 증세

22개 한보 계열사들이 모조리 연쇄부도가 나자 주거래은행인 제일은행을 비롯하여 한보와 거래하던 은행, 종금사 등 61개나 되는 금융기관들이 엄청난 부실의 늪에 빠졌다. 금융권의 한보 부실채권 규모는 6조 원 수준으로 추정됐다.

한보사태로 부실이 심해진 금융기관들, 특히 종금사들이 동시다발적으로 여신(與信)을 회수하기 시작하자 다른 기업들까지 부도위기에 몰렸다. "한보철강뿐만 아니라 삼미특수강과 기아특수강의 부도가 임박했고, 쌍용자동차도 오래가지 못할 것"이라는 말이 금융권에 흘러 다녔다.

거리에서는 노조의 가두투쟁이 계속되고 있었다. 1996년 12월 26일 정리해고제 등을 주요내용으로 하는 「노동법」 개정안이 국회를 통과하면서 시작된 투쟁이었다. 이후 1997년 1월말에 정부가 "노동관계법 개정안을 재논의하겠다"고 발표하기까지 전국적인 총파업이 계속되면서 적잖은 생산차질이 발생했다.

2월 19일, 국제적 신용평가사인 무디스(Moody's)는 노동개혁 입법을 둘러싼

---

5 "비화 문민정부 김영삼 정권 5년의 공과", 〈동아일보〉, 1998. 10. 27.

노사분규와 한보그룹 부도 등을 이유로 한국외환은행, 제일은행, 조흥은행 등 한보그룹에 대한 대출규모가 큰 3개 은행의 장기신용등급을 하향조정했다.

특히 "은행도 망할 수 있다"는 이석채 경제수석의 발언파문 이후 한보의 주거래은행인 제일은행은 해외자금 차입이 사실상 불가능해졌다.

거시경제 착시현상

그러나 한국의 장기(長期) 국가신용등급은 A1이 그대로 유지됐다. 4월 18일 또 다른 국제적 신용평가사인 S&P(Standard & Poor's)도 제일은행의 신용등급은 하향조정하면서도 한국의 국가신용등급은 AA로 계속 유지했다. 한국은 정부가 발행한 외화국채가 없었고[6] 각종 거시경제 지표, 이른바 '펀더멘털'(fundamental) 이 나쁘지 않았던 것 역시 높은 국가신용등급이 유지된 이유였다.

성장률, 통화, 금리, 물가, 재정수지 등 주요 거시경제 지표상 별다른 이상징후가 보이지 않았다. 연평균 8% 이상의 고도 경제성장이 3년 이상 계속되었고[7] 한때 9% 넘게 치솟았던 소비자물가상승률도[8] 1996년에는 수입물가 하락에 힘입어 5% 미만으로 안정됐다. 통화와 재정건전성도 착실하게 유지되고 있었다. 총통화 증가율은 안정적이었고[9] 재정도 소폭 흑자를 기록하고 있었다.

업계에서는 원화가치가 지나치게 고평가되었다고 지속적으로 문제제기를 했으나 실질실효환율이 오르고 있었고 이 시기의 원화는 측정방식에 따라 2.4~9.2% 정도 저평가되었다는 분석이 나오는 등 크게 문제가 되지는 않는 것으로 간주되었다.[10]

---

6 정부가 필요한 외화자금은 산업은행이나 수출입은행 등이 차입했다.

7 GDP 성장률은 1994년 8.6%, 1995년 8.9%, 1996년 7.1%를 기록했다.

8 1991년 소비자물가상승률은 9.1%였다.

9 총통화 증가율은 15% 정도로 1990년대 상반기보다 오히려 낮아졌다.

10 Chinn Menzie D., 2000, "Before the Fall: Were East Asian Currencies Overvalued?", *Emerging Markets Review*, No.2(August), pp.101~126.

경상수지 적자의 지속적 악화

유일하게 표면적으로 감지된 거시지표상의 불안요인은 대외부문이었다. 자본재와 수출용 원자재 수입이 늘면서 지속적인 적자를 냈던 경상수지는 1996년에 적자규모가 눈덩이처럼 불어났다.[11] 연초에 60억~80억 달러로 예측됐던 1996년 연간 경상수지 적자가 연말 집계결과 237억 달러나 됐다. 예상치의 4배였다.[12]

그러나 정부는 우리나라 주력 수출품목의 가격이 하락하면서 생긴 일시적 현상이라고 봤다. 1990년대 들어 한창 수출에 기세를 올리던 반도체 가격이 폭락한 것이 가장 큰 요인이었다. 가전, 철강, 석유화학 등 한국의 핵심 수출품목들의 국제가격이 크게 떨어져 1996년 말 한국의 수출단가지수는 86.6%로 떨어졌다. 반면, 수입단가는 거의 변화가 없어 교역조건은 1년 전보다 10% 이상 크게 악화되었다.[13]

일본 엔화가치의 장기적 약세를 용인한 선진국들의 '역(逆) 플라자 합의' 때문에 한국 등 주요 아시아 신흥국 통화의 상대적 강세가 지속되었던 것이 주원인이었다. 당시 엔화가치는 1996년을 전후한 2년여 동안 30% 이상 떨어진 반면 한국 원화가치는 15% 떨어지는 데 그쳤다.[14] 엔화의 장기적 약세와 원화의 상대적 강세는 수출경쟁력 하락과 경상수지 적자로 이어진 것이다.

경상수지 적자가 당초 예상보다 훨씬 커졌던 또 다른 이유는 단일관세율이 자원배분의 왜곡을 줄인다는 이론에 따라[15] 한국 정부가 1993년에 도입한 8% 단일관세율이 성급했다는 주장도 있다.[16]

---

11 경상수지 적자는 1996년 7월 23.37억 달러, 8월 36.17억 달러, 9월 15.11억 달러, 10월 25.11억 달러, 11월 20.69억 달러, 12월 18.53억 달러 등을 기록하였다.

12 GDP 대비 4.5%나 되는 거액이었다.

13 교역조건은 수출단가지수를 수입단가지수로 나눈 값을 지수화한 것으로 1996년 교역조건은 12.3% 악화됐다.

14 엔화가치는 1995년 7월말 1달러당 88.3엔이었으나, '역 플라자 합의' 이후 1년 3개월 만인 1996년 10월 29일 114.58엔으로 22.9%, 1997년 4월 10일에는 127.13엔으로 1996년 7월말 대비 30.5%나 떨어졌다. 반면 원화가치는 1996년 7월말 1달러당 756.5원에서 1996년 10월 29일 831.1원으로 8.9% 하락했고 1997년 4월 10일에는 895.2원으로 1996년 7월말 대비 15.5% 떨어지는 데 그쳤다. 태국, 인도네시아, 말레이시아 등 대부분의 동남아 통화도 원화와 비슷한 움직임을 보였다.

15 관세율은 1988년 평균 18.1%에서 점차 낮아지다가 '단일관세율이 자원배분의 왜곡을 줄인다'는 이론에 따라 1993년 8% 단일관세율제도가 도입되었다.

단기외채 급증, '넉넉한 달러'의 덫

그런데도 정부가 경상수지 적자 문제를 심각하게 인식하지 못한 것은 갑자기 넉넉해진 국내 달러 사정 때문이었다. 1992년 제한적이긴 했지만 외국인 주식투자가 허용되었고 1993년 이후에는 은행 및 비은행 금융기관의 해외 단기차입에 대한 규제를 완화해 주면서 자본수지 부문에서 달러유입이 크게 늘어난 것이다.

자본수지는 장기직접투자가 아닌 주식투자 및 외화차입 등 단기자금의 형태로 증가했다. 한국은행에 따르면 1996년 말 외채총액은 IMF 기준 1,644억 달러로 이 가운데 단기외채의 비중이 절반을 훨씬 넘어섰다.[17] 증가속도도 빨라서 외환보유고 대비 단기대외지불부담은 4년 동안 약 3배 가까이 증가했다.[18]

단기외채 도입이 급증한 원인은 정부가 단기외화대출의 용도규제를 완화하는 한편 금융기관의 단기외화차입을 대폭 자유화했기 때문이다. 외화대출 시 중장기외화자금의 의무 조달비율 규제도 60%에서 40%로 크게 낮춰 줬다.[19]

별다른 외화건전성 규제나 금융감독제도도 마련되지 않은 상태에서 금융기관들을 통한 단기자금 유입의 길이 활짝 열린 것이다.[20]

---

16 "복수 관세율을 통상마찰 압력에 밀려 5년 만에 8% 단일관세율로 간 것은 너무 과격했고 세계에 유례가 없는 사건이었다. … 세계 유일의 8% 단일관세율 시행으로 소비재 수입은 폭발적으로 증가한 반면 섬유와 신발 등 국내 소비재산업의 가격경쟁력은 급격히 악화되었다."(강만수, 2005, 《현장에서 본 한국경제 30년》, 삼성경제연구소)

17 총외채에서 단기외채가 차지한 비중은 1993년 말 56%(122억 달러)였는데, 1997년 초 단기외채는 930억 달러로 급증했다.

18 외환보유고 대비 단기대외지불부담은 1992년에는 215.7%에서 1996년 말 280%까지 증가했다.

19 현실적으로도 중장기 조달보다는 은행신용을 통한 단기외화차입이 훨씬 쉬웠다. 외국인직접투자는 용도제한이 컸고 해외채권은 국제 채권시장에서의 인지도가 낮아 발행하기가 어려웠다.

20 처방은 항상 사고 이후에 나타났다. 과거 1970~1980년대 이후 자본시장 개방과 자본자유화를 강력하게 주장하던 선진국들도 아시아 외환위기 이후에는 '질서 있고 순서 있는(orderly and sequenced) 자본자유화가 바람직하다'는 데 의견의 일치를 보았다. 단기자금보다는 장기자금을, 차입보다는 외국인직접투자를 우선 개방하도록 권고하고 있다.

엔 캐리 자금, 아시아 각국에 버블 형성

1990년대 들어 일본, 유럽, 미국 등 해외 금융기관들은 한국뿐만 아니라 아시아 신흥국들에 대해 아낌없이 대출을 계속했다. 미국과 유럽, 일본의 실질금리는 극히 낮은 반면 아시아 신흥국들은 시장 실세금리가 10%를 훨씬 넘는 데다 단기인 만큼 문제가 생겨도 회수하기 쉬웠기 때문이다. 더구나 아시아 국가의 금융기관들은 사실상 국가신용이나 다름없어 대출에 따른 위험도 거의 없다고 봤다.

아시아 국가들에게 대출된 자금은 단일 국가로는 일본의 엔 캐리(Yen Carry) 자금[21]이 가장 많았다. 엔화 강세 시절 자산버블이 생기고 실질금리가 거의 제로에 도달하면서 일본인들이 해외투자와 대출을 크게 늘렸던 것이다. 엔 캐리 자금은 오랜 시간에 걸쳐 아시아 각국에 광범위하게 퍼지면서 버블을 확산시켰다.

일본의 엔 캐리 자금이 가장 많이 들어 온 나라 중 하나가 한국이었다. 1994~1996년 중 24개 투자금융회사가 종합금융회사로 무더기 전환되면서 해외 금융업무 규제가 풀리자 이들은 엔 캐리 자금 등 단기 해외자금을 들여와 국내 대기업의 중장기 투자자금으로 빌려주었다. 정부는 높아진 원화가치 상승압력을 해소하기 위해 과거처럼 직접적으로 자본유입을 막는 대신 국내 거주자의 해외투자를 허용해 주는 방식을 선택했다. 이 때문에 종금사 등은 해외에서 쉽게 조달한 달러 단기자금을 아시아 기업이나 금융기관에 중장기 대출을 해주면서 금리차익과 수수료 수입을 챙겼다. 같은 기간에 국내은행들도 28개 해외지점을 신규 개설하면서 외화차입을 크게 늘렸다.

국제금융감독 기능이 미비한 상태에서 단기외채 유입 급증에 따른 금융부문 위험관리 취약성이 결정적으로 뇌관을 건드려 '외환 시한폭탄'의 초침이 재깍거리며 돌아가기 시작했음을 눈치챈 사람은 거의 없었다.

---

21 '엔 캐리 자금'은 금리가 낮은 일본 엔화를 차입하여 금리가 높은 신흥국 등에 투자하여 금리차익 또는 환차익을 노리는 자금을 말한다.

잉태된 세 가지 복합위험

1990년대 중반 해외 금융기관들은 한국기업이나 금융기관 해외법인들에 한국 본사의 지급보증을 받고 시원시원하게 돈을 빌려주었다. 이 때문에 1996년 말 경상수지 적자가 증가하는 데도[22] 자본수지는 큰 폭의 흑자를 기록한다.[23]

외국에서 돈을 빌리기 쉬워지자 실질금리[24]는 7% 대로 하락했다. 대폭 늘어난 해외유동성과 낮은 금리 때문에 기업들의 투자에도 버블이 끼기 시작했다. 특히 국제적 신용이 있는 대기업들은 손쉽게 단기 해외자금을 빌려 장기 시설투자에 쏟아부었다. 1996년 말 한국 30대 대기업그룹 부채비율은 평균 382%나 됐다.[25]

이 같은 현상은 세 가지의 복합위험을 잉태시켰다. 외국에서 단기자금을 빌려다 중장기 시설자금으로 쓰는 바람에 만기불일치(maturity mismatch)를 일으켰고, 해외통화를 빌려다 국내통화 혹은 제3국 통화로 바꾸는 과정에서 통화불일치(currency mismatch)가 발생했으며, 저금리로 인한 과잉부채 투자버블을 일으켰다.

그런데도 이런 문제가 크게 주목을 끌지 못했던 이유는 정부가 민간경제가 글로벌 체제에 편입되는 엄청난 변화과정 및 속도를 거의 눈치채지 못했고, 외환위기 진단에 전통적 거시경제 지표만을 비교기준으로 삼은 통계 착시(錯視) 현상 때문이었다. 한국 정부뿐만 아니라 국제통화기금(IMF: International Monetary Fund) 역시 국가경제의 위기진단 지표로 경제성장률과 인플레이션, 공공부문 부채 등만을 거론할 때였다.[26]

---

22 이 장의 각주 11번 참조.

23 170억 2,600만 달러.

24 여기에서는 3년만기 회사채 금리에서 소비자물가상승률을 뺀 실질 CB 금리를 말한다. 명목금리는 13% 안팎의 수준이었다.

25 제조업 전체의 평균 부채비율은 317%.

26 이에 대해 IMF는 거지시표만으로 위기진단을 하여 한국의 외환위기를 선제적으로 파악하지 못했던 점에 문제가 있었다고 밝히고 있다. 2003년 IMF 평가보고서(International Monetary Fund, 2003, *The IMF and Recent Capital Account Crises*, p.2) 참조.

단기외채를 빌려 쓰면서 한국의 대외지불부담이 높아진 것은 사실이지만[27] 40%를 넘었던 1980년 중반에 비해서는 크게 낮아진 수준이었기에[28] 이 정도면 우리 경제가 감당할 수 있는 수준이라고 봤다.

또 한국 내의 은행과 기업들이 직접 해외에서 돈을 빌려 들여왔으면 단기외채 급증의 심각성을 눈치챘을 텐데 은행과 기업의 해외 현지법인들이 본사의 지급 보증을 받아 빌린 달러를 본국으로 송금한 형태가 많았기에 통계상 착시현상이 벌어졌다.

기업들의 연쇄부도와 부도유예협약

한편 국내 금융시장에서는 정부가 인지하지 못한 좀더 근본적인 위기가 금융권 과 재벌기업들 속에 잉태되고 있었다.

나중에 IMF에 의해 지적된 당시 한국 경제의 두 가지 구조적 문제점은 첫째, 은행들의 여신관행이 놀랄 만큼 후진적이었다는 사실이다. 은행들은 독자적이 고 상업적 판단이 아니라 정부의 정책적 선택에 의해 여신을 결정하는 관행에 너무 오랫동안 익숙해져 있었다. 특정 대기업들에 대한 과다여신에 대한 위험 관리나 대손충당금, 적정자기자본, 유동성 관리 등 독자적 내부관리가 별로 없 었고 감독기관의 규제도 느슨하기 짝이 없었다.

이 때문에 재벌들은 대출금융기관, 주주, 기업내부의 경영진 누구로부터도 견제받지 않은 채 거액여신을 빌려다 수익성이 높을 것으로 생각되는 반도체나 자동차 등에 과잉투자를 했다. 재벌들의 부채비율은 갈수록 높아졌고, 은행 재 무제표에는 부실채권들이 자산의 형태로 변형되어 쌓여갔다. [29]

---

27 1992년 629억 달러였던 대외지불부담이 1996년 1,643억 달러로 크게 증가했다.
28 1996년 대외지불부담 비율은 32%였다.
29 IMF는 구조적 문제점을 인지했으나 외환위기를 불러올 정도로 심각한 문제로 여겨지지는 않아 특별히 강조해서 지적하거나 분석하지 않았다고 반성했다. 2003년 IMF 평가보고서(International Monetary Fund, 2003, *The IMF and Recent Capital Account Crises*, p.17) 참조.

이런 상황에서 1997년 초 한보그룹 부도가 발생하자 금융권에 큰 충격파가 미쳤다. 61개나 되는 채권금융기관들이 거액의 부실채권을 떠안게 되면서 자금시장이 급속도로 경색되었고 그 여파가 다른 기업들에도 미쳤다. 시장에 불안감이 급속도로 확산되었다.

"설마 정부가 한보 같은 대기업을 부도낼까?"

이렇게 막연히 낙관하다가 한보부도가 현실화되자 불안해진 금융기관들은 부실 가능성이 큰 기업들부터 서둘러 채권을 회수하기 시작했다.

한보부도를 겪으면서 김영삼 대통령은 '부도 공포증'에 시달려 업무보고 때마다 부도를 내지 말라고 경제각료들에게 당부했지만[30] 정부가 어떻게 손을 써볼 틈도 없이 3월 20일 삼미그룹이 부도를 낸 데 이어, 다음달 4월에는 진로그룹이 쓰러졌다. 쌍용차 역시 위기에 몰려 지급보증을 선 쌍용그룹 계열사 전체가 구조조정 계획을 발표했다. 5월에는 대농그룹이, 그리고 6월에는 한신공영이 부도처리되었다. 수많은 중소, 중견기업들이 함께 부도처리되었다.

한보철강 부도 이후 매달 한두 개 대기업들이 부도를 내는 바람에 순환보증으로 얽힌 전체 그룹 계열사들이 한꺼번에 쓰러졌다. 여기서 그치지 않고 협력업체와 거래업체들까지 연쇄부도를 내는 '부도 도미노' 사태가 벌어졌다.

그래서 궁여지책으로 급하게 생겨난 것이 1997년 4월의 '부도유예협약'이다.

대기업이 유동성 위기에 처하면 당장 부도처리하지 말고, 한 달 정도 유예기간을 가지고 채권금융기관들이 모여서 대책을 논의해 보라. 살릴 방법이 있는지, 살릴 수 없다면 어떻게 처리하면 좋을지, 하청업체 문제나 근로자 문제 등을 논의하고 사태파악을 한 이후에 부도처리를 하도록 하자.

이런 취지에서 '기업정상화를 위한 금융기관 간 협정'이라는 금융단 협약을 근거로 했다.[31] 정부는 금융권 자율로 부도유예협약을 운영하도록 했다. 법도 없고 근거도 없어서 일단 채권금융기관 자율협약으로 간 것이다. 여기에는 필

---

30 강경식, 2010, 《국가가 해야 할 일, 하지 말아야 할 일》, 김영사, 85쪽.
31 이 협약은 1987년 만들어졌다.

요한 경우 채권금융기관들이 공동으로 신규자금을 융자해 주는 방안도 포함됐다.[32] 부도유예협약이 만들어진 후 첫 수혜자는 진로그룹이었다. 5월에는 대농그룹, 7월에는 기아차그룹이 부도유예협약 대상이 된다.[33]

또한 대기업 연쇄부도로 은행이 떠안게 된 부실채권을 조기에 정리하기 위해 정부는 4월 23일 부실채권정리 전담기구를 만들고 기구 내에 '부실채권 정리기금'을 설치하기로 했다.[34]

외환시장 개입

1997년 1/4분기에 대기업 연쇄부도 등으로 금융기관들의 외채만기 차환율이 낮아지고 외화유출액이 커지자 정부는 환율상승으로 인해 발생할 외채상환 부담과 물가상승 등을 우려하여 외환시장에 개입했다. 3월까지 석 달간 현물시장에서 85억 1천만 달러를 매도했고 사상 처음으로 선물환(先物換) 시장까지 개입하여 38억 4천만 달러를 매도했다.[35]

외환시장 개입과정에서 줄어든 외환보유고를 걱정한 정부는 1997년 4월부터 미국과 일본, 유럽 등의 금융기관에 경제특사와 고위간부들을 파견하여 해외차입 노력을 계속한다.

당시 국제금융시장을 돌아다니며 한국경제 투자설명회(IR: Investor Relations)를 맡았던 김기환 대외경제협력 특임대사는 이렇게 증언하고 있다.

---

32 부도유예협약 대상이 되는 경우 일단 부도처리는 되지만 당좌거래정지는 하지 않고 정상적 영업을 할 수 있도록 했다.

33 부도유예협약은 무더기 대기업 도산을 방지하려 만들어졌으나 이런 제도를 운영해 본 적이 없는 채권은행단의 미숙으로 부실기업의 퇴출을 늦추기만 했다는 비판도 있다. 그러나 이 제도가 확장 발전되어 1998년 6월 기업 구조조정 협약, 워크아웃으로 대체되었다.

34 최초에는 1조5천억 원으로 시작된 이 기금은 본격적인 외환위기가 시작되면서 액수가 10조 원으로 대폭 증액되었고, 1차와 2차 공적자금이 투입되어 160조 원 규모로 확대된다.

35 이 시기에 정부가 시장에 매도한 달러규모는 외환보유고 감소분보다 훨씬 컸다. 이는 외환보유고에는 잡히지 않지만 한국은행이 민간은행에 대출했던 외화예탁금까지 외환시장 개입과정에서 줄어든 것으로 해석된다.

1997년 초에 강경식 장관이 나한테 전화해서 "대외경제협력 대사직을 하나 만들어야겠는데 그걸 좀 맡아 주면 어떻습니까?"고 제의했다. 그때 다른 할 일이 있어서 흔쾌히 예스를 안 했는데 나중에 가만히 경제 돌아가는 상황을 보니 갈수록 악화되더라. 내가 아무리 바빠도 이 일을 맡는 게 좋겠다 싶어서 특임대사직을 수락했고 정식 임명장을 받은 게 4월 무렵이었다. 그 이후에 '한국은 거시경제 지표의 펀더멘털이 아주 좋다, 절대로 문제없다' 그런 이야기를 국제금융사회에 강조하고 돌아다녔다. 영국, 미국, 유럽 등의 큰 금융회사들을 일일이 다 찾아다니면서 IR 활동을 했다. [36]

한보사태의 여파가 진정되면서 외화차입 상황이 다소 나아지자 정부는 6월말까지 석 달 동안 줄어든 외환보유고를 보충했다. 이 기간에 41. 7억 달러의 외환보유고를 더 쌓았고 외화예탁금도 21억 달러를 추가로 보충했다.

1997년 6월, 홍콩과 싱가포르 등 해외에서 형성된 차액결제선물환(NDF: Non-Deliverable Forward)에서 1개월물 원·달러 선물환율은 큰 변동 없이 이전과 비슷한 수준을 유지하고 있었다.

한국 경제가 급격히 악화되어 환율이 급등할 것으로 예상한 외국인 투자자들이 많지 않았다는 반증이다. [37]

태국발 금융위기

불안한 평온이 갑자기 깨지고 아시아 경제 전체에 심상치 않은 경보음이 들리기 시작한 것은 1997년 7월초 태국에서부터였다. 헤지펀드가 태국 바트화를 투기 목적으로 공격하자 태국은 한동안 악전고투하다가 고정환율제 포기를 선언했다. 변동환율제하에서 바트화는 바닥을 모르고 폭락하기 시작했다.

---

36 한국개발연구원(KDI: Korea Development Institute)과 가진 '한국경제 60년' 인터뷰.
37 박대근·이창용, "한국의 외환위기: 전개과정과 교훈", 한국 경제학회 심포지엄 발표, 1998. 3. 25.

금융위기의 와중에서는 불확실성이 신뢰의 최대의 적이다. 시장은 태국 정부가 발표하는 수치를 믿지 않았으며 믿을 만한 근거가 되는 정보도 없어서 투자자들은 이미 최악을 염려하게 되었다. 8월에 IMF와 172억 달러 구제금융에 합의하고 태국이 고갈된 외환보유고를 밝히자 바트화 폭락과 자본이탈이 재개되었다. [38]

태국에서 시작된 위기는 곧바로 인도네시아, 말레이시아, 필리핀 등으로 널리 퍼져나갔다.

당시 아시아 외환시장은 지금보다 훨씬 규모가 작고 정보가 불투명한 시장이었다. 소수의 국제금융 투자자들이 태국발 외환위기 이후 글로벌 포트폴리오 관리차원에서 아시아 시장에서 돈을 빼기 시작하자 다른 나라의 금융기관들이 동시다발적으로 이들을 따라하는 군집행동이 나타났다. 아시아 역내 국가들끼리 무역과 자본시장이 밀접하게 연계된 것도 외환위기의 전염이 유난히 빨랐던 이유로 작용했다.

부도유예 협약에 들어간 기아차

태국발 쓰나미가 몰려오는데도 당시 한국 정부는 국제금융시장까지 신경 쓸 여유가 없었다. 태국 외환위기가 발생한 직후인 7월 15일 기아차그룹이 부도를 내고 부도유예협약에 들어간 것이다. 기아부도는 부채에 의존한 무리한 설비확장과 과잉투자, 자동차와는 무관한 업종에 대한 확장으로 수익성 약화 등이 겹쳐 빚어낸 사태였다. [39]

한보부도 이후 종금사들은 대출회수를 서둘렀다. 단기채무 비율이 57%나 되는 데다 종금사 대출비중이 유난히 높았던 기아차그룹의 경우 4월에서 6월 사이에 무려 5천5백억 원이 넘는 돈을 회수당했다. 한보사태에 놀란 금융권은 정부

---

38 티모시 가이트너, 김규진 외 역, 2015, 《스트레스 테스트》, 인빅투스, 73쪽.
39 당시 기아그룹은 부채비율이 높았고 부채 가운데 단기 부채가 57%나 됐다. 단기자금을 빌려 중장기 시설 투자를 한 것이다(〈동아일보〉, 1998. 10. 13).

의 협조융자 요청에도 응하지 않았다.

　한보사태가 외환위기 악몽의 서막이었다면, 기아차 사태는 본격적인 태풍이었다. 26개 계열사에 2만여 개 하청업체를 거느린 기아차는 전 세계 160개국에 자동차를 수출하고 있었다. 관련 임직원 수만도 20만 명이 넘었다.

　기아차는 재계 서열 8위라는 거대기업이었던 데다, 특정 대주주가 없는 분산된 지분구조와 전문경영인 체제, 종업원지주제 등 겉보기에는 선진적 경영제도를 시행하고 있었고[40] 봉고차 등을 생산해 국민들에게 긍정적 이미지를 주던 것이 정치적 논란으로 이어져 오히려 빠른 정리의 걸림돌이 되었다.

　채권은행단은 협조융자지원의 전제조건으로 김선홍 회장의 사표와 노조의 구조조정 동의서를 요구했으나 이들은 "기아를 국민기업으로 만들어야 한다"는 실현 불가능한 동정여론 뒤에서 석 달 이상 버티기를 계속했다. 기아차 노조는 또 "정부와 은행이 삼성과의 물밑거래로 기아를 삼성으로 매각시키려 한다"는 의혹을 제기하면서 사실상 대(對)정부 투쟁에 들어갔다.[41]

　하필 그해 12월 18일이 대통령 선거일이었다. 기아차 부도사태는 국민정서 및 정치적 이해타산, 경제적 부담이 맞물리면서 조기에 수습되지 못한 채 100일 동안이나 어정쩡한 상태로 시간을 끌었다.

해외 NDF 시장에서 감지된 이상기류

태국발 금융위기와 기아차 사태 발생 이후 금융기관들의 해외 달러조달 창구가 꽉 막히기 시작했다. 아무리 애를 써도 달러를 구하지 못했다.

　8월 12일, 7개 은행과 10개 종금사가 달러를 구하지 못해서 무더기 외화부도

---

40 사실상의 대주주는 우리사주조합과 경영발전위원회였다.
41 기아차 노조가 제기한 자동차 산업의 구조조정 논란은 4월 발생한 삼성직원의 구조조정 보고서 파문에서 촉발되었다. 경쟁력이 떨어지는 자동차 기업은 경쟁력 있는 기업이 매수하는 재편이 있어야 국제경쟁에서 살아남을 수 있다는 내용이었다. 이것을 근거로 정부가 기아차를 삼성차에 합병시키려 한다는 의혹을 제기한 것이다.

위기에 처하자 한국은행은 이날 밤 자정 10억 달러를 풀어 부도를 막아 주었다. 8월 25일, 정부는 기아차 부도유예협약으로 인한 시장불안을 잠재우기 위해 금융시장 안정 및 대외신인도 제고대책을 발표했다.[42] 동원 가능한 모든 대책을 종합적으로 묶은 발표였으나 백약이 무효였다. 대책이 발표될 때마다 금융시장 경색은 오히려 심화되는 양상을 보였다.

이날 발표에는 "금융기관이 해외에서 빌린 달러를 갚지 못하면 정부가 대신 갚아 준다"는 내용이 들어 있었는데, 금융기관들은 이걸 영문으로 번역하여 달러를 구하려고 돌아다니기도 했다.

이 무렵부터 해외 NDF 시장에서 '원화가치를 내려라'는 압력성 요구가 치솟고 3개월 선도환율 사이의 격차가 갑자기 커지기 시작했다. 또 국제금융시장에서는 정부보증 '산업은행 달러표시 채권 스프레드'가 벌어지기 시작했다. 이미 해외투자자들에게 한국의 경제상황이 심상찮게 보인다는 반증이었다.

골든타임 100일을 놓친 기아차 사태

그런데도 한국은 여전히 기아사태 때문에 골머리를 앓고 있었다. 기아의 부도유예협약이 보름 정도 남은 9월 17일 정부와 채권단, 기아그룹은 법정관리에 대한 협의를 거듭한 끝에 대강의 합의를 보았다. 그러나 채권단의 사표종용에 응하지 않은 채 두 달여를 버티던 김선홍 회장은 바로 닷새 뒤인 9월 22일 전격적으로 기아자동차 등 주력 계열사 4개사에 대해 법원에 화의(和議)를 신청했다. 뒤통수를 맞은 정부와 채권단이 법원에 화의 반대의사를 밝히고 법적 수습을 시도하는 사이에 아까운 시간이 더 흘렀다.

결국 정부는 그로부터 한 달이 더 지난 10월 22일이 되어서야 기아를 법정관리로 처리한다고 확정 발표한다. 김선홍 회장이 사표를 낸 것은 그로부터도 1주

---

42 금융시장 안정을 위한 자금지원, 금융기관 부실자산 정리방안, 금융시장 안정 지원대책, 외화유동성 지원, 은행 및 종금사 정상화 지원 등 그동안 단발성으로 발표했던 내용을 모두 종합한 것이다.

일이 더 지난 10월 29일이었다.

기아가 부도유예협약에 들어가서 법정관리 발표가 나기까지 백여 일 동안 국가신인도는 크게 추락했다. 외신들은 부도난 민간기업 하나를 원칙대로 처리하지 못한 채 여론에 등 떠밀려 이리저리 표류하는 한국 정부의 위기관리 능력에 대해 의구심을 나타냈다. 외국투자자들도 한국이 향후 비슷한 어려움에 처한 다른 대기업들을 제대로 처리하고 은행의 구조적 문제점을 개혁할 수 있는지 의심하게 되었다.

아까운 시간이 흘러가는 가운데 국내 금융시장은 큰 혼란에 빠졌다. 기아차 부도 시 금융권이 지게 되는 부실채권 규모는 총 9조7천억 원으로 추정됐다. 특히 주채권은행인 제일은행은 부실규모가 워낙 큰 데다 예금인출사태까지 발생하여 유동성 위기에 처했다. [43]

그동안 부도낸 대기업들이 워낙 많아 누적된 금융권 부실채권 규모는 30조 원을 넘어섰다. 부실의 무게에 짓눌린 금융기관들이 자금회수를 시작했고, 악화된 신용경색 때문에 돈을 구하지 못한 기업들이 다시 연쇄부도를 냈다. 10월과 11월에 쌍방울그룹과 해태그룹의 화의신청에 이어 한라와 청구 등도 부도 및 화의신청을 준비하고 있었다. 30대 기업집단 가운데 20여 개가 1년 이내에 도산할 것이라는 위기감이 재계에 확산됐다.

종금사를 비롯한 국내 금융기관들은 부실대상 기업으로부터 여신회수에 바빴고, 금융기관을 통한 자금중개 기능은 실종됐다. 한국은행은 금융기관들로부터 국고채 환매조건부 채권(RP: Repurchase Agreement)을 매입해 1조 원의 유동성을 시중에 풀었지만 역부족이었다.

이처럼 불안한 한국기업과 금융시장의 건전성에 외국 금융기관들이 근본적인 의문을 가지게 되면서 외환의 유출속도가 더욱더 빨라지기 시작했다.

외환시장과 환율안정을 위해 8월 25일부터 정부는 "금융기관의 해외부채를 정부가 모두 지급보증하겠다"고 선언했다. 그러나 국회동의를 얻은 공식적 조

---

43 8월 중에만 1조2천억 원의 예금이 인출됐다.

치가 아니었고 법적으로 신뢰할 만한 별다른 후속조치도 없어 '구두개입'이라는 평가를 받았을 뿐 외자유치에 별 도움이 되지 못했다.

재깍거리기 시작한
외환 시한폭탄

민간금융 위기가 정부위기로 전환되다

10월초 IMF가 심상치 않은 분위기를 눈치채고 자문평가단을 한국에 보냈다. 평가단에는 은행전문가가 포함되어 은행과 재벌을 연결하는 부실채권 취약구조를 점검했다. 그들은 '한국 정부가 금융부문의 문제점들을 확실하게 인식하고 개혁하는 것을 전제로' 아시아 국가들을 휩쓸고 있는 외환위기는 피할 수 있을 것이라고 결론짓고 한국을 떠났다. 나중에 IMF가 스스로 반성한 것처럼 거시지표의 우수성만이 강조되었고 저변에 도사린 단기외채의 뇌관을 제대로 파악하지 못한 표면적인 평가였다.

　IMF 평가단이 한국을 떠난 날로부터 며칠 지나지 않은 1997년 10월 20일, 운명의 날이 찾아왔다. 홍콩증시가 소로스 등 국제 헤지펀드의 공격을 받아 나흘 동안 주가가 23.3% 대폭락하는 사태가 발생한 것이다. 이날을 기점으로 외환위기가 동남아시아국가연합(ASEAN: Association of South-East Asian Nations) 국가에는 물론 한국, 홍콩, 중국, 대만 등으로 본격 파급된다.

　당시 9백억 달러의 외환보유고를 지니고 있던 대만과 1,043억 달러를 보유한 중국은 간신히 위기를 피해갔지만 지속적인 경상수지 적자를 겪던 한국은 갑자기 아시아 전역을 휩쓴 위기의 태풍에 정면으로 부딪히게 된다.

　외국인 투자자들의 한국 주식시장에서의 투매가 시작됐다. 자본계정에서 달러가 빠져나가면서 한국에서 외환위기 시한폭탄의 초침이 재깍거리는 소리가 갑자기 커졌다.

10월말부터 민간기업과 금융기관 차원의 미시적 신용위기가 국가차원의 거시적 외환위기로 급변한다. 국제금융시장에서 자금을 마련하지 못한 민간 금융기관들이 서울 외환시장에서 달러를 조달하는 데 사활을 걸면서 외환시장이 패닉상태를 보이기 시작했다.

10월 23일 홍콩사태가 발생한 날, 청와대 조세금융 비서관실의 요청[44]에 따라 10월 27일 한국은행이 외환관련 종합보고서를 청와대에 제출했다. 이 보고서에 담긴 건의내용은 다음과 같다.

현재 외환사정이 심각한 상황이며 외화자금 조달 확대를 위한 다양한 대책을 추진해야 한다. 외환위기 발생 시 IMF, BIS 등 국제금융기구 및 외국중앙은행으로부터 긴급자금을 조달해야 한다. IMF 자금 도입 시 필요한 정책협의 없이도 긴급자금을 빌려주는 주요국 중앙은행을 통해 우선 급한 불을 꺼야 한다.

다음날인 10월 28일에 미국의 투자은행인 모건스탠리는 '아시아를 떠나라'는 보고서를 내놨다. 이 내용이 알려지면서 한국의 종합주가지수(KOSPI: Korea Composite Stock Price Index)는 500선이 붕괴됐다. 한국은행은 이날 외환시장 개입을 포기했고 사상 처음으로 외환거래가 중단됐다.

긴급사태에 대응하기 위해 10월 29일 정부는 금융시장 안정대책을 발표했다. 외화유입을 유도하기 위해 채권시장 개방 확대, 외국인 주식투자 한도 확대,[45] 현금차관 확대, 외국환은행을 통한 외환조달 확대 등 동원 가능한 대부분의 종합 외환대책이 발표되었다.

---

44 1997년 10월 23일 헤지펀드 공격으로 인해 홍콩주가가 대폭락한 당일 청와대 조세금융 비서관실의 김용덕 국장은 한국은행 정규영 국제국장에게 최근 국제금융시장 상황과 한국에 미칠 영향 등을 분석하여 보고해 달라고 요청했다.
45 외국인 주식투자 한도를 23%에서 26%로 확대했다.

지금 당장 한국을 떠나라

'10 · 29 금융시장 안정대책' 발표 후 정부는 시장이 안정되기를 기대했으나 하루도 지나지 않아 백약이 무효인 것으로 판명되었다. 발표 바로 다음날인 10월 30일 외국인 투자자들은 1,390억 원이 넘는 주식을 순매도했고 외환시장에서는 환율이 연 3일째 가격제한폭까지 올랐다.

주말을 지난 11월 3일에는 상황이 더 악화되었다. 주가는 더 하락했고 국내기업과 금융기관들은 서울 외환시장에서 달러를 구매하려고 혈안이 되었으나 원화가치 하락을 기대하는 심리가 확산되면서 달러공급은 실종되었다.

정부도, 민간 금융회사도 달러를 구하는 데 속수무책이었다. 쓸 수 있는 모든 수단을 다 소진한 상태였다.[46] 금융시장 불안은 종금사와 은행, 자본시장, 외환시장 등 전(全)방위적으로 확산됐다.

이 무렵부터 해외 언론들이 한국에 대한 부정적인 기사를 연일 쏟아냈다. 11월 5일 〈블룸버그〉와 〈월스트리트 저널〉 등은 다음과 같이 보도했다.

한국의 가용외환보유고가 최저 150억 달러까지 떨어졌다.
한국의 단기외채 1,100억 달러 중 800억 달러가 연내에 만기가 돌아온다.
한국 상황이 태국보다 더 심각하다.

한국 정부는 근거 없고 부정확한 통계라고 즉각 항의성 발표를 했으나 효과가 없었다. 통계의 구체적 정확성이 문제가 아니었다. 외환시장 변동성에 대응하기 위해 외환보유고를 풀어 시시때때로 선·현물시장에 개입하고 금융기관 해외 현지법인에 적지 않은 달러를 대출했기 때문에 "한국의 가용외환보유고가 지금쯤은 크게 낮아진 상태일 것"이라고 시장이 추측하고 확신을 갖게 된 사실 그

---

46 이때의 상황에 대해 강경식 당시 부총리는 "온몸을 죄어오는 압박감, 그런데도 이를 헤치고 나갈 수 있는 길을 어디에서도 찾을 수 없는 답답함이 몰려왔다. 평생을 살아오면서 이때만큼 속수무책을 절실하게 느껴 본 적은 처음이었다"고 회고록 (강경식, 2010, 《국가가 해야 할 일, 하지 말아야 할 일》, 김영사)에서 표현했다.

자체가 문제였다.

같은 날 홍콩 페레그린 증권은 〈지금 당장 한국을 떠나라〉(Get out of Korea, Right Now!) 라는 보고서를 냈다.

IMF에 갈 수밖에 없습니다

페레그린 보고서가 나온 것과 동시에 달러화의 '한국탈출'(Exodus from Korea) 이 발생했다. 신규자금 유치는 완전히 막힌 상태에서 기존 달러대출의 차환율이 급락하고 주식시장에서 투자자금이 빠져나갔다.

11월 7일, 경제수석 주재로 관계기관 긴급대책회의[47]가 열렸다. 한은 보고서를 받아 본 청와대 경제수석실이 재정경제원(이하 재경원)과 한국은행에 소집을 통보하여 열린 회의였다.

이 회의에서 한국은행은 '위기극복을 위한 대책을 조속히 수립하고 이를 토대로 IMF와의 협의를 통해 긴급자금을 조달'할 필요가 있다고 의견을 제시했고, 재경원은 '외환보유고 확충을 위해 제1안으로 한국은행의 중앙은행 간 긴급 통화스왑(central bank currency swap)을 추진하고, 2안으로 다수의 국제금융기관으로 구성된 컨소시엄을 통해 100억 달러 상당의 대규모 지원금융자금(back-up facility)[48]을 추진하며, 3안으로 IMF로부터 금융위기 대처용으로 약 60억 달러 규모의 긴급자금 지원 방안을 추진할 필요가 있다'고 제시했다.

이날은 IMF 긴급자금 조달 필요성이 정부 내에서 처음 제기된 날로 기록된다. 그러나 이때까지도 재경원은 여전히 IMF 구제금융으로 가는 것은 이도 저도 다 안 될 때의 제3안으로 생각하고 있었다. 가용외환보유고는 아직 2백억 달러 정도가 남아 있었고, 하루에 2억~3억 달러 정도가 빠져나가는 정도의 추세였다.

---

47 이 회의에는 재경원에서 윤증현 금융정책실장과 담당과장이, 한국은행에서는 부총재와 담당이사, 국제부장이, 청와대에서는 윤진식 조세금융 비서관과 김용덕 국장이 참석했다.

48 외채상환이 불가능할 때 사용하기 위한 자금.

이 상태라면 강도 높은 요구조건을 제시할 것이 분명한 IMF에 가지 않고 다른 해결책을 마련할 수 있을 것이라는 희망을 버리지 않고 있었던 것이다.

그런데 바로 그 다음날인 11월 8일부터 상태가 급변했다. 하루 평균 달러 유출액이 갑자기 8억~10억 달러 정도로 확 늘어났다. 일본계 은행들의 회수가 특히 많아 11월 10일 엄낙용 재경부 차관보가 급히 일본을 방문했다. 그는 대장성 사카키바라 차관보를 만나 "일본 금융기관들이 한국 대출을 회수하지 않도록 특별 행정지도를 해주고, 일본은행과 한국은행 간 통화스왑에 대해 협력해 달라"고 요청했으나 "일본 내부 형편상 어렵다"는 대답만 듣고 빈손으로 귀국했다.

같은 날 원·달러 환율은 심리적 저지선인 달러당 천 원을 단숨에 돌파했다. 이날 청와대 조세금융 비서관실은 경제수석에게 "외환위기는 이미 상당히 진전된 상황이다. 크게 우려할 만한 수준이어서 IMF와의 긴급협의가 필요하다"는 보고를 올렸다.

또 11월 12일에는 윤진식 조세금융 비서관이 김영삼 대통령에게 IMF 자금 지원의 필요성을 직보했다. 이 보고를 받은 김영삼 대통령은 이경식 한국은행 총재에게 직접 전화를 걸어 사태의 심각성을 확인했으며 이 총재는 "외국에서 돈을 빌려 해결하는 것은 이미 늦었다. IMF에 가야 한다"는 취지로 보고한 것으로 알려졌다.[49]

11월 13일 밤 강경식 경제부총리는 강남의 라마다 르네상스 호텔에서 관계기관 회의를 개최했다.[50] 그 회의 직후 부총리, 한국은행 총재, 경제수석은 결국 IMF로부터의 금융지원 협의를 추진하기로 최종 결정한다.

---

49 〈동아일보〉, 1998. 11. 10.
50 이 회의에는 재경원에서 강경식 부총리, 윤증현 금융정책실장, 김우석 국제금융증권심의관 등이, 한국은행에서는 이경식 총재, 정규영 국제국장이, 청와대에서는 김인호 경제수석, 윤진식 비서관, 김용덕 국장이 참석했다.

캉드쉬 비밀방한 추진[51]

11월 14일 오전 강경식 부총리는 대통령에게 "IMF에 갈 수밖에 없겠다"고 보고했다. 청와대 보고를 마친 강 부총리는 직후에 김기환 특임대사를 만나 캉드쉬(Michel Camdessus) IMF 총재와의 비밀미팅 추진을 부탁했다. 11월 9일 IMF의 스탠리 피셔(Stanley Fischer) 부총재가 전화통화에서 "캉드쉬 총재가 동남아를 순방할 예정이니 주말경 만나 보는 것이 어떠냐?"고 권했기 때문이다.

문제는 만나는 방식이었다. 한국 상황이 심상치 않음을 알 만한 사람은 다 알던 시점이다. 만약 한국 부총리가 IMF의 캉드쉬 총재를 만나러 나간다는 사실이 알려지면 '위기징후'가 단숨에 '본격적 위기'로 돌변할 가능성이 있었다. 그걸 잘 아는 강 부총리는 비밀리에 캉드쉬 총재를 만날 방법을 고민했다.

다음날 회의차 방콕에 도착한 김 대사에게 서울에서 강 장관으로부터 다시 전화가 왔다. "어떻게든 캉드쉬를 만나서 서울 좀 들르게 해 달라"는 요청이었다. 김 대사가 세계은행(World Bank) 방콕 사무소에 알아보니 "마침 캉드쉬 총재가 동남아 여러 나라를 순방하다가 방콕으로 오늘 오전에 들어온다"고 했다. 다행히 오후 2시쯤 캉드쉬와 통화가 성사됐다.

"나는 한국의 특임대사인 김기환입니다. 사정이 좀 급해서 내가 꼭 좀 만나야겠습니다. 자세한 내용은 만나서 이야기하겠습니다."

캉드쉬는 이미 한국 사정을 짐작한 눈치였다.

"오늘 저녁 태국 중앙은행을 방문해서 만찬이 예정되어 있으니 거기서 만납시다."

태국 중앙은행은 도시 한가운데가 아니라 교외의 옛날 왕궁터에 있었다. 꽉 막힌 교통을 뚫고 중앙은행에 도착해 만찬장 옆방에서 '내가 지금 여기 와 있다'고 쪽지를 넣었더니 캉드쉬 총재가 저녁을 먹다 말고 밖으로 김기환 대사를 만나러 나왔다.

---

51 이하 김기환 대사 관련 내용은 김 대사가 KDI와 가진 '한국경제 60년' 인터뷰에서 발췌한 것이다.

"한국이 지금 사정이 어려우니 당신이 한국에 왔으면 좋겠습니다. 그리고 우리가 이 위기를 극복하는 방안으로 금융개혁 법안을 국회에서 이번에 통과시키려 하고 있습니다. 그 개혁 법안이 통과되면 각종 구조조정을 할 수 있는 수단과 방법들이 나옵니다. 그러니 당신이 꼭 좀 서울을 와야 합니다."

"다음은 유럽 일정이 잡혀 있는데 그 직전 일요일 저녁에 잠깐 한국에 갈 수 있습니다."

캉드쉬 총재가 응낙했다. 김 대사는 급히 강 부총리에게 전화해서 캉드쉬가 일요일에 잠깐 오기로 한 사실을 알렸다. 그리고 자신은 바로 다음날 새벽 3시 비행기를 타고 서울로 되돌아왔다.

토요일인 11월 15일 밤 9시, 서울 삼성동 인터콘티넨탈 호텔에서 강 부총리와 김인호 경제수석, 이경식 한국은행 총재, 김기환 대사, 윤증현 금융정책실장, 엄낙용 차관보 등이 모여 IMF행 대책회의가 열렸다. 강경식 부총리가 "우리가 IMF 가는 데 돈을 얼마나 빌려야 하겠소?" 하고 묻자 한국은행 총재는 "적어도 3백억 달러가 필요하다"라는 의견을 냈다.

캉드쉬 방한 007 작전

캉드쉬 총재 방한 당일 정부는 보안을 위해 '007 작전'을 폈다. 금융위기가 발생한 나라에 캉드쉬 총재가 모습을 나타냈다는 사실 자체만으로도 위기상황이 수습 불능으로 확대재생산될 가능성이 있기 때문이다. 재경부 국장 모씨가 눈에 띄지 않는 평범한 차를 빌려서 김포공항으로 캉드쉬 총재를 마중 나갔다.

캉드쉬 총재가 일반인 줄에 서서 짐을 찾아 바깥으로 나오자 공항청사 밖에서 차에 태웠다. 다른 사람들이 봤다면 '외국인 한 사람이 한국에 왔는데 차에 태워 집에 데려가는가 보다' 생각할 정도로 평범한 풍경이었다. 캉드쉬 총재의 얼굴만 보고 알아차릴 만한 취재기자도 별로 없었다.

캉드쉬 총재는 11월 16일 오후에 도착 즉시 시내 모 호텔에서 강경식 부총리,

이경식 한국은행 총재와 면담하였다. 이경식 총재는 "현재 가용외환보유고는 170억 달러 정도이며, 선물은 연내에 만기가 돌아오는 것이 약 9억 달러로 연말까지는 버틸 수 있지만 그 이후가 문제"라고 설명했다.

한국 정부의 설명을 들은 캉드쉬 총재는 다음과 같이 말하고 한국을 떠났다. "예상했던 것보다는 외환사정이 나쁘지 않습니다. 더구나 IMF가 요청할 만한 개혁내용을 한국이 자발적으로 추진한다고 하니 더 잘됐습니다. 최단기간 내에 IMF의 지원을 추진하겠습니다. 다만 대통령 후보들이 당선되면 IMF와 약속한 협정을 다 지키겠다는 각서를 받아 주십시오. 그래야 IMF 이사회에 지원안을 부의할 수 있습니다."

금융개혁 법안 사실상 무산

바로 다음날인 11월 17일 월요일. 주식시장에서는 장이 열리자마자 KOSPI 500선이 붕괴됐고 외환시장에서는 환율이 천 원을 넘어섰다. 금융시장 불안이 가속화되는 가운데 정부가 IMF와 약속한 '자발적 개혁'을 추진하기 위하여 매달렸던 각종 금융개혁 법안 통과가 11월 18일 사실상 무산됐다.

1997년 연초 구성된 금융개혁위원회를 통하여 각 부문별 금융개혁을 추진해 오던 강 부총리는 국회에서 금융개혁 법안이 통과되면 해외신인도가 다시 높아져 단기외채 유출사태가 진정될 것이라고 믿었다.[52]

그러나 금융개혁 법안에 포함된 한국은행 이슈가 대선정국에서 치열한 정치쟁점이 되어 금융개혁 법안의 핵심이 흐려졌고, 법안통과는 대부분 무산됐다. 한국은행의 기능을 물가관리로 일원화하고 은행감독 기능을 떼어내 통합 금융감독위원회로 만드는 등 몇 가지 사안에 대해 한국은행이 크게 반발했던 것이

---

52 이와 같은 강 부총리의 생각에 대해 반대되는 견해도 있다. 즉, 외환부족 우려 속에 투자자들이 패닉상태에서 다투어 한국을 이탈하는 상황에서 당시 국회에서 금융개혁 법안이 통과되었다고 한들 과연 외화자금 유출의 큰 흐름을 막을 수 있었겠느냐는 것이다.

다. 그동안 한국은행 노조는 국회를 상대로 사실상의 대(對)정부 투쟁에 들어간 상태였다.

결국 금융개혁 법안은 11월 5일부터 본격화된 재경위 소위 심사에서 그동안의 논란이 재연된 가운데 13개 법안 가운데 4개밖에 통과되지 못한 채 정기국회 폐회와 함께 사실상 종지부를 찍고 말았다. [53]

YS, 임기말 '깜짝 개각' 단행

금융개혁 법안이 무산되자 대안으로 마련된 금융시장 안정대책[54] 및 캉드쉬 총재와 협의한 내용 등을 종합 보고하기 위해 강경식 부총리는 11월 19일 오전 10시 청와대에 들어갔다. 이때까지만 해도 강 부총리는 사태를 낙관하고 있었다. 금융시장 안정대책에 더해 IMF가 지원한다는 뉴스를 밝히면 시장이 안정되어 구조개혁 노력에 집중할 수 있을 것이라고 봤다. [55]

그런데 이날 보고를 마친 직후 김영삼 대통령이 여느 때와는 다른 반응을 보였다. 아무 말 없이 앉아 있더니 격려나 당부의 말 대신 "분위기 쇄신이 필요한데…" 하면서 혼잣말처럼 중얼거렸다.

강 부총리는 이날 김용태 비서실장에게 사표를 제출했다. 그의 사표는 즉각 수리되고 이날 오후 전격적인 개각이 이루어진다. 위기국면에서 김영삼 정부의 마지막을 책임지는 경제라인은 임창열 부총리와 김영섭 수석으로 결정됐다. 임기말인 데다 대통령 선거가 얼마 남지 않았던 터라 전혀 예상하지 못했던 시점에 이루어진 '깜짝 개각'이었다. [56]

---

53 금융개혁 법안은 결국 IMF의 권고에 따라 연말 임시국회에서 통과된다.
54 이 대책에는 성업공사(현 한국자산관리공사)의 부실채권 정리기금을 10조 원으로 늘려 종금사와 은행의 부실채권을 정리하고 예금보호기금을 설립해 예금을 3년간 지급보장하며 환율변동폭을 15%로 확대하는 방안 등이 포함되었다. 이 가운데 환율변동폭은 강 부총리의 후임인 임창열 부총리 때 10%로 줄어들었다.
55 강경식, 2010, 《국가가 해야 할 일, 하지 말아야 할 일》, 김영사, 138쪽.
56 김영삼 대통령은 이날의 개각 배경에 대해 "누가 위기수습에 더 적격자인가를 고려했다"고 밝혔다.

새 경제부총리, IMF행 부인

경제수장을 갑자기 교체하는 혼란 속에서 IMF를 가는 것에 대해 혼선이 발생하기도 했다.

강경식 부총리는 이미 미국과 일본의 재무장관 등과 통화해서 "한국이 IMF에 간다"고 통지한 상황이었다. 만약 19일의 개각이 없었다면 강 부총리는 그날 오후 기자들과 만나 질문에 답변하는 형식으로 이 사실을 밝힐 예정이었다. 신임 임창열 부총리는 "기자회견 및 금융시장 안정대책 발표를 예정대로 오늘 5시에 그대로 하라"고 지시했다. 그리고 금융시장 안정대책[57]을 발표한 뒤 가진 취임 첫 기자회견에서 "우리의 경제체질은 다른 아시아 국가들과 다르다. 현시점에서 IMF의 구제금융이 반드시 필요하다고는 생각하지 않는다"고 IMF행을 부인했다. 임 부총리의 IMF행 부인은 상당한 혼선을 야기했다.

이날 한국에는 IMF 협상을 위한 선발대로 가이트너(Timothy Geithner) 미국 재무차관보와 스탠리 피셔 IMF 부총재 등이 들어와 임 부총리의 기자회견을 지켜보고 있었다. 당시에 한국의 '깜짝 개각'과 IMF행 부인 발언에 대해 미국은 어떻게 받아들이고 있었을까?

이 시점에 미국 서머스(Lawrence Summers) 재무부 부장관을 직접 만난 김기환 대사의 증언을 들어보면 미국 측은 임 부총리의 IMF행 부인에도 불구하고 한국이 더 버티지 못하고 IMF 프로그램으로 갈 것을 기정사실화하고 있었다.

그 무렵 내가 캐나다 밴쿠버에서 열린 APF 회의에 참석하고 있었는데 서머스 당시 미국 재무부 부장관이 나를 좀 만나자고 연락이 왔습니다. 만나서 참석자들끼리 서로 인사를 나누고 난 후 서머스 부장관이 "우리 둘이만 따로 좀 이야기하자" 그래요. 두 사람만 있게 되니까 "지금 당신이 만난 이 사람들이 곧 한국에 갈 협상단이다. 주 협상단은 IMF이지만 미국 대표들도 간다"고 그래요. 그때 미국은 선발대로 가이트너 차관보를 이미 서울에 보낸 상황이었습니다. 그러면서 나

---

57 정식 명칭은 '금융시장 안정 및 금융산업 구조조정을 위한 종합대책'이다.

한테 "이 협상을 어떤 기간에 하는 것이 좋겠는가? 한국에 대선이 있어서 대통령이 곧 바뀔 텐데 이 협상을 대선 끝날 때까지 끄는 것이 좋겠는가?" 하고 묻는 겁니다. "그러지 마라. 우리는 지금 그럴 여유가 전혀 없다. 어떻게든 빨리 끝내야 한다" 그렇게 답변했습니다.

그런 후에 서머스가 "재경원 장관이 바뀌었다고 하는데 새 장관이 어떤 사람이냐? 바뀐 장관이 IMF 가는 정책을 돌려 버리는 발언을 했으니 이게 뭔가 이상하다" 그러는 겁니다. 서머스 부장관이 세계은행 부총재를 해서 임창열 부총리를 조금 알고 있었어요. 자꾸 나한테 임창열 씨에 대해 묻는 게 미국 재무부 라인들이 "한국 정부에 무슨 또 다른 복선이 있는 모양이다" 이렇게 생각했던 것 같아요.

외환시장 영업중단 사태

11월 19일 저녁에 "IMF 체제로 이행할 필요를 느끼지 못한다"고 했던 임 부총리는 그로부터 단 사흘 만인 11월 21일에 종전 입장을 철회하고 IMF행을 다시 발표한다.

그 사흘 동안 무슨 일이 벌어졌을까?

11월 19일 정부는 '금융시장 안정 및 금융산업 구조조정을 위한 종합대책'을 발표했다. 그러나 "할 수 있는 모든 노력을 다했고 모든 수단을 다 동원했다"는 이날의 대책발표에도 불구하고 정부의 기대와는 달리 깊은 늪에 빠진 금융시장은 악화일로를 걸었다.

정부가 국내 종금사에 무더기로 외환개선 명령을 내리자 종금사들이 기업들로부터 무리하게 여신을 회수하는 바람에 금리가 치솟았고 종합대책 발표 바로 다음날인 20일 주식 투매현상이 벌어지면서 KOSPI가 더욱더 큰 폭으로 하락했다. 채권시장에서도 3년만기 회사채 유통수익률이 2년 만에 최고로 올랐다.

외환시장에서는 아예 거래가 실종됐다. 환율변동폭이 대폭 확대되었으나[58] 거래가 이뤄지지 못한 채 환율만 새로운 제한폭까지 치솟았다. 외환시장 영업

---

[58] 상하 2.25%였던 일일 환율변동폭이 10%까지 확대됐다.

중단(shut down) 사태가 빈발했다.

결정적으로 외환보유고 고갈이 문제가 됐다. 11월 16일 캉드쉬의 방한 당시만 해도 170억 달러였던 가용외환보유고는 11월말에는 72억 달러로 두 자릿수로 떨어졌다. 한국의 외환보유고 연내 고갈설이 공공연하게 시장에 떠돌았고 12월 대통령선거에 따른 정치적 불확실성 등으로 대외신인도는 바닥까지 하락한 상태였다.

IMF 구제금융 발표, 그리고 'IMF 시대'의 시작

결국 11월 21일 밤 임창열 부총리는 IMF에 구제금융을 신청했다고 언론에 공식 발표한다. 이날 아침 김영삼 대통령은 '비상경제대책 자문위원회'를 개최했고[59] 저녁에는 각 정당 지도자 6명을 청와대로 초청하여 만찬회담을 했다. "정부가 IMF 지원을 요청하기로 했다. 그러니 경제위기 극복을 위해 협조해 달라"고 요청하는 자리였다.

만찬에 배석했던 임 부총리는 한국에 미리 와 있던 스탠리 피셔 IMF 부총재를 만나 구제금융 신청의사를 전달했고, 밤 9시 무렵에는 IMF행을 밝히는 기자회견을 하기 위해 정부청사 대회의실로 들어섰다. 많은 내외신 기자들이 몰려들어 긴장된 표정으로 임 부총리의 입이 열리기만을 기다리고 있었다.

임 부총리는 굳은 표정으로 "한국이 외화유동성 부족으로 IMF에 긴급 금융지원을 요청한다"는 내용의 준비된 발표문을 읽어 내려갔다. 기자회견 직후에는 캉드쉬 IMF 총재에게 전화를 걸어 자금지원을 요청했다.

이날 언론의 분위기는 무거웠다. 일부 언론은 IMF행을 '제2의 국치일' 등으로 표현하기도 했다. 다음날 조간신문들은 "과거 IMF로부터 구제금융을 받았던 다른 나라 사례들에 비추어 볼 때 거시적으로는 통화긴축과 재정긴축, 변동

---

[59] 11월 19일 긴급 구성된 비상경제대책 자문위원회는 김만제 포항제철 회장, 박상용 금호회장, 윤병철 하나은행 회장, 박영철 금융연구원장 등 총 11명으로 구성되었다.

환율제 도입 등을 요구할 것이며, 미시적으로는 기업과 금융, 노동분야 구조조
정을 강도 높게 요구할 것"이라는 전문가들의 진단을 일제히 전했다. [60]

한국판 블랙먼데이 발생

휴버트 나이스(Hubert Neiss) IMF 아태국장을 단장으로 한 IMF 협상팀 17명이
내한하여 11월 24일부터 협상테이블에 마주 앉았다. 한국은 재경원과 한국은행
등으로 급히 협상팀을 꾸렸다.

　IMF행을 밝히기만 해도 시장이 안정될 것이라던 막연한 기대는 이미 무너진
상태였다. 협상을 진행하는 와중에도 시장은 계속 악화됐다. 11월 24일 월요일
주식시장은 개장하자마자 KOSPI가 450.64로 폭락했다. 1987년 7월 9일 이후
10년 4개월 만에 최저치였다. 한국판 블랙먼데이의 시작이었다.

　　증권업계에서는 시장 분위기가 공황상태나 다름없으니 차라리 당분간 거래중지
　　조치를 해 달라는 의견을 냈다. 이날 주가가 폭락한 것은 IMF가 구제금융에 나서
　　게 되면 부실기업 정리가 가시화될 것이라는 전망이 증시에 퍼졌기 때문이다. [61]

　급박한 위기상황 속에서 진행되는 협상의 칼자루는 당연히 IMF가 쥐고 있었
다. IMF는 한국 정부가 현실적으로 받기 어렵다고 판단할 정도의 강도 높은 구
조조정 및 금융기관 폐쇄를 요구했다.
　우선 위기의 본질에 대한 관점이 상당히 달랐다. 한국을 비롯해 아시아 국가
들은 자신들이 겪고 있는 외환위기가 중남미와 달리 경제기초 여건으로는 설명
할 수 없는 국제 금융계의 '자기실현적 위기'[62]로 보는 시각이 많았다. [63] 아시아

60 〈매일경제〉, 1997. 11. 22.
61 정덕구, 2008, 《외환위기 징비록》, 삼성경제연구소, 143쪽.
62 경제위기에 대한 지나친 경계의식이 투자심리와 실물경제를 위축시켜 실제로 경제를 위기상황으로 몰아가
　는 현상을 뜻하는 경제·금융 용어이다.
63 김인준·이영섭, 2008, 《국제금융론》, 율곡출판사.

는 정보비대칭이 심한 시장이다. 태국에서 벌어진 이상신호 때문에 놀란 국제 단기자본이 다른 나라에서보다 훨씬 과민하게 반응했다는 것이다. 실제 한국, 말레이시아, 필리핀, 인도네시아 등 아시아 5개국의 경우 외환위기 발생을 전후한 1년간의 자본유출입 변동폭이 무려 1,051억 달러에 이른다.[64]

따라서 한국 정부는 '2백억 달러 이상'의 단기 유동성 지원만 해주면[65] 시간을 벌어 외환스왑과 해외기채, 차입 등을 통해 국제시장의 과민반응을 가라앉힐 수 있을 것으로 봤다.[66]

그러나 한국에 대한 실태파악 결과 상태가 자신들이 예상했던 것보다 훨씬 어렵다고 판단한 IMF는 재정과 통화 등 거시부문부터 재벌 및 금융기관 구조조정, 노동시장 개혁, 무역자유화 등 미시적 부문에 이르기까지 광범위하게 한국 경제에 근본적 수술을 요구했다. IMF가 요구하는 거시정책과 구조조정 방안은 하나하나가 다 적지 않은 파장을 예고하는 내용들이었다. 위기 속에서 한국의 장고(長考)가 깊어졌다.

11월 28일, 미국 클린턴 대통령이 김영삼 대통령에게 직접 전화를 걸어 결단을 재촉했다. 미국은 한국 정부가 아직도 IMF행을 피하기 위해 다른 생각을 하고 있다고 의심하고 있었다.

일본, 한국의 브리지론 요청 거부

실제로 이 무렵 한국 정부는 혹시 일본으로부터 도움을 받을 수 있는지에 대해 일말의 기대를 가지고 있었다.

---

64 1996년 930억 달러였던 민간부분 자본유입이 1997년에는 121억 달러의 유출로 바뀌게 된다. 특히 상업은행들에 의한 자본이동은 555억 달러의 자본유입에서 213억 달러의 자본유출로 전환되면서 768억 달러의 변동폭을 기록했다.
65 한국은행은 4백억 달러를 이야기했으나 이날 기자회견에서 임창열 부총리는 '2백억 달러 이상'이라고 표현했다.
66 〈매일경제〉, 1997. 11. 22.

11월 28일, IMF와 협상을 벌이는 와중에 임창열 부총리가 다급하게 일본을 방문했다. 임 부총리는 마쓰카 대장상을 만나 "한국이 무너지면 일본도 흔들릴 수밖에 없지 않나. 그러니 이번에 우리를 도와달라"고 요청했으나 일본 정부는 특유의 외교적 화법으로 "IMF를 통하라"면서 이를 거절했다.

다음날인 29일에는 김영삼 대통령이 일본의 하시모토 류타로 총리에게 직접 전화를 걸어 도움을 요청했으나 하시모토 총리 역시 비슷한 말을 반복했다. '한국이 IMF행을 피하려고 한다'고 의심했던 미국은 이미 G7 재무장관들과 상호 연락하여 'IMF를 통하지 않고는 한국에 어떤 돈도 빌려주지 않는다'는 원칙을 이미 세운 상황이었다. 다음은 바로 그날 서머스 부장관과 통화한 김기환 대사의 회고내용이다.

> 그때 서머스가 나와 전화 통화를 하면서 "당신네 나라 부총리가 일본에 가려는 것을 알고 있다" 그래요. 그러더니 "I don't think he will get anything"(일본에 가 봐야 얻을 것이 없을 것이다) 라는 말을 덧붙이는 겁니다. 우리가 일본 가 봐야 헛일이라는 걸 저쪽에서 이미 다 알고 있었던 거죠. 바로 이틀 후인 11월 30일에 임창열 부총리가 단기 브리지론(bridge loan) 이라도 받으려고 일본에 갔는데 이미 미국과 일본이 미리 말을 다 맞춰 놨단 말이죠. 한국이 IMF와의 협상을 통해서 해결할 생각을 하지 않고 일본의 도움을 받아 가지고 해결하려고 한다고 저쪽에서 생각한 거지요.[67]

개혁의 신호탄, IMF와의 협상타결

일본에 걸었던 마지막 희망까지 사라진 이제 다른 선택은 남아 있지 않았다. 하루라도 빨리 IMF와의 협상을 타결 짓지 않으면 국가부도는 명확했다. 종금사 등 금융기관 무더기 폐쇄 및 금리인상에 반대하던 한국 정부는 결국 IMF의 주장을 대부분 받아들이는 조건으로 12월 3일 협약에 사인했다. 협상 시작 열흘 만의 일이었다.

---

67 KDI와 가진 '한국경제 60년' 인터뷰.

'IMF 자금지원 합의서' 서명 (1997. 12. 3)
임창열 부총리(가운데)와 이경식 한국은행 총재(오른쪽)가 캉드쉬 총재와
재경원 간부들이 지켜보는 가운데 'IMF 자금지원 합의서'에 서명하고 있다.

IMF와 합의한 조건에는 경제성장률 3% 목표,[68] 경상수지 흑자, 물가 억제 등
거시지표 목표치와 함께 환율의 신축적 조정과 고금리,[69] 금융 구조조정 재원마
련을 위한 세입확대 방안 등 광범위한 정책내용이 포함되었다.

또한 5개 지방은행과 종금사의 무더기 폐쇄 및 통합감독기구 설치 등 강도 높
은 금융 구조조정과 함께 기업의 투명성 제고와 부채비율 축소, 노동시장 유연
성 제고 등 기업 구조조정, 노동시장 구조조정 조건도 들어 있었다.

자본시장 자유화는 물론 무역자유화 등 외환위기와는 별 상관이 없어 보이는
분야까지 광범위하게 포함되었다.[70]

---

68 경제성장률 3% 목표는 지나치게 낙관적인 것이었으며 여기에 근거하여 지나친 고금리와 재정긴축을 설정
   했기 때문에 1998년 심각한 경색이 발생했다고 2003년의 IMF의 평가보고서(*The IMF and Recent
   Capital Account Crises*)는 밝히고 있다.
69 IMF는 콜금리를 25%로 인상하고 재평가 시까지 유지할 것을 요구했다.
70 그 결과 수입승인제가 폐지되고 외국인 주식보유한도가 50% 확대되는 등 자본시장 개방폭이 대폭 확대되
   기도 했다.

IMF와의 양해각서 주요내용

1. 거시경제 정책
- 경제성장률: 1998년 3% 수준, 1999년에 회복세로 돌아섬.
- 물가상승률: 1998년 5% 이내
- 경상수지 적자: GDP의 1% 이내

2. 통화정책
- 현재의 금융시장 불안을 불식시키고 원화절하에 따른 물가파급 영향을 최소화하기 위하여 통화를 신축적으로 운용하고 일시적으로 금리상승 허용
- 탄력적 환율제도를 계속 유지함.

3. 재정정책
- 통화정책과의 조화 및 금융구조 개혁에 따른 비용부담을 위해 재정을 긴축운용
- 금융구조 개혁에 따른 부담을 세수확대 또는 지출삭감으로 상쇄함으로써 균형재정 또는 약간의 흑자재정 수준 유지
- 세수확대를 위한 정책수단 검토: 부가세 감면대상 축소, 조세감면 축소, 간접세, 특소세, 교통관련 세율인상 등 여러 수단의 취사선택 가능성 검토

4. 금융개혁
- 한국은행의 독립성이 보장되도록 「한국은행법」을 개정하고 물가안정에 목표를 두게 함
- 모든 금융기관의 감독책임을 지는 통합 금융감독기구를 설립하고, 부실금융기관 문제를 효율적으로 처리할 수 있도록 독립적 권한부여
- 연결재무제표 및 외부감사인에 의해 감사된 기업재무제표 작성의무 부여
- 부실금융기관의 구조조정 및 자본확충을 추진하고 금융기관 퇴출제도(폐쇄, 인수합병)을 마련함.
  - 12월 2일 9개 종합금융사에 대한 영업정지
- 부실채권정리 촉진 국제기준(바젤협약)에 부합하는 금융기관 건전성 감독기준 마련
- 모든 은행이 바젤협약기준을 충족하기 위해 연차개선계획 수립
- 금융기관회계 및 공시제도 강화
- 금융분야에의 진입허용 일정 앞당김.
  - 1998년 중반까지 외국 금융기관(은행, 증권)의 국내 자회사 설립허용
- 금융기관의 부실해외점포 정리

5. 기타부문

가. 무역자유화 조치
- 세계무역지구 협정 시 약속한 일정에 따라 무역관련 보조금, 수입제한승인제, 수입선다변화제도를 폐지하고 수입형식승인제의 투명성을 제고

나. 자본자유화 일정의 적극적 추진
- 자본시장의 단계적 추가개방
  - 1997년도에 외국인 주식취득 총한도를 종목당 50%까지 확대하고 1998년에는 55%로 추가확대
- 단기금융상품에 대한 외국인 투자 단계적 허용
- 일부분야 제외하고 외국인직접투자 제한분야 추가 허용
- 상업차관 도입 자유화의 점진적 추진

다. 기업지배구조 및 민간기업 부문
- 국제기준에 의한 회계제도(계열기업군 결합재무제표) 도입으로 기업재무회계 투명성 제고
- 정책금융 단계적 축소
- 개별 부실기업 구제를 위한 보조금 성격의 정부지원 배제
- 직접금융시장의 발전 등 기업의 높은 부채비율 축소를 위한 대책 마련
- 계열기업군의 상호지급보증제도 개선을 통해 연쇄도산 위험 축소

라. 노동시장의 유연성 제고를 위한 대책 마련
- 고용보험제도의 기능을 강화하여 인력재배치를 촉진하고 노동시장의 유연성 제고

마. 정기적 외환 및 금융정보 공개
- 외환보유고 구성, 선물환 거래내용, 금융기관 부실채권, 자본적합비율 소유구조 등에 관한 정보 공개

바. 금융실명제의 기본골격 유지(필요시 일부 보완)

협상과정에서 양측의 이견(異見)이 가장 컸던 항목이 부실금융기관의 신속 정리였다. 한국 정부는 금융기관 무더기 폐쇄는 전례가 없는 일인 데다 잘못하면 시스템 위기로 확산될 가능성을 우려하여 강하게 반대했으나 IMF는 부실금융기관 퇴출이야말로 금융위기를 해소할 수 있는 핵심요소로 보아 물러서지 않았다.[71]

결국 정부는 12월 2일 청솔, 경남, 경일 등 9개 종금사의 업무를 정지시켰다.

충분성의 원칙과 IMF 보완금융

IMF는 협상안의 이사회 상정을 위한 전제조건으로 3당 후보들의 이행각서를 요구했다. 대통령 선거가 12월 18일로 예정되어 있어 혹시라도 새 대통령 당선자가 딴소리를 할까 봐 미리 다짐을 받아 두려 한 것이다. 임창열 부총리의 지시로 강만수 재경원 차관 등 재경원 간부들이 3당 후보들을 찾아가 각서를 받았다.

외환보유고 고갈 때문에 한국이 국가부도를 내는 것은 IMF로서도 반드시 피하고 싶은 시나리오였다. IMF는 12월 4일 시간이 걸리는 일반절차를 생략한 채 긴급금융지원 프로세스[72]를 밟아 기록적으로 빠른 시간 내에 협약안을 통과시켰다.

협상타결로 한국이 지원받기로 한 총액은 550억 달러, 당시까지 IMF 지원을 받은 국가 가운데 최대 액수였다.[73] 이 가운데 IMF로부터 직접 받을 수 있는 지원금은 195억 달러로 60억 달러의 대기성 차관(stand-by loan)과 135억 달러의 보완준비금융(SRF: Supplementary Reserve Facility)[74]으로 구성되어 있었다. 일본, 미

---

71 International Monetary Fund, 2003, *The IMF and Recent Capital Account Crises*, p.108.
72 한국의 경우 긴급차입제도(Emergency Financing Mechanism)를 통해 예외적으로 처리됐다.
73 태국은 1997년 7월 28일 구제금융 신청, 8월 3일 172억 달러의 구제금융을 IMF와 IBRD, 다른 채권국가들로부터 지원받았고 인도네시아는 10월 8일 구제금융을 신청하여 10월 31일 430억 달러의 구제금융을 지원받았다.
74 아시아 외환위기 이후 전례 없는 대규모의 자금지원이 필요하게 되자 IMF가 1997년 12월에 새로 도입한 신용제도로 한국에 처음 적용되었으며 지원규모에 제한이 없고, 대기성 차관보다 만기가 짧고 금리가 높은 것이 특징이다 (김용덕, 2007, 《아시아 외환위기와 신국제금융체제》, 박영사, 112쪽).

국, 유럽 4개국, 오스트리아와 캐나다 등으로부터는 추가적으로 2백억 달러 규모의 2선 지원자금을 지원받기로 했다.[75]

당초 한국은 이렇게 많은 액수를 지원받을 계획이 없었다. 이경식 총재가 IMF 캉드쉬 총재에게 "3백억 달러를 지원해 달라"고 요청한 데 대해 강경식 부총리는 '좀 많은 듯하다'고 생각했다고 밝혔고[76] 임 부총리도 "IMF 요청액은 2백억 달러 이상이 될 것"이라고 기자들에게 밝힌 점으로 보아 최대 3백억 달러 정도를 구상했던 것으로 보인다.

그런데도 IMF가 대기성 차관 외에 SRF, 2선 지원자금까지 제공하기로 한 것은 1997년 11월 마닐라 프레임워크 회의 때 미국대표인 티모시 가이트너 재무차관보가 "각 나라에 외환위기가 닥칠 경우 대기성 차관만으로는 불을 끄기에 부족하다. 충분성의 원칙을 충족할 정도의 액수가 필요하다"고 제안했기 때문이다.

훗날 미국의 재무장관이 된 가이트너는 각국의 외환위기나 금융위기 경험을 바탕으로 쓴 자신의 회고록에서 위기에 대응하기 위해서는 '충분성의 원칙'이 무엇보다도 중요하다고 강조했다.

> 월터 배저트(Walter Bagehot)는 중앙은행의 바이블인 1873년의 《롬바르트 가》 (*Lombard Street*)라는 저서에서 '런'(run)을 막는 방식은 런을 할 필요가 없음을 세상에 보여주도록 창가에 충분한 자금을 내놓고 자유롭고 과감하게 대출을 하여 중앙은행이 대출을 계속할 것이라는 메시지를 대중들에게 전달하라고 설명했다. … 목적은 지급능력이 있는 기관에 민간시장이 얼어붙을 때 유동성을 공급하여 금융시스템의 작동을 유지하게 만드는 것이다.[77]

미국의 주장에 따라 IMF가 추가로 만든 것이 보완금융이고 그 첫 대상국가가 한국이 된 것이다. 한국은 원래 할당된 대기성 차관 60억 달러의 19배를 지원받게 되었다. 멕시코의 7배보다 훨씬 많은 액수였다. IMF는 예비 차입금인 SRF

---

75 일본 100억 달러, 미국 50억 달러, 유럽 4개국 50억 달러, 오스트리아와 캐나다 각 10억 달러 등이다.
76 강경식, 2010, 《국가가 해야 할 일, 하지 말아야 할 일》, 김영사, 116쪽.
77 티모시 가이트너, 김규진 외 역, 2015, 《스트레스 테스트》, 인빅투스, 144쪽.

프롤로그 53

에 대해 높은 금리를 물려서 해당 국가가 위기에서 벗어나면 가능한 빨리 상환하도록 설계했다.[78]

협상타결로 12월 5일 최초의 IMF 지원자금 55억 달러가 들어왔다. 12월 4일 60억 달러 수준까지 하락했던 가용외환보유고는 IMF 구제금융을 받으면서 110억 달러로 일시 증가했다.

위기의 정점이 된 12월

그러나 IMF도 한국도 예상하지 못했던 진짜 위기는 IMF와의 협상 성공 직후부터 본격화됐다. 협상이 타결됐으니 금융시장, 외환시장이 급속히 안정될 것이라고 생각한 기대와는 정반대로 IMF 구제금융 패키지가 합의되어 돈이 들어온 이후 위기가 더 증폭된 것이다.

당시 국제 채권단은 한국이 언제 부도가 날지 모른다고 우려하여 서로 먼저 비상구를 빠져나가려고 다투고 있었다. 그런데 마침 IMF 자금이 들어오고 한국이 돈을 지불할 수 있는 상황이 되자 모든 채권자들이 동시다발적으로 돈을 빼기 시작한 것이다.

한국외환시장은 즉시 공황상태에 빠졌다. 남보다 빨리 자금을 회수하려는 개별 금융기관들의 합리적 결정이 거시적 재앙으로 이어지는 '구성의 오류'가 위기 상황에서 극명하게 현실로 나타난 경우였다.[79]

외환시장뿐 아니라 국내시장도 악화일로를 치달았다. 12월 5일 고려증권이 부도처리됐고, 12월 6일에는 한라그룹이 부도를 냈다. IMF의 요구에 따라서 9개 종금사들에 대한 영업정지 조치를 내린 이후 발생한 금융권의 후폭풍 때문이었다.

부실 종금사가 영업정지를 당하자 은행들이 다른 종금사들에게까지 콜자금

---

78 한국의 SRF 금리는 LIBOR + 350bp로 결정됐다.
79 티모시 가이트너, 김규진 외 역, 2015, 《스트레스 테스트》, 인빅투스, 78쪽.

54

제공을 일시에 중단했고, 유동성이 막힌 종금사들이 일제히 기업들로부터 무차별 자금회수를 시작한 것이다. 금융기관들의 자금중개 기능이 실종되면서 시중금리는 19.95%로 치솟았다.

12월 6일에는 재계서열 12위의 한라그룹이 무너졌다. 한라그룹의 부도는 그 자체로 또다시 금융시장에 큰 충격을 주었다. 실물부문과 금융부문이 서로에게 충격을 주면서 도미노처럼 무너지는 상황이 계속되었다. 위기 때 나타나는 전형적인 동태적 악순환이었다. 12월 8일 외환시장에서는 환율이 거래 제한폭까지 올랐고, 계속되는 기업부도와 금융권 부도에 주식시장도 얼어붙었다.

12월 10일. 이날 종금사 5개사에 대해 추가로 영업정지가 이뤄졌다. 서울 외환시장은 개장 40여 분 만에 거래가 중단됐다. 장을 열자마자 환율이 하루 상승 제한폭으로 폭등했다. 엎친 데 덮친 격으로 한국산업은행이 뉴욕에서 추진하던 20억 달러의 채권 발행이 무산됐다는 소식이 들려왔다.

12월 9일에서 12일까지 사흘 동안 산업은행 채권 스프레드는 280bp에서 562bp로 2배로 뛰었다.

공황상태에 빠진 외환시장

외환시장에서는 7대 시중은행의 차환율이 30% 초반대로 급락하면서 외화자금이 계속 서울을 빠져나갔다. 특히 일본계 은행들이 가차 없이 한국에서 돈을 빼내갔다. 일본 정부가 100억 달러의 후방지원을 약속했는데 민간은행이 그보다 훨씬 많은 액수를 다시 받아간 것이다. 한국 정부가 일본 정부로부터 빌린 돈으로 일본 민간은행의 돈을 대신 갚아 주는 이상한 상황이 벌어지고 있었다.

12월 11일. 이날 환율은 개장하자마자 거래가 중단됐다. ING 베어링과 SBC 워버그 등 국제금융기관들이 '1,250원 정도가 될 것'으로 예측했던 연말 원·달러 환율은 이날 1,719.80원으로까지 폭등했다. 같은 날 국제 신용평가사인 무디스는 한국의 장기신용등급을 A3에서 Baa2로 2단계 하향조정했고, S&P는 한국의 신용등급을 11일 하루 동안에 3단계나 떨어뜨려 BBB⁻로 발표했다.

　12월 12일자 영국의 〈파이낸셜 타임스〉는 "IMF로부터의 자금지원에도 불구하고 외국인 투자자의 이반사태로 한국이 지급불능 상태로 갈 가능성은 50 대 50"이라면서 IMF 사상 처음으로 IMF 프로그램 상황하에서 국가부도가 발생할 가능성이 있다고 언급했다.

정보 불투명으로 공황상태 몰려

왜 이 같은 공황상태가 발생했을까?

학계는 당시 금융시장이 패닉에 빠진 가장 큰 원인은 정보의 불확실성과 투명성 부족이었다고 분석하고 있다.[80] 한국의 외채상황 및 외환보유고 상황이 대외적으로 알려진 것보다 훨씬 나쁘다는 IMF 보고서가 언론에 흘러나간 것이다.

> 첫째 IMF와의 협상과정에서 한국의 단기외채가 공식적으로 발표된 수치의 2배에 달한다는 사실이 (언론에 흘러나가) 밝혀졌다. 한국 금융기관과 기업 그리고 이들의 현지법인들이 차입한 역외(域外) 금융 차입액까지 포함시킬 경우 한국의 단기외채 부담은 1천억 달러에 달할 것이라는 추정이 나돌았다. 정부는 12월 중순까지 이 같은 추측의 사실 여부를 확인해 주지 않아 외국투자자들의 추측만 무성해졌다. 투자자들을 경악시킨 또 하나의 사실은 IMF 구제금융이 확정된 12월 1일 현재 가용외환보유고가 한국은행의 공식발표 수준보다 훨씬 적은 50억 달러에 불과했다는 사실이다.[81]

　IMF가 동시다발로 아시아 외환위기를 수습하느라 '실탄'이 많지 않다는 것을 읽힌 것도 문제였다. 한국에 지원한다고 약속한 550억 달러 가운데 2선 지원자금인 2백억 달러가 까다로운 전제조건과 시기 때문에 사실상 허수나 다름없다

---

80 박대근·이창용, "한국의 외환위기: 전개과정과 교훈", 한국 경제학회 심포지엄 발표, 1998. 3. 25.
81 위의 글.

56

는 점을 시장에 들킨 것이다.

또 다른 원인은 구제금융 결정 이후 IMF와의 불협화음이었다.

IMF 지원에 대한 국내 반응은 제2의 경술국치 등으로 표현하면서 IMF에 대해
경제점령군, 침략군으로 묘사했다. 대통령 후보는 '당선이 되면 IMF와 재협상
을 벌이겠다'는 공약을 신문에 싣기도 했다. 더욱이 한국 정부와 IMF 간에 부실
금융기관 처리문제를 둘러싸고 심한 의견 대립이 있었다. [82]

그 의견대립은 무엇이었을까?

IMF는 대기업의 잇단 부도로 부실규모가 천문학적으로 늘어난 제일은행과
서울은행에 대해 부도처리를 요구했으나 은행퇴출이라는 초유의 사건이 예금인
출사태(bank run)와 시스템 위기를 불러올 것을 우려한 한국 정부는 12월 8일
두 은행에 정부출자를 해서 구제하겠다고 발표한다.

부도위기에 빠진 쌍용차 처리에 대해서도 IMF는 불만을 나타냈다. 3조4천
억 원의 부채를 가진 쌍용차그룹은 대우그룹과 비밀리에 협상을 벌여 대우가 쌍
용의 대형차와 승합차, 지프형 승용차를 전격 인수하게 된다. 그런데 IMF는 그
과정을 정부가 주선했고 대우그룹에 금융 인센티브를 제공한 것이 아닌가 하는
의심을 갖고 있었다. 부실 대기업에 대한 정부지원은 IMF 프로그램에 정면으
로 배치되는 행위였다.

대통령 선거과정에서 불거진 '재협상론'과 개방경제에 대한 한국 정부의 경험
부족이 투자자들의 불신을 키웠다는 지적도 있다.

IMF 구제금융 조인으로 신뢰도가 회복되었으리라 생각한 정부는 IMF 구제금
융이 확정된 후 불과 1주일 만에 외화채권을 새로 발행하여 20억 달러를 조달하
려 했다. 그러나 정부의 기대와는 반대로 산업은행의 채권발행 시도는 외국투
자자들을 더욱 놀라게 만들었다. 550억 달러나 되는 지원금을 약속받고도 새로
20억 달러나 되는 외화채권 발행을 시도하는 것을 보면 숨겨 놓은 외채가 더 있

---

82 앞의 글.

음이 틀림없다고 외국투자자들은 추측하였다.[83] 결국 산업은행이 발행하려던 채권의 스프레드가 500bp 넘게 상승하자 정부는 12월 12일 채권발행계획을 백지화하였다. 그러나 이런 사건을 통해 외국투자자들은 한국 정부가 과연 위기관리 능력을 가지고 있는가에 대해 더욱 의심하게 되었다.[84]

YS, 클린턴 대통령에 긴급요청

상황이 걷잡을 수 없을 만큼 다급하게 돌아가자 '한국이 IMF 프로그램하에서 국가부도가 나는 첫 케이스가 되는 것 아니냐?'는 위기의식이 청와대와 재경원 등에 확산됐다. 당황하기는 IMF와 미국도 마찬가지였다. IMF 프로그램이 시작되었는데 국가부도가 나는 사태는 전례가 없었고 IMF의 기능과 위상에도 치명적 타격이 된다. 한국의 위기가 너무 빠른 속도로 진행되어 제대로 원인파악도 하지 못하는 상황이었다. 가이트너 미 재무차관보의 회고는 당시 상황에 대해 미국도 크게 당황했음을 보여준다.

> 우리는 IMF 역사상 유례가 없는 550억 달러를 한국에 투입하도록 지원하였다. 멕시코는 위기 당시 유례없는 IMF 할당액(스탠바이 퍼실러티)의 7배를 대출받았으나 한국은 할당액의 무려 19배를 받았다. 그러나 절대적으로 큰 약정금액으로도 한국에서의 런(run)은 멈추지 않았다. 시장은 IMF의 지원 약정액이 충분한지, 한국의 은행들이 숨긴 부실채권을 충당하는 데 충분한지에 대해 확신하지 못하고 있었다. … 우리는 대안이 없었고 한국을 구해낼 수 있을지 의구심이 들기 시작했다.[85]

---

83 MIT 돈부시 교수는 〈로이터 파이낸셜〉과의 인터뷰에서 "한국의 단기외채는 알려진 것보다 훨씬 많은 것 같다. 재경원의 비밀주의 때문에 단기부채 가운데 얼마가 6개월 안에 만기가 돌아오는지, 또 IMF 자금으로 얼마까지 버틸 수 있는지, 한국이 이미 한도를 넘어섰는지조차 알 수가 없다"고 말했다 (정덕구, 2008, 《외환위기 징비록》, 삼성경제연구소, 301쪽 재인용).
84 박대근·이창용, "한국의 외환위기: 전개과정과 교훈", 한국 경제학회 심포지엄 발표, 1998. 3. 25.
85 티모시 가이트너, 김규진 외 역, 2015, 《스트레스 테스트》, 인빅투스, 78쪽.

이틀 후인 13일, 김영삼 대통령이 클린턴 대통령과 통화하며 긴급요청을 했다.

"돈이 너무 빠른 속도로 빠져나가서 우리가 연말까지 버티지 못할 것 같다. IMF 프로그램을 앞당겨서 돈을 보내줘야 국가부도를 막는다. 도와달라."

이 당시 청와대 김용덕 비서관의 증언은 다음과 같다.

김용덕 장관님의 말씀대로 12월 4일 IMF 이사회 통과 뒤 5일에 자금이 들어왔지요. 그러면 외화보유고가 늘어날 것으로 생각했는데, 돈이 들어오자마자 빠져나가는 거예요. 해외 금융기관들이 만기연장을 안 해주고 돈을 빼나가니 그럴 수밖에 없었지요. IMF 체제하에서 국가부도가 코앞에 닥친 겁니다. 12월 11일 가용외환보유고는 100억 달러선을 깨고 95억 달러로 내려갔습니다. 연말까지 IMF 자금 추가도입분은 75억 달러인데 지급수요는 170억 달러로 예상되어 연말을 넘기기 어려운 형편이었습니다.

약 1개월 반의 수입대금 확보를 위해 추가로 120억~180억 달러가 필요했습니다. 그래서 12월 11일 김영삼 대통령께 미 클린턴 대통령과의 통화를 건의드렸고 12월 13일에 당시 김영삼 대통령이 클린턴 대통령에게 전화를 합니다.

"이대로 가면 못 버티니 IMF 자금 인출을 앞당겨 달라"고 부탁했지요. 당시 클린턴 대통령이 뭐라고 했느냐 하면 "IMF 자금을 당겨 달라고 하면 한국이 위기라는 점을 강조하는 셈이어서 더 어려울 수 있으니 대신 민간 금융기관들이 한국에서 돈을 빼나가는 것, 또는 빠져나가는 것을 완화하는 것이 필요하다. 우리도 노력하겠지만 한국도 노력해 달라."

크리스마스를 목전에 둔 그때 미국 재무부와 뉴욕 FRB 총재인 맥도나 등 당국자들이 동원되어 월가의 주요 채권은행장과 유럽 재무부 등에 한국으로부터의 자금인출 중지 협조 요청이 시작됩니다. 결국은 민간은행들이 한국에서 돈을 빼가는 것을 중단시키는 일이 12월 24일 전후에 일어납니다.

이것이 국가부도를 막기 위해 김영삼 대통령이 마지막으로 한 업적 가운데 하나입니다. 클린턴 대통령과 세 번 통화를 했는데 맨 처음이 1997년 11월 28일로 이때는 클린턴 대통령이 전화를 걸어왔는데 내용은 IMF 자금 문제를 빨리 매듭

지어야 한다고 강조하는 것이었습니다. 다음은 IMF 이사회 통과 뒤 12월 5일 김 대통령이 "열심히 할 테니까 도와달라"는 것이었고, 마지막 세 번째가 12월 13일 긴급 구제요청 전화입니다.

이 같은 한국 측의 지속적인 요청에 대해 클린턴 대통령은 다음과 같이 답변했다. "우리도 매일 상황보고를 받고 면밀히 체크하고 있다. 그런데 지금 IMF 자금을 조기 가동하면 오히려 시장이 더 불안해지고 자금이탈이 가속화될 가능성이 있다. 우리가 민간 금융기관들을 접촉해서 만기연장을 추진해 보겠다. 그러니 한국 정부도 해외 채권은행들과 접촉해 보라."

미국으로부터도 속 시원한 답변을 듣지 못한 채 국가부도를 향한 시한폭탄의 초침은 계속 재깍거리며 돌아가고 있었다.

심야의 호텔 비상대책회의

12월 14일 심야에 서울시내 모처에서 비상대책회의가 열렸다. 재경원과 한국은행, 청와대 경제수석실 등이 모여 국가부도 사태를 모면하기 위한 대책을 논의하는 자리였다. 외환보유고는 다시 65억 달러로 줄어든 상태였다. 매일 빠져나가는 속도로 봐서 연말을 버티기 어려운 수준이었다.[86]

이날 심야 긴급대책회의를 소집한 사람은 임창열 부총리였다. 재경부에서 차관과 2차관보, 금융부문 국·과장들이 참석했고, 청와대에서는 김영섭 경제수석과 김용덕 비서관이 함께 참석했다. 한국은행에서는 총재와 국제국장이 참석한 자리였다. 다급한 상황이라 어떤 아이디어라도 좋으니 다 한번 내보라는 회의였다.

백가쟁명(百家爭鳴) 식으로 대안들이 쏟아져 나왔다. 100억 달러 외화국채 발

---

86 사후집계 결과 1997년 말 단기외채는 연초의 930억 달러에서 633억 달러로 297억 달러가 감소했다. 특히 국내 금융회사의 단기외채는 무려 328억 달러나 감소하여 272억 달러로 줄어들었다.

행방안, 국유재산을 담보로 자산유동화증권(ABS)을 발행하는 방안, 국유재산을 담보로 외화자금을 확보하는 방안, 곧 IMF 자금이 들어올 테니 일본이나 대만계 은행에 긴급 단기자금 브리지론 지원을 요청하자는 방안, 내국인과 해외 교포들을 대상으로 외화표시 국채를 발행하자는 방안 등이었다.

그러나 100억 달러 외화표시 국채나 국유재산담보부 채권의 연내 발행계획은 그 직전 산업은행이 뉴욕에서 20억 달러 외화산금채 발행을 시도했다가 실패한 데다 연말이 불과 2주도 채 안 남은 상태라 물리적으로 실현이 불가능했다. 이미 한 번 실패한 것을 다시 시도했다가 잘 안 되면 한국 정부의 상황인식과 위기해결능력에 대한 시장의 불신만 증폭시키는 결과를 초래할 가능성이 높았다.

그 외에 어느 방식을 선택해도 신규자금 조달에는 시간이 걸린다. 한국 경제는 그 시간을 버틸 만한 여유가 없었다. IMF는 2백억 달러 2선 지원자금이 허수에 가깝다는 사실을 인지한 시점부터 외채 만기연장을 생각하고 있었고, 한국도 해외 금융기관 국내지점들을 개별 접촉했으나 이들은 IMF나 한국 정부의 만기연장 요청을 들은 척도 하지 않았다.

12월 16일. IMF의 권유로 시장평균환율제도를 없애고 자유변동환율제로 이행했는데 일일상승폭 제한이 없어지자 원·달러 환율은 더 크게 폭등했다.[87] 외환시장은 여전히 거래가 실종된 채 패닉상태가 지속되었다.

12월 18일. 외환보유고가 39억 4천만 달러까지 떨어졌다. 그 상태로 며칠만 더 계속되면 국가부도가 확실했다.

12월 23일. 이날은 한국의 국가신용등급이 정크본드 수준으로 추락한 날이다. 회사채 수익률은 31.1%로 기록적으로 급등했다.

---

87 12월 24일에는 1,964.8원까지 치솟았다.

성탄절 전야의 기적

한국 경제가 끝이 보이지 않는 무저갱으로 추락하던 12월 24일 성탄절의 전야(前夜). '크리스마스의 기적'이 일어났다. 미국, 일본, 유럽 등 8개 선진국 은행들이 일제히 자금회수를 멈추고 IMF가 100억 달러의 조기 자금지원을 약속한 것이다. 그걸 받아내기 위해 한국 정부는 IMF와 2차 협상을 벌여 최초 합의조건보다 더 강도 높은 자본시장 개방과 부실금융기관 정리방안에 합의한 상황이었다.

IMF 외환위기 기간에 IMF와의 협약은 총 10차에 걸쳐서 이뤄지는데 이 가운데 1차에서 4차까지가 1997년 12월부터 1998년 2월 7일까지 김영삼 정부 말 2개월여에 걸쳐 집중적으로 이루어졌다. [88]

특히 초기 협상 때 IMF 측은 우리 정부가 수용하기 쉽지 않은 강도 높은 구조조정과 거시정책을 요구했다. 실무협상 과정에서 IMF의 요구강도를 완화하거나 경우에 따라서 우리 측 주장을 추가하는 방식으로 협상이 진행됐지만 입장이 서로 판이하게 달라 협상이 지연되고, 파국 직전까지 가는 일도 자주 있었다.

초미의 위기상황에서 벌인 2차 협상, 이른바 'IMF 플러스 협상'에서도 한국이 약속한 각종 내용을 세계무역기구(WTO: World Trade Organization)에 구속시키고 수출 및 무역 보조금을 전면 폐지하라는 등의 광범위한 요구 내용이 들어 있었다. "통상문제는 IMF가 요구할 일이 아니다"라고 강하게 버틴 끝에 통상문제는 모호한 언어로 대충 넘어가는 대신 IMF가 부과한 추가 자본시장 개방 조건을 받아들이고 다행히 조기 자금지원을 약속받았다. [89]

그러나 그걸로 사태가 해결되는 것은 결코 아니었다. 연말까지 100억 달러가 들어오더라도 연내 만기가 돌아오는 외채상환 95억 달러와 외환시장 안정을 위한 최소 5억 달러의 자금소요를 감안하면 약 15억 달러의 여유밖에 없었다.

---

[88] 외환유동성 위기가 진정된 5차부터 10차까지는 1998년 5월부터 2000년 7월까지 약 2년 2개월에 걸쳐 매년 약 2회씩 진행되었다.

[89] IMF도 사후보고서에서 지나치게 광범위한 개혁요구 사항은 중장기적으로는 해당 국가에 도움이 되겠지만 단기적 위기해결에는 오히려 걸림돌이 될 수 있기 때문에 선택과 집중이 필요하다고 밝혔다 (International Monetary Fund, 2003, *The IMF and Recent Capital Account Crises*, p.42).

1998년 1월말까지 약 50억 달러가 부족했고 1998년 3월까지 추가로 만기가 돌아오는 외채는 232억 달러나 됐다.

미국이 본격적으로 움직이다

당시 외환위기의 고비에서 가장 결정적인 전환점은 12월 20일을 전후해서 일어났다. 미국 재무부가 막후에서 본격적으로 움직여 "한국 대출금의 만기를 연장해 달라"고 국제 금융계를 설득하기 시작한 것이다.

미국 재무부 팀과 연방준비은행(FRB: Federal Reserve Bank)은 주요은행의 CEO들에게 일일이 전화해서 한국에서 더 이상 돈을 빼지 말아 달라고 요청했다. 마침 서양의 최대 휴가시즌인 크리스마스 직전이라 은행장이나 간부들이 상당수 휴가를 간 상황이었는데 일일이 이들의 소재지를 추적해 전화하고 회수 자제를 요청한 것이다.

우리는 한국에서 발생한 '런'(run)의 치명적 부분을 처리하기 위해 주요 채권자인 미국·일본·유럽 금융기관들에게 한국계 은행에 대한 대출만기를 연장하라고 제안했다. 채권자에게 동의를 강요할 수는 없었지만 한국의 국가부도가 발생할 경우 이들에게 심각한 손실이 날 것임을 조언(?)하고 전반적인 동결조치가 그들에게도 최선의 이익이 될 것이라고 설득했다. 우리는 전화회의를 통해 주요 글로벌 은행장들을 각 나라 재무장관과 함께 소집하여 메시지를 전달했다. "당신이 한국의 단기부채의 장기전환에 동의한다면 우리는 IMF의 지원을 지속할 것이고, 여러분은 전액회수 기회가 생길 수 있지만 당신이 상황안정 조치에 동참하지 않는다면 IMF가 대출을 계속할지 확신할 수 없으며 여러분은 거액의 손실에 직면할 것이다." 채권은행들은 처음에는 황당해했지만 루빈 장관이 강한 설득력으로 타당성을 입증하자 (만기가 도래된 외채의) 임시동결 및 차후 전반적인 재조달에 동의했다. [90]

---

90 티모시 가이트너, 김규진 외 역, 2015, 《스트레스 테스트》, 인빅투스, 77~78쪽.

루빈 장관은 G7 국가의 재무장관들에게 일일이 전화해서 한국으로부터의 채무회수에 대해 각국 정부가 자국의 금융기관들에게 속도조절을 시킬 것을 요청한 상태였다. 채권국 금융기관들이 미국과 IMF의 만기연장 요청에 따라 일단 채권을 현 수준에서 동결하기로 최종 결정한 날짜는 12월 24일이었다. 또 이날 100억 달러 규모의 IMF 브리지론이 승인됐다. [91]

루빈 장관 등 재무부 주요인사들과 미국 FRB까지 나서서 이렇게 적극적으로 전 세계 국제금융시장을 움직인 이유는 무엇일까? 당시 한국담당이었던 가이트너 재무차관보의 증언이다.

우리는 한국이 무너질 경우 투자자들이 어떤 신흥국도 안전하지 않다고 결론지을 것이라고 우려했다. 또 민주주의 국가인 남한의 붕괴를 전체주의 국가인 북한이 어떻게 활용하고 나설지는 상상하고 싶지도 않았다. [92]

DJ 당선자, 'IMF와의 합의내용 충실 이행' 다짐

위기로 치닫는 상황에서 지렛대를 움직인 또 다른 결정적인 사건은 12월 19일 데이비드 립튼 미 차관의 방한이었다.

12월 18일의 대통령 선거에서 당선된 김대중 후보는 다음날인 19일 오전 10시 여의도 당사에서 립튼 차관과 면담한 자리에서 "새 정부는 IMF와의 협상 결과를 잘 준수할 것"이라고 확고하게 약속했다. 면담 직후 가진 기자회견에서는 "IMF 협약 관련법안이 조속히 국회에서 통과되도록 노력하겠다. 재벌개혁을 추진하고 시장경제를 적극 수용하겠다"고 밝혔다.

김대중 당선자는 같은 날 클린턴 미 대통령과 하시모토 류타로 일본 총리에게도 각각 전화를 걸어 "IMF와의 합의내용을 이행하겠다. 그러니 미국과 일본 정부가 신속히 도와주길 바란다"고 요청했다.

91 International Monetary Fund, 2003, *The IMF and Recent Capital Account Crises*, p.2.
92 티모시 가이트너, 김규진 외 역, 2015, 《스트레스 테스트》, 인빅투스, 76쪽.

김대중 당선자와 미국 재무차관의 회동 (1997. 12. 22)
김대중 대통령 당선자가 국회 국민회의 총재실에서 립튼 미 재무차관 (왼쪽) 과
보스워스(가운데) 주한 미 대사를 만나 IMF 협약 이행방안에 대해 의견을 나누고 있다.

김 당선자는 후보시절에 '당선되면 일부 항목에 대해서는 IMF와 재협상하겠다'
고 한 적도 있었으나, "막상 당선이 되어 구체적인 경제위기 보고를 들어보니 내
가 파악했던 것보다 경제가 훨씬 나쁘더라. 잠이 오지 않는다"고 측근에게 토로
했다고 한다. 외환위기 쓰나미로 초토화된 나라 경제를 수습하기 위해서는 확
고한 이행약속 외에 다른 방법이 없다고 판단한 것이다.

 립튼 차관이 김대중 대통령 당선자와 면담한 직후 미 재무부와 FRB가 동시에
움직였다. 월가(Wall Street)의 주요 은행회장들과 유럽의 주요 재무장관들에게
한국에서의 자금인출을 자제하고 만기를 연장해 주도록 요청한 것이다.

 정신없이 급박하게 돌아갔던 12월 중순 이후 상황을 최종 정리하면 이렇다.
12월 5일 IMF 자금 55억 달러 지원 이후에도 외국투자자들의 탈출이 지속되어
한국이 국가부도 위기에 직면했고, 이를 타개하기 위해 김영삼 대통령이 12월
13일 미 클린턴 대통령에게 긴급 구조요청을 했으며, 동시에 한국 정부가 IMF
와 미국에 단기외채 만기연장 협상 추진의사를 전달했다.

미국 역시 한국의 외환사정을 정확히 파악했기에 득단의 조치를 고민하던 시점이다. 12월 13일 김영삼 대통령의 IMF 자금 조기지원 요청을 받은 클린턴 대통령이 해외 민간은행들을 움직여 보겠다고 약속했으나 12월 18일 대통령 선거가 있어 결정적 행동에는 착수하지 않았다. 그러다가 새 대통령 당선자가 확정된 12월 18일 립튼 재무부 차관을 보내 김대중 당선자로부터 IMF 협약을 준수하겠다는 의지를 확인한 후 이때부터 바로 움직이기 시작한 것이다.

미국, 한국위기에 따른 북한도발 우려

당시 한국의 외환위기 지원과 관련하여 미국 정부 내에서 발생한 논란 및 전개 과정을 서울대 외교학과 윤영관 교수의 논문[93]을 통해 살펴보면 다음과 같다.

1. 한국 1차 구제 결정 (1997. 12. 3)

11월 중순경 미국관료들에게 한국이 심각한 재정위기에 봉착한 것이 분명해졌다. 미국관료들의 대책모임의 분위기는 비관적이었다. 그들은 한국이 디폴트에 근접해 있고, 단기부채가 위험수위이며, 시장의 신뢰를 회복하기 위해 필요한 방식으로 기존의 관행을 바꾸는 것을 꺼려한다고 판단했다. 미국 국가안보보좌관 새뮤얼 버거는 한국 경제가 붕괴할 수 있으며, 북한이 한국의 사태를 이용해 위험한 군사도발을 일으킬 수 있다고 믿었다. 국무장관 매들린 올브라이트도 비슷한 이유로 구제금융 지원을 주장했다.

그러나 루빈 재무장관은 한국에 돈만 투입한다고 문제가 해결되는 것은 아니라는 입장이었다. 결국 경제부처와 안보관련 부처들은 회의 끝에 다음과 같이 결론을 내렸다. 구제금융 지원에 반드시 성공 가능성이 높아야 하는 것은 아니라는 점에 합의하고, 설혹 절반의 확률에 못 미치더라도 성공 가능성이 있다면 시도할 만한 정치적 가치는 있다는 것이었다. 이제 루빈 등 미 재무부 관료들의 주 관심사는 한국의 구조개혁 압박으로 전환됐다. …

---

93 윤영관, 2002, "1997년 위기에 대한 미국의 정책대응"(US Policy Responses toward the Crisis in 1997).

2. 한국 2차 지원 결정 (1997. 12. 24)

한국 정부가 약속한 개혁은 기대한 것처럼 순조롭게 진행되지 않았고 한국의 경제는 국제투자자들의 신뢰를 회복하지도 못했다. 하루에 10억 달러씩 한국은행의 외환보유고가 빠져나가면서 거의 고갈돼 연말에 디폴트가 될 것처럼 보였다.

미 재무부는 긴급히 해외 채권은행들에게 협조를 요청해 한국에 대한 채무 만기연장을 해주도록 하는 한편, 12월 19일 데이비드 립튼 차관보를 보내 바로 전날 당선된 김대중 대통령 당선자를 만나게 했다. 김 당선자는 립튼에게 "대량해고와 사회불안이 야기되는 한이 있더라도 미국의 원조에 따르는 조건을 이행하고 개혁을 단행하겠다"고 긍정적 반응을 보였다.

외환위기, 고비를 넘기다

12월 24일을 기점으로 단기외채의 한국탈출이 기적처럼 멈춰졌다. 같은 날 IMF는 'IMF 플러스 협상'[94] 결과와 함께 100억 달러를 한국에 조기 지원하기로 했다고 발표했다.

미국 정부로부터 '협조요청'을 받은 각 나라 채권금융기관들은 일단 공식적인 외채 만기연장이 있을 때까지 현 상태를 유지하기로 했고 IMF는 실제 이 약속이 지켜지는지 매일 모니터링했다.

미국 재무부 팀이 한국의 외환위기 때 사용한 이 같은 조치는 이후 미국이 해외에서 발생하는 금융위기 때마다 사용하는 표준처방이 된다. 1998년에 발생한 러시아 모라토리엄 사태로 LTCM(Long-Term Capital Management)이 도산하여 미국 금융의 시스템 위기로 확산될 조짐이 보이자 뉴욕 연방은행장인 빌 맥더너는 월가의 금융회사들이 LTCM의 매매 포지션이 안전하게 청산될 때까지 자본회수를 자제하도록 설득했고 2008년에 발생한 초대형 금융위기 발생 때도 똑같

---

94 IMF 플러스 협상에 의한 자금지원 100억 달러는 IMF 자금 20억 달러와 2선 자금 80억 달러로 구성되었다. IMF 자금 20억 달러는 도입되었으나 2선 자금 80억 달러는 12월말부터 외화자금 유출이 감소하고 외환보유고가 증가하기 시작하면서 집행되지 않았다.

은 해법을 사용했다. [95]

외환 한국탈출이 멈추고 12월 24일 IMF 자금의 조기집행이 결정되자 한때 1,900원 선을 돌파했던 환율은 하루 만에 극적으로 하락해 1,498원으로 마감했고 KOSPI도 크게 올랐다. 13개 시중은행의 단기외채 만기연장 비율이 개선되고 '소금 창고에 물이 차서 녹듯' 하던 한국 정부의 가용외환보유고 감소세도 차츰 줄었다.

해외 언론의 반응도 호전되기 시작했다. 김대중 당선자의 확고한 의지표명에 대해서도 긍정적 평가가 나왔다.

한국 경제의 경쟁력 강화가 중요하다는 김대중 당선자의 입장표명은 미 행정부와 IMF의 한국지원을 이끌어내는 데 도움이 됐다(〈워싱턴 포스트〉, 1997. 12. 28).

김 당선자는 뛰어난 용기, 노동자들의 신임, 구체제로부터의 독립성 등 세 가지 장점을 보유하고 있다(〈파이낸셜 타임스〉, 1997. 12. 29).

그러나 사실 이때만 해도 미국 재무부는 한국이 위기탈출을 할 수 있을 것인지 반신반의했던 것으로 보인다.

한국 지원여부에 대한 백악관 내부토론 때 "확실하게 성공 가능성이 있는 계획을 강구하지 못한다면 차라리 비켜서서 한국이 불타게 내버려 두는 것이 더 적절한 대응일 것"이라고 말하기도 했던 루빈 미 재무장관은 12월 26일 〈월스트리트 저널〉과의 기자회견에서도, "한국이 약속한 개혁에 착수하면 상태는 호전될 것이나 반드시 성공한다는 보장은 할 수 없다"라고 회의적 반응을 보였다.

미국의 지원사격과 외채 만기협상

1998년 1월 16일 해외채권단은 한국에 대한 단기외채 수준을 현 상태에서 3월말까지 유지한다고 밝혔고 한국 정부는 협상팀을 뉴욕에 파견하여 1월 21일부터

---

95 티모시 가이트너, 김규진 외 역, 2015, 《스트레스 테스트》, 인빅투스, 82쪽.

13개 외국 채권기관 대표와 집단채무조정 협상에 착수했다. [96]

1월 17일 외채협상 대표단이 김영삼 대통령으로부터 받은 훈령에는 '만기도래 외채를 정부 지급보증을 통해 1년에서 최장 5년만기로 연장하고 가급적이면 1개월 이내로 협상의 기본합의를 도출하라'는 내용이 들어 있었다. [97]

협상이 시작된 1월 21일 서울에서는 정부가 한국의 금융기관이 지고 있는 외채와 그 이자에 대해 지급을 보증한다는 구체적인 내용을 담은 법안이 국회를 통과했다. 루빈 미 재무장관은 "한국은 필요한 개혁조치를 추진함으로써 경제성 구축과 환율안정의 발판을 마련했다"(〈월스트리트 저널〉, 1998. 1. 21)면서 지원사격에 나섰다.

채권단 대표는 시티뱅크 등 미국 금융기관 4곳, 소시에테제네럴, 도이체방크, SBC 등 유럽계 6곳, 일본 은행 2곳, 캐나다 은행 1곳 등 7개국 13개 금융기관이 선정됐다. 한국에 대한 여신이 가장 많은 곳이 일본이었으나 채권단 내에서의 발언권이나 협상의 주도권은 미국이 주도하고 있었다. [98]

만기협상 타결로 위기를 넘기다

해외채권단과 첨예하게 의견이 달랐던 핵심 쟁점은 종금사들의 모든 부채를 한국 정부가 지급 보증해 달라는 것과 높은 가산금리 요구였다.

협상이 시작된 지 약 1주일이 지난 1998년 1월 28일. 뉴욕에서 추진된 국제 채권금융단과의 240억 달러 규모 단기외채 만기연장 1차 협상이 타결됐다. 2월에는 최종조건이 합의됐다. 해외채권단이 집요하게 요구했던 파산 종금사의 외채

---

96 당시 우리나라의 외채통계가 허술해서 은행과 종금사의 1년 이내 만기가 돌아오는 단기외채 파악에 많은 어려움이 있었다. 재경원과 한국은행, 금융기관 직원들로 작업반을 편성하여 거의 한 달 동안 밤샘 작업을 했다고 한다.

97 외채 만기연장 협상 내용은 《외환위기 징비록》(정덕구, 2008, 삼성경제연구소) 등의 책과 언론보도 등을 참조.

98 전체 외채 가운데 미국은 15%, 일본 35%, 독일 30% 등의 비중이었다.

보장 부분은 한국 측에 유리하게 이끌어냈고[99] 금리 역시 LIBOR (London Inter-Bank Offered Rate)를 기준으로 해서 최초에 채권단이 요구했던 가산금리 350bp 보다 많이 낮춘 225~275bp 수준이었다.[100] 대신 220억 달러 규모의 단기외채가 만기 1년에서 3년짜리의 정부 지급보증 중기외채로 전환되었다.

협상이 완전히 마무리된 1월 28일 오후, 한국대표단과 채권단은 협상타결 내용을 공동 발표했고 이 내용은 전 세계에 타전되었다. 당시 발표에서 채권단은 "오늘의 합의는 한국이 국제 자본시장으로 복귀하는 주요한 첫걸음이 될 것"이라고 평가했다.

실제 단기외채 만기협상이 성사된 직후부터 국제금융시장 분위기가 급속하게 호전되었다. 1997년 12월 24일에 1,965원으로까지 폭등했던 환율은 1998년 1월에는 1,600원 선으로 내려왔고 3월에는 1,400원 선으로 급속히 안정되기 시작했다.

또한 1998년 4월초에 한국 정부가 발행한 외국환평형기금채권(외평채)는 5년에서 10년이라는 장기임에도 불구하고 가산금리가 각각 345bp와 355bp에 그쳤다.[101] 이는 같은 시기에 JP모건 신흥시장채권지수(EMBI+: Emerging Market Bond Index)[102]가 제시한 464bp보다 훨씬 낮은 수준이다.

국제금융시장에서 이미 한국의 신용이 상당부분 회복되어 위험도가 다른 신흥국보다 훨씬 낮은 것으로 평가되고 있다는 사실을 보여주는 지표였다.

그리하여 …

1998년 1월초의 만기연장 협상 성공을 계기로 한국은 숨넘어가는 국가부도 위기를 일단 넘기게 됐다. 그러나 IMF가 요구한 구조조정과 체질개선의 고통스럽고 긴 여정이 본격적으로 기다리고 있었다.

---

99 3월말까지 종금사를 정리하여 회생이 가능한 종금사의 외채만을 정부가 지급보장하기로 한다.
100 LIBOR 기준금리에 1년물은 225bp, 2년물은 250bp, 3년물은 275bp의 가산금리로 합의하였다.
101 외평채의 기준금리는 미국재무성 채권 TB 기준.
102 신흥시장국의 가산금리 가중평균치. 신흥국 채권의 위험도를 나타낸다.

환란 극복의
중심에 서다

활로 개척을 위한 시계비행

1

이규성(李揆成)은 1939년 충남 논산에서 태어나고 대전고와 서울대 경제학과를 졸업하였으며, 충남대에서 경제학 명예 박사학위를 받았다. 1960년 제12회 고등고시 행정과에 합격한 후 1963년 재무부 세관국 사무관으로 시작하여 오랫동안 관세와 외환업무를 주로 해온 국제통이다. 1973년 주제네바 재무관, 1976년 청와대 경제 제1수석실 재경담당 비서관을 거쳐 1978년 국제금융국장, 1980년 재정차관보를 지냈다. 1982년에는 차관급인 전매청장에 임명되고 1983년부터 5년 넘게 국무총리실 행정조정실장을 역임한 다음 1988년 재무부 장관이 되었다. 1991년에 고향으로 돌아가 건양대 교수가 되었으며, 1995년에는 카이스트 초빙교수로 옮겨 MBA 학생들에게 강의를 시작하고 1996년에는 테크노경영대학원에 금융공학과정이 설치되어 2003년 초까지 강의하였다. 이때 1998년에 재정경제부 장관으로 입각하여 1999년 5월까지 IMF 환란극복을 진두지휘하였다. 그 후에는 2001년에 설립한 코람코자산신탁에 재직하면서 회장을 역임하였고 현재는 그 회사의 회사발전협의회장으로 활동하고 있다. 코람코에 재직하는 동안 2004년 국민경제자문회의 부의장과 2009년 국민원로회의 위원을 지냈다.

이규성

전 재정경제부 장관

'DJ 노믹스'기(機)의
비상(飛上)을 책임지다

'화이부동'(和而不同).[1]

《논어》(論語)의 〈자로〉(子路) 편에 나오는 말로 남과 화목하게 지내지만 자신의 중심과 원칙을 잃지 않는다는 뜻이다. 이규성 전 재정경제부 장관은 예나 지금이나 이 구절을 무척 중히 여긴다. 개인 간의 관계에서는 물론이고 우리 사회 구성원 모두가 지향해야 할 근간으로 삼아야 한다는 것이 그의 지론이다. 요즈음 우리 사회는 화합과 통합보다는 분열과 갈등의 분위기가 고조되고 있어 그의 주장이 더욱 귓전을 울리는 듯하다.

이 장관은 우리나라 외환위기의 원인과 처방에 대해서도 '화이부동'의 원리에 기초해 설명한다.

한국 경제는 세계화의 물결 속에서 세계경제와 깊이 통합되고 있는데 우리 제도는 국제적 기준과 관행에 적응하지 못했고, 사회는 다원화되었는데 다양한 집단들이 조화롭게 공존하지 못하고 대립과 갈등을 일삼았기 때문에 외환위기에 봉착한 것입니다. 그러니 국가발전을 위한 기초 역시 '화이부동'에서 찾아야 한다고 생각합니다.

이규성은 외환위기의 와중에서 새로 출범한 '국민의 정부' 초대 재경부 장관으로 '6·25 이후 최대의 국난'이라는 환란의 극복 중심에 섰던 인물이다. 새 정부가 출범하면서 정부조직 개편에 따라 경제부총리의 지위를 잃어버린 선임부처 장관임에도 경제부처 수장으로서 경제정책을 조율하고 이끌어가야 하는 책임을 졌던 그는 부담 또한 클 수밖에 없었다.

---

1 子曰, "君子和而不同, 小人同而不和" (자왈, "군자화이부동, 소인동이불화").
  공자께서 말씀하셨다. "군자는 서로의 생각을 조절하여 화합을 이루기는 하지만 이익을 얻기 위하여 주관을 버리고 상대방에게 뇌동하지는 않으며, 소인은 이익을 얻기 위하여 주관을 버리고 상대방에게 뇌동하기는 하지만 서로의 생각을 조절하여 화합을 이루지는 못한다."

이계민 전 한국경제신문 주필(가운데)이 이규성 전 재경부 장관(오른쪽)과
인터뷰를 진행하였다. 김용덕 전 금융감독위원장(왼쪽)도 배석하였다

그러나 그는 '민주주의와 시장경제의 병행발전'을 표방하는 DJ 노믹스의 선두
에 섰다. 국민의 정부가 출범한 지 6개월 만에 DJ 노믹스의 철학과 정책을 담아
펴낸 책《국민과 함께 내일을 연다》(대한민국 정부, 1998. 9)를 보면 그의 확고
한 개혁의지를 확인할 수 있다. 이 책의 머리말에서 이규성은 "과거의 경제정
책 방향과 추진방식에 대한 반성을 토대로 '국민의 정부'의 경제철학과 앞으로
추진할 정책과제를 국민에게 분명히 제시하고자 한다"고 밝히며 새로운 시대의
서막을 열었다.

연립정부의 재경부 장관이라는 자리

이계민   우선 딱딱한 정책 얘기보다는 가벼운 화제부터 풀어 보았으면 합니다.
잘 알려진 사실입니다만 '국민의 정부'는 당시의 '새정치국민회의'(이하 국민회
의)와 '자유민주연합'(이하 자민련)의 연립정부였습니다. 이른바 DJP 연합이었

지요. 이규성 장관께서는 연립정부의 자민련 몫으로 김용환 자민련 부총재의 추천에 따라 재경부 장관으로 입각하셨습니다. 당시 경제는 자민련이 책임지는 것으로 역할분담이 돼 있었다고 생각하는데 입각 이전에 이에 대한 의견교환이나 의사타진은 없었나요? 당시의 입각 과정을 들려주시면 좋겠습니다.

이규성 사실 나는 김대중 · 김종필(DJP) 연합의 '국민의 정부'가 탄생하는 데 기여한 바가 없습니다. 그래서 내가 김종필 명예총재 몫인 재경부 장관에 임명되리라고는 전혀 예상치 못했어요.

그런 연유로 장관 제의를 처음에는 사양했습니다. 더구나 그때 1997년 12월에 어머님이 돌아가셨어요. 그래서 개인적으로도 경황이 없었던 상황이었습니다. 그런데 김용환 부총재께서 "나라가 위험에 처해 있는데 일신상의 편안함만을 추구해서는 안 된다"고 하시면서 입각을 강력하게 권하셨습니다. 그래서 입각하게 된 것입니다. 김 부총재는 내가 재무부 사무관 시절 직속상관인 차관보였고, 국장을 할 때는 장관을 지내셨던 대선배이시지요.

이계민 DJP 정부라고는 하지만 경제 이외에는 국민회의 출신들이 주축을 이뤘지요. 당시는 견해가 다르고 특히 성향도 다른 두 정당의 연립정부 시기였으므로 정책은 물론 여러 가지 상황에서 정권의 핵심인 청와대나 국민회의 실세들과의 견해차나 갈등이 많았을 법합니다. 더구나 이 장관께서는 전문관료 출신이어서 정치권과는 거리가 멀지요. 그런 점에서 대국회 문제나 부처 간 협력 등에서 적지 않은 애로가 있었을 것으로 짐작되는데요.

이규성 당연하지요. 처음에 입각하니까 청와대나 국민회의나 환영 일색만은 아니었습니다. 일부에서는 구시대의 전문관료 출신으로서 관치에 능할 뿐 과감한 개혁을 추진할 인물이 아니라는 의구심을 표시했습니다. 또 나 자신도 국민회의나 권력의 핵심층은 나와는 다른 성장과정과 삶을 살아온 사람들이므로 가치 · 문화 · 신념이 다를 수 있다고 생각했지요.

청와대 국무회의 (1998. 3. 18)
청와대에서 열린 국무회의에 앞서 국민의례를 하고 있다.
왼쪽부터 이규성 재경부 장관, 김대중 대통령, 김종필 총리.

그렇기 때문에 자칫 잘못하면 갈등으로 치달을 수도 있겠다는 걱정이 들었습니다. 그러나 다른 한편으로는 이른바 관점의 다양성이란 측면을 잘 활용하면 적절한 대안을 내놓을 수 있지 않겠느냐고 낙관했습니다. 다시 말하면 지금은 무슨 문제이든 경청하고 대안을 찾는 일이 무엇보다 중요하다고 판단했습니다.

또 1998년 3월초 내가 입각할 당시에는 구조조정 및 위기극복의 기본방향에 대해서는 IMF와 이미 협의가 이루어졌기 때문에 국민들의 입장에서도 이러한 고통을 빨리 끝내자는 분위기가 형성되어 있었습니다. 더구나 새 정부의 새로운 시스템, 즉 민주주의와 시장경제의 병행발전을 위한 노사정 합의도 있었고 또 그런 목표가 제시되어 있었기 때문에 경제가 회생할 때까지는 정책대안의 제시는 있었어도 최소한 갈등은 없었다고 말할 수 있습니다. 물론 사안에 따라, 또는 개개인에 따라서 약간의 다툼도 없지는 않았지만 심각한 견해차이 등은 없었습니다.

이계민 이 장관께서는 재정·금융을 다루는 재무부에서 공직생활의 대부분을 지내셨고, 일찍이 1988년 12월 5일부터 1990년 3월 19일까지 재무부 장관을 역임하셨습니다.

1997년 초부터 기아·한보 사태 등으로 경제가 어려웠고, 여름에는 동남아 위기가 닥치면서 외환위기의 가능성이 제기됐었는데 당시 현직에서는 떠나 있었지만 우려가 컸으리라 짐작됩니다. 이러한 풍전등화(風前燈火) 같은 국가부도 위기상황에서 경제정책의 수장인 재경부 장관을 맡으셨는데, 그 시절 우리 경제에 대해 어떻게 판단하셨는지 우선 궁금합니다.

이규성 1990년 재무부 장관을 끝으로 공직을 떠나 1991년부터 고향인 논산에서 학생들을 가르치는 일에 나섰습니다. 고향 선배이신 김희수 이사장의 배려로 고향에 신설된 건양대에서 강의하다 1995년에 한국과학기술원(KAIST) 초빙교수로 자리를 옮겼습니다. 더구나 그 기간 동안에 한국은행 금융통화운영위원회 위원을 맡고 있었기 때문에 우리 경제에 대해서는 이론적 분석뿐만 아니라 실물경제의 흐름을 면밀히 파악할 수 있었습니다.

그러던 차에 외환위기가 닥쳐왔습니다. 물론 한순간에 들이닥친 것은 아니지요. 여러 가지 좋지 않은 경제상황들이 이어졌습니다. 이른바 전조(前兆)가 있었던 셈입니다. 국내에서는 대기업 부도가 늘어나고 국제적으로는 동남아의 자본시장이 혼란스런 모습이었습니다.

그럼에도 나는 우리 정부의 실력을 믿었습니다. 잘 극복하리라는 생각을 가지고 있었는데 예상과는 달리 1997년 말에 IMF의 긴급자금 지원을 받지 않으면 안 되는 상황으로 몰리게 됐습니다. 7년 전까지 정부에서 재정·금융정책을 책임지던 사람으로서 당시에 많은 고민을 했습니다. 우선 우리가 어떻게 극복해 나갈 것인가? 착잡하기 그지없었습니다.

이제 그 당시 우리 경제를 어떻게 인식했느냐에 대해 말씀드리면, 무엇보다도 먼저 거시경제 면에서 경기하강기에 직면해 수출이 어려워져 경상수지와 외채 문제가 커지는 난점이 있었습니다.

78

다음으로는 부채과다 등 기업의 구조적 취약성이 경기하강과 더불어 불거짐으로써 기업경영이 어려워져 한보 등 대기업에서 부도가 줄지어 일어나고 있는 점, 사회는 다원화되었는데 다양한 집단이 조화롭게 공존하는, 즉 화이부동하는 지혜를 발휘하지 못하고 대립과 갈등을 일삼고 있는 점이 문제였습니다. 마지막으로는 우리 경제와 세계경제가 깊은 통합이 이뤄지고 있는데도 우리의 제도는 국제적 기준과 관행에 적응하지 못했다는 것이 내가 살펴본 우리의 자화상이었습니다.

특히 경제의 큰 흐름 면에서는 세계화의 구조적 대전환기를 맞아 제대로 적응하지 못하는 '적응의 위기'에 봉착하여 매우 어려운 형편이 아닌가 하는 생각을 가졌지요.

다시 말하면 당시 정부가 강력히 추진하고 있던 대외개방, 특히 자본자유화의 추진에 동감하면서도 그 과정에서 외환위기가 빈발했던 칠레 등 중남미의 경험을 타산지석(他山之石)으로 삼는 것이 좋지 않겠는가 하는 생각을 늘 가졌습니다. 자유화를 추진하면서 대책도 함께 세웠어야 했는데 그렇지 못했다는 것입니다. 국제금융시장에서 문제가 생기면 채무자 주도가 아닌 채권자 주도로 문제해결이 추진되기 때문에 항상 채권자들의 움직임을 주시해야 하는데 그런 점에 소홀하다는 생각을 많이 했습니다.

이계민 당시의 경제상황은, 장관님의 표현에 따르면, "그야말로 경험해 보지 못한 일들을 불확실한 상황 속에서 처리해 나가야 하는 시계비행(視界飛行)을 하지 않으면 안 될 시기"였습니다. 재경부 장관으로 임명되고 나서 어떤 생각과 구상을 가다듬었다고 기억되시는지요?

요리책을 만들고 요리도 만들어야 했다

이규성　환란 이후 우리 경제는 회생을 예측하기 힘들 정도로 불확실성이 강했던 시기를 맞습니다. 그러면서도 오차의 허용한계가 작아서 자칫 잘못하면 국민들이 더 고통스런 위기에 맞닥뜨릴 위험이 있는 그런 상황이었습니다. 기업부도가 하루에 몇백 건씩 이어지고, 기업이 쓰러지면서 실업자도 급격히 늘어나던 때입니다.

그때 내가 내세운 얘기가 뭐냐 하면 시계비행밖에 못하겠다는 것이었어요. 그 얘기는 달리 표현하면 신축성을 갖고 일을 해야지, 궤도를 달리는 기차처럼 일을 처리했다가는 낭패를 보기 쉽겠다는 생각이 강하게 다가왔다는 겁니다.

그 당시 경제의 불확실성 정도를 짚어 보면 그런 우려를 갖지 않을 수 없었습니다. 우선 외화유동성 부족에 따른 국가부도 사태는 IMF 지원이나 정부의 지급보증을 통한 금융기관의 외채 만기연장 등으로 내가 취임하기 전에 어느 정도 모면한 상황이었습니다. 그러나 아직도 살얼음판 위를 걷는 위험스런 상황이어서 추가로 외화유동성 확보가 필요했고, 4월초에 외평채를 발행하는 계획을 추진 중이었습니다.

그다음에 미증유의 신용경색 (credit crunch) 으로 산업기반이 와해되면서 기업부도가 급증하고 대량실업이 발생하는데도 사회보장시스템으로서의 사회안전망이 미비하여 노숙자까지 발생하는 긴급한 상황이었습니다.

신용경색이 극도에 달한 것은 당시 은행들이 자신들부터 살아야 하니까 대출을 줄이거나 오히려 거둬들였기 때문입니다. 당시 IMF는 은행들에 대해 일정수준 이상의 국제결제은행 (BIS: Bank for International Settlements) 자기자본비율을 맞추도록 요구하고 이를 충족시키지 못하면 퇴출시키는 정책을 우리 정부와의 합의 하에 시행중이었습니다. 그러니 은행들은 BIS 비율을 맞추기 위해 대출을 줄이는 수밖에 없었어요. 그래서 신용경색은 갈수록 악화되었습니다. 문제는 기업 내실은 나쁘지 않은데도 일시적인 신용경색으로 쓰러지는 기업들이 늘어났다는 점입니다. 안타까운 일이었지요.

게다가 눈사태처럼 커지는 금융부실과 함께 정실자본주의 (crony capitalism)

를 바탕으로 하는 경제운용 방식으로 기업지배구조(corporate governance)가 취약하고 기업의 투명성(transparency) 역시 낮았습니다. 사실 그때까지는 기업경영도 경영상 위험을 커버해 주는 보험회사 같은 정부의 지원하에 이루어졌다고 보아도 무리가 없을 것입니다. 기업에 문제가 생기면 정부가 인수·합병을 시키거나 자금지원을 해주는 등 뒤처리를 해왔지요.

그런데 외환위기를 당한 이후에는 그럴 수가 없었어요. 과거처럼 정부 주도로 산업합리화 차원에서 처리할 수 없게 되었습니다. 시장에 의한 민간 주도의 구조조정으로 이행할 수밖에 없었습니다. 더구나 우리는 국가부도, 대량도산, 대량실업의 새로운 사태에 직면하게 된 것입니다. 이제 우리는 일찍이 경험해 보지 못한 길을 가야만 했습니다. 가장 큰 문제는 이렇게 얽히고설킨 불확실한 상황에서 당면 과제들을 처리해 본 경험자가 없었다는 점입니다.

비유하자면 요리사가 요리책을 만들면서 동시에 요리도 한꺼번에 만들어야 하는 그런 상황이었습니다. 그렇다고 해도 맛없는 음식을 만들면 안 되겠지요.

그런데 해결책을 강구하는 과정에서는 정책오차의 허용한계가 매우 작아 긴장하지 않을 수 없었습니다. 자칫 잘못하면 국민에게 큰 피해를 입힐 수 있기 때문에 정책수단의 선택이 매우 어려웠다는 이야기입니다. 그러니 눈으로 살피고 판단하면서 신중한 시계비행을 하지 않을 수 없는 처지였습니다.

그런데 한심했던 것은 당시의 행정부 상황입니다. 위기를 수습하기 위해 수많은 정책과제를 개발하고 수행해야 할 재경부는 외환위기의 주범으로 지탄의 대상이 되어 있었습니다. 그러니 직원들은 지쳐 있는 데다 사기도 땅에 떨어져 있어 위기극복의 향도(嚮導) 역할을 제대로 해낼 수 있을지 염려될 따름이었어요. 주요 간부들은 감사원에 불려 다니느라 지칠 대로 지쳐 있었습니다. 내가 취임하는 날도 내 회의실이 없을 정도였지요. 감사원에서 감사하느라 회의실을 점령하고 있었기 때문입니다.

여기서 잠시 당시의 상황을 되돌아보자. DJP 연합의 승리로 대통령직 인수위원회가 꾸려져 활동이 시작되면서 외환위기에 대한 감사원의 특별감사가 필요하다는 지적이 제기됐다. 전(前) 정권에 대한 청산 작업의 일환으로 감사원이 외환위기 특별감사에 착수해야 한다는 것이었다. 이를 공식발표한 것은 1998년 1월 25일이고, 30일부터 실제 감사에 들어갔다. 당시 감사가 필요하다는 시각은 외환위기가 1997년 대통령 선거를 앞두고 제대로 대응하지 못한 정책실패라는 점과 특히「한국은행법」개정과 관련해 재경원과 한국은행의 직무유기가 환란을 초래했다는 점에서 그 당위성이 인정되었다.

감사원이 1998년 1월 25일에 발표한 감사일정을 보면 •1월 30일~2월 3일에 자료수집 및 보완 •2월 4일~2월 12일에 서면감사 •2월 13일~2월 28일에 실지감사를 벌이겠다는 것이었다.

감사원 특감 결과는 1998년 4월 10일에 발표됐는데, 외환위기는 당시 고위 정책당국자들이 주변의 우려와 건의를 묵살하고 정책을 잘못 선택해 불러온 정책실패의 결과이므로 강경식 당시 경제부총리와 김인호 경제수석을 검찰에 고발한다는 내용이었다. 그러나 검찰조사 착수 1년 4개월 후인 1999년 8월 21일 법원은 강경식 전 부총리와 김인호 전 수석에게 "정책 판단은 처벌할 수 없다"는 이유로 무죄를 선고했다.

이규성 장관이 취임한 3월 3일 회의실도 없었다고 회고한 것은 감사원 특별감사팀의 이런 실지감사가 진행되고 있었기 때문이다.

위기탈출의 해법을 시대정신에서 찾다

이계민 그래도 위기극복의 과제는 고삐를 당기지 않을 수 없었겠지요. 당시의 취임사를 보면 당면 위기상황을 수습하기 위해 세 가지 안을 제시하셨던데요. 첫째가 외화유동성 확보이고, 그다음이 신용경색의 해소, 그리고 실업대책의 확충이라고 밝혔습니다. 당면 위기상황을 수습한 연후에 거시경제 안정을 도모하면서 기업금융 등 구조조정에 역점을 두겠다는 것이었습니다. 취임 당시의 정책과제를 설명해 주시겠습니까?

이규성 설명이 다소 중복감이 없지 않지만 정리해 보지요. 첫 번째는 당면 위기상황을 빨리 수습해야겠다는 것이었습니다. 즉, ●외화유동성의 추가 확보로 국가부도 사태의 발생을 방지하고 ●신용경색의 해소로 산업기반의 침하를 방지하면서 ●실업대책의 확충 등으로 민생안정을 도모한다는 것이었습니다.

두 번째는 외환위기 재발 방지대책의 추진이었습니다. ●우선 거시경제의 안정이 시급했습니다. 환율이나 금리 등 거시정책 변수들이 비정상적으로 경제의 펀더멘털로부터 괴리되어 있었지요. 예컨대 원화가치는 너무 저평가돼 있었고, 금리도 지나치게 높았습니다. 아울러 ●경제구조의 건실화와 사회의 안정은 화급을 다투는 과제였지요. 기업·금융·공공 부문의 구조개혁을 신속·과감하게 추진하여 경제구조를 건실화하고 노동부문의 개혁을 통해 사회적 대립과 갈등을 해소하는 데 역점을 두었습니다. ●위기의 재발방지를 위해서는 국제금융체제의 안정성을 제고하는 것도 중요했습니다. 국제금융체제를 개선할 때 우리의 주장이 최대한 반영될 수 있도록 국제 금융협력 활동을 대폭 강화했습니다.

그러나 여기에 그쳐서는 의미가 없지요. 셋째는 위기극복을 통해 새롭게 성장하는 성장동력을 확충해가겠다는 것이었습니다. 이를 위해서는 무엇보다 모든 산업을 지식기반 경제(knowledge-based economy)로 발전시키도록 노력하자는 것입니다. 정부는 수요자 중심의 교육시스템 개발, 정보인프라 구축, 기술개발체제의 효율화, 첨단·전문 서비스산업의 육성, 문화·관광산업의 육성 등에 노력했고, 이에 대한 종합전략을 수립하고 보고서도 발간했지요.

넷째는 이런 것들을 뒷받침하기 위한 새로운 제도적 틀을 만드는 데 주력했습니다. 나는 어찌 보면 제도주의 학파의 사람이라고 볼 수 있습니다. 그런데 시대를 초월한 제도는 의미가 없습니다. 그것은 '시대정신'을 따르는 것이 중요합니다. 독일어로 'Zeitgeist'(자이트가이스트)라고 하지요.

외환위기를 겪을 당시의 시대정신은 무엇이었냐 하면 창의적 기술개발, 세계질서에의 적응, 공정한 경쟁과 협력, 경제구조의 내실화이고, 그것을 구현할 수 있는 제도적 틀을 마련하는 것이 곧 '민주주의와 시장경제의 병행발전'이라고 생각했습니다.

이런 정책과제를 달성하기 위해 재경부 관리들에게 "나라를 위기에서 구한다는 각오로 열심히 해 딜라"고 주문했습니다. 주요 국(局) 내에 교대근무소를 편성·운영하는 등 근무태세를 비상체제로 전환하고, 공평한 인사를 통해 위기극복을 위한 내부화합을 이뤄내는 데 중점을 두었습니다.

결론적으로 말하면 재경부가 중심이 돼서 외환위기를 극복해야 국민의 신뢰를 얻는다는 신념으로 정책 목표를 세우고, 직원들을 독려했습니다. 신뢰는 일부러 만들어낼 수 있는 것이 아니라 꾸준히 실적을 쌓아가면서 이루는 것입니다. 이는 월터 배저트라는 사람의 얘기입니다. 배저트는 영국 〈이코노미스트〉지 초대 편집국장인데 그의 저서 《롬바르트 가》라는 책은 매우 유명합니다.

나는 항상 "우리가 좋은 실적을 냈을 때만 국민의 박수와 격려를 기대할 수 있지 끌려다녀선 안 된다. 공직자들의 결단과 최선의 노력이 절실하다"고 강조했습니다.

이계민 장관님의 얘기를 듣고 보니 재무부 장관 퇴임 후 대학에 가신 것이 어찌 보면 외환위기 극복을 준비하는 과정이 아니었나 하는 생각이 듭니다. 과거의 정책추진 경험에 이론까지 무장하셨으니 말입니다.

이규성 그때 생각을 많이 정리했지요. 그런데 내가 왜 대학에 갔느냐? 당시에는 장관직을 그만두고 학교에 가서 강의한다는 게 쉽지 않았고 그런 경우도 흔치 않았습니다. 그게 어쩌면 운명이었는지도 모릅니다.

당시 대부분의 공직 선배들은 공직생활을 마치고 여의도, 즉 국회로 가거나 재벌회사에 가는 일이 많았습니다. 그렇지 않으면 산하기관 기관장으로 나가거나 했지요. 나는 후배들에게 자리 하나 달라고 하기도 싫고, 또 평소에 책 읽는 것도 좋아하던 차에, 우연히 고향인 논산에 건양대가 만들어져 가게 된 것이지요.

소통의 리더십으로 키운 재경부의 힘

이계민   정책은 나중에 하나하나 짚어 보기로 하고 우선 장관께서 취임하실 때는 재경부 장관이었지요. 말하자면 종래의 '경제부총리'라는 식책도 없어지고 같은 경제장관 중의 한 사람인 데다 예산기능도 떨어져나간 상황이었지요. 할일은 많아졌는데 여건은 더 어려워진 상황에서 선임부처 장관으로서 경제정책을 이끌어가야 하는 임무가 주어졌습니다. 이견(異見)이나 애로가 많았을 것 같은데요?

이규성   행정 각 부처들은 자기의 고유 업무를 수행하기 때문에 이견이 발생하는 것은 너무도 당연한 일입니다. 한 예로 사업부처에서는 자기 소관사항의 사업에 대해 예산·조세·금융상 지원을 많이 해주기를 바라지만 재경부에서는 사업부처 간 중점과 균형의 조화를 이루고자 합니다. 이전 정부까지는 이러한 경제 각 부처의 이견조정은 부총리를 겸하는 재경원 장관(또는 경제기획원 장관)이 수행해 왔습니다.

그러나 국민의 정부 출범과 함께 공룡부처로 일컬어지던 재경원의 조직이 재정경제부(이하 재경부)로 개편되면서 부총리 제도가 폐지되고, 경제총괄 기능이 없어지고, 실질적으로 예산과 금융감독 기능이 떨어져 나가 그 위상이 경제부처 중의 하나로 격하되었지요.

그러다 보니 과거 부총리제의 총괄부처가 아닌 단지 선임부처로서 재경부가 타 경제부처와의 협력 분위기를 조성하고 정부 전체적으로 정책의 정합성과 일관성을 유지하는 데 제대로 역할을 할 수 있겠는가 하는 우려도 제기되었습니다.

실제로 처음에는 혼란이 많았습니다. 예컨대 대통령 주재의 경제대책 조정회의에서 각 부처가 똑같은 지위를 갖다 보니까 갑론을박이 이뤄지는 겁니다. 결론은 못 내고 대통령 앞에서 민망한 일들이 자꾸 생기는 겁니다. 이래서는 안 되겠다 해서 당초에 강봉균 당시 정책기획수석 생각은 진념 기획예산위원장이 부처 간 이견이 생기면 조정하도록 역할분담을 하자는 것이었습니다.

그런데 어느 날 회의에서 김대중 대통령이 "재경부 장관이 하시오!" 해서 내가 하게 되었습니다. 그래서 대통령 주재 회의인 경제대책 조정회의에서 이견조정을 할 일이 생기면 내가 중심이 돼서 관계부처 장관 회의를 한 후에 결론을 냈습니다. 그 회의를 주로 청와대 서별관에서 했지요. 그게 그 유명한 '서별관 회의'입니다. 기록을 보니까 서별관 회의를 비롯한 재경부 장관 주재 회의가 1998년에 71회, 1999년에 16회, 도합 87회를 했습니다.

서별관 회의 고정멤버는 재경부 장관인 나와 진념 기획예산위원장, 이헌재 금융감독위원장, 강봉균 경제수석비서관(처음에는 정책기획수석비서관) 등 4명이 고정멤버였고, 나머지는 필요한 장관들이 참석해서 회의를 했습니다. 한국은행 총재도 가끔 참석했지요. 당시에 큰 애로는 없었어요. 대다수의 장관들이 후배들인 데다 나이 덕도 좀 보았죠.

이계민 김대중 대통령은 취임 직후부터 주요 기관장들로부터 주례보고를 받은 것으로 돼 있습니다. 이러한 주례보고 등을 통해 경제장관들을 이끌어가는 힘을 불어넣어 주신 것은 아닌가요? 이 장관께서 처음 주례회동(독대)에 들어간 것은 1998년 3월 11일이고 마지막 독대는 1999년 5월 19일로 총 35회 보고한 것으로 기록돼 있습니다. 보고는 주로 어떤 내용이었고, 얼마나 효과적이었는지요? 기억에 남을 만한 일이나 특별한 내용은 어떤 것이 있었나요?

이규성 대통령께 주례보고가 많았지요. 게다가 국무총리에게도 주례보고를 했습니다. 재임기간 중 총리 앞 주례보고는 21회에 달했습니다. 이와 같은 주례보고에서는 경제상황이나 경제대책 등을 보고했는데 주요 목적이 무엇이었느냐 하면 경제상황에 대해서 대통령과 국무총리, 그리고 재경부 장관 간의 인식을 통일하는 것이라고 보면 됩니다. 현실을 보는 눈과 대책을 마련하는 데 대한 견해를 통일하는 것이 주목적이었다고 볼 수 있습니다.

김 대통령이 얼마나 치밀하신 분이냐 하면 내가 주례보고를 하면 주요사항은 자기 노트에 메모를 하십니다. 깨알같이 적은 노트가 몇 권이 있습니다. 주요 보고내용을 모두 메모하셨어요. 참으로 인상 깊었습니다.

어떤 때는 내가 어떤 대책을 "이렇게 하는 게 좋겠습니다"하고 말씀드리면 대답을 않고 가만히 계십니다. 1분 이상 말씀이 없으실 때도 있습니다. 그때는 정말 진땀 나지요. 그럴 땐 얼른 "더 검토해서 추후 보고드리겠습니다"라고 말씀드립니다. 그러면 이렇게 말씀하십니다.

"이 장관 그게 아니라 지금 내가 생각하는 중이오."

그러고는 끝날 때쯤 되면 "그것은 이 장관 생각대로 하시오!"하고 답을 내리십니다. 그만큼 신중한 분이십니다.

이계민 혼나신 기억은 없으십니까?

이규성 별로 생각나지 않습니다. 물론 모든 것을 잘했다는 얘기가 아니라 혼날 때는 공개적으로 혼났지요. 국무회의 등에서는 여러 번 "일하는데 이렇게 늑장을 부리느냐"는 등의 호된 질책을 많이 받았습니다. 그러나 개인적으로 혼난 일은 없었습니다.

이계민 국민의 정부 출범 뒤 경제현안은 김 대통령께서 직접 주재하는 경제대책 조정회의를 설치해 여기서 논의했지요? 강봉균 당시 정책기획수석의 아이디어라고 하는데, 이에 얽힌 이야기와 존속기간은 어떻게 되나요?

이규성 경제대책 조정회의 설치는 강봉균 수석이 제안한 것이 맞습니다. 그 구성 배경과 운영방식은 1998년 3월 5일에 강봉균 정책기획수석이 발표한 관련 문서를 참조해 보면 상세히 나와 있습니다. 내용은 이런 것입니다.

우선 구성 배경으로는 ●IMF 체제의 조기극복을 위해 수많은 개혁과제들을 시상경제 원리에 부합되게 일관성을 유지하면서 정책 상호간의 모순이 없도록 조정하고 ●위기극복 과정에서 직면하고 있는 다양한 문제들을 대통령이 책임지고 해결해 줄 것을 우리 국민들은 물론 국제사회가 기대하고 있는 만큼 몇몇 경제부처에만 그 책임을 맡길 게 아니라 대통령이 핵심정책을 직접 조율하겠다는 것이었습니다.

참석자로는 대통령 및 국무총리, 장관급 9명(재경부, 산업통상자원부, 노동부, 기획예산위원회, 국무조정실, 금융감독위원회, 한국은행, 청와대 수석 2인)과 대통령이 특별히 지명하는 민간인 2명(유종근 당시 전북지사, 안충영 중앙대 교수)이었습니다.

운영방식은 주 1회 개최를 원칙으로 하되 ●주요시책 확정의 경우에만 유인물을 준비하고 대체토론 시에는 간략한 발언요지만 준비하며 ●관계부처 간 사전조율이 필요한 시책에 대해서는 주무장관이 관계부처와 협의조정을 위한 회의를 개최하고 ●이해상충으로 조정이 어려운 사항은 기획예산위원장이 조정하는 것으로 역할을 배정했습니다.

이 경제대책 조정회의는 1998년 3월 11일 제1차 회의를 시작으로 그해 12번의 회의가 있었으며, 1999년 초까지 존속된 것으로 기억됩니다. 첫 경제대책 조정회의에서 재경부는 위기극복의 기본구도로서 〈IMF 체제 극복의 목표와 과제〉라는 제목의 보고를 하였습니다.

이계민 언론에 보도된 기록을 보면 1998년 6월 16일 국무회의에서 김 대통령은 장관들을 강하게 질타한 것으로 나옵니다. 이때가 시기적으로 보면 1차 퇴출기업 명단을 확정하고 퇴출은행 명단이 마무리되는 시기였다고 생각됩니다.

이날 국무회의 안건은 여러 건이었는데 회의를 마무리하면서 김 대통령은 "방향은 잡혀 있는데 뭔가 잘되지 않고 있다", "장관들이 국정을 제대로 다루고 있는지 심각히 반성해야 한다"고 강조했고, 특히 이런저런 기자회견 등에서 개각에 관한 질문이 나오는 분위기를 지적하면서 "그런 계획이 없다고 답변했지만 국민들이 현재의 장관들을 가지고 안 되겠다고 하면 어떻게 하겠느냐?"고 개각 가능성까지 제기했다고 합니다. 나아가 "이제부터 내 스스로 열심히 챙기겠다"고 강조했다고 나와 있습니다.

특히 이 과정에서 금융감독위원회(금감위)는 "은행 장악력이 부족하다", 국무조정실에 대해서는 "2개월이 됐는데도 규제개혁에 진전이 없다"고 질책하고, 재경부에 대해서는 "금융 및 기업의 구조조정에 리더십을 확실히 발휘하라"는 주문을 한 것으로 신문에 기록돼 있습니다.

김 대통령은 "하반기 들어서도 방향은 옳은데 행동을 하지 않는다는 비판은 더 이상 받아서는 안 된다"며, "총리를 중심으로 자주 회의를 해서 국정을 논의하고 재경부 장관은 경제장관 회의를 자주 해서 경제문제에 대한 대책을 세우고 대비해야 한다"고 지시했다는 구체적 기사도 나옵니다.

당시 무엇 때문에 그런 강경한 지시가 나온 것으로 기억하시는지요?

이규성 그게 아마 미국을 다녀오신 후일 것입니다. 김 대통령은 1998년 6월초 방미 기간 중에 우리 정부의 구조개혁에 대한 강력한 의지를 천명함으로써 다른 아시아 국가들과의 차별성을 부각시키고 우리나라에 대한 투자촉진의 계기를 마련한 바가 있었습니다.

그런데 국내에 와 보니 기업 구조조정도 진척이 안 되고 하니, 이를 배경으로 6월 16일 국무회의에서 "기업·금융·공공·노동 부문의 개혁이 계획은 세워져 있는데도 그 집행속도가 늦다"고 하시면서 "재경부가 리더십을 발휘하라"고 하셨던 기억이 납니다.

이 같은 질타는 구조조정이 지체될 경우 우리나라의 대외신인도가 하락하여 이것이 경기회복의 차질로 이어질 우려가 있기 때문에 귀국 직후 관계장관들을 독려하시는 과정에서 나온 것으로 알고 있습니다.

그때 재경부 장관의 일이 너무 많았습니다. 그래서 어떤 때는 사무실에서 퇴청하는 것이 밤 9시는 예사이고, 새벽 1시, 2시에 팩스를 받기도 했어요. 지금 생각해 보아도 정말 열심히 일했지요.

오뉴월 삼베 잠방이도 벗으면 섭섭한데 왜 자꾸 사표를 …

이계민   1998년 12월 25일에 김 대통령에게 김종필 국무총리를 통해 사의를 표명한 적이 있다는 기사가 있었습니다. 이때가 김 대통령의 베트남 방문 직후인데 무슨 특별한 의도가 있었나요? 아니면 업무상 그럴 만한 사건이 있었나요?

당시 언론에 보도되기는 "이제 시골에 가서 하고 싶은 일이나 하면서 자유롭게 살고 싶다"고 얘기하셨는데 사의표명 이유로는 너무 가벼운 것 아닌가요? 이 장관께서는 취임 당시 "1년만 장관직을 맡아 경제가 좋아지면 퇴임하겠다"는 뜻을 밝힌 바 있다는 기록도 나옵니다. 사실인가요?

이규성   1998년 말에 1차로 국무총리를 통해 사의를 표명했습니다. 당시 배순훈 정보통신부 장관이 바뀐 것으로 아는데[2] 배 장관이 그만두고 나니 나도 여러 가지 생각이 들었습니다. 솔직히 격무로 인해 내 건강이 악화된 데다 부친 건강이 나빠서 직접 돌봐드려야 할 처지였어요. 그때 사실은 고혈압을 얻었어요. 정책 오차한계가 작으니 긴장이 계속되는데 사람이란 한계가 있지 않습니까? 초원의 말처럼 뛰어놀다가 고삐가 채워져서 일을 해대니 견뎌내겠어요? 안되겠다 싶어서 사의표명을 했지요.

게다가 1998년 말이 되니 위기극복이 궤도에 오르면서 외환시장이 어느 정도 진정되고 경제회복이 낙관시되는 등 '위기 터널의 끝을 알리는 불빛'이 보이고 있었습니다. 그때 생각은 "이제는 정권(국민의 정부)을 창출했던 인사들이 직접 우리 경제를 운영할 때가 되었다고 생각했습니다. 어찌 보면 나는 위기극복을 위해 징용된 일종의 외양(外樣)[3]이 아닌가 생각하고 있었고, 외양은 이제 물러나고 보대(譜代)[4]가 들어와 일해야 하지 않겠냐고 판단했지요.

---

2 "배순훈 장관 경질: 정부정책 도전에 응징 '경종'", 〈한겨레〉, 1998. 12. 19, 7면.
3 일본어로 '도자마'(とざま)라고 하며, 직계가 아닌 방계(傍系) 또는 방계출신이라는 뜻이다.
4 일본어로 '후다이'(ふだい)라고 하며, 대대로 같은 주군(主君)의 집안을 섬기는 일, 또는 그 신하의 가계(家系)를 뜻하는 말이다.

그래서 사의를 표명했던 것입니다. 그러나 국무총리를 통해 '계속 일을 해줬으면 좋겠다'라는 대통령 말씀이 있었어요. 방법이 없었습니다. 그런데 1999년 3월에도 그런 일이 있었어요. 그때는 직제개편이 있었어요. 그래서 다시 대통령에게 사의를 표명했습니다. 더구나 그때는 경제가 확고히 회복세를 보였고, 부친의 건강이 호전되지 않았다는 점을 강조했지요.

그런데 대통령 말씀이 "오뉴월 삼베 잠방이도 벗으면 섭섭한데 왜 자꾸 사의를 표명합니까? 정 그렇다면 다음 개각 때까지 있어 줄 수 없겠습니까?" 하고 말씀하시더라고요. 더 이상 할 말이 없었습니다.

그러다 1999년 5월 개각 때 재경부 장관에서 물러나게 되었습니다. 당시에는 다음 개각이 곧 단행될 것으로 생각했지만 생각보다 오래 걸렸습니다.

이규성 장관은 새로 개척하는 항로를 계기비행이 아닌 시계비행을 통해 헤쳐 나아가는 긴장의 연속이었다고 회고한다. 1년 반 가까운 재경부 장관직을 수행하면서 그는 하루도 맘 편히 지내 본 적이 없다고 했다. 그의 말대로 새벽에 출근해 밤늦게 퇴근하고 심지어 새벽 1시, 2시에 팩스로 업무보고를 받아야 하는 부담은 겪어 보지 않은 사람은 짐작조차 어려울 것이다.

어쨌거나 이제부터는 그동안의 위기극복 업무에 관한 얘기들을 하나씩 들어보자.

첫 번째 넘어야 할 산, 국회 환란특위

경제정책의 큰 틀은 새 정부 출범 이전에 IMF와 이미 확정해 놓았었다. 문제는 그 정책들이 우리가 지금까지 익숙했던 것들이 아니었다는 점이다. 한마디로 높은 차입과 대마불사(大馬不死, too big to fail)의 가정 아래 움직이던 기업, 절대 망하지 않는다는 신화에 휩싸인 금융권, 벼랑 끝까지 싸우던 노사관계, 방향 제시보다는 직접 노를 젓던 정부로서는 실로 적응해가기 매우 힘든 것들이었다.

그 결과 기업부도와 이에 따른 실업이 예상보다 심각했다. 이러한 현실적 어려움에 당면하여 IMF와 어떻게 현실경제에 대한 시각을 조정하고 국민 각계각층의 이해와 갈등을 조정해가느냐가 더 힘든 일이 아니었나 싶다. 그런 관점에서 국회의 '국제통화기금(IMF) 환란 및 경제위기 원인규명을 위한 국회 국정조사특위'(위원장 장재식 의원), 이른바 '환란특위'는 맨 먼저 넘어야 할 정치적 고개였다.

사실은 전 정권의 실정을 폭로하기 위한 정권교체의 푸닥거리로 볼 수도 있지만 워낙 중대한 사안이란 점에서 소홀히 할 수 없었다. 새 정부의 일원으로 수습하러 들어간 장관이 국회의원들로부터 닦달을 받아야 하는 상황은 기분 좋은 일은 아니었을 것이다. 그도 그럴 것이 실패든 성공이든 국가정책을 추진하다 벌어진 일인데 그 책임을 선후배 관료들에게 미룰 수도 없는 일 아닌가? 여기에 이규성의 고민이 깊었을 것이다. 다만 이 특위의 과정을 더듬어 보면서 외환위기의 원인을 살펴보는 것도 뜻 깊은 일이 아닌가 싶다.

실패한 정책은 아버지가 없고, 성공한 정책은 아버지가 많다

이계민 1999년 1월 18일 여당 단독으로 열린 환란특위 첫날 회의에서 국회특위에서 현직 주무장관으로서 외환위기에 대해 답변하셨습니다. 이날 이 장관께서는 "외환위기가 닥친 것은 경제기반의 구조적 취약성과 개혁추진 지연 등 복합적 원인 때문이지만, 결과적으로 정부에 책임이 있다"면서 전 정부의 외환위기 발생에 대한 결과 책임을 인정하고, "경제위기를 미연에 막지 못해 국민들에게 커다란 시련과 고통을 드린 데 대해 사과한다"고 밝혔습니다. 당시의 심정을 되돌아본다면 어떻게 얘기하고 싶으신지요?

이규성 자칫 잘못하면 의미 전달이 왜곡될 수 있는데 자료를 찾아보니 다행히 당시의 국회 속기록을 내가 가지고 있어요. 그것을 바탕으로 말씀드리지요. 우선 특위 내용보다도 환란특위가 1999년 1월에 열리게 된 경위를 설명해 두는 게 좋을 것 같아요.

1998년 3월 11일 첫 주례보고를 앞두고 내가 대통령비서실에서 대기하고 있는데 진념 기획예산위원장이 "4월에 국민회의에서 환란청문회를 계획하고 있는 것 같다"는 이야기를 전하는 것입니다. 당시 내 생각으로는 4월에 외평채 발행을 계획하는데 국내에서 환란 관련 청문회가 열리면 해외투자자에 미치는 영향이 좋지 않을 것 같았어요. 그래서 그날 대통령께 환란특위의 연기를 건의했습니다. 그랬더니 대통령께서 이를 받아들이셔서 국민회의 총재와 협의해 1999년 1월로 연기하게 된 것입니다. 당초 일정대로 추진됐더라면 어떤 결과를 가져왔을지 모르지요.

이계민 환란특위라는 것이 이전 정부의 잘못을 단죄하자는 것이었지요. 그런데 새로 출범한 정부의 장관이 답변하는 것이 상당히 어려웠을 것 같은데요?

이규성 환란특위가 열렸는데 재경부 보고 청취에 앞서 장재식(張在植) 위원장이 인사말에서 이렇게 얘기합니다.

"앞으로 4주일간 우리 조사위원회는 이와 같은 잘못된 경제파탄의 원인이 어디에 있으며 그 책임은 누가 질 것인가, 또 무너져가는 경제현실을 수수방관했던 직무유기의 처사와 그 밑바닥에 깔려 있던 권력형 비리들은 어떠했는가, 이 모든 사실들을 철저히 파헤쳐서 국민들에게 그 실체적 진실을 알려드리고자 하는 데 청문회의 목적이 있습니다."

당시 나는 이런 답변을 한 것으로 기억됩니다.

"경제위기를 미연에 방지하지 못해 기업도산과 실업증가 등으로 국민 여러분께 시련과 고통을 드리게 된 데 대하여 경제정책을 총괄하는 재경부 장관으로서 머리 숙여 대단히 송구스럽다는 말씀을 드립니다. 경제정책 운영결과의 최종 책임은 정부에 있고 그 중심에 재경부가 있습니다."

그리고 이어서 말했습니다.

"이렇게 이야기한 것은 그 원인과 이유야 어떻든 최종적으로 경제를 어느 방향으로 끌고 가고, 또 그 경제를 보다 원활하게 운영할 책임은 정부에 있다고 생각했기 때문입니다."

이러한 생각에는 지금도 변함이 없습니다.

결국 이것은 전(前) 정부가 실패의 원인 제공을 시인하고 사과한 것이라기보다는 실패한 결과에 따라 수많은 국민들께 고통을 안겨 준 점에 대해 사과한 것이라고 보는 것이 옳을 것입니다. 장재식 위원장은 재무부 대선배로서 참으로 본받을 만한 분이십니다. 장 위원장은 이 사람의 이러한 견해를 동료위원들에게 이해시키느라고 많은 애를 쓰셨습니다.

또 설령 재경원이 환란의 중심에 있었다고 할 때 그 결과의 책임이 전적으로 당시의 강경식 부총리 겸 재경원 장관에게만 있느냐 하는 점도 생각해 보아야 할 것입니다. 당시 그 업무를 담당하던 각급의 전문가와 공무원들은 환란방지를 위해 어떤 역할을 했는지, 그들의 실패에 대한 책임도 한 번쯤은 생각해 보아야 할 것입니다. 그 많은 전문가들은 어디 가고, 환율을 관리하는 한국은행은 어디 갔으며 무엇을 했나요. 최종결정은 장관이 한다고 하지만 결국 일은 재경원의 조직이 하는 것 아닙니까.

그런 점에서 당시의 관료조직의 책임이 크다고 봅니다. 때문에 당시 이런저런 얘기들, 예컨대 금융정책을 경제기획원 출신이 담당했기 때문이라든가, 1995년에 국제금융국이 없어졌기 때문이라는 등의 얘기는 나로서는 수긍하기 어려운 얘기들입니다. 물론 결과적으로 보면 제일 큰 책임은 장관에게 있다고 생각합니다. 원래 실패한 정책은 아버지가 없고, 성공한 정책은 아버지가 많은 법입니다.

그리고 여기에 하나 덧붙여 이야기하고 싶은 것은 환란의 원인에 대해서는 정부, 국제기구, 연구기관은 물론 많은 학자들에 의하여 분석되었습니다. 이에 더하여 우리나라는 사법적 · 정치적 차원에서 감사원과 국회에서 조사 · 평가를 행하고 검찰의 관계자 조사와 사법부의 판결도 있었습니다. 환란이 발생하면 그 원인과 책임을 여러 기관에서 조사하고 규탄하는데, 이것이 이런 사태의 재발방지에 얼마나 효과가 있었는지 우리는 심사숙고해 보아야 할 것입니다.

한국 경제, 너무 일찍 샴페인을 터뜨렸다

이계민 이 장관께서는 환란특위에서 "정부가 한보·기아사태 등의 부도사태를 결연하게 정리하지 못하고 부도유예협약의 테두리에서 맴돌고 있었으며, 금융기관의 외화유동성 부족을 단기외화차입으로 해결하려다가 대외신인도가 급격히 하락, 결국 IMF에 가게 됐다"며 강경식 전 부총리를 비롯한 구 재경원의 상황판단 및 정책대응의 잘못을 인정했고, 또 "지난 1996년 말 경제협력개발기구(OECD: Organization for Economic Cooperation and Development) 가입도 성급했다"고 밝히셨습니다. 지금도 그 같은 생각에는 변함이 없으신가요?

이규성 OECD 가입이 성급했다기보다는 준비 없이 가입한 것이 아쉬운 심정입니다. 사실 OECD 가입이 진정으로 우리나라의 발전을 위한 것이었다면 이해가 가지만 그것은 아니었다고 봅니다. 세계화의 진전, 즉 세계가 깊은 통합이 이뤄지고 있는데 이에 대처하기 위해 진정으로 OECD 가입이 필요하다는 판단하에서 이뤄졌다면 환영할 만한 일이었을 것입니다. 최소한 '있을 수 있는 일'이다, 이렇게 말할 수 있습니다.

그런데 그렇지를 못했어요. 솔직히 우리가 선진국 그룹에 진입했다는 것을 보여주기 위해 정치적 목적으로 OECD 가입이란 것을 택했다고 나는 생각합니다. 내가 그때 강조한 것은 우리 경제가 국제사회에서 살아남기 위해서는 한국이 소규모 개방경제라는 것을 염두에 두고 국제질서에 대응해 나가야 한다는 점이었습니다.

좀더 부연설명을 하자면 "한국 경제가 11대 경제대국에 진입했다" 또는 "세계무역규모가 10위 안에 들었다"는 등의 듣기 좋은 사실이 중요한 것이 아닙니다. 우리가 세계경제 질서에 동참하면서 의사결정에 얼마나 참여하고 영향을 미칠 수 있느냐가 중요한 것이었지요. 사실 개방경제는 우리에게 좋고 불가피하지요. 하지만 소규모라는 우리의 입장은 전혀 고려되지 않고 있다는 데 나는 우려를 갖고 있었습니다.

이계민 전 한국경제신문 주필

우리는 규모가 작은 경제이고 세계경제 길서를 만들어가는 규칙실정사가 아닌 규칙준수자라는 점을 항상 염두에 두고 정책을 세워야 합니다. 쉽게 얘기하면 글로벌스탠더드를 그저 받아들이고 적응하면서 정책을 추진해야 하는데 우리는 늘 그렇지 못하고 마치 규칙설정자인 것처럼 생각하고 정책을 펴나가는 점이 걱정되었습니다. 그런 점은 반성해야 합니다.

이런 관점에서 OECD 가입을 보면 이렇게 설명할 수 있습니다. OECD 가입은 필연적으로 자본자유화로 연결되는 것입니다. 따라서 아무 일이 없을 때는 OECD 가입이 우리의 해외차입 시 신용평가를 받는 데 이점(利點)으로 작용할 수 있습니다. 그러나 위기가 닥치면 얘기가 달라집니다. 위기가 닥치면 국제금융시장은 채권자들이 주도하는 시장으로 바뀌게 됩니다. 이러한 위험에 대한 대비책이 사전에 강구되었어야지요. 그럼에도 불구하고 이러한 대비책도 없이, 즉 준비 없이 OECD에 가입했다는 것이 문제라는 뜻입니다.

이계민 사실 외환위기의 원인에 대해 많은 연구와 보고서 등이 나왔습니다. 그러나 아직도 그 원인에 대해 관점이 다르기도 합니다만 위기극복을 진두지휘하셨던 장관으로서 원인을 규명한다면 어떻게 정리할 수 있을까요?

이규성 외환위기가 발생하게 된 원인을 한마디로 요약할 수는 없지요. 대내외적 환경변화와 정책추진의 잘못 등 여러 가지가 복합적으로 결합되어 나타난 결과라고 봅니다. 나는 크게 네 가지 정도로 설명하고 싶어요.

우선 앞서 잠시 얘기했지만 준비 없는 대외개방의 확대 추진을 들고 싶습니다. 당시 우리나라는 '아시아 기적'의 선두주자로서 명성을 날렸습니다. 그러한 국제사회의 높은 신뢰를 바탕으로 대내외적 요구에 따라 1990년대 들어 과감한 대외개방 정책을 추진합니다. 그런데 이 과정에서 국내 민간 차입자들과 해외 대출자 모두 차입과 대출을 무모하게 확대하고, 아울러 해외로부터 단기로 자금을 차입하여 장기투자나 대출로 활용하면서도 이에 따른 위험을 정부와 업계 모두 도외시하였습니다.

이규성 전 재경부 장관

다음으로 우리 정부의 국제금융시장에 대한 안이한 정세판단을 들고 싶습니다. 1993~1997년 기간 중 성장, 고용, 물가, 재정, 경상수지 등 거시경제 기초조건은 비교적 양호한 편이었지만 이를 과신한 나머지 외환위기 발생 방지를 위한 대책 마련에 소홀했습니다. 자본계정의 흑자가 지속적으로 나타날 것이라는 낙관으로 인해 경상수지 문제를 과소평가했고, 특히 외국자본의 갑작스런 유출 위험에 대한 대비가 너무 소홀했다고 봅니다.

물론 한국 경제의 구조적 취약성도 그 밑바탕에 깔려 있지요. 그때까지만 해도 우리 경제의 미시구조는 기업들이 백화점식 외형성장을 추구하면서 과잉·중복투자와 재벌기업들의 경제력 집중이 심화되고, 재무구조도 매우 취약한 상태였습니다. 또 경제운용이 시장규율보다는 정경유착의 보편화로 인해 정부가 기업과 금융기관의 위험을 떠맡아 대기업 불사(不死)나 은행불패와 같은 도덕적 해이가 만연되고 있었습니다. 기업지배구조의 투명성이 확보되지 않았으며, 금융감독 체계도 확보되지 않았습니다. 요컨대 글로벌스탠더드와 동떨어져 있어 경제의 취약성을 그대로 노출시키고 있었다고 볼 수 있습니다.

게다가 빈번한 노사분규와 노동시장의 경직성 등으로 인해 기업 경쟁력 약화는 물론 기업부실 심화와 사회불안 요인으로 작용하는 악순환이 이어졌지요.

한 가지 덧붙이면 국제금융체제의 불안정도 외환위기를 촉발시키는 데 한몫했습니다. 국제금융시장에서 환율 불안은 물론 금리변동성 확대나 자금흐름 급변 등이 지속되면서 이런 것들이 우리 시장의 불안정성을 가속화시킨 면도 있습니다.

이런 구조적 상황에서 1997년 여름 태국에서 외환위기가 발생하고 국내에서는 기아그룹의 부도 등이 겹치고, 특히 금융시장 개혁방안이 지지부진하면서 그때까지만 해도 신뢰하고 낙관하던 한국 경제에 대해 해외자본들이 외면하면서위기가 겉으로 드러난 것이지요.

피 말리는
협상의 전선에서

IMF의 지원을 받아 외환위기를 극복하려던 정부는 IMF 자금이 들어오는 초기부터 시련을 겪는다. IMF의 자금이 들어오면 곧 해외 채권금융기관의 자금인출은 멎을 것이라는 예측은 빗나가고 말았다. IMF 지원자금은 해외 채권기관의 빚 갚기에도 모자란 형편이었다. 이런 초기의 국가부도 위기를 IMF 지원자금의 조기인출과 미국 등의 적극적 협조를 받아 겨우 넘기고 다음해 초에는 금융부문에서 차입했던 외채의 만기연장에 성공함으로써 더욱 공고한 외환확보의기반을 마련하였다.

그러나 이것만으로는 해외 금융기관들의 신뢰를 회복하기에는 불충분하였다. 따라서 추가적인 외환확보가 절실한 실정이었다. 이규성은 과거 관료시절재무부 국제금융국장으로서 국제금융 사회와 교류를 한 바 있지만 그것은 너무먼 옛날이야기이다. 그런 이규성에게 국제금융시장에서 신규자금을 조달하여국가부도를 확실히 방지하는 역할이 부여된다.

중장기적으로 환율을 정상화시키면서 외환거래를 정상화하자면 시장환율제도의 도입이 불가피했다. IMF의 요구 역시 자유변동환율제의 실시였다. 이를

받아들이면서 환율을 정상화시키려면 무엇보다도 외환관리 시스템부터 바꿔야
했다. 다시는 유사한 위기가 재발하지 않도록 안전장치를 마련하면서 시장의
수요에 따라 민간들이 더 자유롭게 외환거래를 할 수 있도록 개선하는 것이 절
실했기 때문이다.

이규성이 어떻게 외평채 발행을 성공으로 이끌었고, 나아가 외환거래의 자유
화를 추진했는지 살펴보자.

모라토리엄 위기와 투자설명회 총력전

이계민 이제부터 좀더 구체적인 위기극복 정책에 대해 얘기를 나눴으면 합니
다. 앞서 위기극복의 기본방향 등에 대해 간략하게 말씀해 주셨는데, 그렇게 쉬
운 일만은 아니었겠지요? 갖가지 다른 견해들도 제기되고 논란도 많았을 것 같은
데 취임 초기의 상황과 분위기를 좀 설명해 주시지요.

이규성 우선 내가 새 정부에 들어가기 전입니다만 정부는 외환위기에 대응해 IMF
와 IMF 대기성 차관 협약(SBA: Stand-by Arrangement, 이하 스탠바이 협약)을 체결
하고 동시에 국제부흥개발은행(IBRD: International Bank for Reconstruction and
Development) 등 국제금융기구와 13개 선진국의 자금지원 약속 등을 통해 총
583억 5천만 달러의 외환자금을 확보하는 데 성공했습니다.

1997년 12월 4일에 IMF 이사회의 승인을 받아 구제금융이 들어오기 시작했
는데, 이렇게 되면 외환 및 금융시장이 안정돼야 하는데 그러지를 못했어요. 말
하자면 최소한 그때까지는 세계시장으로부터 긍정적 반응을 얻는 데 실패한 것
이지요. 그 결과로 국가신용등급이 '투자부적격' 수준으로 추락하고 동시에 국
내 금융기관들의 외채 만기연장이 크게 어려워지면서 차입금에 대한 가산금리
도 급등하는 등 외환시장에서의 불안이 고조되었습니다.

그때까지도 국가 모라토리엄을 선언하는 것이 낫지 않느냐는 주장도 있었고,
의견이 분분했던 것도 사실입니다. 하지만 결국은 외채 만기연장과 외평채 발

행으로 결론이 났습니다. 모라토리엄 선언이 더 싸게 먹힌다고 한 주장은 단기적으로 보면 그럴 수도 있지만 중장기적으로는 오히려 득보다 실이 더 많은 현명하지 못한 정책이라고 봅니다.

내가 장관으로 부임했을 당시에는 정부가 IMF 등으로부터의 자금인출을 앞당기고 정부보증으로 금융부문의 외채 만기연장을 성공적으로 완료하여 국가부도는 일단 모면한 상태였습니다. 그러나 대외부문의 안정을 보다 확고히 하고 환율 및 금리 등 거시경제 변수의 안정을 위해 외평채 발행을 통한 신규자금의 조달을 추진하던 중이었습니다. 그런데 이 또한 성공을 장담하기는 어려운 상황이었지요. 정부는 1차적으로 30억 달러를 목표로 1998년 3월 21일에 50억 달러 규모의 채권 발행에 대해 미국 증권관리위원회에 등록을 신청하고 3월 26일부터 4월 3일까지 7개국 14개 도시에서 투자설명회를 개최했습니다.

외평채 발행의 성공이 갖는 중요성을 감안하여 4월초 뉴욕과 보스턴에서 열린 투자설명회에는 재경부 장관인 내가 직접 참석하여 투자자들에게 한국 경제의 실상과 정책의지를 설명했습니다. 워싱턴에 가서는 로버트 루빈(Robert E. Rubin) 미 재무장관과도 만나 협조를 요청했지요. 미국에서 있었던 투자설명회에는 정인용 순회대사(부총리 역임) 등 한국의 '국제금융통'들이 모두 참여했지요. 총력전을 펼쳤습니다.

그런데 막상 뚜껑을 열어 보니까 대성공이었어요. 계약체결 당일인 4월 8일에 당초 목표보다 10억 달러가 많은 40억 달러로 외평채 발행 계약이 체결되었는데, 이처럼 10억 달러를 증액 발행할 수 있었던 것은 투자 희망액이 120억 달러에 달하는 등 투자자들의 관심이 컸기 때문입니다.

외환위기 이후 4개월 만에 이처럼 외평채 발행이 대성공을 거두었는데 당시 미국언론은 'smash hit'(대성공)이라는 표현을 썼습니다. 이렇게 성공하게 된 이유는 두세 가지를 들 수 있습니다.

우선 가장 기본적인 것은 해외투자자들이 지금의 한국 외평채는 정크본드 수준이지만 한국 경제는 곧 회복될 것이고, 그다음에는 투자등급이 상향조정될 것으로 믿었기 때문입니다. 한국이 경제개혁을 제대로 추진하고 있다는 것에 대한 믿음인 셈이지요. 그런데 이러한 믿음의 밑바탕에는 김대중 대통령의 확고한 리더십하에서 기업과 금융 등에 대한 구조조정을 제대로 할 것이라는 확신이 자리하고 있었다고 봅니다. 여기에 외평채 발행 주간사회사인 골드만삭스(Goldman Sachs)와 살로만 스미스 바니(Saloman Smith Barney)는 물론 인수단으로 활약한 세계적 명성을 가진 12개 금융기관들의 노력이 뒷받침돼 큰 성공을 거뒀다 생각합니다.

이계민   앞서도 얘기가 있었습니다만 모든 것이 순조로웠던 것만은 아니었지요? 예측할 수 없는 외환운용의 어려움에 대비하여 외환을 계속 확보해야 하는데 그 가운데 하나가 주요 선진국들의 2선 자금 제공 문제였다고 들었습니다. 어떤 내용인가요?

이규성   우선은 1997년 12월초 외화자금 확보 상황을 보면 총 583억 5천만 달러였어요. IMF와의 스탠바이 협약 등으로 210억 달러, IBRD 100억 달러와 아시아개발은행(ADB: Asian Development Bank) 40억 달러 등 국제금융기구의 지원약속 140억 달러, 그리고 일본과 미국 등 선진 13개국의 2선 자금 지원 약속이 233억 5천만 달러 등입니다. 2선 자금 233억 5천만 달러는 일본 100억 달러를 비롯, 미국 50억 달러, 독일·영국·프랑스·이탈리아가 합쳐서 50억 달러, 그리고 벨기에·네덜란드·스위스·스웨덴 등이 12억 5천만 달러, 호주 10억 달러, 캐나다 10억 달러, 뉴질랜드 1억 달러 등이었습니다.

그런데 이러한 2선 자금 제공의 조건이 너무 까다로웠어요. 2선 자금은 1997년 12월 24일 크리스마스 전야에 한국에 대한 지원합의를 하면서 선진 13개국은 1998년 1월초에 80억 달러를 지원키로 했습니다. 그런데 이들 선진국들은 미국에게 2선 자금의 지원조건 등을 한국과 교섭토록 위임해 미국이 2선 자금의 지원문제에 대해 전권을 행사하게 됐습니다.

그런데 미국은 2선 자금의 지원조건을 매우 까다롭게 제시하였어요. ●가산금리 3.5%를 요구하는가 하면 ●통계자료와 특정정책 이행요구권, 수출보조금 전면 폐지라든가, 탄력관세제도 폐지 등을 지원조건으로 제시했습니다. 정말 황당한 요구라고 볼 수 있습니다.

그런데 미국 정부 측의 생각은 이런 것이었어요. 우선은 ●미국이 50억 달러 지원 약속 금액 중 17억 달러 재정자금의 지원에 따른 채권 확보가 문제였고, 다른 하나는 ●2선 자금의 조기지원 발표가 시장심리를 안정시키는 예비적 장치의 역할을 수행하고 있기 때문에 2선 자금의 인출에는 신중해야 한다는 입장을 보였습니다. 예컨대 미국이 과거에 멕시코에 대해 정부자금을 지원한 적이 있는데, 이때 멕시코는 정부 소유의 유전(油田)을 담보로 제공하였다고 합니다.

이에 대해 당시 재경부는 주한 미 대사관의 보스워스 대사를 비롯한 관계자, 미 재무부의 루빈 장관을 비롯한 관계자들과 오랜 기간에 걸쳐 수많은 협의를 하였고, IMF 등 국제기구는 물론 일본 등 2선 자금 제공 국가들과도 많은 협의를 가졌습니다. 이를 통해 미국 측의 제시조건, 특히 특정정책 이행요구권의 완화를 시도했으나 미국 측의 반응은 소극적이었습니다.

실제로 이런 일도 있었습니다. 1998년 4월 3일 내가 루빈 미 재무장관과 만났을 때 루빈 장관은 "2선 자금은 계약만 체결하고 인출은 안 하는 것이 한국의 신인도 향상에 유리할 것"이라고 언급했습니다. 또 1998년 4월 17일 미국 서머스 재무부 부장관도 정덕구 재경부 차관과의 면담에서 한국의 상황이 호전되어 계약은 체결하되 인출은 하지 않기로 합의했다는 내용의 성명을 G7과 한국이 공동으로 발표하자고까지 제안했었습니다.

다른 한편으로 울펀슨(James Wolfensohn) IBRD 총재는 세계은행의 대(對) 한국 구조조정 차관 잔여분 50억 달러의 지원은 2선 자금의 지원과 연계해야 한다고 주장하여 2선 자금의 지원을 촉구하기도 했습니다.

그러나 우리 정부는 2선 자금의 조기인출을 포기한다는 것이 앞으로의 상황 변화에 탄력적으로 대비하는 데 불리할 것으로 판단했습니다. 따라서 2선 자금을 향후 위기 재발 시 바로 사용할 수 있도록 신용한도 형식으로 돌려놓는 문제를 적극적으로 검토했지요.

2선 자금 문제를 조기에 종결하기보다는 지원조건에 대한 협상을 계속 유지하는 것이 바람직하다는 판단에 따라 1998년 6월 10일에 열린 한미 정상회담에서 지원조건을 계속 협의한다는 합의조항을 넣었습니다. 물론 그 후 우리의 외환사정이 호전됨에 따라 2선 자금 문제에 대한 논의가 중단됐었습니다만 한동안 우리의 애를 태우는 과제였습니다.

내가 굳이 이 얘기를 꺼내는 것은 2선 자금의 도입 무산이 주는 교훈이 지금에 와서도 매우 크다고 생각하기 때문입니다. 우선 우리가 명심해야 할 것은 개별 국가 정부 간에 자금을 주고받기는 사실상 불가능에 가까울 정도로 어렵다는 점을 직시해야 합니다. 따라서 국제 다자간 협력사업을 보다 긴밀히 유지해야 합니다.

또한 2007년 글로벌 금융위기 이후에는 중앙은행 간 통화스왑이 매우 유용했다는 점도 명심해야 된다고 봅니다. 다시 말하면 정부 간 재정자금 지원은 매우 어렵지만 중앙은행 간 거래는 길이 트였다는 점입니다.

예컨대 지난 글로벌 금융위기 시절인 2008년에 선진국 간에는 미국 FRB와 유럽중앙은행(ECB: European Central Bank), 스위스, 캐나다, 영국, 일본 등의 중앙은행이 통화스왑을 했었고, 선진국과 신흥국 간은 미국 FRB와 브라질, 멕시코, 한국, 싱가포르 등의 중앙은행과의 사례를 들 수 있습니다.

협상 전면에 나선 실무대표 정덕구의 활약

여기에서 외환위기 직후 급박한 외환위기 상황을 수습한 정덕구 당시 재경원 제2차관보의 얘기를 들어보자. 당시 IMF는 최소한 한국에게는 막강한 발언권을 가졌다. 든든한 후원자였지만 동시에 군림하는 규제자이기도 했다. 그런 상대와 협상이 쉬운 일이 아님은 너무도 분명하다. 더구나 IMF는 그것을 구성하는 미국 등 선진각국의 이해도 반영해야 했다. 결국 최소한의 비용으로 우리가 필요로 하는 것을 얻으려는 싸움은 말 그대로 처참할 수밖에 없었다.

정덕구, 그는 때로는 악역을 담당했다. 경우에 따라서는 '뿔이 둘 달린 사람'으로 오해받는 일도 다반사였다. 그만큼 우리 이익을 지키기 위해서는 무리수

정덕구(鄭德龜)

1948년 충남 당진에서 태어나 배재고와 고려대 상학과를 졸업하고 위스콘신대 매디슨 경영대학원에서 경영학 석사를 받았다. 1971년 행정고시에 합격해 경제협력국장, 국제금융국장 등을 거쳐 1998년 재경부 차관, 1999년 산업자원부 장관을 지냈다. 이후 17대 국회의원, 서울대 국제대학원 교수, 중국 런민(人民)대 재정금융학원 초빙교수, 고려대 경영대학원 초빙교수 등을 역임하고 2007년부터 동북아연구재단(NEAR) 이사장으로 있다.

를 두지 않을 수 없었고, 경우에 따라서는 상사들에게 대드는 무례함을 범하기도 했다. 그런 숨은 노력의 결과가 국제사회에서 'IMF의 지원에 의한 위기극복에 가장 성공적인 나라'로 평가받는 밑거름이 됐음은 분명하다.

이계민 IMF와의 자금지원 조건 협상은 1997년 11월 23일부터 시작된 것으로 알고 있습니다. 나이스 단장이 서울에 온 것은 11월 26일이고 이때부터 본격화됐는데 정 장관께서는 11월 26일에 재경원 기획관리실장에서 제2차관보로 임명돼 협상에 참여(교체 수석대표)하신 것으로 알고 있습니다. 1차 협상의 전말을 간략하게 정리해 주시면 좋겠습니다.

정덕구 IMF 협상에 관한 얘기를 하기 전에 왜 IMF 위기를 자초했는지에 대해 하나의 단초가 될 만한 에피소드를 소개하고 대담을 이어갔으면 합니다.

IMF행이 공식화되기 직전의 일입니다. 아마 1997년 10월말께 기획관리실장으로서 대(對) 국회 업무를 했던 때의 일입니다. 하루는 강경식 부총리를 모시고 국회에서 대정부 질의를 마치고 나오는데 강 부총리가 저녁식사를 같이하고 가자고 해요. 그래서 어느 식당에 들어갔습니다. 거기서 이뤄진 대화 내용을 보면 외환위기 직전의 정부 내 분위기를 짐작할 수 있을 것입니다.

정덕구 장관의 진술을 토대로 여기에서 이뤄진 강 부총리와 정 기획관리실장의 대화를 각색해 옮겨 보면 다음과 같다.

"환율제도 때문에 논란이 많은데, 이에 대해 어떻게 생각하는가?"
"한승수 부총리 때부터 논쟁이 계속됐습니다."
"뭐가, 어떻게 됐는데?"
"한승수 부총리가 환율 때문에 이석채 경제수석과 갈등이 많았습니다. 당시 한 부총리는 환율을 단계적으로 유동화하지 않고 금리자유화나 개방체제 이행은 있을 수 없다는 생각이었는데, 그럴 때마다 이석채 경제수석이 강력하게 반대해서 나(한승수 부총리)도 어쩔 수가 없었다고 말씀하셨습니다."
"그래, 그러면 지금 어떻게 해야 되는 거야? 솔직하게 한번 말해 봐!"
"환율을 유동화하지 않으면 몸체(경제 전체)가 흔들립니다. 예컨대 댐의 물이 엄청나게 불어나는데 수문을 굳게 닫아 놓으면 수위조절이 안 됩니다. 그러면 댐이 무너질 것은 빤한 이치입니다. 수문을 완전히 열어 놓지는 못해도 수문을 열었다 닫았다 해서 수압을 낮추고 수위조절이 이루어지도록 해야 합니다."
"잘 알았네."

이계민 경직된 환율운용에 문제가 있었다는 지적이네요.

정덕구 1997년 외환위기는 당시의 특수한 정치·경제구조나 상황 같은 국내의 단편적 요인을 넘어 국내외의 복합적 요인에 의해 촉발되었다고 봅니다. 위기요인이 과거로부터 누적되었고, 이러한 위기요인들이 외부충격에 의해 일시에 폭발하면서 나타난 결과가 외환위기였습니다.

우선 '거버넌스의 위기'와 '부조화 현상의 심화'에 의해 외환위기 이전까지 한국 경제를 이끌어왔던 내부 시스템의 문제가 노출되었다고 봅니다. 거버넌스의 위기란, 한국의 고도성장기에 성공적으로 작동했던 '정치권-관료-재벌'이라는 3각 균형의 정책결정 구조가 시장화 및 개방화의 진전과 5년 단임 대통령제 등으로 인해 그 정합성에 균열을 일으킨 것입니다. 게다가 개방체제로 이행하는 과정에서 개방의 순서와 속도를 조절하는 데 실패하면서 각종 부조화 현상이 발생한 것이 큰 원인입니다.

일부에서는 OECD에 가입해서 외환위기가 왔다고 얘기합니다만, 나는 아니라고 생각합니다. 문제는 OECD 가입 후 시장의 관행이 바뀌기 시작했는데 관료사회와 정책은 그대로여서 혼란을 초래한 것이 문제가 된 것이라고 봅니다.

설상가상으로 동남아에서 촉발된 외환·금융위기가 한국에까지 밀려오는데 정책당국자들이 제대로 대응하지 못하는 정책실패가 되풀이되면서 외환위기를 맞게 되었다고 봅니다.

결론적으로 보면 한국이 전환기적인 상황에서 대내적 동요와 대외적 충격을 충분히 흡수하지 못해 전환기에 적합한 국가경영 능력, 즉 의사결정 메커니즘을 확실히 정립하지 못했기 때문이라고 요약할 수 있겠습니다.

다윗과 골리앗의 싸움이 시작되다

이계민 구체적인 협상 상황을 짚어 보지요.

정덕구 임창열 부총리가 IMF행을 공식선언한 것이 11월 21일입니다. 그리고 23일 IMF와 협상할 우리 측 실무협상단을 조직했고, 같은 날 IMF의 실무협상단 가운데 토머스 발리노가 이끄는 금융외환팀이 서울에 도착했습니다. 그리고 25일부터 IMF 실무협상단이 국내 금융기관 부실문제를 집중적으로 조사하기 시작했고, 26일에 IMF 휴버트 나이스 아태국장(실무협상단장)이 서울에 도착해 27일까지 1차 협상이 진행됩니다. 그런데 말이 협상이지 24일부터 27일까지는 본격 협상을 위한 IMF 측의 일방적인 조사이자 탐색전이었습니다.

그런데 사실 내가 실제 협상에 참여한 것은 그보다 훨씬 전이었습니다. 정부가 IMF행을 결정하고 난 직후에 내게 협상을 맡으라는 내부 지시가 있었지요. 그래서 IMF 협상팀이 오기 전에 실무자들에게 보고를 받는데 참 답답했습니다. 당시 외환위기를 담당할 조직이 없었어요. 과거에 재경원으로 통합하면서5 국제금융을 모르는 사람들이 주도한 탓에 국제금융국을 없애 버렸거든요. 지금 생각해 보면 참 안타까운 일이지요.

그런데 가장 근접한 실무담당기구는 금융정책실 제3심의관실 (국제금융증권심의권 김우석 국장)에 3개과, 즉 금융협력과, 국제기구과 그리고 국제금융과가 있었어요. 우선 그쪽 실무자들에게 상황을 물어보니까 첫마디가 이랬습니다.

"큰일 났습니다. 시장이 정부가 발표하는 정책이나 통계와는 정반대로 갑니다."

그래서 나는 이렇게 강조했습니다.

"내가 장수(將帥)로 왔으니 앞으로는 전적으로 나를 믿어라. 그리고 내가 시키는 대로만 해라. 우선 모든 통계는 함부로 발표하지 마라. 철저히 검증해서 발표해야 한다."

그런 말을 강조하게 된 것은 나름대로의 상황판단에 따른 것이었지요. 당시 가장 큰 문제는 시장이 정책을, 또는 정부를 불신한다는 것은 '신뢰의 위기'라고 생각했기 때문입니다.

이계민 담당조직이 없었다고 했는데, 그러면 어떻게 대책을 만들고 협상에 임했나요?

정덕구 우선은 차관보 발령을 받고 나서 임창열 부총리 지시에 따라 협상팀을 꾸렸습니다. 그게 11월 23일입니다. 우선 금융정책실의 국제금융증권심의관인 김우석 국장을 책임자(부단장)로 그 밑에 7개 실무반을 배치했습니다. 총괄반(반장 최중경 금융협력담당관), 거시경제반(장수만 종합정책과장), 재정반(정해방 예산정책과장), 외환수급반(진영욱 국제금융담당관), 통화금리환율반(김규복 금융정책과장), 금융구조반(이종구 금융제도담당관), 산업노동반(김대유 산업경제과장) 등을 만들었습니다. 말하자면 옛날의 국제금융국을 새로 만들다시피 했어요. 이 팀이 결국 외채 만기연장 협상 등 주요 외채위기 수습에 끝까지 동원됐습니다.

---

5 김영삼 정부 시절인 1994년 「정부조직법」 개정에 따라 경제기획원과 재무부가 통합되어 재정경제원이 신설되었다.

이계민 초기의 협상은 어떤 식으로 진행되었나요?

정덕구 IMF와의 협상은 크게 3단계로 구분해 볼 수 있습니다. 첫 번째 단계는 11월 24일부터 27일까지 이뤄진 '탐색기'로, 이때는 발리노 팀장이 주도했습니다. 한국의 금융시스템 등을 면밀히 점검한 것이 주 내용이었습니다.

두 번째 단계는 협상 장소를 힐튼호텔로 옮겨 진행된 11월 28일부터 11월말까지입니다. 이때부터 본격 협상이 이뤄지는데 26일 도착한 나이스 단장이 주도합니다.

마지막으로 세 번째 단계는 실무적 협상이 최종 타결된 11월말부터 12월 3일 공식발표 때까지의 이른바 '막판 뒤집기' 국면입니다. 나이스 단장과 실무협상이 마무리됐는데 느닷없이 캉드쉬 총재가 끼어들어 새로운 조건을 제시한 것입니다. 여기에는 대선후보들의 각서요구도 포함됩니다.

앞으로 하나씩 얘기해 보겠지만 가장 중요한 것이 첫 단계의 상황파악이 아니었나 싶습니다. 사실 그때까지만 해도 우리는 미적거리고 있었다고 해야 할지 그런 상황이었지요.

이계민 그런데 협상과정에서 미국 클린턴 대통령이 "협상을 빨리 끝내기 바란다"는 내용의 전화를 김영삼 대통령에게 걸어서 협상이 급진전을 보인 것으로 알고 있는데 무슨 일이 있었던 것인가요?

정덕구 그런 일이 있었지요. 당시 미국 중앙은행인 FRB는 한국은행 워싱턴 사무소를 통해, 한국의 외화유동성 부족 상황이 아주 심각한 지경이라 국가부도 위기에까지 몰리고 있다는 사실을 파악하고 있었습니다. 그래서 IMF 자금이 한국에 하루빨리 공급되지 않으면 위험하다는 내용의 보고서를 올렸던 것이지요.

그래서 당시 김영삼 대통령에게 전화를 걸게 된 것입니다. 전화를 받은 김 대통령은 곧바로 강만수 재경원 차관에게 전화를 걸어 IMF와의 협상을 서둘러 12월초까지 끝내라고 지시했고, 지지부진하게 진행되던 협상이 활기를 띠기

108

시작했습니다. 김 대통령은 협상을 빨리 끝내기 위해 협상캠프도 IMF 실무협상단이 투숙해 있던 힐튼호텔로 옮기라고 지시했던 것입니다.

이계민 IMF의 나이스 단장이 자금지원 소건을 최종 제시한 섯이 11월 29일 새벽 6시 30분으로 나와 있습니다.[6] 그런데 자금지원 조건을 보고 어떤 생각이 들었는지요? 그날 나이스 단장과 오찬을 하면서 '홈닥터론'을 설파하셨다는데 어떤 내용인가요?

그런데 더 큰 문제는 그날(11월 29일) 오후에 나이스 단장이 밀서를 제시해 놀라게 만들었다는 정 장관의 회고도 있었습니다. 구체적으로 어떤 내용이고, 왜 별도의 조건 제시가 있었는지요?

정덕구 나이스 단장이 11월 26일 방한하면서 본격 협상이 진행됐는데 정말 밀고 당기는 피 말리는 협상이었습니다. 나이스 단장은 발리노 팀장이 미리 파악해 놓은 한국 경제의 이런저런 문제점을 근거로 구체적인 자금지원 조건을 제시했고, 우리는 그 조건들을 하나씩 따져 본 뒤 받아들일 수 있는 부분은 받아들이고 그렇지 못한 조건들은 완화하기 위해 노력했습니다. 한국과 IMF의 협상팀은 거의 매일 밤을 새우다시피 했어요.

그런데 IMF와의 협상이 마무리 단계에 들어갈 무렵인 11월 29일 한국 협상단이 밤샘 논의를 끝내고 잠깐 쉬기 위해 각자의 방으로 흩어졌는데, 새벽 6시 30분쯤 IMF 실무협상단이 자금지원 조건을 제시해왔어요. '대기성 차관의 정책이행 조건'이란 명칭의 문건으로, 합의서 초안이었던 겁니다.

내가 그 안(案)을 보니까 그대로 하면 큰일 나게 생겼어요. 1998년과 1999년 2년간 국제수지 적자폭을 GDP의 0.5% 수준으로 줄이고, 소비자물가상승률도 5% 이내로 억제할 것을 요구했고, 또 GDP 기준 경제성장률을 1998년에는 2~3% 수준으로 낮추고 1999년에는 잠재성장률 수준으로 회복시킨다는 목표를 제시했습니다.

---

6 정덕구, 2008, 《외환위기 징비록》, 삼성경제연구소, 185쪽.

재정정책과 관련해서는 1998년에는 강력한 긴축재정을 요구하면서 부가가치세의 1% 인상, 면세 및 세금감면 혜택 감소를 통한 법인세 기반의 확대, 소비세와 특별소비세, 그리고 교통세의 인상, 민간기업 부문에 대한 경상지출의 삭감 등이 담겨 있었습니다. 모두가 세금이 늘어나 국민들의 고통이 수반되는 조치들이었지요.

이계민　나이스 단장과의 오찬은 그 내용을 따지기 위한 것이었나요?

정덕구　그런 셈이지요. 그날 점심 때 나이스 단장과 3시간가량 함께 식사하면서 무리한 내용에 대해 긴 토론을 했습니다. 나이스 단장과의 공식적 만남은 이때가 처음이었지요. 여기서 등장하는 것이 홈닥터론입니다. 내용은 이런 것이었습니다.

IMF는 전 세계적으로 유명한 의사에 비유할 수 있다. 환자의 병을 고칠 수 있는 전문지식과 고도의 첨단기술을 갖고 있다. 그렇지만 환자의 과거 병력에 대해서는 잘 모른다. 한국의 관료들은 우리나라의 문제가 무엇인지, 과거 병력이 어떠했는지 잘 알고 있다. IMF가 세계적 의사라면, 한국 경제관료는 홈닥터에 해당한다. 아무리 전문지식과 첨단기술을 갖고 있다 하더라고 환자의 과거 병력과 현재의 습관 등을 잘 모르고서는 제대로 된 처방을 내릴 수 없지 않는가? 따라서 IMF는 한국 관료들의 의견을 경청할 필요가 있다. 홈닥터의 견해가 환자 치료에 반영되어야 할 것이다.

이계민　그런데 밀서는 또 무슨 얘기인가요?

정덕구　그렇게 워밍업을 끝내고 IMF가 제시한 협상조건들을 검토하느라 정신이 없었는데 전혀 예상치 못했던 돌발사태가 발생한 것입니다. 그날(29일) 오후 늦게 IMF가 합의서 초안에는 없던 새로운 조건을 제시한 것입니다. 이를 건네받은 한국 협상단은 얼굴이 창백해질 수밖에 없었습니다.

110

IMF 자금지원의 선행조건으로 ●단기금리를 현행 연 14% 수준에서 연 30% 이상으로 인상할 것 ●완전한 예금자 보호조치와 함께 12개 종금사를 즉시 폐쇄할 것 ●2개의 부실은행을 6개월 안에 다른 금융기관과 합병하거나 또는 처분할 것 ●저성장 통화긴축, 긴축재정 기조를 유지하고, 채권 및 주식시장을 완전 개방할 것 ●외국 금융기관들이 한국 내 금융기관을 인수할 수 있도록 모든 규제를 전면 폐지할 것 등의 구체적인 내용들이었습니다.

사실 원론적으로는 틀린 게 없는 조건들이었지요. 한국이 한시라도 빨리 외환위기에서 벗어나기 위해서는 반드시 필요한 조건들이었지만, 이 모든 조건을 한꺼번에 동시다발적으로 시행하게 되면 한국 금융시장이 그 충격을 감당할 수 없겠다 싶었어요. 심지어는 이 사람들이 한국 경제를 살리려고 하는지 자체가 의심스러웠습니다.

특히 그중에 가장 많이 맘에 들지 않은 것은 금리였습니다. 물론 외화가 빠져나가는 단계에서는 콜금리를 올려 못 나가게 해놓고 정책을 추진하는 것은 맞지요. 그런데 콜금리는 단기금리이기 때문에 인상해도 기한을 정해 놓고 하는 것입니다. 스칸디나비아 나라 같은 경우 금융위기 때 길어야 1주일 정도 짧으면 사흘이었습니다. 그런데 우리에게는 그런 기한조차 없었습니다.

이것은 금리문제가 아니라 대한민국 경제 전체가 마비된다는 차원에서 항의를 엄청나게 했던 것입니다.

여기서 내가 얼마나 노심초사했는가를 보여주는 에피소드 하나 소개할까요. 속이 타는 협상을 하면서 기자들에게 중간 브리핑을 하고 돌아오는데 호텔 복도에서 알 만한 사람을 마주했습니다. 누구냐 하면 데이비드 립튼 재무부 차관이었습니다. 그래서 내가 아는 척을 하고 말을 걸었습니다.

"당신이 지금 IMF 단장 방에서 나왔는데 그래도 되는 거냐? 수백 명의 기자들이 알면 미국이 IMF에 압력을 넣었다고 기사화할 것이다. 그래도 좋으냐"고 협박성 언질을 주면서 잠시 서로 얘기하자고 했습니다. 그래서 그와 함께 하얏트 호텔로 가서 "미국이 원하는 것이 무엇이냐? 솔직히 얘기해 달라"고 했습니다. 당시 최중경 과장과 함께 갔는데 그는 주식시장을 포함한 시장개방을 많이 해야 하는 것뿐이라고 대답했습니다. 농담이었지만 미국 재무부는 더 이상 요구하는 게 없다는 것을 자필로 각서를 써 달라고까지 얘기했어요.

어쨌든 그런 과정을 거치면서 실무합의안에 도달한 것입니다. 물론 전반적으로 보면 협상이 아니라 일방적 통보였고, 우리가 받아들이지 않을 수 없었지요. 나중에는 임창열 부총리까지 나서서 협상을 서둘렀습니다.

이계민 그렇게 어렵사리 합의된 안에 캉드쉬 IMF 총재가 승인을 늦추어서 상당히 애를 먹었다고 알려져 있습니다. 당시 캉드쉬 총재의 행적과 구체적인 의사결정 과정은 어떤 것이었나요? 대선 후보들에게 합의이행 각서까지 청구했다고 하던데요.

정덕구 캉드쉬 총재는 당시 서울에 있던 나이스 단장과 수시로 전화연락을 하면서, 협상이 타결될 만하면 또다시 받아들이기 힘든 요구조건들을 추가하며 한국 정부를 괴롭혔습니다. 그래서 임창열 부총리가 말레이시아 IMF 총회에 참석중인 캉드쉬 총재와 직접 담판을 지으려고 여러 차례 전화통화를 시도했으나 그는 번번이 이를 따돌리곤 했습니다. 나이스 단장을 앞세워 한국 정부를 압박하고 자신은 뒤에 숨는 교묘한 전략을 구사하였던 것이지요.

캉드쉬 총재는 임창열 부총리가 IMF와 "합의했다"라고 언론에 밝힌 다음날인 12월 1일 나이스 단장과의 전화통화에서 자신이 직접 서울에 와서 협상을 타결 지을 테니 기다리라고 거부권을 행사했습니다. 임창열-나이스 합의를 전면 부정하자 협상은 다시 교착상태로 빠졌지요. 캉드쉬는 부실금융기관 폐쇄문제와 금융시장 개방속도를 문제 삼고 나섰습니다. 그는 국내증시의 외국인 투자한도를 연말까지 100%로 늘려 국내 증시를 외국인에게 완전 개방할 것, 외국인에 대해서도 금융기관 인수합병을 전면 허용할 것, 콜금리를 파격적으로 인상할 것 등을 요구했습니다. 결국 그는 3일 서울에 들어와 자신의 주장을 대부분 관철시키게 됩니다.

112

이계민 캉드쉬가 왜 그렇게 강경입장을 유지했나요? 무슨 속셈이 따로 있었던 것은 아닌가요?

정덕구 캉드쉬로서는 대통령 선거를 앞둔 한국의 정치적 상황을 감안해 떠나가는 김영삼 정부가 약속한 사항이 다음 정부에서 얼마나 잘 지켜질 것인지 의심했고, 그 때문에 자신이 직접 한국에 와서 대선 후보자들과 대화하거나 그들로부터 "대통령에 당선되더라도 IMF와 한 약속을 지키겠다"라는 각서를 받고자 했던 것입니다. 결국은 대선후보 모두에게서 각서를 받아냈지요.

그런데 사실 아무리 긴급처방이라고는 하지만 고금리를 유지하면서 고강도 재정긴축을 요구한 IMF 처방은 이론적으로는 맞지 않는 것이었습니다. 실무자들에게 이런 이의제기를 많이 했지요.

그런데 끝까지 고금리와 재정긴축을 요구한 것은 미국 재무부였던 것 같습니다. 즉, 미국 재무부에서는 이 기회를 이용해 한국이 말을 잘 듣도록 한국 경제를 한번 강하게 압박해 보자는 의도가 있었지 않나 생각됩니다.

이계민 IMF와의 합의안에 서명한 것은 12월 3일입니다. 12월 5일에는 IMF 이사회에서 합의안을 승인하고 첫 지원자금 55억 달러가 한국에 들어옵니다. 이때부터 본격적인 IMF 섭정시대에 들어간 것이지요?

그런데 IMF 지원이 공식화되면 한국의 국제신인도가 높아지고 경제도 제자리를 찾을 것으로 기대했는데 그렇지 못했다고 기록돼 있습니다. 돈이 들어오자마자 모두 채권은행들이 회수해간 것이지요. 당시 경제상황을 간단히 설명해 주시고, 그 원인은 무엇이라고 생각하시는지요? 더구나 국제 신용평가사들은 IMF 지원결정 이후에 한국의 국가신용등급을 계속 하향조정해 사태를 더욱 악화시키는 결과를 가져온 것으로 알고 있습니다.

정덕구 IMF의 자금지원에도 불구하고 금융시장이 불안을 벗어나지 못하자 기업들은 연일 아우성을 쳤습니다. 자금난을 견디지 못한 부실금융기관들과 대기업들은 연이어 부도를 냈습니다. 새로운 형태의 신용위기 조짐까지 나타났어요. IMF의 요구를 받아들여 종금사를 무더기로 영업정지 시킬 때 정부는 어느 정도 시장에 파장이 있을 것으로 예상했습니다. 하지만 그 파장은 예상보다 컸습니다.

IMF의 독주에 제동 건 'IMF 플러스 협상'

이계민 12월 21일부터 IMF와의 '플러스 협상'을 진행했다는 기록이 있습니다. 어떤 내용인가요? 기록에 의하면 선진국들의 자금지원 일정을 앞당기기 위한 협상이었고, 12월 24일에 합의해 '크리스마스 선물'로 한국 정부(임창열 부총리)와 IMF가 동시에 결과를 발표한 것으로 나와 있습니다. 내용은 100억 달러 조기지원으로 되어 있는데 실천은 어떤 식으로 이뤄졌나요?

정덕구 나는 김대중 대통령이 당선되고 난 뒤 무엇보다 중요한 것이 '일산 발코니 연설'이라고 생각했습니다. 수많은 내외신기자들 앞에서 평소의 지론이었던 대중경제론 등을 얘기하면 어쩌나 걱정했습니다. 그러나 그것은 기우(杞憂)였습니다. 그때부터 김대중 대통령은 평소와는 180도 달리 외자(外資)를 수용하겠다는 입장을 밝혔습니다.

그런데 김 대통령은 12월 19일 선거에서 당선되고, 20일 일산 발코니 연설에 이어 21일에는 클린 미국 대통령으로부터 당선 축하인사를 받습니다. 당시 김 대통령은 클린턴 대통령에게 한국 경제의 상황을 설명하면서 SOS를 쳤지요.

"좀더 신속한 국제사회의 지원이 이뤄질 수 있도록 다시 점검해 보아야 하지 않겠느냐"고 클린턴 대통령에게 요청해서 시작된 것이 IMF 플러스 협상입니다.

당시 여의도에 있었던 기술신용보증기금에 장관실을 만들어 놓았는데, 거기에서 협상이 시작됐습니다. 당시 우리 쪽에서 나와 김우석 심의관(후일 한국자산관리공사 사장), 최중경 과장(후일 지식경제부 장관), 허경욱 과장(후일 기획재정부 차관)이, IMF에서는 나이스 단장과 첸 부국장 등 4명이 협상멤버로 참여했습니다.

지금 되돌아보면 당시의 협상은 씨름판에서 씨름하는데 우리는 샅바를 놓친 씨름꾼과 같았어요. 질질 끌려다닐 수밖에 없었습니다.

이계민　어떤 내용이 주로 논의됐나요?

정덕구　IMF 플러스 협상이란, 말 그대로 12월 3일 합의한 IMF 협상을 보완하는 추가 협상을 의미합니다. 더 많은 지원을 한다는 것은 아니었고, 12월초 합의한 기본협상 내용에 몇 가지 조건을 덧붙여 자금지원을 앞당기기로 암묵적으로 합의한 뒤 진행한 협상입니다. IMF나 국제 금융계가 한국에 대해 가진 의구심을 더 확실하게 해소시켜 주기 위한 조치였다고 볼 수 있습니다. 나는 협상의 필요성을 IMF에 이렇게 설명한 것으로 기억합니다.

"IMF가 국제 금융계로부터 신뢰를 못 받고 있다. 그 결과 서울에서 달러 탈출이 지속되고 있다. 또 IMF의 지원규모와 선진국이 지원하기로 한 '제2선 자금' 규모가 모두 너무 적다. 뿐만 아니라 2선 자금의 구체적 지원시기 등 일정이 제시되지 않아 실효성에 의문이 제기되고 있다. 이 같은 불신을 없애기 위해 미국 등 선진국 정부가 직접 나서서 2선 자금 지원을 공개적으로 확약하는 게 필요하다."

그렇게 해서 시작된 플러스 협상은 선진 각국들이 자금지원을 빌미로 온갖 요구조건을 제시하는 바람에 애를 먹었습니다. 돈 없는 설움에 온갖 수모를 다 당한 셈이지요. SRF (가산금리 연 3.5%)[7]를 통해 100억 달러를 지원하겠다면서 내건 요구조건에는 농산물 수입과 관련한 탄력관세제도를 폐지하라거나 무역보조금을 폐지하라는 등의 내용도 있었습니다. 심지어 캐나다는 알팔파 관세를 내려 달라, 일본은 원산지 규정 적용을 연기하라는 등의 조건을 하나씩 제시했습니다.

그때 내가 다음과 같이 강조했습니다.

"우리가 죽게 생겼으니 어쩔 수 없지만 말은 바로 하자. 강대국이 약소국에 이런 행동을 해서는 안 된다, IMF가 관세인하까지 얘기하느냐. 당신들이 서머스의 사주를 받은 모양인데 내가 하나 물어볼 터이니 대답해 봐라. 내가 벼랑길을

---

7 SRF 금리는 IMF의 정기신용수수료(SDR 금리의 117.6%)+3.5%이다.

산책하다가 낭떠러지에 떨어지면서 나뭇가지에 매달려 있다고 하자. 그런데 네가 나한테 와서 구해 줄 테니 그 대신 너의 아름다운 부인을 나에게 달라고 얘기한다면 나는 어떻게 해야 하느냐?"

그랬더니 그 친구 왈 "나는 네 부인을 한 번도 본 적이 없다"고 너스레를 떨면서 정회하자고 해요. 정회를 무려 9시간 동안이나 했습니다. 그래서 결국은 G7의 요구사항들은 없던 것으로 하는 계기가 되었습니다.

이 같은 플러스 협상에서 합의된 조기 자금지원 내역을 구체적으로 보면 IMF가 20억 달러를 12월 30일 입금하기로 했고, 미국, 일본, 영국 등 주요 선진국들이 IMF 자금 소진 후 지원하기로 했던 자금 중 80억 달러를 연내에 앞당겨 지원하기로 했습니다. 한국 정부는 이 같은 조기 자금지원의 조건으로, 제일은행과 서울은행의 부실책임 임원을 퇴임시키고 기존 주식을 소각한 뒤 매각하기로 했습니다. 또한 부실 종금사에 대해서는 연말까지 정상화 계획을 제출받아 1998년 3월 7일까지 폐쇄대상을 결정하기로 했고, 12월 30일에는 외국인 주식투자의 종목당 한도를 55%까지로 확대하고 1998년 말까지는 완전히 폐지하기로 합의했습니다.

IMF 플러스 협상이 타결된 이후부터 국제 금융계가 서서히 움직이기 시작했다고 기억됩니다. 그동안 꽁꽁 얼어붙었던 국제 자본시장의 한국에 대한 투자심리가 점차 우호적으로 바뀌었지요. 물론 선진국들의 2선 자금 지원은 결과적으로 계획대로 이루어지지 않았습니다.

그런데 플러스 협상이 끝났지만 여전히 안심하기에는 이르다는 판단에서 정부는 리트머스시험지 격으로 한국산업은행의 외화표시채권을 발행하려고 검토했는데 가산금리가 무려 연 10% 넘게 나와요. 평소의 2배 이상이었습니다. 그래서 결국은 포기했지요.

한숨 돌리게 한 외채 만기연장 협상

이계민 급한 불은 끈 셈이군요. 그런데 외환위기 극복의 가장 중요한 계기이자 하이라이트라고 생각되는 것이 외국 채권단과의 외채 만기연장 협상이라고 봅니다. 1997년 12월 22일부터 본격화된 것으로 알고 있는데 결과적으로는 성공으로 끝났습니다. 그러나 그 과정은 참으로 험난하고 당사자들로서는 피 말리는 협상이 아니었나 짐작됩니다. 그 과정을 설명해 주시지요.

정덕구 대통령 선거가 끝나 정치적 불확실성이 어느 정도 걷히고, 김대중 대통령이 당선연설을 통해 민주주의와 시장경제를 축으로 하는 국가운영 철학을 발표하면서, 한국에 대한 국제사회의 태도가 긍정적으로 돌아섰습니다. 뿐만 아니라 미국 클린턴 행정부가 한국의 새 대통령 당선자를 적극 돕기로 하고 IMF 플러스 협상을 통해 이 같은 의지를 실천으로 옮기자 한국을 바라보는 국제 금융계의 시선도 달라지기 시작했습니다.

국내에서도 12월말 국회를 열어 IMF와 약속했던 것들을 실천하기 위해 법개정 등 필요한 절차를 신속히 처리함으로써 국제사회에 약속을 지키는 모습을 보여준 것도 분위기 일신에 도움이 됐습니다. 이 같은 안팎의 노력에 힘입어 단기 외채 만기연장을 위한 분위기가 급격히 조성됐던 것이지요.

새해가 되면서 권력은 대통령 당선자에게 넘어가는 모양새였습니다. 이때 김영삼 정부와 김대중 당선자 양측에서 6명씩 참여해 비상경제대책위원회(비대위)가 꾸려집니다. 김용환 자민련 의원과 임창열 부총리가 공동대표를 맡았는데 그 산하에 뉴욕에서 열릴 채권단 회의를 준비할 특별위원회와 실무협상단을 구성했습니다.[8] 실무협상단 단장은 재경원 제2차관보였던 내가 맡았지요.

---

8 수석대표에 김용환 비대위 위원장, 교체 수석대표에 유종근 대통령 당선자 경제고문, 대표단 고문에 정인용 국제금융대사 등이었다. 실무협상단장에는 정덕구 재경원 제2차관보, 교체 대표에 변양호 국제금융과장, 법률고문에 마크 워커 변호사가 임명됐다. 실무협상단에는 김준일 장관자문관, 권태균 외채대책반장, 이희수 비대위 기획단 전문위원, 이석준 비대위 기획단 전문위원, 곽상용 서기관, 문홍성 사무관, 산업은행 김덕수 부장, 외환은행 김용수 부장 등이 참여했다.

협상대표단은 1월 18일에 뉴욕으로 출발하고 실제협상은 21일부터 추진하며 1월말까지 원칙적 합의를 도출해낸다는 계획을 세웠습니다. 외채 만기연장 협상은 모두 5차례에 걸쳐 진행됐는데 첫 회의는 1998년 1월 21일 뉴욕의 시티뱅크 회의실에서 있었습니다. 한국의 제안과 질문 답변이 이뤄졌고, 채권단 대표로 13개 은행을 선정하는 작업도 있었습니다. 5차례에 걸친 만기연장 협상의 가장 핵심은 금리문제였습니다. 밀고 당기기가 이어지고 있었는데 4차 협상이 열리는 1월 27일 새벽에 인도네시아가 모라토리엄을 선언했다는 뉴스가 나왔어요. 그래서 우리는 긴급회의를 열면서 자문변호사인 워커 변호사에게 자문을 구했습니다.

가장 큰 관심사는 인도네시아의 모라토리엄 선언이 우리와의 협상에서 채권단에게 긍정적 영향을 미칠 것인지, 아니면 부정적 영향을 미칠 것인지였어요. 그래서 워커 변호사에게 이를 물었는데 명확한 답을 해주지 못하는 겁니다. 그래서 내가 이렇게 얘기했어요.

"만약 우리가 모라토리엄 각오하고 현재의 협상을 깨면 세 가지 문제를 예상해 볼 수 있다. 첫째는 우리는 국제금융 사회에 복귀하는 데 최소한 3∼5년은 걸린다. 둘째는 다시 국제금융 사회와 협상을 재개할 수는 없을 것이다. 셋째는 김대중 정부에 엄청난 부담을 줄 것이다. 따라서 우리는 강경하게 나가면서도 협상을 깨지 않는 정도의 수위로 협상에 임해야 할 것 같다."

그래서 비장한 각오로 협상에 임한 것이 28일에 열린 4차 협상이었습니다. 여기에서 나는 이렇게 주장했습니다.

"한국은 아직까지 한 번도 국제금융시장에서 이자 한 푼 떼어먹은 적이 없다. 그러나 만약 당신들이 지나친 금리를 계속 요구하거나 감내하기 힘든 조건을 제시한다면 우리는 인도네시아와 같이 협상을 깰 수밖에 없을 것이다. 우리는 변호사를 통해 마지노선을 제시할 테니 채권자 대표인 여러분들이 협의하고 오늘 회의는 이것으로 끝내자."

강하게 나갔지요. 그래서 제시한 것이 연금리 7%선이었습니다. 다음날인 1월 29일 채권단들은 한국의 금리 제안을 받아들였고, 만기연장 협상은 대단원의 막을 내리게 됩니다.

그런데 이러한 외채협상과 관련해서 이를 뉴욕시장에서 누가 주도할 것인가를 놓고 치열한 경쟁이 있었습니다. 가장 먼저 발 빠른 행보를 보인 것은 투자은행인 JP모건이있어요. 12월 29일 뉴욕에서 열린 채권단 회의에서 한국의 유동성 위기 해결을 위한 장기 계획을 제시했습니다. 투자은행이 주도해서 한국의 외채문제를 해결하겠다는 제안이었던 것입니다. 그런데 우리 정부로서는 탐탁지가 않았어요. 특히 JP모건의 경우 외채 만기연장과 동시에 신규자금 조달을 해야 한다고 주장했었습니다. 그러나 우리는 만기연장을 끝내고 신규자금 조달을 한다는 입장을 갖고 있었습니다.

우리 정부의 고위관계자들도 투자은행을 선호하는 사람들도 있었습니다. 그러나 결국은 상업은행인 씨티은행을 중심으로 외채 만기연장 협상을 진행하고 성공리에 마칠 수 있었습니다.

이계민 단기외채 만기연장 협상과 함께 중요한 것이 새로운 자금의 조달이었을 것입니다. 그 첫 번째로 외평채의 성공적 발행을 들 수 있는데 외환위기 극복의 또 다른 전기(轉機)가 된 것으로 평가받고 있습니다. 그 얘기 좀 해주시지요. 이때는 재경부 차관으로 취임하신 이후이지요?

정덕구 새 정부 출범 이후니까 재경부 차관으로 발령이 난 뒤이지요. 외평채 발행은 한국이 국제금융시장에서 어느 정도 인정받은 때라서 정정당당하게 새 자금원을 찾자고 한 것입니다. 이때부터는 이규성 장관님의 역할이 컸지요. 실제 발행은 40억 달러를 했지만 그 이상도 할 수 있었어요. 수요는 많았으니까요. 외국은행 주간사들도 더 많이 발행하자고 야단이었습니다. 그런데 40억 달러만 하되 금리를 최대한 낮춰서 발행하자는 것이 정부의 복안이었습니다.

제도개혁의 대장정

외환부족에서 오는 급한 불을 끈 정부는 이러한 일의 재발을 방지하는 외환시스템을 만들어야 했다. 즉, 환율이 한국 돈 원화의 가치를 제대로 반영하는 자유변동환율제도를 정착시켜야 했으며, 내외국인이 자유롭게 외환거래를 하는 제도를 구축해야 했다. 그러면서도 여기에서 발생할 수 있는 교란상태를 방지하는 장치도 마련해야 했다. 그래서 금리·환율과 같은 거시경제 변수들이 제 값을 유지토록 해야만 했다. 이제 다시 이규성으로부터 당시의 얘기를 들어보자.

자유변동환율제의 정착을 위한 고투

이계민 외환위기 극복과 관련해 환율문제를 짚어 보지 않을 수 없습니다. IMF가 자유변동환율제 실시를 요구했지요? 이유가 뭐지요? 1997년 12월 IMF 프로그램에 의해서 우리나라는 자유변동환율제로 이행하게 됩니다. 그 후 자유변동환율제도의 정착과 단기간 내 대규모 외환보유액을 확충하게 되는데 1997년 12월초 39억 달러까지 떨어졌던 외환보유액이 1998년 11월에는 5백억 달러까지 늘어나고, 같은 해 12월에 IMF 자금 28억 달러를 처음 상환하기 시작했습니다. 이 모든 것이 환율 때문이라고 보기는 어렵지만 당시 변동환율제 정착과 외환시장 관리, 그리고 단기간 내 외환보유액을 확충할 수 있었던 배경과 요인 등에 대해 설명해 주시면 좋겠습니다.

이규성 우리나라는 내가 재무장관을 하던 시절인 1990년 3월부터 시장평균환율제를 도입했습니다. 그 이전에는 복수통화바스켓제도라고 해서 주로 미국 달러화에 연결돼 있었어요, 그 같은 시장평균환율제도를 유지하면서 단계적으로 환율변동폭 제한을 줄여왔던 것입니다.

　예컨대 환율변동 제한폭을 1990년 3월 제도 도입 당시에는 상하로 0.4%로 했다가 1993년 10월에 1.0%로, 1995년 12월에 2.25%, 그리고 외환위기가 뚜렷해진 1997년 11월 20일에 상하 10%까지 넓혔다가 그해 12월 16일에 완전히 폐지했습니다.[9]

1997년 12월 16일에 완전히 폐지한 것은 IMF와 스텐바이 협약을 맺으면서 합의한 경제정책 프로그램에 따른 것으로 명실공히 자유변동환율제를 도입한 것입니다. 뿐만 아니라 IMF는 시장개입은 급격한 환율변동을 완화하는 데 국한하고, 아울러 금리를 환율변동에 맞춰 대폭 상향조정하라는 것이었습니다. 매우 급진적인 조치이지요. 그러나 변동환율제도는 결국 우리 경제에 안착하게 되었습니다. 그리고 단기간 내에 외환보유고를 확충하여 환율의 안정을 도모할 수 있었던 주된 이유는 경상수지의 불황형 흑자 지속으로 외환공급이 확대된 데 있다고 볼 수 있습니다.

김용덕 변동환율제도의 정착이 그렇게 쉽게 이뤄진 것은 아닙니다. 1997년 12월 16일 자유변동환율제 이행 이후 12월 장중 1,995원[10]까지 상승했던 원·달러 환율은 1998년 들어 한국 경제가 긴박한 외환위기에서 벗어나면서 외국인 투자가 늘어나고, 부실기업 해외매각 등을 통해 외화가 계속 유입되자 이번에는 지나치게 빠른 속도로 절상되기 시작했어요.

외환시장이 공급초과 위주로 바뀌면서 원화환율은 일방적 절상압력을 받고, 외환시장에서 달러를 사자는 세력이 자취를 감춰 버렸습니다. 갑자기 원화가 절상되자 가까스로 위기에서 벗어나던 한국 경제에 또 다른 비상이 걸렸습니다. 수출기업들은 심각한 어려움을 호소했습니다. 그러나 IMF의 입장은 시장개입 없는 자유변동환율제를 고수했습니다.

그런데 1998년 중반 들면서 환율이 매달 100원씩이 뚝뚝 떨어져요. 내가 재경

---

9 좀더 구체적인 환율변동폭 확대 일지를 정리해 보면 • 1990년 3월에 ±0.4% • 1991년 9월에 ±0.6% • 1992년 7월에 ±0.8% • 1993년 10월에 ±1.0% • 1994년 11월에 ±1.5% • 1995년 12월에 ±2.25% • 1997년 11월 20일에 ±10.0%로 늘린 데 이어서 • 1997년 12월 16일에는 변동 제한폭을 완전히 폐지하였다.
10 1997년 12월 23일 기준이다.

부 국제금융심의관으로 간 것이 1998년 8월인데 그때 이미 1,200원으로 떨어져 있었고 그대로 놔두면 곧 1,100원, 연말까지 1,000원으로 가는 것은 명약관화했습니다. 그러니까 수출업체들이 죽는다고 난리를 칩니다. 정부가 시장에 쏟아지는 달러를 매입해 주는 스무딩 오퍼레이션(smoothing operation)에 들어가 줘야 하는데 당시 한국에 와 있던 IMF 사람들이 외환 전문가들이 아니에요. 그러니까 설령 달러당 천 원이 깨지더라도 그냥 놔두라는 거예요.

그래서 IMF를 계속 설득했습니다.

"만약 그냥 내버려 두면 원화가치 급상승으로 다시 경상수지 적자가 난다. 그러면 국제금융시장이 불안해서 다시 돈을 빼내려고 할 텐데 그것을 어떻게 할 거냐? 자유변동환율제를 정착시키는 것이 한국 경제를 위해서는 바람직한 것은 당연한 사실이다. 다만 일시적 수급 불균형은 정부가 일시 개입할 수밖에 없다."

그렇게 해서 일정부분 달러매입을 시작했는데 IMF가 거의 매일 외환시장을 모니터링하고 들여다보면서 "어제 너희가 얼마 개입했느냐? 외환을 얼마 샀느냐?" 하고 물어요. 외화자금과장은 매일 그 상황을 IMF 서울사무소장에게 통보하고 서울사무소는 그것을 밤에 IMF 본부에 보내서 그쪽 의견을 듣고는 우리에게 "너희가 너무 많이 들어간 것 아니냐?"하고 메시지가 오는 거예요. 거의 매일 그런 어려움을 겪었죠.

이계민 외환딜러들의 투기 때문에 더 변동성이 높았던 것 아닌가요?

김용덕 그렇죠. 당국은 하나이지만 상대해야 하는 시장의 외환딜러는 수백 명이었습니다. 또 홍콩 등 역외로부터 NDF 시장을 통한 투기적 거래도 가세해서 외환시장의 불안을 유발하고 끊임없이 당국의 환율안정 의지와 능력을 시험했습니다. 그래서 현·선물환시장에서 동시에 외환당국과 딜러들과의 사이에 수없이 줄다리기가 벌어지곤 했습니다. 딜러들은 실시간으로 현·선물환을 사고 팔고, 거기에 따라 환율이 급등락하는데 그 상황을 누구에게 보고하고 재가를 받고 할 시간이 없어요. 한국은행 외환시장팀과 국제금융국 외화자금과에서 외

김용덕(金容德)

1950년 전북 정읍에서 태어나 용산고와 고려대 경영학과를 졸업하고 미국 워싱턴대 경영대학원 금융과정 등을 수료하였다. 1974년 행정고시에 합격해 공직에 입문한 후 국제금융국장, 국제업무정책관(국제담당차관보) 등으로 활동하며 국제금융 업무를 담당하였다. 이후 2003년 관세청장, 2005년 건설교통부 차관, 2006년 대통령 경제보좌관, 2007년 금융감독위원회 위원장 겸 금융감독원 원장 등을 역임했다.

환시장 상황을 모니터링하면서 이상징후를 보고해오면 외환시장 최종 실무책임자인 국제금융국장이 실시간으로 판단하고 지시할 수밖에 없었습니다.

외환시장은 계속 돌아가는데 우리는 다른 일도 해야 하니까 많이 힘들었죠. 일단 시장이 크게 흔들리기 시작하면 시장안정 조치를 적절히 취해야 합니다. 딜러들과 한번 싸움이 붙으면 피를 말립니다.

환율이 많이 흔들리면 일단은 시장에 구두경고를 하는데 메시지가 여러 군데서 다르게 나가면 안 됩니다. 한 군데서 나가야 하기 때문에 "모든 메시지는 내가 최종적으로 관리한다"라고 구두개입 창구를 단일화하는 시스템을 만들었습니다.

이계민　구체적으로 어떻게 구두개입이 이뤄졌습니까?

김용덕　구두개입 형태는 여러 가지였습니다. 재경부와 한국은행의 외환시장 담당팀이 같이 모니터링하다가 시장이 흔들리는 기미가 보이면 서로 협의합니다. 어지간하면 그대로 두지만 수급불균형이 심하고 지나치게 투기적이다 싶으면 구두개입을 하는데 처음에는 한국은행 외환시장팀장이나 재경부 외화자금과장 선에서 연합통신 등에 메시지를 내보냅니다. 그러다가 효과가 없으면 국제금융국장이나 국제담당차관보인 제가 다시 〈로이터〉나 〈블룸버그〉 등 국내외 통신에 메시지를 주어 실시간으로 국내외 외환시장에 전달하는 형태로 시행되었습니다. 때로는 재경부와 한국은행이 순차적으로 또는 동시에 메시지를 내기도 하고요. 거꾸로 〈로이터〉나 〈블룸버그〉에서 "시장이 흔들리는데 정부 당국이 전할 메시지는 없는가?" 하고 물어오기도 했습니다.

요컨대 "당국이 당신들의 행동에 불만이다"라는 것을 전달하여 투기적 행태를 멈추게 하는 것이 구두개입의 주목적이었습니다.[11] 그러나 구두개입이 효과가 없을 때에는 실제로 적정한 수준의 당국 개입을 통해 투기적 거래를 견제하고 환율을 안정시키기도 합니다. 그런 과정들이 이제는 역사로 기록될 따름입니다만 당시에는 숨 막히는 전쟁이었지요. 그래서 우리나라의 자유변동환율제도가 외환위기 가운데도 비교적 성공적으로 정착된 것 아닌가 생각해 봅니다.

외자유입의 길을 터 준 외환거래 자유화 조치

이계민 외환위기 이후 김대중 대통령 주재의 첫 무역투자진흥회의가 1998년 3월 27일에 열렸습니다. 이날 재경부는 외국인 투자와 수출촉진제도 개선방안 등을 보고한 것으로 기록돼 있습니다.

이 자리에서 이 장관께서는 "4월 한 달 동안 외환관리제도에 대해 연구해서 대폭적이고 획기적인 방향으로 개선하는 법 개정안을 마련하겠다"고 보고한 것으로 당시 언론에 보도됐습니다. 실제로 장관께서는 외환관리제도를 획기적으로 바꿔 외환거래 자유화를 추진한 것으로 압니다. 그때까지만 해도 전반적인 경제나 외환사정이 그다지 좋은 편은 아니었을 텐데 그 같은 과감한 정책을 추진하게 된 배경과 내용을 듣고 싶습니다. 특히 다른 부처나 금융계 등의 반대는 없었는지요?

이규성 앞서 얘기한 대로 무역투자진흥회의가 끝나고 바로 3월 30일에 재경부는 외환관리제도와 외국인 투자제도의 전면개편 방침을 밝혔습니다. 외환사정

---

11 이런 과정을 거쳐서 한국에 자유변동환율제가 정착됐다. 김용덕 국제금융국장이 국내외 외신이나 국제금융시장에서 '미스터 원'(Mr. Won)이라는 별명을 얻게 된 것도 이 무렵이었다.

이 그다지 좋은 편은 아니었는데 그런 과감한 자유화 정책을 펼 수 있었던 것은 외환이 자유화되어야 외환유입이 확대될 수 있기 때문입니다. 반대는 없었다고 기억됩니다. 물론 이것만이 외환자유화의 이유라고는 할 수 없고 여러 가지 상황이 고려됐습니다만 그 배경은 크게 네 가지로 요약됩니다.

(1) 우선 세계경제의 통합화가 가속화되면서 민간의 대외거래가 다양한 측면에서 급증했기 때문에 외환관리나 외국인 투자제도를 기존의 사전 규제체계로는 실효성 있는 대처가 어려워 사후 관리체계로의 전환이 절실히 요청됐습니다.

(2) 또 OECD 가입으로 경상거래가 자유화되고 외환위기 이후 IMF와의 협약(1998년 2월 7일, 제5차 합의)에 따라 자본거래도 대폭 자유화되는 실정이었는데 법령체계는 기존의 '원칙금지 · 예외허용'(positive system) 체제를 그대로 유지하고 있어 현실과 괴리되는 양상으로 나타났습니다.

(3) 아울러 외환거래가 복잡화되면서 외환거래의 급속한 전산화가 절실해졌고, 국제적 외환범죄의 증가나 부패방지 논의 등을 반영하여 국제기준에 부합하는 새로운 외환관리체제의 구축이 절실해졌습니다.

(4) 뿐만 아니라 앞으로 외환위기를 더 이상 겪지 않기 위해서는 기존 외환관리제도의 취약점인 비상시의 안전장치를 실효성 있게 합리화하고, 나아가 사전 모니터링 체계는 물론 사전 경보장치의 미비 등을 대폭 보완할 필요성이 제기됐습니다.

이 같은 필요에 따라 재경부는 외환거래 원칙을 '원칙금지 · 예외허용'에서 '원칙허용 · 예외금지'(negative system) 체제로 전환해 규제를 최소화하는 대신 자유화에 따른 부작용을 최소화하기 위해 비상시의 긴급제한조치(safeguard)를 합리화하고 외환전산망 구축을 통해 모니터링 제도를 강화하는 한편 국제금융센터 설립을 통해 조기경보시스템을 구축하는 등 종합적 외환관리시스템을 구축하려 했습니다.

이런 개편안을 구체화시키기 위해서 4월에는 재경부 내에 '외환관련법령개정위원회'를 설치하고, 당시 해외근무에서 복귀한 김창록 국장을 책임자로 임명했지요.

이계민 외환거래 자유화 계획은 구체적으로 어떤 내용을 담아 언제부터 시행됐나요?

이규성 외환거래 자유화 계획은 앞서 얘기한 '외환관련법령개정위원회'에서 마련한 내용을 1998년 6월에 발표했습니다. 이 계획은 외환거래 자유화를 1999년 4월과 2000년 말 등 2단계로 추진키로 한 것이 골자입니다.

그 가운데 우선 1999년 4월 1일부터 시행될 자유화의 내용은 첫째로 경상지급에서 기업의 대외 영업활동과 관련한 지급제한은 철폐하되 개인거래는 경제상황과 자본도피 우려 등을 감안하여 현행대로 제한을 유지한다는 것이었습니다. 특히 기업의 대외거래에서 상계나 제3자 지급영수 등 은행을 통하지 않는 지급영수 방법에 대한 제한도 과감히 폐지키로 했었습니다. 무척 과감한 내용입니다.

둘째로는 자본거래에서는 앞서 밝힌 대로 '원칙허용·예외금지' 체제로 전환해 외자유입을 촉진시키기로 했었지요. 특히 기업의 1년 이하 만기 외자도입과 해외증권 발행을 자유화하고, 비거주자의 만기 1년 이상의 예금과 신탁상품의 투자를 자유화했습니다. 또 기업과 금융기관의 대외활동을 지원하기 위해 기업과 금융기관의 해외 부동산 투자와 지사 설치, 국내 외국환은행을 통한 파생상품 거래, 비거주자의 국내 외화 및 원화증권 발행을 자유화하기로 했습니다.

셋째로는 외국환 업무 인가제를 등록제로 대폭 완화하여 사후관리에 필요한 전산시스템 등 일정 요건을 갖춘 모든 금융기관에 대해 외국환 업무를 허용하고, 환전상도 인가제를 등록제로 변경했습니다.

넷째로 가장 획기적인 내용은 외환거래에서 실수요 원칙을 폐지하고, 파생금융 거래도 실수요 여부에 관계없이 허용키로 한 것입니다. 이것이 1단계 외환거래 자유화 계획입니다.

이계민 2000년 말까지 시행키로 한 2단계 자유화 계획은 어떤 내용인가요?

이규성 우선 경상거래에서는 선진국의 경우와 같이 국제평화나 공공질서를 저해하는 국제범죄, 자금세탁, 도박, UN의 경제제재 등과 관련한 거래만 제한하기로 했습니다. 물론 1단계에서 자유화되지 않았던 여행경비나 증여성 송금, 해외이주비, 교포재산 반출 등 개인의 경상지급도 완전 자유화하기로 했습니다. 이 밖에도 자본거래나 대외 증권투자 등에서 거의 대부분의 규제가 완화되거나 자유화시키기로 했던 것입니다.

그러나 이러한 급격한 자유화는 부작용의 수반이 불가피하지요. 따라서 유사시에 대비하여 지급 및 거래의 일부 또는 전부의 일시 정지를 가능케 하고 외환집중제 실시, 자본거래허가제 실시 및 가변예치의무제도(VDR: Variable Deposit Requirement) 도입 등 안전장치를 제도화하기도 했습니다.

외환거래의 기본질서가 바뀌는 것인 만큼 기존의 법률체계로는 어려웠습니다. 그래서 기존의 「외국환관리법」을 법률 명칭부터 「외국환거래법」으로 바꾸고 그 내용도 전면 개편하였습니다. 이 법이 국회를 통과한 것이 1998년 9월 16일입니다.

지금 생각하면 상상하기 힘들 정도로 속도감 있게 진행된 개편이었지요. 4월에 개편안 마련에 착수해 5개월 만에 법률 개정까지 마무리 지었습니다. IMF 체제가 아니었으면 불가능한 일이었지요.

이계민 앞서 외환자유화 부작용 최소화를 위해 외환전산망을 구축하고, 국제금융센터를 만들어 활용했다는 말씀을 하셨습니다. 구체적으로 어떻게 추진됐고, 소기의 성과를 달성했다고 보시는지요? 또 지금 더 보완돼야 할 점은 없는지 듣고 싶습니다.

이규성 외환시장 모니터링 시스템 강화를 위한 외환전산망 구축은 한국은행이 맡기로 하였습니다. 그리고 국내외 금융시장에 대한 정보를 수집·분석·평가하여 정부에 정책대응 전략을 건의하고, 나아가 조기경보시스템 구축을 목표로 하는 국제금융센터 설립은 꼭 필요한 일이었습니다.

그런데 이의 설립에는 처음에 약간의 진통도 없지 않았습니다. 예산당국은 물론이고 한국은행도 돈이 많이 드는 일이어서 선뜻 나서지 않았습니다. 한국은행은 그해 8월에 외환전산망 구축기획단을 발족하고 개발에 착수해 1999년 4월에는 단기외화자금의 유출입 동향에 대한 모니터링 시스템이 가동되기 시작했고, 7월부터는 각종 외환통계 시스템이 가동되기 시작해 외환거래 동향에 대한 모니터링에 착수하게 됩니다.

국제금융센터는 정부와 한국은행이 각각 50억 원씩 100억 원을 출연하여 금융연구원 산하기관으로 설립하고 1999년 4월 1일부터 활동을 개시했습니다. 외환위기 극복은 물론 지금도 외환정책에 대한 정보수집이나 조기경보시스템 등의 기능은 그런대로 발휘하고 있다고 평가하고 싶습니다. 외환시장 모니터링 시스템이나 조기경보시스템은 지금의 형태보다 계속 보완·발전시켜 나가야 하고 그 활용도도 높여가야 한다고 봅니다.

이계민 외환시장의 자유화와 더불어 외국인 투자유치에도 많은 노력을 한 것으로 알고 있는데, 이에 대한 이야기도 좀 해주시죠.

이규성 어찌된 일인지 우리나라의 외국인 투자에 대한 국민정서는 매우 부정적이었습니다. 한국인이 소유한 기업은 한국기업이고 외국인이 소유한 기업은 외국기업이라는 관념을 가지면서 비록 외국인 투자기업이 한국인을 고용하고 한국산 원료를 쓰고 새로운 기술로 공장을 운영한다고 해도 이들을 외국기업으로 보았습니다. 그리고 이들 외국기업은 토종기업을 사냥이나 하고 투기나 일삼는다는 인식이 보편적이었습니다. 그래서 우리 기업들도 외국인과의 합작보다는 차관을 더 선호하였습니다.

그러나 실상을 냉정히 살펴보면 외국인 투자를 제한하는 등 폐쇄적 정책을 쓴다고 우리의 경쟁력이 강화되는 것은 아닙니다. 오히려 외국인 투자를 적극 유치하여 새로운 기술 그리고 경영기법이 도입되어야 우리의 경쟁력은 강화된다고 봅니다. 또한 현실적으로 기업들이 안고 있는 높은 부채를 구조조정하기 위해서라도 외국인 투자가 필요하기도 하였습니다.

이런 견지에서 외국인 투자업종을 자유화하고 외국인 투자의 절차를 간소화하고 외국인에게 우리 토지의 소유도 허용하였습니다. 이러한 제도개선과 더불어 외국인 투자유치에 정부와 민간이 합심하여 노력하였습니다. 정부에서는 대통령을 비롯하여 재경부 장관이 직접 참여하는 것을 비롯하여 각급 기관들이 '대(對) 한국 투자설명회'를 개최하였습니다. 여기에서 한 가지 기억나는 일은 김호식(金昊植) 기획관리실장이 유럽에서 투자설명회를 마치고 귀국하여 공항에 도착했는데 거기서 바로 홍콩으로 다시 출장가기도 하였습니다. 참으로 바쁘게 그리고 무리하게 일했지요.

IMF 차관의 첫 상환과 국가신용도의 반등

각고(刻苦)의 노력으로 우리의 외환보유고는 쌓이기 시작했고, IMF로부터 구제금융을 지원받은 지도 벌써 1년이 가까워 올 무렵이 됐다. 당초 약속한 자금 상환기일이 닥치는 것이다. 어떻게 해야 할까? 아직 불안하긴 하지만 상환을 연기한다면 오히려 국제금융시장의 신뢰에 악영향을 미치는 것은 아닐까? 우리 정책당국자들의 속내는 복잡할 수밖에 없었다.

이계민 1997년 12월 19일 IMF로부터 들여온 1차 긴급유동성 조절자금(대기성 차관) 55억 달러의 상환기간이 1년 후인 1998년 12월 18일이었습니다. 물론 도입액(55억 달러)의 절반을 갚는 조건이었고, 6개월씩 두 차례에 걸쳐 연장할 수 있다는 조건도 붙어 있었어요. 다시 말하면 필요할 경우 상환을 1년 후로 미룰 수 있는 상황이었는데 당시 정부는 상환을 결정했습니다.

그때 정부 내에서는 물론이고 학자나 경제전문가들 사이에도 상당한 이견이 있었던 것으로 알려져 있습니다. 시장이 안정되지 않은 상태에서 "지금이 갚을 때인가?"라는 반론이었지요. 당시의 정책결정 과정 등에 대해 구체적으로 설명해 주시면 좋겠습니다.

이규성 우선 1998년 10월 뉴욕에서 열린 IMF · IBRD 연차총회 때에 IMF 측이 28억 달러의 상환을 강력히 요청했습니다. 당시 국내에서는 연장하는 게 좋겠다는 의견이 더 많았어요. 아직은 안심하기 힘들다는 판단이 지배적이었지요.

그런데 1998년 10월에 미야자와 플랜(Miyazawa Plan)이 발표돼 상환 결정에 결정적 역할을 하게 됩니다. 당시 일본 대장상(大藏相)인 미야자와의 이름에서 유래된 미야자와 플랜이 어떤 것이냐 하면, 일본이 아시아의 경기회복을 위해 경제위기를 겪고 있는 나라들에게 단기 150억 달러, 장기 150억 달러를 지원하겠다는 것입니다.

이때 우리 재경부는 신중에 신중을 기하는 자세로 임했습니다. IMF 자금은 계획대로 상환하되 100억 달러 규모의 2선 예비자금을 마련하여 외환보유고 하락에 대비하자는 계획을 세웠습니다. 그래서 미야자와 플랜에서 50억 달러를 확보하기로 하고, 그해 12월에 일본과 실무적으로 교섭하여 1999년 1월 15일에 양국 재무장관이 최종 합의하여 결정하였습니다. 그리고 나머지 50억 달러는 국제금융기관의 보증에 의해 차입하거나 이들의 협조융자로 확보하는 계획을 세웠습니다.

물론 당시 우리 재경부 계산으로도 IMF가 요청한 자금상환을 해도 외환운용에 큰 무리가 없는 것으로 나오긴 했지만 그래도 신중하게 대응했지요. "돌다리도 두드려 보고 건너자!"는 심정이었습니다.

그때 재경부가 외환수급 전망을 보수적으로 해 보았는데 IMF 자금을 상환하더라도 1998년 및 1999년 말 가용외환보유고는 적정 수준에서 유지가 가능할 것으로 예측됐습니다. 즉, 가용외환보유고 기준으로 1998년 말 적정 외환보유고는 450억~500억 달러인데, 실제 가용외환보유고는 460억~470억 달러에 이르렀고, 1999년 말에도 적정규모 500억~550억 달러에 가용외환보유고는 500억~510억 달러에 이를 것으로 계산됐었습니다.

그래서 그해 11월 26일 만기상환 도래분 28억 달러를 상환하기로 최종 결정하고, 12월초에 방한한 IMF의 나이스 국장에게 만기상환을 확정 통보했습니다.

앞서도 잠시 언급이 있었습니다만 이렇게 만기상환이 가능했던 배경이나 효과 등을 생각해 보면 의미가 큽니다. 외환위기 이후 최초로 만기가 도래하는 공적 외채를 무리 없이 상환한다는 점에서 우리나라의 대외신인도 제고에 긍정적인 효과를 기대할 수 있었고, 지금에 와서 생각해 보더라도 매우 잘한 결정이었다고 판단합니다.

이계민   1998년 말 IMF 자금의 정상적 상환과 함께 1999년 1월초부터 영국 피치(Fitch IBCA)사를 비롯, 미국의 S&P와 무디스 등 국제 신용평가사들이 우리나라의 국가신용등급을 '투기등급'에서 '투자적격등급'으로 상향조정하기 시작했습니다. 이때 상황을 설명해 주시지요.

이규성   1998년 10월초 IMF · IBRD 총회 참석차 미국을 방문했을 때 내가 직접 무디스와 S&P를 방문하여 한국 경제상황을 설명했고, 유럽회사인 피치사에는 당시 영국에 가 있던 코리아포럼팀이 방문해 한국 경제상황을 설명했습니다.

물론 전적으로 그런 설명 때문이라고 말할 수는 없지만 그 후 우리나라 경제가 희망적인 방향으로 나가고 있다는 것을 그들이 인식하고 한국에 대한 시각이 긍정적으로 바뀌기 시작한 것으로 압니다. 무디스, S&P, 피치 3사는 11월 초순 국가 및 은행 신용평가팀을 우리나라에 파견하여 실무협의를 벌였습니다.

구체적으로는 12월 19일에 무디스는 한국 외화채권에 대하여 신용등급 상향조정을 위한 실사대상(review for possible upgrade)에 올려놓았다고 발표했고, 12월 22일에는 피치사가 한국을 '긍정적 관찰대상'에 포함시켰다고 발표했습니다. 그러고 나서 1999년 1월 19일 피치사가 맨 먼저 한국의 국가신용등급을 BB+(투기적)에서 BBB-(투자적격)로 상향 발표했고, 뒤이어 1월 25일에 S&P가 BB+(투기적)에서 BBB-(투자적격)로, 그리고 무디스는 Ba1(투기적)에서 Baa3(투자적격)으로 각각 상향조정함으로써 국가신용등급이 투자적격으로 바뀌는 계기가 마련된 것입니다. 아마도 IMF 자금 28억 달러를 계획대로 상환한 것도 여기에 긍정적인 영향을 미쳤을 것입니다.

거시경제와
민생안정이란 지상과제

IMF는 한국의 외환위기 수습을 위한 처방으로 고금리 금융정책과 긴축재정정책을 관철하였다. 이러한 정책은 경제성장 목표를 일단 저성장으로 전환하자는 것이었다. IMF는 당초 협의에서 1998년 성장률을 3% 정도로 한 후 1999년에 잠재성장률 수준으로 회복하자는 것이었다.

그러나 날이 갈수록 한국 경제의 성장전망은 어두워졌다. 1998년에 들어서면서 1월 7일에 가진 IMF와의 정책협의에서는 '마이너스 성장' 가능성이 제기되었으며 3, 4월 즈음에는 1998년에 마이너스 성장이 될 것이 확실시되었다. 결국이는 기업의 대량도산과 실업자의 급증으로 귀결되었으며, 이러다 한국의 산업기반이 와해되는 것 아닌가 하는 우려가 팽배하였다.

이렇게 사태가 전개되어 가자 IMF의 긴축처방이 너무 가혹하고 과도한 것이 아니냐는 여론이 더욱 커져갔다. 이러한 여론은 단지 국내에서만 제기된 것은 아니다. 외국의 많은 학자들도 비판의 대열에 섰다. 세계적 석학인 스티글리츠 (J. Stiglitz)는 "IMF가 과도한 긴축을 요구하여 한국 경제는 불황에 빠지게 되었고 나아가 사회적 불안이 커졌다"고 지적하였다.

IMF의 강력한 긴축 요구 속에서 이규성은 산업기반의 침하를 막아내기 위해 IMF와 힘겨운 씨름을 하지 않을 수 없었다.

고금리 정책과 기업의 부실 가속화 문제

이계민 지금까지는 외환위기를 맞아 가장 시급했던 외환부족 사태를 어떻게 극복해왔는가에 관한 정책과제와 대응 등에 대해 얘기를 나눠 보았습니다. 그런데 외환위기를 극복하는 과정에서 가장 먼저 연상되는 것은 이른바 IMF의 과도한 요구, 다른 표현을 빌리자면 지나친 긴축정책 요구가 아니었나 싶습니다. 당장 국가부도 위기에 직면해 선택의 여지가 별로 없는 상황을 이용한 IMF의 지나친 긴축 요구가 우리의 산업기반을 피폐화시키고 실업 발생을 촉진하는 등의 지나친 희생을 강요한 게 아니냐는 의문입니다. 여기에 대해서 경제정책을 책임진 이 장관께서는 어떻게 생각하시는지요?

이규성 외환위기 초기에 외화유동성 확보를 위해 고금리 정책은 필요하고, 불가피했다고 봅니다. 다만 이런 정책이 오래가면 분명히 산업경제의 기반을 침하시킬 수 있습니다. 구조조정을 통한 기업의 체질 강화 그리고 이를 통한 외화유동성 확보는 시간이 걸리는 사안이라는 점에서 볼 때 더욱 그러하다고 봅니다. 다시 말하면 고금리와 재정긴축은 환율안정을 위한 단기 극약처방이지 결코 오래 지속할 성질의 정책은 아닙니다. 따라서 외화유동성이 확보되어 환율이 어느 정도 안정되기 시작하면 하루빨리 긴축기조가 완화되어야 하는 것이 정답입니다.

외환위기가 발생하면 해외 금융기관들은 급격한 자금회수에 들어갑니다. 그리고 환율이 절하되는 상황에서 국내 외채기업들이 외채의 조기상환에 적극 나서는 것은 당연지사이고 무역업자들이 수입대금은 하루빨리 갚으려 하면서 수출대금은 되도록 늦게 받고자 하는 이른바 '수요선행과 공급지연'(leads and lags) 현상이 보편화됩니다. 이런 상황에서는 외자유입은 기대하지 못하더라도 일방적인 외화유출을 막아 시장의 신뢰를 회복하여 환율안정을 도모하기 위해서는 고금리 정책이 불가피하다는 게 경제학자들의 공통된 의견입니다.

1997년 외환위기가 발발한 직후 IMF에 의한 고금리 정책이 추가적인 원화가치의 하락을 막기 위한 시간을 확보해 주었다는 점에서 단기 정책으로서는 유용하게 사용된 것으로 해석하는 것이 옳다고 봅니다.

그러나 고금리·긴축재정 정책이 단기에 그치지 않으면 실물경제의 위축으로 연결됩니다. 더욱이 우리 경제는 부채비율이 높은 차입경영을 기본으로 하기 때문에 갑작스러운 고금리·긴축재정 정책을 맞게 되면 괜찮은 기업까지도 일시적인 자금수급 차질로 부도에 이르게 됩니다. 이에 따라 대량도산과 대량실업으로 산업기반이 침하되고, 환율과 물가상승 등이 이어지면서 급속한 경제

둔화가 유발될 수밖에 없지요.

외환위기에 IMF가 개입하면서부터 시작된 강력한 재정·금융 긴축정책은 그 명분이 시장의 신뢰회복에 있다고는 하지만 IMF가 이 같은 정책을 오래 지속할 경우 생길 수 있는 부작용을 간과하면서 경제를 지나치게 위축시켰을 뿐만 아니라 정치·사회적 불안을 가중시킴으로써 오히려 시장의 신뢰를 회복하는 데 도움을 주지 못했다는 주장은 옳다고 생각합니다.

금리인하를 위한 줄다리기

이계민 1998년 3월 17일자 〈동아일보〉 1면 머리기사를 보면 "미 달러 환율이 달러당 1,400원대로 떨어져 IMF와 금리인하 협의에 착수했다"는 이야기가 나옵니다. 고금리의 지속으로 부채가 많았던 우리 기업들은 채산성 악화로 내몰리어 부도가 확산될 처지에 놓이게 되었습니다. 이것은 바로 대량실업으로 연결되어 혹독한 피해가 예상되었지요.

국내경제 회복이라는 대내적 목표와 환율방어 및 외환보유액 확충이라는 대외적 목표가 충돌해서 대내 목표가 희생된 셈인데, 높은 부채비율 등 국내 금융 등에 충분한 이해가 없었던 IMF와 일부 회원국의 무리한 요구 때문에 과도한 희생이 초래되었다는 시각을 어떻게 평가하시는지요?

당시 금리인하를 비롯한 거시경제 정책 수정을 IMF와 협의했는데, 그 과정과 상황을 좀 들려주십시오. IMF와 누가 어떤 경로로 협상과 협의를 했고, 언제 금리인하 등에 대한 합의가 이루어졌으며 어떤 조치가 전환점이라고 판단하시는지요?

이규성 IMF의 무리한 요구 때문에 과도한 희생이 있었다는 견해는 일면 타당한 면이 있습니다. 당초 IMF와 협의 시 예상했던 3%의 성장은 점점 하향되어 제가 취임했던 3월초의 성장전망은 '마이너스' 성장이 확실시되었습니다. 당시 경제기획국에서 수시로 경제성장 전망을 보고해오는데, 보고 때마다 점점 더 나빠지는 것입니다.

그래서 당시 현오석 국장에게 자꾸 나빠지는 경제성장 전망을 그렇게 자주 하지 말고 경제성장의 회복을 위한 대책 구상에 치중하라는 이야기도 했지요. 현 국장이 1998년 제1차 추가경정예산(추경예산) 후에도 재정팽창지수(Fiscal Impulse Indicator)가 마이너스를 나타내고 있다고 보고했던 사실이 기억나네요.

어떻든 이렇게 성장률이 떨어지면 기업들의 어려움은 가중되고 우리 산업기반은 무너져내릴 것이 아니냐는 관점에서 IMF와 금리인하 교섭을 다각도로 추진했지요. IMF의 고금리 기조는 1997년 12월 3일 최초의 스탠바이 협약이 체결될 때부터 시작되어 최소한 이듬해, 그러니까 1998년 2월 7일 IMF와의 제5차 정책협의가 이뤄질 때까지 지속되었습니다. 그로 인해 경기가 급격히 위축되고 실업이 급증하는 등 사회불안이 가속화되었지요.

그런데 다행히 1998년 3월에 들어서면서부터 외환시장이 안정 기미를 보이자 정부는 IMF와의 적극적 협의를 통해 금리인하를 추진하기로 내부 방침을 결정하고 협상에 임하였습니다. 그러나 IMF의 태도는 완강했습니다. 아직 해외로부터 신뢰를 회복하지 못했으므로 금리를 인하할 때가 아니라는 것입니다. 이러한 IMF의 견해에 대해 국내 일부에서도 동조하였던 것으로 기억됩니다.

그러다가 4월초 40억 달러의 외평채 발행이 성공적으로 이루어지고 또 4월말 가용외환보유고가 3백억 달러를 넘게 되자 이를 바탕으로 정부는 재정·금융정책의 목표를 그동안의 외환시장 안정에서 실물경제에 대한 교란을 최소화하는 쪽으로 옮기는 것을 IMF와 협의했고, 그 핵심은 금리 하향조정이었지요

최종적으로는 1998년 5월 2일에 이뤄진 제6차 정책협의에서 "앞으로 외환시장의 안정유지 목표 아래 콜금리는 시장여건에 맞추어 계속 인하"하기로 합의했습니다. 경기회복 노력의 가시적 성과인 셈입니다. 사실 시장금리는 3월말을 고비로 점진적이나마 하향추세를 보이기 시작했습니다.

예컨대 외환위기 직후인 1997년 12월말에는 콜금리가 연 31.32%를 기록했습니다. 이것이 점차 낮아져 3월말에는 22%까지 떨어졌고, 4월말에는 연 18%대로 낮아졌습니다.

IMF와의 협의채널을 말씀드리면 대략 다음과 같습니다. IMF와의 공식적인 정책협의 총괄창구는 재경부 국제금융국이지만 최종적으로는 재경부 장관에게 와서 총평을 하고 갑니다. 그 과정에서 여러 가지 견해차가 있을 수 있지요. 그런데 IMF는 돈을 주는 기관이고, 그러다 보니 돈을 빌려가는 나라의 신용상태를 따져 보는 것은 당연한 일입니다. 그 과정에서 지나친 의무를 부과하는 등 여러 가지 상반된 주장이 나올 수 있다고 봅니다.

참고로 IMF와 회원국 간의 협의절차는 두 가지인데 하나는 IMF 협정 제4조에 규정된 협의(Article Ⅳ Consultation)이고, 다른 하나는 스탠바이 협약 관련 협의로 우리나라는 이 경우에 해당됩니다. 주요 협의과정은 IMF 측에서 단장을 포함해서 5~6명으로 구성된 대표단이 편성되고, 우리는 재경부 차관보 또는 국제금융국장을 단장으로 한 대표단을 구성해 정책협의에 나섭니다. 특히 우리는 정부의 관련부처는 물론 한국은행과 KDI 등과 함께 대책을 논의하고 협상에 나섭니다. 재경부 장관인 나는 이러한 실무진들을 독려하고 협상방향을 이야기해 주는 일을 했었지요. 경우에 따라서는 IMF 대표단을 접견하고 격려 오찬이나 만찬을 베풀기도 했습니다.

또 하나의 IMF와의 협의경로는 긴급 협의사안이 발생하여 출장 등을 통해 협의하거나 국제회의 등에서 만나 주요현안을 협의하는 것입니다. 그리고 스탠바이 협약을 체결하는 경우 IMF에서 서울에 사무소를 설치하는데 IMF 주재원과 우리나라 당국자들 간에 항시 대화를 하게 됩니다. 당시 IMF 서울사무소 대표는 도즈워스(John Dodsworth)였지요.

이계민 IMF 금리 실무협상은 어떻게 진행되었나요?

이규성 이 문제는 정덕구 장관(당시 재경부 차관)과 얘기하는 게 좋을 듯합니다.

여기서 정덕구의 당시 상황을 증언으로 들어보자. 그는 외채협상 시에는 제2차 관보였지만 김대중 정부 출범 후에는 재경부 차관으로 승진해 있었다. 본인의 표현에 따르면 "외채협상을 성공적으로 이끌었고, 더구나 재경부 차관으로 승진해 최소한 IMF와의 협상에서는 자신만만했다"고 술회한다. 금리인하 문제를 풀어가는 과정에서는 어떤 역할을 했는지 들어보자.

이계민 IMF와의 정책협의 과정에서 가장 초미의 관심을 끌었던 것은 금리인하라고 생각됩니다. 처음 IMF가 제시한 금리조건은 지나친 긴축으로 국내기업은 물론 산업기반이 붕괴한다는 얘기가 많았지요. 어느 자료에 보니까 금리관련 협의내용을 '피 말리는 협상'이라는 표현을 쓰셨던데요.

정덕구 우리는 기회만 있으면 고금리로 인해 자금난이 심각해 기업들의 줄도산이 이어지고 있는 만큼 한시라도 빨리 금리를 내려줄 것을 요구했습니다. IMF 측도 시중은행, 대기업, 중소기업의 관계자들을 만나 면담하는 등 실상 파악에 나서는 모습을 보이긴 했지만 여전히 금리를 내리려 하지 않았습니다.

특히 이규성 재경부 장관은 한국 흑자기업들이 유동성 부족으로 마구 도산하고 있어 고금리 체제가 계속될 경우 한국의 산업기반 자체가 와해돼 경제회생이 어려울 것이라고 지적하고, IMF와 한국 정부는 이를 막을 공동책임이 있다고 강조했지요.

결과적으로는 2/4분기 협상에서 IMF가 금리인하에 동의했지만 환율이 달러당 1,300원이나 1,500원 사이에서 안정돼야 한다는 조건을 달았습니다. 공식적으로는 3/4분기 정책 합의에서 금리를 신축적으로 올리고 내릴 수 있도록 명문화시켰습니다. 그래서 콜금리도 9월말께는 한 자릿수로 떨어졌지요.

금리인하에 관한 에피소드를 하나 얘기할까요. 김대중 대통령이 1998년 취임 후 연초 업무보고를 받으려고 재경부를 방문하셨습니다. 그게 1998년 3월 16일로 기억됩니다만 회의 도중에 갑자기 "정 차관!" 하고 부르시는 겁니다. 모든 참석자들이 깜짝 놀랐지요. '어떻게 대통령께서 정덕구 차관을 잘 알고 있느냐?'는 의문이었지요. 사실 김 대통령께서는 외채협상 때문에 저를 알고 계셨던 것입니다. 그다음 이런 대화가 오갔습니다.

"정 차관, 우리 경제가 당면한 하나의 숙제가 뭐라고 생각하지요?"

"이제는 경제를 정상적으로 우리가 주권을 가지고 운영하는 것입니다"

"그렇게 하려면 어떻게 해야 돼요?"

"금리주권을 찾아와 정상화시켜야 합니다. 그런데 IMF가 막고 있습니다."

"당신, 협상 잘하잖아요. IMF와 협상해서 금리를 내려야지요."

악당이 될 것인가, 구세주가 될 것인가

그런 일이 있은 직후에 지체 없이 뉴욕으로 달려갔습니다. 스탠리 피셔 IMF 부총재를 만나 따질 요량이었지요. 당시 권오규 IMF 대리이사 (후일 경제부총리) 와 함께 피셔 부총재를 만나 1시간 정도 얘기를 나누고 간부식당에서 같이 식사했습니다. 이 자리에서 나는 피셔 부총재와 이런 얘기를 주고받았습니다.

"한국에서 'IMF'가 무엇의 약자 (이니셜) 인지 아느냐?"

"당연히 'International Monetary Fund' 아니냐?"

"아니다. 한국에서는 'I'm Fired' (나는 해고됐다) 의 약자라고 말한다."

" ...... ?"

"IMF 때문에 아빠가 해고됐다고 얘기한다. 나는 'I'm Fine'이라고 말해 주지만 아무리 얘기해도 안 된다. 높은 금리 때문에 기업부도가 속출해서 그런 것이다. 한국에는 '송장 만지고 살인범 된다'는 말이 있다. 죽은 사람이 길거리에 누워 있는데 지나가는 사람이 자는 줄 알고 깨우려 만졌는데 경찰은 지문이 남아 있으니 살인범이라고 지목한다. 이렇게 억울한 일을 당하면 되겠느냐? IMF가 꼭 송장 만지고 살인범 되는 격이다."

" ...... ?"

"한국에서 IMF를 구세주로 생각해야 되는데 왜 그렇게 악당으로 평가받아야 되느냐. 금리정책 하나 때문에 그런 것이다. 자금수요가 없어 실제로 한국의 실질금리는 6~7%밖에 안 된다."

"미국 재무부와 상의해 보겠다."

"그러지 말고 긍정적으로 검토해 달라. 우리는 한국 돌아가면 무조건 통화를 풀 것이다. 그러면 당신들은 약속위반이라고 한국을 비난해라."

그렇게 거의 통보하다시피 하고 돌아왔습니다. 이규성 장관과 김 대통령께 그런 내용을 보고하고 지체 없이 한국은행 부총재와 자금담당 이사를 불렀습니다.

"지금부터 금리를 현실화한다. 무조건 통화를 풀어라. 특히 RP로 자금을 회수하지 마라. 중앙은행도 한국 대통령의 지시를 받아야 하지 않느냐!"

그랬더니 얼마 지나지 않아 정건용 금융정책국장(후일 한국산업은행 총재)이 속상하다고 얘기하더라구요. 한국은행이 IMF에 "정 아무개가 그렇게 하라고 했다"고 일러바쳤다는 것입니다. 돈을 풀긴 했는데 다시 RP로 회수했다고 해요. 그래서 나도 한국은행 부총재와 자금담당 이사를 또 들어오라고 했지요. 그러고 나서 좀 심한 소리를 했습니다.

"통화신용정책은 중앙은행의 독립이 중요하다. 그렇지만 대한민국이 망하면 중앙은행의 존재가 무슨 의미가 있느냐. 정부정책에 동의하지 못한다면 내가 할 수 있는 일은 당신들 두 사람의 목을 치는 것뿐이다."

그랬더니 돌아가서 돈을 풀었어요.

IMF도 금리지침을 위반한다고 비난하다가 3월말 이사회에서 한국의 금리는 시장의 수급에 따라 자유롭게 결정한다고 양해한 겁니다. 금리협상의 시작이 일렀어요. 나중에 시중금리가 연 7%까지 낮아졌어요. IMF가 공식화할 때까지 기다렸으면 얼마나 부도가 많이 났을지 끔찍하다는 생각까지 들었습니다.

이계민　김대중 정부 출범 초기에 김태동 당시 경제수석과 금리인하 문제로 다툼이 많았다면서요. 무슨 얘기인가요?

정덕구　당시 한국은행 총재가 전철환 총재(전 충남대 교수)였지요. 전 총재는 이규성 장관과 고시 동기이기도 합니다. 김태동 경제수석과 가까운 사람이었지요. 그런데 김 수석이 매일 내게 전화해서 "금리를 낮추면 안 된다"고 주장하는 겁니다. 이규성 장관께는 차마 전화를 못하고 나를 윽박지르는 것입니다. 그러면 나도 "지금 나를 고문하려는 것이냐? 그렇게 절실하면 장관께 말씀드려라" 하며 응수했습니다. 이런 일이 반복됐는데 김 수석이 금리인하를 하지 말아야 한다는 주장은 이런 것이었어요. "겨우 재벌이 개혁되려고 하는데 금리를 낮추면 재벌개혁이 지연되지 않느냐. 금리를 낮추면 시장금리와 동떨어져 왜곡이 생긴다."

그래서 내가 "정건용 국장을 보낼 테니 무슨 왜곡이 있는지 설명해 달라"고 말하고 정 국장을 청와대에 보냈습니다. 그랬더니 정 국장이 김 수석과 대판 싸움만 하고 돌아왔어요. 알고 보니 두 사람이 경기고 동창이더라고요. 너 나 할 것 없이 나름대로 나라를 위한다고 하는 것이지요.

신용경색에 따른 기업의 도산을 막아라

금리문제에 얽힌 얘기들은 너무도 많다. IMF와의 끈질긴 줄다리기도 보통을 넘었다. 다시 이규성의 증언을 더 들어보자.

이계민 고금리가 우리나라 경제성장을 마이너스 성장으로 이끈 요인임에는 틀림없는 것 같습니다. 그런데 이보다 심각했던 점은 높은 금리를 주더라도 기업운영에 필요한 자금을 구할 수 없었다는 점입니다. 그래서 자금이 부족한 기업들은 부도로 몰리는 사태가 발생했지요. 이와 같이 신용경색이 심해져가는 상황에서 이 장관께서는 어떻게 대처하셨나요?

이규성 1998년에 재경부는 어떻게 하면 기업의 활력을 회복하여 경제를 정상궤도에 진입시키느냐의 문제를 가지고 씨름해왔다고 해도 과언은 아닙니다. 기업·금융의 구조조정으로 경제체질을 강화하면서 산업기반의 침하를 방지하여 활력을 보존하고 실업으로 인한 민생의 고통을 덜어주는 일입니다. 결국 민간부문의 활력을 하루빨리 회복하는 길이 위기극복의 첩경이 된다는 이야기입니다.

그런데 IMF와 당초 정책협의에서 부실 종합금융회사를 정리하는 등 금융기관의 강도 높은 구조조정을 합의했습니다. 이와 같이 부실금융기관의 정리가 대두

140

되자 이들과 거래하던 기업들은 자금난에 처하게 됩니다. 뿐만 아니라 만기도래 단기 기업어음(CP: Commercial Paper) 규모가 커서 3월에는 금융대란이 온다는 설이 유포되어 금융기관이 대출을 꺼리는 빌미가 되기도 하였습니다. 여기에다 정리대상이 아닌 은행을 비롯한 금융기관에 대해 BIS 자기자본비율을 제고토록 한 것도 신용경색을 초래한 하나의 원인이 되었습니다. 그리하여 기업들은 부실해서 망하는 것이 아니라 자금수급 차질로 도산에 직면하게 되었습니다.

이러한 신용경색은 금융 구조조정이 끝날 때까지 지속되었으며, 아마 1998년 내내 지속되었던 현상이라고 기억됩니다. 이로 인해 1998년 상반기 중 가전, 전자부품, 기계, 철강, 건설 등 산업 전 부문에 걸쳐 부도 급증현상이 나타났습니다. 특히, 중소기업과 수출기업들이 커다란 어려움에 직면했습니다.

이를 타개하기 위해 중소기업에 대한 신용보증을 확대하고 금융기관의 중소기업에 대한 대출을 행정적으로 독려하는 동시에 실적이 좋은 금융기관에 대해서는 후순위채(subordinated debenture)를 매입해 주는 유인책을 쓰기도 하였습니다. 수출기업에 대해서는 원자재 수입 금융지원 등을 확대하고 수출환어음 매입이 원활히 이루어지도록 제반 조치를 취하였습니다.

이계민 김태동 경제수석은 3개월 정도 재임하다 당시 정책기획수석인 강봉균 수석과 자리를 맞바꾸었지요? 무슨 일이 있었나요?

이규성 김 수석이 무척 신중한 사람이었던 것 같아요. 무슨 사안이 대두되면 얼른 결정을 잘 안 하더라고요. 더구나 김 수석은 모든 것을 자기가 책임져야 한다는 책임감이 강했던 것 같아요. 그러다 보니 여러 가지 사안에서 의사결정이 지연되거나 다소 이해가 안 가는 결론을 내는 경우가 많았어요. 이런저런 할 이야기는 있지만 지금 이 시점에서는 김대중 대통령께서 그런 인사를 하셨다고만 말씀드리겠습니다.

미증유의 대량실업과 '실업대책 내각' 구성

이계민 외환위기 이후의 최대 경제정책 과제는 급성질환인 외환고갈이나 기업의 대량도산 말고는 실업대책이 가장 큰 현안이 아니었나 싶습니다. 이 장관께서는 저서 《한국의 외환위기》[12]에서 당면 위기상황 극복 과제를 세 가지로 요약하셨습니다. 첫째 외화유동성 추가 확보로 인한 국가부도 사태 방지, 둘째 신용경색 해소를 통한 산업기반 침하 방지, 그리고 세 번째가 실업대책의 확충이라고 설명하셨습니다.

외화유동성 확보나 산업기반 유지 등은 외환위기 극복 대책으로 충분히 많은 기록이 나오는데 실업방지 대책은 뚜렷하게 나타나는 게 없습니다. 물론 경기회복 대책이 실업방지 대책이긴 하지만 경제팀장으로서 비상 실업대책이라고 할 수 있는 대표적인 정책이나 수단은 어떤 것이 있었는지 소개해 주셨으면 합니다.

이규성 외환위기 발생 이후 실업대책의 중요성은 아무리 강조해도 모자랄 지경이었습니다. 외환위기가 발생하자 하루에 100여 개 이상의 기업이 도산하고 불과 몇 달 사이에 50만 명 선이던 실업자가 1997년 12월말에는 66만 명, 그리고 1998년 3월말에는 3개월 전의 2배가 넘는 138만 명으로 증가하지요. 게다가 당시 우리나라는 사회적 안전망이 제대로 갖추어져 있지 않고 오로지 가족들에게만 의존하고 있어서 실업이 커다란 사회문제로 대두되었습니다.

그래서 일단 노사정 합의에 의해 1998년 2월에 5조 원 규모의 실업대책을 마련했습니다. 재원은 예산뿐만 아니라 고용보험기금이나 IBRD 차관기금 등에서 조달했습니다. 그 돈으로 무엇을 했느냐 하면 직업안정 기능을 보강하고, 직업훈련 확대, 실직자 생계보호 지원 등에 썼습니다.

물론 이것으로 충분할 일은 아니었지요. 실업상황이 더 악화되는 추세를 보였습니다. 예컨대 실업률은 1997년 말에 3.1%이던 것이 1998년 1월 4.5%, 2월

---

12 이규성, 2015, 《한국의 외환위기: 발생·극복·그 이후》(제3판), 박영사.

5.9%, 3월 6.5% 등으로 급격히 악화하는 모습을 보였습니다.

그래서 실업대책은 국민의 정부 출범 후에 본격화됐다고 볼 수 있습니다. 김 대중 대통령은 1998년 3월 17일 국무회의에서 "내각은 '실업대책 내각'이라는 각 오로 실업문제에 적극 대응해야 할 것"이라고 지적하면서 "강봉균 정책기획수석과 이기호 노동부 장관의 책임하에 빠른 시일 내에 종합실업대책을 수립하여 국무회의에 보고하라"고 지시했습니다. 또 김 대통령은 사회보장제도인 사회안전망이 우리 사회에 미비한 점을 지적하면서 저소득층에 대한 대책을 면밀히 추진하되 기본적으로 먹고, 입고, 중·고등학생 자녀의 학비를 댈 수 있는 수준이 보장되도록 범정부적으로 대처해갈 것을 주문했습니다.

구체적 사업을 열거할 필요는 없다고 봅니다만 관계부처가 모두 실업의 고통을 해소하는 데 집중적인 노력을 강구했다고 보면 됩니다. 일자리 제공과 서민층 고통 완화 등에 중점이 두어졌습니다. 1998년에만도 두 번의 추경예산이 편성되었는데 1차는 구조조정의 재원마련이 주였지만, 2차는 순전히 실업극복 추경예산이라고 보아도 무방합니다.

물론 이러한 실업대책은 긴급과제였다는 점에서 낭비요인도 많았다고 봅니다. 그래서 1998년 10월부터는 새로운 실업대책을 내놓기보다 이미 수립된 대책의 실효성을 높이는 한편 사회안전망 관련 직접 지출을 확대하고 실업자 관리프로그램을 개발해 실업대책의 실효성을 높이는 데 중점을 두었습니다.

여기서 한 가지 지적하고 싶은 것은 1999년에 법률이 국회를 통과해 시행에 들어간 국민기초생활 보장제도는 우리 사회복지제도의 근간을 변화시킨 중대한 계기를 만들었다는 점에서 높이 평가받아야 마땅하다고 봅니다. 국민기초생활 보장제도는 가난을 개인의 책임이 아닌 국가의 책임으로 인정하고 국민 누구나 기초생활을 보장받도록 하는 제도입니다. 이러한 복지제도의 개편이 외환위기 극복에 큰 역할을 했음은 부인하기 어렵습니다.

노사정 3각연대와 실업과의 전쟁

국가부도 사태에 직면한 외환위기는 경제대책만으로 극복할 수 없었다. 정치·경제·사회의 모든 주체들이 힘을 합쳐야 가능한 일이었다. 이러한 배경에서 김대중 대통령 당선자가 취임 전 역점을 두었던 것이 노사정위원회의 구성이었다. 노사정위원회에서 이른바 사회적 합의를 이끌어내 이를 밑바탕으로 위기극복의 저력을 축적해가자는 계획이었다. 물론 이러한 사회적 합의기구의 구성이 처음 시도된 것은 아니다.

사회적 합의를 통한 노동관계법의 개정의 본격적 시도는 제6공화국 노태우 정부로 거슬러 올라간다. 한국노동연구원의 〈한국의 노동노사관계와 노동정치: 1987년 이후 사회적 합의를 중심으로〉라는 보고서는 노동관계법의 초기논의를 이렇게 지적한다.

> 1987년 정치민주화 이후 다른 부문의 민주개혁이 빠르게 진전되는 것에 비해 노동개혁은 거의 아무런 진전을 보지 못하고 있었다. … 이 문제가 다시 정부의 주요 정책과제로 부각되기 시작한 것은 1991년 UN 가입으로 인해 ILO에 자동가입하게 되면서부터이다. … 1992년 대통령 주재 '노사관계에서의 사회적 합의 형성에 관한 토론회'[13]에서 대통령 지시로 노동관계법 연구위원회가 구성됐다.[14]

1992년 4월에 구성된 연구회는 노사 각 3인, 학계 8인, 법조계 2인 등 모두 16명으로 이뤄져 사회적 합의기구의 형태를 취하고 있었다. 이들은 1992년 말까지 노동관계법 개정시안을 마무리하기에 이르렀지만 햇빛을 보지는 못했다. 그러나 이 개정시안은 역대정부가 추진해온 노동관계법 개정의 밑바탕을 이뤘다는 점에서 중요한 의미를 갖는다.

1995년 말 청와대에 사회복지수석 비서관실이 신설되고, 이듬해 5월 노사관

---

[13] 이 토론회는 1992년 2월 12일 오전 청와대에서 열렸는데 방송 3사의 생중계로 12월 대선을 앞둔 정치행사라는 비난이 일었다.
[14] 한국노동연구원, 1999, 《한국의 노동노사관계와 노동정치》, 295쪽.

계개혁위원회가 대통령직속 자문기구로 출범하면서 노동관계법 개정이 급속도로 이뤄졌다. 이를 토대로 정리해고 요건 완화를 비롯해 복수노조 허용, 제3자 개입 금지, 노조의 정치활동 허용, 변형근로시간제 등을 골자로 하는「노동법」개정이 1996년 12월 26일 새벽 4시 당시 여당인 신한국당 단독으로 국회 본회의에서 변칙 처리되기에 이른 것이다.

그러나 이에 대한 노동계의 강도 높은 파업과 국민회의 등 야당의 반발에 부딪혀 김영삼 대통령은 여야 영수회담을 통해「노동법」재개정에 합의했다. 결국 국회는 1997년 3월 10일 본회의에서 종전의 변칙처리법에 대한 폐지안과 여야 합의안을 동시에 제출해 일괄 처리함으로써 제정법이 탄생했던 것이다. 수정된 개정내용의 골자는 '상급단체 복수노조를 허용하면서 노조전임자의 임금지급 금지'를 5년간 유예하고, 정리해고의 도입을 2년 뒤로 늦춘 것 등이 대표적이다.

그러나 1997년 말의 외환위기는 IMF의 요구와 경제사회 환경의 급변에 따라 또 다른 노동개혁을 필요로 하는 상황에 이르게 된다. 또 노동개혁 보완을 위한 정책의 한 축으로서 사회안전망 확충이 현안으로 대두됐다. 사회적 합의기구인 노사정위원회는 변화의 연장선상에서 이뤄지고 위기극복의 방패가 되기도 했다. 당시 노동부 고용총괄국장으로 고용정책 실무책임을 맡았던 정병석(후일 노동부 차관)의 얘기를 들어보자.

이계민 외환위기를 극복해가는 과정에서 노동문제는 초미의 관심사가 아닐 수 없었습니다. IMF의 정리해고제 도입 등의 제도개혁은 둘째로 하더라도 기업도산과 그로 인한 실업의 양산은 사회불안을 정점으로 몰아갈 형국이었기 때문입니다. 다행스럽게도 노동계 역시 그 같은 긴박함을 인식하고 사회적 합의를 통한 위기극복의 협력에 나선 것은 그나마 다행이 아니었나 싶습니다. 외환위기를 극복하기 위한 사회적 합의가 가능했던 배경은 무엇 때문이었나요?

정병석 1997년 12월 4일 IMF와의 협약은 정리해고 등 노동유연성 확보를 전제로 한 것입니다. 특히 정리해고제나 근로자파견제 등이 시행돼야 한다는 전제조건이 붙어 있었다고 이해하고 있습니다. 예컨대 기업들이 인원을 줄이고 임금도 조정하고 기업 통폐합도 하는 등의 구조조정 계획을 연이어 발표하며 이를 위해 정리해고가 빨리 시행돼야 한다면서 노동유연성 확보를 강조하기에 이른 것입니다. 전국경제인연합회(이하 전경련)나 한국경영자총협회(이하 경총) 등에서도 이런 내용을 주장하기에 이른 것이지요.

이런 상황을 아는 노동계에서도 가만히 있을 수 없어서 "상황이 그렇다면 사회적 합의기구를 만들어서 그런 모든 문제를 논의하자"고 제안하게 된 것입니다. 즉, 전국민주노동조합총연맹(이하 민노총)이 12월 10일에 노사정위원회와 같은 사회적 합의기구를 만들자고 제안합니다.

이윽고 12월 12일에 정부에서 김영삼 대통령 주재로 회의를 합니다. 그래서 일단 사회적 합의가 필요하다는 공감대를 형성하는 결론에 이르렀습니다. 그런데 김영삼 대통령은 "지금 대선의 막바지에 이르렀고, 또 선거기간이어서 정부가 강력히 추진할 추동력도 없으니 필요성만 인정하고 노사 간 대화를 해보자"고 한 것입니다.

당시 김대중 대통령 후보는 대선 과정에서 본인 말로는 사회적 합의를 공약했다고 했지만 명시하지는 않았던 것으로 알고 있습니다. 또 정리해고 문제도 3월에 이뤄진 「노동법」 개정에서 정한 대로 향후 2년간 시행을 유예한다는 입장을 그대로 유지하고 있었지요.

그런데 문제는 김대중 후보가 대통령에 당선되고 난 뒤입니다. IMF 관리체제라는 현실에서 종래의 주장을 고수할 수 없게 된 것이지요. 특히 김대중 대통령이 당선 이후에 캉드쉬 IMF 총재나, 미국의 클린턴 대통령과 통화를 할 때 그들이 김 당선자에게 정리해고 등 노동시장 유연성 확보 등에 대해 실행할 것인지 확인했다고 합니다. 그래서 결국 김 당선자도 어쩔 수 없이 수용할 뜻을 밝혔고, 12월 22일에는 미국 데이비드 립튼 재무차관과 면담을 통해 정리해고 수용 의사를 분명히 했다고 들었습니다. 《김대중 자서전》에 보면 "실업자 몇십만을 구하기 위하여 4천만 국민의 나라를 부도나게 할 수 없다"[15]는 생각으로 결단을 내렸다고 본인이 기술하였습니다.

정병석(鄭秉錫)

1952년 전남 영광에서 태어나 광주제일고와 서울
대 무역학과를 졸업하고 미국 미시간주립대에서
경제학 석사를 중앙대에서 경제학 박사를 취득했
다. 1975년 행정고시에 합격해 노동부에서 고용총
괄심의관, 근로기준국장, 노정국장, 기획관리실
장, 중앙노동위원회 상임위원을 거쳐 2004년 노동
부 차관을 지냈다. 공직에서 물러난 뒤 2006년 한
국기술교육대 총장과 2008년 한양대 경제학부 석
좌교수를 역임했다.

김대중 대통령은 당선 후 몸소 12월 26일과 27일에 차례로 한국노동조합총연맹
(이하 한국노총) 위원장과 민노총 위원장을 만나 노동계의 요구사항을 청취하는
동시에 정리해고제가 불가피하다고 설득했습니다. 노사정위원회를 만들 테니
거기에 들어와서 함께 논의하자고 설득한 것입니다. 물론 관계당국이 모두 다
설득에 나섰지요. 결국 김 대통령은 정리해고제, 근로자파견제를 포함해 노동
시장 개혁을 분명히 해야겠다고 밝히고 대신 노동계 의견도 들어주자고 했습니
다. 그 내용이 우선 민노총의 합법화를 필두로 노조의 정치참여 문제, 전국교직
원노동조합(이하 전교조) 합법화, 공무원 노조 인정 등이 그런 과제들입니다.

　결국 김대중 대통령의 그런 노력이 노동계와의 대화를 가능하게 한 원동력이
라고 봅니다.

이계민　그렇게 해서 1기 노사정위원회가 1998년 1월 15일 공식 발족되었지요?
그리고 2월 6일에 대타협안을 발표합니다. 그런데 당시의 자료를 보면 대타협
발표 이전에, 그러니까 1월 20일에 노사정 공동합의문을 채택했다고 돼 있는데
이것은 무엇인가요?

15 김대중, 2010, 《김대중 자서전》, 2권, 삼인, 20쪽.

정병석 1월 20일에는 논의 의제에 대한 합의가 이뤄진 것입니다. 노동계에서는 의제를 매우 중히 여깁니다. 방향성 있는 의제가 채택이 되면 합의된 것이나 마찬가지로 간주합니다. 이때의 내용을 보면 노동계와 기업, 정부가 각각 할 일 등에 대한 합의가 나열돼 있습니다.

　이런 것을 토대로 해서 2월 6일에 대타협안을 만들게 됩니다. 당시 나는 고용총괄국장이었지요. 당일 정리해고제 등은 워낙 오래 얘기한 것이라서 일찍 끝났는데 마지막까지 내 소관이었던 '근로자파견제의 업종제한을 네거티브로 하느냐, 포지티브로 하느냐'로 끝까지 논란이 됐습니다. 노사정 합의는 일괄적으로 추진한 것인데 노동계는 실업예산을 많이 배정해야 한다는 것과 노동기본권 확대 등을 주문했습니다. 그래서 그런 모든 문제들을 한꺼번에 합의한 것입니다.

　그런데 사흘 뒤인 2월 9일에 민노총이 노사정위원회에서의 합의를 번복하고 탈퇴를 선언합니다.

이계민 왜 민노총이 탈퇴했나요?

정병석 민노총의 의결구조가 민노총위원장에게 합의 전권을 주지 않고 잠정합의를 한 뒤에 민노총 대의기구에서 추인을 받아야 하는 구조였습니다. 당시 배석범 민노총위원장이 대타협안에 합의하고 서명했는데, 실제 노조 대의원대회에서 추인을 못 받고 부결돼 버린 겁니다. 그러다 보니 집행부가 총사퇴하고 와해됐습니다. 그러나 사회적 합의는 어디까지나 유효한 것이었지요. 다만 민노총 자신들이 추인을 안 했으니까 밖에서는 합의가 아니라고 하고 투쟁하고 그랬습니다.

　그러고 나서 한 달쯤 뒤에 제 2기 민노총 지도부가 구성됐습니다. 그런 다음 김대중 대통령이 취임하고 나서 민노총 지도부를 청와대로 초청해서 여러 가지를 논의했습니다. 당시의 노사정 합의는 모두 법개정을 비롯한 후속조치가 다 이뤄지고 실제로 추진되고 있었어요, 단지 민노총만 수용을 안 한 상태였지요.

이계민 사회적 합의는 우리나라에서 꽤 중요한 추진력이 아니었나 싶습니다. 외환위기 극복에 있어서도 그 역할이 컸다고 보는데 어떤 점을 들 수 있나요?

노사정위원회 결성 합의 (1998. 1. 14)
협의체 구성에 전격 합의한 노사정 관계자들은 노사정 측 각 2명,
정당 측 4명이 참여하는 노사정위원회를 발족시키기로 결정했다.

정병석　정부는 당시가 사회적 합의가 가장 절실히 필요한 때라고 보았습니다.
국제기구 등에서 '과연 한국이 노동개혁 등을 해낼 능력이나 의지가 있느냐'를
시금석으로 생각하는 상태였고 그 구체적 결실이 노사정 합의였습니다. 그런데
실제로 그것을 해냈습니다. 사실 민노총까지 포함한 사회적 합의가 이뤄진 것
은 이때뿐이었지요.

　　그게 가능했던 것은 최고통치자인 대통령의 강한 의지가 작용했다고 봅니다.
역대 대통령 중에 김대중 대통령만큼 약자에 대한 배려, 사회통합 의지, 노동계
와 함께 가겠다는 의지가 강했던 분도 없었기 때문입니다.

　　그래서 대통령이 민노총 위원장 등 노동계 대표들을 직접 만나 설득했고, 노
동계에서도 그런 대통령의 의지와 노력을 높이 평가해서 함께 논의할 수 있는
사람이고 함께 풀어갈 수 있는 지도자라고 생각했었지요. 김 대통령이 뛰어난
지도자였기에 이해하고 함께하려는 노력을 인정받고 사회적 합의를 이끌어낸
것입니다.

　　《김대중 자서전》을 보면 "노사정위는 내 혼이 스며 있는 작품이다. 지금 생각
해 보아도 대견하고 자랑스럽다. …"[16] 이렇게 표현했어요. 그런 대통령의 혼신
의 노력을 노조가 수용한 것입니다.

---

16 김대중, 2010, 《김대중 자서전》, 2권, 삼인. 27쪽.

사회적 합의는 어느 나라를 보든 최고 지도자의 몫입니다. 네덜란드 빔콕 총리 등이 그 대표적인 예입니다.

이계민 실제로는 국민의 정부가 외환위기 극복을 성공적으로 마무리할 수 있었던 원동력은 실업대책과 사회안전망 확충이 아니었나 싶습니다. 그런데 돈 얘기는 많이 나오지만 구체적인 정책의 수단과 방법이 어떤 절차와 아이디어를 통해서 강구되었는지 등에 대한 증언들은 많지 않은 것 같습니다.

정병석 그때까지 우리나라는 외환위기와 같은 비상 대량실업 사태를 겪어 본 경험이 없었지요. 그러다 보니 이런 대량실업에 대처해야 할 제도나 법령, 사례, 정책추진 체계, 예산 등 모든 것이 생소할 수밖에 없었습니다. 위기 직후인 1997년 12월에 대책을 수립하는데 실제 대책보다는 부처들이 모여 실업대책의 방법과 수단에 대한 논의에 오히려 많은 시간을 허비했습니다.

그런데 당시 대량실업 대책을 규정한 법령은 「고용정책 기본법」이 유일했습니다. 1993년 12월에 「고용보험법」과 함께 만들어진 이 법에는 "대량고용 변동 등이 있을 경우 기업주가 노동부에 신고해야 한다"(27조), "대량실업이 발생하면 정부는 (이런저런 내용의) 조치를 취해야 한다"(28조)는 2개 조항이 있었습니다.

1993년 이 법을 만들 때 경제기획원이나 상공부 같은 부처에서는 "이런 법조항이 왜 필요하냐?"는 얘기도 있었어요. 내가 고용정책과장을 맡고 있을 때 입안한 법인데 당시만 해도 노동력이 절대 부족한 상황이어서 이런 대량실업 사태가 발생하리라는 것은 상상도 하지 못할 때였습니다. 그럼에도 일본의 사례를 연구해서 이런 법조항을 만들어 두었던 것입니다.

당시로서는 상당히 앞서가는 생각이었다고 자부하는데, 포괄적 노동정책을 추진할 수 있는 법체계를 확립하고자 만든 것입니다. 그런데 법이 통과되고 나서 4년 만에 대량실업 사태에 직면했고, 1995년 7월에 고용보험을 확대했는데 불과 2년 만에 이 제도를 적극 활용하게 된 것입니다.

또 「고용정책 기본법」을 만들면서 노동정책보다 고용정책 쪽으로 업무 중심이 바뀌었습니다. 나중에 실업대책에 대한 비판도 많았는데 모든 것을 하나씩 만들어가는 과정이어서 시행착오도 많았다고 생각합니다. 공공근로사업이란 이름도 처음 만들어 쓴 것입니다. 몇 가지 예를 들면 환경보호사업으로 잡초와 쓰레기를 청소하고, 산림 가꾸기를 위해 나무 가지치기 등을 실시해서 노임을 지급하기도 했습니다.

이계민 실업대책을 만들어낸 것은 청와대 아니었나요?

정병석 구체적 실업대책은 노동부가 주관해 추진했습니다. 물론 실업대책의 큰 줄기는 노동부와 청와대 정책기획수석실이 입안해 전 부처가 나섰던 것입니다. 다만 한 가지 강조하고 싶은 것은 당시의 실업대책 추진이 정책조정에 대한 협의가 잘 이뤄진 모델이었다는 점입니다. 대통령 주재의 경제대책 조정회의를 중심으로 가장 효과적으로 추진된 사례라고 봅니다.

특히 실업대책이 공공근로사업을 하면서 사실상 전 부처로 확산돼 노동부가 추진하기가 어려웠지요. 그해 4월에 총리실에 '실업대책추진위원회'가 만들어졌습니다. 국무조정실장이 위원장을 하면서 각 부처 차관들로 구성됐는데 실업대책 추진상황을 수시로 점검하고 보완하는 작업이 이뤄졌습니다. 그 밑에 실무 추진위원회는 노동부 차관을 위원장으로 각 부처 차관보들로 구성됐습니다.

또 1998년 12월 5일에는 국무총리를 위원장으로 각 부처 장관과 청와대 관련 수석비서관 등으로 실업대책위원회를 구성해 운영했습니다. 2주에 한 번씩 회의를 가졌는데 실업대책추진위원회에서 논의한 과제들을 최종 점검하고 조율하는 자리였습니다. 이러한 과정이 무척 잘 이뤄진 것으로 기억합니다. 지금 생각해 보아도 역대 정부에서 이만큼 논란 없이 일관성 있게 효율적으로 추진된 사업도 드물었다고 봅니다.

특히 당시 이기호 노동부 장관(후일 경제수석비서관)은 최고 정책결정권자인 대통령에게 정례 주례보고를 통해 결심을 받았습니다. 노동부 장관은 기업 구조조정에 따른 노사문제, 그리고 실업대책 등 두 가지 과제만을 보고했습니다.

여담입니다만 노동부 장관이 1998년에 참여한 회의나 정당 부처 등 외부에 설명한 안건이 무려 140건에 달했습니다. 그만큼 국민적 공감대 형성을 위해 노력했다는 얘기입니다.

김 대통령께서는 노동부가 만든 '실업대책 추진 현황표'를 항상 지참하시면서 관련 장관들이나 공직자들에게 수시로 문의하고 독려한 것으로 기억합니다. 부진한 부처는 혼도 많이 났지요. 당시 노동부에 실업대책 상황실이 만들어져 있었는데 매일 실업예산 집행상황이나 참여 인원, 그리고 추진 진도 등을 가 부처에서 보고받아 종합했습니다. 내가 이 사업을 총괄하는 국장이었는데 밤늦게 취합되면 이를 청와대에 매일 보고했습니다. 대통령께서 이 자료를 활용하신 것이지요.

이계민 구체적인 실업대책을 정리해 보지요. 준비하신 자료를 보면 파격적인 실업대책을 추진했다는 기록이 있는데 무슨 뜻인가요?

정병석 우선 1997년 말에 고용보험을 30인 이상 사업장에 적용했는데 10개월 사이에 전 사업장으로 확대했습니다. 물론 한 번에 적용한 것이 아니라 1998년 1월에 10인 이상 사업장, 그해 3월에 5인 이상 사업장, 그리고 10월에 1인 이상 전 사업장으로 확대했어요. 물론 대상 근로자 수는 많이 늘지 않았지만 담당 공무원 입장에서는 업무가 엄청나게 늘어났지요. 더구나 당시에는 정부개혁 작업의 일환으로 공무원을 감축하고 있었습니다. 그러니 노동부로서는 죽을 맛이었습니다. 업무는 엄청나게 늘어나는데 그렇다고 인원을 늘릴 수도 없는 실정이어서 애로가 말이 아니었습니다.

그래도 실업해소를 위해서는 어떤 무리가 따르더라도 추진하겠다는 결의로 버틴 것입니다. 좀 과장된 말이지만 그때 고용센터에 근무하던 상담원들은 실업자들이 수백 명씩 밀려들어 화장실을 갈 시간이 없었다는 보도도 있었습니다. 그래서 어쩔 수 없이 민간계약직 인력을 활용하기로 했습니다. 그리고 눈물겨운 얘기입니다만, 공무원 봉급을 10%씩 삭감해 약 1조 1천억 원에 달하는 재원을 만들어 실업대책에 투입하기도 했습니다. 정말 대단한 일 아닙니까?

이계민 IMF와의 정책협의 때에 정리해고제를 비롯해 근로자파견제 등 노동시장 유연성 제고에 역점을 둔 것으로 압니다. 외환위기가 어느 정도 진정되는 단계에 결과적으로 그런 요구를 우리가 얼마나 수용했다고 생각하십니까?

정병석 어떤 점에서 따져 보아도 IMF나 국제기구, 또는 국제금융시장에서 요구한 제도개선이나 실업대책 등은 우리가 그런 요구보다 훨씬 강도 높게 추진하고 실천에 옮겼다고 생각합니다. IMF의 가장 큰 관심사항은 모두 수용해 제도화시켰지요. 뿐만 아니라 실업대책을 포함한 근로자 처우문제 등에 대해 국제노동기구(ILO: International Labour Organization)를 비롯한 국제기구에서 한국이 그런 대처를 굉장히 효율적으로 잘하고 있다고 평가했습니다. 그중에서 실업대책을 직업훈련 중심으로 고용대책을 실시한 데 대해 높은 평가를 받았습니다.

이계민 IMF와의 정책협의는 5차 협의(1998. 2. 7) 이후에 노동문제는 의제에 오르지 않은 것으로 나와 있습니다. 그동안 외환위기 극복과 관련한 노동문제의 해결과 실업대책, 그리고 노사정위원회로 대변되는 사회적 합의의 의미 등에 대해 종합 평가해 주신다면요?

정병석 사회적 합의는 당시 위기극복에 정말 큰 의미가 있었고, 효과도 컸다고 봅니다. 물론 한 주체, 즉 민노총이 합의 후에 얼마 가지 않아 탈퇴하기는 했지만 수많은 분야를 망라해 사회적 합의를 이미 이끌어냈고, 또 그 합의내용이 모두 실천됐기 때문에 실효성도 컸다고 봅니다. 특히 사회 전체가 합의를 이뤄 위기극복에 나섰다는 것은 엄청난 성과라고 평가하고 싶습니다. 국제기구나 국제금융기관 등 국제사회에서 한국의 위기극복을 높이 평가한 요인 가운데 하나가 사회적 합의를 통한 실업대책의 추진과 사회안전망 확충 등입니다.

저는 당시에 실무자 위치에 있었습니다만 노동정책의 주무국장의 입장에서 대통령 중심으로 실업대책을 일사불란하게 추진했습니다. 특히 당시 어려운 여건을 극복하고 공무수행에 나선 공무원들의 책임감과 자질이 훌륭했다고 자부하고 싶습니다. 물론 어떤 사안에 대해서는 비판도 없지 않았습니다.

또 하나는 실업대책을 주도한 노동부의 추진체계가 엄청나게 효율적으로 작동됐다는 점을 강조하고 싶습니다. 당시는 실업과 전쟁 중이라고 생각했습니다. 당시 이기호 노동부 장관이 앞장서 추진했습니다. 어떤 날은 실업대책을 만들기 위해 밤을 새우기도 했습니다. 신속한 의사결정과 총력 추진체제가 필수적이었는데 일사불란한 추진체계 형성은 자랑할 만한 업적이었다고 생각합니다.

한 가지 덧붙이자면 당시 최고 정책결정자인 대통령이 노동부에 힘을 실어 주어서 그런 결과를 가져올 수 있었다고 봅니다. 노동부가 매주 화요일 오후에 실업대책과 고용대책에 대해 정례적 주례보고를 했는데 이것이 실행의 원동력이 되고 강력한 추진의 밑거름 역할을 했다고 봅니다.

성장잠재력 견지와 플러스 성장으로의 전환

이계민 1998년 하반기 들어서면서 정부의 경제정책이 긴축과 구조조정에서 재정확대를 통한 경기부양에 중점을 두는 방향으로 바뀝니다. 실제로 김대중 대통령은 1998년 9월 28일에 특별기자회견을 열고 10월부터 시중의 신용경색 해소를 과감히 추진하고 강력한 경기부양 조치를 하겠다고 선언했습니다. 말하자면 성장전략으로의 선회를 공식화했고, 어떤 측면에서는 국가부도 위기인 외환부족 사태를 극복했음을 선언한 셈이었습니다. 당시의 언론보도를 보면 재경부에서는 '제1차 금융 구조조정 마무리 선언'이라고 설명했다는 내용이 있습니다.

그런데 이 장관께서는 당시 "한국에 제2의 외환위기는 없다", 또는 "1999년부터 플러스 성장으로 돌아설 것"이라는 애기를 해서 너무 성급한 낙관론을 펴는 것 아니냐는 비판도 있었습니다. 혹시 기억하십니까?

이규성 1998년 하반기에 들어서면서 경기부양 정책으로 선회하지 않으면 안 되었던 것은 1998년 상반기 성장이 너무 저조하여 '-5%' 정도에 이를 것으로 예상되었기 때문입니다. IMF도 이 점을 중요시하면서 해외시장에서의 신뢰회복이 점점 더 확고해짐에 따라 경기부양 정책에 동의하고 있었습니다. 경제상황이 이런데도 경기부양책을 쓰지 않으면 어떻게 되겠습니까? 경제침체의 골이 너무 깊어져 성장잠재력마저 잃지 않았겠나 하는 생각이 듭니다.

그런데 구조조정하다 말고 무슨 경기부양이냐는 의견이 강력히 대두되었습니다. 사실 상반기에 퇴출식 기업·금융 구조조정은 마무리되어, 하반기에는 경기부양과 구조조정을 병행해도 큰 문제가 생길 것은 없어 보이는데도 말입니다. 그래서 정부는 경기부양이라는 말 대신 '성장잠재력 견지'라는 용어를 쓰면서 경기부양 정책을 추진하였습니다.

"한국에 제2의 외환위기는 없다"고 주장한 것은 아마 1998년 10월이었을 겁니다. IMF 총회에 가서 그런 얘기를 했던 것으로 기억합니다. 그렇게 얘기할 수 있었던 충분한 근거가 있었습니다. 우선 1998년 하반기부터는 외환수급에서 확실한 공급 우위가 예상됐었고 이 같은 추세는 1999년까지 지속될 것으로 전망됨에 따라 외환위기의 1차적 원인이 된 외환보유고의 고갈 문제가 해소되고 외환시장도 안정된 모습을 찾아가고 있었기 때문입니다.

앞서 질문에서 얘기한 대로 당시 실물경제 상황을 보면 퇴출 중심의 제1단계 금융 및 기업의 구조조정이 마무리 단계에 있었고, 이와 함께 공기업의 민영화, 5대그룹[17]의 구조조정 방향도 확정된 상태여서 어느 정도 낙관할 수 있는 충분한 근거들이 있었습니다.

더구나 1998년 10월 당시에는 이미 IMF와의 협의를 거쳐 1998년 하반기부터 시작된 경기활성화 대책이 이행 중이었기 때문에 "1999년부터 플러스 성장으로 돌아설 것이다"라고 얘기한 것입니다. 1998년 10월 27일에 IMF와의 제8차 정책협의에서도 1999년에는 성장률이 플러스로 전환될 것임을 확인한 바 있습니다.

이계민 1998년 하반기에 정부는 경기부양책을 쓰지요. 그리고 1999년에는 경기

---

17 현대, 삼성, 대우, LG, SK를 가리키는 말이다.

가 상승세로 바뀌어 과열 논쟁이 일어날 정도였습니다. 1998년 하반기 당시의 경제정책 방향을 놓고 한국은행과 정부 사이에 견해차가 많았다고 전해집니다. 재경부는 돈을 풀어서라도 경기를 살리자는 것이고 한국은행(당시 전철환 총재)은 신중해야 한다는 입장이었다는데, 그때의 상황을 설명해 주셨으면 좋겠습니다.

이규성 경기부양은 한국은행의 금리정책에만 의존하는 것은 아닙니다. 경기부양에는 추경예산 등 재정의 확대에도 그 효과가 있었다고 봅니다. 1998년에 추경예산 편성이 두 차례 있었는데, 3월에 한 번 그리고 9월에 한 번 등 두 번이었습니다. 특히 2차 추경예산은 6월초 방미 때 김대중 대통령이 캉드쉬 IMF 총재를 면담하고 경기위축이 예상보다 심각하므로 실업대책의 확대와 내수진작을 위해 재정적자를 확대해야 한다는 데 의견을 같이하고 편성한 것입니다. 당시 공교롭게도 8월에 전국에 걸친 집중호우로 우리나라 자연재해 사상 최대규모의 피해가 발생하여 추경예산 규모가 확대되기도 했습니다.

그러나 경기부양을 보다 근본적으로 보면, 민간기업 회복에 그 중점을 두어야 합니다. 민간기업들이 활발히 투자하고 인력을 고용하고 왕성하게 수출하도록 해야 합니다. 그런데 재경부는 상반기에 이룩한 외환시장의 안정과 퇴출 중심의 구조조정 추진으로 제고된 신뢰도를 바탕으로 해서 경제 활성화를 적극 추진함으로써 산업기반의 침하를 방지하자는 것이었습니다. 반면에 한국은행은 아직 대외적으로 불안요인이 상존하고 있으므로 금리인하 등 금융완화 정책을 조심스럽게 추진하자는 것이었습니다. 그러나 외환시장이 가속적으로 호전됨에 따라 이런 이견은 해소되고 콜금리는 지속적으로 하락하였습니다.

결과적으로 1999년 경제성장률은 1/4분기 5.8%를 비롯해 2/4분기 11.2%, 3/4분기와 4/4분기 역시 13.0%로 연간으로는 10.9%의 성장을 기록한 것입니다. 물론 이는 1995년 불변가격 기준으로 수정된 수치입니다.

다시 말하면 1999년 상반기 우리 경제의 활황은 민간소비와 투자 등 민간부문의 활동이 활발한 데다가 수출이 호조를 보인 데 기인한 것이라고 해석할 만한 근거가 있었던 셈이지요.

뼈를 깎는
구조조정의 진통

우리나라가 경제적 환란을 맞게 된 것도 따지고 보면 구조조정을 제때에 못하였기 때문이다. 대기업 중에는 영업이익으로 이자도 못 갚은 부실한 기업들이 즐비했지만 대기업을 정리하면 사회적 파장이 크리라는 예상 때문에 정부에서는 이들을 그저 연명해 주고 있었다. 또한 금융기관은 과거부터 부도처리된 적이 없었다. 우리는 이처럼 경쟁력 없는 부문을 끌어안고 가면서 새로운 경쟁력 있는 부문을 키우는 데는 소홀하였다. 노동부문은 대화와 타협보다는 대립과 갈등을 거쳐 담합으로 끝내는 의사결정 방식을 고수했다. 정부는 수많은 개혁정책을 제시하였으나 말만 무성하고 행동은 없었다.

이러한 상황에서 구조조정의 과제는 기업·금융·노동·정부의 4대 부문에 걸쳐 불합리한 점을 개혁하여 새로운 경쟁력을 확립하는 것이었다.

노사정의 공정한 고통분담, 구조조정의 종합전략

이계민 구조조정 과정은 수많은 사회적 갈등과 마찰을 수반하는 고통의 과정입니다. 1999년만 보더라도 경기는 회복되어 갔지만 노사갈등과 사회불안이 겹치면서 오히려 어수선한 모습을 보였습니다. 이렇게 어려운 구조조정이 어떻게 추진되었으며, 종합전략은 어떻게 짜였는지 말씀해 주시죠.

이규성 구조조정은 경쟁력을 상실한 부문을 정리하고 새로이 경쟁력 있는 부문을 육성하는 것이지요. 그런데 경쟁력 없는 기존 기업들을 퇴출시킨다는 것은 기존의 질서와 권위를 무너뜨린다는 것으로 참 어려운 일입니다.

정부는 1997년 12월초 IMF와 스탠바이 협약을 맺고 기업·금융·노동·정부의 4대 부문에 걸쳐 구조조정을 해나가야 했습니다. 그런데 안타깝게도 당시에는 이를 추진할 지도력이 공백상태에 있었습니다. 대통령 선거가 12월 중순에 있었기 때문입니다.

김대중 후보가 대통령으로 당선되자 지도력의 핵은 김 당선자로 쏠렸고, 김영삼 현직 대통령의 정부 대표와 김대중 대통령 당선자 측의 대표로 구성된 비상경제대책위원회를 구성하여 일관성 있게 구조조정을 추진하게 되었습니다.

이런 구도 아래서 김대중 대통령 당선자는 1998년 1월 13일 삼성·현대·LG·SK그룹의 총수들과 회동하고 기업개혁 5대 원칙에 대해 합의하였습니다. 그리고 1월 15일에는 노사정위원회를 발족시켜 마침내 1월 20일에는 '경제위기 극복을 위한 노사정 간 공정한 고통분담에 관한 공동선언문'이 채택됐습니다.

이어서 2월에는 국회에서 10개의 기업 구조조정 관계법이 개정됨으로써 기업 구조조정 추진을 위한 법과 제도적 장치가 마련되었습니다. 해당 법률별 주요 개정내용을 보면 다음과 같습니다.

- 「주식회사의 외부감사에 관한 법률」: 기업의 투명성 제고를 위한 법적 근거 마련
- 「독점규제 및 공정거래에 관한 법률」: 계열기업 간 상호채무보증 해소 촉진
- 「법인세법」: 자기자본 5배 초과 차입금에 대한 지급이자의 손비불인정 제도의 조기 시행(2002년 → 2000년)
- 「은행법」: 기업의 재무구조 개선 촉진을 위한 은행의 타 회사 주식 보유한도를 10%에서 15%로 확대
- 「조세감면규제법」: 금융기관 부채상환 촉진을 위해 중소기업 부동산 양도소득세 감면 폭을 종전 50%에서 전액으로 확대 및 사업 양수를 촉진하기 위해 사업부동산 양도소득세 또는 특별부가세의 50% 감면
- 「증권거래법」: 경영자 책임성 강화를 위한 소수주주권 행사요건 완화
- 「외국인 투자 및 외자도입에 관한 법률」: 일방적 인수·합병(hostile M&A)의 요건과 범위 확대
- 「증권거래법」: 유럽식 의무공개매수제도를 폐지하여 매수 공격에 대한 제동을 완화하는 대신 상장회사 자사주 취득한도를 10%에서 1/3로 확대하여 M&A의 활성화를 도모

• 「회사정리법」, 「화의법」, 「파산법」: 법정관리 허용기준을 갱생 가능성에서 존속가치가 청산가치보다 클 때로 완화

그 후 2월 25일 김대중 당선자가 대통령으로 취임하고 나서는 구조조정에 관한 종합전략을 대통령이 주재하는 경제대책 조정회의에서 마련키로 하였습니다. 그런데 앞에서 말씀드린 바와 같이 각 부처의 이견은 재경부 장관이 주재하는 서별관 회의에서 조율토록 되어 있었습니다.

이계민 그러면 정부가 추진한 금융·기업 구조조정의 종합전략은 무엇이며 그 추진체계는 어떻게 되어 있었나요.

이규성 정부는 1998년 4월 14일에 열린 제4차 경제대책 조정회의에서 재경부, 산업통상자원부, 건설교통부, 기획예산위원회, 금감위, 청와대 정책수석 및 경제수석이 논의하여 마련한 '금융·기업 구조개혁 촉진방안'을 확정하고, 이를 적극 추진키로 결정한 바 있습니다. 구체적인 내용을 일일이 열거하지는 않겠지만 큰 틀의 방향만을 설명하면 다음과 같이 요약할 수 있습니다.

우선 금융 구조조정의 목표는 •우리 경제가 필요로 하는 수준의 여신을 충분히 제공할 수 있도록 금융산업의 자본금을 확충하고 •회생가능성이 희박한 거래기업을 도산시켜도 재무건전성이 크게 손상받지 않을 만큼 금융산업의 자본충실도를 제고한다. 또 •수익성이 양호한 금융기관만 발전할 수 있는 시장경쟁 질서를 확립하여 금융기관을 영리기관으로 탈바꿈시킨다는 것 등이었습니다.

다음으로 기업 구조조정의 목표는 •부실기업의 과감한 정리로 유망기업의 자금난을 해소하고 •자율적 기업 구조조정을 추진하는 데 있어 부동산 처분 등 애로사항 타개와 외국인 참여를 촉진시키고 •우량기업 양산으로 고용 재창출과 경제의 지속적 성장을 도모한다는 것 등입니다.

이러한 목표를 달성하기 위한 기본전략으로는 •구조조정의 신속·과감한 추진으로 금융시장을 조기에 정상화하고 •이해당사자 간 공정한 손실분담은 물론 공적자금 지원을 자구노력과 연계하는 등 자기책임 원칙을 확립하면서 •시

장경쟁을 통한 자율적 구조조정을 본격화하되 ●구조조정은 IMF 사태 이전으로의 회귀가 아닌 선진경제 실현의 계기로 삼는다는 것 등이었습니다.

과거에 보면 통상 정부가 주도해서 10년에 한 번씩은 구조조정을 해왔습니다. 정부 주도로 하다 보니 업계에서 승복하지 않는 경우가 허다했습니다. 가령 최고 권력자에게 밉보여 기업을 빼앗겼다고 말입니다. 그래서 이번에는 자율적 구조조정을 원칙으로 하여 정말 경쟁력이 없는 분야를 퇴출시키도록 했습니다.

구조조정과 재경부 역할

이계민 1998년 5월 3일 제5차 경제대책 조정회의에서 '위기 극복을 위한 구조조정 촉진방안과 중기 비전'이 발표되었습니다. 여기에서 논의된 구조조정의 기본 추진방향은 어떤 것이었나요?

이규성 기업·금융 구조조정에 대하여는 한 방향으로 일사불란하게 추진된 것이 아닙니다. 학자들은 학자대로, 업계는 업계대로, 정치인은 정치인대로 백가쟁명(百家爭鳴)의 의견들이 나타났습니다. 어느 면으로 보면 다양하고 좋은 대안들의 제시이니 환영할 만한 일이지요. 그러나 이를 교통정리하지 않으면 혼돈과 혼란에 빠지게 됩니다.

사실 이때에는 금융 구조조정을 먼저 해야 하느냐, 기업 구조조정을 먼저 해야 하느냐의 논란이 있었고, 그리고 구조조정이 먼저냐 실업대책 등 경기부양이 먼저냐의 논란도 있었습니다. 이러한 논란을 교통정리하기 위한 회의가 바로 5차 경제대책 조정회의입니다.

이 회의에서는 금융 구조조정과 기업 구조조정이 동시에 추진되는 것이 효율적이라는 결론을 얻었으며, 구조조정과 경기부양의 선후 문제는 구조조정을 먼저 추진하되 이미 실시하고 있는 7조9천억 원의 실업대책은 착실히 추진하고 추가적인 경기부양은 구조조정의 결과를 보아가며 추후에 추진키로 하였습니다.

이계민   기업·금융 구조조정은 금감위에서, 정부개혁은 기획예산위원회에서, 노동개혁은 노사정위원회에서 주관한 것으로 알려져 있습니다. 그런데 공적자금 64조 원의 산출과 국회동의는 재경부가 주관한 것으로 되어 있습니다. 구조조정에서 재경부는 구체적으로 어떤 일을 하였는가요?

이규성   앞에서 말씀드린 바와 같이 구조조정의 종합전략은 경제대책 조정회의에서 결정되었습니다. 그 과정에서 각 부처 간 이견조율은 재경부 장관 주재의 서별관 회의에서 이루어졌습니다. 그런데 노동시장 개혁이나 정부 개혁은 경제대책 조정회의에서 종합전략이 논의되지 않고 바로 대통령의 결심을 받아 처리되었습니다. 다만 노사정위원장이나 기획예산위원장이 이 사람과 개별적으로 만나 의견을 구한 적은 있습니다. 그리고 재경부 장관은 노사정위원회 정부 측 위원이었지요.

좀더 구체적인 구조조정 과정에서 재경부의 역할을 보면, 첫째로 재경부는 IMF와의 교섭창구입니다. 물론 IMF가 각 부처 구조조정 담당자를 만나 진행사항을 점검하지만 결국 종합적 평가는 재경부 창구와 이루어집니다. 둘째로는 당시 「정부조직법」 및 직제가 묘하게 되어 있어 재경부·금감위·기획예산위원회 간에 업무분장에 있어 중복되거나 애매모호한 부분이 많았습니다. 금감위가 새로이 발족됨에 따라 재경부가 담당하던 금융감독 업무가 이관됐지만 재경부에는 금융정책국이 있어 금융정책의 기획 및 총괄, 금융제도의 기본정책 수립 등을 담당하고 있었습니다. 또 기획예산위원회가 신설되어 재경부가 담당하던 예산관계 업무가 이관되었지만 예산청이 재경부 산하 외청으로 존치되어 있었습니다.

그래서 재경부의 구체적 업무를 살펴보면 기업·금융 구조조정에서 공적자금의 판단과 조성, 기업지배구조 개선, 구조조정 지원 세제의 운영, 전경련과의 빅딜에 대한 정부대표 역할 등이었습니다. 또한 재경부는 대(對) 국회 예산·결산 업무를 담당하였지요. 정부 내의 예산편성은 기획예산위원장이, 국회에서의 심의·통과는 재경부 장관이 담당하였습니다. 참으로 묘한 정부조직이었지요.

이계민   금융 구조조정에 필요한 공적자금 64조 원은 1998년 5월 20일에야 국회 동의를 받아냈는데 너무 늦은 것 아니었나요? 그 과정은 어떠했는지요?

이규성   공적자금의 조성은 불가피했습니다. 원래 구조조정에 필요한 재원은 원칙적으로 해당기관이 스스로 조달해야 하는 것이지요. 그렇지 않고 정부가 조성하여 구제금융을 제공하면 구조조정이 지연될 뿐만 아니라 도덕적 해이의 만연으로 오히려 경제에 해악을 끼칠 가능성이 큽니다.

그러나 금융기관은 일반기업과 달리 자금중개 및 결제 기능을 통해 실물경제 활동을 지원하므로 금융기관의 구조조정이 지연되어 금융시스템이 제 기능을 발휘하지 못하면 금융산업만의 문제로 끝나지 않고 전체 경제시스템의 작동 불능으로 이어질 가능성이 크기 때문에 금융기관들이 구조조정 자금을 스스로 확보하지 못하는 경우 공적자금의 투입이 불가피하다고 봅니다.

외국의 사례들도 적지 않습니다. 미국은 지난 1980년대 발생한 수천 개 저축대부조합(S&L: Savings and Loan Association)의 부실을 재정투입으로 정리했고, 핀란드, 스웨덴, 노르웨이 등 북유럽 국가들도 1990년대 초 금융위기를 재정투입으로 해결한 바 있습니다.

우리는 1차로 1998년 5월 20일 64조 원의 공적자금을 확보하기로 했는데, 소요자금 규모 64조 원의 산출이 매우 어려운 과제였습니다. 여기에는 많은 가정과 추산이 불가피해 노련한 경험이 많이 필요했지요. 자금소요액은 정건용 당시 금융정책국장이 중심이 되어 한국은행 등 관계기관과의 협의를 통해 산출했습니다.

기업·금융 구조조정 지원의 기준 세우기

이계민   기업·금융의 구조개혁에는 이를 촉진하는 세제(稅制) 지원이 필수라고 생각합니다. 과거 구조개혁 지원을 위한 세제는 산업합리화 차원에서 개별 기업 내지는 업종에 대해 지원하고 운영방식도 지원대상을 정부가 지정하는 방

식이었고, 또한 지원방식도 영구적 세금감면 형식이었습니다. 이러한 세제로
서는 워크아웃과 자산부채이전(P&A: Purchase & Assumption) 형식[18]으로 진행
된 기업·금융의 구조조정을 유연하게 지원하지 못하였을 것입니다. 기업·금
융 구조조정을 지원하기 위해 세제를 어떻게 운영했나요?

이규성 기업이나 금융의 구조조정은 경쟁력이 없는 기업이나 금융기관의 사
업구조를 경쟁력 있는 사업구조로 바꾸는 것입니다. 이를 위해서는 기업이나
금융기관들이 합병(merge)하거나 분할(spinoff)하기도 하며, 사업을 양도하거
나 자산을 교환하기도 합니다. 또 부채상환이나 재산매각을 통해 재무구조를
개선하기도 합니다. 금융기관들은 우량자산을 매입하는 방식으로 합병하기도
하며(P&A), 부실자산을 한국자산관리공사(KAMCO: Korea Asset Management
Corporation)에 매각하기도 합니다. 그리고 자본시장의 발전을 도모하여 구조
조정을 촉진하기도 합니다. 가령 뮤추얼 펀드 제도를 만든다거나 유동화전문회
사 등을 설립하는 것이지요.

　이러한 일들은 과거와 같은 산업합리화 차원의 조세지원 방식으로는 그 지원
의 효과를 거두기 매우 어렵지요. 그런데 세제를 다루는 세제실에서 이러한 구조
조정을 경험한 일이 없었습니다. 그래서 요리책도 만들며 요리도 해냈지요. 남
궁훈(南宮鑂) 세제실장(후일 예금보험공사 사장)이 고심하던 모습이 떠오릅니다.

　어떻든 세제실에서는 「조세감면규제법」 등 여러 가지 세법을 수시로 개정하
여 기업·금융 구조조정을 차질 없이 지원하였습니다. 다시 말하면 정부의 지
정 없이 구조조정에 필요한 모든 기업에 대해 과세이연이나 한시적 감면을 적시
에 지원하였습니다. 뿐만 아니라 당시의 금융경색, 수출부진의 타개 등을 위해
서도 투자 및 성장촉진을 위한 세제 면의 지원도 착실히 했습니다.

이계민 환란 전 우리나라 기업들은 기업경영의 투명성이 부족하고 경영구조와

---

18 우량 금융기관이 부실 금융기관의 자산과 부채만을 인수하는 방식.

소유구조도 한 사람에 의한 지배 위주로 되어 있다는 등의 여러 가지 부정적 평가를 받았습니다. 그리고 이러한 전근대적 지배구조가 외환위기를 초래한 한 원인이라고 이야기되기도 합니다. 이에 대한 장관님의 견해를 듣고 싶습니다.

이규성 기업들은 나라마다 그 생성과정이 다르고 사업하는 관행들도 다르기 때문에 일률적 잣대를 가지고 평가하기는 곤란하다고 봅니다. 우리나라 기업의 역사를 보면 정부 주도로 산업화를 추진하던 시대에 대부분 태어났거든요. 그래서 우리 나름의 기업지배구조가 이루어졌다고 봅니다.

그러나 우리나라 기업의 지배구조에 문제가 없다는 이야기가 아닙니다. 사실 지적하신 대로 문제가 많습니다. 우리나라 기업들은 한 사람 또는 가족 지배하에 계열기업 형태로 발전하다 보니 기업에 대한 시장을 통한 M&A 등이 거의 없고 경영도 회장 독단으로 계열기업을 선단호송(fleet convoy)식으로 경영해왔습니다. 그리고 정경유착이 보편화되는 등 정실경영(crony capitalism)이 만연했습니다.

이러한 기업지배구조의 개선을 위해 첫째로 기업에 대한 외부적 통제를 강화하였습니다. 「증권거래법」, 「공정거래법」, 「외자도입법」, 「상법」 등을 개정하여 M&A 시장의 활성화를 도모하고, 은행의 기업감시 기능도 강화했습니다.

둘째로 기업의 내부적 통제를 강화했습니다. 사외이사와 상근감사 제도를 강화하고, 소수주주권 행사요건은 완화했습니다. 이를 위해 「증권거래법」과 「상법」을 개정했습니다. 「증권투자신탁업법」을 개정해 기관투자가의 의결권 제한을 폐지했고 지주회사 설립 허용을 위해 「공정거래법」을 개정하기로 했습니다.

셋째로 회계제도를 확립하였습니다. 「주식회사의 외부감사에 관한 법률」을 개정하여 기업집단 결합재무제표를 도입하고, 외부감사인 선임절차 개선과 이에 대한 책임도 강화하였습니다. 물론 「상법」이나 「공정거래법」 등의 개정은 주무부처에서 추진한 것이지만 재경부와 긴밀한 협의하에 이루어졌다는 점을 말씀드립니다.

또한 재경부는 기업지배구조 모범규준(Best Practice)을 민간 주도로 마련하기 위해 1999년 3월 '기업지배구조 개선위원회'의 발족을 주선한 바 있습니다. 이 위원회에서 약 6개월의 논의를 거쳐 기업지배구조 모범규준을 마련하였는데 그 목표를 '우리 기업의 투명성과 효율성을 제고함으로써 기업가치를 극대화'하는 데 두었습니다. 이 위원회의 위원장은 김재철(金在哲) 무역협회장(후일 동원그룹 회장)이 맡고 손상모·최우석·변형·김승유·김중웅·김영무·양승우 등 저명 인사들이 위원으로 활약해 주신 것으로 기억합니다. 그리고 'Best Practice'를 '모범규준'이라고 명명하신 분은 김중웅 현대경제연구원장(후일 KB 국민은행 이사회 의장)이었지요.

이러한 기업지배구조 모범규준을 제정하게 된 것은 OECD에서 각국의 기업지배구조 모범규준의 공통요소를 추출해 1999년 5월 '기업지배구조 기본원칙'을 제정하고 이를 권고의 형태로 회원국에 보급하기로 한 데서 크게 기인했습니다.

이계민　1998년 6월 19일에 열린 제7차 경제대책 조정회의에서 금융구조 개혁 추진기획단이 금융기관별 구조조정 일정 등을 제시하고 확정해 본격적인 구조조정에 착수한 것으로 돼 있습니다.

이미 매각으로 결론 난 제일은행과 서울은행을 조기에 민영화시키고 금감위는 경영평가단의 권고안을 반영해서 6월말까지 부실은행 정리와 제2금융권 정리방안을 확정하기로 했지요.

그 같은 일정에 따라 은행 퇴출명단이 발표되었습니다. 은행 퇴출발표로 퇴출은행들의 전산이 마비되는 등 극심한 혼란을 겪었습니다. 당시 정부는 전혀 예상을 못했는지, 또 어떤 조치를 취해 극복했는지 설명해 주십시오.

이규성　고객에 대한 봉사를 제1의 목표로 삼는 은행에서 비록 퇴출된다 해도 전산마비까지 일으키리라고는 상상도 하지 못했습니다. 재경부를 비롯해 행정자치부, 금감위, 한국은행 등 관계기관 협의체를 구성하여 전산망 정상화 대책을 만들고 시행하면서 급한 것부터 하나하나 해결해가는 조치를 취했습니다. 예컨대 자기앞수표의 결제가 안 돼 부도나는 일이 없도록 한다든가 수기(手記) 거래를 통해 급한 거래를 이행케 한다든가 하는 조치들이 주를 이뤘지요. 열흘 넘게 이런 혼란 상황이 지속됐습니다만 12일 만에 5개 은행의 전산요원이 전원 복귀해 정상화됐습니다.

이계민 기업 구조조정에 관한 재경부 역할과 관련하여 금감위와 이견은 없었는지요? 사실 기업 구조조정은 업무 연관성이 많아 상충되는 경우가 많았을 것으로 생각되는데 경제정책의 총수로서 어떤 식으로 조율했는지 궁금합니다.

이규성 앞서 얘기한 대로 구체적인 기업 구조조정은 금감위가 했기 때문에 특별한 것은 없지만, 금융정책 담당 및 선임 경제부처로서의 정책기조도 반영해야 했습니다.

특히 기업 구조조정의 핵심은 해당 기업에 대한 워크아웃의 속도와 강도인데 이런 문제들에 관해서는 대부분의 경우 기본적으로 구조조정 추진주체인 금감위의 의견이 존중되었지만 재경부의 견해도 반영되어야 했지요. 그리고 관계 경제부처의 의견들도 반영되어야 하고요. 이를 위해 경제부처 간 사전조율이 필요한 사항은 재경부 장관 주재로 수시 개최된 관계부처 장관 회의(서별관 회의)에서 조정하고 조율했습니다. 그리고 비교적 가벼운 사안에 대해서는 필요한 경우에는 사전에 차관회의 등 실무자 회의를 통해 이견을 조정하는 절차를 거쳐 큰 틀에서 업무추진에 이견이나 애로는 없었다고 봅니다.

이계민 기업 구조조정 원칙은 김대중 대통령이 취임하기 전인 1998년 1월 13일에 5대그룹 중 대우를 제외한 4명의 총수와 만나 5대 원칙에 합의하고 추진했습니다. 당시 비대위의 주관이었는데 그 내용은 ①기업투명성 제고 ②상호지급보증 해소 ③재무구조 개선 ④핵심주력사업으로 역량 집중 및 중소기업과의 협력 강화 ⑤지배주주 및 경영진 책임 강화 등이었지요. 이 원칙이 얼마나 충실히 이행되어 마무리되었다고 평가하시는지요?

이규성 물론 내가 취임하기 전입니다만 구조조정 5대 원칙에 합의한 배경부터 짚어 볼 필요가 있습니다.

166

우선 대기업이 구조조정을 선도하도록 함으로써 노동계를 비롯한 각계각층의 개혁 참여를 유도할 필요성이 절실했고, 또 1월 하순으로 예정되었던 뉴욕에서의 금융기관 외채 만기연장 협상에 기업 구조조정의 방향을 설명할 필요성이 컸기 때문에 추진하게 된 것입니다. 5대 원칙의 궁극적 목표는 재벌들의 과다차입과 선단식 경영관례 등을 시정하는 재무구조 개선과 기업지배구조의 개선에 목표를 두고 있었습니다. 물론 이러한 목표는 새롭게 설정된 것이라기보다 과거부터 재무부의 주요 정책과제로 대두됐던 것입니다. 특히 자기자본비율 제고, 상호지급보증 축소 등은 내가 1980년대 말에 재무부 장관을 맡던 시절에 추진하던 기본정책 과제였습니다.

물론 처음에는 지지부진한 면도 없지 않았지만 1998년 12월 7일에 청와대에서 김대중 대통령 주재로 열린 '정·재계 간담회'에서 '5대그룹 구조조정에 관한 20개 실천사항'이라는 합의안을 만들고 나서 본격화됐습니다. 당시 정부와 5대그룹 회장, 그리고 채권금융기관 대표들이 참석한 회의였습니다. 사전에 상당한 조율이 이뤄졌습니다만 이날 강봉균 경제수석이 종합해서 보고했지요. 지금에 와서 보면 당시에 상당한 성과를 거뒀다고 평가할 수 있습니다.

특히 기업 재무구조 개선에서 부채비율 200% 달성은 괄목할 만한 성과를 거두었다고 봅니다. 그런데 부채비율을 200%로 특정한 것은 이헌재 금감위원장이었습니다. 처음에는 '선진국 수준'이라는 개념을 썼고, 그 달성 목표연도도 2002년으로 정했었습니다. 그러다 보니 기업들이 자꾸 뒤로만 미루어서 이래서는 안 되겠다고 이헌재 금감위원장이 나선 것입니다.

당초에 비대위는 2월 13일 당시 은행감독원에 여신 2,500억 원 이상인 주거래 계열사와 재무구조 개선 계획을 담은 재무약정을 체결하도록 지시했지요. 여기에는 부채비율 감축 계획서, 자구 및 차입금 상환 계획서, 기업지배구조 및 사업구조 개선 등을 포괄토록 했습니다. 이것이 기업 구조조정의 출발점인 셈이었습니다.

그런데 3월 23일에 이헌재 금감위원장은 기업들에 대해 부채비율 200% 달성을 2002년보다 앞당겨 1999년 말까지 완료하도록 하는 재무약정서를 변경하도록 합니다.

왜 부채비율 200%를 기준으로 달성토록 했는가 하면 국제금융시장에서 기채하려면 200%는 되어야 해서 그렇게 정한 것입니다. 다만 개별기업이 아니라 그룹별로 200%를 적용하도록 했습니다. 이것은 업종에 따라 부채비율이 큰 차이가 있기 때문입니다. 예컨대 건설회사나 종합상사 등은 기본적으로 부채비율 계산이 달라야 합니다.

또 지금 회고해 보면 당시 대기업들이 부실해서 정리된 것은 많지 않습니다. 오히려 재무구조 건실화를 통해 구조조정을 하였습니다. 이것으로 대기업들이 오늘날 성장의 발판을 마련한 셈입니다.

이계민 1998년 6월 3일 금감위 기획단은 퇴출기업 명단을 만들어 대통령에게 보고했는데 그 숫자가 21개 기업에 불과했습니다. 당시 김 대통령은 이헌재 금감위원장의 보고를 받고 상당히 화를 내며 내용이 미흡하다고 지적한 것으로 알려져 있습니다. 경제수석도 배석한 자리에서 이 장관께서는 '5대그룹의 계열사'가 하나도 없다는 것을 문제시하셨다죠. 나중에 최종적으로는 55개 기업으로 늘어났는데 왜 처음에 그런 미지근한 안을 냈는지 궁금합니다.

이규성 기업 구조조정과 회생이 불가능하다고 판단되는 퇴출기업의 판정은 어떻게 이뤄졌는가부터 살펴볼 필요가 있습니다. 그래야 여러 가지 의문이 풀릴 수 있기 때문입니다.

정부는 1998년 4월 14일에 열린 제4차 경제대책 조정회의에서 구조개혁의 기본방향을 확정하였습니다. 여기에 따르면 주요 채권은행들이 은행 내에 외부인사를 포함한 '부실기업 판정위원회'를 구성하여 기업별 회생여부를 객관적이고 투명성 있게 판단하도록 했습니다.

그런데 이를 추진하는 과정에서 기업의 살생부(殺生簿) 논란이 일어났어요. 이 같은 논란은 채권은행들이 과연 제대로 객관적 기준을 가지고 퇴출기업을 선정했겠는가 하는 의구심을 일으켰습니다. 말하자면 은행들에 대한 신뢰가 무너져 버린 상태였어요.

당시 내 생각에도 은행단이 선정한 21개 업체는 너무 적다고 판단했습니다. 21개의 소수 기업이 우리 경제를 환란으로 이끈 원인을 제공했다고 보기도 어려울 뿐만 아니라 사실상 부실의 주범인 5대그룹 계열기업은 하나도 포함되어 있지 않았다는 점에서 판정과정의 객관성과 합리성 등에 개인적 이견이 있었습니다. 그래서 지적한 대로 대기업 계열사가 없다는 점을 지적했던 것이고요.

정부의 견해표명으로 은행들이 다시 판정해서 퇴출기업 수가 55개로 늘어난 것은 다행한 일이었다고 생각합니다.

이계민 대통령으로부터 퇴출기업 명단이 퇴짜를 맞은 후 보름쯤 지난 뒤인 6월 18일에 간사은행인 상업은행의 배찬병 은행장이 그동안 각 은행들이 진행해온 기업의 부실판정 결과 55개 기업을 회생불가로 판정해 발표했지요?

이규성 그렇게 늘어난 이유는 당초 발표 후 금감위가 5대그룹 계열기업도 그룹 전체의 건전성으로 판단하지 말고 그룹 소속의 개별기업 자체의 건전성 또는 그 사업 자체로부터의 부채상환 능력 등 개별기업 차원에서 부실 가능성 여부를 판단하도록 강력히 촉구하여 주로 5대 재벌 계열기업들이 새로 포함되었기 때문입니다.

이계민 그래도 조금 의문이 남는 것은 당시 장관님을 비롯해 이헌재 위원장도 처음에는 "정부가 주도하는 인위적인 부실기업 정리는 없다"고 말하지 않았나요? 말하자면 민간 주도, 즉 은행 중심 시장에서 이뤄지도록 하려 했던 것 아닙니까? 그러다 보니 은행들이 선정하기도 어렵고 책임지기도 싫고 하니까 21개 업체밖에 선정하지 못한 것 아닌가요? 설령 그렇다고 해도 금감위는 미흡하다는 사실을 충분히 인지했을 텐데, 왜 그대로 대통령께 보고했는지도 궁금합니다.

이규성 글쎄요. 확실히 말하기는 어렵지만 내 생각에는 21개를 그대로 청와대까지 들고 간 이유는 오히려 좀더 강력하게 밀어붙이려는 것 아니었나 싶어요.

일단 은행에 맡겼었는데 그 결과가 미흡하기 이를 데 없었지만, 그렇다고 무조건 늘리라고 할 수도 없으니 이헌재 위원장은 청와대를 핑계로 좀더 세게 밀어붙이려 했던 것 아니냐는 생각도 듭니다.

빅딜 인사이드 스토리

이계민 외환위기를 극복하는 과정에서 기업 구조조정과 관련해 최대 관심을 끌었던 것은 5대그룹의 '빅딜'이 아닌가 싶습니다. 물론 외환위기가 일어난 초기에는 '빅딜'이라는 용어는 안 썼지만 대기업 그룹 간의 사업교환에 관한 의견은 제시가 됐었습니다. [19]

김대중 후보가 대통령에 당선된 후인 1998년 1월 22일에 롯데호텔 벤케이(일식당)에서 김원길 당시 국민회의 정책위의장(후일 보건복지부 장관)이 5대그룹 기조실장들과 만나 "반도체, 철강, 자동차 등이 과잉투자 산업이고, 5대그룹이 사업교환을 통해 투자를 나누면 문제가 해결된다. 던질 것은 과감히 던지시라"고 말했다고 전해집니다. 물론 그 이전에도 연구기관이나 언론 등에서 그런 아이디어가 나왔다는 주장도 있습니다. '빅딜'에 대해 구체적 과정보다는 총괄적으로 전체적인 평가를 해주시면 좋겠습니다.

이규성 '빅딜'은 퇴출기업 명단이 발표되기 직전인 1998년 6월 10일 한국능률협회 주최 조찬 간담회에서 김중권 비서실장(후일 새천년민주당 대표최고위원)이 "5대그룹 빅딜을 포함한 기업 구조조정 방안을 추진하고 있다. 자세한 것은 박

---

19 외환위기 직후 재벌기업들 간의 사업교환을 통한 구조조정 아이디어는 정부와 재계뿐 아니라 연구기관에서도 제기된 바 있다. 처음으로 구체화된 것은 1998년 12월 10일께 삼성경제연구소가 대외비 보고서로 '주요 그룹끼리 적자사업이나 지속하기 어려운 사업을 맡아 주는 방식의 구조조정 안을 제안했다'는 기록이 있다(이영렬, 1999, 《빅딜게임》, 중앙일보J&P, 38쪽). 그렇다면 '빅딜'이란 작명은 누가했을까? 〈한국경제신문〉 편집국장과 이사를 지낸 김정호 기자는 자신이 바로 그 장본인이라고 주장한다. 대선을 사흘 앞둔 1997년 12월 16일 화요일자 〈한국경제신문〉 11면 "그룹 간 기업 맞교환 가능한가"라는 제목의 머리기사에서 '빅딜'이란 단어를 처음 사용했다는 것이다.

태준 자민련 총재(전 포항제철 회장, 후일 국무총리)가 잘 알고 있다"고 언급하면서 공식화됐습니다.

당시 김대중 대통령은 방미 중이었는데, 귀국길인 6월 13일에 LA에서 이에 대한 질문을 받고 "정부가 빅딜을 시켰다 안 시켰다는 것은 별 의미가 없다. 기업은 개혁해야 하고 5대그룹이 앞장서야 한다"고 말해 5대그룹 빅딜을 공식적으로 추인한 셈이었습니다.

이계민　그런데 김중권 비서실장의 발언 뒤 박태준 자민련 총재는 "빅딜은 물론 스몰딜도 모른다"고 반응했습니다. 왜 그랬을까요?

이규성　그건 나도 잘 모르겠습니다. 느닷없이 공개해 버리니까 그런 것 아닌가요? 사실 당초에 정부가 추진한 대기업 구조조정은 빅딜을 통한 구조조정 추진보다는 재무구조 약정 테두리 내에서 기업 구조조정 5대 원칙 실현에 초점을 두었습니다. 즉, 정부의 관여 없이 자율적으로 추진한다는 원칙이었지요.

정부의 생각은 이런 것이었습니다. 우선 정부가 주도할 경우 특정 산업을 특정 업체 중심으로 재편한다거나 또는 빅딜 결과로 나타날 수밖에 없는 집중·독점화에 따른 특혜시비가 불거질 것이고, 또 원활히 추진되지 못할 경우 국영화 가능성이 대두될 우려가 크다는 것입니다. 과거의 예를 보더라도 정부 주도의 빅딜은 성공하지 못했어요. 예컨대 1980년 국가보위비상대책위원회(국보위)에서 발전설비·자동차·건설중장비를 빅딜하려고 했으나 소기의 성과를 거두지 못했습니다. 빅딜은 자율적으로 해야 핵심역량의 결집이 용이하여 시너지 효과가 창출될 수 있다는 판단에서 그런 기조를 가졌던 것이지요. 그런데 실제로는 사업교환 과정의 복잡한 절차와 계산을 하면서 합의는커녕 견해차만 커지고 진전이 이뤄지지 않으니까 정부가 개입하게 된 것입니다.

김대중 대통령은 미국에서 귀국한 뒤 6월 17일에 경제 6단체 대표들을 청와대로 초청해 방미 성과와 함께 빅딜 성사의 필요성을 강조했습니다. 그리고 20여 일 뒤 주말(토요일)인 1998년 7월 4일에 김 대통령이 청와대에서 전경련 회장단과 오찬 간담회를 가집니다. 이 자리에서 재벌 간 사업교환은 해당 기업들이 자율적으로 추진하는 것을 원칙으로 하되, 정부는 국가경쟁력 차원에서 신속히 추진되기를 희망하며 사업교환 과정에서 제도적 장애요인을 제거하는 데 노력하겠다는 정부 입장을 내놓았습니다.

그리고 효과적 추진을 위해 정·재계 간담회 설치에 합의하고 9개 항의 합의사항[20]을 발표하지요. 이때 정·재계 간담회는 이규성 재경부 장관과 김우중 전경련 회장을 대표로, 강봉균 청와대 경제수석과 손병두 전경련 부회장(후일 서강대 총장·KBS 이사장)을 간사로 해서 운영토록 했습니다. 이때부터는 사실상 손병두 부회장의 주도하에 빅딜이 추진됐는데 역시 큰 사업교환은 지지부진할 수밖에 없었습니다. 물론 당시의 시급함이나 구조조정의 중요성을 감안하여 정부는 추진 속도와 강도를 높이도록 독려하고 제도적 애로를 타개하는 데 주력하고자 하였습니다.

기업 구조조정은 앞으로도 있을 수밖에 없습니다. 따라서 구조조정이나 빅딜 같은 대규모 사업교환 등은 기업들이 상시적으로 사업 구조조정의 일환으로 추진해야 할 것이라고 생각합니다. 이런 의미에서 최근(2015년)에 업계 자율로 이루어진 삼성과 한화그룹 간의 사업교환은 매우 잘한 일이라고 생각합니다.

이계민 대우와 삼성 간 자동차와 전자 빅딜이 무산되면서 대우그룹 몰락의 단초가 됐는데 이에 대해서는 어떻게 생각하십니까? 대우의 김우중 회장은 지금까지도 대우의 몰락은 정권에 밉보인 데서 기인했다는 음모설의 입장을 버리지 않고 있는데 이에 대해서는 어떻게 생각하시나요?

---

20 9개 항 합의는 •수출증대 매진, 정부 수출금융 공급 최선 •금융 구조조정 신속히 진행, 금융 시스템 안정화 조치 강구 •재계는 구조개혁 5원칙을 재확인하고 구조조정 노력 박차, 재벌 간의 사업교환은 해당 기업들이 자율적으로 추진 •재계는 부당한 내부거래를 통한 계열사 지원 관행을 청산하고 한계기업 정리, 공정경쟁 풍토 조성 •정부와 재계는 실업문제 해결에 최대한 협력하고 제2기 노사정위원회에서 고용안정과 근로자 생활안정 방안 논의 •중소기업 지원 확대 및 중소기업 동반자적 협력관계 구축, •정부는 통합재정수지 적자를 GDP 1.7% 수준에서 4% 수준까지 확대하도록 IMF와 협의, 자동차 가전제품 등 특별소비세탄력세율 인하 적용을 검토 •공기업 민영화를 과감히 추진하고 현행 규제의 절반 수준을 금년 내에 철폐 또는 완화 •정부와 재계는 새로운 각오를 다지고 정부는 기업환경 조성에 노력한다는 내용이다.

이규성　대우와 삼성 간 빅딜은 정부가 제기한 과제가 아니라 당사자들이 스스로 추진하기로 한 과제였지요. 물론 그 과정에서 정부 관계자들의 지원도 있었으나 결국 무산되었습니다. 그 후 대우그룹의 재무상태가 급속도로 악화됐지요. 대우그룹이 몰락할 즈음에는 나는 이미 정부를 떠나 있었습니다.

　김우중 회장은 우리나라의 수출시장 개척 등 기업사에서 큰 역할을 했습니다. 그러나 대우그룹의 구조조정 지연이 그룹 신용도를 추락시키는 데도 큰 책임이 있지 않나 생각합니다.

공기업 민영화와 공공부문 개혁의 주도권 다툼

공공부문 개혁은 김대중 정부 출범 초기부터 기획예산위원회(이후 기획예산처)가 주축이 돼 강력히 추진했다. 기업들의 구조조정에 상응하는 정부조직 개편과, 공기업 개혁 및 민영화 추진이 그것이다. 그중에서도 주요과제는 인력감축이었다. '구조조정 = 감원'의 등식을 일반화시킨 것이 이때가 아니었나 싶다.

　물론 기업과 금융 구조조정은 금감위가 담당하고 공공개혁은 기획예산위원회, 노동개혁은 노동부(노사정위원회) 등이 담당하면서 재경부는 직접적 업무와는 약간 거리가 있었지만 경제정책을 총괄하는 부처의 경제팀장인 재경부 장관은 매사에 방관자일 수만은 없었을 것이다.

이계민　공공부문 개혁에 대해 여쭤보겠습니다. 1998년 7월 3일에 기획예산위원회가 공기업 민영화 방안을 확정 발표했습니다. 전체 26개 모기업 가운데 11개 기관을 민영화하는 것으로 포항제철, 한국중공업, 한국종합화학, 한국종합기술금융, 국정교과서 등 5개 공기업(21개 자회사 포함)은 1998~1999년 민영화, 나머지 6개는 2002년까지 단계적 민영화를 한다는 내용이었지요.

　그런데 당시의 언론보도를 보면 이를 두고 기획예산위원회와 재경부가 주도권 갈등이 있었다고 전하고 있습니다. 물론 당시의 기사는 민영화의 주도권이 재경부에 무게중심이 쏠리자 기획예산위원회가 반발한다는 내용이었습니다.[21] 맞는 얘기입니까?

　　당시 기획예산위원장인 진념 장관은 "공기업의 자산이나 지분 매각은 당연히 재경부가 할 일"이라고 직원들에게 설명하고 실무추진 기구를 만들어 추진한 것으로 나와 있는데, 정책결정 과정에서 이와 관련해 들려주실 얘기는 없는지요?

이규성　김 대통령이 1998년 6월 6일 오후에 방미 일정이 잡혀 있었어요. 그런데 이날 현충원에서 진념 위원장이 공기업 민영화를 재경부에서 해줘야겠다고 해서 그렇게 하자고 했던 기억이 납니다.

　　질문에서 '민영화의 주도권이 재경부에 무게중심이 쏠리자 기획예산위원회가 반발한다'는 내용의 일부 언론보도를 인용하셨는데, 이미 앞서 이야기한 바와 같이 행정 각 부처들은 자기의 고유 업무를 수행하기 때문에 이견이 발생하는 것은 너무도 당연한 일입니다. 특히 실무 차원에서 갈등이 없을 수는 없었을 것입니다. 당시 재경부는 공기업 민영화 업무를, 기획예산위원회는 재정개혁 업무를 관장하도록 직제 등에 규정되어 있었는데 애매모호한 점도 없지 않았습니다.

　　공기업 민영화와 관련해서는 당시 기획예산위원장인 진념 장관이 "공기업의 자산이나 지분 매각은 당연히 재경부가 할 일"이라는 언급을 통해 재경부가 이 문제를 다루어 주기를 희망했습니다. 나 역시 진 장관과 같은 생각을 가지고 있었지요. 그런데 일부에서 이런 얘기들이 들렸어요. 기획예산위원회 직원들이 반발한다는 것입니다. 그래서 나는 "그럼 가져가라고 해라. 그 일 이외에도 우리는 할 일이 너무 많지 않으냐?"고 했던 것이었습니다. 그 후 양 부처가 서로 협의해가며 추진함으로써 큰 갈등으로까지 발전하지는 않았습니다.

---

21 〈한겨레〉, 1998. 6. 10.

글로벌 시대,
새로운 도약을 위한 준비

당면한 외환위기 수습을 위한 외화유동성의 확보, 산업기반 침하 방지와 대량 실업에 대한 대책은 화급을 다투는 과제였다. 그리고 외환위기의 재발을 막기 위해 기업·금융·노동·정부 부문의 구조조정은 물론 거시경제 변수들의 안정 기반 확충, 사회 안정화의 달성 등에도 진력하면서 국제금융제도 개혁에도 적 극 참여해야 했다.

나아가 위기극복의 차원을 넘어서, 앞으로 전 세계를 무대로 하는 경쟁에서 경쟁력을 갖고 당당히 맞서 나가려면 우리의 산업구조를 지식기반 경제로 탈바 꿈하지 않으면 안 되었다. 그리고 우리의 경제운용의 틀을 정실자본주의에서 민 주주의와 시장경제의 병행발전이라는 틀로 바꾸지 않으면 안 되었다. 이제 우리 식대로 사는 것이 아니라 글로벌스탠더드에 맞는 시스템 속에서 살자는 것이다. 그리하여 우리는 환란을 고통이 아니라 '위장된 축복'(blessing in disguise) 으로 승화시킬 수 있다는 것이다.

새로운 성장동력을 마련하지 못하고 경제운용시스템을 시장 중심 그리고 민 주주의 방식으로 바꾸지 못한다면 우리는 앞으로도 위기의 재발 가능성에 조마 조마해하면서 살아갈 수밖에 없다.

그렇다면 이러한 배경에서 추진된 새로운 도약을 위한 대책은 어떤 것이 있었 는지 알아보기로 하자.

지식기반 경제를 위한 태스크포스 구성

이계민 1998년 10월경부터 정부는 외환위기를 극복하는 데 확신을 가졌다고 볼 수 있습니다. 이를 바탕으로 1998년 12월 4일에 열린 제12차 경제대책 조정회의 에서 '지식기반 산업 발전대책'을 논의합니다. 이 자리에서는 신지식인의 중요성이 강조됩니다. 신지식인은 대학을 나온 고급지식의 소유자가 아니라 경제활동의 현장에서 창의적 자세로 지식을 잘 활용하는 사람이지요. 그리고 1999년 2월 18일 재경부의 '1999년도 주요 업무계획'에서 1999년 상반기 중에 지식기반 경제 종합발전계획을 수립하기로 합니다. 이에 대해서 설명해 주시지요.

이규성　정부 각 부처에서는 우리가 기술의 대변혁기에 있다는 사실을 잘 알고 있었습니다. 김대중 대통령도 정보통신기술(IT: Information Technology), 생명공학기술(BT: Bio Technology), 나노기술(NT: Nano Technology) 등을 거론하시면서 새로운 기술개발을 강조하셨고, 문화·관광의 중요성도 앞장서 홍보하셨습니다. 말씀하신 대로 1998년 말에는 신지식인이 강조되는 가운데 문화산업, 관광산업, 디자인산업 및 정보통신산업의 발전대책이 논의됐습니다.

그런데 이러한 논의의 진행은 종합적이고 체계적인 분석을 통해 논의되지 못하였지요. 따라서 지식기반 경제로의 구조변화 문제를 단편적이고 부분적으로 논의할 게 아니라 우리나라의 역량을 동원하여 체계적으로 수립하자는 것이 재경부의 생각이었지요.

이에 따라 KDI 등 10개 연구기관에서 참여하여 제도개선, 신지식인 양성, 과학기술 혁신, 정보인프라, 산업경쟁력 5개 분야의 태스크포스를 구성하여 연구하였지요. 그리고 여기에서는 우리의 지식기반 경제 추진 여건을 살펴보고 발전방향을 제시하였지요. 이들이 연구한 결과를《새천년의 패러다임: 지식기반 경제의 발전전략》으로 1999년 12월에 출판하였지요.

이들의 연구내용을 간략히 살펴보면, 우리의 취약 요인으로서 지식·기술·자본의 절대적 수준 격차와 시장경제 운영시스템의 제도적 격차를 지적하고, 잠재적 기회요인으로서는 양호한 산업인력 기반과 외환위기 이후의 강력한 구조조정 등을 들고 있습니다. 발전전략의 구축을 위해 국가혁신시스템을 확립하여 경제의 투명성·유연성을 보강하며 취약산업을 보강해야 함을 강조합니다. 핵심 정책과제로는 창의적 인재양성과 연구개발, 지식집약적 산업구조, 정보인프라 확충, 지식시장 활성화를 들고 있습니다.

이러한 지식기반 경제로의 조속한 이행이 우리 경제의 활력과 경쟁력이 된다는 명제는 오늘날에도 유효하다고 생각합니다. 특히 기술개발에 창의성을 발휘해야 하는 점은 아무리 강조해도 지나치지 않을 것입니다.

벤처기업 활성화로 일자리와 IT, 두 마리 토끼를 잡다

이계민 새로운 기술인 IT 등을 중심으로 지식기반 경제를 구축하는 것이 새로운 성장동력을 확충하는 길임에는 틀림없습니다. 이를 달성하기 위해서는 민간의 창의성이 다방면에서 발현되어야 하고요, 또 이를 위해 벤처기업의 활성화를 추진하였지요. 그래서 1999년에는 벤처투자 붐이 일었던 것으로 기억되는데 이에 대해 이야기를 좀 들려주시지요.

이규성 1998년 3월 내가 재경부 장관으로 입각하자 대량으로 발생한 실업에 대한 대책을 세우는 것이 화급을 다투는 과제였습니다. 실업대책의 일환으로 일자리를 창출하여 실업자를 줄여야 하겠는데 당시의 상황은 신용경색이 보편화된 실정이었습니다. 그래서 벤처기업 창업을 촉진하자는 발상을 하게 되었습니다. 또한 IT 등 새로운 기술을 토대로 지식기반 경제로 전환해야 할 시기였기도 하구요. 그래서 벤처기업에 대한 자금지원과 세제지원을 1998년 하반기부터 강구했지요.

사실 벤처기업에 대한 자금은 은행과 같은 간접금융기관에서는 지원하기 매우 어렵습니다. 벤처기업이 하고자 하는 사업의 핵심인 기술에 대한 평가에서 은행은 매우 보수적이기 때문입니다. 그래서 벤처기업에 대한 투자는 창업투자 펀드 같은 자본시장의 직접금융기관이 담당해야 됩니다. 자본시장에 투자하는 사람 중에는 새로이 개발된 기술에 기꺼이 투자하는 투자자들도 있기 마련이기 때문이지요. 그래서 정부는 창업투자펀드의 조성을 적극 지원했지요.

정부가 체신금융 자금을 활용하여 1조 원 규모의 정보화·지식기반 산업 투자자금을 마련하기도 했습니다. 또한 중소기업진흥공단 창업자금을 1천5백억 원에서 7천5백억 원으로 확대하기도 했습니다. 기술신용보증회사로 하여금 창업투자회사에 2천억 원의 추가 보증을 해주도록 하기도 했지요.

또한 개인창업투자조합이나 벤처기업에 출자한 개인에 대해 소득공제를 해주고 창업기업에 대해 취·등록세를 면제해 주도록 하는 등 세제지원도 강화하였습니다.

새로운 경제운용의 틀 확립

이계민 외환위기가 고통이 아니라 위장된 축복이 되기 위해서는 경제운용시스템이 글로벌스탠더드에 맞게 구축되어야 한다고 봅니다. 국민의 정부는 이를 위해 민주주의와 시장경제의 병행발전을 국정운영의 기본 틀로 하였습니다. 그런데 오늘날 정치를 보면 대립과 투쟁이 보편화되고 합리적 타협은 멀리 있는 것 같습니다. 민주주의와 시장경제 발전을 위해 어떤 노력을 하셨고 오늘날의 정치현실에 어떤 생각을 가지고 계신가요.

이규성 우리가 지향하는 한국사회는 어떤 모습이어야 할까요? 아마도 이는 대립과 투쟁이 아닌 경쟁과 협력의 사회이겠지요. 그리고 경쟁력이 있어 활력 있는 사회가 되어야 하겠지요. 뿐만 아니라 재무구조도 튼튼해서 내실이 있어야겠지요. 외화내빈(外華內貧)이나 샴페인을 일찍 터트리는 사회는 계속 발전할 수 없지 않습니까? 그리고 세계인과 '함께 어울려 사는 개방된 사회'가 되어야겠지요.

우리가 바람직하다고 보는 이러한 것들을 담을 수 있는 사회시스템이 바로 민주주의와 시장경제라는 것이 김대중 대통령이 이끄는 국민의 정부의 국정철학이었습니다. 이 민주주의와 시장경제는 자유·경쟁·책임 원칙을 공유하기에 동전의 양면과 같이 항상 함께해야 성공할 수 있습니다. 이러한 국민의 정부 국정철학은 《국민과 함께 내일을 연다》(대한민국 정부, 1998)라는 국민의 정부시책의 청사진에 잘 설명되어 있습니다.

이러한 민주주의와 시장경제에 대해 국민적 공감대를 넓히고 동시에 보다 효율적인 실천방안을 마련하기 위해 1999년 2월 26~27일 이틀간 한국 정부와 세계은행의 공동 주관으로 각국의 지도자와 해외석학도 초청하여 국제회의[22]를 열기도 하였습니다.

민주주의와 시장경제가 제대로 꽃피어야 나라가 발전할 수 있지 않겠습니까? 그런데 정말 우리나라가 자유·경쟁·책임의 원칙이 지켜지는 사회로 발전하고 있습니까? 이제부터라도 창의력이 발휘되는 자유, 대립과 담합보다는 경쟁, 그리고 자기가 한 일에 대해서는 자신이 책임지는 그러한 사회로 한 걸음씩 나가야 한다고 봅니다.

시장경제 창달을 위한 자본시장의 활성화

이계민 민주주의와 시장경제의 병행발전을 국민의 정부 국정철학으로 삼고 이를 확립하기 위한 노력을 경주해왔다는 점은 이해가 됩니다. 그런데 시장경제가 발전하려면 금융의 시장화가 이루어져야 하지 않을까요? 기본적으로, 많은 사람들이 수익이 높은 곳에 자금을 직접 운용하고 사업하고자 하는 사람들이 사업자금을 직접 조달하는 시장이 발전해야 하지 않을까요? 한마디로 자본시장이 제대로 활성화되어야 시장경제가 창달될 수 있다고 생각하는데 이를 위해 어떤 시책을 펴셨나요?

---

22 정부와 세계은행 공동주최로 '민주주의와 시장경제'를 주제로 한 이 회의에서는 •김대중 대통령의 기조연설에 이어 •오스카 아리아 산체스 전 코스타리카 대통령(새로운 천년을 위한 민주주의와 경제발전) •나카소네 야스히로 전 일본 총리(민주주의와 시장경제 합작의 여정) •폴 슐리테르 전 덴마크 총리(규율과 국제화) •펠리페 곤잘레스 전 스페인 총리(세계화의 도전) •피델 라모스 전 필리핀 대통령(동아시아 시각에서 본 민주주의와 경제발전)의 강연과 •아마티야 센 영국캠브리지대 교수(민주주의와 사회적 정의) •후쿠야마 조지메이슨대 교수(가치통치구조와 발전) 등의 특별강연이 이루어졌다.

이규성 시장경제를 창달하기 위해서는 자금이 당사자 간에 직접 거래되는 자본시장의 발전이 필수적이지요. 자금 수요자인 기업들은 외부에서 투자자를 구하는 것보다 간접금융 즉 은행대출을 더 선호했는데, 이는 외부투자자의 비중이 높아지면 기업을 뺏긴다는 우려가 컸기 때문이지요. 또한 기업에 직접 투자하고자 하는 투자자들도 은행이나 보험회사, 투자신탁이나 개인들 위주였지요. 말하자면 기업이 자기자본비율을 높이고자 해도 이에 투자할 투자가들이 매우 빈약했던 것이 현실이었지요. 그래서 수익을 얻기 위해 주식에 투자하는 재무적 투자자를 제도화하고 시장에서 기업경영권이 양수도 되는 제도를 마련하였습니다.

이를 위해 정부는 우선 미국처럼 기관투자가를 활성화해야겠다는 방침을 세웠습니다. 뮤추얼 펀드 제도를 도입·활성화하고, 종업원지주제를 보완하여 종업원들의 자사주 보유를 보다 매력 있게 하고, 은행의 신탁도 개편하여 신탁제도를 은행대출의 변형된 형태로 운영하지 말고 신탁 본연의 역할을 하도록 하였지요. 또한 지금까지 퇴직금을 사내에 예치해 두거나 단체퇴직보험의 기형적 사외예치 형태로 운영되던 기업연금제도도 미국과 같이 확정갹출형(defined contribution)을 도입하고 사외에 예치하는 방안을 추진했지요. 다른 한편으로 일방적 M&A 제도를 도입해 투자가들의 적극적 투자도 유인했지요.

이와 동시에 정부가 역점을 두었던 시책의 하나는 국채제도를 획기적으로 개선해서 채권시장의 활성화를 도모하고자 했습니다. 이에 대해서는 세계은행에서도 같은 문제의식을 가지고 있어 이들의 전문지식도 활용할 수 있었어요. 어떻든 3년만기 국채를 지표채권으로 한다든가, 국채발행을 통합발행(fungible issue) 방법으로 할 수 있게 한다든가, 지금까지 활용하던 국채인수단제도를 국채전문딜러(primary dealer) 체제로 바꾸는 등의 개선이 있었지요.

또한 1999년 4월에 선물거래소를 개설하였는데 그 입지를 부산으로 하였지요. 선물거래의 활성화를 위해서는 선물거래소의 개설은 불가피하였지만 그 입지를 부산으로 한 것은 정치적 선택이었지요. 한편 정부는 코스닥시장의 활성화에도 역점을 두었습니다. 이를 통해 유망 중소기업이나 벤처기업들의 원활한 자금조달을 도모하고자 했지요.

요컨대 자본시장의 발전을 위한 기초 인프라 마련에 노력했던 시기였지요. 이러한 자본시장 발전을 위한 대책을 세우고 이를 각 지방까지 돌며 이해시키는 일을 하는 데에는 최운열(崔運烈) 당시 증권연구원장(후일 서강대 부총장·더불어민주당 국회의원)의 노고가 매우 컸지요.

한국 경제를 재정립한 '위장된 축복'

한국이 IMF로부터 도입한 자금은 총 195억 달러다. 자금 종류별로는 대기성 차관이 60억 달러, SRF가 135억 달러였다. 당초 IMF로부터 지원받기로 한 금액은 210억 달러(대기성 차관 75억 달러, SRF 135억 달러)였으나 외환보유액의 꾸준한 증가에 따라 대기성 차관 15억 달러는 인출하지 않았다. 1999년 들어 외환사정이 호전되고 외환보유고가 증가하자 1999년 9월 한국 정부는 IMF 자금 중 만기가 짧고 금리가 상대적으로 높은 SRF 135억 달러는 당초 상환예정일인 2000년 6월보다 9개월 앞당겨 조기상환하였다. 이어 1999년 12월에는 대기성 차관 잔액 15억 달러의 추가인출 중단을 선언하였다. 기다리고 기다리던 IMF 졸업이 가시화된 것이다.

그러나 우리가 명심해야 할 것은 외환위기의 슬기로운 극복이 결코 자랑거리에 그쳐서는 안 된다는 점이다. 역사는 반복된다고 했던가? 방심하면 똑같은 상황이 되풀이된다는 것은 역사가 증명한다. 어느 시대에 살건 간에 지난날의 위기극복 과정을 되돌아보고 음미하면서 내일을 준비해야 하는 것은 영원한 숙제이자 국가발전의 지름길이라 생각한다.

위기극복의 분수령, 그리고 논란들

이계민 외환위기 중 경제부처 수장인 재경부 장관으로서 가장 어려웠던 순간은 언제였다고 기억하시는지요?

이규성 재직 중 가장 어려웠던 때는 1998년 8~9월로 기억됩니다. 당시 우리 경제는 하반기 전망이 밝지 않았기 때문에 구조조정과 병행하여 경기활성화 정책을 추진하던 중이었습니다. 7월 30일에는 제2차 추경예산안을 국회에 제출하기도 했지요.

그때의 어려웠던 기억이 꼭 경제상황 때문만은 아니었어요. 경제상황은 암울한데 8월 들어 5일부터 19일까지 전국에 걸쳐 게릴라성 집중호우가 내렸습니다. 우리나라 자연재해 사상 최대규모의 피해가 발생했는데, 240여 명의 인명피해와 15만 명에 달하는 이재민이 나왔고 경제성장률 감소폭도 -1%p에 달하는 것으로 추정되는 상황이라 참으로 참담한 심정이었습니다. 당시 "우리 경제는 IMF 엎친 데 수재(水災)가 덮쳤다"는 말이 회자될 정도였으니 알 만하겠지요.

뿐만 아니라 대외경제 여건도 우리를 불안하게 하는 방향으로 전개됐지요. 그해 8월 17일에 러시아 정부가 모라토리엄을 선언하고 루블화의 대폭적 절하를 단행했습니다. 러시아와는 교역 등 경제관계가 크지 않았기 때문에 쌍무적 경로를 통해 우리 경제에 미치는 직접적 영향은 크지 않았습니다. 그러나 그 여파가 중남미와 선진국으로 확산되면서 국제금융시장이 극도로 불안정한 양상을 보여 우리 경제에 미친 간접적 영향은 매우 컸습니다.

이에 더해 9월 하순에는 러시아 금융위기 과정에서 헤지펀드인 미국의 LTCM사가 파산위기에 직면해서 신흥시장(emerging market)은 물론 선진국들까지도 환율이 불안하고 주가가 하락하면서 경기침체가 예상되어 세계경제의 성장전망을 매우 어둡게 만들었습니다. 수출로 먹고사는 우리 경제로서는 걱정이 쌓여갈 수밖에요.

외환위기를 맞고 재경부 장관으로 반년 정도 지나면서 나름대로 외화유동성 위기를 가까스로 넘기고 구조조정을 착실히 진행하며 경제의 본격적 회복을 위해 이제 무언가를 좀 해볼 수 있겠다는 자신감을 가지고 있었는데 이런 상황이 벌어져서 당시에 느낀 좌절감은 말로 다할 수 없을 것 같아요.

내외적으로 이 같은 엄청난 우환이 닥친 1998년 8, 9월은 경제정책을 총괄하던 사람으로서 정말 어렵고 안타까운 순간이었습니다.

이계민   앞서도 잠시 언급하셨습니다만 그야말로 조심스런 시계비행을 하던 중에도 '이제는 큰 고비 없이 극복해갈 수 있겠다'는 확신이 든 순간은 언제인지요?

이규성   1998년 10~11월쯤입니다. 당시의 외환보유고 등을 볼 때 또다시 외환위기로 빠질 가능성이 거의 없다고 보았으며, 특히 1998년 11월부터는 1999년 (내년) 우리 경제가 드디어 플러스 성장으로 전환할 것이라는 게 거의 모든 국내외 예측기관의 전망이었습니다.[23]

11월 중순경이 되니까 '이제 우리 경제는 위기수습 과정에서의 침체터널을 벗어나 회복되기 시작하는 시점에 이른 것이 아닌가?' 하는 신중한 낙관론(cautious optimism)을 가질 수 있게 되었습니다. 이때 '환란을 극복하고 경제를 회복하는 터널 끝의 불빛이 보이는 것 같다'는 강한 신념까지 생겼다고 봅니다.

---

[23] **참고** 외환위기 전후 주요 거시경제 지표 추이

	1996	1997	1998	1999
경제성장률(%)	7.0	4.7	△6.9	9.5
실업률(%)	2.0	2.6	7.0	6.3
(실업자 수, 천 명)	(435)	(568)	(1,490)	(1,374)
소비자물가상승률(%)	4.9	4.4	7.5	0.8
경상수지(억 달러)	△231.2	△82.9	403.7	245.2
외환보유고(연말, 억 달러)	332.4	204.1	520.4	740.5
달러환율(연말, 원)	844.9	1,695.0	1,204.0	1,138.0

출처: "경제통계연보", 〈BOK 경제연구〉, 2004.

이계민 외환위기 중에 이루어진 혹독한 구조조정에 대해서는 여러 가지 의견이 있습니다. 일부에서는 '위장된 축복'이라는 시각도 있는 반면, 위기의 본질과 관계없는 가혹한 구조조정으로 필요 이상의 고통을 안겨주었다는 이른바 IMF 낙인(IMF stigma)론도 있습니다. 장관께서는 어떻게 생각하십니까?

이규성 앞서 나는 '위장된 축복'이라 생각한다고 말한 바 있습니다. 그 이유는 이렇게 설명드릴 수 있을 것 같아요. 우선 IMF 체제하에서 위기극복 과정을 겪으면서 시장경제와 민주주의 창달을 위한 다양한 제도적 틀을 확립할 수 있는 계기가 되었다는 점을 가장 먼저 꼽을 수 있습니다. 예컨대 지배구조와 재무구조의 개선 등 기업·금융·공공·노동 부문의 미시적 구조를 개혁하였을 뿐만 아니라 시대정신을 실현할 수 있도록 우리 경제의 시스템을 선진화할 수 있었다는 점에서 '축복'이 되었다고도 볼 수 있습니다.

그렇다고 한국 경제의 역사에 치욕의 한 페이지를 장식하고 있는 것 또한 부인할 수 없지요. 그런 점에서는 IMF 낙인이라는 성격도 없지 않습니다. 다만 낙인은 한 번 찍히면 쉽사리 없어지는 것이 아니어서 이를 지우기 위한 노력을 지속적으로 추진해야 하지요. 한국은 그런 낙인을 뼈를 깎는 구조조정과 개혁을 통해 어느 정도 지운 셈입니다. 그 결과가 위장된 축복이라 말할 수 있는 것이지요.

그러나 완전히 없어지지는 않지요. 흔적은 남아 있게 마련입니다. 이를 없애기 위해서는 21세기의 시대정신을 반영한 새로운 선진화 시스템을 더욱 공고히 하는 것이 필수적이라고 봅니다. 나는 새로운 시대정신을 창의·적응·공정·내실이라고 생각합니다. 우리 경제의 미시적 구조를 튼튼히 하고 그 위에 새로운 시스템을 공고히 하기 위해서는 우리는 평소에 상시 개혁을 해나가야 합니다. 이를 게을리하면 또 고통의 나락(奈落)으로 떨어지게 될 것이 뻔하지요.

아시아 국가 간 금융협력 통해 더 큰 경제로

이계민   결과적으로 '위장된 축복'이라고 말할 수 있지만 처음 IMF와 정책협의를 가졌을 때는 IMF가 구제금융의 목줄을 쥔 막강한 존재였지요. 국가부도 위기 앞에서 그들의 요구를 수용하지 않을 수 없었습니다.

그동안 10차례가 넘는 정책협의를 가졌지요. 그 협의내용 가운데 가혹하거나 잘못된 부분은 어떤 것이고, 잘된 부분은 무엇일까요? 또다시 그 당시로 돌아가서 협상한다면, 꼭 고치고 싶은 건 무엇인가요?

이규성   1997년 12월초 IMF의 자금제약 등으로 IMF 대기성 차관 및 국제금융기구의 차입 350억 달러 외에도 선진 13개국으로부터 2선 자금 233억 5천만 달러의 지원을 약속받았으나 2선 자금의 도입은 무산된 경험이 있습니다. 또한 이것을 계기로 무역자유화 요구 등 선진 개별국가들의 이익을 위한 조항이 협상에 포함되기도 했지요. 그 후 2008년 글로벌 금융위기 때는 선진국 정부로부터의 자금지원 대신 중앙은행 간 통화스왑을 통해 우리의 외환보유고를 확충하여 위기를 원만히 넘겼지요.

물론 외환위기와 같은 끔찍한 사태가 다시 발생해서는 안 되겠지만, 만약 협상이 필요하게 되면 IMF에서의 자금차입으로 위기를 넘기기에는 우리의 경제규모가 너무 커져서 위기극복에 도움이 되지 못할 것입니다. 예컨대 외환위기가 다시 발생한다면 현재 우리 경제규모로 보아 1천억 달러나 2천억 달러로 해결하기 힘듭니다.

따라서 IMF가 감당하기 어려울 것이고, 또 앞서 얘기한 2선 자금마냥 개별국가들과의 협상을 통해 자금을 조달하는 일도 어려울 것입니다. 왜냐하면 개별 국가 간의 자금차입은 조건이 너무 까다로워 실현이 어렵습니다.

그렇기 때문에 외환위기가 아니라도 평소에 아시아 지역 간 금융협력 (regional financial cooperation)을 강화하고 쌍무협정 (bilateral agreement)에 기초한 주요 선진국과의 통화스왑을 확대하는 방안을 강구할 필요가 있지 않을까 생각합니다. 선진국으로부터의 재정차입은 이제 더 이상 기대하거나 생각해서는 안 된다고 생각합니다. 우리가 할 수 있는 일은 치앙마이 이니셔티브(CMI: Chiang Mai Initiative)와 같은 다자간 협력사업을 강화해야 하는 것입니다. 치앙마이 이니셔티브는 김용덕 장관이 잘 아시지요?

그리고 여기에 한마디 덧붙이고 싶은 이야기는 어떤 종류의 국제협력이든 간에 우리가 신뢰를 잃으면 안 된다는 것이고, 국제 간 금융거래는 채권자가 주도한다는 사실을 잊어서는 안 된다는 것입니다.

김용덕 치앙마이 이니셔티브는 아시아 외환위기 이후 지역 금융협력의 가장 가시적인 성과물의 하나로, 2000년 4월 ASEAN + 3(한·중·일) 재무장관 회의에서 출범한 동아시아 지역 내 위기 시 상호자금지원 메커니즘입니다. 2000년 초 한국이 제안하여 성사되었지요. 처음에는 양자간 스왑으로 출발했으나 현재는 다자간 협약으로 발전했습니다. 규모도 처음에는 한일 간 스왑협정 70억 달러로 시작하였으나 지금은 전체 2,400억 달러로 늘어났습니다. 산하에 AMRO(ASEAN + 3 Macroeconomic Research Office)라는 상설기구도 설치했습니다.

2003년 초부터는 역시 한국의 제안으로 '아시아 채권시장 이니셔티브'(ABMI: Asia Bond Market Initiative)도 출범하여 논의가 진행되고 있습니다. 동아시아국가들의 외환보유고를 역내에서 활용하기 위해 채권시장을 발전시키자는 프로젝트입니다.

이러한 협력사업이 잘 추진되면 아시아판 국제통화기금으로 발전할 수 있을 것으로 기대됩니다. 그러나 지난 몇 년간 한·중·일을 비롯한 동아시아 지역의 정치·외교·군사적 역학관계가 예전 같지 않고 각국 간 이해가 상충하면서 최근에는 진전이 잘 안 되고 있어 답답합니다.

이계민 최근 그리스 사태나 유럽위기를 대처하는 과정에서 IMF의 역할이 중심을 잃고 유럽 국가들에 의해 흔들린다는 시각이 있습니다. 또한 아시아 외환위기 때와 달리 IMF의 구조조정 조건 등이 훨씬 더 너그럽다는 비판도 있는데 이에 대한 장관님의 생각은 어떠신가요?

이규성 그리스는 유럽연합(EU: European Union) 회원국으로서 유로화를 사용하고 있고 또 사태해결을 위한 협상이 ECB는 물론 IMF와의 3자협상(tripartite negotiation)이었기 때문에 IMF와 쌍무협상을 추진하였던 우리의 경우와는 다릅니다. 협상조건이나 분위기에 관하여 상호 직접 비교하기는 어렵지요. 너그럽게 봐줬다는 것은 그리스가 아니라 EU를 봐준 것이라고 봅니다. 우리나라의 원화가 유럽의 유로화와 같은 위치를 차지하고 있나요? 아니죠. 경제력도 그리스한 나라가 아니라 유로존을 함께 고려해야 합니다. 그러니 우리와는 다르지요. 그런데 그리스 사람들은 구제금융의 조건이 매우 고통스럽다고 반발하는 것도 사실이지요.

위기 자초한 자만은 금물

이계민 2008년 글로벌 금융위기 때 우리 경제가 선전(善戰)한 것은 외환위기 때 구조조정을 잘해 그 효과를 보았다는 해석도 있습니다. 반면, 최근 우리 경제가 장기침체로 들어간 것은 그때의 구조조정의 효과가 소진되고 필요한 새로운 구조조정에 실패했기 때문이라는 시각이 있습니다. 이러한 구조조정 지연에 대한 지적에 동의하시는지요?

이규성 외환위기 이전까지는 10년에 한 번 정도 정부 주도의 구조조정이 이뤄졌던 것 같아요. 그런데 외환위기 이후에는 상시 구조조정을 해야 한다는 차원에서 여러 가지 제도도 바꾸고 시스템도 구축했지요. 그런데 실제 작동이 안 되고 있는 겁니다. 답답한 노릇이지요.

아마 내 기억으로는 현재 KDI 원장을 맡고 있는 김준경 박사로부터 '이자보상배율'이란 개념의 설명을 처음 들었던 것 같은데, 지금 영업이익으로 이자비용도 못 갚는 기업(이자보상배율 1 이하)들이 상장기업들 중에서도 상당부분을 차지한다고 합니다. 이른바 '좀비기업'이라고 표현하던데요.

이런 기업들이 어떻게 살아남겠습니까? 뼈 빠지게 일해 영업이익을 남겨 은행에 모두 갖다 바쳐도 모자라면 그 기업은 무엇을 먹고사나요? 이런 기업들을 빨리 구조조정을 해야 경제가 건실하다고 말할 수 있습니다. 그런데 그런 상시 구조조정이 안 되고 있으니 답답하지요. 구조조정은 새로운 먹거리를 찾고 또 생산성 향상을 도모하는 것이 그 핵심입니다. 이를 위해서는 무엇보다도 상시 구조조정 체제를 확립하는 것이 필수적입니다.

요즈음 우리 생활의 필수품이 된 자동차에 빗대어 이야기해 보죠. 평소에 구조조정을 게을리하다 위기가 오면 갑자기 경제위기가 왔다고 말하는 것은 오랫동안 정비하지 않은 차를 몰고 가다 길거리에서 차가 고장 나 서면 이를 갑자기 이유 없이 멈춰 섰다고 말하는 것과 같습니다. 문제(구조조정의 필요성)가 있을 때마다 미리미리 예방하지 못한 것이 쌓여서 경제위기에 직면하는 것이지 어느 날 갑자기 위기가 닥치는 것은 아니거든요. 따라서 구조조정은 끊임없는 환경 변화 속에서 지속적으로 이루어져야 하는 것이지 기간을 정해 놓고 움직였다가 멈췄다 하는 단속적(斷續的)인 일이 결코 아니라는 점을 강조하고 싶습니다.

이계민 IMF 위기를 당하고 또 이를 극복하는 과정에서 많은 것을 배웠습니다. 결과적으로 위장된 축복이 아니냐고 할 정도로 우리 경제가 고쳐야 할 점들을 IMF의 힘을 빌려 어느 정도 고칠 수 있었다고 봅니다. 외환위기와 그 극복과정에서 성공할 수 있었던 가장 큰 원동력은 무엇이었고, 가장 큰 교훈은 무엇이었는지요?

이규성 우선 교훈부터 짚어 보자면 지나친 자신감 또는 자기만족으로 우리 경제가 안고 있는 위험을 간과해서는 안 된다는 점입니다. 어떤 문제가 발생했을 때 "오늘 꼭 해야 되나?", "당장 안 해도 되는 것 아니야?" 하는 식의 안일함이 화를 키운다는 점에 주목해야 한다고 봅니다.

한 가지 더 지적하자면 많은 사람들이, 많은 전문가들이, 또 많은 공직자들이 개혁을 이야기하면서도 이를 실행에 옮기지 못합니다. 과거를 되돌아보면 이른 바 NATO, 즉 'No Action, Talk Only'라는 말이 회자되지 않았습니까? 말만 할 게 아니라 적극적으로 실행에 옮기는 사회풍조를 만들어가는 것이 중요합니다.

위기극복의 원동력이야 말할 것도 없이 고통을 감내하면서 하루빨리 위기를 극복하고자 하는 결집된 국민들의 노력이라고 보아야지요. 단적인 예가 1998년 1월초부터 3월 14일까지 무려 349만 명이 참여하여 모두 226톤(22억 달러 상당)의 금을 모은 기적 같은 일을 꼽지 않을 수 없습니다. 그 모금액이 국가부도 위기를 막을 만큼 큰 도움이 되지는 못했지만 부족한 외화를 조금이라도 채워 보겠다는 국민들의 열망이 응축된 상징적 사건으로 분위기 반전에 큰 도움이 되었지요. 그뿐만 아니지요. 어려운 시기에 노사정위원회를 만들어 노사정이 고통을 분담하려는 대타협을 한 것도 위기극복의 밑거름이지요.

다른 한편으로 꼽아 보자면 위기를 기회 삼아 민주주의와 시장경제를 병행발전시키자는 김대중 대통령의 국정철학과 대통령의 리더십에 대한 국제사회의 신뢰도 한몫했다고 봅니다. 결국 이러한 신뢰가 국제사회의 적극적 협조를 끌어낸 것이지요.

여담입니다만, 1998년 12월 베트남 방문 시 김대중 대통령 내외분과 제가 조찬을 함께한 적이 있습니다. 그때 제가, 노동자들이 환란극복에 잘 협조하도록 이끌어오신 대통령의 리더십을 말씀드리자, 대통령께서 하시는 말씀이 "아마 그들은 나를 자기편으로 생각하고 있을 것이요"라고 하시더군요. 공과 사를 구분하여 자기편으로 생각하는 사람들의 이익보다 나라 전체의 이익을 위해 나라를 이끌어가시는 모습에 저는 감명을 받았습니다.

결론적으로 보면 위기극복을 잘했다고는 하지만 아직도 시정해야 할 일이 너무 많습니다. 단지 이제 좀 살 만하다는 안이한 생각에서 벗어나 진정한 선진경제로 나아가는 길이 무엇인지를 생각하고 이뤄나가야 합니다. 그런 점에서는 "외환위기는 끝나지 않았다"고 말할 수 있습니다.

새 시대, 새로운 과제들

이계민 그렇다면 앞으로 무엇부터, 어떻게 해야 할까요?

이규성 모든 시대를 관통하여 적용할 수 있는 만능정책은 없다고 봅니다. 따라서 그 시대에 절실히 요구되는 시대정신에 맞추어 문제의식을 정립하고 대응책을 세워나가야 된다고 봅니다. 오늘의 우리 경제를 보면 대내적으로는 소득증가 속도가 떨어지는 가운데 소득 양극화가 발생하고, 대외적으로는 국제시장에서 개도국 수준의 후발주자인 중국과 경쟁해야 하는 처지에 몰리고 있습니다. 이러다가 언제쯤 4만~5만 달러의 1인당 소득에 다다를지 모르겠습니다. 거기다 인구는 노령화되고 노사갈등을 비롯해 사회 각계각층이 서로 대립하고 반목하는 갈등현상이 갈수록 심해지고 있습니다. 이래서는 경제발전은커녕 선진국가로의 도약이 과연 가능한지 의문입니다. 따라서 보다 적극적인 전략과 대응이 절실하다고 봅니다.

이에 대응하기 위해서는 첫째로 세계가 깊이 통합되어 있는 현실에서 경제환경의 변화를 먼저 감지하고 대응방안을 잘 마련해야 한다고 봅니다. 그런데 정보의 홍수시대에 사는 우리는 하나의 추세를 알려주는 신호가 되는 정보와 일회성 사건으로 끝나는 잡음에 속하는 정보를 구분해내는 것이 무엇보다 중요합니다. 이 둘을 잘 구분하기 위해서는 경험을 바탕으로 한 예지(叡智)를 가져야 한다고 봅니다. 그리고 상황에 맞게 대처해야 하는데 여기서는 무엇보다도 유연하게 대처하는 것이 중요합니다. 이것이 불확실하고 급변하는 세계경제에 효과적으로 대처해 우리의 복원력을 확보하는 길이라고 봅니다.

또한 세계의 깊은 통합에 따라 한국은 모든 분야에 걸쳐 활동무대를 전 세계로 확대해나가는 도전을 해야 합니다. 우리는 이러한 기회를 상품수출의 기회로만 생각하지 말고 금융·의료·교육·문화·관광·한류 등 서비스 분야에서도 전 세계를 상대로 교류의 기회로 삼아야 할 것입니다. 그리하여 우리의 모든 분야의 활동영역을 전 세계로 확대하는 선택을 해야 할 것입니다.

둘째로는 우리 경제의 성장잠재력을 확충해서 지속적 성장을 도모해야 합니다. 그런데 전문기관들이 추정한 우리나라의 잠재성장률은 계속 낮아지고 있다고 합니다. 성장잠재력을 확충하려면 우선 노동과 자본의 투입을 늘려야 합니다. 그런데 저출산에 노령화되는 노동공급의 현실에서 이를 늘려 성장잠재력을 확충하기는 어렵습니다. 또한 자본의 국내투자 수익률이 점점 낮아지는 현실을 감안할 때 국내에서 투자를 획기적으로 증대시키기도 어렵습니다. 성장잠재력을 확충하는 또 다른 길은 총요소생산성을 향상하는 것입니다.

이렇게 볼 때 중장기적으로 성장 추세를 지속하려면 무엇보다도 총요소생산성을 향상시키는 것이 중요합니다. 그런데 총요소생산성 향상의 요체는 기술혁신의 추진과 인재양성 그리고 구조조정입니다. 장기적 안목에서 기술을 진흥시키고 평생교육을 통해 꾸준히 인재를 양성해야 합니다. 지금과 같이 기술의 빠른 변화가 자주 일어나는 세계에서는 낡은 기술을 버리고 새로운 기술을 습득하는 교육이 평생 동안 이어져야 합니다.

새로운 기술이 산업사회에 도입되면 기존의 사업구조나 조직구조를 바꾸어야 합니다. 이것이 구조조정입니다. 따라서 생산성 향상의 과정은 구조조정의 과정이라고도 할 수 있습니다. 그런데 구조조정을 결코 쉽게 할 수 있는 일이 아닙니다. 구조조정 과정에서는 기존의 권위와 안전이 크게 위협을 받기 때문입니다. 그럼에도 불구하고 구조조정은 상시적으로 이루어져야 합니다. 경쟁력을 잃은 분야는 상시적으로 퇴출되고 새로운 경쟁력을 갖춘 분야는 상시적으로 진입이 가능해야 합니다.

그리고 기술을 진흥하는 첩경은 지식기반의 서비스산업을 육성하는 것이라고 생각합니다. 앞으로 우리는 지식기반의 서비스산업 확충에서 활로를 찾아야 합니다. 여기에서 청년 일자리도 찾고 새로운 기술개발의 변경(邊境)도 넓혀가야 합니다. 지금까지 우리가 이룩해왔던 제품 생산기술의 우위를 뛰어넘어 새로운 창조의 세계로 진입해야 합니다. 이제 무결점의 제품생산 기술을 뛰어넘어 신물질을 개발하고, 제품을 종합적으로 설계하고, 새로운 기술과 기존의 산업을 융합시키는 단계로 발전시켜야 합니다. 이것이 바로 지식기반의 서비스산업을 확충하는 길입니다.

셋째로는 인구문제에 대해 종합적으로 접근해야겠다는 것입니다. 그동안 인구대책은 그 초점을 저출산과 고령화 대책에 두고, 정부는 정부대로, 지방자치단체는 지방자치단체대로 시민단체는 그들 나름대로 대책을 마련하여 서로 연결 없이 단편적으로 실시되어온 것이 현실입니다. 어느 대책은 복지정책의 일원으로, 어느 대책은 고유의 저출산 대책 또는 노인 대책으로 추진되었습니다. 이제는 그동안 백화점식으로 각자 추진해오던 저출산·고령화 대책을 더욱 종합적으로 체계화해야 한다고 생각합니다.

'과연 지금의 저출산 대책으로 세계 하위권의 출산율을 제고할 수 있겠는가?', '지금과 같이 저생산성의 노동력만 해외로부터 데려오는 방식이 옳은가?', '동남아 출신 어머니의 다문화가정 대책은 이대로 좋은가?', '동아시아 각국으로부터 유학생을 보다 조직적으로 유치하여 교육시킨 후 이들이 활동할 수 있는 공간을 제공한다면 어떨까?' 등의 문제들에 대한 해답을 마련하는 것이 중요합니다. 그리고 이제는 늙어가는 한국의 대안으로서 해외로부터 이민을 받는 문제를 심도 있게 검토해야 할 것입니다.

넷째로 화이부동의 사회질서를 확립해야 하겠습니다. 한국은 그동안 부지불식간에 대립과 투쟁의 풍조가 만연되었으며, 사회집단 간 협상방식도 '벼랑 끝 전술'(brinkmanship)이 광범위하게 활용되었습니다. 그런데 정말 한국사회는 상대방을 타도하기 위해 끝까지 투쟁하는 것이 풍미(風靡)하는 사회입니까? 이 결과는 어떻게 귀결되었습니까? 길고 험난한 투쟁과정은 있었지만 끝에는 합리적 타협이 아닌 담합으로 귀착되었습니다. '너도 하나 얻었으니 나도 하나 얻자'는 식으로 말입니다. 그리고 그 과정에서 담합에 참여하지 않은 제3자에게 어떤 부작용이 발생하는지는 전혀 고려하지 않습니다.

가령 노동시장의 경우, 정규직은 직업의 안전성이 보장된 반면 임시직은 유연성이 상대적으로 큰 이중구조로 이루어져 있습니다. 이렇게 된 데에는 노동시장을 정면에서 개혁하려고 노력하기보다는 사용자와 정규직이 담합을 통해 현장 문제를 모면하는 데 급급했던 결과가 아닌가 하는 상념도 떨칠 수 없습니다.

그런데 담합은 단지 노사관계에만 국한된 현상이 아니라 한국사회 전반에 걸쳐 만연되어 있는 것이 아닌가 생각합니다. 담합이 만연된 사회가 제대로 발전할 수 있을까요? 미국의 경제학자 맨커 올슨(Mancur Olson)이 일찍이 지적한 바를 인용하지 않더라도 우리는 담합이 한 사회의 능률은 물론 총소득 증가율을 떨어뜨리고 나아가 정치적 분열을 가져오리라는 사실을 직관적으로 알 수 있습니다.

이제 우리는 이념이 다른 사람, 직업이 서로 다른 사람 등 다양한 사람들이 함께 평화롭게 어울려 생활하는 삶의 공동체를 만들어야 합니다. 이른바 화이부동의 사회질서를 만들어야 합니다. 그렇다면 어떻게 서로 상생하면서 다른 사람에게 피해를 주지 않는 사회질서를 만들 수 있을까요? 아마도 이것은 공정한 경쟁과 이를 토대로 협력하는 것일 겁니다.

우리는 하나의 통일된 눈금의 잣대를 누구에게든지 공정하게 적용하는 질서를 확립해야 합니다. 힘센 사람과 약한 사람을 대하는 잣대의 눈금이 달라서는 안 됩니다. 눈금이 같은 잣대 위에서 경쟁과 협력이 장려된다면 화이부동의 사회가 이루어지는 기초가 확립되지 않을까 생각합니다.

한편 우리 사회가 화이부동으로 가기 위해서는 무엇보다도 소득의 양극화를 해소하기 위한 노력이 전제되어야 할 것으로 봅니다. 왜냐하면 기본적 생계와 자식 교육이 보장되지 않은 상황에서 화이부동의 사회를 지향하기는 매우 어렵기 때문입니다. 그런 의미에서 하위 소득계층이 최소한의 인간다운 삶을 영위할 수 있도록 앞으로 복지 지원대상과 지원내용을 종합적으로 체계화해야 한다고 봅니다.

마지막으로 오늘날 우리나라 기업의 소극적 경영 자세도 문제입니다. 예컨대 IMF 사태 때의 경험 때문인지 리스크 관리에 치중하는 나머지 우선적으로 리스크 회피 경향을 보이고 있습니다. 이것은 기업들이 적극적으로 투자를 늘리지 않고 그저 거액의 사내유보를 보유하는 사실만으로도 충분히 알 수 있는 일입니다. 정부는 이에 대해 적극적 시정노력보다는 과세를 하겠다는 식의 정책을 내놓고 있습니다.

이것은 저에게도 책임이 있는 것 아닌가 하는 생각을 가끔 해봅니다. 장관 재직 시 리스크 관리를 강조했었습니다. 물론 지금의 리스크 회피하고는 다릅니다만 원래 영어 용어로 말하면 리스크 매니지먼트(risk management)를 강조했는데 리스크 어보이던스(risk avoidance), 즉 관리가 아니라 회피로만 가고 있습니다. 달리 파악해 보면 과거와 같은 기업들의 동물적 야성이 없어졌어요. 오늘날 기업들이 야성적 사자인지 잘 길들여진 집고양이인지 잘 모르겠어요. 야성적 감각을 가진 기업가 정신이 절실히 필요한 때라고 봅니다. 정말 적극적 경영으로 기술개혁을 돌파해야 한다고 봅니다. 그리고 우리의 모든 분야 특히 그중에서도 금융서비스 분야의 활동영역을 해외로 넓혀가야 합니다.

재경부 장관으로 재직 중에 부산지역 경제설명회에 간 일이 있었어요. 그게 1999년 2월 3일로 기억합니다. 그런데 거기서 나온 얘기가 "전라도 정권에서 부산 기업 다 죽인다"고 얘기하더라고요. 당시 동남은행의 퇴출을 두고 한 얘기였습니다. 그래서 내가 답했지요. "동남은행은 1989년 내가 재무부 장관으로 재직할 때 만들었다. 내가 만든 것을 내가 죽이겠는가?"

그랬더니 더 이상의 이의제기는 없었습니다만 참으로 씁쓸했습니다. 당시 내가 부산지역 경제설명회에서 이야기한 내용을 결론으로 말씀드리고 끝내도록 하지요. 당시에 나는 'IMF 졸업의 진정한 의미'를 다음과 같이 설명한 바 있습니다.

"외화유동성 위기의 극복과 경제 회복으로 규정한다면 이미 졸업했다. 또 IMF 자금지원이 마무리되는 시기로 본다면 2000년에 졸업할 것이다. 그러나 국제기준에 부합되는 새로운 경제 패러다임으로의 전환을 의미한다면 줄잡아 5년 후쯤 졸업예정이라고 볼 수 있다. 특히 중요한 것은 예전의 무분별한 차입경영, 부정부패, 과소비로 되돌아간다면 졸업은 영원히 기대하기 어렵다."

이 얘기는 뭐냐 하면 일신우일신(日新又日新)이라는 옛말처럼 늘 개혁하고 혁신해야 한다는 자세를 잊고 자기만족에 빠지면 선진국의 꿈은 거기에서 멈추게 된다는 점을 강조한 것입니다.

지금의 우리 경제나 사회도 여전히 그러한 얘기가 통용됩니다. 정치·경제·사회가 모두 마음가짐을 새롭게 다지지 않으면 IMF 졸업은 물론이고 선진경제 진입은 영원한 숙제로 남을 것입니다.

재경부 장관 이임식 (1999. 5. 24)
이규성 장관이 재경부 장관 이임식을 마치고 직원들에게 인사를 하고 있다.

우리 민족에게는 늘 시련이 따라다녔다. 그럼에도 항상 성공적으로 극복하는 지혜를 발휘해왔다.

　한국사회가 추구해야 할 시대정신은 지식정보화 사회를 열어갈 창조성, 깊은 통합이 가속화되고 있는 세계화에의 적응성, 다양성이 공존하면서 갈등을 조정해나가는 공준(公準)으로서의 공정성, 그리고 구조적 변화과정에서 나타나는 취약계층과 산업에 제공되어야 하는 안전성 등이다. [24]

　이규성이 그의 저서 《한국의 외환위기》의 머리말에서 밝힌 시대정신이다. 지금 이 시대를 살아가는 우리 모두에게 주어진 숙제가 아닌가 싶다.

---

24 이규성, 2015, 《한국의 외환위기: 발생·극복·그 이후》(제3판), 박영사, 13쪽.

위기에서 빛난
경제개혁의
이상(理想)

2

강봉균(康奉均)은 1943년 전북 군산에서 태어나 군산사범학교를 졸업한 후 초등학교 교사로 3년간 근무하다가 서울대 상대에 진학하였고, 미국 윌리엄스 칼리지에서 경제학 석사학위를, 한양대에서 경제학 박사학위를 받았다. 1968년 제6회 행정고시에 합격하여 경제기획원에서 차관보까지 승진한 후 김영삼 정부에서 노동부 차관, 경제기획원 차관, 국무총리실 행정조정실장, 정보통신부 장관을 차례로 역임한 후 김대중 정부에서 대통령 정책기획수석, 경제수석, 재정경제부 장관을 차례로 역임했다. 2000년에 경제관료 생활 30여 년을 마감한 후 16, 17, 18대 국회의원을 역임하면서 열린우리당 정책위의장, 중도통합민주당 원내대표, 국회예결위원장 등을 역임하였으며 20대 총선에서는 새누리당 선거대책위원회 공동위원장으로 활동하는 등 행정과 입법부를 두루 거쳐 40여 년간 경제전문가로서 활동하였다.

강봉균

전 재정경제부 장관

외환위기
'드림팀 4인방'의 출범

정점에 달한 외환위기

1998년 1월, 유난한 겨울 추위가 기승을 부리고 있었다. 신년을 맞는 새로운 기분이라곤 찾아 볼 수 없는 음울한 분위기가 서울 도심에 농무(濃霧)처럼 내려앉았다. 1997년 말 대한민국을 쓰나미처럼 강타한 사상 초유의 국가부도 사태 때문이었다.

피 말리는 협상 끝에 1997년 12월초 IMF와 극적인 타결을 보고 12월 5일 IMF 자금 55억 달러가 들어왔지만 한국의 경제와 금융은 바로 그 직후부터 오히려 더 큰 격류에 휘말렸다. 그동안 발이 묶여 있던 외화자금의 한국탈출이 본격화된 것이다. IMF가 지원해 준 달러가 외화자금 유출을 도운 교두보(橋頭堡)로 역작용한 셈이었다. IMF 구제금융 기간에 국가가 부도나는 사상 초유의 사태가 우려되었다.

돈은 무서운 속도로 서울을 빠져나갔다. 외환보유고는 IMF 자금 55억 달러가 들어왔다가 더 빠른 속도로 빠져나가는 바람에 차기 대통령 선거가 있던 12월 18일에는 39억 4천만 달러밖에 남아 있지 않았다.

이날 대통령 선거에서 야당인 김대중 후보가 대통령에 당선되었다. 김대중 정부 탄생은 5·16 이후 최초의 여야 정권교체였다. 나라의 명운이 '풍전등화'(風前燈火) 상태라 '평화적 정권교체'라는 정치적 의미는 퇴색한 채 대통령 당선자의 첫 업무는 미국에서 당선자의 의중을 파악하기 위해 파견한 립튼 차관보를 만나 "IMF와의 협약을 충실히 이행하겠다"는 다짐으로 시작된다.

12월 21일과 22일, 무디스와 S&P, 피치 등 국제 신용평가사들은 일제히 한국의 신용등급을 투기등급으로 하향조정했다. 나라의 신용이 바닥으로 추락하는 소리가 우레처럼 큰 소리로 울렸다.

서울, 불면의 밤

성탄절을 이틀 앞둔 12월 23일이 두려움의 절정이었다. 23일 환율은 달러당 1,964원으로 폭등했고 KOSPI는 장이 열리자마자 400선이 무너져 366까지 폭락했다. 연초에 비해 주가는 정확하게 반타작, 환율은 60%가량 절하된 수준이었다. 침몰하기 일보 직전 절체절명의 상황에서 다행히 24일 IMF와 선진 8개국은 100억 달러의 조기 자금지원과 단기외채 만기협상을 약속했다.

당선 직후 외환위기 상황에 대해 임창열 재경원 경제부총리로부터 보고받은 김대중 대통령 당선자는 "경제현안을 보고받고 보니 내가 생각했던 것보다 위기가 훨씬 심각하다. 밤에 잠이 잘 안 온다"고 측근에게 말했다고 한다.

김영삼 대통령과 김대중 대통령 당선자 진영은 위기수습을 위해 합동으로 비상경제대책위원회를 꾸렸다. 비대위 실무를 맡은 기획단은 그때부터 당일의 외환보유액과 빠져나간 외환액 등을 집계하여 국제금융시장 동향에 대한 종합보고 메모[1]를 만들어 대통령 당선자에게 보고하기 시작했다.

상황은 엄중했다. 주요국 해외채권단들이 "만기연장 협상 이전까지는 일단 외채회수를 자제하겠다"고 약속했지만 언제 합의를 깨고 외환금고가 바닥날지 몰랐다. 한국과 8시간이 차이 나는 런던 외환시장까지 마감되면 밤 12시 무렵이 된다. 필요한 숫자를 자정에 받아 집계하여 정리하면 새벽 3~4시에야 보고서가 완성됐다. 한 장짜리 보고서는 매일 새벽 4시 반쯤 대통령 당선자의 일산 자택에 팩스로 보내졌다. 그것을 받은 비서가 팩스 종이를 침실 문틈으로 밀어 넣으면 어김없이 침실의 불이 켜졌다고 한다.[2]

불안한 새벽에 잠이 깨서 언제 부도날지 모르는 외환보유고 보고서를 읽은 후 다시 잠이 다시 올 리 없다. 1997년 말과 1998년 1월초 서울에서는 정권을 인수받는 김대중 당선자나 정권을 넘기는 김영삼 대통령이나 걱정과 불면의 밤 (Sleepless in Seoul)이 지속되고 있었다.

---

1 정확한 명칭은 '외환보유고, 금리 및 주가 동향 일일보고'이다.
2 김용환 전 장관이 이헌재 단장에게 직접 전해 준 이야기다 (이헌재, 2012, 《위기를 쏘다》, 중앙북스, 58쪽).

비상시국에 대통령의 경제 오른팔이 되다

이 무렵 김영삼 대통령 정권에서 정보통신부 장관을 지낸 강봉균은 정권교체에 따라 공무원 생활을 마감하기 위해 신변정리를 하고 있었다. 김대중 대통령이 당선되는 데 전혀 기여한 바가 없었고 정치권과는 담을 쌓아 DJ 진영의 주축을 이루는 호남 쪽 의원과 잘 아는 사람도 없었기 때문에 새 정부에서 다시 일할 거라는 기대도 생각도 전혀 없었다.

공직에 대한 미련도 더는 없었다. 과거의 여당 정권에서 여러 형태의 고위공직을 맡았고 김영삼 정부에서 장관까지 지냈으니 새 술이 새 부대에 담길 수 있도록 깨끗하게 정리하고 물러나는 게 맞다고 생각했다.

그만두는 대로 신학기부터 대학강단에 설 계획이었다. 오랜 공무원 생활을 하면서 경험한 여러 가지 경제현상과 정책을 바탕으로 좋은 강의를 할 수 있을 것 같은 자신감도 있었다. 마침 두어 군데 대학에서 강의해 달라는 요청이 와서 모 여대 쪽으로 마음을 정한 상태였다.

그렇다고 그만두는 마음이 편한 것은 결코 아니었다. 국가부도 위기라는 초유의 사태 속에서 직접 책임은 없다고 하더라도 사태가 이 지경이 된 데 대해 전 정권의 고위각료로서 책임감을 강하게 느꼈다.

외화유동성 위기 자체는 어떻게든 수습할 수 있으리라고 예상했지만 국가부도 지경에까지 이르게 된 한국 경제의 근원적 취약성, 구조적 모순을 치유하는 일은 절대로 쉽지 않을 것이라는 걱정이 들었다.

강봉균 외환위기가 발생한 1997년 나는 정보통신부 장관이었습니다. 경제각료의 한 사람이었으나 국가부도에 가까운 IMF 구제금융 사태가 임박했다는 분위기를 별로 느끼지 못했습니다. 제가 기억하기로는 이 문제가 경제장관 회의에서 공식 거론된 일도 없었습니다. 당시 한국 경제가 한보그룹이나 기아자동차 부도 등 대기업들의 연쇄부도로 어수선한 분위기였지만 거시경제 상황을 보면 경제성장률이 6~7%를 유지했고 소비자물가지수(CPI)는 5% 내외로 안정적이었으며

홍은주 한양사이버대 교수(왼쪽)가 강봉균 전 재경부 장관과 인터뷰를 진행하였다.

재정도 매우 견실한 상황이었기 때문입니다. 다만 수출이 급격히 둔화되었고 경상수지 적자가 커지는 등 외환부문이 불안정한 상태이기는 했지요.

1997년 11월초에 정보통신부 장관으로서 예산국회에 출석하여 강경식 부총리 겸 재경부 장관을 만났을 때도 별로 심각한 분위기를 읽을 수 없었습니다. 그 뒤에야 알게 된 사실이지만 강 부총리는 외환사정이 어려워지는 것을 알고 이에 대비하고 있었으나 큰 충격 없이 넘어갈 수 있는 상황으로 생각했던 것 같습니다.

1997년 11월 19일에 강경식 부총리가 경질되고 난 후에야 모두가 문제의 심각성을 깨닫게 되었습니다. 당시 고건 총리가 나를 불러 사태의 원인과 수습방안을 물어보곤 하였는데 "우리 경제의 구조적 취약성이 위기를 초래한 것"이라고 진단했습니다. 즉, 재벌기업들의 과잉경쟁과 취약한 부채구조, 관치금융에 익숙한 금융기관들의 허술한 리스크 관리, 경상수지가 4년째 적자상태인데도 환율을 올리려고 하지 않는 모순 등이 복합적으로 작용한 결과이니 이런 것들을 근본적으로 고치지 않으면 안 된다고 지적했던 기억이 납니다.

1월 중순 무렵, 갑자기 김중권 씨로부터 만나자는 연락이 왔다. 오후 3시경에 플라자호텔에 있는 자신의 사무실로 나와 달라는 전화였다. 김중권 씨는 김대중 대통령 당선자의 비서실장으로 내정된 인사이다. 한 번도 만난 적이 없는 초면인데 왜 만나자고 하는지 영문을 전혀 모른 채 약속장소에 나갔다. 김중권 실장은 단도직입적으로 말문을 열었다.

"새 정부의 청와대 비서실장으로서 내가 새 정부의 주요 보직 인사를 챙기고 있습니다. 청와대 정책기획수석을 수석서열 1위의 중요한 자리로 격상시킬 것인데, 이 자리에 강 장관이 적임이라는 말을 여러 사람들로부터 들었습니다. 이 자리를 맡아 주십시오."

강봉균은 완곡하지만 확실하게 고사했다.

"새 정권은 새 사람을 쓰는 것이 좋지 않겠습니까? 저는 구정권에서 정부각료를 지낸 사람입니다. 새로 출범하는 정권에는 맞지 않습니다. 아직 정부출범까지는 한 달 이상 남아 있으니까 새 사람을 물색해 보시는 게 좋겠습니다."

거절의 뜻이 확고하자 김중권 실장은 알았다고 고개를 끄덕였다. 호텔 바깥으로 걸어 나오자 추운 겨울바람이 얼굴이 와 닿았다. 시원하고 후련하다는 느낌이 들었다.

그런데 바로 이틀 뒤, 이번에는 김대중 당선자 사무실에서 직접 만나고 싶다는 전화 연락이 왔다. 다음날 아침 9시경 당선자가 묵고 있는 홍은동의 한 안가(安家)로 갔다. 대통령 당선자를 위해 마련된 안가였다.

국가부도가 우려되는 비상한 경제상황 때문에 대통령에 당선된 직후인데도 들뜬 분위기는커녕 긴장된 분위기가 감돌고 있었다. 김대중 당선자가 무거운 목소리로 입을 열었다.

"김중권 실장한테서 청와대 정책기획수석을 거절했다는 얘기를 전해 들었소. 그러나 나라 경제가 누란(累卵)의 위기에 처해 있으니 재고해 주었으면 좋겠소. 나를 옆에서 좀 도와줄 수 없겠는가요?"

간곡한 어조였다. 대통령 당선인이 "위기에 처한 나라를 생각해서라도 도와 달라"고 직접 부탁하는데야 고사하기 힘들었다. 수십 년 공무원의 무거운 짐을 벗고 자유롭게 살고 싶다는 결심을 바꿀 수밖에 없었다.

"나라 경제가 이렇게 된 데에는 오랜 경제관료 생활을 했던 사람으로서 저 역시 큰 책임감을 느낍니다. 옆에서 잘 보좌하여 열심히 사태를 수습해 보도록 하겠습니다."

어렵게 수석직을 응낙하고 안가를 나오는 길, 날씨는 춥고 하늘은 흐렸다.

'이 나라의 운명이 어찌될까? 미력하나마 내 힘이라도 보태면 해결이 잘될까?'

출구가 보이지 않는 미로(迷路) 속에서 불안한 미래를 그려 보느라 강봉균 장관은 몸도, 마음도 무거웠다.

강봉균 장관의 수석 내정 배경

당시 새 정부에는 경제수석을 해보겠다는 자천 타천 후보들이 줄줄이 있었을 것이다. 그런데 왜 하필 공무원 생활을 그만하겠다면서 고사하는 강봉균 장관을 대통령까지 나서서 삼고초려(三顧草廬) 하여 영입했을까?

이 배경에 대해 당시 청와대에서 행정관으로 있었던 조원동 전 경제수석은 다음과 같이 설명하고 있다.

조원동 제가 김영삼 정부에서 정책기획수석실에 있다가 외환위기가 발생한 1997년 12월말에 재경원으로 돌아왔습니다. 보통 청와대에 있다가 일반 정부부처로 나올 때는 승진을 하고 돌아오지 않습니까? 근데 제가 돌아올 적에는 조사홍보과장, 재경부의 가장 말단조직이었어요. 그렇게 돌아왔는데 김대중 당선자 측에서 갑자기 나한테 연락이 왔어요. "청와대 조직개편을 해야 하는데 정책기획을 총괄수석으로 하는 것으로 그림을 그려 보고 싶다"는 겁니다. 그 연락을 해온 사람은 장성민 씨(당시 대통령 당선인 보좌역)였어요.

제가 청와대 정책기획수석실에 있을 때 여러 가지 경제개혁의 밑그림을 만들었는데 그것을 추진하지 못한 채 물러나왔기 때문에 미완의 개혁에 대한 아쉬움이 있었습니다. 그런데 청와대 조직개편을 어떻게 진행하면 좋을지 직접 작업을 해보라고 연락을 받은 거예요. 아무도 모르게 작업을 추진하라고 해서 김대중 대통령 당선자가 머물고 계시는 숙소, 홍은동에 있는 모 호텔이었는데, 그 호텔 옆에서 비밀리에 작업했죠. 설에도 쉬지 못한 채 조직개편의 밑그림을 그렸습니다.

그려 놓은 그림을 김중권 대통령 비서실장 내정자에게 브리핑한 후 저희는 다시 철수했지요. 그런데 김 비서실장이 나중에 나를 다시 불러서 "그렇다면 정책기획수석으로 누구를 시켰으면 좋겠는가?" 하고 물어보더라구요.

그래서 "그런 중요한 인사문제를 제가 어떻게 이야기하겠습니까? 다만 그 자리에 적합한 자격에 대해서는 말씀드릴 수 있을 것 같습니다. 개혁을 추진하려면 단순히 학자들로는 절대로 정책 장악이 안 됩니다. 상당한 행정경험과 추진력이 있는 분이어야 각종 개혁이 가능할 수 있겠습니다."

그런 식으로 이야기하고 저는 돌아왔어요. 나중에 보니까 강봉균 수석께서 내정되셨다고 합니다. 그런데 강 수석께서 저를 다시 청와대로 불러들였어요. 그분은 제가 김영삼 정부 당시 정책기획수석실에서 여러 가지 개혁작업을 했다는 사실을 잘 아시니까 "당신이 와서 정책기획수석실을 어떻게 꾸려야 되는지 한번 일을 해봐라" 그럽니다.

김대중 대통령 당선자는 처음부터 작은 정부를 지향하였다. 이 때문에 새 정부에서 청와대 수석의 지위는 차관급으로 격하되었다. 당시 김대중 당선자 진영은 정책기획실을 새 정부 경제개혁의 산실로 만들기로 결정한 후 행정경험과 추진력이 있는 사람으로 강봉균을 추천받았지만 "이미 장관까지 지낸 사람인데 선임수석이라고는 하지만 직급이 낮은 차관으로 다시 불러도 될까?" 하고 걱정했다고 한다. 그런데 "그분은 직급보다는 일을 우선 생각하는 분이다. 삼고초려 하면 올 것"이라는 주변의 평판을 전해 듣고 대통령까지 직접 설득에 나선 것이다.

조원동(趙源東)

1956년 충남 논산에서 태어나 경기고와 서울대 경제학과를 졸업하고 영국 옥스퍼드대에서 경제학 석사학위와 정책학 박사학위를 받았다. 1979년 행정고시에 합격해 경제기획원 투자심사국 사무관, 국제통화기금 이사와 선임자문관, 재경부 차관보를 지냈다. 2011년 한국조세연구원 원장, 한국개발연구원 국제정책대학원 초빙교수, 2013년 대통령비서실 경제수석을 역임하고, 현재 중앙대 석좌교수로 활동하고 있다.

위기의 와중에 정책기획수석을 선임수석으로 한 것은 정책기획수석실이 새 정부에서 추진해야 할 수많은 경제개혁의 무게와 깊이 때문이었다. 당장 눈앞의 경제위기의 수습도 중요하지만 중장기적으로 추진할 경제개혁이야말로 선임인 정책기획수석이 책임지라는 뜻이었다.

새 정부 정책의 무게중심이 어디에 있었는지 짐작케 하는 대목이다.

DJ 정부의 독특한 각료인선 방식

당시 김대중 정부에는 강봉균 성책기획수석뿐만 아니라 다른 수석들도 김대중 대통령과 거의 일면식이 없는 사람들이 많았다. 사회복지수석으로 내정된 조규향 수석은 "전혀 예상치 못한 상태에서 누군가의 추천을 받아 내가 수석으로 임명됐으며, 수석으로 내정된 후 가장 먼저 한 일도 해당부문 장차관에 적임자로 판단되는 사람들의 명단을 작성해 올린 일이었다"고 회고한다.

위기를 헤쳐나가기 위해 정권창출에 기여한 사람들이 아니라 주변 평판을 통해 유능한 사람을 임명하려 노력했던 새 정부의 고민을 엿볼 수 있는 대목이다.

조규향　내가 다른 사람들의 추천을 받아 수석으로 내정되었는데, 이번엔 수석 내정자들에게 해당 부처의 장차관을 추천하라는 겁니다. 청와대 수석들뿐만 아니라 다른 데서도 장차관을 복수로 추천받아 최종적으로 대통령이 결정한다는데 불과 이틀 만에 추천하라는 거예요.

내가 담당한 해당 부처가 5개 부처나 됐습니다. 5개 부처의 장관과 차관 10명을 추천해야 되는데 그 5배수의 이름을 적어 내라는 거예요. 그래서 신촌 어느 여관을 잡아서 이틀 밤 내내 꼬박 인명사전 및 다른 자료들을 갖다 놓고 외부와 일체 접촉을 끊고 적임자를 연구해서 적어 냈던 게 기억납니다. 그때 김대중 정부가 상당히 민주적으로, 여론과 평판을 감안해서 장차관 인선을 한 거예요. 자신이 추천한 사람이 10명 중 한두 명 될까 말까 해도 참여하는 사람으로서는 기분이 참 좋았지요.

홍은주　총장님께서 추천하신 분은 몇 분이 장관이 되셨나요?

조규향　두 분 정도 됐어요. 내가 단독으로 한 것이 아니고. 내가 추천한 사람을 다른 사람도 추천해서 많이 중첩됐으니 인선했겠지요. 내가 추천한 사람, 외부에서 추천한 사람, 정보기관에서 추천한 사람 등 추천을 여러 군데에서 받은 사람들 가운데 평판을 봐서 선임한 것입니다. 그런 인사는 김대중 대통령이 가장 잘한 거 같아요.

4인의 드림팀 구성되다

그렇게 외부평가를 통해 추천받아 외환위기 수습의 전면에 등장한 각료들이 이규성 재경부 장관, 이헌재 금감위원장, 진념 기획예산위원장 등이었다.

단기외채 만기협상이 타결되어 국제사회의 신뢰가 조금씩 회복되면서 외화 유동성 위기는 일단 진정되었지만 국내 금융시장은 여전히 살얼음판처럼 불안

했다. 금융기관들의 자금중개 기능이 실종되고 자금이 돌지 않았기 때문에 수많은 기업들이 극도의 자금경색으로 하루하루 부도위기에 놓여 있었다. 어디서부터 수습해야 할지, 수습이 가능하기는 할지 짙은 안개상태였다.

그런 상황에서 청와대에 입성하게 되었으나 강봉균 수석은 두려움은 느끼지 않았다. 원래부터 겁이 없는 성격이기도 했고, 경제개발 초기부터 수십 년간 부딪혀온 수많은 위기에 단련되었기 때문이기도 했다.

무엇보다 함께 외환위기의 수습을 맡게 된 이규성 재경부 장관, 이헌재 금감위원장, 진념 기획예산위원장 등도 더할 나위 없이 실력파 백전노장(百戰老將)들이었다. 개인적으로 업무를 통한 상호신뢰도 쌓여 있었다.

수장 격인 이규성 재경부 장관은 재무부 관세국장 때 기획원 사무관인 강봉균을 따로 불러서 "미국의 윌리엄스 칼리지의 세한 교수를 만났는데 당신이 아주 우수한 사람이라고 칭찬하더라"는 말을 전해 주기도 하는 등 친분을 계속 유지해온 사이였다.[3]

진념 위원장은 과거 이규성 재무부 장관시절 차관으로서 정책호흡을 맞춘 적

---

3 강봉균은 1971~1972년에 윌리엄스 칼리지 개발경제학센터에서 석사학위 과정을 졸업했다. 이 대학은 미국 칼리지 서열 1위를 오래 유지해온 명문대이다. 〈포브스〉에 의하면 윌리엄스 칼리지는 2010년과 2011년 연속 하버드대, 예일대, 프린스턴대를 제치고 인문대 1위를 차지하였다.

이 있었고, 기획원 시절에는 계속 강봉균 수석의 직속상관이었다. 한편 이헌재 금감위원장은 강봉균 수석과 행시 6회 동기로 시장의 디테일을 환하게 꿰고 있는 자타공인 지장(智將)이었다.

이 정도 위기관리팀이면 어떤 어려움도 헤쳐나갈 수 있는 최적의 인선이라는 안도감이 들었다.

강봉균 DJP 연합으로 선거에 승리한 후 김종필 총재의 추천으로 입각한 대표적 인사가 이규성 장관과 이헌재 금감위원장 등입니다. 여기에 진념 위원장이 가세했는데 이 세 분은 내가 인선했다고 하더라도 더 이상 좋은 선택이 없을 만큼 최고의 멤버들이었기 때문에 4인 공동운영체제를 만들어 원만하게 운영하는 것이 좋겠다고 생각했습니다. 이규성, 이헌재 장관 두 분은 DJP 연합에서 자민련의 추천이었지만 입각한 뒤 모두 김대중 대통령의 각별한 신임을 받았고, 모두가 나라를 구한다는 소명의식을 가지고 열심히 일했습니다.

당시 경제정책의 수립과 운용은 이규성 재경부 장관, 이헌재 금감위원장, 진념 기획예산처장관이 분담하여 맡았는데 제가 정책기획 수석 3개월 만에 경제수석으로 자리를 옮기면서 4인의 완전 합의체로 운영되었습니다. 그때 시중에서도 우리 네 사람에 대해 재무부 사람 둘, 기획원 사람 둘 균형 있게 잘 골랐다는 평가가 있었다고 합니다. 우리 네 사람은 당시 '드림팀'이라는 평을 받을 만큼 서로 협력하여 전원 합의체로 일을 처리해 나갔습니다.

대승적 차원의 의견조율로 문제해결

조원동 이 네 분의 팀워크가 참 좋았죠. 네 분이 다 개성이 굉장히 강하고 평소 주관이 뚜렷하신 분들이지만 위기상황에 대해 협력적 대응을 참 잘하셨습니다.

큰 정책은 대부분 세 분의 경제장관님과 경제수석 간에 논의가 이뤄져서 추진 되었습니다. 그런 점에서 보면 당시 재경부 장관이셨던 이규성 장관님께서 굉장히 후덕하신 분이셨습니다. 이견이나 쟁점을 잘 포용하여 정리하셨죠. 또 이헌재 장관님은 평소 말씀을 굉장히 아끼시는 분 아니겠어요? 하지만 꼭 필요한 말은 다 하면서 그것을 행동으로 강하게 보여주시는 분이고 또 진념 장관님은 충분히 맏형 역할을 할 수 있으신 분인데 예산, 공공 분야를 맡아 공공개혁 부분을 특화해서 확실히 추진하셨습니다.

그때 강봉균 수석께서 하신 역할은 이분들이 일을 잘하실 수 있도록 정치적인 면에서 방화벽을 만들어 주고 대통령을 직접 설득해서 외부에서 오는 정치적 압력을 차단하여 그분들이 소명감을 갖고 소신껏 추진할 수 있도록 도우신 것입니다. 네 분이 서로 이견을 내기보다는 "현안을 어떻게 가장 합리적으로 풀어갈 것이냐?" 하는 대승적 차원에서 구체적인 의견조율이 참 잘되었고 각자 보완적 역할을 하셨습니다.

DJ의 중도실용주의 노선인사

홍은주 김대중 대통령이 구정권의 경제관료 출신들을 외환위기 수습과 개혁의 사령탑으로 기용한 것은 상당한 모험이었습니다. 위기책임을 져야 할 구정권 관료들에게 책임을 맡겨서 개혁조치가 제대로 추진될 것인가 하는 반대와 우려가 적지 않게 제기되었던 것으로 기억합니다. 이 같은 반대의견에도 불구하고 김대중 대통령이 구정권의 경제관료들을 기용한 배경은 무엇이라고 보십니까?

강봉균 김대중 대통령이 야당 총재 시절에는 좌파에 가깝다는 이야기가 있었지요. 그런데 실제 집권 이후 가까이서 보니 당시 외환위기에 대해 이념적 접근보다는 어떤 정책이 위기 해결에 더 효과가 있는지에 주로 초점을 맞춘 실용적 사고를 하시는 분이었습니다. 김대중 대통령은 이규성 장관과 이헌재 금감위원장은 물론이고 저나 진념 장관에 대해서도 입각 전에는 잘 몰랐습니다. 그런데 김대중 대통령은 이들과의 정치적 인연이나 배경에는 별 관심이 없었습니다. 정책추진

능력이나 업무처리의 성실성, 청렴성 등을 중요시했는데 우리 네 사람이 일하는 모습을 관찰하거나 보고내용을 들으면서 차츰 신뢰를 쌓아가기 시작했던 것 같습니다.

당시 진보진영에서는 시민사회운동가들과 경제전문가들로 구성된 '중경회'(김대중 경제를 생각하는 모임)가 있었지만 우리 경제가 처한 상황이 너무 엄중했기 때문에 이념적 논쟁을 할 겨를이 없었습니다. 따라서 진보진영에서도 관료출신이든 아니든 문제해결을 잘하는 사람들인지 우선 지켜보자는 기류가 있었습니다. 또한 이분이 야당시절 정치적 탄압을 받았지만 "정치적 보복이 악순환되어서는 안 된다. 일체의 정치보복은 없다"는 관용과 포용정책을 실천했습니다. 이는 외환위기 수습과정에서 국민통합에도 큰 도움이 됐다고 생각합니다.

김대중 대통령의 중도실용주의 인사방침은 새 정부 출범 초기에 이뤄진 청와대 내의 교체인사에서도 엿볼 수 있다. 대통령의 지시에 따라 강봉균 정책기획수석과 김태동 경제수석이 3개월 만에 전격적으로 자리를 맞바꾼 것이다.

김태동 경제수석은 '중경회' 출신의 진보성향 학자로 기존 경제관료들을 개혁대상으로 보아 크게 신뢰하지 않았다. 위기관리의 핵심인 경제수석이 함께 문제를 풀어나가야 할 관료들을 불신하고 신뢰가 없으니 정책이 제대로 추진되지도 못하고 마찰이 자주 발생했다.

그러자 김 대통령은 새 정부 출범 3개월 만에 자신을 대통령으로 만들어 준 이론적 지지기반인 중경회 멤버인데도 불구하고 김태동 경제수석을 전통 관료출신인 강봉균 수석과 맞바꾸는 결단을 내렸다. 이에 따라 강 수석은 기존의 선임수석 업무에 더해 경제와 금융 전반에 이르기까지 포괄적으로 진두지휘하게 된다. 강 수석에게 대폭 힘이 실린 것은 물론이다.

대통령은 "기업과 금융 구조조정을 위해서는 금융전문 비서관이 필요하다"는 건의도 받아들여 금융비서관직제도 신설했다. [4]

---

4 신설된 금융비서관에는 재무관료 출신인 유지창 국장이 내정됐다.

조원동 김대중 대통령이 필요하다고 판단하면 인재를 가리지 않고 쓰신다고 생각했어요. 굉장히 실용주의 노선이었죠. 고(故) 노무현 대통령을 평가할 때 "왼쪽 깜빡이를 켜고 오른쪽으로 간다" 이런 얘기를 하는 사람들이 있는데, 사실 제가 보기엔 김대중 정부가 더 그랬던 것 같습니다. 시장주의 노선에서 보면 훨씬 더 시장에 가까운 정책을 펴지 않았나 생각합니다. 복지제도를 너무 성급하게 추진했다는 점에서 시장주의자들의 비판을 받는 측면이 없지 않지만 그 외에 다른 경제운영이나 제도 설계, 용인술 관점에서 보면 상당히 실용주의적이고 어떻게 보면 자유주의적인 측면이 있지 않았나 그런 생각을 해봅니다.

김대중 대통령이 보인 중도실용주의 노선은 전통 지지층으로부터는 '시장만능의 신자유주의 도입'이라는 비판을 받았으나 과거 정치적 경력상 사회주의의 길을 선택할지도 모른다는 서구국가들의 강한 의심을 대폭 완화시켰다. 그는 대통령 취임 후 미국, 일본, 유럽 등을 돌면서 한국이 자본주의 체제 내에서 선진국으로 도약하기 위한 근본적 구조개혁을 추진할 것임을 설득했고 이것이 국제금융시장 분위기를 안정시켜 외환위기를 극복하는 데 결정적 역할을 했다.[5]

병풍메모에서 통 큰 위임까지 … 체계적인 'DJ 스타일'

숨 돌릴 틈 없이 급박한 상황이 계속되는 가운데 정신없는 하루 일과가 끝나면 매일 밤 각 수석들은 보고안건을 종합하여 대통령이 읽을 수 있도록 관저 집무실 책상에 올려놓곤 했다. 그날그날의 환율과 자금시장 동향, 외화자금 유출입 동향, 실업률과 고용률 통계 등을 종합한 내용이었다.

다음날 아침이면 어김없이 대통령 관저에서 조찬을 겸해 대통령 주재 수석비

---

5 "By early 1998, new governments were in place in Thailand and South Korea, and their commitment to economic reform was essential to calming financial market."(Robert Rubin, 2004, *In an Uncertain World*, Random House, p. 242)

서관 회의가 열리곤 했다. 경제위기의 와중이다 보니 대부분 외환위기 수습방안과 거시정책, 금융 및 기업 구조조정, 실업대책과 사회안전망 마련, 중소기업 보호대책 등이 주로 토론됐다.

조규향 전날 강봉균 수석이 종합해서 보고한 내용을 밤새 대통령께서 본인이 직접 정리했어요. 그분이 늘 가지고 다니는 수첩이 있는데 아침에 우리가 보고하러 가면 그 수첩을 내놓고 이야기하십니다. 메모용 수첩도 있고 종합 정리한 노트도 따로 있고요. 우리가 옆에서 봐도 잘 안 보일 정도로 작은 글씨로 본인이 따로 종합해서 정리하신 것입니다.

대통령이 노트와 수첩을 보고 말씀을 하시는데 다른 얘기를 하다가도 반드시 다시 본론으로 돌아와요. 우리는 이야기가 샛길로 빠지면 아예 계곡 아래로 떨어지는데(웃음) 이분은 반드시 본론으로 다시 돌아가는 거예요. 기억력이 비상하신 거죠.

본관에 결재받으러 가면 주머니에서 병풍처럼 접은 메모지부터 꺼내는데 거기에 경제지표, 그래프, 가령 교육문제면 학교의 학생 수 등의 통계가 전부 다 들어 있어요. 환율, 실업률 등 모든 지표를 대통령께서 매일 꿰고 있으니 우리가 엉터리 보고를 못해요.

다른 수석들로부터 올라온 정보를 종합하고 정책을 조율하여 대통령에게 올리는 최종 보고서의 작성 책임은 선임수석인 강봉균 수석에게 있었다. 당연히 출퇴근 시간이 따로 없었다. 강봉균 수석의 작은 사무실에는 낡은 야전침대 하나가 책상과 더불어 협소한 공간의 대부분을 차지하고 있었다.

강봉균 총리실에서 일할 때부터 청와대 뒤편 청운동 가까이 살았기 때문에 아침 6시쯤 출근해서 간단한 운동을 하고 조찬회의부터 시작하곤 했습니다. 일을 하다 지치면 청와대 내 체육관인 연무관에서 운동을 하거나 사우나를 했는데 한번은 골똘히 업무 생각을 하다가 문에 걸려 손톱이 빠져서 기절한 일도 있습니다.

그러나 대체로 긴장을 잘하지 않는 성격이어서 외환위기 한창때라도 심각한 스트레스는 별로 겪지 않았습니다.

홍은주 외환위기 초기에 매일 김대중 대통령을 만나고 보고하셨는데 어떤 인상을 받으셨나요?

강봉균 이분이 힘든 상황이지만 의지를 가지고 국정을 이끌어간다고 생각했습니다. 취임과 동시에 외환위기를 수습하는 과정에서 취임 초기에는 옆에서 보기에 안타까울 정도로 국정과 경제상황을 우려하고 불안감을 갖기도 했고 연로하신 분이 매일 아침 일찍부터 일정을 빡빡하게 잡아 강행했습니다. 집권 초기부터 돈을 꾸러 해외도 많이 나가시고 …. 조찬회의 때는 가끔 눈을 감고 졸기도 하시는 모습을 봤습니다.

대통령께서는 각 수석들이 소관 업무를 보고토록 하고 수석들의 의견을 경청하는 자세로 회의를 진행하곤 했습니다. 김 대통령의 가장 큰 장점은 담당수석의 보고가 끝나기 전에는 자기의 의견을 말하지 않고 끝까지 경청하는 것이었습니다. 기탄없이 자유로운 토론을 허용하였는데 오랜 기간 대통령을 모셨던 정치, 사회 분야 수석들은 말을 조심하는 경향이 있었지만 나는 대통령께 직설적인 정책건의를 많이 드렸습니다. 이런저런 정치적 고려를 하지 않고 할 말을 하는 내 태도를 오히려 높이 평가하는 것 같았고 시간이 갈수록 전적으로 신뢰해 주셨습니다. 대통령 주재 수석회의 때 내가 농담을 많이 해서 대통령께서 웃기도 했죠.

김 대통령은 일단 신임하게 된 사람에게는 철저하게 권한을 위임하는 스타일이었다. 그래서 처음에는 청와대 주도이던 경제대책 조정회의도 강봉균 수석이 재경부 장관으로 갈 때는 이것을 재경부로 가져가서 재경부 장관이 알아서 주재하도록 했다. 나중에 강 장관은 경제대책 조정회의의 결과에 대해 청와대 주례 보고도 하지 않았다. 그만큼 신임을 받았다는 뜻이다.

오종남(吳鍾南)

1952년 전북 고창에서 태어나 광주고와 서울대 법학과를 졸업하고 미국 서던메소디스트대에서 경제학·경영학 석사와 경제학 박사학위를 받았다. 1975년 행정고시에 합격해 주로 경제기획원에서 근무하다 1998년 대통령비서실 산업통신과학비서관, 2001년 대통령비서실 재정경제비서관, 2002년 통계청장, 2004년 국제통화기금 상임이사를 지냈다. 공직을 떠난 후 2007년 서울대 과학기술혁신 최고전략과정 주임교수, 2009년 유니세프한국위원회 사무총장을 역임했고, 현재 새만금위원회 민간위원장으로 있다.

홍은주 권한을 위임하는 리더십 스타일이었군요.

강봉균 그렇습니다. 외환위기 수습을 위해 주요 경제정책이 파격적으로 추진되었는데 자신이 잘 모르는 사람이라도 경제장관들의 능력과 평판에 따라 추천받아 발탁하고 이들에게 전권을 부여했습니다. 경제장관들이 토론을 거쳐 결정한 경제정책 내용에는 섣불리 개입하려 들지 않았고 오히려 내용을 숙지하여 경제부처를 대신해 국민들을 설득하는 노력을 아끼지 않았습니다.

오종남 경제부처끼리 이견이 있는 정책은 청와대 서별관 회의에서 결정되는 경우가 많았는데 금융과 거시경제를 총괄했던 이윤재 비서관과 산업통신과학 분야를 맡았던 제가 항상 배석했습니다. 당시 서별관 회의에서는 장관들끼리 정말 기탄없는 토론이 이뤄졌어요. 저녁 늦게까지 이어지는 토론 끝에 이견이 조정되면 최종적으로 강봉균 경제수석이 대통령에게 보고했는데 대통령이 강 수석에게 확실히 권한위임을 해줘서 그 내용을 대통령이 뒤집는 경우는 거의 없었습니다.

'국민과의 대화'로 대국민 설득

홍은주 비상 경제상황이었던 만큼 대(對)국민 설득이나 정책홍보가 중요했을 텐데 그런 일은 어떻게 이뤄졌습니까?

강봉균 관계부처 협의가 끝난 주요 대책 가운데 대국민 설득이나 홍보가 필요한 사항은 대통령이 의장인 경제대책 조정회의에 상정하여 의결하고 곧바로 청와대 기자실에서 공식 브리핑하는 절차를 거쳤습니다.

당시 대국민 경제정책 홍보에서 가장 중요한 역할을 하신 분이 대통령입니다. 김대중 대통령은 국민과의 소통에 탁월한 능력을 가진 분이었습니다. 취임후 중요한 사건, 예를 들어 외환위기 수습, 실업대책, 해외 정상회담 등 계기가 있을 때마다 TV를 통한 국민과의 대화를 2~3개월 정도 간격으로 가졌는데 대화방식은 방청객의 질문에 대답하는 개방적 토론 방식이었습니다.

이분은 아무리 복잡한 사안이라도 결단을 내리기 전에 큰 줄거리를 반드시 이해하려고 노력하시는 분이에요. 기자회견을 할 때도 절대로 써 준 것을 그대로 읽는 스타일이 아닙니다. 그 내용을 소화하기 위해서 밤새 공부하곤 했습니다. 보고내용을 스스로의 언어와 스타일로 노트에 정리하여 완전히 숙지한 다음 그것을 연설하거나 좌담식으로 쉽게 풀어 국민들에게 전달하곤 했습니다. 국민들의 이해를 돕는 소통능력이 뛰어나 경제문제의 국정홍보에 큰 도움을 주곤 했습니다.

또 국민들로부터 '경제를 잘 아는 대통령'이라고 인정받았기 때문에 경제정책의 대국민 설득이 쉬웠습니다. 국민들이 위기해소를 지켜보는 분위기라 국회도 비교적 협력적인 분위기였습니다. 당시 국회는 여소야대였고 DJP 연합정권에 대한 한나라당의 불만 때문에 김종필 총리의 국회인준이 이뤄지지 않는 어려운 여건이었으나 외환위기 수습을 위한 관련법 제·개정에는 국회도 정부에 협조적이었습니다.

외환위기의 워룸(war room) 된 '서별관 회의'

1997년 2월 본격 출범한 새 정부는 권력을 분산하는 방향으로 정부조직을 재편했다. 구 재정경제원에서 예산을 떼어내 기획예산처로 독립시켰고, 금융분야를 떼어내 금융감독위원회를 설치했다. 권한이 축소·분산된 재경원은 재정경제부로 이름이 바뀌었다.

경제부총리제 폐지는 김대중 대통령의 대선공약이었다. 특정 부처의 과도한 권한집중을 막겠다는 의도였다. 예산과 기획, 금융 등 핵심 기능을 가지고 경제부총리로서 부처의 맏형 노릇을 하던 재경부의 위상이 장관으로 바뀐 것이다.

경제부총리제가 폐지되었기에 재경부 장관이 주재하는 공식적 경제장관 회의를 열 수 없었다. 위기상황에서 효율적으로 정책을 조정하고 우선순위를 정하기 위해 대안으로 등장한 것이 '청와대 서별관 회의'다.

청와대의 조그만 별관에서 1주일에 3~4회씩 열린 이 경제장관 회의는 저녁식사 후 소집되어 심야회의로 연결되기 일쑤였다. 회의 참석자는 이규성 재경부 장관, 진념 기획예산처 장관, 이헌재 금감위원장과 청와대의 정책기획수석과 경제수석 등이 고정멤버였고, 사안별로 다른 장관들이나 수석들이 참석했다.

이규성 재경부 장관이 부총리 타이틀 없이도 전체 경제정책을 총괄하는 수석장관 역할을 했고, 강봉균 수석이 간사 역할이었다. 6

홍은주 고(故) 장기영 부총리 시절에는 경제부총리가 주재하는 '녹실 회의'가 유명했는데, 외환위기 수습과 개혁논의를 할 때는 '청와대 서별관 회의'가 자주 열렸다고 들었습니다. 어떤 회의였습니까?

강봉균 김대중 정부 들어 경제부총리 제도를 폐지하고 경제장관 회의도 사실상 없어져서 청와대 비서실의 정책조정 기능이 커졌습니다. 외환위기 수습을 위한

---

6 재경부 장관의 부총리직제는 진념 부총리 때 다시 살아난다.

구조개혁 등 긴박한 현안들의 효율적 정책조정과 신속한 집행을 위해 청와대 서별관에서 회의가 빈번히 개최됩니다. 외환위기 수습대책이 관계부처 이견이나 의지부족 때문에 지지부진해지지 않도록 하려는 의도에서 서별관 회의가 운영된 것입니다. 주요 대책들은 여러 부처와 관련되는 사항이 많아 청와대가 객관적으로 이해상충을 정리하는 힘을 발휘하려는 것이었습니다.

회의주재는 총괄부처인 재경부의 이규성 장관이 맡았고, 회의간사는 경제수석이 맡아 대개는 주요멤버인 4인방끼리 토론하여 결론을 냈습니다. 다른 경제부처 장관들은 현안이 있는 경우에만 참석했습니다. 사회복지수석도 사안에 따라 때때로 참석했고, 외교안보수석의 경우는 대통령의 정상회담 때 경제이슈가 많아서 참여했습니다. 대통령께는 그 결과를 정리해서 바로 다음날 아침에 구두 또는 서면으로 신속하게 보고했습니다.

거시정책, 기업과 금융 구조개혁, 실업대책, 사회안전망 구축 등 범부처를 아우르는 복잡한 사안들이 모조리 청와대 서별관 회의를 거쳐갔다. 부처 간에 이견이 발생하고 충돌할 때는 재경부 장관이 수석장관으로서 먼저 조율했다. 그런데도 부처 간 이견이 해소되지 않으면 강봉균 수석이 중재하여 잠정 결론을 내린 후 대통령의 재가를 받았다.

서별관 회의에는 이윤재 재정경제부문 총괄비서관과 오종남 산업통신과학비서관이 거의 대부분의 자리에 배석했다. 오 비서관은 "당시에 김대중 대통령이 경제장관들을 크게 신뢰하여 권한을 대폭 위임했다. 서별관 회의에서 장관들끼리 끝장토론을 통해 정책을 어떻게 가져갈지 잠정 결론이 내려지면 강봉균 수석이 대통령께 종합 보고했는데 그것을 뒤집거나 문제 삼은 적이 거의 없었다"고 회고한다.

근본부터 바꾼 거시정책 운용

IMF는 1997년 12월 4일 한국 정부와 3년 단위 스탠바이 협약을 체결하면서 한국 정부가 지켜야 할 거시정책 운용 프로그램을 제시했다. 여기에는 금융정책, 환율운용, 그리고 재정정책 등의 거시정책이 포함되어 있었다. IMF 협정서의 핵심내용은 다음과 같다.

① 기준금리인 콜금리를 12.7%에서 25%로 올린다.
② 금리 수준은 인플레 압력이 해소되고 환율이 안정될 때까지 유지한다.
③ 물가안정 목표를 감안하여 M3 증가율을 억제한다.

재정적자 역시 GDP의 1% 이내 유지라는 긴축정책에 초점이 맞춰졌다. IMF의 이 같은 거시정책 목표는 외환수급기능 정상화 및 수입수요 억제에 초점이 맞춰져 있었다. 고금리가 되면 그동안 경상수지 적자의 원인이 된 수입수요가 줄어드는 한편 고금리를 추종하는 해외 달러가 유입되기를 기대할 수 있다. 또 향후 금융기관 정상화와 공적자금 투입 확대에 대비해야 하기 때문에 재정건전성을 유지하라는 주문이었다.

금리·통화·재정의 3박자가 긴축국면으로 운영되는 상황에서 금융 구조조정이 추진되다 보니 국내 금융시장의 신용경색이 심각한 문제로 떠올랐다.

고금리와 긴축정책의 파고

정책금리인 콜금리는 한때 32%까지 폭등했고, 은행 대출금리도 18%까지 상승했다. 금융기관들이 스스로의 생존에 대한 불안감 때문에 기업들에 대한 대출을 공격적으로 회수하기 시작한 것이다. 만기연장도 쉽지 않았고 어지간한 기업은 신규대출을 받기가 어려웠다.

이미 1997년에 연초 한보그룹부터 시작해 12월초 한라그룹까지 30대그룹 가운데 이미 8개 그룹이 도산하거나 워크아웃에 넘어간 상태였다. 이대로 가면 다른 기업들의 도미노 부도가 불가피했다. 특히 중소기업들의 어려움과 자금난이 심했다.

강봉균 당시 대기업들의 신용경색 현상이 심화된 것은 고금리 정책과 금융긴축의 영향도 있었지만 더 큰 이유는 금융기관 특히 은행들이 은행 퇴출이나 합병의 빌미가 되는 건전성 기준 BIS 비율 악화를 두려워하여 조금이라도 위험이 수반되는 대출을 기피하는 현상이 만연했기 때문입니다. 특히 극심한 불황이 시작되면 중소기업들이 자금난에 먼저 직면하고 흑자도산(黑字倒産)까지 우려되기 때문에 은행들이 선제적으로 중소기업 대출을 더 기피하는 악순환이 벌어져 흑자도산과 실업증가로 이어졌습니다. 또한 우리나라 은행들의 대출관행은 부동산 담보를 중시하는데 외환위기가 발생하자 부동산 시장도 거품이 빠지기 시작하여 은행들은 담보대출마저 꺼리게 되었고 신용경색을 더욱 부채질했습니다.

이 때문에 1998년 초 경제상황이 상당히 악화됩니다. GDP 성장률이 -6.7%를 기록하여 30여 년 경제발전사상 최악의 상태였습니다. 경제활력이 급격히 하락한 것은 신용경색으로 기업도산 비율이 높았고 생존 기업들도 투자를 대폭 축소하였기 때문입니다.[7] 민간소비도 10%나 감소하였고 실업증가와 임금하락, 중산층 소비심리 위축 등 우려할 만한 상황에 접어들었습니다.

정부는 부실기업과 부실금융기관 구조개혁이라는 대수술을 단행하는 과정에서 민간 소비심리가 어느 정도 위축되는 것은 불가피했겠지만 건실한 기업들까지 흑자도산하는 것을 방치하면 수술을 감당할 기력마저 상실할 우려가 있다고 판단하게 되었습니다.

---

7 기계설비 -38%, 건설 -10% 등이다.

중대고비가 된 제5차 IMF 협약

이에 따라 IMF와 거시정책 운영에 대해 근본적인 재협상 필요성이 높아졌다. 1997년 말 발생한 외환위기 이후 IMF와의 대기성 차관 협약은 1997년 12월 4일의 1차 협약을 시작으로 2000년 7월 12일 최종 의향서 합의까지 총 10회에 걸쳐 이루어진다(1~10차 의향서 내용은 〈부록〉 참조).[8]

이 가운데 김대중 정부 들어 가진 첫 협약인 1998년 5월 2일 5차 협상이 거시경제 운용과 관련한 중대고비가 됐다. 한국 측은 고금리 재정 긴축정책을 대폭 완화하지 않으면 심각한 사태가 발생할 것이라고 주장했다. 나중에 외환위기가 극복된다고 한들 그 과정에서 모든 기업들이 다 도산해 버리면 무슨 의미가 있는가?

고금리 · 재정긴축으로 극도의 경기위축 상황이 벌어지고 경제성장률이 마이너스로 돌아서자 IMF도 당황하고 있었다.

홍은주   IMF와 당초 약속했던 고금리와 긴축정책을 크게 완화하기 위해서는 거시정책 목표를 두고 IMF와 재협상해야 했을 텐데 IMF가 호락호락 응해 주던가요?

강봉균   나는 경제기획원 기획국장 4년, 기획차관보 4년을 지내면서 해마다 내한하는 IMF 조사단의 상대역을 했기 때문에 그들의 성향을 잘 이해하고 있었습니다. 즉, 이들이 요구하는 핵심은 "거시정책 운용은 시장원리에 부합되어야 하기 때문에 금리정책이나 환율정책을 정부가 인위적으로 끌고 가서는 안 된다"는 것이지 자신들의 수습책을 무조건적으로 강요하는 것은 아니라고 판단했습니다. 그래서 우리가 IMF 측에 요구하여 거시정책은 한국 경제 실정에 맞게 탄력적으로 운용하겠다는 자율성을 확보하였습니다. 우리 의사에 반대되는 정책을 끝까지 강요받지는 않았습니다.

특히 IMF의 휴버트 나이스 수석대표는 내가 기획국장 시절인 1985년에서

---

8 결과적으로 IMF 프로그램 기간은 1997년 12월 4일에서 2000년 12월 3일까지 3년간이었다. 약정금액은 155억 SDR(≒ 210억 달러)이었다.

1988년 중반에 한국 경제정책의 기로(岐路)에 대해 함께 치열한 논의를 벌인 사이여서 거시정책에 대해 말이 잘 통했습니다. 그 당시 우리나라가 역사상 초유의 3저 호황기를 맞아 연 11% 경제성장, 3% 미만 소비자물가상승률, 대규모의 경상흑자를 내고 있었거든요. 당시 나와 나이스는 우리나라가 수입자유화 속도를 높여야 한다는 데 묵시적으로 공감하였으나, 국내 분위기는 대기업들을 중심으로 수입개방에 저항하는 분위기여서 둘이서 의견을 많이 교환하고 말이 통하는 사이가 됐습니다. 오스트리아 출신인 나이스 대표는 남의 나라의 어려운 형편에 기대어 잘난 체하거나, 훈계하는 스타일이 아닌 조용한 성품의 사람이었습니다.

거시정책 대전환

다행히 1998년 5월의 재협상이 잘 타결되면서 이때를 고비로 거시정책에 큰 전환이 이뤄졌다. 정책금리는 고금리에서 저금리로 낮춰졌고, 재정 역시 긴축에서 확장으로 기조가 확 바뀐다.

IMF와의 약속에 따라 1997년 12월 5일부터 25% 수준을 유지하기로 했던 콜금리는 한때 32%까지 올라갔으나 1998년 2/4분기부터는 점차 인하되어 5월 이후부터 10%대 이하 한 자릿수로 안정되기 시작했다. 고금리가 기업들의 흑자도산을 확대시켜 경기침체를 심화시키고 경기를 오버킬(over-kill) 한다는 의견이 있어 5월에는 콜금리를 10%, 그 이후 한 자릿수로 낮추는 등 점차 외환위기 이전 수준으로 복귀한 것이다. [9]

은행 대출금리도 18%까지 올랐다가 6월부터 10% 미만의 정상수준으로 복귀했다. 각종 통화완화 긴급조치를 통해 기업들의 신용경색 현상이 점차 풀리기 시작했다. 재정정책 역시 확장국면으로 전환되었다. 당초 IMF는 1998년 예산의 수지균형을 유지해야 향후 발생하는 공적자금 이자 및 실업자 보호를 위한 자금 등 GDP 1.5% 수준의 적자를 감당할 수 있다고 보고 재정긴축을 요구했다.

---

9 당시 콜금리가 정책금리의 기준이 되었다.

그러나 당초 예상수준을 훨씬 뛰어넘는 경기악화와 기업들의 줄도산, 실업 등에 대응하여 한국 정부는 GDP의 일정 범위 내에서라면 적극적인 실업대책이 필요하다고 판단한다. 이에 따라 대대적인 확장재정으로 전환하고 수차례의 추경예산을 편성했다.

중소기업 무더기 도산을 막아라!

거시정책 방향이 완화되어 통화량이 늘었다고 하더라도 금방 신용경색이 풀리는 것은 아니었다. 특히 종금사와 은행 등이 구조조정 대상이 되면서 간접금융시장은 완전히 얼어붙었다. 극심한 자금난이 한동안 계속됐다. 그나마 대기업들은 회사채 발생이나 CP 발행 등 직접금융시장에서 자금을 조달해 숨통이 트였지만, 신용이나 담보가 없어 회사채나 CP를 발행할 수 없는 중소·중견기업들이 문제였다. 이미 1만7천여 개 중소·중견기업들이 무너졌다. 내수위축으로 영세 자영업자들도 줄도산했다. 자금난과 신용경색 속에 건실한 중견기업들까지 일시적 유동성 부족으로 흑자도산하는 일이 발생하기 시작했다.

강봉균 금융시장의 신용경색이 심화되자 중소기업들은 이중고에 시달리게 되었습니다. 첫째, 금융기관들이 여신을 축소하는 과정에서 지불능력이나 담보자산이 취약한 중소기업 여신부터 줄였고, 둘째, 대기업들이 구조조정의 태풍에 휘말리자 중소 하청업체나 유통업체에 대금지불을 제대로 하지 못하는 상황에 빠졌기 때문입니다.

김대중 대통령은 중소기업과 대기업의 균형발전을 경제철학으로 하는 분이어서 중소기업 보호에 최선을 다하도록 내각과 경제비서실에 신신당부했습니다. 또 중소기업은 총고용의 90% 안팎을 점하기에 중소기업의 부도사태는 실업증가와 직결되었습니다. 따라서 IMF가 요구하던 금융긴축을 대폭 완화하여 중소기업 자금난을 덜어 주도록 했습니다. 또한 1998년 초에 한국은행이 중소기업 대출에 대한 재할인 한도를 1조 원에서 5조6천억 원으로 확대하여 진성어음 할인과 무역 신용장(L/C) 대출이 원활해지도록 조치했습니다.

한국은행은 또 세계은행 공여자금 등 10억 달러를 활용하여 시중은행의 중소기업 L/C 개설에 사용하도록 했고, 1998년 5월 금감위는 각 은행에 중소기업 대출 상환만기를 1998년 말까지 연장하여 주도록 긴급조치했습니다.

9월에는 신용보증기금에 IBRD 구조조정 차관 10억 달러를 지원하여 신용보증한도가 26조 원 정도 늘어나도록 하고 정부에서도 1조 원을 추가 출연합니다. 특히 중소기업 대출 증가로 은행의 BIS 비율이 낮아지는 요인은 2년간 건전성 산출에서 제외해 주는 특단의 조치를 취했습니다. 한마디로 중소기업은 IMF 외환위기 당시 재벌기업들처럼 구조조정 대상이었다기보다 보호와 지원을 받은 대상이었습니다. 1998년의 심각한 신용경색 상황이 1999년부터 점차 해소되기 시작하면서 중소기업들의 조업중단이 정상화되기 시작했습니다.

IMF의 초기 거시정책 타당성 논란

홍은주 1998년 1/4분기에 예기치 못한 경제위기를 가져온 것은 IMF가 외환위기 초기에 요구한 고금리 정책과 긴축정책, 고환율 정책 때문이라는 인식이 많습니다. 'IMF 음모론'이 시중에 떠돌기도 했죠.[10] IMF가 한국 정부에 지나치게 고금리와 긴축, 고환율을 강요했다는 주장에 대해 어떻게 생각하십니까?

강봉균 그 주장은 몇 가지 사실과 오류가 뒤섞여 있습니다. IMF가 고금리 정책을 요구한 것은 외자유출을 막는 효과를 기대한 것입니다. 외자유출이 계속되면 외

---

10 당시 오마에 겐이치(일본의 경제평론가)의 'IMF 음모론'이 논란이 되기도 했다. 여기에 대해 강봉균 수석은 일고(一考)의 가치도 없다고 일축했다. "오마에 겐이치의 주장은 '한국은 부품수입을 일본에 의존하기 때문에 무역흑자를 낼 수 없는 나라. IMF의 권고대로 시장을 개방하면 한국에서 살아남을 기업은 하나도 없다. 정보화 사회로 이행하려 해도 한국인은 영어와 수학 실력이 부족하여 안 될 것이다'라는 등의 내용이었습니다. 한국을 무시하는 감정적 편견일 뿐 경제전문가다운 논리적 근거가 없어 코멘트 가치가 없다고 봤습니다. 특히 그의 비평은 IMF 구제금융이 미국 은행들의 돈을 회수하기 위한 것이라는 미국 음모론이었는데 이는 언급할 가치도 없는 난센스입니다."

홍은주 힌양시이미대 교수

환부족이 심화되고 외자유출로 환율이 천정부지로 올라가면 수입물가 급등으로 인한 인플레이션을 유발할 우려가 있기 때문입니다. 재정긴축의 목적은 금융구조 개혁이나 부실기업 정리에 필요한 공적자금 소요 및 구조조정 과정에서 양산되는 실업자를 위한 사회안전망 구축의 재정부담에 대비하는 것이었습니다. 반면 고환율 정책은 IMF가 인위적 목표를 설정하여 강요했던 것이 아닙니다.

당시 시장상황을 반영하지 못하는 저환율을 현실화하자는 것이었는데 정책권고의 내용은 통화당국이 직접 환율에 개입하지 말고 시장개입은 외환시장 플레이어의 한 축으로서 최소한의 개입, 즉 '스무딩 오퍼레이션'으로 제한하라는 것이었습니다.

결국 환율은 1997년 12월 달러당 1,900원대를 훌쩍 넘어섰다가 국제수지 자본계정이 안정되는 1998년 1/4분기 무렵에는 1,400원 선으로 하락했고 불안심리가 조기에 진정되었습니다. 또 환율상승은 우리의 수출회복과 수입억제에 큰 플러스 효과를 가져왔습니다. 경상수지의 흑자 전환이 빨랐기 때문에 외환시장이 안정되고 IMF 자금 조기상환이 가능해졌습니다.

홍은주 당시 한국의 경우 회사채와 주식 등 자본시장이 대외개방도가 낮아 포트폴리오 투자비중이 낮았기 때문에 고금리 정책을 취했다고 해서 외자가 더 들어오지는 않았을 것입니다. 고금리로 인한 순기능보다는 기업들이 겪은 역기능이 더 컸던 것 같다는 평가에 대해 어떻게 보십니까?

강봉균 외자유치 배경에서 고금리 정책이 추진되었지만 현실적으로는 국내기업들에게 큰 부담을 주었고 흑자도산하는 중소기업을 양산하는 심각한 부작용이 있었습니다. 한국의 외환위기는 본질적으로 국제수지 자본계정에서 생긴 문제로서 외국 단기자본이 썰물처럼 빠져나간 원인이 홍콩, 싱가포르를 비롯한 말레이시아, 인도네시아, 태국 등 동아시아 전체를 강타한 외화유동성 위기의 파고 때문이었는데 과연 고금리 처방이 합당했는가 하는 의문이 있었습니다. 오히려 IMF가 미국을 비롯한 주요 회원국들을 설득하여 그 나라 금융기관들이 만기 연장을 해주도록 적극적인 설

강봉균 전 재경부 장관

득과 대응을 했더라면 고금리 정책으로 인한 부작용을 줄일 수 있었을 것이라는 주장은 설득력이 있다고 생각합니다.

이 때문에 고금리 정책이 장기적으로 지속되기는 어려운 상황이었습니다. 재정정책 역시 IMF가 긴축을 요구하기는 했으나 강하게 주장할 수 없었던 이유가 한국의 재정건전성이 다른 어느 개도국에 비해서 견실했기 때문입니다. 당시도 이 같은 생각과 논쟁이 있어서 고금리 정책이 1998년 5월 이후부터는 사실상 정상으로 복귀하게 된 것이죠.

홍은주 한국 이전에 IMF가 외환위기 때문에 주로 상대했던 국가들은 대부분이 방만한 재정과 인플레이션 등이 원인이 되어 외환위기로 연결된 중남미 국가들이었습니다. 그래서 IMF는 한국에 대해서도 재정긴축을 요구했다는 분석입니다. 이 때문에 우리 정부와 치열한 줄다리기를 했고 나중에 IMF에서도 자신들의 재정긴축과 고금리에 대한 정책실패를 인정한 점이 있지 않습니까?

강봉균 개인이나 기업이나 국가나 위기에 직면했을 때는 허리띠를 졸라매고 적자를 흑자로 돌려놓아야 하는 것이 기본입니다. 그러나 1997년 한국 외환위기의

경우 IMF 처방은 중남미 국가들과 같지는 않았습니다. 고환율은 외화가 고갈된 상황에서 외자를 끌어들이려면 수출을 늘리고 수입을 억제하기 위해 당연히 높아져야 하는 것입니다.

IMF는 환율을 얼마로 올리라고 요구한 사실이 없고 정부가 개입하지 말고 시장에서 결정되도록 하라는 요구만 했습니다. 고금리도 은행에 돈을 끌어들이고 대출을 억제하려면 당연히 올려야 하는 것이었습니다. 당시 IMF가 콜금리를 올리도록 요구한 것은 고금리가 외자유치에 유리한 환경을 만든다는 데 역점을 둔 것이었지만 기업도산을 몰고 오는 부작용이 있어 오래 끌고 가서는 안 된다는 우리의 주장을 받아들여 1998년 5월부터는 금리를 정상수준으로 낮추게 됐습니다.

특히 재정긴축은 중남미 국가들에게 적용하던 단골메뉴였는데 우리나라의 경우 재정건전성이 선진국보다 양호하여 똑같은 처방을 요구하지는 않았습니다. 다만 재정수지 균형을 요구한 것은 구조조정 과정에서 생기는 실업자 보호를 위한 사회안전망 구축 예산 소요가 클 것이고 금융기관 구조개혁에 필요한 공적자금 소요를 위하여 다른 지출을 절약하라는 메시지가 컸다고 봅니다. 실제 우리 정책당국이 1998년 하반기부터 적극적 재정확대 정책으로 전환하여 재정적자를 늘렸으나 IMF는 이의를 제기하지 않았습니다.

고금리·긴축처방의 결과 나타난 지나친 소비위축과 경기불황에 IMF 자체에서도 "우리가 한국의 경기위축 가능성을 너무 안이하게 판단했다"면서 당황했다고 한다.[11] 일부 학자들도 한국의 경우는 재정건전성, 통화건전성에 문제가 없어 다른 외환위기 국가들과 달리 유동성 위기 해결에 우선순위를 맞추는 것이 바람직하다고 봤다.[12] 이 때문에 IMF는 고금리·긴축정책을 전환하자는 한국의 요청에 따라 즉시 정책을 수정했다.

---

11 이 내용은 루빈의 회고록(Robert Rubin, 2004, *In an Uncertain World*, Random House, p.239)과 2003년 작성된 IMF의 보고서(International Monetary Fund, 2003, *The IMF and Recent Capital Account Crises*)에도 나타난다.

12 폴 크루그먼, 제프리 삭스 교수 등이 이 같은 주장을 했다.

그런데 IMF의 고금리와 재정 긴축처방이 완전히 IMF의 일방적인 의견만은 아니었다고 한다. 당시 청와대 경제수석실의 조원동 행정관은 1997년 말 IMF와 협상할 때 우리 정부가 1998년에 한국 경제가 그렇게까지 심각한 마이너스 성장을 할 것으로는 예측하지 못한 채 연간 GDP 성장률이 3%에 이를 것으로 전제하고 여기에 맞춰 거시지표를 설정했다는 것이다.

조원동 "IMF의 1997년 처방이 굉장히 어려웠다. 너무 경직됐다" 하는 이야기들을 많이 하는데 그 건에 대해서는 IMF 책임도 있지만 우리 정부의 책임도 일부 있다고 봅니다. 왜냐하면 1997년에 우리가 IMF와 거시정책 협상을 하면서 내년도 통화량을 얼마나 줄일 것인가, 재정적자는 얼마만큼 긴축할 것인가 등을 논의하는데 이건 사실 거시모델을 갖고 따져서 얘기하게 되죠. 다음해인 1998년 경기를 어떻게 예측하느냐에 따라서 정책방향이 완전히 달라집니다.

그런데 당시에 우리 정부는 1998년 경제성장률이 마이너스까지 넘어갈 것이라고는 전혀 생각하지 못했어요. 그래서 과거 추세를 고려한 점진적인 모델 값을 따져서 해법을 찾았습니다. 과거 추세를 따져서 미래의 모델을 설정하면 경제성장이 마이너스가 될 것으로 예측하기는 어렵죠.

더구나 경제성장 마이너스 예측은 현실적으로 굉장히 저항감이 있었습니다. 우리 경제가 마이너스를 간 적이 거의 없으니까 소비가 그렇게까지 심각하게 떨어질 것이라고, 그렇게까지 경기가 위축될 것이라고는 생각도 못했습니다. 심리적으로 인정하기 어려웠던 거죠. 1997년 말에는 아직까지 외환위기의 고통이 민간소비로까지 느껴지지 않았기 때문입니다.

홍은주 금융기관들이 해외에서 달러를 구하지 못해 부도위기에 몰렸고 그게 기업으로 전파되는 상황이라 민간까지는 아직 여파가 미치지 않았던 것이군요. 구조조정으로 인한 실업도 아직 발생하기 전이고요.

조원동 그렇죠. 그래서 누구도 그 고통이 얼마나 크게 확대될 것인지에 대해서는 정확하게 예상하지 못했어요. 또 경제는 자기실현적 예언의 성격이 있잖아요? 우리 정부 입장에서는 '정부가 마이너스까지 간다고 하면 국민들의 소비심리를 지나치게 얼어붙게 만드는 것 아니냐' 하는 우려도 있었습니다.

홍은주 그런데 당장 1998년 1/4분기부터 마이너스까지 갔잖아요.

조원동 마이너스로 갔죠. 그런데 1997년에는 아직까지 그 사실을 인정하기 싫었던 여러 가지 요인이 있었고 더구나 아직까지 신정부가 만들어지기 전이에요. 대통령 당선인에게 "취임하자마자 경기가 이렇게 곤두박질쳐서 경제성장이 마이너스가 될 겁니다" 라고 보고할 수 없었던 요인이 상당히 있지 않았나 생각합니다. 그러다 보니 1998년 경제전망을 약간 장밋빛으로 한 상태에서 거시지표를 정하게 된 것이죠.

홍은주 다소 낙관적인 희망을 근거로 금리, 통화량, 재정 등 거시정책 목표에 합의한 것이군요.

조원동 결과적으로 그렇게 된 셈이죠. 금리나 통화량이나 이런 걸 훨씬 더 타이트하게 가져갔습니다. 재정긴축 문제도 재정적자를 GDP의 1% 정도로 해서 협상을 끝내 버렸죠.

사실은 재정적자를 더 크게 내서라도 그것을 재원으로 해서 실업 등에 대비하는 사회안전망을 좀더 강화했어야 하는데 그것을 뒤에 다 고치지 않았습니까? 재정적자를 GDP의 4%까지 허용하는 쪽으로 협의해서 고쳤습니다만 1997년에는 그렇지 않았거든요.

고금리 처방도 마찬가지입니다. IMF 입장에서는 수입수요를 빨리 줄여야 하기 때문에 고금리로 갔는데, 만약에 1998년 경기가 그렇게 급속하게 가라앉을 거라고 예상했으면 그 정도까지 고금리를 밀어붙일 필요가 없었겠죠. 수입 수요를 빨리 줄여야 한다는 차원에서 실제보다 좀 강한 매크로 처방을 IMF가 요구했던 것이고 그것을 그대로 받아들인 측면에서는 3%의 낙관적 성장예측을 했던 우리 정부도 어느 정도 책임은 있다고 봅니다.

진정국면에 들어간 외화유동성 위기

IMF 체제에 들어간 지 6개월 후의 한국 경제 상황을 보면 적극적인 경기대응 정책에 힘입어 숨넘어가는 고열상태가 뚜렷한 진정세를 보이게 된다.

1/4분기에는 단기외채 만기연장 협상과 외평채 40억 달러 발행 등으로 외화유동성 위기가 조기 수습되어 국가부도 사태를 막게 되었고, 2/4분기부터는 고금리·고환율 현상이 진정국면에 들어간다.

바닥을 드러냈던 외환보유고는 이 무렵 380억 달러까지 증가했다. 외환위기 이전인 1996년의 332억 달러 수준을 회복한 것이다. 3월 들어 40억 달러 규모의 외평채 발행에 성공한 데다 고환율에 힘입어 경상수지가 흑자를 나타냈기 때문이다.

한숨 돌린 정부는 3/4분기에 접어들면서 재정긴축을 풀고 대규모 추경예산을 편성하여 실업대책을 추진하고 내수경기 회복에 주력한다. 4/4분기에 접어들고부터는 확연하게 상황이 개선되었다. 고환율 덕분에 수출이 회복되기 시작하고 재정확대로 내수도 보완되어 경제성장률이 플러스로 돌아선 것이다.

이때부터 정부는 외환위기 극복에 대해 분명한 자신감을 나타내기 시작했다. 당시 언론은 다음과 같이 보도했다.

요즘 정부는 한국 경제에 대한 낙관론을 확산시키고 있다. 정부 당국자들은 기회가 날 때마다 한국 경제가 정상화되고 있으며 늦어도 1999년 4월부터 플러스 성장으로 반전할 것이라고 주장한다. 하지만 학계는 정부의 이 같은 낙관론에 우려를 표명한다. 정부가 재벌의 과다한 부채, 은행 부실채권 문제 등 핵심 현안을 해결하지 못한 채 금리, 환율, 어음부도율 하락, 제조업가동률 소폭 상승 등 몇 가지 지표만 보고 지나치게 낙관론을 편다는 것.[13]

이 신문은 강봉균 수석과 정운찬 서울대 교수 간에 외환위기 극복에 대한 지

---

13 〈동아일보〉, 1998. 1. 27.

상논쟁을 게재하기도 했다.

홍은주 당시 상황에서 정부와 학계에 어떤 인식 차이가 있었던 것인가요?

강봉균 한국 외환위기의 성격은 복합적이었습니다. 국제수지 자본계정의 위기였으며 외국자본의 단기유출 때문에 발생한 유동성 위기의 성격이기도 했지만 근본에는 재벌대기업들의 과잉 중복투자와 이에 따른 재무구조 악화와 부실화가 원인이었습니다. 단기외자를 끌어다 장기투자에 사용하도록 대출한 금융기관들의 도덕적 해이와 건전성 관리능력 부족이 자리하고 있었지요.

정부도 재벌대기업들의 과당경쟁과 부실한 중복투자를 견제할 기업지배구조 확립에 소홀했던 책임을 면할 수 없으며, 금융기관의 건전성 감독시스템도 취약했습니다.

원인이 복합적이어서 정부의 처방도 복합적으로 진행되었습니다. 우선 외화 유동성 위기부터 수습하여 외채의 만기연장, 외평채 발행을 통한 신규 외자도입을 추진하는 일에 최우선순위를 두어 유동성 부족으로 인한 국가부도 위기는 빠른 시기에 넘기게 됩니다.

경제팀은 다음으로 국내 금융시장 안정에 주력하여 신용경색에 따른 기업들의 흑자도산을 막는 데 주력하였습니다. 이를 위한 금융구조 개혁은 채무자인 재벌 구조개혁과 병행하여 추진되어야 근본적 성과를 거둘 수 있기 때문에 금감위는 금융구조 개혁을 주관하고 기업 재무구조 개선과 부실기업 정리는 채권은행단을 중심으로 추진했습니다. 금융구조 개혁은 1차 공적자금 64조 원이 마련되고 부실은행 퇴출과 합병대상이 결정된 1998년 10월에서 11월경에 거의 골격을 갖추게 되었습니다.

그런데 재벌구조 개혁이 가장 큰 문제였습니다. 5대 재벌 개혁은 김대중 정권 출범 직후 만들어진 비대위에서 전경련 중심의 자율 구조조정에 맡기기로 되어 있었으나 1998년 11월이 되어도 별다른 진전을 보지 못했습니다. 1998년 12월 말이 되어 대통령이 참석한 가운데 5대 재벌총수와 주채권은행장, 그리고 정부

부처 합동의 청와대 회의를 통해서야 5대 재벌 구조개혁 방안이 간신히 확정될 수 있었습니다.

당시 언론논쟁에서 서울대 정운찬 교수의 비판적 견해는 "첫째, 금융기관의 부실채권 규모를 금감위는 120조 원 정도로 추산하고 있다. 이를 해결하지 못하면 언제 다시 위기가 올지 모른다. 둘째, 새벌개혁의 속도를 높여야 한다"는 것이었습니다. 이 같은 비판은 당시 정부의 1차 공적자금 규모 64조 원이 부족하다는 뜻이어서 틀린 이야기가 아니었고, 재벌개혁 속도를 높여야 한다는 의견도 맞는 말이었다고 생각합니다. 동일한 상황에 대해 인식차가 있었지만 큰 맥락에서 다 맞는 말이었지요.

4대 개혁의 전개과정

개혁의 주도권 한국에 있었다

외환시장 안정 및 거시경제 수습과 동시에 각종 경제개혁 작업에 가속도가 붙기 시작했다. 금융개혁과 기업 구조조정은 IMF와 국제금융시장이 깊은 관심을 가지고 지켜보고 있었던 데다, 시장의 조기 안정을 위해 시급을 요하는 사안이었기 때문에 새 정부 출범 이전부터 착수되었다. 금융 및 기업 구조조정 과정에서 정리해고가 불가피하고 노동시장 유연성을 제도적으로 정착시킬 필요가 있었기 때문에 노동시장 개혁도 노사정위원회의 가동과 동시에 추진되었다. 공공부문 개혁은 정부조직 개편 후속조치와 공기업 민영화, 경영효율 개선작업 등이 정부 출범과 함께 추진되었다. 새 정부 초기부터 금융과 기업, 공공부문과 노동 등 이른바 4대 부문 개혁이 속도감 있게 추진된 것이다.

당시 IMF가 우리 정부에 요구했던 개혁은 한 줄짜리 원칙론적 요구들의 나열에 불과했다. 구체적이고 디테일한 내용이 없었다. 한국에 파견된 IMF 내에 금융개혁이나 기업 구조조정 전문가(turnaround specialist)들도 없었다. 그럼에도 불구하고 IMF가 "한국 경제에 이러이러한 개혁이 필요하다"고 운을 떼기가 무섭게 한국 정부 내에서 구체적 추진방향이 마련되고 법안이 만들어지고 즉시 실행에 돌입했다.

어떻게 이런 일이 가능했을까?

사실 이 같은 기업·금융개혁의 필요성은 상당부분 김영삼 대통령 시절에 인식되고 구상되었다. 일부 시장개혁 성향의 공무원들이 이를 추진하다 현실적 이해관계와 관계당사자들의 저항 때문에 통과되지 못한 채 캐비닛 속에서 잠들 뻔했는데 외환위기 와중에 단숨에 추진되고 도입된 것이다.

강봉균 1998년 초는 워낙 다급했던 시절이라 다른 정권처럼 깃발 들고 큰 아젠다를 정해서 추진할 만한 상황이 아니었습니다. 급한 대로 필요한 개혁들을 정신없이 추진하다가 어느 날 내가 곰곰이 생각해 보니 큰 방향성과 가닥을 잡아서 정리하는 것이 필요할 것 같아 4대 개혁이라는 말을 만들어낸 것입니다. IMF가 4대 개혁을 언급한 적이 없습니다. 경제의 정체요인에 대해 강력한 개혁의지를 가졌던 것은 우리 정부의 의지였습니다. 특히 재벌개혁, 금융개혁 등은 외환위기 발생 한참 전부터 반드시 필요하다고 생각해온 일부 전문가들이 김영삼 정부 때부터 주장했던 내용이었죠.

세계화 추진과 함께 만들어진 개혁정책

김영삼 정부하에서 개혁정책이 활발하게 연구되고 만들어진 배경은 이렇다. 김영삼 정부 집권 2년차인 1994년, 호주에서 개최된 아시아태평양 경제협력체(APEC: Asia-Pacific Economic Cooperation) 정상회담에서 돌아온 후 김 대통령의 첫 일성이 "세계화 추진"이었다. 세계경제가 급격하게 지구촌화되고 있다는 사실에 깊은 인상을 받고 돌아온 김 대통령이 세계화 추진을 언급했던 것이다. 대통령 지시에 따라 총리실에 국무총리를 위원장으로 하는 세계화추진위원회가 만들어졌고 행정조정실장인 강봉균이 기획단장이 되어 대책을 만들어내게 되었다.

그런데 대통령이 제시한 '세계화'의 개념이 막연했다. 민간전문가들이 대거 참여한 추진위원회가 세계화의 의미를 규명하는 데만 2~3일이 걸리는 등 혼선이 있었지만 약 20여 개 분야를 선정하여 분과별로 관련부처와 민간전문가들이 참여하여 대책을 만들어내는 것으로 큰 가닥을 잡았다.

강봉균 기획단장은 이때 고심에 고심을 거듭했다고 회고한다. 세계화란 무엇인가? 단순한 개방화와 어떻게 차별화할 것인가? 특히 경제분야의 세계화를 위해서는 무엇을 핵심목표와 가이드라인으로 삼고 어떤 방향으로 추진할 것인가?

강봉균　수출에 크게 의존하는 한국 경제현실에 비춰볼 때 우리 기업들이 세계로 뻗어나가도록 뒷받침해 주는 것이 가장 중요한 과제라는 생각이 들었습니다. 그러자면 우리 기업들이 선진국들의 글로벌 대기업과 경쟁할 수 있어야 하는데 당시 우리나라 재벌대기업들의 가장 큰 문제점은 경영투명성의 부족이었어요. 국제금융사들이 한국기업들의 재무제표를 신뢰하지 못하기 때문에 투자자금 조달금리가 높고 그래서 가격경쟁력이 떨어지는 안타까운 현실을 고쳐야 한다고 생각했습니다.

한국 재벌기업들 특유의 복잡한 지배구조도 문제였습니다. 재벌기업들은 상호출자와 순환출자로 계열사들이 복잡하게 얽혀 있고 내부거래가 복잡했습니다. 그러나 이를 감시하고 견제할 만한 기업지배구조 관련법도, 규제도, 원칙도 없었던 상황이었지요. 가족과 회장 비서실 중심의 후진적 경영에 의존하는 실정이었습니다. 이런 고질적 문제들을 해결해야 비로소 경쟁력 있는 글로벌 기업으로 거듭날 수 있다는 것이 제가 고민한 끝에 결론을 낸 '세계화'의 핵심과제였습니다.

"총리실은 시키는 일이나 잘하세요"

강봉균 기획단장은 이에 따라 '기업투명성과 지배구조 개선'을 위한 과제를 비밀리에 선정하고 학계 등 전문가 5~6명을 초청하여 작업팀을 꾸렸다. 참여자들에게는 다음과 같이 신신당부했다.

"여러분, 이 문제는 재벌기업들의 이해(利害) 관계가 큰 사안입니다. 만약 말이 새 나가면 이 작업을 시작해 보기도 전에 큰 말썽이 날 것입니다. 그러니 확정되기 전까지는 절대로 비밀이 새나가지 않도록 유념해 주세요."

그런데 바로 그 다음날 청와대 경제수석으로부터 전화가 걸려왔다. 첫 일성이 "총리실에서 재벌개혁 작업을 추진합니까?"였다. 참석자 가운데 누군가 비밀엄수 서약을 깬 것이다. 추진한 것은 사실이라 있는 그대로 이야기했다.

"그렇습니다. 대통령께서 언급하신 세계화 추진을 하려면 대기업들의 불투명한 경영방식부터 선진국 수준으로 바꿔야 하지 않겠습니까?"

그러자 차가운 반응이 돌아왔다.

"총리실은 시키는 일이나 잘하세요."

청와대 경제수석실이 정면으로 반대하고 나선 것이다. 세계화 추진작업을 주도한 곳이 청와대 경제수석실이 아닌 정책수석실이었던 점도 내부적으로 갈등을 불러온 요인이었다. 이 사건으로 기업지배구조 개혁 작업팀은 아이디어를 낸 지 이틀 만에 무산되고 말았다. 시작도 하기 전에 좌절한 것이다.

YS 초기, 좌절된 금융개혁의 꿈

금융개혁 역시 비슷한 좌절의 경험이 있었다. 김영삼 정부 초기인 1993년, 7차 5개년 계획이 추진될 무렵이었다. 박재윤 당시 청와대 수석이 강봉균 경제기획원 차관보를 청와대로 불렀다.

"기존의 경제개발 5개년 계획은 폐지하고 신경제 5개년 계획을 마련해 주세요"라는 주문이었다.

"기존의 경제개발 5개년 계획을 없애고 김영삼 정부가 갑자기 신경제 5개년 계획을 한다고 할 때 그 논리와 이유를 국민들에게 무엇이라고 설명해야 합니까?" 하고 반문했다.

"경제개발 5개년 계획은 군사정부 때 추진된 것이고, 이제 문민정부 시대가 왔으니까 좀더 다른 방향이 필요치 않겠습니까? 정부 주도 경제에서 시장경제로 이행하는 것이 신경제 5개년 계획의 핵심이 되어야죠. 그러니 구체적인 가이드라인을 만들어 보세요" 하는 대답이 되돌아왔다.

시장경제가 중심이 된 계획이라니! 귀가 번쩍 뜨였다. 강 차관보도 한국 경제의 체질개선을 위해 시장경제로의 체제전환이 반드시 필요하다고 믿었기 때문이다. 경제기획통으로 잔뼈가 굵은 데다 차관보로 일한 지 3년차 때라 경제개발 계획을 세우고 정책을 입안하는 데는 도(道)가 트였던 때였다. 열심히 시장경제 추진을 위한 법과 제도의 가이드라인을 만들고 한 달 만에 청와대에 가서 박재윤 수석에게 브리핑을 시작했다.

"시장경제를 하기 위해서는 첫째 관치(官治) 금융을 개혁해야 합니다."

그런데 말을 꺼내자마자 박 수석의 안색이 변했다.

"금융개혁은 빼고 신경제 계획을 설계해 보세요."

고생해가면서 시장경제체제로 향하는 가이드라인을 마련했는데 첫 단계부터 제동이 걸린 것이다.

강봉균 그래서 내가 박 수석에게 벌컥 화를 냈습니다. "시장경제를 제대로 하려면 금융자율화가 핵심인데, 금융을 빼고 뭘 하라는 것입니까? 그런 거라면 나한테 시키지 마시오" 하고는 그냥 나와 버렸습니다.

새 정부 경제수석에게 대놓고 얼굴 붉히면서 언성을 높였던 것은 금융개혁이 내 오랜 소신이었기 때문입니다. 1980년대 이후부터 한국 경제에서 민간비중이 커지면서 정부가 금융을 직접 통치하는 것은 한계에 왔으며 정부가 금융산업을 쥐락펴락하는 것도 한참 잘못되었다고 평소 생각했습니다. 당시 대기업들을 보면 여러 가지 명분을 내세우거나 각종 로비를 통해 정부지원을 받아 담보도 없이 거액의 돈을 은행에서 가져다 쓰곤 했거든요. 따라서 금융개혁과 시장경제체제로의 전환은 동전의 양면이나 다름없다는 것이 당시 저의 강한 소신이었죠.

정권 초기에 경제수석에게 얼굴을 붉혀가며 정면으로 반기를 들었으니 자리를 온전히 지킬 수 없었다. 결국 그는 3년 만에 기획차관보 자리를 내놓고 대외경제조정실장으로 좌천된다. [14]

관치금융 단절과 금융 고도화의 이상(理想)

홍은주 당시에 개혁해야겠다고 생각했던 금융부문의 구조적 문제가 구체적으로 무엇이었습니까?

강봉균 1980년대까지 한국 경제의 산업화 시대에 금융은 독자적 가치창출을 하는 전문서비스업이 아니라 산업화를 지원하는 보조산업으로 인식되었습니다. 특히 산업구조 고도화를 위한 중화학공업 추진을 위해 금융산업은 재벌대기업들의 투자를 뒷받침하는 정책수단으로 활용되었습니다. 그 결과 생겨난 구조적 문제점은 첫째, 재벌대기업들은 국제경쟁력을 키운다는 명분을 내세웠지만 막대한 규모의 은행대출이 재벌들끼리의 영역확장을 위한 과당경쟁에 투입되었다는 점입니다. 재벌기업들의 순자산대비 부채비율이 500%에 육박하였고 부실투자가 발생했습니다.

홍은주 그렇죠. 일부 기업은 부채비율이 1,000%도 넘었고 한보 같은 거대한

---

14 박재윤 수석과 강봉균 차관보는 사실 오랜 친분을 가진 가까운 사이였다. 1968년 강 차관보가 행정고시에 합격하고 발령받기 전에 서울상대 차병권 교수의 연구조교를 하게 되었는데 그때 전임강사였던 박 수석과 같이 일하기도 했다. 또한 박 수석은 김영삼 대통령 후보의 경제자문을 맡을 때 대통령의 신임이 두터워 초대 경제수석을 맡게 된 실력자였기 때문에 대통령 취임 직전에도 강 차관보와 잦은 접촉을 하고 있었다.

회사도 뚜껑을 열어 보니까 자기자본비율이 겨우 12%에 불과했던 것으로 나타났습니다. 한보사태 직후에 부도난 삼미그룹은 겨우 2.9%였구요. 빚으로 모래성을 쌓았던 셈이죠.

강봉균 둘째, 은행들이 철저한 사업성 검토보다는 재벌대기업은 망하지 않을 것이라는 대마불사의 안이한 사고로 외형경쟁에만 몰두했던 것이 문제였습니다. 그런데 경기가 나빠지자 기업들 부실채권이 비상하게 높아지고 은행의 BIS 비율 등이 국제 건전성 기준을 충족하지 못하여 문제가 커진 것입니다.

셋째, 우리나라 금융산업이 글로벌 금융시대의 도래에 대비하여 건전성 관리와 국제경쟁력 배양에 소홀한 것은 금융산업이 공기업처럼 인식되어 금융 CEO 인사에 정부가 개입하는 관치금융에서 탈피하지 못하였기 때문입니다.

넷째, 정부는 금융감독 기능을 체계적으로 발전시키지 못하고 은행과 증권, 보험 등 분리감독체계를 운영하면서 건전성 감독기준도 국제수준에 맞지 않고 특히 사전적 건전성 감독기능은 거의 없는 상황이었습니다.

다섯째, 1990년대에 들어와 WTO 체제 출범과 OECD 가입을 계기로 금융도 점진적 자율화와 개방화를 추진하였으나 정부와 금융당국은 이에 상응하는 위험관리체계를 마련하는 데 소홀했습니다.

홍은주 정부가 건전성 감독이나 위험관리체계 마련에 소홀해 문제가 커진 대표적인 경우가 종합금융회사들 아닙니까? 외환위기의 결과 마침내 전 종금사가 거의 사라지다시피 했죠.

강봉균 그렇습니다. 정부는 1990년대 후반 들어 외환시장을 개방하면서 자본시장 개방도 추진하였는데 종금사들에게 단기외자 도입을 허용하자 내외 금리차를 노리고 금리가 싼 외자를 도입하기 위해 종금사들이 우후죽순(雨後竹筍) 격으로 늘어났습니다.

또 종금사들이 해외에서 조달한 자금의 65%가 단기자금이었는데, 이 자금의

84%가 장기대출에 사용되어 심각한 기간 불일치가 발생했습니다. 금융감독 당국은 이 같은 위험요인을 충분히 파악하지 못하였고 시정장치도 마련하지 않았습니다. 당시 태국과 말레이시아, 인도네시아, 싱가포르, 홍콩에까지 외환위기가 번져가고 한국도 그 영향권에 휩쓸린 것도 외자도입 자율화가 장·단기로 균형 있게 추진되지 못했기 때문입니다. 이 때문에 외환위기가 발생하자 30여 개의 종금사 가운데 21개가 퇴출되었고 이 과정에서 예금자 보호에 쓰인 공적자금이 12조 원에 달했습니다. 금융기관들이 부실화된 채로 방치되면 여·수신 기능이 모두 마비되어 단순히 외환위기 극복이 어렵게 되는 것뿐만 아니라 국가경제 전체가 파국을 맞습니다.

노동 및 공공부문, 제도적 개혁 시도

홍은주　4대 개혁 중 노동개혁과 공공개혁에 대해서는 어떤 생각을 가지셨는지요?

강봉균　노동개혁은 노동부 차관을 지내면서 여러 가지 제도개선을 고민했었습니다. 민노총의 경우 법정노조로 해야 한다는 주장이 1993년 말쯤부터인가 있었는데 당시 남재희 노동부 장관도 이러한 입장이었습니다.

그런데 나는 민노총 합법화에 신중해야 한다고 반대했습니다. 민노총은 합법화가 안 됐을 때도 이미 노동현장에서 사실상 막강한 결집력으로 활동하고 있었는데 강성노조라 걱정되었기 때문입니다. 대기업, 금융 노조 등 숫자가 많고 자금력이 많은 노조들이 주로 민노총 소속이 되는 겁니다. 결국 법정노조가 되었는데 외환위기 당시 노동계의 협조와 합의를 얻어내기 위해 여러 차례 대화를 시도했지만 민노총은 협력해 주지 않았습니다.

원래 김대중 대통령은 친노동 성향의 대통령이라서 좀 나을까 했는데 전혀 사정을 봐주지 않았습니다. 어렵게 노사정 협의체를 만들었지만 결국 민노총은 탈퇴하고 한국노총만 남아서 반쪽짜리 노사정 대화를 계속했습니다.

공공개혁은 전에는 여러 부처에서 조금씩 나눠 하던 업무였는데 그러다 보니 책임소재가 불분명했습니다. 그때 마침 기획예산처가 새로 생겼기 때문에 관련 업무들을 모두 가져가서 종합 조정기능을 확대하고 체계적으로 추진하기 시작했습니다.

4대 개혁은 한국 정부의 자율개혁

홍은주　결국 금융과 기업 구조조정, 노동과 공공개혁 등 당시 정부가 추진한 4대 개혁들은 IMF가 요구한 것을 충실히 그대로 따라간 것이 아니라, 우리 정부의 의지로 추진되었다는 거군요?

강봉균　4대 개혁은 정부 내에서 반드시 필요하다고 생각했던 분야를 개혁하자는 것이어서 우리 정부가 IMF와의 협정을 이용하면 이용했지 IMF에 끌려다니면서 일하지는 않았습니다.

경제관료를 하면서 오랫동안 구상해왔던 개혁을 본격적으로 추진했는데 핵심 추진 각료들이 대부분 뜻과 의지에서 공감대를 형성하고 있었기에 '드림팀'으로 불릴 정도로 아무런 갈등 없이 전격적으로 추진했어요. 금융의 경우 이헌재 장관과 문제에 대한 인식이나 개혁의 방향이 비슷해서 이헌재 장관의 업무추진을 전폭적으로 지지했고, 공공개혁은 진념 장관과 내 생각이 비슷해서 그 역시 진념 장관의 의지를 청와대에서 지지하는 형태로 진행되었습니다.

그러던 어느 날 청와대 출입기자단과 기자간담회를 할 때 "현재 정부가 추진하는 개혁의 큰 방향이 네 가지다"라고 정리해서 설명했는데, 그러면서 '4대 개혁'이라는 말이 생겨난 것입니다. 그 용어는 사실 대통령께 상의드린 것도 아니었어요. 언론 기사를 보고 나서야 대통령도 아셨을 겁니다.

YS 시절, 정책기획수석실이 개혁 주도

조원동 전 청와대 경제수석(당시 행정관) 역시 외환위기 당시 추진된 각종 개혁의 주도성에 대해 자세히 증언하고 있다. 김영삼 정부시절 청와대에서 세계화추진위원회 업무를 맡았던 그는 정책기획수석실에서 각종 개혁이 준비되었다고 밝히고 있다.

조원동 김영삼 대통령 때 제가 있었던 곳이 정책기획수석실(박세일 수석)이었어요. 정책기획수석실에서 그때 했던 일이 세계화추진위원회 업무였습니다. 세계화추진위원회는 정부 중심이 아닌 민간전문가 중심으로 구성되었고[15] 사무국 역할을 하던 곳은 총리실에 태스크포스 형태로 되어 있었어요.

당시 사법개혁이라든지 굵직굵직한 개혁들은 모두 세계화추진위원회에서 준비했죠. 그중 하나가 지금은 일상적으로 쓰이는 '기업지배구조'라는 용어의 상용화였습니다. 그 기업지배구조라는 말을 처음으로 썼던 데가 세계화추진위원회입니다. 정부 공식문서에서 처음 썼던 것인데, 기업지배구조라는 말을 처음에 썼더니 어떤 경제지 사설에서 "세계화추진위원회는 우익인 줄 알았더니 어떻게 정부가 기업을 지배한다는 그런 생각을 했느냐?" 하는 겁니다. 세계화추진위원회가 좌파라고 오해를 받았던 거죠. (웃음)

홍은주 당시는 기업지배구조 같은 용어들이 아직 낯설었던 때죠.

조원동 그런 차원에서 온갖 준비를 했던 곳이 청와대의 정책기획수석실이었어요. 그중에 정부와 관련된 이슈들은 결국 총리실을 통해서 정부부처의 의견을 수렴해 정책에 반영시키는 역할을 했지요.

---

15 세계화추진위원회는 정부부처들이 주도하던 종래의 위원회와 달리 민간위원 50명을 중심으로 구성하고 관련 정부부처가 참여하는 민간중심 조직이었다. 초대 위원장은 언론인, 과학기술부 장관 등을 역임한 김진현 위원장이었다.

그런데 당시에 총리실 행정조정실장이 바로 강봉균 장관님이셨습니다. 전체적으로 정책의 아이디어가 나오면 세계화추진위원회 소관 분과에서 토론했지요. 그리고는 정기적으로 대통령께 세계화추진위원회가 보고드리는 형식의 회의를 통해 민관합동의 정책조율 결과를 발표했습니다.

보고회의는 저희는 한 달에 한 번씩을 목표로 했었습니다만 사실상 어려웠고 첫해인 1995년도에는 10번 정도, 그다음에는 한 6번 정도 뭐 이런 식으로 처리했습니다. 할 때마다 중요과제를 3~4개씩 추진했습니다.

좌파로 오해받은 기업지배구조 개혁

홍은주 기업지배구조의 '베스트 프랙티스'(Best Practice) 같은 상식적인 제도를 도입하려고 했던 것 같은데 기업지배구조를 개선한다니까 "어디 감히 정부가 기업을 지배하려고 하느냐, 좌파정부 아니냐?"는 비난을 들었다는 것 아닙니까? 그 정도의 낮은 인식이라면 다른 개혁안들도 상당한 저항에 부딪혔을 것으로 짐작이 됩니다.

조원동 그렇죠. 좌파라고 오해받고 결국 그땐 (기업지배구조 개혁을) 못했습니다. 그러나 그 이후에도 기업경영의 투명성 등을 논의하면서 기업지배구조 개혁을 계속 생각했죠. 소액주주 권한의 강화라든지, 감사권 강화라든지, 기업회계투명성이라든지 이런 논의를 다 거기서 시작했습니다. 참여정부 시절에 도입된 정부예산 복식부기도 사실 그때 이미 이야기가 시작된 것입니다. 복식부기를 시도하다가 처음에는 잘 안 돼서 덮었던 에피소드가 있습니다.

홍은주 정부예산 복식부기가 그때는 왜 잘 안 됐나요?

조원동 어떻게 된 것이냐 하면 당시 세계화추진위원회에서 "자 한번 정부 복식부기를 시도해 보자. 그래서 현실적으로 어떤 문제가 있는지를 알아보자"는 이야기가 논의됐습니다.

복식부기라는 것은 회계의 자기교정 기능이 있고 차변, 대변이 서로 맞아야 되는 거 아니에요? 그래서 실제로 국가회계에 복식부기를 도입했을 때 어떤 문제가 있을지 점검해 보기로 한 것입니다. 정부 1년 예산 중에 토지, 건물 등 자산구입이라든지, 비품구입에 관한 항목들이 있지 않겠습니까? 예산이 집행되어 정부자산이 늘어나면 이를 기록하는 회계장부가 따로 있지요. 정부 회계국에서 관장하는 자산목록 같은 장부들이죠. 바로 전년도와 금년도의 회계장부를 대조하여 비품별, 자산별 지출내역을 대차대조표의 대변에 놓고 당해 연도 해당 비품, 자산 등의 내역을 차변에 놓으면 대변과 차변이 맞는 것이 복식회계의 원리 아니겠어요? 그런데 우리가 막상 합산을 해보니 양쪽의 차이가 커요. 전체 규모가 한 20조 원 정도 된다고 하면 거의 1/3 정도, 한 7조 원 정도 큰 차이가 나는 거예요.

홍은주　적잖은 차이네요. 왜 그런 문제가 생긴 것입니까?

조원동　복식부기 원칙을 도입해 기존의 단식부기 예산장부를 재정리해 봤더니 그런 큰 차이가 나는 거예요. 이게 왜 이렇게 차이가 났을까 하는 것을 역으로 점검해 보면 우리 예산제도에서 뭘 어떻게 고쳐야겠다는 결론이 나올 거 아니겠습니까? 좀더 깊이 알아보니까 차이가 가장 크게 나는 부분이 기장(記帳) 시기의 차이였습니다. 그런 용역결과를 두고 저희가 이것을 어떻게 정부회계에 적용하면 좋을지 궁리하는 와중에 그 내용이 언론에 새나갔어요.

홍은주　'정부회계 못 믿어' 뭐 이렇게 큼지막한 헤드라인이 뽑혔겠군요. (웃음)

조원동　그렇죠. 이게 무슨 국가회계에 부정이 있는 게 아닌가 그러니까 갑자기 감사원에서 회계부정에 대한 무슨 단서를 잡았다고 생각했는지 "이런 일이 있다고 하는데 사실인가요?" 하고 물어와요. 전혀 예상치 못했던 감사원 반응에 관련자 모두가 깜짝 놀랐죠.

"회계제도를 선진적으로 개선해 보자고 시작한 일인데 감사원 조사까지 받게 되었으니 이거 큰일 났다." 그래서 결국 도입하지 못한 채 문제를 덮었습니다. 그러다 오랜 시간이 지난 후 참여정부 때 정부에 복식부기가 비로소 도입됐습니다. 지금 생각해 보면 너무 당연한 아이디어도 실제로 적용해 보려고 하니까 굉장히 큰 어려움이 있었습니다. 도입하려는 것들마다 진짜 저항이 컸어요.

홍은주 다른 정부부처나 조직에서 견제가 들어왔을 법도 한데요.

조원동 다들 정책기획실을 엄청난 사고뭉치라고 생각했죠. 사법개혁이라는 것도 거기서 시작했고 여성개혁 10대 과제도 거기서 시작했고 김대중 대통령 때 도입되어 잘 알려진 생산적 복지의 개념 역시 거기서부터 시작했습니다. '생산적'이라는 형용사에 더 방점이 찍히긴 했지만 '생산적 복지'라는 말을 정부 공식 문서에서 쓴 것은 김영삼 대통령 때였지요.

당시에 'workfare'라는 개념을 생각했습니다. 'Workfare'라는 개념을 어떻게 한국말로 쉽게 쓸 수 있는 방법이 없을지 연구하다 복지이긴 복지이지만 생산적 복지다, 일을 통한 복지다, 그런 차원에서 생산적 복지란 말을 쓰기 시작했습니다.

정책기획수석실이 온갖 '사고뭉치'로 눈총받으면서 각종 개혁안을 마련하다 보니 정부 내에서도 견제받기 시작하고 "다음번 정부에서 청와대 조직이 없어진다면 그 1순위가 정책기획수석실일 것이다" 이런 말이 나돌았어요. 기업지배구조 문제를 논의했더니 정부가 기업을 지배하려는 그런 생각을 세계추진위원회에서 어떻게 감히 하느냐, 그런 얘기가 나올 정도로 당시 상황이 녹록지 않았습니다.

제가 김영삼 정부 때 청와대에 3년간 있었는데 첫 2년은 좌충우돌하면서 굉장히 재밌게 일했지만 나머지 1년은 도저히 그럴 환경이 안 돼서 그 당시 추진했던 개혁사항들을 전부 정리하기 시작했습니다. 그랬더니 13개 파일이나 되더군요.

"우리가 나가더라도 개혁을 추진하고 노력했던 기록만이라도 남겨 놓고 나가자"해서 차기 정부가 오면 무슨 개혁을 가장 먼저 추진해야 하는지에 대해 내용과 기록을 쭉 정리했어요. 그렇게 정리하고 남겨 놓고 나왔죠. 정책기획실이 제일 먼저 청와대에서 없어질 조직이라고 생각하고선 나왔습니다.

DJ 정부로 넘겨진 YS 정부 경제개혁안

홍은주 고생해서 만든 그 파일들은 이후에 어떻게 됐나요?

조원동 김대중 정부가 구성된 이후 강봉균 정책기획수석께서 저를 다시 불러 제가 일을 시작하려 하는데 당선자 진영에서 "개혁추진에 도움이 될 수 있는 자료가 있다"면서 전해 주는 자료뭉치를 보니까 우리가 열심히 만들었던 파일, 바로 그 자료에요. 그 파일이 굉장히 두꺼웠는데 그것을 다시 전달받은 겁니다.

홍은주 그랬군요! 감회가 참 크셨겠습니다.

조원동 쓰이지 못할 것으로 각오하면서도 고생해서 만든 파일이 그래도 새 정부로부터 인정받았구나 하는 생각이 들어 무척 반가웠죠.

홍은주 제가 오랜 기자생활 동안 정권교체를 지켜본 결과, 대체로 새 정부가 들어서면 그 이전 정부가 했거나 하려고 했던 계획을 다 지워 버리고 새로 밑그림부터 시작하는 경우가 많았습니다. 그런데 김대중 정부 때 그전 김영삼 정부에서 만들어 둔 개혁안을 고스란히 받아들여 시행한 것은 상당히 예외적이었던 것 같습니다.

조원동 그랬던 것 같습니다. 그 당시 사실 정권이 여당에서 야당으로 바뀌었는데 그런 상태에서 그전 정부에서 했던 작업을 그대로 인정받을 수 있다는 점에 사실 저도 놀랐어요. 김영삼 대통령 당시 정책기획수석실이 한 일이 진짜 좌충우돌한 것이었고, 그중 일부는 성공했지만 사실 많은 비난과 견제를 받아 추진하지 못했던 일들이었습니다. 그래서 가장 먼저 없어질 조직이라고, 공적 1호라고 견제받던 조직인데 그 정책기획수석실이 새 정부에서 건재하게 되었을 뿐만 아니라 오히려 개혁안을 현실적으로 도입하고 추진할 수 있게 된 것입니다.

결론적으로 말씀드리자면 IMF 외환위기 당시 IMF가 수렴청정(垂簾聽政)을 한다고들 얘기했지만 사실상 개혁의 핵심 아이디어는 이미 정해져 있었던 것입니다. 우리가 IMF라는 기구 또는 IMF 체제라는 그 당시의 상황을 오히려 이용하여 개혁추진의 동력으로 삼았다고 보는 것이 더 맞지 않나 생각합니다.

홍은주 외환위기 때 추진된 여러 가지 개혁의 디테일이 이미 우리 정부 내에 마련되어 있었고, IMF의 강요에 의한 것이 아니라 한국 정부의 주도적 의지였다는 사실은 기록되어야 할 일이라고 봅니다.

조원동 가령 그때 당시 추진된 기업의 경영투명성 조치 같은 것들을 보면 결국 예를 들어 대위소송요건이라든지 이런 것을 전부 조금 더 강화시킨 거고 소수주주권을 발동할 수 있는 요건을 좀더 완화시킨 거죠. 미세조정은 있을지 몰라도 큰 방향들은 사전에 이미 다 만들어져 있었어요.

홍은주 외환위기 당시나 그 이후에 나온 일부 글을 보면 IMF가 마치 점령군처럼 행동하고 모든 제도를 강요했던 것처럼 묘사된 글들이 있습니다. 굴욕을 무릅쓰고 IMF가 강제한 모든 제도들을 억지로 받아들인 것처럼 표현된 내용인데요. 조 수석님 말씀을 들어보면 당시 IMF가 요구한 개혁을 우리가 수동적으로 따라간 것이 아니라 개혁 내용은 이미 그 전에 확립되어 있었고 오히려 IMF를 활용하여 개혁을 한꺼번에 추진했다는 그런 의미로 이해됩니다.

조원동 그렇습니다. 개혁의 핵심 내용이나 구체적 방법론 등 주도권은 확실히 우리에게 있었다고 봐요. 외환위기 상황이기 때문에 거시처방의 주도권은 분명히 IMF에 있었어요. 외환위기 상황에서 검토하는 것이 수입수요를 줄이는 것이었거든요.

IMF에서 갖고 있는 고전적 처방은 "국제수지가 적자가 났으니 국내 수입수요를 줄일 수밖에 없다"는 정도의 내용이었습니다. 거기에 맞춰 거시처방 대상을 뭘로 정할 거냐, 통화·재정·금리 그런 것들이 설정되었는데 그 외에 4대 개혁이라든지 미시적 부분의 구조조정과 개혁 등은 우리 정부에서 주체적으로 바로바로 나왔다고 봐야 할 것입니다. 더 정확하게는 우리 사회에서 나왔다, 이렇게 보는 것이 맞을 것 같습니다. 우리는 IMF 당시 개혁정책의 주도권이 우리한테 있다고 생각했습니다. IMF 프로그램이라는 형식을 우리가 빌린 것뿐이지요.

그런 것들에 대해 적어도 관료들, 당시 책임 있는 자리에 있었던 사람들은 다 그런 생각을 공유하지 않았나 생각합니다. 오히려 우리가 IMF를 이용한다는 측면도 있었고요. 그렇기 때문에 IMF가 우리와 쉽게 일하고 정책조율도 잘되고 그런 거 아니겠습니까. 사실상 정책의 주도권을 우리가 갖고 있으니까 집행할 때도 우리가 주도했지요.

루빈, "개혁 주도권이 위기극복의 핵심"

변동성이 높아진 시대에 글로벌 금융시장에 편입된 국가에서는 미국처럼 기축통화를 보유하지 않는 한 외환위기는 언제든지, 누구든지 겪을 가능성이 있다. 문제는 외환위기를 맞고 난 후 해당 국가의 위기대응 태도이다. 해당 국가가 주도권을 쥐고 개혁을 적극적으로 추진하느냐 그렇지 못하느냐에 따라 외환위기 극복의 결과가 전혀 달라지는 것이다.

외환위기를 겪은 멕시코 등 중남미 국가들과 태국, 필리핀, 말레이시아, 인도네시아, 한국 등의 외환위기 이후 수습과정을 지켜본 루빈 미국 재무장관은 자신의 회고록에서 "위기수습의 핵심이슈는 해당 정부의 개혁에 대한 주도권"이

며 주체적으로 개혁할 의지가 없는 경우 외부에서 도와줄 수 있는 일은 많지 않다고 잘라 말한다.[16]

우리는 인도네시아 수하르토 대통령에게 개혁의 주도권을 가지는 것이 위기수습에 반드시 필요하다는 말을 전하기 위해 여러 가지로 노력했다. 심지어 클린턴 대통령이 직접 전화를 하기도 했다. … 결국 국가의 운명을 결정하는 것은 해당 국가들이다. 이들 국가들에 진정으로 개혁하려는 의지가 없는 경우 IMF든 그 누구든 도와줄 수 있는 것은 거의 아무것도 없다는 사실을 우리는 깨달았다.[17]

그는 이 같은 깨달음을 자신이 만든 '국제금융 독트린'의 항목으로 넣고 있다.

외환위기를 겪는 국가의 경우 해당 국가의 정책의 질과 신용이 위기수습을 위해 가장 중요하다.[18]

루빈과 함께 아시아 외환위기를 경험한 3대 주역인 가이트너 차관보 역시 훗날 비슷한 증언을 했다.

위기의 와중에서 우리가 해당국에 투입한 자금은 결정적인 회생요소가 될 수 있지만 정치적 의지가 결여되어 있다면 결코 돈만으로는 사태를 해결하지 못한다. 우리가 워싱턴에서 내린 (금융지원) 결정은 해당 국가에서 유능하고 신뢰할 만한 지도자와 만난 경우에만 효력이 발생했다.[19]

청와대 경제수석실의 산업통신과학비서관을 지냈고 나중에 한국인 최초의

---

16 Robert Rubin, 2004, *In an Uncertain World*, Random House, pp. 245, 246, 250.
17 원문은 다음과 같다. "We made a series of attempts to get through to Suharto about the need to take ownership of reform, including a phone call from President Clinton. … We saw how much countries themselves determine their own fate and how little the IMF or anyone else can do in the absence of a genuine commitment to reform."
18 Robert Rubin, 2004, *In an Uncertain World*, Random House, p.251.
19 티모시 가이트너, 김규진 외 역, 2015, 《스트레스 테스트》, 인빅투스, 88쪽.

IMF 이사가 된 오종남 비서관은 "한국은 외환위기 수습과정에서 정책의 주도권과 주인의식을 분명하게 가졌고 그것이 외환위기 조기수습의 핵심요소였다"고 강조한다.

오종남 내가 IMF 대리이사로 있을 때 일입니다. IMF 이사진이 뉴욕에 가서 UN 대사들과 정기 회동을 하는 자리였는데, 캉드쉬 총재가 나에게 "한국이 IMF 위기에서 가장 빠르게 헤쳐나온 성공비결이 무엇인지 UN 대사들에게 이야기해 달라"고 요청해왔습니다.

그때 내가 UN에서 강조한 우리의 IMF 외환위기 극복 비결이 바로 '주인정신'이었습니다. 모든 경제주체가 위기에 대한 인식을 공유하고 각 경제주체들이 주인의식을 갖고 종합적 노력을 기울인 덕분이었다고 설명한 거죠.

속도전으로 추진된 금융기관 구조조정

4대 개혁이 거의 동시에 추진되었지만 시기적으로 가장 다급했던 것이 금융·기업 동시 구조조정이었다. 1998년 초 국내 금융기관들의 부실채권 규모는 약 100조 원으로 추산됐다. 금융산업 구조조정을 통해 부실채권을 속도전으로 처리하고 살아날 수 있는 금융기관과 청산되는 금융기관을 시장에 명확히 제시하지 않으면 예금인출사태가 발생하여 시장 전체가 무너질 수도 있는 상황이었다.

이를 방지하기 위해 한편에서는 금융기관 예금지급보증 등을 통해 금융시장에 대한 불안을 잠재워야 했고, 다른 한편에서는 금융기관이 보유한 부실채권을 속도감 있게 매입하여 처리해야 했다.

당시 이 두 가지 기능을 수행한 핵심기관이 예금보험공사(KDIC: Korea Deposit Insurance Corporation)와 한국자산관리공사이다. 예금보험공사는 출자전환 및 M&A, P&A 등을 통해 부실 금융기관들을 정리했고, 한국자산관리공사는 국제 경쟁 입찰매각, AMC, CRC 등을 통해 빠른 속도로 금융기관의 부실채권을 처분하여 우량은행으로 거듭나게 만드는 막후작업을 했다.

시스템 위기를 막기 위해 금융기관의 부실에 대해서는 정부가 자금을 지원해주어야 했기 때문에 금융 구조조정과 기업 구조조정에 엄청난 공적자금의 투입이 필요했다. 외환위기 이전인 1997년 4월에 앞으로 닥칠 외환위기에 대해 꿈에도 짐작하지 못한 채 1조5천억 원이라는 소박한 규모로 조성된 공적자금 규모는 64조 원이라는 천문학적 규모로 대폭 증액되었다.

강봉균　1998년 5월에 제1차 공적자금이 64조 원으로 조성되었는데 당시 정책목표는 첫째 1998년 3월 기준 118조 원인 모든 금융기관들의 부실채권을 모두 정리하는 것이었습니다. 전체 금융기관의 불건전 여신규모를 118조 원으로 추정했습니다. 3개월 연체기준 요주의 여신 50조 원에다 6개월 이상 연체 무수익여신기준 68조 원 등이었는데 이 가운데 18조 원 정도는 대출기업들의 자구노력으로축소 가능하다고 판단하여 정리대상 불건전 채권을 100조 원으로 추정했습니다.

100조 원의 부실채권 가운데 50%인 50조 원은 정부가 한국자산관리공사를 통해 공적자금으로 매입하여 처리하고 나머지는 해당 은행들이 정리하는 것으로 가닥을 잡았습니다.[20] 기타 금융권 부실충당액으로 약 14조 원을 설정한 것입니다.

금융기관들이 자체 정리해야 하는 50조 원 규모의 부실채권에 대해서는 발생손실 가운데 15조 원은 쌓아 둔 대손(貸損) 충당금으로 보전하고, 나머지 35조 원은 공적자금을 통한 증자를 통해 보전하도록 원칙을 세웠습니다.

둘째 부실채권 정리과정에서 은행들의 재무구조가 취약해지는 것은 4조 원을증자로 지원하여 모든 은행이 BIS 비율 8% 이상의 우량은행으로 거듭나게 하는 것을 목표로 했습니다.

셋째 퇴출되는 금융기관에 맡겨진 예금은 예금보험공사에서 대(代)지급하여예금자를 보호하기로 했습니다. 여기에 공적자금 9조 원이 소요되었습니다. 요약하자면 기(旣)사용분 14조 원, 부실채권 매입자금 25조 원, 증자소요자금의50%인 16조 원, 예금대지급 9조 원 등 총 64조 원이 된 것입니다.

---

20 한국자산관리공사는 액면가액 이하로 부실채권을 매입했기 때문에 실제 공적자금 소요액은 25조 원 정도였다.

5개 은행 퇴출과 금융권 지각변동

홍은주 초기에 은행을 비롯한 금융기관 구조조정이 빠른 속도로 진행되었는데 그 결과는 어떻게 정리되었습니까?

강봉균 은행 구조조정 대상은 26개 시중은행 가운데 1997년 말 기준으로 BIS 비율이 8% 미만인 은행은 서울은행과 제일은행을 제외하고 12개 은행이었으며 이 가운데 7개 은행이 경영정상화 가능성이 있다고 판단되어 결국 5개가 최종 퇴출됩니다. 퇴출된 은행 5개는 동화, 대동, 동남, 충청, 경기은행이었는데 이들은 자산부채이전 방식(P&A)에 의해 재무구조가 건실한 5개 은행에 인수되었습니다.

부실은행의 퇴출이 가장 어려운 과정이었습니다. 우선 주주들의 주식이 소각됩니다. 경영진의 부실책임 추궁, 직원들의 경우 관리직 등의 정리해고도 불가피했습니다. 해당 은행들의 노조와 주주 연고지 정치인들의 항의가 아주 컸지만 원체 은행들 상황이 나빴기 때문에 이건 그대로 밀고 나갈 수밖에 없었습니다.

BIS 8% 미만으로 퇴출되지 않고 살아남은 7개 은행들에게는 뼈를 깎는 경영정상화 계획이 시행되었습니다. 경영진 교체는 물론 점포 및 인력감축, 유상증자 및 외자유치 등 경영개선 의무조건이 부과되었습니다.

이 과정에서 오랜 역사를 지닌 상업은행과 한일은행은 한빛은행으로, 조흥과 충북, 강원은행은 조흥은행으로 통합되었고, 나머지 2개 은행 중 외환은행은 독일 코메르츠방크의 자본을 유치하여 경영개선을 추진하고, 평화은행은 노동자들이 투자한 은행이어서 국제업무를 취급하지 않은 조건으로 생존하게 되었습니다. 나머지는 원칙대로 정리했습니다.

BIS 비율이 8%를 넘는 상대적으로 우량한 은행 3개도 경영개선 조치를 요구받았고 은행들은 합병을 통해 대형화의 길을 밟게 됩니다.

청와대의 '금융권 인사 불개입' 선언

구조조정 대상이 된 금융기관이 부실정리를 위해 공적자금을 받으려면 부실에 책임 있는 과거의 경영진을 모두 내보내야 했다. 이 때문에 금융기관 고위직에 인사요인이 많이 발생했다. 교체되는 임원자리를 두고 정치적 민원이 줄을 이었다.

강봉균 수석은 '관치금융 논란의 핵심은 금융기관에 대한 정부의 인사권 행사'라고 생각했다. 따라서 관치금융 논란을 종식시키고 금융구조 개혁을 성공시키기 위해서는 철저하게 정치적 인사민원을 막아내는 것이 핵심이었다. 구조개혁을 하겠다는 정부가 정치적 고려나 당에 대한 배려 때문에 인사민원에 흔들리고 이런저런 예외를 인정하면 시장은 구조개혁의 진정성을 의심하게 된다. 정부가 아니라도 정치권 핵심 인사들에 의해 원칙이 흔들릴 수 있다는 판단이 들면 개혁대상이 되는 수많은 경제주체들은 일제히 당(黨)이나 청와대로 줄을 찾아 몰려갈 것이고 개혁은 시작해 보기도 전에 끝나고 말 것이 분명했다.

비슷한 시기에 외환위기를 겪은 인도네시아가 정치적 고려와 대통령의 친인척 로비에 의해 흔들려 개혁을 실패한 단적인 경우라 할 수 있다.[21] 인도네시아처럼 부실은행들이 권력층에 줄을 대고 국민들이 권력층의 친인척 소유은행은 더 안전할 것이라고 믿는 상황에서는 금융기관 구조조정이 불가능하다.

구조조정의 핵심은 어떤 일이 있어도 정부개혁이 정치권 개입에 흔들리지 않는다는 단호한 의지를 시장에 분명히 전달하는 것이다. 그 의지는 말이 아니라 행동으로 보여야 했다. 그래서 강봉균 수석은 대통령에게 건의하여 대통령이 "금융권에 낙하산 인사는 없다"고 공식 선언하도록 했다.

강봉균 구조개혁 과정에서 금융기관에는 부실경영 책임이 있는 경영진들이 대거 퇴진하는 바람에 수많은 공석이 쏟아져 나왔고, 재벌개혁 추진과정에서는 정

---

21 "Though the government closed some debt-ridden banks, doing so only helped to create a run on the others left open-including banks that were also insolvent but politically connected, and that were, in some cases, owned by Suharto's friends and family." (Robert Rubin, 2004, *In an Uncertain World*, Random House, p. 244)

부 당국의 호의적 처리를 기대하는 사람들이 정치권에 접근하는 경우도 있었을 것입니다. 그러나 적어도 개혁추진을 책임졌던 정부관료 4인방은 금융권 인사나 재벌구조개혁 과정에서 정치적 압력을 배제했고 사심을 개입시키지 않아 대통령의 신임과 여론의 지지를 받았다고 생각합니다.

당시 정부는 자민련과 연합정당이었으므로 두 당의 당직자들로부터 직접 대통령께서 보고받고 대화하는 당정협의를 1주일에 한 차례씩 했는데 신기하게도 "당 쪽에서 뭘 요구한다"는 대통령의 지시가 경제비서실에 떨어지는 경우가 거의 없었습니다. 대부분 대통령께서 본인 선에서 막아 주었던 것이죠. 당시 일부 여당 국회의원들이 나를 찾아와 "은행 등 금융기관 임원 자리가 엄청나게 많이 생기는데 이러저러한 사람들을 좀 배려해 달라"는 부탁을 많이 해왔습니다. 그래서 제가 대통령께 건의드렸습니다.

"관치금융이 생긴 이유가 청와대나 정부, 정치권이 금융권 인사에 관여하고 낙하산을 내려보냈기 때문인데 정치권에서 자꾸 인사청탁과 민원이 들어오고 있습니다. 금융기관 임원이나 CEO 인사에 정부가 개입하면 정부가 대출에 관여하는 관치금융의 틀을 벗어날 수 없습니다. 그러니 대통령께서 국민의 정부는 절대로 금융권 인사에 관여하지 않는다는 것을 아예 공개적으로 선언해 주십시오."

그러자 대통령께서 곧바로 청와대 행사에서 내가 건의한 그대로 "청와대나 이 정부는 관치금융 뿌리가 되는 은행권 인사에 절대로 관여하지 않는다"고 공개적으로 선언합니다. 그 뒤로 정치권에서 인사민원 전화가 나한테 오면 "당신은 대통령이 하신 말씀도 못 들었습니까?" 하고 끊어 버렸지요.

은행장 추천에 정부나 권력층이 아예 관여하지 못하도록 시스템과 체제를 만들기 위해 은행장 추천위원회를 만들어 민간인으로 행장을 임명하도록 했다. 그런데 한 달쯤 뒤 대통령이 강 수석을 불러서 물었다.

"청와대가 일체 인사개입을 하지 않는 것은 좋은데 그러다 보니 호남사람들이 역차별 당한다는 말이 들리는데 정말인가요?"

알고 보니 여당 국회의원들 가운데 호남출신 인사들이 나에게 인사민원을 아무리 부탁해도 잘 안 되니까 대통령에게 그런 이야기가 흘러 들어간 것이다. 그는 새로 임용된 금융기관 임원인사에서 지역별 명단을 뽑아 보라고 시켰다.

강봉균　호남출신이 과거에 비해 줄었나 안 줄었나를 조사해 봤더니 숫자가 더 줄지는 않았더라고요. 적어도 역차별이 더 심해지지는 않았다는 이야기죠. 그래서 대통령께 근거 없는 이야기라고 보고드리고 이야기를 끝내 버렸습니다.

대통령의 공개선언으로 정치적 압력 차단

이 사건은 구조조정 과정에서 정치적 압력을 원천적으로 차단하는 방법으로 최고통치자가 공개적으로 개입중단을 선언하는 것이 좋은 방법이라는 경험을 남긴 사례라고 할 수 있다.

깐깐한 강봉균 수석에게는 대통령의 간접민원(?) 조차도 통하지 않았다. 한번은 이런 일이 있었다.

강봉균　어느 날 대통령께서 불러서 집무실로 들어갔더니 "내가 야당시절에 아주 가깝게 지낸 사람과 아침식사를 했다. 중견 섬유업체를 하는 사람인데 굉장히 어렵다고 하소연하더라. 그런데도 내가 도와주겠다는 말이 차마 안 나와서 아무 말도 못했다" 그러시더라구요. 그래서 제가 "잘하셨습니다. 지금 그런 것이 소문이 나면 기업 구조조정을 하는 데 큰 파장이 일게 됩니다. 안 그래도 옛날 야당이던 사람들 중에는 정권 잡았다고 청탁이나 압력 넣고 싶은 사람들이 많을 텐데 도와주겠다는 말을 안 한 것은 참 잘하신 겁니다" 했더니 더 이상 아무 말씀도 안 하시더라구요.

내가 나중에서야 곰곰이 생각해 보니 "그때 어떤 중소기업인지 한번 물어라도 볼 걸 그랬나?" 싶었습니다. (웃음)

대통령조차도 과거에 친하게 지내던 중소기업 하나를 배려해 주라는 말을 차마 꺼내지 못하는 입장이고 보니 적어도 강봉균 경제수석을 통한 민원은 철저히 차단되었다. 당 입장에서 보면 선거에 이겨 모처럼 정권교체를 했는데도 인사민원은커녕 바늘 하나 찌를 틈도 없는 강 수석이 무척 야속했을 것이다.

그는 마음과 의지가 꺾이느니 언제든지 공무원을 그만둘 각오로 살아온 사람이었다.

국보위 파견명령을 거부한 뚝심

1980년 초 전두환 계엄사령관이 권력을 장악하면서 군부의 권력이 날선 칼처럼 푸르렀던 시절에 그가 과장이면서도 국보위의 부름을 거절한 사건은 유명하다. 당시 국보위가 국정 전반을 장악하면서 이전 박정희 정부와의 체제적 결별을 선언하고 차별화를 하기 위한 여러 가지 시도가 있었는데, 그 일환으로 경제기획원이 없어질지도 모른다는 소문이 돌았다.

국보위는 판을 새로 짜기 위해 젊은 공무원 인재를 영입했는데 국보위의 여러 위원회 가운데 선임위원회인 운영위원회에서 강봉균 과장을 불렀다. 당시 그는 기획원 예산실의 예산정책과장이었다. 강 과장을 이기백 국보위 운영위원장에게 추천한 사람은 기획원 출신으로 전두환 계엄사령관과 인연이 있어 국보위에 가 있었던 문희갑 운영위 간사였다.

강 과장을 내놓으라는 소리에 기획원 고위공무원들은 난감했다. 면도날처럼 날카로운 논리로 없어서는 안 될 기획원의 빼어난 실무인재이지만, 부러질지언정 절대로 휘지 않는 성격을 기획원 선배들은 잘 알고 있었다. 고민 끝에 서석준 차관이 꾀를 냈다.

"강 과장은 거기 안 가려고 할 테니 일단 비밀로 해 뒀다가 전격적으로 발령을 냅시다. 일단 발령 내고 나면 하는 수 없이 가지 않을까?"

그러나 강경식 기획차관보는 생각이 달랐다. '전격발령'을 내면 '전격사표'를 낼 수 있는 사람임을 알고 있었던 것이다. 재능 있는 젊은 후배를 아꼈던 강 차관보는 미리 이야기하고 설득하는 것이 더 낫다고 판단해 강봉균을 불렀다.

"국보위에 가 있는 문희갑 씨가 기획원에 당신을 내놓으라고 한다. 위에서는 비밀로 하라는데 내가 당신 성격 잘 알기 때문에 미리 이야기하는 것이다."

"나는 그런 곳에 안 갑니다."

"지금 군부 서슬이 시퍼런 것을 잘 알지 않나. 가지 않으면 당신 입장이 곤란해질 것이다."

"입장 곤란해져도 상관없습니다. 안 갑니다."

"그럼 문희갑 씨를 직접 한번 만나 보는 것이 어떤가?"

그래서 강봉균 과장은 기획원 뒤편 다방에서 문희갑 씨와 만났다. 강 과장이 국보위 참여를 거절했다는 이야기를 이미 전해 들은 문희갑은 좋은 말로 그를 달랬다.

"기획원이 없어질지도 모른다. 설령 없어지지 않는다고 하더라도 국보위에 오면 승진도 빠르고 중요한 일을 할 수 있다. 여기 오려는 사람들이 줄었다. 기회가 주어졌을 때 오는 것이 좋지 않겠나?"

"저는 승진 빨리 할 생각 없습니다. 국보위에서 일할 마음이 없습니다. 정히 그쪽으로 발령을 내면 공무원을 그만두겠습니다."

새 정부에서 두각을 나타낼 수 있는 좋은 기회라고 생각해서 챙겨준 것인데 차라리 공무원을 그만두겠다는 후배를 더 끌어들이기는 어려웠던지 문희갑 씨는 더 이상 설득하기를 포기하고 다른 사람을 영입했다.

이런 결기를 지닌 사람이 장판교에 장창을 들고 홀로 버티고 선 장비(張飛) 마냥 청와대를 통한 인사민원을 차단하는 게이트 키퍼(Gate Keeper) 노릇을 했으니 외환위기의 금융 구조조정과 기업 구조조정이 시장의 의심을 받지 않고 성공할 수 있었을 것이다.

미국 달러가 창고에 보관되어 있다?

홍은주 국가든 기업이든 위기가 발생하면 예외 없이 사기꾼들이 모여들기 시작합니다. 5공화국 당시 해외 건설업체들이 극도의 어려움에 시달리자 고위층을 빙자한 이철희·장영자 금융사기 사건이 발생했죠. 과거 우리 경제가 위기를 겪을 때마다 별별 사기꾼들이 그럴듯한 채널로 소개를 받아 나타나곤 했는데, 외환위기 때는 혹시 그런 일이 없었나요?

강봉균 내가 워낙 고약한 사람으로 소문이 나서 그런지 사기꾼들이 나에게 직접 근접한 적은 없었지만 다른 이들에게는 온갖 사람들이 사기성 있는 이야기를 가지고 접근한 경우가 있었습니다. 미화 달러가 큰 창고에 가득 차 있다고 사진을 찍어 가져오는 사람도 있었고요. 대통령께서도 "내가 믿을 만한 종교지도자로부터 들은 이야기이니 한번 확인해 보라"고 뭘 지시한 적이 있었습니다. 대통령이 직접 현장에 한번 가 보라고 했지만 직원을 보내 근거 없다는 보고를 듣고는 "다 터무니없는 이야기입니다" 하고 보고한 적도 있었죠.

시동 걸린 기업 구조조정

4대 개혁 가운데 DJP 연합정권이 정부 출범 이전부터 가장 강한 의지를 가지고 추진한 것이 대기업 집단 즉 재벌개혁이었다. 김 대통령 당선자는 물론 당시 DJP 연합의 공동정권이었던 자민련의 박태준 총재도 외환위기에 큰 책임을 져야 하는 핵심주체로 대기업들을 지목했다.

대기업 집단에 대한 구조조정 이슈가 경제부처가 아닌 정치권에서 강조된 배경은 대기업들의 구조적 문제점들이 드러나면서 기업 구조조정에 대한 사회적 요구가 거셌기 때문이었다. 한보철강과 삼미, 진로, 대농, 기아그룹이 잇달아 부도나고 그 과정에서 위험성과 수익성을 따지지 않는 금융기관들의 과도한 대기업 대출관행, 대기업들의 경쟁적 과잉투자와 높은 부채비율, 불투명한 회계 등의 총체적 부실문제가 불거진 것이다. IMF에서도 재벌개혁 요구를 적시했다.

다음은 당시 한국 경제에서 대기업 집단의 위상 및 누적된 문제점에 대한 학문적 분석내용이다.

우리나라 경제에서 기업집단이 차지하는 중요성은 매우 크다. 예를 들면 1996년 현재 30대 기업집단은 광공업 총출하액의 39.6%, 고용의 17.7%, 자산의 45%, 부가가치의 36.9%를 차지하고 있다. 이처럼 국가경제에서 높은 비중을 차지하는 대기업 집단의 비효율성 또는 부실은 국가경제 전반에 직접적인 부담으로 연결될 수 있다. 재벌들은 외환위기 이전에 이미 'tunneling' 등을 통하여 계열사 간 자원을 이동·재분배하였고 이는 기업가치 및 기업성과를 낮췄다. 한편 정부는 경제발전 초기 수출을 통한 성장을 추구하고 산업구조 고도화를 위한 중화학공업 정책을 실시하면서 재벌에 대해 우대적 금리정책과 신용배분정책을 실시하였을 뿐만 아니라 재벌이 금융압박을 경험하는 경우 적극적으로 개입하여 이를 구제함으로써 대마불사라는 믿음을 창출하였다.[22]

당시 대기업 집단들은 상호채무보증과 상호출자, 내부거래 등으로 복잡하게 얽혀 있었다. 그룹 내 계열사 하나에 부실이 발생하면 그룹 전체 계열사로 그 영향이 파급되므로 경제 전체에 미치는 충격이 심각했다. 또한 대기업 그룹이 도산하면 그 부실이 대출해 준 은행 등 금융기관에 고스란히 전이되었다. 그래서 대기업 집단에 문제가 생기면 정부가 앞장서서 막아 주곤 했는데 이 같은 문제점 때문에 '대마불사'라는 용어가 나온 것이다.

---

22 조성욱, 2002, 《외환위기 이후 재벌구조 변화에 대한 실증분석》, 한국개발연구원, 4쪽.

외환위기에 대한 재벌기업 책임론 대두

한보와 기아 등의 도산은 대마불사의 신화가 글로벌 금융시대에는 더 이상 통할 수 없다는 사실을 극명하게 보여준 상징적 사건이었다. 외환위기에 대한 재벌기업들의 책임론이 들끓었고 1997년 12월 3일 IMF와 맺은 양해각서 프로그램에도 한국 정부의 금융개입을 통한 대기업 지원 금지, 기업의 높은 부채비율 축소조치, 재벌계열사 간 상호지급보증 시정조치 등이 포함되어 있었다. 이에 따라 김대중 대통령 당선자와 자민련 박태준 총재는 가장 우선적인 핵심 개혁대상으로 대기업 구조조정을 손꼽았다. DJP 연합정부가 당시 상황을 어떻게 인식했는지는 다음의 글에서 잘 나타난다.

> 우리 경제가 위기를 맞게 된 것은 과거 경제발전의 원동력이었던 기업이 변화된 환경에 적응하지 못하고 경쟁력을 잃었기 때문이다. 기업도산이 확대되자 기업에게 막대한 자금을 대출해 준 금융기관도 부실해졌고 이 때문에 우리 금융기관의 대외신뢰도가 추락했으며 급기야 외환유동성 부족사태에 빠지게 되었다. 기업들은 차입자금에 과도하게 의존하고 비효율적인 투자를 일삼았다. [23]

DJP 연합정부는 대기업들이 비효율적 경쟁과 부채의존형 과잉투자의 늪에 빠진 이유로 고질적인 정경유착과 타율적 금융관행을 지적했다.

> 기업들은 경영보다는 비자금 조성을 통해 외부 영향력을 동원하는 데 주력했고 금융기관들은 건전한 여신심사보다는 정치적 요구에 따라 대출을 결정했다. 또한 기업의 경영이 투명하지 못하여 이사회나 소수주주 등이 경영진의 독단적 투자결정을 제대로 감시하지 못했고 경영진의 부실경영을 문책할 법적 장치도 미흡했다. 대마불사의 도덕적 해이 현상이 사회 전반에 만연하여 구체적인 상환계획도 없이 상호채무보증 등을 통하여 막대한 외부자금을 차입했고 이 자금들을 수많은 비주력 업종에 투자하는 등 외형성장에 치중했다. 그 결과

---

23 대한민국 정부, 1998, 《국민과 함께 내일을 연다》, 165쪽.

경기침체를 맞이하자 높은 금융비용을 감당하지 못한 채 부실상태로 빠져든 것이다. [24]

이 짧은 문장 안에 당시 DJP 연합정부의 상황인식 및 향후 기업 구조조정의 핵심원칙이 모두 들어가 있다.

국민회의 시무식에 쏠린 관심

1998년 1월 3일, 국민회의 사무실에서 시무식이 열렸다. 이날 시무식에 전 국민과 언론, 국제금융시장의 관심이 쏠렸다. 1997년 12월말에 간신히 연내 국가부도를 넘겼지만 한 치 앞을 내다볼 수 없는 상황에서 시장이 급박하게 돌아가고 있었다. 이런 상황에서 시무식 연설은 대통령 당선인이 현 상황을 어떻게 인식하고 해법을 찾아갈지 의중을 가늠할 수 있는 최초의 공식담화였다. 그리고 이날 김대중 대통령 당선자의 시무식 담화에는 대기업들에 대한 강도 높은 구조조정을 요구하는 내용이 담겼다.

"오늘의 사태에 대해 가장 책임이 큰 기업들이 개혁을 추진할 것으로 믿지만, 설령 하지 않더라도 과거와 같은 방식으로 그냥 넘어가지는 않을 것입니다."

향후 몇 년에 걸쳐 강도 높게 이어질 기업 구조조정의 파고를 예고하는 발언이었다. 당선자는 바로 다음날 임창열 경제부총리와 김용환 비대위 대표에게 대기업 상호지급보증 해소 및 결합재무제표 도입 관련법안을 2월 임시국회에서 통과시키라고 지시했다.

당시 한보와 기아사태 이후 국제금융시장은 국내기업들의 회계장부를 믿을 수 없다는 분위기였다. 시장신뢰를 회복하기 위해서는 회계투명성을 높이기 위한 법적 제도 도입이 필수였다. 강도 높은 기업 구조조정을 요구하는 당선자의 행보는 이후로도 거침없이 이어졌다.

---

24 앞의 책.

정·재계, 기업 구조조정 5대 원칙 합의

1월 5일에는 "재벌기업의 구조조정을 위한 가이드라인을 빠른 시일 내에 작성하라"는 지시를 내렸다. 그래서 나온 것이 바로 대기업 구조조정의 5대 원칙 및 3대 추진방향이다.

이 가이드라인은 1월 13일에 성사된 김대중 대통령 당선자와 4대 재벌총수와의 면담자리에서 이건희 삼성그룹 회장, 정몽구 현대그룹 회장, 구본무 LG 그룹 회장, 최종현 SK그룹 회장 등 4대 재벌총수들에게 전달된다. 재벌기업들이 싫다고 할 만한 상황이 아니었다. 적어도 형식적으로는 정부와 기업 간에 '기업 구조조정 5대 원칙'에 대한 합의가 이뤄졌다. ①기업경영의 투명성 제고 ②상호지급보증 해소 ③재무구조의 획기적 개선 ④핵심주력사업으로 역량 집중 및 중소기업과의 협력 강화 ⑤지배주주와 경영자의 책임 강화 등이 그 내용이다.

이 가운데 마지막 내용은 구조조정 과정에서 쏟아져 나올 실업자들에 대해 한국노총과 민노총 등 노동단체들을 설득하는 과정에서 추가된 것이다. 노동단체들은 "왜 외환위기의 책임을 노동자들에게만 전가하여 해고를 당해야 하는가? 경영을 잘못한 재벌총수의 재산환수를 통해 고통을 분담시켜야 한다"고 반발했다.

이에 따라 재벌총수의 재산환수를 통해 '실업기금' 같은 것을 만들어야 노동계를 전폭적으로 설득할 수 있다는 주장도 있었으나, 군사정권 시대도 아니고 시장경제 시스템을 존중한다는 원칙에 위배된다는 반론이 더 강해 '책임성 강화의 구체적 의미는 경영에 책임이 있는 지배주주나 경영주가 사재를 출연해 증자를 하거나 지급보증을 하는 것'으로 정의되었다.

김대중 대통령 당선자는 2월 6일에 열린 30대그룹 총수들과의 회동에서도 같은 내용을 강조했고 이 내용은 정·재계 합의문 형태로 발표되었다. 회장실이나 구조조정본부, 기획조정실 등 아무런 법적 근거도 없이 수많은 계열사들을 사실상 지배하던 조직들을 없애라는 세부적 내용이 추가되었다.

대통령이 본격 취임도 하기 전부터 새 정부가 급박하게 움직여 기업 구조조정 5대 원칙을 만들고 재벌총수들에게 강제하다시피 합의형태로 전달한 것이다.

'기업 구조조정 5대 원칙' 합의문
(1998. 1. 13, 1998. 2. 6)

IMF 시대의 경제위기 극복을 위해 정부는 기구 축소와 예산의 대폭 삭감을 통해 정부의 효율성 제고에 앞장서고 있으며 근로자들에게도 정리해고 등 고통분담을 요청하고 있는 지금 국민경제의 생산과 고용을 담당하고 있는 우리들은 이 같은 위기가 초래된 데 대한 그 책임을 통감하며 겸허한 자세로 투명한 기업경영 풍토의 조성과 기업인의 책임을 다하고자 다음과 같이 합의합니다.

① 기업경영의 투명성 제고
결합재무제표 작성을 조기 도입하고 주요 재무정보의 성실한 공시를 통하여 회계관행을 국제화한다. 사외이사 및 감사를 선임하고 소액주주의 권리를 강화하여 금융시장 및 투자자로부터의 신인도를 높인다.

② 상호지급보증의 해소
그룹 내 기업 상호간의 자금 및 영업지원 관행을 원칙적으로 단절하며 개별기업의 재정적 독립성을 강화하고 계열기업의 부실이 전체로 확산되는 위험을 차단하여 금융시장과 경제전반의 안정성을 유지한다.

③ 재무구조의 획기적 개선
자기자본비율을 제고하여 재무구조의 건전성과 기업운영의 안정성을 확보하고 불필요한 업종과 자산의 과감한 정리를 통하여 수익성 위주의 기업경영 기조를 정착시킨다.

④ 핵심주력사업으로 역량 집중 및 중소기업과의 협력관계 강화
방만한 다각화로부터 탈피하고 경영 역량을 주력·핵심사업 부문에 집중하여 국제경쟁력을 제고하고 중소기업에 대한 기술 및 자금지원 등 수평적 협력관계를 강화한다.

⑤ 지배주주(사실상의 지배주주 포함) 및 경영자의 책임 강화
구조조정 시 지배주주는 개인재산 제공을 통한 (계열기업) 증자 또는 대출에 대한 보증 등 자구노력을 경주하며 기업의 경영부실에 대하여 경영진의 퇴진 등 책임을 강화한다.

재계는 "일언반구 협의도 없이 일방적으로 전달된 내용"이라고 불평하면서도 "이 원칙들이 과학적으로 체계화된 것"이라고 나름대로 평가했다. [25]

강봉균 당시 나는 아직 청와대 수석으로 내정되지 않아 그 자리에 직접 참석하지는 않았습니다. 그래서 당시 간담회의 분위기나 오갔던 구체적인 내용은 알지 못합니다만 당시 김대중 당선자는 '관치금융의 보호막 속에서 재벌기업들이 은행돈을 지나치게 빌려 써 과잉투자를 했고 이것이 대규모 부실채권으로 이어져 은행의 부실화가 초래되었다. 그것이 외환위기 발생의 한 원인이다'라고 인식하고 있었습니다. 기업 구조개혁을 위해서는 재벌기업들의 대마불사의 속설을 깨야 한다는 생각을 가지고 있었고 그래서 5대 기업 구조조정 원칙의 합의를 종용한 것입니다. 여기에 덧붙여 재벌총수들의 사재출연을 요청했습니다.

당시 IMF와 합의한 기업 구조개혁을 추진하려면 노사정위원회를 만들어 한국노총과 민노총을 상대로 정리해고 원칙에 합의해야 했는데 노동계는 그 전제조건으로 "재벌총수들이 돈을 투자에만 쓴 것이 아니다. 일부 부정축재를 해서 기업부실이 생겼으니 개인재산을 환수하라"고 요구했습니다. 대통령 당선인은 이런 내용을 총수들에게 솔직히 이야기하고 정부가 총수의 개인재산을 환수하지는 않을 것이나 총수 스스로가 개인 재산을 자신들의 회사에 투입하여 자구노력을 해 달라고 주문했습니다.

강봉균 정책수석 첫 일성은 '재벌개혁'

1998년 2월, 강봉균이 정책수석으로 내정된 뉴스가 발표되자 기자들이 가장 집중적으로 물었던 것도 재벌개혁 이슈였다. 언론에 발표된 강봉균 수석의 첫 일성은 '재벌개혁과 기업지배구조 개선'이었다. 대기업들이 과거 정부 때와는 분명히 달라져야 생존이 가능할 것이라는 메시지는 강 수석의 발언을 통해 시장에

25 이영렬, 1999, 《빅딜게임》, 중앙일보J&P, 51쪽.

분명히 전달되었다.

2월 25일 모 언론에 보도된 기사를 보면 당시 정부가 요구한 내용에 대해 언론이 구체적으로 어떻게 인식했는지 잘 나타난다.

① 핵심사업으로 승부하라

새 정부는 이익이 남는 사업만 육성하고 나머지는 과감히 정리할 것을 강력하게 권고하고 있다. 기업들은 핵심사업을 통해 장기적 수익을 확보해야 한다. 저(低) 부가가치 사업이나 현재 흑자가 나더라도 핵심역량을 공유할 수 없는 사업은 매각하거나 철수해야 한다. 전략상품을 축으로 한 유관제품 개발을 통해 핵심역량을 다른 사업제품과 공유함으로써 미래에 특화된 경쟁력을 배양해야 한다. 선단식 경영에서 탈피하는 것은 김대중 시대 기업이 생존하기 위한 기본전략이다. 한국판 GM, 마이크로소프트 같이 한 분야에만 세계 최고 경쟁력을 갖춘 기업이 등장하기를 새 정부는 기대하고 있다.

② 전략적 제휴를 추진하라

김 대통령은 취임 전에 이미 기업 구조조정을 위한 가이드라인을 제시해 대기업 개혁을 강도 높게 추진했다. 이에 따라 30대 대기업은 4월부터 신규 상호빚보증이 전면 금지되고 내년 말까지 기존 상호빚보증마저 완전히 해소해야 한다. 또한 2000년부터는 결합재무제표 작성이 의무화되며 회장실이나 기획조정실 등 실질적인 기업지배조직이 사실상 폐지된다. 이 같은 개혁조치는 시장의 힘에 의해 경영체질을 개선하고 책임경영과 투명경영을 실천하는 강한 기업을 육성하겠다는 의지의 표현이다.

③ 현금흐름을 중시하라

재무구조를 개선하지 않으면 기업들은 앞으로 유상증자 등 직접 조달은 물론이고 은행 돈 얻어 쓰기도 어려워졌다. 또 고금리가 지속될 IMF 체제를 극복하기 위해서는 자금의 유동성을 높여야 한다. 재무제표상 수익보다 현금흐름을 더 중시할 필요가 있다. 현금흐름을 상시 관리하여 자금경색에 대비해야 한다. 이를 위해 즉시 현금화할 수 있는 유동성 높은 자산을 일정비율 보유할 필요가 있다. 또 현금을 회수하기 쉬운 사업을 우선적으로 추진하고 유망한 사업이라도 현금확보가 불투명하면 포기하는 것이 좋다.

④ 내부거래를 지양하라

불합리한 사업부·계열사 간 도와주기식 내부거래를 지양해 원가를 줄이고 내부경쟁력을 높여야 한다. 불합리한 내부거래는 호황일 때는 업적이 부진한 계열사를 도와주는 의미가 있지만 불황일 때는 공멸을 초래할 가능성이 있다. 결합재무제표를 작성하면 이 같은 내부거래는 근절될 것이다.

⑤ 대외신인도를 높여라

대외신인도를 높이려면 상호빚보증을 해소하고 회계방식을 투명하게 해 기업경영활동을 한눈에 알아볼 수 있도록 해야 한다. 외자 도입은 물론 국내 자금을 차입하기 위해서라도 기업경영의 투명성을 반드시 달성해야 한다. 또 고금리가 지속되어 금융비용 부담이 커지고 있어 차입구조를 외자나 주식 전환사채, 신주인수권부(附) 사채 등을 발행해 직접금융비율을 높여야 한다.[26]

미국, 한국 정부의 재벌기업 지원 의심

새 정부 출범 직후인 3월 11일에 대통령 주재 '경제대책 조정회의'가 열렸다. 이날 회의에서 가장 중요한 경제이슈는 금융기관 구조조정과 기업 구조조정이었다. 정부는 "재벌기업들이 외환위기 발발에 책임을 느낀다고 인정하고 1998년 1월 비대위에서 구조조정에 합의한 만큼 자율적이고 신속하게 기업 구조조정을 해 달라"고 촉구했다.

새 정부가 왜 이렇게 금융기관 구조조정과 기업 구조조정을 서둘렀을까? 단기외채 만기협상이 성공적으로 끝났다고는 하지만 어디까지나 숨넘어가기 바로 직전 산소호흡기를 가져다 댄 정도의 효과였을 뿐이다. 1월말 현재 외채규모는 1천5백억 달러인데 비해 3월초 가용외환보유고는 199억 달러에 불과했다. 외환위기는 언제든 재발할 가능성이 상존해 있었다.

특히 당시 IMF와 미국은 한국 정부가 IMF로부터 빌린 돈으로 재벌을 뒤에서

---

26 〈매일경제〉, 1998. 2. 25.

몰래 지원하지는 않으나, 의심의 눈초리를 보내고 있었다. 이들의 의구심을 완전히 불식시키지 않으면 신규 외화자금이 들어오지 않는 것은 물론이고 IMF와 미국의 막후 조정을 받는 선진 13개국의 지원도 언제든지 불발될 가능성이 높았다.

작두날 위의 위험한 균형

해외여건도 우리에게 불리하게 돌아갔다. 한국과 똑같이 외환위기를 겪고 있던 인도네시아가 미흡한 개혁조치 때문에 미국과 IMF의 불신을 받아 모라토리엄 선언을 할 것이라는 설(說)이 파다했다. 이때의 상황을 재경부 관리들은 "작두날 위에 아슬아슬하게 서 있는 것 같은 위험한 균형"이라고 표현했다.

IMF와 미국의 의심을 지우고 무사히 외환위기를 넘기려면 정부가 금융기관과 재벌기업 구조조정에 앞장선다는 것을 빠른 시간 내에, 가시적이고 분명하게 보여주어야 했다.

강봉균 당시 뉴욕을 비롯한 글로벌 금융시장에서는 '한국 정부가 그동안 재벌대기업에 특혜를 주는 관치금융을 해온 것이 문제다', '이건 시장경쟁 원리에 맞지 않는 것이다'라고 인식했기에 새로 들어선 김대중 정부가 재벌개혁을 과감히 추진할 의지가 있는지 의심하는 눈치가 역력했습니다. 실제로 1998년 내내 주요 외신에서는 한국 정부가 재벌을 결국은 구제금융(bailout)으로 살려 줄 것이라는 추측기사가 난무했습니다.

이런 배경에서 IMF도 한국 정부가 과연 개혁을 추진하려는 의지가 있는지 관찰하고 있었습니다. 결국 IMF나 미국 정부는 김대중 정권이 부실금융 구조개혁과 재벌개혁을 과감히 추진하는 것을 보고 신뢰하기 시작해 1998년도 하반기부터는 무리한 고금리 정책, 재정긴축 정책을 고집하지 않고 한국 정부에 맡기는 방향으로 바뀌게 되었다고 생각합니다.

부채비율을 200% 이하로 낮춰라!

당시 기업 구조개혁의 최우선적 목표는 부채비율을 국제기준인 200% 이내로 낮추기 위한 기업들 스스로의 재무구조 개혁이었다.

강봉균 생존위기에 처한 금융기관 구조개혁을 추진하려면 최우선적으로 순자산 대비 부채비율이 500%에 육박하던 재벌대기업들의 구조조정이 선결되어야 했습니다. 재벌 간 과잉경쟁으로 인한 중복·부실 투자를 정리하고 경쟁력이 없는 만성적 적자기업을 정리해야 했으며 은행차입에 대한 과다 의존도를 탈피하기 위한 자기자본 확충이 필요했습니다. 둘째, 외환위기 발생으로 금리가 상승하고 환율이 급등하여 금융비용이 증가하였으나 신용경색 때문에 금융시장의 신뢰회복을 위한 자구노력이 없는 기업들은 저절로 도태되는 위기에 직면했습니다.

재벌개혁 3원칙, 시급성·시장성·자율성

IMF는 재벌기업들의 부채비율을 대폭 낮춰야 경영안정성이 보장되어 투자자 신뢰를 회복할 수 있다고 보고 이를 지속적으로 요구했다. 제도적 차원에서 정부가 추진하는 법적·제도적 개혁, 즉 투명경영을 뒷받침할 지배구조 개선이나 소액주주 보호장치 등이 글로벌 스탠더드에 맞는지 여부에 대해서도 관심을 갖고 주시하고 있었다.

그러나 이를 위한 구체적 방법론은 한국 정책당국이 알아서 할 일이라는 입장이었다. 한마디로 재벌기업들에 대한 부채비율 개선노력 이외에 경영투명성 제고 및 기업지배구조 개혁 등 종합적 노력은 한국 정부의 정책의지가 훨씬 더 크게 작용했던 사안이었다. 방법론에 있어 한국 정부는 신속성의 원칙, 민주적 시장경제의 원칙, 자율성의 원칙을 세워서 시행했다.

강봉균　당시 정부의 기업 구조조정의 기본원칙은 다음과 같습니다. 첫째, 구조개혁의 시급성입니다. 시장이 신뢰할 만한 기업 구조조정이 뒷받침되지 못하면 금융 구조조정이 속도를 낼 수 없기 때문에 신속한 추진이 매우 중요했습니다.

둘째, 구조개혁 절차의 민주성과 정치적 중립성입니다. 구조개혁의 대상기업을 결정하는 것은 기업의 자율적 판단을 우선 존중하고 채권금융기관들이 중심이 되어 추진하도록 하는 것입니다. 이때 정부가 개별기업의 구조조정에 간여하지 못하도록 하여 특혜 시비나 공정성 시비가 없도록 하고 정치적 중립성을 유지하도록 노력했습니다. 특히 재벌개혁에 정치적 입김이 들어가는 것을 가장 경계했습니다. 재벌의 재무구조 개선약정은 추진상황을 채권금융단이 점검하여 금감위에 보고하고 그 내용은 요약하여 청와대에도 보고되었지만 청와대 경제비서실은 금감위를 통하여 포괄적 진행상황만을 보고받았을 뿐 개별 사안에는 일체 간여하지 않았습니다. 채권은행단 중심으로 추진토록 시스템화해서 (정치권의 압력에 의해) 청와대나 경제부처가 개별적 사안에 개입할 가능성을 원천적으로 차단했습니다.

한편 5대 재벌은 자체 해결능력이 있다고 보고 자율추진을 원칙으로 했습니다.

재벌개혁 자율성과 시장원리 존중 노력

김대중 대통령 당선자는 당선되기 이전 언론과의 인터뷰나 TV 토론 등에서 "재벌개혁은 어디까지나 시장원리에 따라 추진해야 한다"고 여러 차례 강조했다. 따라서 이 같은 기업 구조조정은 초기에는 어디까지나 기업들의 자율적 노력에 맡기고 있었다.

대통령 당선자와 재계총수들과의 첫 대면이 있고 이틀 뒤인 1월 15일 전경련 회장단은 김 당선자와 4대그룹 회장이 '합의'한 내용을 다시 한 번 확인하는 자리에서, "구조조정의 구체적인 방법론은 재계가 자율적으로 추진한다"고 강조했다. 정부도 시장경제체제로 패러다임을 전환하는 과정에서 정부가 직접 개입하는 강제 구조조정은 모양상이나 논리상 맞지 않는다고 판단했다. 부채규모가 많은 기업들에 대한 구조조정은 채권은행단의 손에 맡겨 간접적으로 추진했다.

강봉균 새 정부 출범 3개월 후 내가 경제수석으로 자리를 옮긴 6월까지도 5대 그룹 빅딜문제나 5대 재벌사업 구조조정 등은 1998년 1월에 있었던 비대위 합의 및 대통령과 재벌총수 간 합의대로 정부가 직접 개입하지 않는다, 기업들이 자체적으로 추진한다는 자율원칙을 지키려고 노력했습니다. 그 이유는 외환위기 이전의 관치금융체제를 청산하여 새로운 시장경제체제로 구축하려면 시작단계부터 특정 재벌에 특혜의혹을 받을 수 있는 지시를 하지 않겠다는 대통령의 의지가 있었기 때문입니다.

　과거 역대 정권들은 재벌그룹 중 어느 곳에 탈이 나면 경제부총리가 관계장관 회의를 소집하여 구제방안을 마련해 주는 식의 연속이었습니다. 원리금 상환 연기, 조세감면, 특별금융 등이 주요 구제수단이었지요. 그러나 김대중 정부는 모든 재벌에게 예외를 두지 않고 동일한 원칙을 적용하고 추진주체도 채권금융 기관으로 하였으며 금감위가 뒷바라지하면서 추진상황을 체크하는 방식이었습니다. 재무구조 개선 목표인 200% 부채비율은 모든 재벌에 똑같이 적용하였고 자산매각, 합병 등에 수반되는 과세부담은 법으로 모두에게 공평하게 경감해 주었습니다.

　이렇게 철저하게 특혜의혹을 배제했기 때문에 6~30대 재벌의 구조조정 결과 절반가량이 대주주 교체라는 혁명적 개혁을 단행했으나, 그 과정에서 어떤 재벌이 정권이나 정치권의 특혜를 받았다는 루머가 전혀 발생하지 않았습니다.

금융기관이 거래기업 회생여부 판단

기업 구조조정을 책임진 주체는 정부가 아니라 채권금융기관들이었다. 채권금융기관들은 거래기업이 부실화되지 않도록 자구 차원에서 일정한 기능과 감시

역할을 하는 의무를 부여받았다.

이에 따라 채권은행들은 5월 9일 기업부실판정위원회를 설치하고 64대 재벌 기업들과 협조융자를 받는 11개 계열사 가운데 부실징후 기업[27]들을 대상으로 대대적 점검에 들어갔다.

313개 부실징후 기업들을 '정상·회생가능·회생불가' 등 3단계로 분류하는 작업이 시작됐고 우여곡절 끝에 64대 재벌 가운데서는 55개 기업이 최종적으로 회생불가 기업으로 판정 났다.[28] 채권은행으로부터 이미 협조융자 대상이 된 11개 계열그룹에서도 퇴출과 회생의 옥석이 가려졌다.

정부는 퇴출대상 기업들에 대해서는 조기퇴출을 유도하고 회생가능 기업에 대해서는 금융권이 해당 기업과 '재무구조 개선약정'을 체결하여 은행 주도의 기업개선 작업을 추진하도록 했다. 이 약정에는 계열기업군 전체의 연차적 부채비율 감축계획의 수립, 부동산 매각과 유상증자, 계열사 통폐합이나 정리, 매각, 사업축소, 영업 양수도, 보유주식 매각, 대주주의 추가출자 등을 포함한 구조조정 계획을 제출하도록 하는 등의 내용이 포함되었다.

해당 기업이 이 방안을 성실하게 추진하는 것을 전제로 금융기관들이 대출금의 일부를 출자전환하는 방안도 제시되었다.

또 신규사업 진출이나 회사정리 절차 등 회사경영의 주요사항, 재무적으로 중대한 변화를 야기하는 문제 등은 사전에 은행과 협의하도록 했다. 이 밖에 사외이사 및 사외감사를 선임하는 등 기업지배구조 개선에 관한 사항, 계획대로 이행되지 못한 경우의 여신회수에 관한 사항 등이 포함되었다. 채권은행들은 매 6개월마다 이행사항을 점검하기로 했다. 주거래은행을 통한 기업 구조조정 촉진작업에는 은행과 종금사, 보험사, 증권사, 투신사 등 전체 주요 금융기관들이 자의 반 타의 반 가입했다.

---

27 여신관리 규정상 최근 3년 동안 계속 적자를 내거나 금융기관 차입금이 연간 매출액을 초과하는 기업, 납입자본이 잠식된 기업, 최근 6개월 내에 1차 부도를 낸 적 있는 기업, 3개월 이상 조업중단이 된 기업, 1개월 이상 여신이 연체되었거나 대지급이 2회 이상 발생한 기업 등이 부실징후 기업으로 정의되었다.
28 퇴출대상 기업에는 5개 그룹 계열기업 20개사, 64개 계열기업 32개사, 비계열기업 3개사 등이 포함됐다.

한편 5대 재벌은 따로 약정을 맺고 회생이 어려운 한계 계열사를 정리하여 1998년 하반기 264개인 계열사를 2000년 말까지 130개 정도로 줄이기로 했다.[29]

강봉균 당시 기업 구조조정 추진전략은 우선 중복·과잉 투자가 많고 부채비율이 높은 대기업들 중심으로 추진하되 5대 재벌은 대통령과 재벌총수 간 합의에 따라 자체적으로 추진하도록 하였고, 재무구조 개선과 핵심주력사업 중심의 역량강화가 원칙이었습니다. 재벌그룹 간의 영역경쟁은 해외시장에서도 덤핑수주의 폐단을 낳게 되었기 때문에 김대중 정부의 재벌개혁은 핵심사업 중심으로 하는 투자 집중을 원칙의 하나로 설정하여 부채비율이 개선되지 않은 채 비핵심사업 진출을 채권금융기관이 억제토록 하는 것이었죠.

6대 이하의 재벌과 중견기업 구조조정은 회생불가능한 기업은 과감히 퇴출시키고 회생가능한 기업은 자구노력에 상응하는 부채조정과 금융지원을 제공하는 방식으로 기업개선 작업(워크아웃)을 통해 최대한 살려나가기로 했습니다. 당시 대상기업은 중견기업까지 포함하여 65개였는데 이들 기업의 총부채는 34조 원으로 이 가운데 26조 원은 상환유예되었습니다.

기업개선 작업은 이후로도 지속적으로 추진되어 1999년 말 현재 주 채무계열 237개 정리대상 기업 중 128개사가 청산과 매각, 합병 등을 통해 정리된다. 재벌개혁과 기업개선 작업을 추진하는 한편 IMF 이후에 대비해 기업경쟁력을 높이는 지원작업도 병행됐다. 당시 오종남 산업통신과학비서관의 증언이다.

오종남 당시 재벌 및 기업 구조개혁은 금융과 실물 두 가지 트랙으로 진행되었습니다. 금융분야는 부채비율을 낮춘다는 분명한 목표에 의해 추진되는 것인데 그건 기업의 재무구조 개선 측면이고 그에 못지않게 중요한 것은 외환위기 극복 이후 우리 기업이 글로벌 경쟁력을 갖추도록 하는 것이었죠. 이 두 가지 트랙을

---

29 윤제철, 2007, 《외환위기는 끝났는가》, 비봉출판사, 374쪽.

동시에 추진하기 위해 경제수석 산하에 금융비서관 자리를 신설해 유지창-진동수 비서관 라인으로 이어졌고 나는 산업통신과학비서관이라는 직책으로 후자의 업무를 수행하게 되었습니다.

산업·정보통신·과학 분야를 맡은 입장에서 처음에는 IMF 위기극복 이후의 우리 산업을 어떻게 바꿀 것인가 큰 그림을 설계하려 했어요. 그런데 오랫동안 고심하는 과정에서 'IMF 외환위기 극복 이후의 산업경쟁력 육성방안은 1980년대 초반의 중화학공업 통합 및 산업합리화 때의 방식과는 근본적으로 달라야 한다'고 생각을 근본부터 바꾸게 됩니다.

1980년대까지는 자원배분을 정부가 다 알아서 했잖아요. 무슨 산업을 육성하고 무슨 산업은 통폐합하고 등으로요. 하지만 우리나라 경제와 기업이 크게 성장한 시점에서 여전히 정부가 앞장서 산업이 나아갈 방향을 예측하고 어느 방향으로 가라고 지시하는 일은 더 이상 해서는 안 된다고 생각을 달리 한 것입니다.

'IMF 이후 글로벌 시장 질서를 받아들이면서 한국 경제가 누구도 가 보지 않은 미래를 개척해가는 일은 기업이 주도하는 것이 옳다. 다만, 정부는 기업이 어느 분야로 나가겠다고 할 때 관련규제를 완화하고 애로사항을 해결하고 보완해 주는 것으로 산업정책 패러다임이 바뀌어야 한다. 지도에 없는 길을 기업이 가겠다고 하면 정부는 그 앞길을 닦아 주는 역할로 그쳐야 한다. 정부가 미래를 예단하고 설계하여 기업을 지시하는 것이야말로 IMF 이후 시대에 절대로 해서는 안 될 일이다.'

이렇게 생각한 것입니다. 그래서 뭘 이래라 저래라 하지 않고 열심히 기업 애로를 해소해 주는 쪽으로 산업정책을 집중했습니다.

재벌그룹의 선단식 경영 단절

재벌기업들의 선단식 경영에 대한 해소나 개선작업도 추진되었다. 계열사 간 상호채무 지급보증의 제공을 금지하는 법안이 2월 국회를 통과함에 따라 1998년

4월부터 대기업 계열사 간 신규 지급보증이 금지됐다. 이종(異種) 업종에 대한 채무 지급보증은 12월까지 해소하도록 명시하고 최종적으로는 모든 지급보증을 없애도록 하는 구체적 일정이 이 법안에 담겼다.

당시 계열사 간 상호지급보증은 기업과 금융기관 간의 거래에 잘못된 유인을 제공하는 대표적 관행이었다. 특정 기업이 투자성 대출을 받을 때 우량 계열사가 지급보증을 서면 은행들은 사업 자체의 수익성이나 경제성 평가를 소홀히 한채 해당 기업이 자체 신용으로 빌릴 수 있는 액수를 초과하여 대출해 주게 된다. 또한 해당 기업에 부실징후가 발견되더라도 지급보증을 서 준 기업이 우량하면 대출회수를 늦추기도 했다. 금융이 가지는 본질적 기능인 정보탐색 기능과 자금의 효율적 배분기능이 무력화된 것이다.

한편 지급보증을 서 준 우량 계열사는 보증해 준 계열사가 부실화될 경우 동반부실이 될 가능성이 높았다. 우발채무가 발생하는 것이다. 이 때문에 상호채무 지급보증 해소는 외환위기를 불러온 기업들의 부실 과잉투자 관행을 원천적으로 차단하고 금융기관이 본질적 기능을 회복하도록 하는 핵심조치 가운데 하나였다.

한편 1998년 5월부터는 재벌기업들에 대한 부당 내부거래 조사가 대대적으로 시작되었다. 계열사끼리 거래하면서 가격을 시장가격보다 훨씬 높거나 낮게 책정하는 등의 부당한 거래가 적발되는 경우 거래액의 최고 5%까지 벌금을 부과하기로 하고 본격적 조사에 착수한 것이다.

당시 부당 내부거래는 대주주나 경영진의 이해에 따라 특정 계열사의 위험이나 수익을 다른 계열사로 이전시켜 소액주주들의 이익을 침해한 대표적인 문제였다. 후진적 기업지배구조가 불러온 전형적인 대리인 문제(agent problem) 의 유형이었던 것이다.

기업부동산 매각에 토지공사 참여

기업들의 구조조정 노력을 지원하기 위해 정부는 '부채구조조정기금'을 설립하고 부동산 거래 촉진을 위한 각종 법과 세제, 규정 등을 일제히 손봤다.

또 기업부동산 매각 촉진을 위해 성업공사와 토지공사를 동원해 기업들이 팔려고 내놓은 부동산을 접수해 매각을 주선하거나 소화하도록 했다. 성업공사는 해외 교포들에게 부동산을 팔기 위한 해외 부동산 박람회와 실명회에 나섰고 토지공사는 3조 원 규모의 채권을 발행해 조달한 돈으로 기업부동산 매입을 확대했다.

강봉균　기업들이 구조조정을 하기 위해 부동산을 내놓더라도 서로 팔려고만 하고 사려는 사람은 없으니까 문제였습니다. 그래서 하루는 내가 토지공사 사장을 청와대로 불렀어요.

"요즘 유동성 위기에 내몰린 기업들이 부동산을 팔려고 해도 사 주는 사람이 없어서 어려움을 겪고 있습니다. 한국토지공사에서 이 부동산을 매입해 주는 방안을 검토해 보세요."

그랬더니 한국토지공사 사장이 아주 난색을 표시했습니다.

"공사가 돈이 없습니다. 또 향후 엄청난 빚더미에 앉을 수 있는 위험이 있습니다."

그래서 내가 이렇게 지시했습니다.

"매입에 따른 소요자금은 정부가 지급보증을 해줄 테니 공사채를 발행하여 조달하면 됩니다. 그리고 매입가격은 외환위기 이전 가격의 50% 이하로 하되 나중에 부동산 시장이 정상화되면 기업들이 환매요구를 할 수 있도록 하면 됩니다."

급하니 울며 겨자 먹기로 땅을 내놓은 기업들은 나중에 상황이 좋아지면 환매요구를 할 수 있다는 말에 너도나도 땅을 토지공사에 매각했습니다. 결과적으로 신용경색이 점차 해소되고 부동산 가격이 정상화되기 시작한 1999년에 가서는 한국토지공사도 자금을 별 문제 없이 회수했고 상당한 이익을 낼 수 있었지요.

부실경영 책임을 묻다

대기업 집단의 부실을 고스란히 덮어쓰고 무너진 금융기관에 투입된 공적자금은 국민세금이었다. 당시 언론이 '국민혈세'라고 불렀던 공적자금을 투입하기 위해서는 금융기관이든 기업이든 부실경영의 책임을 묻지 않을 수 없었다.

금융기관에 대한 공적자금 투입의 경우 시스템 위기를 방지하기 위해 그랬다지만 결국은 금융기관을 통해 사적 기업에 공적자금이 들어간 셈이어서 당시 대주주나 경영진에게도 강한 법적 책임을 물었다. 이 때문에 대주주들은 부실기업의 책임을 지고 주식소각으로 지분을 잃어 경영에서 손을 떼게 된 경우가 많았다.

특히 30대 재벌기업들 가운데 5대 재벌을 제외한 25개 재벌의 경우 절반 정도 대주주가 교체되는 등 큰 변화를 겪었다. 대주주인 회장의 지시에 따라 수동적으로 분식회계에 참여했던 경영진들까지도 '배임'으로 법적 책임을 졌다. 이들은 채권은행단에 의한 구상권 행사 때문에 개인재산으로 기업부실을 책임지기도 하는 등 사상초유의 법적 분쟁도 발생했다.

강봉균 당시 기업 구조조정은 정부가 직접 개입한 것이 아니라 시장원리에 맞게 공적자금을 지원받은 금융기관이 맡아 했습니다. 채권금융기관들은 대출해 준 기업 가운데 부실기업의 구조조정을 추진하는 책임을 졌는데 그 추진주체는 부실책임이 있는 현 경영진이 아니라 교체된 경영진이 맡도록 했습니다. 회생불가능한 기업은 여신을 중단하여 퇴출시키고 회생가능한 기업은 경영진 교체와 인력 감축, 보유재산 매각이나 증자 등을 통하여 경영을 개선하는 조건으로 여신을 계속 공급하기로 했습니다.

재벌구조개혁의 다른 중요한 측면은 법적·제도적 개혁이었다. 만들어 놓고도 현실적 이해관계나 재계의 반발 등에 부딪혀 통과되지 못했던 기업지배구조 관련법과 회계투명성을 담보하기 위한 법 개정안이 새 정부 들어 무더기로 통과됐거나 통과를 기다리고 있었다.

「주식회사의 외부감사에 관한 법률」 개정안, 「공정거래법」 개정안, 「법인세법」 개정안, 「증권거래법」 개정안, 유가증권 상장규정, 여신관리업무 시행세칙 등이 외환위기 초·중반에 집중적으로 개정된 법들이다.

친족경영 등 후진적 경영관행을 개선하기 위해 대주주나 경영진과 무관한 사외이사제의 도입과 함께 이사회 역할을 강화하고 감사위원회 제도를 도입하며 소액주주의 권한을 보호하기 위해 주주총회 운영방식을 개선하는 등 「상법」과 「증권거래법」 개정작업 등이 추진되었다.[30] 기업지배구조와 관련된 법의 제·개정 노력은 고질적인 대리인 문제와 스틸링(stealing)[31] 문제를 줄이기 위한 시도였다.

한편 회계감사 및 공시기준의 강도를 높이고 연결재무제표를 도입하며 내부거래를 줄이는 등 기업의 회계투명성 및 공정거래를 담보할 수 있는 법들도 이때 대거 도입되거나 정비되었다.

도산 3법[32]도 만들어져 부실기업이 발생했을 때 효율적 정리가 가능하게 되었다. 부실기업 처리에 있어 정치논리가 개입되지 못하도록 청산가치와 존속가치를 비교하는 잣대를 만들고 법원의 공정한 판단이 기업의 운명을 결정짓는 핵심 역할을 하도록 했다.

지지부진했던 기업 자율 구조조정

당초 정부의 기업 구조조정 추진은 4단계였다. 1단계는 기업의 자금거래 동향에 대한 모니터링 구축과 구조조정 계획의 수립, 2단계는 채권금융기관에 기업부실 판정위원회를 설치해 대상기업의 회생여부를 판정하도록 하는 것이었다.

---

30 「상법」 개정은 1999년 초에 통과된다.
31 무능, 횡령, 배임, 부패, 부당한 내부거래, 회사비용으로 경영진의 위신추구, 과도한 비용지출, 무자격자에 대한 인사권 특혜, 내부거래와 시세조종, 회계조작, 지위보전을 위한 위법한 지시, 오너의 의중을 감안한 자발적 위법행위 등 경영권의 사적 이익 추구행위를 총체적으로 스틸링이라고 한다.
32 도산 3법은 「회사정리법」 「화의법」 「파산법」 등을 말한다. 외환위기 이후 기업도산이 증가하면서 급하게 필요할 때마다 임기응변식 개정을 해오다 2002년 11월 「채무자 회생 및 파산에 관한 법률」이란 이름으로 3개 법안의 「통합도산법」 시안이 마련됐고 2005년 3월에 제정되었다.

3단계는 판정결과 희망이 없는 기업은 조기에 퇴출시키고 회생 쪽으로 가닥을 잡은 기업에 대해 여신일부의 출자전환 등 각종 지원을 통해 구조조정을 추진하며 4단계는 기업 스스로 본격적 구조조정을 추진하도록 하는 것이었다. 3단계까지는 1998년 중반까지 추진하고 그 이후부터는 개별기업 차원에서 본격적인 구조조정의 이행을 촉구한다는 계획이었다.

그러나 초조한 정부의 속내와는 달리 기업 구조조정은 1998년 말이 다 되도록 별 속도를 내지 못했다. 재벌의 자체적 구조조정 노력도, 주채권은행을 통한 재무구조 개선노력도 신속한 진전을 보지 못한 채 지지부진했다.

주채권은행을 통해 각 기업들의 재무구조 계획을 제출받아 추진하도록 했으나 한국의 은행들은 주도적인 재벌 구조개혁을 추진하는 데 역량을 발휘해 본 경험이 전혀 없었다. 은행들이 오히려 기업의 강한 반발에 밀려 끌려다니는 형편이었다.

조원동 기업 구조조정을 하기 위해 (채권은행단에게) 퇴출기업 명단을 작성하여 가져오라고 했더니 진짜 아무 의미 없는 그런 명단을 가져와요. 이런 배경에서 그 당시 발표문도 사실은 우리가 (청와대가) 만들었습니다. 제일은행이 채권은행단의 리더 역할을 했기 때문에 제일은행장이 발표하게 되어 있는데 그 발표문을 우리가 훨씬 강한 톤으로 만들었어요. 그냥 두면 시장에 아무 메시지가 없이 나갈 우려가 있었기 때문입니다. 구조조정에 대한 강한 메시지를 시장에 던져야 하기 때문에, 마지막 문장 손질은 그쪽에서 했지만 핵심 내용과 줄거리는 우리가 작성했죠. 어떻게 보면 미시관리(micro-management) 측면에서 개혁에 손을 댔습니다. 주채권은행의 발표문 하나지만 여기에는 정부가 시장에 던지는 강한 상징성과 의미가 있기 때문입니다. 시장에 그 메시지를 던지기 위해 거의 대통령 말씀만큼 열심히 준비했어요. 청와대가 그런 역할 같은 것들을 했지만 그러나 큰 부분은 역시 각 경제장관님들끼리 의논해서 진행하셨습니다.

자율적으로 추진하기로 한 5대 재벌들의 구조조정은 더 속도가 늦었다. '자율적이며 신속하게 구조조정을 해 달라'는 정부의 요구에 대해 해석이 전혀 달랐다.

3대 기업 구조조정 원칙 가운데 정부는 '신속성'에 무게중심을 두었던 반면, 재계는 '자율성'을 강조하는 엇갈린 동상이몽(同床異夢)이 한동안 계속되었다.

노사정위원회의 출범과 노동개혁의 힘든 여정

4대 개혁 가운데 금융·기업 구조조정과 더불어 가장 먼저 시작된 개혁이 노동개혁이었지만 국민의 정부 내내 가장 힘들고 합의를 이끌어내기 힘들었던 것도 노동개혁이었다.

1998년 1월 15일 대통령 직속으로 노사정위원회가 구성되었다. 노동계와 재계, 정부 등 3각 협의체는 초기에는 상당한 위기의식을 가지고 출발하여 나름대로 성과를 거두었다. 상황이 누구도 이의를 제기할 수 없을 정도로 급박하게 돌아갔기 때문이다. 1월 20일에는 경제위기 극복을 위한 1차 노사정 공동선언을 채택했고 출범한 지 얼마 되지 않은 2월초에 재벌개혁, 실업대책, 노동기본권 신장, 노동시장 유연성 제고 등 대타협의 기초를 도출해냄으로써 외환위기를 조기에 진정시키는 데 일조했다.

1998년 2월 6일에는 10개 의제별 90개 항에 합의해 '경제위기 극복을 위한 사회협약'을 발표했다. 이 협약은 밤샘 마라톤협상을 통해 6일 새벽 극적으로 타결됐다. 노사정위원회(위원장 한광옥)는 이날 고용조정제를 즉각 시행하고 교원노조를 1999년 7월부터 허용하며 실업고용 안정대책 재원을 5조 원으로 확충키로 하는 등의 과제에 합의했다고 발표했다. 일부 합의를 보지 못한 사항은 추후 논의하기로 하고 연기되었다.

노사정 공동선언문 채택

이날 채택된 노사정 협약의 핵심 내용은 2년간 유예되어 있던 정리해고의 즉각 허용과 근로자파견제의 합법화였다. '긴박한 경영상의 필요'가 있는 경우 정리

노사정 공동선언문 발표 (1998. 2. 6)
한광옥 노사정위원회 위원장(왼쪽에서 두 번째)이 노사정 합의내용을 발표한 뒤
기자회견을 하고 있다. 왼쪽부터 박인상 한국노총 위원장, 한광옥 위원장,
손병두 전경련 부회장, 배석범 민노총 위원장 직무대행의 모습이다.

해고를 할 수 있도록 합의한 것이다.[33] 사업의 양도·인수·합병의 경우도 이
같은 긴박한 경영상의 필요로 인정해 정리해고를 할 수 있도록 합의했다.

이에 따라 김대중 대통령 당선자 측은 「근로기준법」 등 관련법안을 7일 임시
국무회의를 거쳐 국회에 제출, 이번 임시국회 회기 내에 처리할 방침이었다.

노사정위는 5일 오후부터 이날 새벽까지 철야협상을 통해 핵심쟁점인 고용조정
제의 2년 유예조항을 삭제하고 경영악화 방지를 위한 사업의 양도와 인수합병
등 긴박한 경영상의 이유가 있는 경우 정리해고를 할 수 있도록 한다는 데 합의
했다. 노사정위는 또 근로자파견제를 법제화하고 당초 정부가 제시한 실업대책
재원 4조4천억 원을 5조 원으로 확충키로 했다.[34]

---

33 단 기업주는 해고 60일 전에 근로자 대표에게 해고자 선정기준을 통보하고 노동부에 사전 신고토록 하는
   한편 해고회피와 재고용 노력을 의무화시키는 등 견제장치도 만들었다.
34 〈경향신문〉, 1998. 2. 7.

노사정 공동선언문

우리는 지난해 말 세계 11위의 경제대국에서 부도국가로 전락할 절체절명의 위기를 맞았습니다. 국민은 경제파탄으로 야기된 국난을 맞아 망연자실할 따름이었고 묵묵히 땀 흘려 일해온 근로자들은 깊은 절망에 빠져 있습니다. 그러나 우리는 좌절할 수만은 없었습니다. 나라가 벼랑 끝에 서게 된 원인을 찾아내고 위기를 극복하여 다시 한 번 도약하기 위해서는 각 경제주체들이 솔직하고 허심탄회한 토론과 고통분담의 결의를 해야 한다는 신념으로 지난 1월 15일 노사정위원회를 구성했습니다.

노사정위는 지난 1월 20일 각 경제주체가 공정한 고통분담을 통해 국가적 경제위기를 극복하겠다는 의지를 담아 1차 노사정 공동선언을 발표한 바 있습니다. 이후 수차례 논의를 거쳐 현재의 위기가 결코 일시적인 외환위기가 아님에 공감하고 국가 전체에 걸친 신속하고도 근본적인 개혁을 단행하지 않고서는 도저히 극복할 수 없는 총체적 위기라는 데 인식을 같이했습니다.

이 과정에서 우리 노사정 대표들은 현재의 국가적 경제위기가 초래된 것이 각 경제 주체들이 맡은 바의 역할과 도리를 다하지 못했기 때문이라는 책임을 통감했습니다. 특히 정부와 기업은 무엇보다도 스스로 책임과 역할을 다하지 못했음을 인정하고 위기극복에 솔선수범하겠다는 의지를 표명했습니다. 우리는 그동안의 논의를 통해 현재의 국가적 위기를 극복하기 위해서 노사정 간의 국민협약을 이끌어내 각 경제주체들이 공정하면서도 뼈를 깎는 고통분담을 통해 상호 협력하기로 결의하였습니다.

우리 노사정 대표들은 무엇보다도 근로자들에게 가중될 수밖에 없는 대량실업과 고물가, 체불임금 등에 주목하고 이에 대한 집중적 논의를 통해 대책을 마련했습니다. 특히 경제개혁 및 구조조정 과정에서 불가피하게 시행될 고용조정제도가 불러올지도 모르는 부작용을 막기 위해 종합적 실업대책을 수립, 실천하고 무분별한 해고 등 부당 노동행위를 방지하는 데 향후 정책역점을 두기로 합의하였습니다.

오늘의 이 노사정 공동선언은 단순한 선언이 아니라 강제가 아닌 타협, 지배가 아닌 공존의 이념이 살아 숨쉬는 새로운 역사창조이며 우리 역사상 최초의 자발적인 국민 대통합 선언입니다. 노사정 세 주체의 살을 깎는 살신성인의 결단과 양보, 그리고 전례 없는 성실한 논의를 통해서 국가위기 극복이라는 공동의 절박한 목표를 위해 고통분담을 통한 대타협에 도달했다는 것을 강조 드립니다. 아울러 이번 노사정 공동선언이 전 국민이 일치단결해 국가 재도약에 동참할 수 있는 결정적 계기가 되기를 기대합니다.

이번 노사정 공동선언과 국민 대통합의 정신에 따라 노사정은 앞으로도 계속 우리나라 민주주의와 경제발전을 위해 긴밀히 협의·협조해 나갈 것을 약속드리며 다시 한 번 국민 여러분의 적극적인 동참, 그리고 지속적 성원을 부탁드립니다.

1998. 2. 6.

노사정위원회 위원일동

정리해고제 즉시 도입 찬성에 대한 반대급부로 노동계는 광범위한 정치적, 법적 자유를 획득했다. 상반기 중「공직선거법」과「정치자금법」등을 개정해 노조의 정치활동을 합법화하기로 한 것이다. 또 공무원에 대해 1999년 1월부터 직장협의회 설치를, 교원에 대해서는 1999년 7월부터 노조설립과 단체교섭권을 허용하기로 했다.

2월 6일에 발표된 노사정 공동선언문은 "강제가 아닌 타협, 지배가 아닌 공존의 이념이 살아 숨쉬는 새로운 역사창조이며 우리 역사상 최초의 자발적인 국민대통합 선언"이며, "노사정 세 주체의 살을 깎는 살신성인의 결단과 양보, 그리고 전례 없는 성실한 논의를 통해서 국가위기 극복이라는 공동의 절박한 목표를 위해 고통분담을 통한 대타협에 도달했다"고 강조하고 있다.

유럽식 협동조합주의 합의체 탄생의 배경

DJP 연합정권은 당선 직후부터 재계와 노동계 양측과 접촉을 시도해 12월 16일 노사정 협의회 구성을 요청했다. 1998년 1월 3일 기업 구조조정 5대 원칙을 천명한 데 이어 이틀 후인 1월 15일에는 노사정위원회를 발족했다. 유럽 국가들이 경제성장과 사회안정을 도모하기 위하여 국가 주도로 사회통합을 시도했던 협동조합주의(corporatism)의 개념을 차용한 위원회였다.

홍은주 당시 노사정 합의체가 새 정부가 출발하기 훨씬 전인 12월 중순에 긴박하게 탄생한 배경은 무엇이었습니까?

강봉균 IMF 구조개혁 과정에서 노동부문 개혁은 우선순위상 시급한 과제였습니다. 금융 및 기업부문 구조개혁을 추진하려면 정리해고가 가능해야 하기 때문에 고용조정 문제를 먼저 해결하는 것이 다른 부문 구조개혁의 성공을 결정짓는 매우 중요한 과제로 대두되었던 것입니다.

선진국의 경우는 실업자 보호를 위한 사회안전망이 확립되어 있기 때문에 고용 구조조정이 시장원리에 따라 추진될 수 있지만 우리의 경우는 아직 사회적 고용안정장치가 없었고 노동자들의 생존문제를 시장원리에만 맡길 수 없는 상황이었습니다. 노동시장 개혁은 경제논리와 사회화합 논리가 조화를 이루어야 가능한 문제였습니다.

이에 따라 고용조정 문제는 실업자 보호를 위한 충분한 고려와 정책대안을 강구하면서 추진한다는 전제하에 노사정 3자 합의체제를 탄생시키게 된 것입니다.

홍은주 1994년에 노동부 차관을 지내셨습니다. 당시 노동시장과 관련해 노사정 간에 가장 관심 있는 현안은 무엇이었습니까?

강봉균 경제기획원 대외정책조정실장에서 1994년 12월 노동부 차관으로 승진하여 남재희 장관님을 모시고 약 10개월간 노동부에서 일했습니다. 당시는 민노총이 아직 합법화되지 않은 상황이라 합법화 여부를 놓고 노동부와 청와대 사이에 논쟁이 분분했습니다. 이 문제는 남재희 장관의 큰 관심사항이기도 했는데 나 개인적으로는 헌법상 결사(結社)의 자유를 막을 수는 없다고 생각하면서도 노동단체의 이원화가 가져올 경쟁과열을 걱정하지 않을 수 없었습니다. 한국노총 지도부와는 정기적으로 만나서 노사문제와 관련한 현안을 토론하곤 했었습니다.

노사정위 암초가 된 민노총의 반발

외환위기의 정점이었던 초기에는 정부의 중재로 재계와 노동계로부터 일정부분 합의를 끌어낼 수 있었지만 일단 숨넘어가는 상황을 넘기게 되자 합의는 점점 어려워졌다. 특히 금융시장 구조조정이 본격화되면서 5개 은행이 문을 닫게 되고 무더기 정리해고가 현실화되면서 한국노총과 민노총 등이 탈퇴를 선언하는 등 반발의 강도가 거세졌다.

노동개혁은 단순한 경제개혁이 아니라 각 부문의 이해를 조정하는 사회적,

정치적 프로세스였다. 사회적 대타협 경험이 전혀 없었던 한국의 경우 재계도 노조도 팽팽하게 대립할 뿐 양보를 이뤄내기가 쉽지 않았다. 노동계는 정리해고가 쉬워져서 실업대란을 양산하고 있다고 반발했고, 재계는 정리해고의 요건이 지나치게 제한되어 있으나 마나라고 평가절하했다.

정부의 역할에 대해서도 상반된 평가를 내렸다. 재계는 노사정위원회가 과도한 시장개입의 수단이 되고 있다고 반발했고 노동계는 노사정위원회에서 정부가 사용자 편을 주로 거들고 있다고 의심했다. [35]

이 때문에 4월 30일 민노총은 정리해고와 근로자파견제 합의를 원천무효로 한다고 밝히고, 5월 11일에는 정리해고제·근로자파견제 재논의, 부당노동행위 근절 등의 전제조건을 이유로 2기 노사정위 불참선언을 했다.

정부 주도로 5개 시중은행 조치가 내려진 이후 사정은 더 악화되어 7월 11일에는 한국노총마저 노사정위원회에서 철수하겠다고 반발했다. 이 때문에 2기 (1998. 6. 3~1999. 8. 31) 노사정위원회에서는 큰 진전을 보지 못한 채 지지부진한 상황이 계속되었다.

아시아판 노사정 대타협 모델 시도에 의의

강봉균 노사정위원회의 출범은 서유럽에서는 성공사례가 있지만 아시아에서는 처음 있는 일이어서 세계적 관심을 불러일으켰지만 실제 운영은 순탄치 않았으며 그 역할도 기대수준에 미치지 못했습니다. 노동계를 대표하는 한국노총은 적극적이었으나 민노총은 소극적이어서 민노총을 구성하는 재벌대기업과 금융권의 구조개혁에 큰 힘이 되지 못했습니다.

특히 민노총은 외환위기 발생의 주된 책임이 정부와 재벌기업의 대주주에게 있는데도 희생은 노동자에게 전가되고 있다는 피해의식을 표출했습니다. 오랜 노력의 결과 외환위기 이전까지는 허용되지 않았던 정리해고를 법적으로 명시

---

35 정부는 민노총과 한국노총 사이의 경쟁적 역학관계가 협상을 방해한다고 보았다.

하는 데는 합의했지만 그 허용범위가 극히 제한적이고 요건이 구체적이지 않아 실제 일선 산업현장에서는 노사갈등이 자주 발생했습니다.

당시 노사정위원회는 다른 이해구조를 가진 집단들이 정부 주재로 사회적 대타협을 도출하기 위해 한자리에 모인 최초의 시도였다는 점에서 나름대로 평가할 수 있다. 유럽식 협동조합주의가 국내에서 시도된 것이다. 다만 법적, 제도적 조치에 대한 선제적 준비가 없어 사회적 합의인지 협의인지가 불분명한 정체성의 문제를 처음부터 잉태하고 있었다.

또한 장기적 구상 없이 위기대응을 위해 급조된 만큼 외환위기가 어느 정도 진정된 다음부터는 의미 있는 타협을 이뤄내지 못한 채 공전하는 한계를 보였다. 사회적 갈등과 분열을 최소화하고 새로운 노사질서를 이끌어내는 국민적 합의형성 기구로 뿌리내리는 데는 실패한 것이다.

또한 당시 노사정위원회에서 논의된 정리해고 문제와 정규직·비정규직 문제, 평생직장에서 평생직업으로 개념을 전환하는 문제, 파견근로자 문제, 호봉과 연공서열에서 연봉제로 전환하는 문제 등은 사안 하나하나가 모조리 노동시장에 지각변동을 일으키는 문제였다.

특히 직장 이동이 사실상 어렵고, 정규직의 권한을 100% 인정해 준 상태에서 도입된 2년 비정규직의 개념은 선진국처럼 자유로운 직업이동의 개념으로 정착하지 못한 채 비정규직과 정규직 사이에 넘을 수 없는 선을 긋는 결과가 되고 말았다. 이는 노사정위원회가 어렵고 힘든 타결과정을 거치고도 노동시장에 신자유주의를 가속화시켰다는 부정적 평가를 받게 된 이유가 되기도 했다.

구조조정 시대의 마지막 보루, 사회안전망의 구축

금융과 기업 구조조정이 상시화되고 정리해고가 가능해지면 당연히 실업자가 늘어날 수밖에 없다. 현실적으로 과거에 7%를 넘던 경제성장률이 외환위기가 시작된 지 1년 만인 1998년 -6.8%로 떨어지면서 2.5%를 밑돌던 실업률이 급격히 높아졌다.

1998년에만 100만여 명의 추가 실업자가 발생했고 1999년에는 실업률이 8.6%까지 급증하여 실업자가 한때 170만 명을 넘어섰다. 대대적인 기업과 금융부문 구조조정의 여파로 신규채용이 어려워져 청년실업자 수도 크게 늘어났다.[36]

이 때문에 노동개혁과 사회안전망(Social Safety Net) 확충은 동전의 양면처럼 동시에 진행되었다. 급증한 실업자들과 극도의 불황 속에서 생활이 어려워진 사회취약계층에게 최저생계와 생활을 보장해 주는 사회안전망 확충이 필수였던 것이다. 또 구조조정 이후 나타나는 산업시스템은 필연적으로 이전의 경제와는 다를 수밖에 없다. 새로운 경제에 적응할 수 있도록 실업기간 동안 재교육하는 것도 필요했다.

강봉균 외환위기라고 불리는 국가부도 사태 자체는 1998년 1/4분기까지 막을 수 있게 되었으나 그 결과 기업들은 구조조정 과정에서 대규모 정리해고를 시작했으며 금융시장 구조조정으로 신용경색이 심화되어 중소기업과 자영업자들이 줄도산하였고 실업자가 급증했습니다. 기업투자 급감과 민간소비 급감으로 내수가 꽁꽁 얼어붙어 다시 중소기업과 자영업자들을 도산으로 몰아넣는 악순환이 되풀이됐습니다.

금융 및 재벌대기업 개혁과 구조조정 과정에서도 정리해고자들이 쏟아져 나왔습니다. 중소기업과 자영업 폐업이 실업증가의 가장 큰 요인이었습니다. 실업률은 정상수준인 3~4%에서 계속 올라가고 있었습니다. 국민들 사이에서는 "국민의 정부가 국민들을 굶기게 되었다"고 한탄하는 소리가 높아졌습니다.

이에 따라 이 문제에 대한 대통령의 걱정 근심이 태산 같았습니다. 저 역시 금융구조 개혁이나 재벌개혁의 근본 목적도 결국 일자리를 만드는 효과가 있어야 하는 것 아닌가 하는 생각을 굳히게 되었습니다.

---

36 청년실업률은 1999년 7월 11.5%를 기록하기도 했다.

종합실업대책 수립을 책임지다

당시까지의 한국 경제는 성장 일변도의 경제발전 전략을 추구해온 탓에 복지개념이 뒷전에 밀려 있었다. 외환위기와 대량실업이라는 갑작스러운 사회적 충격을 흡수할 만한 완충장치와 제도가 절대적으로 부족했다. 4대 사회보험과 사회안전망이 제도적으로는 이미 도입되어 있었으나 보험적용 대상이 제한적이어서 충분하지 못했고 유기적으로 직동할 수 있는 시스템도 미비했다.

실업자와 사회취약계층의 증가는 '실업률 몇 % 증가'라는 단순한 숫자와 통계로 요약되는 경제문제가 아니다. 갑자기 삶의 터전을 빼앗긴 가장과 가족이 직면한 절망의 문제였고 노인과 장애인 등 취약계층에게는 굶주림의 문제였으며 중산층이 몰락하는 데서 오는 사회적 불안의 후폭풍 문제였다.

"80%를 살리기 위해 20%의 희생을 받아들일 수밖에 없다고 하더라도 구조조정 대상이 된 실업자들이나 취약계층이 경제가 다시 살아날 때까지 견딜 수 있도록 지원해 주어야 한다. 또 달라진 경제환경에서 재취업할 수 있는 길을 마련해 보라"는 대통령의 특별 지시가 떨어졌다.

이 지시에 따라 청와대는 강봉균 정책기획수석을 중심으로, 내각에서는 이기호 노동부 장관을 중심으로 정부의 역량을 모아 종합적인 실업대책을 짰다. 그 결과 나온 것이 1998년 3월의 종합실업대책이다. 이 대책에는 실업자와 노인, 여성 등을 위한 공공일자리 창출과 최소한의 생존과 건강권을 담보할 수 있는 사회안전망 구축, 그리고 취약계층을 위한 기초생활보장제도 등이 담겼다.

대통령 지시, "실업대책에 최우선순위 두어야"

수십 년 공무원 생활에서 오는 경험 때문에 웬만한 일에는 긴장하는 법이 없는 강 수석이었지만 3월의 종합실업대책을 작성하는 데는 적잖은 스트레스를 받았다. 대통령의 높은 관심과 독촉 때문이었다.

강봉균 대통령께서 자꾸 전화를 해서 실업대책이 어떻게 되어가느냐고 걱정을 하십니다. 이분이 중소기업과 농민, 서민층에 대단히 애정이 많은 분 아닙니까? 중소기업들이 신용경색으로 극심한 자금난을 겪자 은행들로부터 중소기업 대출 실적을 보고받고 일일점검을 하라고 지시를 내리곤 했습니다. 실업 증가로 서민들의 어려움이 커진 데 대해서도 많이 괴로워했어요.

김대중 대통령의 특별지시 내용은 "강봉균 정책기획수석의 주도 아래 실업증가를 억제하고 실업자의 기초생활을 보장하기 위한 종합대책을 3월말까지 수립하여 국무회의에 보고하라. 지금부터 국민의 정부 내각은 '실업대책 내각'으로 부르고 모든 장관들이 실업대책을 최우선순위로 세우라"는 것이었습니다.

당시 노동부를 비롯하여 전 부처가 나서서 마련된 종합실업대책의 내용은 ① 공공투자 확대(정보화 시대에 대비한 정부전산망 확대, 한국전력의 송배전설비 확충 등) ② 공공근로사업 확대(공무원 봉급 1%를 삭감하여 나뭇가지 치기 등 영세민 일자리 확충 등) ③ 대대적 직업훈련(경제회복 시 재취업할 수 있는 기술훈련 등) ④ 고용보험 확대(실업수당 지급) ⑤ 국민기초생활보장제도 도입 등입니다.

국민기초생활보장제는 한마디로 '아무리 가난한 사람이라도 대한민국 국민이라면 적어도 먹고 자는 문제, 아프면 병원에 갈 수 있고 고등학교까지 자녀들을 학교에 보낼 수 있어야 한다'는 원칙을 기초로 한 것입니다.

제가 김대중 대통령께 "외환위기로 빈곤층이 갑자기 늘어났는데 이 사람들 중 일할 능력이 있는 사람들에게는 직업훈련을 제공하고 재취업 때까지 기초생활을 보장하며, 일할 능력이 없는 계층에게는(대개 국민의 10% 내외 최빈곤층) 먹고 자는 것, 병원 가는 것, 자녀 중등교육까지 시키는 것을 해결하는 사회야말로 진정한 시장경제를 할 자격이 있다고 생각합니다. 그런 나라를 이 정부가 만들어야 합니다"라고 보고하자 대통령께서 아주 적극적으로 동의했습니다.

국민기초생활보장제도의 도입

홍은주 이때 발표된 종합실업 대책 가운데서도 국민기초생활보장제도의 도입
이 특히 눈에 띕니다. 이 제도의 기본개념은 언제부터 생각하신 것인지요?

강봉균 제가 기획원 기획국장 시절인 1980년대 중반에 최저임금제를 도입해야
한다고 역설하고 다녔습니다. 그래서 청와대에서 나를 좌파라고 생각했다고 합
니다. 시장경제체제를 확립하려면 경쟁에서 낙오되는 사람들과 경쟁력 자체가
결여된 사람(장애인, 일할 능력이 없는 빈곤 노인층)을 보호하는 사회안전망을 반
드시 구축해야 한다는 것이 평소의 소신이었습니다.

홍은주 김영삼 정부 때 노동부 차관으로서 고용보험 정착에 관여하신 것으로
알고 있습니다.

강봉균 1995년은 4대 사회보험 가운데 마지막으로 고용보험이 도입된 해인데,
나는 가입대상과 주요사업을 확정하고 실업자 보호장치를 만드는 실무작업을 주
로 했습니다. 특히 직업훈련 사업에 큰 관심을 갖고 대기업들이 의무적인 직업훈
련 대신 납부하는 의무부담금을 활용하여 직업훈련제도를 현대화하고 그 운영을
대한상공회의소에 넘기는 결정을 주도했습니다. 당시 직업훈련국장이 전재희
전 의원이었습니다.

 노동부가 장애인 공단을 운영하면서 장애인들의 직업훈련과 취업알선을 해
왔는데 장애인 기금이 쌓여 있었지만 기능 활성화에 소극적인 자세를 바꾸도록
'장애인 공단 활성화 3개년 계획'을 수립하고 실시하도록 했던 것으로 기억합니
다. 장애인 기금은 기업들이 장애인들을 의무고용 대신 납부하는 기업부담금으
로 만들었습니다.

4대 사회보험 충실화에 역점

홍은주   갑자기 실업자가 쏟아져 나오면서 대책을 마련하고 사회안전망 구축을 하려면 재정수요가 컸을 텐데 여기에 대해 IMF는 어떤 반응을 보였습니까?

강봉균   그 점은 IMF의 외환위기 수습 3대 전략에 원칙적인 내용이 이미 들어가 있었습니다. 3대 전략은 ① 단기 충격을 줄이기 위한 조속한 회복 ② 중장기적 지속성장을 위한 근본적 구조개혁 ③ 구조조정 과정에서 발생하는 경제적 약자와 실업자를 보호하기 위한 사회안전망 구축 등이었는데 서민정부라는 국민들의 기대가 있었기 때문에 사회안전망 확충조항과 전략을 매우 중요시하고 실천한 것입니다.

이 기간 동안 사회안전망은 4대 사회보험(고용보험, 의료보험, 국민연금, 산재보험)을 충실하게 확충하여 장기 지속가능한 제도적 기반을 만드는 데 역점을 두었습니다.

홍은주   사회안전망의 각종 법이나 제도는 그 이전에 만들어져 있었지만 예산이 빈약하고 유기적으로 작용하지 못해 실효성이 없었습니다. 외환위기 당시에 마련된 사회안전망은 그전과 어떻게 다른가요?

강봉균   첫째, 고용보험제도는 1995년 7월에 처음 도입되어 30인 이상 사업장 근로자에게만 실업급여가 지급되었으나 1998년 2월에 5인 이상에서 1998년 10월에는 전 사업장으로 확대 실시됩니다. 임시직이나 시간제 근로자까지 혜택을 받게 되었습니다. 또 실업자에게 실업수당을 주는 것 외에도 나중에 경기가 회복되었을 때 재취업할 수 있도록 직업훈련을 대폭 확대했습니다.

둘째, 「국민기초생활보장법」을 제정하여 2000년 10월부터 법시행에 들어갑니다. 최저생계비 이하 저소득층 150만 명을 대상으로 한 사람당 월 26만5천 원을 기초생활비로 결정하고 자가소득을 뺀 16만6천 원을 정부가 지급했습니다.

당시 소요예산은 약 3조 원으로 추정되었던 것으로 기억합니다. 의식주와 의료비, 자녀교육비 등을 지원하고 근로능력이 있는 저소득층에게는 직업훈련비와 창업자금 융자, 자활 프로그램도 제공했습니다.

셋째, 일할 수 있는 사람에게는 취업능력 배양을 지원하여 정부 의존에서 벗어나도록 도와준다는 생산적 복지 개념도 도입했습니다. 일자리 마련 실업대책은 공공근로사업과 한국전력, 한국통신공사 등 공기업 일자리 확대방안을 마련했습니다.

실업자들 신분노출 꺼려 대책추진 한계

조규향 그때 실업자들이 엄청나게 발생했습니다. 건설회사, 대기업, 은행, 종금사 할 것 없이 다 쓰러지고 거기에서 나온 실업자를 어떻게 구제할 것인지가 큰 고민이었습니다. 또 거리에는 노숙자가 넘쳐나고 학교에는 밥을 제대로 먹지 못하는 학생들이 많았습니다. 그래서 청와대 서별관에서 기획예산처와 노동부, 복지부 등 관련부처끼리 대책회의를 참 많이 했습니다.

가장 큰 문제는 우선 예산부족이었어요. 실업자들에게 직업훈련 시키려면 3개월, 6개월 시간이 필요하잖아요. 그동안 실업급여도 줘야 하는데 예산이 부족하니 대상자 숫자 선정을 많이 할 수 없지요.

또 고용보험을 확대하려면 고용보험료를 올려야 하는데 노조원들이나 근로자들이 반대하고요. 실업구제를 해주고 싶어도 현장은 현장대로 문제가 있었어요. 예를 들어 노동부에서는 실업자를 훈련시키고 실업급여를 줄 때 심사를 하잖아요. 직장에 얼마만큼 근무하고 있었느냐, 실업보험을 냈느냐 안 냈느냐에 따라서 실업보험 급여액이 다르지요.

그런데 대상자들이 심사 때 신분을 밝히려 하지 않아요. "가족들에게 내가 실업자라는 걸 알리고 싶지 않다"는 식으로 체면을 굉장히 중요시하는 거예요. 실업급여와 직업훈련 목적으로 주민등록번호를 적으라면 안 적어요. 주소도 안 적고 이름도 가명으로 쓰고요. 실업대책 마련을 위한 기본 등록과 데이터베이스 마련부터도 어려움이 많았던 것입니다. 내가 지금 실업자이지만 한때는 대기업 회사원이고 은행원이었다, 하는 자존심 때문에 신분을 속이다 보니 체계적으로 실업자를 정리하고 대책을 마련하는 데 굉장히 어려운 점이 있었어요.

촘촘해진 사회안전망

홍은주 외환위기 이후에 사회안전망이 구축됩니다. 사회안전망의 사전적 정의는 "실업과 빈곤, 질병, 재해 등 사회적 위험으로부터 국민을 보호하기 위한 제도적 장치로서, 각종 사회보장 제도와 공공부조, 실업자 재취업훈련, 공공근로사업 등을 광범위하게 포괄한다"고 되어 있습니다. IMF와의 협상에서 구조조정 과정에서 실업자가 많이 발생하고 경제위기로 빈곤층이 많이 발생할 테니 사회안전망을 구축해야 한다는 논의가 이뤄졌죠. 사회안전망은 구체적으로 어떤 과정으로 구축됐습니까?

조규향 초기에는 아무 경황이 없을 때니까 현장에서 터지는 구멍 막기에 바빴어요. 이 구멍 막으니 저 구멍이 터지고, 이거 이대로는 안 되겠다 싶어서 여기저기에 흩어져 있는 사회안전망을 치밀하게 연결하고 조직화해야겠다고 인식하는 데 시간이 좀 걸렸지요.

사회안전망을 만들자고 해서 기존의 여러 가지 사업을 연결했는데 그때까지 대량실업 사태가 발생한 적이 없었기 때문에 각 부처가 하던 공공근로사업이나 실업자구제 정책, 직업훈련 정책 등이 서로 연결이 전혀 안 되어 있는 거예요. 데이터베이스가 각 부처마다 각각 따로 있고요.

가뜩이나 부족한 복지예산이 엉뚱하게 새기도 했다. 이중, 삼중으로 사회복지를 악용하는 사람이 있는가 하면 제도의 존재 자체를 몰라 계속 소외되는 사람도 있었다.

당시 공공근로사업은 도로변 잡초를 뽑고 제방에 모래를 얹고 서울역이나 청량리역에서 버스를 타고 강원도 등에 가서 가지치기를 하는 것 등이었는데 정작 사회적 자활이 필요한 노숙자들은 힘드니까 하지 않으려고 했다. 노인들이 심심풀이로 동원돼서 일을 하는 둥 마는 둥 하기도 했고 자가용을 타고 와서 공공근로사업 하고 돈 받아 가는 사람도 있다는 보고가 올라왔다.

사회안전망을 전체적으로 조직화하여 예산낭비를 막는 동시에 사회안전망의 그물을 좀더 촘촘하게 만들어 혜택이 전 국민에게 확대되도록 할 필요를 느꼈다.

조규향 노동부, 복지부, 농림부, 산림청 등 전체 부처에 흩어져 있던 각종 공공부조와 복지, 실업대책 등을 전체적으로 연결하여 조직화하는 작업을 시작했습니다. 4대 보험은 형태는 갖춰져 있었지만 연결이 안 되어 있었기 때문에 그것도 연결하고요. 가령 노동부 고용보험이나 실업보험의 데이터망과 의료보험의 데이터망 그리고 국민연금 데이터망이 서로 잘 안 맞아요. 또 그때는 직장의료보험과 지역의료보험이 통합되지 않아 서로 다르게 운영했었습니다. 그런 것들을 종으로 횡으로 연결시키는 것을 추진했는데 아마 국민의 정부 말기에는 거의 다 완성되었을 겁니다. 그런 점에서 초기에 담당 공무원들이 고생도 많이 하고 국민건강관리공단에서 낸 자료를 수집하는 데 여러 가지 애로사항이 많았죠.

사회안전망이라는 '집'을 지어 놓고 그 속을 채우는 데 굉장히 시간이 오래 걸렸어요. 진짜 집을 잘 짓는 사람은 인테리어를 어떻게 할 것인가를 먼저 생각하고 설계한다고 합니다. 그런데 우리가 그때는 사회안전망이라는 집부터 지어 놓고 뒤늦게 보충하는 거예요. 전문가가 없고 다급할 때니까요.

그리고 사회안전망에 속을 채워 넣는 사람이 정규 공무원이 아니고 거의 다 임시직이에요. 특히 생활보호대상자들을 돌보는 사회복지사 등은 정규직원이 몇 명 안 되니까 대부분 임시직 여성들을 썼는데 그 임시직이라도 숫자를 늘려 달라고 하는 거예요. 보건복지부 장관이 국무회의에서 "기껏 5백~8백 명 늘려 준 숫자를 전국에 할당하면 지역별로 몇 사람 되지도 않는다. 몇천 명을 해 달라"고 계속 주장해서 예산 쪽과 갈등을 빚기도 했습니다.

홍은주 국민기초생활보장제도는 추진상에 애로가 없었습니까?

조규향 국민기초생활보장제도를 도입하면 경로수당, 또 취약계층, 독거자 수당 뭐 이런 것들을 지급해야 하는데, 구체적으로 현장에 일일이 다니면서 기초생활에 해당되는 사람들을 조사해야 합니다. 그리고 당시 신문사설에도 많이 나왔지만 '사회안전망이라는 게 그물코가 너무 커서 거기 걸리는 사람이 많이 없다. 촘촘하게 만들어야 한다'라는 생각을 하게 되었습니다.

사회안전망의 그물을 촘촘하게 만들려면 예산도 있어야 하고 인력도 있어야 하잖아요? 그런데 예산확보가 쉽지 않았습니다. 예를 들어 생활보호대상자를 파악하고 관리하고 조직화하는 업무를 수행하기 위하여 동사무소 여직원이 하루 종일 자기 관할구역을 돌아다녀야 되는데 그렇게 많이 돌아다니면 출장비라도 나와야 하는데 우리 공무원은 동네를 여기저기 돌아다니면서 하는 일에 대한 출장비가 없죠. 그러니까 박봉에 고생하다 그만두어 버립니다.

홍은주 일은 계속 터지는데 예산은 없고 어려운 가운데서 조금씩 사회안전망을 구축하는 과정이었겠네요.

조규향 그렇죠. 1, 2년 지나고 나서 각 부처의 사회복지 관련 프로그램을 전부 연결하여 데이터를 공유하고 큰 틀에서 사회안전망을 정비하게 된 것입니다. 지금 시간이 지나고 보니 사회안전망이 잘되어 있지만 그때는 그것을 어렵게 만들어갔습니다. 그런데 그 효과가 금방 나타나는 게 아니라 1, 2년 지나야 조금씩 나타나는 거니까요. 그러니까 가시적 효과는 잘 안 드러나고 자꾸 불평불만이 들어오는 겁니다.

거리에 넘쳐나는 노숙자들

홍은주 경제가 워낙 어려울 때라 당시에 노숙자도 많이 생겼지요.

조규향 거리에 노숙자가 넘쳐났습니다. 그래서 관련 자선단체, 교회, 종교단체들과 연관을 맺고 아침이나, 점심, 저녁을 무료 급식해 주는 장소를 여러 군데 만들었어요.

고건 씨가 서울시장을 할 때인데 사회복지 차원에서 보건사회부와 서울시 등이 연결망을 만들어 협력했습니다. 당시 서울역에 노숙자들이 복도에서 누워 자고 행패도 부리고 그랬어요. 우선 밥이라도 먹을 수 있도록 식사 장소를 보건사회부와 서울시가 교통정리를 해줬어요. 안 그러면 어떤 사람은 하루에 5~6끼를 먹고 못 먹는 사람은 두 끼도 제대로 못 얻어먹는 겁니다. 그래서 주민등록을 하면 식사티켓을 주는 시스템을 만들었습니다. 노숙자 생활이 어떤지 경험해 보지 않으면 제대로 정책이 나올 수 없다는 이야기가 나와서 서울시 공무원과 보건사회부 공무원 2~3명이 5일간 서울역에서 신분을 속이고 노숙한 적도 있어요.

서울시에서 영등포에 과자공장 기숙사를 개조해서 노숙자의 집이라는 곳을 임시로 만들었는데 숙소가 있고, 목욕탕 있고, 밥도 다 주어도 노숙자들이 입소했다가 2~3일 있으면 거의 나가 버려요. 그 이유를 물어보니 밤 10시가 되면 불을 끄는 규칙적인 생활이나 통제가 싫다는 거예요.

홍은주 결식아동 문제는 어떻게 해결했습니까? 결식아동 숫자가 워낙 많아서 점심 주는 일도 쉽지 않았을 텐데요.

조규향 학교에서 결식아동이 늘어나는데 이 결식아동 문제를 어떻게 해결할 것이냐? 처음에는 학교식당에서 해결해 보려고 했는데 식당에서 점심 얻어먹는 애와 점심 싸오는 애가 확연히 차이가 나니까 결식아동들이 자존심 때문에 식당에서 안 먹는 애들이 많아요. 그래서 그다음에는 바우처 제도를 시도했습니다.

바우처를 가지고 학교 인근 식당에 티켓을 내고 밥을 먹도록 했는데, 그것도 금방 알려져서 며칠 지나면 '나라에서 티켓 받아서 얻어먹는 가난한 애'라고 학급에 소문이 다 나니까 문제해결이 안돼요. 그러면 아예 학생의 집을 직접 찾아가서 동사무소 직원이 쌀이나 라면을 갖다 주는 방식은 어떤가? 이런저런 것을 다 검토하고 고민도 많이 하고 그랬습니다. 나중에는 학교 실정에 맡기자고 했지요. 그런데도 거기서 불만이 계속 생기니까 결국 무상급식 쪽으로 발전된 것이 아닌가 싶어요.

홍은주 장애인 복지 문제도 사회복지의 주요 주제로 등장했지요?

조규향 그렇죠. 장애문제 해결에도 관심이 많아서 장애인 복지시설도 많이 늘리고 그랬죠. 장애인 복지제도는 우선 장애인에 대한 인식부터 달라져야 된다, 장애인을 무조건 격리하지 말고 사람들 속에 섞이게 해야 한다, 그런 이야기가 나왔어요. 학교에서도 그때 논란이 됐던 게 장애인 학교를 별도로 만들 것인가 아니면 일반학생과 함께 통합교육을 시킬 것인가 하는 문제였습니다.

당시 뚜렷한 결론은 못 냈어요. 아직도 일반학생의 장애학생에 대한 인식이 부족해서 통합교육을 하면 장애학생들이 더 스트레스를 받는다, 그러니 장애인 학교와 병행해야 한다는 쪽으로 이야기가 됐죠. 그때는 장애는 신체적 장애만 주로 다루었는데 그 후에는 정신적 장애까지 논의한 것으로 압니다.

'생산적 복지' 개념 이론화

홍은주 '생산적 복지' 개념은 어느 시점에 도입됩니까? '보편적 무상복지' 개념과 어떻게 달랐는지요?

조규향 생산적 복지의 기본 개념이나 생각 자체는 예전부터 공유되었지요. 나도 내 나름대로 '국가에 사회안전망이라는 게 필요하고 이게 상호연관이 되어야 한다. 그리고 공짜로 나눠 주는 공산주의식 안전망이 아니라 시장경제 원칙에 따라서 도덕적 해이를 없애고 복지정책이 경제성장으로 이어지도록 해야 한다'고 생각했습니다. 이미 김영삼 정부 때부터 대부분 그런 생각을 공유해서 공공근로사업 등도 그런 방식으로 실시했습니다.[37]

그러다가 외환위기 이후 실업자가 대량 발생하자 고용보험을 통해 실업자를 직업훈련을 시키고 재고용으로 이어지도록 하는 등 점점 더 내용이 풍부해지고 조직화되고 잘 다듬어진 것입니다. 수석회의나 서별관 회의, 각종 대책회의 때도 "복지라고 해서 그냥 줘서는 안 된다, 경제성장과 연계시켜야 한다"는 얘기가 계속 나왔죠. 특히 예산 쪽에서는 '밑 빠진 독에 물 붓기' 식이니까 이대로는 안 된다고 강하게 주장했습니다. 이처럼 생산적 복지라는 개념은 이미 자리잡고 있었는데 그것을 더욱 정교하게 정리한 사람은 내가 사회복지수석 1년 반 만에 교육문화 쪽을 전담하게 된 이후 새로 복지수석으로 오신 김유배 씨입니다.

홍은주 대통령께서 복지 쪽에 관심이 많으셨잖아요. 수석회의 때 그런 말씀 자주 하셨나요?

조규향 그렇죠. 실업문제 해결해야 한다, 노숙자 문제 해결해야 한다, 신문에 보도되는 여러 사회빈곤층 문제 해결을 위해 노력해야 한다는 취지의 말씀을 자주 하셨어요. 회의하면 노상 그런 주제였습니다. 그때는 실업문제가 워낙 심각했으니까요.

이 같은 노력이 지속적으로 이어지면서 사회복지와 공공부조, 4대 사회보험의 기본 틀이 종으로 횡으로 조밀하게 형태가 잡히기 시작했다.

한편 1999년 2월에 정점에 달했던 실업률(8.6%, 실업자 수 178만 명)은 경기회복과 함께 점차 하락하기 시작했다. 2000년에 이르러서 실업률은 5% 미만으로 떨어져 외환위기 이전의 정상수준을 회복한다.

---

37 김영삼 정부 때 정책수석실에서 'workfare' 개념을 도입했다는 것이 조원동 전 경제수석의 증언이다.

공공부문의 민영화와 효율화, 공공개혁 추진

당시 정부에는 공공부문 경쟁력이 취약하고 지나친 규제가 기업의 발목을 잡는다는 인식이 공유되어 있었다. 정부 주도에 의한 고속성장, 계획경제의 시대가 끝난 만큼 정부의 경제행정 기능을 시장경제 활성화를 추진하는 방향으로 재편한다는 것이 공공부문 개혁의 기본 철학이었다.

정부 출범 직후부터 추진된 초기 공공부문 구조개혁은 다른 3대 개혁과 마찬가지로 생존의 차원에서 최대한 속도전으로 추진된 것이 특징이다. 인력, 제도, 운영 시스템 등 정부조직 전반에 강도 높은 메스를 들이댔고 공기업과 출연·위탁기관까지 광범위하게 경영 효율화 및 민영화가 추진되었다. 기업을 옥죄는 각종 규제혁파도 속도감 있게 이뤄졌다.

공공부문 개혁을 담당한 부처는 기획예산위원회였다. 청와대는 개혁대상이 된 현업부처와 공공기관들의 강한 저항을 최소화하면서 새로운 제도와 조직개편이 정착할 수 있도록 측면 지원했다. 이에 따라 1998년 6월 12일에는 한국전력공사 등 9개 공기업 조기 민영화가 확정된다. 1998년 7월 1일 공기업 1차 민영화 방안이 발표되었고[38] 한 달 후인 8월 17일에는 공기업 2차 민영화 방안이 발표됐다. 숨 돌릴 틈도 없이 8월 25일에는 정부출연·위탁기관 경영혁신 계획이 발표됐다.

숨가쁜 공공개혁 에피소드, "결혼도 일 끝난 후에 … "

이 과정에서 기획예산위원회의 공공부문 개혁 담당직원 40여 명은 정부 출범 후 몇 달간을 토요일, 일요일을 막론하고 단 하루의 휴일도 없이 근무했다. 직원 가운데 한 사람이 결혼한다고 하자 마음이 급한 상사가, "일 다 끝나고 결혼하면

---

38 남해화학, 국정교과서, 한국종합기술금융(현 KTB 네트워크), 대한송유관공사, 포항제철(현 포스코), 한국종합화학(현 케이씨), 한국중공업(현 두산중공업), 한국통신공사(현 KT), 한국담배인삼공사(현 KT&G) 등 총 9개 공기업의 민영화가 발표되었다.

안 될까?" 하고 하소연했다는 에피소드도 있다. 전 직원이 과로사할 지경이 되자 7월 17일 하루를 쉬게 해준 것이 그 무렵 유일하게 허락된 공식 휴일이었다.

공공기관 경영혁신 및 민영화뿐만 아니라 중앙정부 전체 부처가 민간 컨설팅 업체로부터 경영진단을 받기도 했다. 최초에는 대민업무가 많은 보건복지부와 산업자원부 그리고 중소기업청이 시범적으로 경영진단을 받기로 되어 있었다.

경영진단을 받아야 할 부처의 범위를 놓고 고민했다. 전 부처를 대상으로 할 경우 각 부처의 저항이 매우 거셀 것으로 예상됐다. 뿐만 아니라 100여 명이 넘는 경영진단 전문가들을 일시에 확보한다는 것이 현실적으로 어렵다고 판단했다. 그래서 전 부처보다는 의미 있는 몇 개 부처를 대상으로 경영진단을 시범적으로 실시한 후 나중에 전체로 확산하는 쪽으로 방향을 잡았다. [39]

그러나 9월 17일 청와대에서 4자 회의를 하고 돌아온 진념 기획예산위원장은 전 부처로 경영진단을 확대하라고 지시했다.

강봉균 금융·기업개혁, 노동개혁과 함께 공공부문 개혁이 4대 개혁에 포함된 것은 IMF 구조개혁이 성공하려면 금융과 재벌기업에 대한 정부나 정치권의 개입을 배제하고 이를 바탕으로 노사 자율협력 풍토를 만들어 명실공히 시장경제체제로의 이행을 정착시키려는 목적이었고 경제행정체계를 권한집중 시스템에서 권한분산 시스템으로 전환해야 한다고 생각했기 때문입니다.

더욱 구체적으로는 대선공약대로 경제부총리를 없애고 경제기획원과 재무부를 합쳐 만들었던 재정경제부에서 예산기능을 분리하여 기획예산처로 이원화합니다. 재경부의 금융기능 가운데 금융정책과 외환정책을 제외한 금융기관 감독기능은 금감위로 이관됩니다.

대신 공정거래위원회의 권한과 독립성 강화와 한국은행의 독립성 강화가 추진되었습니다. 그러나 정부부처 기관과 권한조정은 정권교체 때마다 유행처럼

---

39 김현석·박개성·박진, 2006, 《정부개혁 고해성사》, 박영사, 24쪽.

되풀이되어 긍정적 효과와 부정적 효과가 교차하고 일관성 상실에 따른 비용도 만만치 않다고 생각됩니다. 공기업 분야는 시장경제체제하에서의 정부기능 재정립이라는 기본철학에 따라 민간기업이 담당 가능한 영역은 공기업 업무를 축소하거나 민영화를 추진하고 공기업 사장 임명절차를 투명화하며 공기업경영평가 시스템을 강화하는 방향으로 개혁이 추진되었습니다.

규제개혁위원회, 난마처럼 얽힌 규제해제

공공부문 개혁의 또 다른 측면은 난마와 같이 얽힌 복잡한 규제의 정비 및 해제였다. 정부는 1998년 3월 1일 「행정규제 기본법」에 따라 대통령 직속으로 총리실 산하에 규제개혁위원회를 설치했다. 진정한 규제개혁은 정부의 힘만으로는 되지 않기 때문에 정부관료뿐만 아니라 민간전문가들이 규제개혁위원으로 대거 위촉되었다.[40] 정부위원은 재경부 장관, 행정자치부 장관, 산업자원부 장관, 국무조정실장, 공정거래위원장, 법제처장 등이 참여했다.

강봉균　내가 그 이전 정부 때도 규제개혁위원회를 운영해 본 경험이 꽤 긴 편입니다. 경제기획원 시절부터 시작하여 총리실에서 행정조정실장을 지낼 때 규제개혁위원회 실무위원장으로 규제개혁을 추진했습니다. 김영삼 정부 때는 행정쇄신위원회라는 이름으로 규제개혁위원회가 설치되어 운영되었고 제가 2년 가까이 재직하였던 행정조정실장이 위원장이었습니다. 김대중 정부 들어와서도 모든 정부개입의 부작용들이 규제 때문에 생긴 경직성이 원인이라고 진단하고 민간위원을 대거 참여시키고 규제개혁 위원회에 권한을 많이 줘서 규제개혁을 적극 추진했습니다. 아무래도 정부 각 부처는 방어적일 수밖에 없지만 주관하는 총리실에서 의지를 가지고 규제개혁을 추진해야 실효를 거둘 수 있는 것입니다.

---

40 당연직 위원장은 총리로 하고, 민간공동위원장, 민간위원 12인, 정부위원 6인 등 총 20인으로 구성된다.

민간전문가 주도의 정부개혁

1기 규제개혁위원회는 1998년에만 21회의 위원회를 개최해 각종 규제를 정비했다. 기존 행정규제를 전수 조사해 규제의 정당성과 규제수준의 적절성, 수단의 합목적성 등을 기준으로 대폭 정비하는 작업을 추진했고 특히 규제법정주의를 바로 세우기 위해 노력했다. 법에 근거하지 않으면서 실질적으로 기업들을 압박하는 그림자 규제 및 창구지도 등을 줄인 것이다. 신설되는 규제는 꼭 필요한 규제인지 여부를 민간위원들로부터 사전심사를 받도록 했다. 이때 생긴 규제개혁위원회는 실물부문에서 적지 않은 칸막이와 규제를 없앴고 지금도 규제행정의 게이트 키퍼로 역할을 하고 있다.

그런데 무더기 규제해제가 이뤄지다 보니 일부 부작용이 발생한 사례도 있다. 바로 신용카드 사태다. 신용카드 발급 규제를 해제해 주었는데 카드사들의 과당경쟁을 전혀 예상하지 못했던 것이다. 만년 업계 2, 3위였던 모 재벌계열 카드사가 선두업체를 따라잡기 위하여 발급된 카드숫자로 업계서열을 따지는 잘못된 경쟁에 불을 붙인 것이 카드사태의 시발점이었다. 카드발급 숫자에 따라 영업실적이 측정됐고 보너스가 지급됐다.

경쟁이 치열해지면서 거리 곳곳에서 '묻지마 카드발급'이 경쟁적으로 이뤄졌다. 소득이 없는 주부, 고등학생들까지 카드를 발급받았고 대부업체들은 돈이 아쉬운 서민들이 신용카드로 물건을 사는 것처럼 꾸며 결제한 뒤 현금을 받는 불법 할인대출 방법인 '카드깡'을 하도록 수십 장의 신용카드를 발급받게 부추겼다.

강봉균 금융회사의 경우 여신전문이라고 하더라도 자기자본의 수십 배에 이르는 금융거래를 하기 때문에 실물부문보다 지렛대 효과가 월등히 높고 반드시 일정한 감독하에서 점진적 규제해제가 이루어져야 합니다. 그런데 행정경험이 없는 규제개혁위원회가 광범위한 규제해제를 추진하는 과정에서 신용카드 업계의 과당경쟁을 예상하지 못했던 거죠.

규제개혁위원회는 민간전문인 중심으로 이뤄진 기구인 데다 무더기 규제해제가 동시에 이뤄졌기 때문에 아마 관련부처 장차관이나 실무자들도 내용을 잘 몰랐을 겁니다. 그런데 나중에 보니 이상하게 신용카드 규제해제가 마치 내 책임인 것처럼 말하는 사람들이 있어요. 문제의 신용카드 규제해제가 이뤄진 시점에 나는 행정부처가 아닌 청와대에 있었습니다. 규제개혁위원회는 청와대 경제수석실 소관이 아니었어요.

기획예산처 출범과 공공개혁

공공부문 개혁이 좀더 구체적인 청사진을 가지고 시스템 차원에서 착수된 것은 2차 정부조직 개편이 끝난 1999년 5월, 기획예산위원회와 예산청의 통합으로 기획예산처가 출범하면서부터다.

초대 책임자는 진념 장관이었다. 이후 기획예산처는 공공부문 개혁의 핵심주체가 되어 정부 주도 경제시스템을 개방적 시장경제 시스템으로 탈바꿈하기 위한 정부기능 조정과 규제완화, 그리고 공기업의 축소와 민영화 등을 추진했다.[41]

공공부문 개혁은 그 이전 정부에서도 자주 시도되었으나 외환위기 직후에 추진된 개혁은 정부 효율성 증대와 시장경제체제로의 전환이라는 분명한 방향성을 가지고 시스템적으로 추진되었으며 공공부문 경영효율을 예산과 연계시켰다는 특징이 있다.

공공개혁은 일부 부문이 시간경과에 따른 개혁 피로감 때문에 추진의 동력을 점차 잃기도 했으나 부패방지위원회 등을 통해 반부패 개혁의 제도와 틀을 마련했고 전자정부를 추진함으로써 차기정부에서도 이 같은 개혁이 지속적으로 이루어질 수 있도록 기반을 마련했다.

---

41 2000년 9월 7일 정부개혁추진위원회를 정식 발족한다.

기업 구조조정의 승부수, 빅딜의 전개과정

빅딜은 '마이더스의 손?'

외환위기 이후 개혁추진 당시 정부가 출범 초부터 깊은 관심을 갖고 추진했던 대기업 구조조정안에는 재벌기업 간 사업교환(business swap), 이른바 빅딜(Big Deal)이 포함되어 있었다. 빅딜은 심각한 IMF 위기상황에서 기업들이 1997년 말에 생존을 위한 자구책의 하나로 스스로 내놓은 아이디어였는데 막상 정부가 빅딜을 받아들여 5대 재벌의 핵심 구조조정안으로 밀어붙이는 모양새가 되자 재계는 크게 반발했다. '빅딜' 아이디어가 재계에서 나온 배경은 무엇일까? 막상 자체적 아이디어로 내놓고도 재계가 반발한 이유는 무엇일까?

1997년 외환위기 당시 대기업들은 중복분야에 대한 과잉투자로 부채비율이 300~500% 선에 달했다. 불황 속 수요감소와 수출부진으로 유휴설비가 남아돌았으며 도산과 대량실업의 부작용을 겪고 있었다. 몇몇 한계기업을 매물로 내놔봐야 잘 팔리지도 않는 상황이었다. 재벌들 스스로가 선단식 경영과 중복·과잉투자로 인한 부실, 높은 부채비율을 보유한 현재의 상태로는 모두가 공멸이라는 심각한 현실인식을 하고 있었다.

시장친화적 기업 구조조정 불가능

기업이 장기적으로 생존하기 위해서는 스스로 변화해야 한다. 달라진 경제여건에 따라 경쟁력이 없어진 산업을 떼어내고 새로운 고부가가치 산업으로 전환하는 등 끊임없는 구조조정이 필수적이다. 금융시장이 잘 발달한 선진국에서는 M&A, 즉 기업 인수합병이 일상적으로 이뤄지고 있고 이 밖에도 전략적 제휴, 사업교환, 아웃소싱, 자산매각, 기업분할매각(divestiture), 기업분리설립

(spin-off)과 분리독립(split-off), 분리정리(split-up) 등 다양한 방식을 통해 기업 구조조정이 상시적으로 이뤄진다.

그런데 한국기업들은 고도성장기를 거치면서 차입경영을 통한 확장 일변도 경영방식에만 익숙해져 최소한의 자체 구조조정도 제대로 해본 적이 없었다. M&A를 추진할 만한 여력이나 경험이 없었고 유동성 부족 상태에서 M&A용 실탄을 확보할 수도 없었다. 기업 대신 M&A를 주도할 만한 시장이나 구조조정 전문가, 금융기관도 없었다. 선진국이라면 보유자금이 없더라도 인수자 측이 활용할 수 있는 LBO나 MBO, 벌처펀드, 출자전환 제도 등을 활용했겠지만 한국의 경우 이런 용어조차도 낯설던 시절이다.

더구나 기업들은 인수합병에 대해 심리적으로 큰 저항감을 가지고 있었다. 기업 인수합병을 상시적 구조조정의 한 방식으로 생각하기보다는 '기업경영에 실패하여 다른 사람에게 경영권을 빼앗기는 것'이라고 인식했다.

그러다 보니 과다한 부채와 과잉투자로 어려움을 겪던 당시 한국 재벌들이 주목한 것은 일반적인 구조조정 수단인 M&A가 아니라 사업교환, 이른바 '빅딜'이었다. 빅딜을 하면 경영실패에 대한 사회적 책임을 크게 부각시키지 않고도 자연스러운 구조조정이 가능하기 때문이다. 이 때문에 빅딜은 당시 학자들이나 대기업 그룹 기조실장 등을 중심으로 이미 광범위하게 논의되고 있었다.

재벌기업 경제연구소들은 해외사례를 벤치마킹해서 빅딜, 즉 재벌기업 간 사업교환 아이디어를 제시했다. 일부는 이 방식이 "비용을 줄이면서 기업과 은행을 살리는 마이더스의 손"이라고까지 공언하기도 했다.

정·재계에 확산된 '빅딜' 아이디어

삼성경제연구소는 1997년 12월 10일 작성한 보고서에서 주요 그룹끼리 적자사업이나 지속하기 어려운 사업을 서로 교환하는 방식의 구조조정 방안을 내놓았다. 한국의 재벌그룹들의 사업부문 포트폴리오가 서로 겹치므로 비교우위가 있는 기업이 다른 그룹의 사업을 가져가는 대담한 방식의 맞교환을 검토할 필요가 있다는 주장이었다. 갈수록 커지는 삼성차 부실이 삼성그룹의 골칫덩어리였던 만큼 삼성차 처리를 염두에 둔 것이라는 소문이 돌았다. 이 소문을 의식해서인지 삼성 측은 이 자료를 대외비(對外秘)로 했다.

재벌기업 간에 확산된 이 같은 빅딜 기류를 반영하여 당시 언론들은 연일 "최근과 같은 심각한 외환위기 상황에서 차입경영의 한계를 벗어나고 재무구조를 개선할 수 있는 방안으로 재벌기업 간의 사업교환이 강력한 대안으로 등장하고 있다"는 취지의 보도를 쏟아냈다. 빅딜의 추진방향을 구체화한 기사도 나왔다.

최근 여러 그룹들이 한계사업을 정리한다고 발표했으며 쌍용그룹은 자동차를 팔고 리조트를 매물로 내놓았다. 그러나 한계사업 처분 정도로 문제가 풀리기는 어렵다. 이런 점에서 재벌끼리 사업을 맞바꿔 강점을 가진 사업은 보강하고 약점이 있는 사업은 털어내는 게 유력한 방법이 될 수 있다. 예를 들어 현대는 자동차와 중공업, 삼성은 금융과 반도체, LG는 전자와 석유화학 식으로 재벌그룹 간에 근본적인 산업 구조조정이 이뤄지지 않으면 가망이 없는 실정이다. [42]

재벌기업들이 공멸에서 공생으로 가기 위한 수단으로 '빅딜' 가능성이 구체화된 상황에서 대우그룹도 1월초에 '그룹 간 사업교환(Big Deal)을 위한 기초검토자료'를 만들었다. 이 자료는 "대우전자와 LG전자는 가전업체로 전문화하는 것이 바람직하고 반도체 부문은 현대전자가 시장에서 철수하는 것이 바람직하며 중장비업계는 대우중공업과 삼성중공업으로 통합하는 것이 좋겠다"는 것이었다. 아무래도 자사에 유리한 내용 위주로 작성된 자료였다.

외환위기와 금융기관 구조조정의 여파로 20% 넘게 치솟은 고금리하에서 어차피 재벌기업들의 대형 부실사업 부문이 그대로 지속되기는 어려웠다. 대그룹 기조실장들은 빅딜이 유일한 대안이라고 생각했지만 어떻게 그룹회장들을 설득해야 할지가 고민이라고 토로하기도 했다.

---

42 "재벌 업종 간 구조조정 시급", 〈한겨레〉, 1997. 12. 15.

기업 내부에서 제기된 이 같은 빅딜 아이디어는 언론을 통해 정치권에 흘러들어갔다. 당시 대통령 경선에 나선 김대중, 이회창, 이인제 등 세 후보는 재벌 중심의 경제구조 개혁에 입을 모았다. 여당의 이회창 후보 역시 "재벌도 주력업종을 갖고 경쟁할 수 있는 체제로 바뀌어야 한다"고 강조했다. 시중에 나도는 재벌 간 빅딜에 대해 정치권이 충분히 인지하고 있고 재벌 구조조정 대안의 하나로 상정하고 있었음을 보여주는 대목이다. [43]

이 같은 인식은 김대중 대통령 등 DJP 연합진영으로도 확산되었다. 빅딜 아이디어 자체가 기업들이 자발적으로 내놓은 것이고 대기업 구조조정의 가시적 성과를 단기간에 보여줄 수 있는 최적의 수단인 것처럼 여겨진 것이다.

대선 직후 김원길 국민회의 정책위의장은 "대통령 취임 전까지 한두 개의 빅딜이 나와야 한다. 예를 들어 삼성의 자동차 사업, 현대의 반도체 사업을 생각해 볼 수 있다"고 말했고, 포스코를 단일 전문업종으로 키워온 박태준 자민련 총재도 비슷한 견해를 갖고 있었다. [44]

빅딜에 대한 기업반발과 자율추진 원칙

그런데 막상 대통령 선거가 끝나고 당선자 진영이 공식적으로 빅딜 추진을 요구하고 나서자 기업들은 떨떠름하게 반응했다. "5공화국 초기에 전두환 정부가 과잉중복 투자된 중화학공업을 통폐합한다면서 강제적으로 통합시키려다 실패로 끝나고 말았다. 그런데 이번 정부도 5공화국 때처럼 기업들을 억지로 통합시키려고 한다"고 반발했다. "이 정부가 재벌을 해체하려고 한다. 혹시 빅딜이 재벌 해체 수순의 첫 시작이 아니냐?"는 식의 음모론으로 연결시키기도 했다.

분위기가 이상하게 흐르는 듯하자 당선자 진영은 "빅딜은 어디까지나 시장에서 기업 자율로 추진되어야 하며 정부가 개입할 일이 아니다"라면서 한발 물러

43 "재벌중심 경제구조 수술", 〈한겨레〉, 1997. 12. 2.
44 이영렬, 1999, 《빅딜게임》, 중앙일보J&P, 45쪽.

섰다. 그리고 빅딜은 새 정부 출범 후 몇 달 동안 언론에서 거의 주목을 끌지 못한 채 수면 아래로 내려간 것처럼 보였다.

정부의 경제부처 수장들은 '빅딜은 기업들이 알아서 할 일이고 구조조정을 위한 여러 가지 수단의 일부일 뿐인데, 이 문제가 너무 부각되면 정부가 이해당사자들의 저항이나 공격을 받아 기업 구조조정의 큰 그림 자체가 무너질 수 있다'는 생각을 같이했다.

경제수석도 몰랐던 '3각 빅딜' 논의

그러나 장관들은 물론이고 강봉균 경제수석조차 모르는 사이에 빅딜은 물밑에서 오히려 더 크게 요동치고 있었다.

자민련의 박태준 총재의 주도하에 현대와 삼성, LG그룹 간에 3각 빅딜이 구체적으로 추진되고 있었던 것이다. 박태준 총재를 대리한 황경로 회장과 M&A 전문가 윤현수 사장(코미트 M&A)은 세 그룹 기조실장들을 계속 만나면서 3각 빅딜을 추진했고 박 총재는 이 과정을 김대중 대통령에게 계속 보고했다.

박 총재는 1998년 6월 6일로 예정된 김대중 대통령의 뉴욕방문 이전에 어떻게든 빅딜을 성사시키고 싶어했다. 한국을 주목하는 국제투자자들에게 한국이 신속하고 강도 높게 재벌개혁을 추진하고 있음을 보여주는 핵심 징표로 빅딜을 보여주고자 했던 것이다. 어디까지나 기업들의 자발적인 맞교환을 전제로 했기 때문에 세제상, 금융상 인센티브도 제시되었다.[45]

그러나 이 3각 빅딜은 반도체 사업에 대한 LG의 강한 고수 의지와 정주영 현대 명예회장의 반대로 진척을 보지 못했다. 결국 김 대통령은 재벌 구조조정에 대해 아무런 진전된 내용을 갖지 못한 채 빈손으로 미국방문에 들어갔다.

---

45 이영렬, 1999, 《빅딜게임》, 중앙일보J&P, 69쪽.

DJ 대통령, 빅딜 본격 언급

수면 아래에 있던 빅딜이 갑자기 세간의 주목을 끌게 된 것은 정부 출범 몇 달이 지난 후인 1998년 6월 10일 김중권 대통령비서실장이 조찬에서 한 발언 때문이 었다. "대기업 구조조정은 절대적으로 필요하다. 그동안 모 재벌그룹이 구조조정에 상당한 우려를 표하며 거부적인 태도를 나타냈으나 9일 승복했다. 이 내용은 박태준 총재로부터 들었다"는 내용이었다.

'대통령비서실장의 작심발언'이란 무게감 때문에 빅딜이 갑자기 언론의 큰 주목을 받고 파문이 확산됐다. 박태준 총재는 당에 몰려든 기자들에게 "난 빅딜은커녕 스몰딜도 모른다. 발언한 당사자에게 확인하라"라고 불쾌한 듯 잘라 말했다.

그런데 미국에서 귀국한 김대중 대통령이 며칠 후 국무회의에서[46] "미국에서는 얼마든지 빅딜을 하고 있다. 수익성 없고 적자 나는 기업들을 계속 끌고 가서 국민부담을 가중시켜야 하는가? 정부는 자기 권한을 국민에 대한 의무로서 기업에 사용해야 한다"는 취지의 발언을 했다. 김중권 비서실장의 조찬에서의 빅딜발언이 돌출이 아니라 대통령의 의중을 반영했다는 뜻이다.

갑자기 대통령이 정면으로 빅딜을 언급하면서 그동안 조용한 물밑작업이었던 빅딜이 김대중 정부의 핵심정책 가운데 하나로 전면에 부상했다. 강봉균 수석이 대통령의 뜻에 따라 빅딜문제에 관심을 가지기 시작했던 시점도 이 무렵이다.

정부가 10개 업종 지정해 빅딜 압박

1998년 7월 4일, 김 대통령과 전경련 회장단의 간담회가 있었다. 2시간 넘게 무거운 분위기 속에서 진행된 이 간담회에서 9개 항의 합의문이 나왔고 이 가운데 빅딜에 대한 언급이 있었다. "기업들이 사업교환 빅딜을 포함한 기업 구조조정 노력에 박차를 가하되 정부는 빅딜이 원활하게 추진되도록 지원방안을 강구한

---

46 1998년 6월 16일.

다"는 내용이었다.

7월 4일의 합의문에도 정부가 빅딜에 직접 개입하지 않는다는 원칙이 들어 있었다. 이에 고무된 재계는 "빅딜은 기업들의 자율적 추진" 원칙을 언론에 공개하며 정부 주도의 빅딜이 물 건너간 것으로 생각했다.

강봉균 재벌그룹의 과잉부채의 원인 중 하나가 중복투자로 인한 수익성 악화와 가동률 저하였습니다. 특히 철도차량, 발전설비 등에는 국내 수요량의 몇 배나 되는 설비투자를 하고 과다경쟁을 했어요. 따라서 김대중 정부 출범 때 전경련 중심으로 중복투자 10여 개 분야에 빅딜을 추진토록 했습니다.

그런데 당시 빅딜은 추진하는 데 특히 애로가 많았습니다. 산업화 시대에는 재벌 간 중복 · 과잉 투자로 부실기업이 되면 정부가 구제금융 및 조세감면 등 특별 지원대책을 마련하고 기업 간 통폐합도 직접 지시했지만, 관치경제에서 시장경제체제로 전환하고자 하는 대원칙 때문에 재벌기업 간 빅딜에 간여하지 않고 전경련 중심으로 자율 조정토록 했더니 1998년 중반을 넘어설 때까지도 아무런 진전이 없는 거예요.

기업들 지연작전에 정부 측 채찍과 당근 제시

그러나 이번에는 정부도 호락호락 물러나지 않았다. 김대중 대통령은 기업들이 이 기회에 부실사업 부문을 정리하지 못한 채 계속 가져가다 도산하면 경제 전체에 미치는 후폭풍이 너무 크고 결국은 다 금융기관 부실로 넘어가 국민세금으로 물어줘야 하는 상황을 걱정하고 있었다.

며칠 후인 7월 26일 오후 서울 롯데호텔에서 열린 제1차 정 · 재계 간담회에서 정부 측의 반격이 시작됐다. 이규성 재경부 장관 사회로 열린 이날 간담회에서 정부는 대통령과 그룹회장들이 합의한 구조조정 5대 원칙을 놓고 부진한 진행상황을 조목조목 따지는 한편 "자율적 빅딜을 추진할 경우 금융과 세제 등 가능한 정책수단을 통해 다 도와주겠다"고 확인했다. 강봉균 수석은 사업교환 대상이 되는 업종에 대해 "경쟁력이 없거나 적자를 내거나 과잉투자된 기업"이라는 기준을 제시했다. 정부가 생각하는 빅딜의 구체적 윤곽이 드러나는 순간이었다.

당초 2시간 정도로 예상됐던 이날 간담회는 자정 가까이 되어서야 끝났고 기업들은 그동안 '기업들에 대한 부드러운 개입(nudging)' 수준이던 빅딜이 기업 구조조정의 핵심이슈로 부상했다는 사실을 인정해야 했다. 강봉균 수석은 이날 간담회에 대해 "정부와 재계 간에 현안에 대한 이견을 좁히는 자리였다"고 기자들에게 간단히 설명했다.

정부는 곧 8월 4일에 열린 2차 정·재계 간담회에서도 "빅딜을 자율에 맡겼다고 해서 언제까지나 기다리겠다는 뜻은 아니다. 빅딜을 포함한 산업별 구조조정 방안을 8월말까지 가져오라"고 압박했다.

강봉균 수석이 "경쟁력이 없거나 적자를 내거나 과잉투자된 기업"이라고 제시한 기준이 적용되는 업종의 윤곽도 이날 발표됐다. 자동차, 반도체, 석유화학, 철강, 조선, 액정화면, 발전설비, 항공기, 철도차량, 컴퓨터 등 10개 업종이었다.

재계, 빅딜 태스크포스 구성

이제 빅딜은 재계의 발등에 떨어진 불이었다. 삼성의 이학수 구조조정본부장과 박세용 현대 구조조정위원장, 이문호 LG 구조조정본부장, 김태구 대우자동차 대표 등 각 그룹 오너 회장들을 대변하는 복심(腹心) 인물들로 구성된 재계의 태스크포스가 만들어졌다. 빅딜에 정부 의지가 강하게 개입되었다고 해도 어디까지나 원론적 내용이었고 추진하는 방법론은 재계에 맡긴 것이다. 전경련 손병두 부회장이 중재역으로 나섰다.

그러나 막상 발동이 걸리기 시작한 이후에도 각 그룹 간에 이견이 너무 컸다. 내놓고 싶은 사업부문은 다른 기업에서 가져가려고 하지 않았다. 다른 기업들이 탐내는 사업부문은 이쪽도 아깝게 여겨 내놓지 않으려 했다. 어렵게 합의가 되었더라도 기업가치 평가에 대한 이견이 너무 컸다. 통폐합 후 사업주체가 누가 되느냐 하는 경영권 문제 때문에도 첨예한 이해갈등이 발생했다.

정부가 작심하고 전방위적으로 압박을 가하자 재계는 수십 차례 엎치락뒤치락하면서 9월 3일에 일단 7개 업종 구조조정 방안을 발표했다. 정부가 못 박은 8월 31일 시한을 사흘 넘긴 시점이었다. 반도체 부문은 막판까지도 합의를 보지 못했다. 2사 체제가 바람직하다는 것까지는 결론이 나왔으나 '어느 기업이 남은 2개사가 될 것인가?'에서 현대와 LG그룹 간에 한 치도 양보 없는 기싸움이 벌어졌던 것이다. 전경련의 조정능력에 한계가 있다고 본 청와대는 산업통상자원부 등이 중재역할을 하도록 했다.

대통령 우려, "재벌개혁 진전 없다"

그해 11월경 말레이시아 쿠알라룸푸르에서 열린 APEC 정상회담 때 강봉균 수석은 대통령을 보좌하기 위해 함께 나갔다. 숙소에서 회의장까지 가는데 대통령이 "강 수석, 내 차에 동승하시오" 했다. 뭔가 따로 당부할 말이 있다는 뜻이었다. 함께 차를 타고 가는 도중에 대통령은 무거운 표정으로 입을 열었다.

"재벌 구조조정을 자율에 맡겨 두었더니 아무런 진전이 없어 국민들 볼 낯이 없어요. 이렇게 늦어져서 되겠소?"

대통령은 몇 번이나 이 말을 반복했다. 노(老) 대통령의 말이나 표정에서 이 문제에 대해 얼마나 염려가 많은지 절실히 느껴졌다. 강 수석은 이번에야말로 기업 구조조정에 끝장을 봐야겠다고 결심했다.

"알겠습니다. 돌아가서 제가 다시 한 번 직접 챙기겠습니다."

귀국한 김대중 대통령은 11월 24일 은행장들과의 오찬을 함께했다. 이날 대통령은 심한 감기 때문에 연신 기침을 하면서도 격앙된 어조로 다음과 같이 강조했다.

"국민의 정부는 정말 단호한 결심으로 재벌개혁을 늦추거나 봐주거나 하는 일은 없을 것입니다. 금융계 여러분도 재벌개혁 문제에 대해 독한 마음을 갖고 임해야 합니다."[47]

---

47 이영렬, 1999, 《빅딜게임》, 중앙일보J&P, 149쪽.

김대중 대통령은 왜 이렇게 빅딜에 연연했을까?

당시 해외 언론에 재벌개혁 속도가 늦다는 기사가 등장했고 IMF나 OECD로부터도 부실기업 구조조정 독촉을 계속 받았다. 이 같은 분위기는 1999년 상반기 들어서도 마찬가지였다.

OECD, 한국이 부실기업 구조조정에 신속을 기하지 않으면 다시 불황에 빠질 수 있다. (〈로이터〉, 1999. 5. 17, 〈통상신문〉(*Journal of Commerce*), 1999. 5. 19)

IMF 캉드쉬 총재, 한국 대기업들 구조조정 속도는 실망스럽다. 기업부문 개혁 노력을 지금보다 가속화해야 한다. (〈로이터〉, 1999. 5. 20)

재벌개혁 지연은 한국의 회복을 방해하는 가장 큰 장애물이다. (〈이코노미스트〉, 1999. 5. 29)

개혁은 '가랑비에 옷 젖는 것처럼' 저항을 줄여가면서 추진하는 실질적인 노력이 필요하지만, 때로는 '개혁의 상징성'이 더 큰 역할을 하는 경우가 있다. 외환위기 직후의 해외투자자들의 분위기가 그랬다.[48] 김대중 대통령은 국민과 외국투자자들에게 가시적으로 보여줄 기업 구조조정의 '상징'으로 '빅딜 성사'가 중요하다고 판단했다.

부채비율을 줄이고 회계투명성을 높이고 기업지배구조를 선진화하는 등의 개혁은 실질적이지만 눈에 잘 띄지 않는 반면, 5대 재벌 간의 '빅딜'은 가시적 측면에서의 상징성이 크기 때문이다.

---

48 해외투자자들이나 채권자들은 외환위기를 겪는 국가가 특정부문의 독점을 해제하거나 부정부패를 저지른 개인의 해임 등의 조치를 하는 경우 이를 개혁의 '상징'(symbol)으로 해석하는 경우가 왕왕 있다. 인도네시아 외환위기에서도 이 같은 상징이 중요했다고 한다(Robert Rubin, 2004, *In an Uncertain World*, Random House, p.246).

미국의 재벌개혁 압박

재벌개혁을 가시적으로 보여달라는 미국의 압박이 특히 거셌다. 미국은 한국의 재벌개혁에 대해 의심과 경계의 끈을 늦추지 않고 있었다. 1998년 후반기에 들면서는 IMF와의 협상을 통해 공개적 압박수위를 노골적으로 높였다. 1998년 10월의 7차 협정 이후부터는 재벌의 재무구조 개선과 부실 대기업 정리 등 기업 구조조정 등이 IMF가 강조한 집중 협상의 주요 주제였다.

11월 17일 APEC 회의에서 만난 엘 고어 미국 부통령은 김대중 대통령에게 "한국 재벌개혁은 진전이 없다. 못하는 것인가, 안하는 것인가?" 하고 물었다. 바로 다음날인 18일, 이번에는 클린턴 대통령이 백악관 기자회견에서 "한국의 5대 재벌은 구조조정을 시작조차 하지 않고 있다. 당장 개혁을 시작해야 한다. 과거의 재벌체제는 한국의 성장을 위해 바람직했는지 모르나 지금은 상황이 변했다"고 주장했다.

미국과 IMF가 한국의 재벌개혁에 대해 가진 불만의 요체는 "왜 한국의 대기업들이 과잉설비투자로 부채비율이 높은데도 이를 매각하지 않는가? 혹시 정부가 대기업을 몰래 지원해 주기 때문이 아닌가?" 하는 의심에 뿌리를 두었다.

부채를 줄이려면 재벌들이 과잉설비를 축소해야 한다. 그런데 한국의 재벌들이 막대한 빚을 지고도 잘 움직이지 않는 이유가 뭔가? 한국 정부가 대마불사를 핑계로 대기업들을 막후 지원하는 것은 아닌가? 재벌기업들에 금융지원을 해주는 것은 아닌가 하는 등의 의혹을 제기하는 상황이었다.[49]

미국이 신경질적 반응을 보였던 또 다른 배경은 그해 인도네시아와 러시아 등에서 발생한 외환위기 때문에 IMF 추가 출연을 요청하자 미국 의회가 "IMF가 외환위기 해결을 위해 지원해 준 돈이 한국 등 아시아 국가들의 기업에 부당하게 지원되어 미국에 부메랑이 되고 있는 것 아닌가?" 하고 지속적인 의혹을 제기했기 때문이다.

---

49 여기에 대해 재계는 미국이 IMF를 앞세워 경쟁상대인 한국재벌의 무장해제를 요구한다는 '음모론'을 제기했다.

정부, 재계의 빅딜안 1차 반려

또한 현실적으로 '빅딜' 같은 가시적 재벌개혁을 연내에 끝내지 못한 채 해를 넘기면 영영 물 건너갈 것이라는 우려가 들었다. 개혁이란 속전속결이 생명이다. 시간이 지체된다는 사실 자체가 시간을 끌고자 하는 상대의 전략에 휘말렸다는 뜻이다. 더구나 1999년은 총선의 전초전이 시작되는 해다. 정치의 계절에 경제문제는 그 중요성이 사라진다. '지금 아니면 영원히 못한다'는 절박감이 있었다. 이 같은 상황에서 강봉균 수석은 APEC에서 귀국하자마자 금감위와의 공동 물밑작업을 통해 기업 구조조정을 강도 높게 챙기기 시작했다.

정부의 압박수위가 한층 높아지자 재계는 결국 사업업종을 교환하는 빅딜보다는 같은 업종의 기업을 통합해 대규모 공동기업을 설립하는 방향으로 추진하기로 결정한 안(案)을 제출했다.

그러나 11월 26일 이 계획안을 접수한 채권은행단 모임인 기업구조조정위원회는 5대 그룹들이 제출한 4개 빅딜 업종의 사업계획 가운데 정유를 뺀 철도차량, 석유화학, 항공기 등에 대한 사업계획을 반려했다. 말이 구조조정일 뿐 "우리가 부실기업들을 합쳐서 공동경영을 할 테니 정부가 금융지원과 세제지원을 해 달라"고 요구하는 정도의 수준이라고 평가절하한 것이다.

금융감독위원회는 "7개 빅딜 업종 가운데 경영주체 선정을 연내로 마무리하지 못하거나 채권단 협의체인 사업구조조정위원회에서 기업조정 세부계획이 거부되는 경우 곧바로 은행권 워크아웃에 돌입한다"고 밝혔다. 재계가 첨예한 이해관계를 조정하지 못해 타협안으로 만들어온 빅딜안에 대한 정부의 불만이 표출된 사건이었다.

재벌개혁 종합결정판 '12·7 합의문'

정부는 1998년 12월 7일로 예정된 대통령 주재 정·재계 간담회에 앞서 가시적 결과를 만들어내도록 재계를 한층 압박했다. 당시 언론은 이렇게 보도했다.

> 김대중 대통령은 내주 청와대에서 경제부처 장관과 5대 그룹 회장, 채권은행장들이 참석하는 정·재계 간담회를 소집, 7개 업종의 빅딜을 포함한 5대 그룹 구조조정 방안을 확정짓기로 했다.
>
> 김 대통령은 이에 앞서 지난 29일 김우중 전경련 회장을 관저로 불러 5대 그룹 구조조정의 미진한 문제들을 지적하고 조속한 마무리를 촉구했으며 김 회장도 경제계가 국내외 정세와 정부 입장을 이해하고 적극적으로 협력하겠다는 입장을 밝혔다고 박지원 대변인이 30일 전했다. 박 대변인은 정·재계 간담회에서 더 이상 뒷말이 없고 차질이 없도록 충분한 토론을 통해 구조조정 문제를 완벽하게 결말지을 방침이라고 말하고 이번 간담회에는 박태준 자민련 총재도 참석할 예정이라고 발표했다.[50]

박지원 대변인이 언급한 '구조조정의 미진한 문제들'은 빅딜이었다. 당시 언론들은 1998년 12월 7일의 청와대 회의에서 논의될 의제에 대해 "(재계는) 채권은행단이 보완조치를 요구한 항공기, 석유화학, 철도차량 등 3개 업종과 경영권 문제로 합의가 지연되고 있는 반도체 빅딜을 그 이전까지 마무리 짓는다는 방침이다"라고 보도했다. 시한을 정해 둔 정부의 거듭된 초강수와 '단호한 결심' 선언 때문에 빅딜은 어느 정도 가닥이 잡혔다.

홍은주 1997년 12월 7일 간담회의 성격은 무엇이었고 어떤 결론이 났습니까?

강봉균 1998년 12월 7일 청와대 회의는 5대 재벌 재무구조 개선 계획을 서명하는 행사였으며 서명 당사자는 5대 재벌 회장과 주채권은행장들이었습니다. 정

---

50 "구조조정 청와대 담판", 〈경향신문〉, 1998. 12. 1.

부에서는 재경부 장관, 금감위원장, 청와대 경제수석·정책수석 등이 참석했습니다. 재무구조 개선 계획은 재벌과 주채권은행 간의 긴밀한 의견조정을 거쳐 만들어진 것이므로 그 내용은 이미 참석자들이 잘 알고 있는 것이었고, 그날 회의는 구조개선 작업을 차질 없이 이행한다는 서약식이었습니다. 금감위가 채권금융단과 5대 재벌 간의 협약 내용을 정리했고 보고서 작성은 경제수석실에서 했는데 경제수석실은 회의 직전까지 금감위와 실무협의를 진행했습니다. 기업들이 300~500%에 달했던 부채비율을 200%로 낮추기 위해서 자산매각과 신규 외자도입 및 증자 계획을 구체적으로 마련하는 것이 주 내용이었고 대주주의 역할과 책임을 분명히 한 것이 주요 합의내용이었습니다.

이날 청와대에서 합의된 내용에는 5대 그룹이 3~5개 정도의 주력업종 중심으로 계열사 수를 절반 정도로 줄인다는 내용이 포함됐다. 10개 업종 가운데 얼추 그림이 그려진 7개 업종 빅딜의 구체적인 추진일정도 제시되었다.

강봉균 대규모 부실기업의 빅딜 대상분야는 전경련이 자체적으로 약 10여 개를 선정했는데 정유분야는 현대정유가 한화에너지의 정유부문을 인수하고, 반도체는 현대전자가 LG 반도체를 인수하며, 항공기 부문에서는 삼성, 대우, 현대가 통합법인을 설립하기로 결론이 났습니다.

빅딜은 그 과정이 결코 순탄치 않았습니다. 기업 자율추진이니까 전경련이 중재에 나섰는데 제대로 중재를 못해요. 그래서 내가 관련부처에 지시하여 전경련이 중재하지 못하는 문제를 거들어 주도록 했습니다. 정부 관계기관이 이해조정자로 참여하여 마무리 역할을 하게 된 것입니다.

삼성-대우의 자발적 '수퍼빅딜'

빅딜의 속도를 높이기 위한 정·재계의 기싸움, 사업우위를 쥐기 위한 기업과 기업 간 샅바싸움이 치열하게 전개되던 1998년 말, 삼성그룹과 대우그룹 간에

삼성차-대우전자 간 빅딜이 '자발적으로' 시작되고 있었다. 동종업계 간의 과잉
설비 해소라는 빅딜의 일반적 성격을 벗어난 이종 간 교환이기는 했으나 삼성차
부실문제로 골치를 앓던 삼성그룹과 그룹 전체가 자금난을 겪던 대우그룹이 한
꺼번에 모든 것을 해결할 수 있는 '수퍼딜'로 여겨졌다.

　대우는 처음에는 국제입찰에 나온 기아차 낙찰에 의욕을 보이다가 현대 측이
기아차를 가져가자 대안으로 11월 중순 무렵 삼성 측과 처음 접촉한 것으로 알
려졌다. 당시 삼성그룹은 삼성차 부채 때문에 심각한 어려움을 겪고 있었다. 삼
성자동차는 1995년 4월 부산 신호공단에 1998년 25만 대, 2000년에 50만 대의
생산능력을 갖추도록 설계하여 1998년 3월 첫 승용차 모델인 SM 5를 출시했다.

　거액의 부채를 얻어 기존 자동차업계의 반대를 무릅쓰고 설립을 강행했으나
삼성차는 첫출발부터 불운했다. 생산을 시작하자마자 외환위기가 발생한 것이
다. 1998년 3월 첫선을 보인 중형세단 SM 5는 삼성차가 사운을 걸고 개발한 첫
모델이었으나 외환위기의 직격탄을 맞았다. 극도의 불황으로 소비가 크게 위축
되어 자동차 판매는 전년도의 거의 절반 수준으로 줄어들었다.[51]

　게다가 제조원가가 높았다. 삼성차가 들어선 신호공단은 땅값만 평당 60만 원
대였고 지반이 허약해 지반침하를 막기 위한 강화공사에 땅값에 맞먹는 공사비
가 추가로 들어갔다. 첫 모델인 만큼 SM 5의 품질을 최고로 유지하기 위해 재료
비도 일반차량보다 훨씬 더 들어갔다. 원가비중이 높았으나 극심한 불황이라 가
격은 올리지 못해 차량 판매대수가 늘수록 손해가 커지는 상황이었다. 1998년
말에는 삼성차의 누적적자가 7천억 원에 달했다. 자본잠식은 시간문제였다. 부
도 시한폭탄이 돌아가고 있었다.

　삼성차의 운명에 대한 우려가 정부와 채권단, 업계에 확산되었다. 이러다가
제2의 기아차가 되는 것 아니냐는 우려였다. 삼성그룹 내부에서는 "이대로는
안된다"는 경각심이 일어나 삼성차 처리를 위한 장고(長考)가 깊어졌다.

　한편 대우의 경우도 심각한 자금난에 몰려 있었다. 1998년 10월 28일 금감위

---

51 국내 자동차 소비는 1997년 115만 대 규모에서 1998년 56만 대 규모로 급감했다.

가 은행과 투신사 보험사들이 특정 그룹이 발행한 회사채나 CP의 인수 및 보유 한도를 제한하는 조치를 내린 것이다. 상대적으로 한도 초과분이 많지 않았던 삼성, LG와 달리 가장 심각한 타격을 받게 된 그룹이 대우였다. 은행을 통한 자금조달이 어려워지면서 회사채 발행에 그룹 운영자금을 주로 의존했던 대우그룹은 한도제한의 후폭풍으로 극심한 자금난에 빠졌다.

대우는 기아차 국제입찰에서 낙찰을 받아 국면전환을 꾀하려 했으나 결국 10월 12일 기아차가 현대차의 손에 돌아갔다. 폴란드의 자동차회사 FSO를 인수해 바르샤바에 자주 가 있었던 대우 김우중 회장은 "국내 자동차 시장은 2사 체제가 바람직하다"는 취지의 발언을 했다. 자동차 2사라면 현대와 대우였으니 이미 이 시점에 삼성차와의 빅딜을 염두에 둔 듯한 발언이 나온 것이다.

수퍼빅딜의 내용은 삼성차와 대우전자 맞교환

정부 역시 갈수록 스텝이 꼬이는 삼성차 문제를 단숨에 해결하고 극심한 자금난에 시달리는 대우를 동시에 살리기 위해서는 대우가 삼성차를 인수하는 것이 좋겠다는 생각을 갖고 있었다.

강봉균 1998년 말에 내가 김 회장을 만나서 "대우그룹 전체를 살리기 어려운 상황이라면 자동차 중심으로 김 회장의 지분을 확실히 지키고 나머지는 상황 봐가면서 살려나가기로 하는 것이 어떻습니까? 마침 삼성자동차가 문제가 있으니 아주 좋은 기회 아닙니까?" 라고 말한 적이 있습니다.

구체적으로 먼저 행동에 나선 것은 대우그룹이었다.

11월 중순 김태구 대우 사장은 이학수 삼성 사장과 만난 자리에서 '삼성차 문제가 어떻게든 해결돼야 하지 않느냐, 대우가 처리해 주면 어떻겠느냐?'고 제의했다. 이에 대해 이학수 사장이 '그럼 대우는 무엇을 내놓겠는가?' 하고 묻자 대우

는 대우건설을 제안했다. 삼성이 그건 곤란하다는 답을 보내자 대우는 대우전
자를 제안했고 삼성이 이를 긍정적으로 검토하겠다는 메시지를 보냈다.[52]

삼성과 대우그룹 간 빅딜 논의가 김태구 대우그룹 구조조정본부 사장과 이학
수 삼성 구조조정본부 사장의 시내 회동에서 처음으로 시작된 것이다. 두 그룹
회장들의 허락을 얻어 양측이 일단 기초적인 빅딜 의사를 합의하자 김우중 회장
은 정부 측에 삼성과의 빅딜 의사를 밝혀왔다.

조원동 삼성차와 대우전자 간 빅딜은 사실 정부에서 요구했던 것이 아니에요.
정부는 동종업종에서 M&A를 생각하면서 추진했고, 마지막에 삼성과 대우 두
총수 간 합의에 의해 자발적으로 진행한 게 삼성차와 대우전자 빅딜이었습니다.
이종업종 간에 협상이라는 게 쉽지 않아요. M&A의 근간이 뭡니까? 결국 가
격협상이에요. 자산가치 측정(valuation)이 동종업종이어도 쉽지 않은데, 이종
업종 간에 한다는 것은 정말 어렵습니다. 거래 상대방 양자가 서로 업종을 잘 알
아서 합리적인 가격 레퍼런스(reference)를 낼 수 있다면 이것을 공정한 가격이
라고 볼 수 있겠지만, 이종업종 빅딜은 잘 알지 못하는 사업끼리의 교환이니 상
호간에 만족할 만한 가치평가 작업이 굉장히 어려운 것이죠. 그런데 삼성과 대
우, 두 그룹이 그것을 해보겠다고 그래요. 자발적으로 하겠다는데 정부가 그것
을 막을 수도 없는 거고요.

홍은주 양 회사가 자발적으로 해보겠다니 그럼 한번 진행해 보라고 한 거군요.

조원동 그런 생각을 했는데, 그 당시에 삼성자동차 입장에서는 이것으로 공장
을 닫든지 아니면 더 크게 하든지 둘 중에 하나였어요. 처음에 삼성이 기아차를
인수하는데 인수전에 끼어들었어요. 그러다 '이게 아니다'라고 판단하여 접고
나서는 '삼성차를 철수할 수밖에 없다'라고 생각했어요. 철수하고 그냥 문을 닫

---

52 이영렬, 1999, 《빅딜게임》, 중앙일보J&P, 163쪽.

으면 이론상으로는 주식회사이기 때문에 대주주의 지분만 날아가면 끝입니다. 그런데 삼성의 경우에는 채권단이 "대주주 경영책임이 있으니 대주주가 손실을 다 물어내라"라고 요구하게 됩니다.

또 '수많은 해고노동자들과 하청업체는 어떻게 하느냐?' 하는 문제가 있었습니다. 하청업체 문제는 곧 부산 경제의 문제이기 때문에 그 심각성이 워낙 컸어요. 삼성 입장에서는 삼성차에서 후퇴한다 해도 한국 경제에 미치는 영향을 생각할 수밖에 없어 이것을 어떻게 하면 원만히 수습하고 나올 수 있을까를 크게 고민하는 상황이었습니다.

양측의 이야기를 들어보니 대우는 대우자동차를 가지고 있어 합병하면 삼성차 혼자서는 낼 수 없는 규모의 경제(economy of scale)를 얻을 수 있는 장점이 있다고 생각했던 것 같습니다. 한편 삼성 입장에서는 어차피 자동차 사업에서 철수하는데 그렇게 하려면 큰돈이 들기 때문에 그 돈을 어느 정도 대우에 치를 생각이 있었겠지요.

당시 정부는 "동종 간 빅딜도 잘 안되는데 이종업종 빅딜이 잘될까?"에 의문을 가지면서도 어떻게든 삼성차 빅딜을 성사시켜 보려고 노력했다고 한다. 그대로 두면 삼성차 부도는 예정된 수순이었다. 부실규모가 커서 경제에 미치는 영향이 엄청났던 데다 김영삼 전 대통령의 정치적 고향인 부산 경제에 대한 정치적 고려를 하지 않을 수 없었던 것이다. 대우그룹도 자금난이 극심해 시장의 논리에 그대로 맡기기는 어려운 상황이었다.

강봉균 수석, 삼성-대우 빅딜 기정사실화

비밀리에 추진되던 삼성차·대우전자 빅딜이 외부에 알려진 것은 강봉균 수석의 입을 통해서였다. 그는 12월 7일로 예정된 정·재계 간담회에 이 문제를 반드시 넣고 싶어 했다.

강봉균 나는 대우가 삼성자동차를 받고 삼성이 대우전자를 넘겨받는 자동차 빅딜 이야기가 진행된 걸 처음엔 몰랐습니다. 빅딜 논의가 양측에서 내부적으로 진행되다가 나중에 이건희 회장 집에서 김우중 회장과 이건희 회장이 만나고 여기에 이규성 재경부 장관과 이헌재 금융위원장이 배석해서 결론이 났다고 합니다. 말이 새나가지 않도록 하기 위해 청와대도 모르게 하자고 해서 1주일쯤 이야기를 하지 않다가 이규성 장관이 "그래도 경제수석은 알고 있어야 할 것 같다"면서 이야기해 준 것입니다.

그런데 내가 그것을 기정사실화시키려고 아예 기자들에게 이야기해 버렸어요. 그렇게라도 공개해 버리지 않으면 김우중 회장 스타일상 또 지지부진할 것 같아서요. 아니나 다를까, 양측의 협상과정을 지켜보니까 진행이 잘 안되는 거예요. 내가 답답해서 양 그룹의 구조조정본부장들을 청와대 서별관에 부르고 이헌재 금감위원장도 참석해 밤새 토론하고 중재해 보려고 부단히 노력했습니다.

격화된 노조 반발

어렵사리 삼성과 대우 그룹 총수 간에 빅딜 합의가 이뤄졌다. 그러나 막상 실무적 차원에 들어서자 이야기가 원점을 맴돌았다. M&A 시장이 발달하지 못했던 시절이라 가격산정(pricing)에 대한 견해가 전혀 달랐고[53] 이를 중재할 만한 객관적 기관도 없었던 것이다. 더구나 양측 모두 노동조합의 강력한 반대에 부딪혔다. 삼성차 노조원들은 무기한 파업에 들어가 생산이 아예 중단됐고 대우전자 노조원들 역시 격렬한 가두시위에 들어갔다.

당시 IMF는 한국 정부와 맺은 양해각서에서 "기업 구조조정에 따른 종업원 해고제한 규정을 완화하여 노동시장의 유연성을 확보해야 한다"고 못 박았다. 이 때문에 '기업 구조조정 = 종업원 해고'라는 인식이 노동자들 사이에 확산되고

---

53 삼성 측은 이미 들어간 투자의 자산가치를 중시한 반면, 대우는 미래 현금흐름에 의한 평가방식을 주장했던 것으로 알려졌다.

있었다. 빅딜 대상이 된 기업의 노동자들 입장에서는 생사가 걸린 문제였다.

분위기가 더 악화되기 전에 양사가 빅딜 논의를 난기산에 끝내주기를 원했던 정부의 희망과는 달리 사태는 갈수록 오리무중이 되어갔다. 급기야 김대중 대통령이 나서서 두 그룹 총수들을 만나고 조속한 빅딜 매듭을 촉구하면서 1999년 1월에 가서야 '선(先) 인수-후(後) 정산' 아이디어가 나왔다.

대우 측 딴소리로 무산된 3자 심야회동

그리고 1월 31일 밤, 청와대 서별관에서 최종 담판을 위한 3자 회담이 열렸다. 정부 측에서는 강봉균 경제수석과 이헌재 금감위원장, 그리고 양 당사자인 김태구 대우 구조조정본부 사장과 이학수 삼성 구조조정본부 사장이 모였다. 이날 강봉균 수석은 밤을 새워서라도 아예 끝장을 보기로 작심한 상태였다. 자정까지 계속된 이날 심야회의에서 상당한 진전이 이루어졌다. 회장으로부터 전권을 받아온 이학수 사장은 선인수-후정산에 합의하고 문안에 서명했다. 이제 대우만 서명하면 빅딜의 큰 고비를 넘기는 셈이다.

그런데 서명 직전 갑자기 김태구 사장이 서명을 못하겠다고 버티기 시작했다. 이날 회의에 김 사장과 동행하여 옆방에 머물던 대우 구조조정본부의 김석환 부사장이 회의가 잘 마무리되려는 차에 여직원을 통해 회의실 안으로 1장의 메모를 전달했다.

메모를 본 김 사장은 "잠깐 전화 한 통만 하고 오겠습니다" 하고서는 밖으로 나갔다. 잠시 후 회의장에 되돌아온 김 사장은 "합의안에 서명할 수 없다" 면서 갑자기 태도가 바뀌었다. 이날 김 사장의 전화통화 상대는 김우중 회장이었던 것으로 추정됐다. 삼성으로부터 조금이라도 더 유리한 조건을 받아내기 위해 버티라는 지시를 받고 돌아온 것이다.

강 수석은 크게 화가 났다. 오랜 논란과 이해관계 조정의 결과로 겨우 합의서에 서명하려는 찰나에 갑자기 대우 측이 다른 주장을 하기 시작했기 때문이다.

협상권한 없는 대우 측 협상대표

강봉균 삼성에서 온 이학수 씨와는 이야기가 진행되는데 대우 쪽 사람과는 대화가 전혀 안 됩니다. 아무 권한이 없으니 이야기하다 김우중 회장에게 잠깐 전화하고 온다고 밖에 나갔다 다시 들어와서는 자꾸 딴소리를 합니다. 결국 그때 보니까 대우그룹 내에 김 회장 외에는 대우그룹 문제의 심각성을 총체적으로 아는 사람이 없었던 것으로 판단됐습니다. 당시 대우그룹은 완전히 김우중 회장 1인 경영체제였던 거죠. 나는 대우그룹이 결국 무너진 것이 이런 1인 경영 때문이라고 생각합니다. 김 회장이 아닌 다른 임원에게는 그룹 일을 물어봐야 전체적으로 아는 사람도 없고 뭐를 어떻게 해결하겠다고 소신을 피력하는 사람도 없고요.

대우 측 협상대표가 아무 협상권한이 없었다는 증언을 배석했던 오종남 산업비서관도 하고 있다.

오종남 빅딜 가운데 정부가 성사시키기 위해 가장 노력한 것은 삼성과 대우의 빅딜이었는데 제가 그 과정을 지켜보면서 느낀 점이 하나 있습니다. 삼성의 이학수 사장은 확실하게 이건희 회장으로부터 권한을 위임받아 양보할 것과 얻어낼 것을 분명하게 선을 긋는 데 비해, 대우의 김태구 사장은 권한위임을 받지 못한 상황에서 사사건건 김우중 회장의 지시를 받는 겁니다. 그러니 협상이 통 진전이 안돼요.

강봉균 수석의 중재로 서별관에서 빅딜협상을 할 때도 이학수 사장은 대우 측에 상당부분 양보할 안을 가져와 협상이 조기에 마무리될 것으로 예상하고 오후 7시에 자녀 결혼을 앞둔 사돈댁과 상견례를 예정하고 있었습니다. 그런데 협상 내내 김태구 사장이 전화로 김우중 회장의 지시를 받느라 회의가 진척되지 않았습니다. 결국 회의는 밤늦도록 계속되고 이학수 사장은 그날 사돈댁을 만나지 못했지요. 그런 일도 있었습니다.

이런저런 고비를 거쳐서 어렵사리 '선인수-후정산' 원칙에 합의하고 양해각서 (MOU: Memorandum of Understanding)까지 교환되었으나 삼성차-대우전자 빅딜은 합의 시한인 2월 15일을 넘기고도 계속 지지부진했다. 양측 요구조건이 너무 차이가 났다.

대우는 "삼성은 SM 5의 연간 생산량 3만 대 가운데 1만 5천 대를 적어도 2년간 책임지고 판매해 달라. 운영자금 및 협력업체 지원 등의 비용을 책임지라"고 요구한 반면, 삼성은 "대우에 운영자금 1조 원을 지원한다. 대신 채권은행단이 삼성차 차입금의 50%를 출자전환하거나 장기저리의 차입금으로 전환해 달라"는 등의 조건으로 팽팽히 맞섰다.

정부가 중간에 다시 개입하여 평가방법과 평가기관까지 조정해 주면서 두 그룹은 4월말까지 대우가 삼성자동차를 인수하기로 3월 22일 극적 합의를 했다. 삼성이 연간 1만 5천 대의 판매를 책임지는 한편 운전자금 3천억 원을 대출하는 조건이었다.

이에 따라 대우는 삼성자동차 인수팀까지 꾸려서 부산 공장에 보내는 등 구체적 실사에 들어갔으나 4월말까지 하기로 했던 주식 양수도 계약은 결국 성사되지 못했다. 삼성차에 대한 가격산정 방식에서 여전히 합의를 보지 못한 것이다. 대우는 삼성차의 미래 수익가치가 마이너스 1조 원으로 나왔다고 주장한 반면, 삼성차는 절대로 이를 인정할 수 없다고 맞섰다.

삼성차 법정관리 선언으로 빅딜 백지화

지루하게 계속된 협상과정에서 삼성 측은 이런 식으로 대우에 끌려다니느니 아예 자체적으로 정리하는 것이 오히려 깨끗하고 비용도 덜 들 것이라 판단한 듯하다. 삼성차를 가능한 한 조용하게 처리하고자 했던 당초의 의도와 달리 이미 문제는 노출될 만큼 노출됐다. 삼성차 조업중단도 6개월 이상 이어지고 있었다. 이대로는 도저히 안 된다는 위기감이 삼성 내부에 확산되었다.

1999년 6월 11일 오전 10시, 이학수 삼성 구조조정본부 사장이 이헌재 금감위원장을 만나러 왔다. 그는 굳은 얼굴로 폭탄선언을 했다.

"삼성차는 법정관리에 넘기고 삼성차 부실은 삼성그룹이 책임지고 자체적으로 처리하겠습니다."

장장 7개월을 끌었던 삼성과 대우 두 그룹 간의 빅딜이 허망하게 백지로 돌아간 순간이었다.[54] 삼성차 빅딜 성사만을 기다리며 대우부도를 막기 위해 금융권에 매일 전화해가며 노력하던 관계당국은 허탈했다. 마지막 카드마저 사라진 상황에서 도저히 더 이상은 금융시장에 대우그룹의 부도를 유예해 달라고 말할 명분이 없었다.

강봉균 내가 지켜보니 예를 들어 협상과정에서 말이 안 된다 싶은 게 이런 거예요. "빅딜을 할 때 삼성은 돈이 많은데 우리는 돈이 없으니 삼성이 우리에게 2조를 빌려달라. 그리고 생산된 삼성차는 삼성이 대부분 사 달라"고 요구합니다. 상식에 어긋나지 않습니까? 재무상태가 불안한 대우에게 삼성이 뭘 믿고 2조 원을 빌려주겠습니까? 그래서 결국 빅딜이 성사가 안 된 것입니다. 당시 빅딜이 상당히 진척돼서 대우팀들이 삼성차에 가서 한 달 정도 경영실태 실사도 했는데 대우가 결국 그 기회를 못 살리더라구요.

조원동 나중에 삼성 쪽 이야기를 들어보니 실무자들이 "뭐 피하려다가 더 큰 문제를 만날 수 있겠다"고 판단했다고 합니다.

대우 입장에서는 '우리가 삼성차를 인수하는데 현금을 좀 받아야겠다. 그래서 현금이 나오면 그 현금으로 그룹의 구조조정에 활용해야겠다'고 생각했던 게 아닌가 싶습니다. 대우는 돈이 나올 수 있는 데가 삼성이 마지막이었어요. GM도 안 되고(외자유치도 안 되고) 결국 현금이 나올 것으로 믿을 수 있는 데가 삼성그룹밖에 없는데 어느 날 삼성이 "이거 도저히 안 되겠다, 차라리 법정관리로 가겠

---

54 삼성그룹은 삼성차의 누적부채를 자체적으로 정리해야 한다는 금감위의 주장에 대해 삼성생명 주식 등 이건희 회장의 개인 재산 2조8천억 원을 내놓겠다고 밝혔다.

다"고 선언한 거죠. 법정관리를 가겠다며 자체적으로 부실을 책임지겠다고 하니까 대우도 더 이상 방법이 없었죠. 돈을 끌어들일 수 있는 곳이 없어진 거예요. 그렇게 되니 그때부터 대우그룹이 갑자기 어려운 상태가 됩니다.

해체운명의 대우그룹

삼성차의 갑작스러운 빅딜 철회와 법정관리 선언은 곧바로 대우그룹의 붕괴로 이어지고 한국 경제에 또다시 중대한 위기를 불러오는 결과를 낳았다. 삼성이 삼성차 자체 처리를 공식적으로 밝힌 6월 29일은 사실상 대우그룹의 운명이 몰락으로 결정 난 운명의 날이기도 했다. 왜 그랬을까?

　1998년 내내 이어진 정부의 구조조정 압박과 부채비율 200% 축소 요구에 따라 다른 기업들은 나름대로 부실기업을 정리하거나 자산을 매각하고 허리띠를 졸라매어 부채비율을 대폭 낮추었으나 대우는 부채비율을 낮추지 못하고 있었다.

강봉균　당시 5대 재벌의 순자산 대비 부채비율은 대우와 현대가 가장 높아서 500%에 육박하였고, 삼성과 LG, SK 등은 비교적 낮은 편이었습니다. 이런 5대 재벌의 높은 부채비율은 상호출자와 순환출자 방식으로 많은 계열기업(1998년 말 기준 253개)을 거느리면서 이익이 나지 않는 기업까지 은행 돈으로 연명하고 있었기 때문입니다. 이런 식으로 5대 재벌들은 국제경쟁력보다는 국내재벌 간 영역경쟁에 더 몰두했고 결국 금융권 자금이 대기업에 집중되어 중소기업에는 돌아가지 못한 결과를 초래했습니다.

　따라서 1998년 12월 7일 청와대 간담회에서 확정된 '5대 재벌 구조조정 방안'에는 1999년 말까지 5대 재벌의 총계열사 수를 130개까지 대폭 줄이고 부채비율도 국제수준에 맞게 200%로 개선한다는 내용이 포함되었습니다.

　경제계와 여론은 실천 불가능한 무리한 목표라고 비판하였으나 그때 내가 챙겨 보니 재벌들의 자구노력이 나름대로 진행되어 부채비율이 개선되고 있었습

니다. 삼성이나 LG, SK 그룹 등은 채권은행들과 여러 차례 만나 자구노력 약정
을 맺고 협의하면서 약속을 많이 지켰습니다. 그래서 이 세 곳은 시장에서 크게
걱정하지 않았어요. 시장이 그때 가장 걱정한 곳은 대우였고 그다음이 현대였
는데 마침 현대가(家)는 세 아들에게 계열사들을 분산시켜 특정계열 집중위험
이 상대적으로 좀 낮아졌지요.

대우그룹의 이상한 행보

대기업 가운데 가장 문제가 된 곳이 대우그룹이었다. "세계는 넓고 할 일은 많
다"면서 세계경영을 목표로 했던 대우는 전 세계에 대규모 투자를 하거나 사업
을 벌여 놓고 있었다. 한국 대우그룹 계열사의 지급보증을 받아 해외 현지 곳곳
에서 달러를 조달하여 투자와 확장을 거듭하던 대우의 세계경영에 대해 당시 해
외 금융시장과 언론들은 "대우의 위험한 행보, 도전인가 도박인가?"라는 제목
으로 IMF 이전부터 상당히 우려의 눈으로 지켜보고 있었다.

　1997년 외환위기 자금난 와중에도 다른 기업들이 축소지향의 경영에 들어간
반면 대우그룹은 이해하기 어려운 행보를 보였다. 부채를 계속 얻어 왕성하게
몸집을 키워나간 것이다. 1997년에 쌍용차를 인수한 것을 비롯해 1998년에만
해외 현지법인 19개사와 국내 6개사 등이 늘어났다.

　투자확대에 소요되는 자금을 자체 유보자금이나 증자로 충당하지 않고 외부 차
입에 의존하였다. 차입이 원활하지 못할 때에는 밀어내기식 수출과 여기서 창
출된 매출채권을 활용하여 자금을 조달하는 무리한 차입경영을 계속하였다. 이
같은 방식의 경영으로 1998년 대우그룹의 매출액은 늘어났으나 금융비용이
1997년 3조 원에서 1998년 6조 원으로 증가해 당기순익은 5,540억 원의 적자로
반전하였다. 아울러 1998년 말 금융기관 차입금은 44조 원에 달해 전년보다 무
려 53%나 증가하였다. 무분별한 확장으로 대우그룹은 그룹 전체가 부실화되
면서 시장을 통한 정상적인 자금조달이 점차 힘들어졌다. 특히 1999년 4월에는

국제 신용평가기관인 S&P가 대우그룹의 투자와 자금조달의 중심역할을 하던 (주)대우의 신용등급을 B에서 B⁻로 하향조정해 수출자금 회수가 지연되고 신규자금 조달에 애로를 겪는 등 그룹 전체가 유동성 위기에 몰리게 되었고 이로 인하여 그룹 전체의 유동성 위기가 초래되었다.[55]

대우의 주채권은행인 제일은행이 1997년 한보사태 등으로 부실규모가 눈덩이처럼 불어나 사실상 지급불능 상태에 빠지면서 금융기관 구조조정의 대상이 된 것이 대우에는 특히 불운이었다. 주거래은행이 사라진 상태에서 다른 은행들과 종금사들은 자체 생존을 위해 대출여력이 없었고 상대적으로 BIS 비율이 높아 대출여력이 있던 하나와 신한 등 신생은행들은 대우여신을 공격적으로 회수하기 시작했던 것이다.

대우채권의 급증과 시장붕괴의 빨간불

은행을 통한 자금조달이 어려워진 대우는 금리가 높은 제2금융권으로 이동하여 극심한 자금난을 간신히 연명해갔다. 단기 기업어음(CP)과 회사채 발행이 천문학적으로 늘어났다. CP와 회사채를 팔기 위해 높은 금리를 제시했고 만기가 돌아오는 증권에 대한 차환(借換) 발행도 갈수록 늘어났다.[56] 시장은 삼성전자보다 3배나 수익률이 높은 대우발행 채권을 선호했다. '대마불사'의 도덕적 해이가 시장에 광범위하게 확산되어 도박 같은 베팅을 한 것이다.

조원동 대우그룹에 경각심을 갖고는 있었지만 그러나 일단 시장에서는 회사채가 잘 팔리고 있었습니다. 당시에 현대증권 이익치 회장이 주도하는 바이코리아(Buy Korea) 열풍 때문에 채권이나 주식이 많이 팔리는데 같은 신용등급의 회사채보다 수익률이 훨씬 더 높은 대우채권을 펀드에 많이 편입시켜야만 수익률이

55 윤제철, 2007, 《외환위기는 끝났는가》, 비봉출판사, 464쪽.
56 1999년 중반에는 22조 원으로 추정되는 막대한 대우그룹 회사채와 기업어음이 각 금융기관에 나돌고 있었다.

높아질 수 있고 그렇기 때문에 대우채권이나 CP가 많이 팔려나간 거죠. 그런 식으로 한창 시장에서 대우채 인기가 좋은데 시장을 거슬러서 "저건 아닙니다"라고 얘기할 수 있는 증거가 마땅히 없었어요. "뭔가 이건 정말 아니다" 싶은 심증은 있지만, 근거를 갖고 강하게 시장을 저지할 만한 상황은 아니었던 거죠.

홍은주 그러다가 1998년 10월에 은행, 보험, 투신 등 금융기관들에 대한 동일계열 회사채 편입한도 조치가 나왔습니다. 이 조치의 주도는 어디에서 했나요? 금감위였습니까?

조원동 그렇습니다. 금감위에서 시작했죠. 금융기관이 자기자본의 일정비율 이상으로 동일 기업이 발행한 채권이나 유가증권을 소유하지 못하도록 CP, 회사채의 한도를 규제했습니다. 1998년 8월에 CP에 대해 먼저 조치했고, 10월에 회사채에 대해 한도를 규제했습니다.

이 조치로 가장 큰 타격을 받은 그룹이 대우그룹이었다. 동일계열 유가증권 보유 한도 제한조치가 나오자 "대우그룹 유동성에 빨간불이 켜졌다"라는 문제의 노무라 증권의 보고서가 나왔다. 이 보고서 파문이 확산되자 금융시장에 큰 혼란이 왔다. 한동안 잠잠했던 금융시장이 다시 요동칠 만큼 엄청난 파장이었다.

　시장에는 "대우가 몰락하고 제2의 외환위기가 곧 닥친다"는 흉흉한 소문이 공공연히 떠돌아다녔다. 외국계 은행들은 "대우는 한국 경제에 잠재한 큰 환부"라는 보고서를 냈다. 시장에서 대우의 운명은 이때 이미 결정된 셈이다.

　사실상 대우그룹의 운명을 결정지은 1998년 10월 동일계열 발행 회사채 보유 한도 제한 조치의 배경은 무엇일까?

　당시 대기업들이 발행한 회사채는 모양만 '자본시장 유가증권'일 뿐 사실상 은행여신인 경우가 많았다. 정부가 은행의 위험관리를 위한 미시 규제의 하나로 동일 계열사에 대한 여신한도를 제한하자 은행들이 대기업들에 대해 회사채를 발행하게 해서 회사채를 보유하는 식으로 편법여신을 계속한 것이다. 회사채는 신탁계정의 투자항목으로 분류되어 여신한도 규제를 받지 않았던 점을 악용했다. 따라서 이 조치는 은행들에 대한 기존의 여신규제를 실효성 있게 보완한 것이다.

더구나 투신사들이 펀드 수익률을 높이기 위해 '폭탄' 성격의 고금리 대우채를 여기저기 편입시키는 정황도 문제였다. 회사채 발행 관련 공시제도와 시가평가, 신용평가 등 자본시장 인프라와 감독시스템이 거의 갖춰지지 않은 상태에서 대기업들이 한꺼번에 회사채를 발행하고 투신사들이 무더기 인수를 하면서 발생한 문제들이었다.

조원동 당시 수익증권 전체 시장규모가 제가 기억하기로는 250조 원 정도였고 전체 펀드 수신금액은 약 220조 원 규모였을 거예요. 그때 대우채가 편입되어 있는 펀드를 전부 합쳐 보면 한 200조 원 정도가 되는 상황이었습니다. 무보증 대우채 규모가 17조 원 정도였는데 이 17조 원이 200조 원이라는 펀드에 다 들어가 있었던 거죠. 나중에 대우가 워크아웃 대상이 되었을 때 제일 고민됐던 부분이 무보증 대우채 문제였습니다. 결국 무보증채는 휴지가 되는 것 아니겠어요? "100% 휴지까지는 아니지만 값이 크게 떨어진다는 사실이 시장에 알려지면 어떻게 될까? 수익증권 소지자들이 일제히 환매해 달라고 하면 시장이 어떻게 될까?" 이런 점들을 크게 걱정하고 대책을 고민했습니다.

홍은주 상상하기 힘든 이른바 펀드런(fund run)이 일어나겠죠.

조원동 환매를 다 해주려면 펀드 내의 모든 자산을 팔아야 할 것 아니에요? 그러면 대우채권을 팔기 위해서 다른 채권까지 다 팔아야 하는 상황이 되겠죠.

홍은주 다른 채권까지 다 떨이세일(fire sale) 해야 되니까요?

조원동 예, 떨이세일해야 하니까. 그렇게 되는 경우 뱅크런 비슷한 펀드런이 나올 수 있다. 그래서 이건 금융시장 전체의 시스템 위기다, 그렇게 봤습니다.

대우처리에 깊어진 정부의 고민

시장에서 대우의 운명은 이미 기울기 시작했지만 정부 입장에서 대우그룹은 도저히 포기하기 힘든 '뜨거운 감자'였다. 문자 그대로 '온 세상'이 지켜보는 마당에 대우그룹에만 특혜를 줄 수도 없었지만 그렇다고 국내외에 290개나 되는 계열사를 보유한 국내 자산규모 2위 대기업의 도산을 손 놓고 방치할 수도 없었다. 대우에 문제가 생길 경우 대우여신이 70% 이상 대손 처리되기 때문에 은행, 투신사, 보험사 등 전 금융기관에 전이되는 부실화의 충격이 얼마나 클지는 가늠하기 힘들었다.

대우채 수익률이 높아 온갖 펀드에 대우채가 많이 편입되었기 때문에 만약 대우채가 부도나면 투자자들의 손해가 막심할 것이 뻔했다. 대우그룹이 세계경영을 한다면서 해외에 펼쳐 둔 수많은 사업체는 물론 국내의 많은 하청업체와 거래업체의 동반부도가 가져올 거시경제적 충격은 상상조차 어려웠다.

대우그룹을 어떻게 해야 할 것인가? 뚜렷한 답이 없는 문제를 놓고 정부의 고민이 갈수록 깊어졌다.

강봉균 대우그룹은 부채비율이 가장 높은 재벌대기업이었지만 그만큼 금융시장 및 고용시장에 미치는 영향이 큰 기업이어서 청와대는 어떻게든 시간을 벌어 수술을 통해 대우를 살리는 방안이 없을지 고심하고 또 고심했습니다. 주요 경제부처 장관들도 마찬가지 입장이었습니다.

그러나 아무리 고민해도 정부가 동원할 수 있는 방법이 별로 없었습니다. 5대 재벌 구조개혁이 동일한 원칙에 따라 추진되어야지 대우만 예외적으로 특별조치를 제공할 경우 재벌개혁 전체가 신뢰를 잃게 되는 상황이었습니다. 5대 재벌은 400~500%에 달하는 부채비율을 200%까지 낮추는 구조조정 계획을 채권금융단과 체결하고 자구노력을 평가하여 부채 만기연장을 해주기로 한다는 단일 원칙을 이미 천명한 상태였기 때문입니다.

IMF가 지켜보고 있었고 당시 국제금융시장 역시 새로 탄생한 김대중 정부가 역대 정권과 같은 식으로 재벌보호 정책으로 회귀하는 것 아니냐는 의구심을 보였기 때문에 원칙에서 후퇴될 수 없었습니다. 국제금융시장에서는 대우가 우량 계열사 매각 등 자구노력을 소홀히 한 채 은행대출이 막히자 높은 금리의 회사채를 계속 발행하는 것을 보고 매우 위험한 도박을 한다고 판단한 것 같습니다.

정부와 김우중 회장의 큰 시각차

홍은주 당시 대우는 정부가 적극적으로 금융지원, 특히 수출금융만 지원해 주면 살아날 수 있다고 주장한 것으로 알고 있습니다.

강봉균 내가 만난 김우중 씨는 IMF 외환위기를 보는데 근본적 시각차가 있었습니다. 'IMF 사태는 금융산업이나 기업들의 구조적 문제가 아니고 일시적 외화유동성 부족 때문에 생긴 것이다. 따라서 수출금융을 확대해서 수출을 늘리고 수입대체를 강력히 추진하면 단기간에 해결할 수 있다'는 생각을 갖고 있었지요.

그런데 외환위기가 국제수지 자본계정의 위기에서 촉발된 것은 맞는 말이지만 문제는 일시에 빠져나간 단기외자가 한국 경제의 구조적 불안정성을 개선하지 않으면 다시 복귀하지 않는다는 것이 당시 IMF를 비롯한 국제금융시장의 일치된 의견이었습니다. 빠져나간 달러를 다시 들어오게 하려면 한국 경제의 체질이 근본적으로 바뀌고 있다는 확신을 줘야 했습니다. 기업 구조조정과 금융 구조조정이 절대로 필요했던 이유입니다. 그래서 제가 김 회장에게 그랬어요.

"대우에 돈을 빌려준 국내 금융기관만도 50개가 넘습니다. 그런데 이 은행 모두에게 대우만 특별히 돈을 대주라는 소리를 어떻게 합니까? 그리고 국제금융시장이 정부가 대우에 특혜금융을 해주는지를 눈에 불을 켜고 지켜보고 있습니다. 그러니 아무리 도와주고 싶어도 50개 금융기관들에게 모조리 도와주라고 말할 수도 없고 불가능합니다. 대우가 자구노력을 통해 시장의 반응을 개선시켜야 정부도 도와줄 명분이 생깁니다. 성의를 보이는 조치를 취할 생각이 있으면 언제라도 전화하십시오. 언제라도 만나겠습니다."

김대중 대통령, 김우중 회장과 몇 차례나 독대

홍은주   대우 김우중 회장은 김대중 대통령과 친분이 있었고 김 회장이 전경련 회장을 겸임하고 있었으니 대통령과도 자주 만날 기회가 있었을 겁니다. 대우 그룹에 대한 구명운동이 있었을 것 같은데요.

강봉균   그렇습니다. 대우 김우중 회장은 김대중 정부 출범 직후 전경련 회장직을 맡아서 대통령을 언제든지 만날 수 있는 위치에 있었고 실제로 야당시절부터 친분이 있는 사이였기 때문에 김 회장의 독대 면담도 허용되었던 친밀한 관계였습니다. 내가 나중에 확인해 보니 김우중 회장이 대통령과 다른 사람 배석 없이 여러 차례 독대했더라고요. 그런데 대통령이 김 회장을 만나 이야기를 들어보니, 만날 때마다 어떻게 자구노력을 하겠다는 이야기는 없이 정부가 대규모 구제금융, 수출금융만 해주면 위기를 넘길 수 있다는 요구만 계속하니까 나중에는 대통령께서 나에게 배석하라고 그럽디다. 그래서 청와대의 조그만 방에서 셋이 만나곤 했습니다.

만나면 대통령께서 "김 회장이 우선 말씀하세요" 하고 말을 꺼냅니다. 그러면 김 회장이 준비해온 메모를 보면서 말하는데 그 내용이 "외환위기는 국제수지에서 경상수지 흑자를 내면 해결됩니다. 그러니 대기업들이 수출을 늘릴 수 있도록 무역금융을 부활해 주고 대기업에 자금지원을 해주면 극복할 수 있습니다" 라는 주장의 되풀이였습니다.

그 말을 들으면 대통령께서 "강 수석은 어떻게 생각합니까?" 라고 묻습니다. 제가 김우중 회장의 논리가 맞지 않는다고 지적하면 김우중 씨가 말을 바꿔요. 그럼 대통령이 "아까 한 말과는 다르지 않소?" 그럽니다. 이런 식으로 결론 없는 대화가 몇 차례나 진행됐습니다. 대통령도 대우가 어떤 위기상황에 처해 있고 어떻게 해야 위기를 모면할 수 있는가에 대해 국제여론과 금융계 인사들로부터 다 듣고 있었기 때문에 사사로운 친분이나 감정으로 판단할 수 없는 사안이었습니다.

김우중 회장 말 바꾸기에 배석자 동반해 기록

홍은주 당시 대우그룹 구조조정 과정에서의 언론보도를 보면 "시장에서 김우중 회장의 자구노력을 평가해 주는 것을 전제로" 정부가 대우를 나름 도우려고 한 흔적이 이곳저곳에서 보입니다.

강봉균 대우그룹이 무너질 경우 한국 경제나 시장에 미치는 영향이나 규모가 워낙 컸기 때문이지요. 이렇게 큰 기업이 문제가 된 경우가 없었잖아요? 1998년 말까지는 자구노력을 촉구하면서 자율적 구조개선 노력을 기다리는 입장이었으나, 자구노력을 보이지 않자 금융시장에서 경계대상이 되어 자금난이 심화되었어요. 그 과정에서 김 회장이 여러 차례 나를 만나자고 해서 아마 20차례쯤 만났을 겁니다. 만날 때마다 "대우가 자구노력을 조금만이라도 해 달라. 그러면 시장이 반응하고 정부도 도와줄 명분이 있지 않겠는가?" 하고 설득했지만 무위에 그쳤습니다.

이분이 자꾸 말을 바꾸니까 나중에는 경제수석실 이윤재 비서관과 함께 만났는데 이 비서관이 아예 대화내용을 다 메모했습니다. 그런데 아무리 대화해도 결국 이야기가 평행선을 달려요. 가령 대우가 교보생명 주식 9백억 원어치를 현금처럼 보유하고 있었는데 그것을 매각해 구조조정에 쓰라고 해도 꿈쩍도 안 해요.

내가 삼성차와 대우전자의 빅딜을 성사시키려고 애쓴 것도 자동차 사업 중심으로 대우를 생존시켜 보려는 기대를 갖고 나름대로 뒷받침하려 했던 것입니다. 또 김 대통령이 1998년 중순 무렵 미국을 방문했을 때 GM 회장을 김우중 회장과 같이 만나 50억 달러를 투자해 달라고 부탁하기도 했습니다. 우리가 "대규모 투자 건이 아니어도 좋다. 시장이 납득할 수 있도록 최소한의 성의를 보여야 한다"고 아무리 말해도 그런 노력을 안 하더라구요. 처음에는 정부가 3조 원만 도와주면 된다고 이야기하다가 나중에는 4조, 5조 원을 도와달라고 액수만 자꾸 커져요.

진동수(陳棟洙)

1949년 전북 고창에서 태어나 경복고와 서울대 법
학과를 졸업하고 미국 보스턴대에서 경제학 석사
학위를 받았다. 1975년 행정고시에 합격해 1991년
재무부 해외투자과장 및 산업금융과장, 1999년 대
통령비서실 금융비서관을 거쳐 2001년 금융감독
위원회 상임위원, 2004년 재경부 국제업무정책관
등을 역임했다. 이후 2005년 조달청장, 2006년 재
경부 제2차관, 2008년 한국수출입은행장, 2009년
금융위원장 등을 지냈다.

여러 차례 계속된 김 회장과의 면담이 계속 공전되자 한번은 강봉균 수석이 진
동수 금융비서관(후일 금융위원장)을 면담자리에 배석시켰다. 강 수석은 배석시
킨 이유를 따로 설명하지 않았다. "대우에 거액을 지원해 달라는 김 회장의 거듭
된 요청이 얼마나 비현실적인지를 금융실무자의 입을 통해 직접 들어보라는 뜻
인 것으로 짐작했다"고 진동수 비서관은 회고한다.

진동수   내가 금감위 국장으로 있다가 청와대 금융비서관으로 갔을 때가 1999년
초였습니다. 이미 몇 달 전부터 대우그룹 문제가 한국 경제의 최대 현안으로 떠
오른 심각한 상태였지요. 금융시장 분위기가 심상치 않았습니다. 개발연대 이
후 적잖은 기업들이 부도를 냈지만 대우 같은 큰 재벌그룹이 무너진 경우는 없잖
아요? 더구나 외환위기와 금융 구조조정의 여진이 남아 있는 상태라 대우에 문제
가 생기면 금융시스템이 뿌리째 흔들리고 외환위기가 재발할 위험이 있었습니
다. '대한민국 경제가 정말 이대로 끝나 버리는 것인가?' 하는 종말론적 공포감이
시장에 확산되던 때입니다. 저 개인적으로도 큰 불안과 스트레스를 느꼈죠.

그러던 어느 날 강봉균 수석이 따라 나서라고 해서 함께 가 보니 힐튼호텔에서
김우중 대우그룹 회장을 만나는 자리였습니다. 당시 김 회장은 전경련 회장 자격
으로 수시로 청와대로 와서 대통령과 경제수석을 만나면서 계속 거액의 원화 및

외화자금을 지원해 달라고 주장하곤 했어요. 대통령과 청와대를 비롯해, 재경부, 금감위 등 경제부처 모두가 대우사태를 연착륙시키려고 만사를 제치고 애쓰던 때였습니다. 그런데 대우그룹은 "다른 재벌들처럼 구체적인 구조조정을 해 달라"는 시장의 압력을 무시한 채 계속 언론플레이만 하고 다니는 겁니다. 이날 저녁도 내가 김 회장의 말을 들어보니 "산업은행과 수출입은행을 통해 원화와 외화자금 대출을 일으켜 대우그룹을 지원해 달라"는 일방적인 주장의 되풀이였어요.

김 회장의 주장이 길게 계속되자 강봉균 수석이 긴 한숨을 내쉬더니 "금융문제이니 금융담당 비서관으로부터 이야기를 직접 한번 들어보라"고 진동수 비서관에게 대화의 바통을 넘겼다. 진 비서관은 김 회장의 요청이 왜 말이 안 되는지 조목조목 답변했다.

"산업은행과 수출입은행 등 특수은행들도 강화된 건전성 규제를 적용하기로 IMF와 합의했기 때문에 우리가 여기에 따라야 합니다. 시중은행들과 똑같이 동일인여신이나 거액여신 한도를 지켜야 하는데 이미 두 은행의 대우그룹에 대한 여신 및 보증한도가 크게 초과된 상태니 추가로 거액을 대출해 달라는 것은 한마디로 불가능합니다. 대우가 요구하는 대로 자금지원을 하려면 IMF와의 협약을 깨야 하는데 그럼 IMF가 어떻게 나오겠습니까? 자꾸 불가능한 정부지원만 바라지 말고 뭔가 시장이 납득할 만한 현실적이고 타당한 구조조정 방안을 마련하셔야 합니다."

결국 이날 대화도 서로의 생각이 평행선을 달린 채 큰 성과 없이 끝나고 말았다.

대우 몰락 드라마의 시작

1999년 초 들자 김우중 회장도 흉흉하게 돌아가는 시장의 심각성을 인식한 듯이 1999년 4월 19일 '그룹 구조조정 혁신계획' 등 자구노력안을 몇 차례 발표했다. 그러나 발표만 했을 뿐 계열사 매각계획 등이 불확실한 것으로 판단되자 시장은 반응하지 않았다. 잃어버린 신뢰와 시간을 되돌리기엔 이미 늦은 상태였다.

이 무렵 대우나 정부나 마지막 희망은 삼성차와의 빅딜성사였다. 그런데 협상 7개월 만인 1999년 6월말, 삼성그룹이 두 손을 들면서 상황이 급변했다. 대우와 빅딜을 하느니 삼성차를 법정관리에 넘기고 그 부실에 대한 책임은 삼성그룹이 모두 지겠다는 폭탄선언이 나온 것이다.

홍은주　다른 재벌들은 부채비율 200%로 줄이라고 요구했더니 그래도 대강 맞추는 방향으로 현실적 계획을 세워서 가져왔는데, 대우는 그런 노력을 잘 안 해서 도와줄 명분이 없었다는 증언이 있습니다.

조원동　부채비율이라는 건 자본이 분모구요, 분자가 부채죠. 따라서 부채비율을 줄이는 것은 두 가지 방법으로 가능합니다. 하나는 분자인 부채를 줄이는 것, 두 번째는 분모인 자본을 늘리는 것이죠. 자본을 늘리는 방법은 유상증자를 하거나 다른 데서 새로운 자금을 끌어들여서 외자유치를 하는 것이죠. 그런데 당시 부채를 줄일 수 있는 방법은 없었어요.

부채를 줄이는 유일한 방법은 부채는 결국 자산과 동전의 양면이니 자산을 파는 거죠. 계열사를 팔든지 아니면 사업부문을 매각하든지 아니면 무수익자산을 팔든지. 그러면서 빚을 줄여가는 거거든요. 그렇다면 유상증자를 얼마나 하겠다, 또는 어느 계열사를 언제까지 어떻게 팔겠다 이렇게 계획을 제출하는 거죠. 자본수지개선 계획 등을 기업들이 내도록 되어 있는데 핵심은 타당성이 있는가 하는 것이었어요. 실천의지와 실현가능성이 얼마나 있느냐?

우선 현실성이 있고 그다음에 그것이 구체적으로 집행되어야 하거든요. 결국 타당성을 입증하는 것이 시장의 신뢰를 얻을 수 있는 유일한 방법인데 다른 재벌기업들의 경우는 그런대로 계획을 마련해서 실질적인 추진을 했어요. 자산이나 사업부분을 매각하고, 유상증자를 하고 외자유치를 하고 여러 가지 방식으로 마련해왔어요. 현대 같은 경우에도 현대차가 바로 분리해 나가면서 현대차의 미쓰비시의 자본을 끌어들인다든지 해서 신규자금을 유치하는 것으로 그나마 맞춰갈 수 있었습니다.

실효성 없었던 대우의 자구계획

홍은주 대우가 처음 애기한 것은 GM으로부터 자금을 유치한다는 것이었지요?

조원동 그렇죠. 처음에는 GM으로부터 자본을 유치해오겠다, 자본증자를 해오 겠다, 그렇게 애기했는데 시간이 한참 지나도 그런 약속이 거의 지켜지지 않았습 니다. 그러면 계열사를 매각하든지 지분을 팔든지 해야 하는데 그런 것까지는 가 지도 못했어요. 중공업을 판다고 했는데 그것도 진척이 없고요. 부채비율을 줄 이겠다면서 숫자는 맞춰왔는데 진행되는 상황을 보니까 현실성이 없었습니다.

그런데 대우가 부채비율 감축노력을 부실하게 하더라도 그 당시 정부가 할 수 있는 일이 별로 없었어요. 계획에 현실성이 없다고 바로 퇴짜 놓기가 굉장히 어 려운 상태였습니다. 비록 현실성이 없는 것 같은 느낌이 들더라도 일단 목표로 받아주고 대신 채권금융기관을 통해 이 계획들이 제대로 추진되는지 하나하나 점검하도록 했지요. 계열사 매각, 자산매각, 자본유치 등 항목별로 분류해서 실제로 그렇게 추진하는지 하나씩 점검하는 거죠.

홍은주 그래서 매번 이행점검을 하는 거죠?

조원동 그렇습니다. 분기별로 이행점검을 하도록 했고, 그것뿐만 아니라 그 점검한 결과를 대통령 앞에서 분기별로 보고했습니다.

홍은주 보고는 누가 주도했나요? 금감위에서요?

조원동 금감위에서 전체적으로 진행했습니다. 금감위원장이 종합해서 보고하 고, 이행이 잘되는지 안 되는지에 대한 점검사항을 공개하는 방식으로 부채비 율 감축작업이 진행됐습니다.

홍은주 그렇다면 대우그룹이 약속한 내용이 잘 이행되지 않는다는 사실은 모든

338

관계자들이 다 공유했다고 봐도 되나요?

조원동　그렇죠.

홍은주　금감위나 청와대에서 대우그룹이 이젠 도저히 안 되겠다고 인식한 시점은 언제쯤인가요?

조원동　그게 1999년 6월쯤입니다. 삼성차와의 빅딜이 불발로 끝난 시점에 최종적 결론이 난 것입니다. 사실은 그보다 훨씬 전인 1997년 말 무렵부터 대우그룹에 문제가 있다는 인식은 팽배해 있었죠. 외환위기가 발생해 난리가 난 와중에 쌍용차를 인수하고 농구단도 인수한 대우에 대해 '지금 저렇게 일을 벌일 상황이 아닌데 왜 저럴까?' 하는 의문을 계속 가졌습니다. 그다음에 대우가 "은행까지 설립하겠다"는 안을 들고 정부에 찾아왔을 때는 '이건 진짜 아니다' 싶었지요.

홍은주　당시 대우 측에서는 자신들의 몰락이 "정권 내 일부 관료들의 부당한 압력 때문이었다"라고 주장했고, 이와 관련한 책도 출간되었는데 여기에 대한 견해는 어떠신지요?

강봉균　터무니없는 주장입니다. 김대중 대통령이 처음부터 대우그룹 해체를 결심한 것이 아니고 구제방안을 찾아보라고 저에게 여러 차례 지시했습니다. 김 대통령께서는 대우그룹 사태에 대해 많이 걱정했었어요. "대우그룹이 넘어가면 경제에 너무 충격이 크지 않겠는가?" 하셨고, 우리도 금융권 동반부실로 인한 시스템 위기 및 경제에 미치는 충격을 많이 걱정했습니다.

　그래서 내가 1998년 후반기부터 김우중 회장과 자주 접촉해 사태해결을 모색했는데 그분은 계속 특별금융 지원만 요청하고 나는 "자구노력에 최소한의 성의를 보여줘야 지원할 수 있지 않느냐"고 응수하여 서로 평행선만 달리다 말았습니다. 그 과정에서 대통령이 김우중 회장을 독대로 여러 차례 만났었고 나도 노력했으나 결국 현실성 있는 대책이 나오지 못했습니다.

해외 언론의 '걸어 다니는 흡혈귀' 보도

1999년 봄부터 한국 경제는 다시 어려움에 빠졌다. 대우, 현대 등 재벌그룹과 동아, 한양 등 대형 건설업체의 누적된 부실 때문이었다. 해외 금융시장에서는 한국 정부가 이들 대기업을 구제하기 위해 시간을 끈다고 의심하기 시작했다. 해외 언론들은 "한국의 기업 구조조정 속도가 늦어지고 부실기업 정리가 정체되어 다시 위기에 처해 있다"면서 거센 비판을 쏟아냈고 한국의 대형 부실기업들이 정부의 금융지원으로 연명한다며 'Walking Vampire'[57] 등으로 표현하기도 했다. 국제금융시장에서 한국의 대외신인도가 하락하고 국가신용등급도 정체 상태에 빠졌다.

전 세계와 언론들이 눈을 부릅뜨고 자세히 들여다보는 상황에서 아무리 대우 부도가 한국 경제에 미치는 파장이 크다고 해도 정부가 대우만을 위한 특별하고 예외적인 지원책을 따로 마련할 방법은 사실상 없었다.

강봉균　1999년 상반기에 부도상황까지 내몰리자 대우가 자구계획을 발표하기도 했으나 시장은 대우의 자구계획을 신뢰하지 않았습니다. 결국 그때부터 이규성 재경부 장관과 이헌재 금감위원장, 진념 기획예산처장 등 경제부처 수장들을 비롯해 청와대 비서실 전부가 "대우그룹 워크아웃이 불가피한 것 아닌가?" 하는 쪽으로 의견을 모으게 됐습니다.

삼성그룹의 "삼성차 빅딜 포기 및 법정관리" 선언은 사실상 대우그룹 몰락을 알리는 서곡이었다. 삼성차와의 빅딜에 마지막 희망을 걸고 대우에 대한 부도를 잠시 유예해 달라고 시장을 독려하던 정부도 이 시점부터는 속수무책이었다.

채권금융기관들은 일제히 대우그룹이 발행한 회사채 및 CP에 대해 동시다발적 회수를 시작했다. 무더기 채권회수를 버틸 수 없었던 김우중 회장은 7월 19일

---

57 '죽지 않고 살아 걸어 다니는 흡혈귀'라는 뜻의 표현이다.

자신이 보유한 주식을 담보로 제출하고 대우그룹에 대한 채권 만기연장과 신규자금 대출 등 유동성 지원을 요청했다.

결국 대우그룹은 '대마불사'의 공식을 깨고 1999년 7월부터 대대적인 그룹 해체작업이 시작되어 외환위기 이후 최대 기업 구조조정 및 부채조정의 과정을 걷게 된다. 1997년 말 외화유동성 위기 이후 간신히 수습국면에 들어가던 한국 경제와 금융시장에 다시 한 번 쓰나미와 같은 충격을 준 비극적인 대우 몰락 드라마가 시작된 것이다.

대우사태 해결과
개혁추진

경제수석에서 재경부 장관으로

본격화된 대우사태에 대한 수습을 최일선에서 맡은 사람은 이규성 장관의 후임으로 1999년 5월 하순 재경부 장관에 임명된 강봉균 수석이었다. 개각 발표 사흘 전쯤 김중권 비서실장이 "경제수석을 재경부 장관으로 보내고 싶다"는 김대중 대통령의 의사를 알려왔다. 이규성 재경부 장관이 건강상의 이유로 사직했기 때문이다. 대통령은 임명장을 주는 자리에서 "앞으로 모든 경제정책을 책임지고 수행해 달라"고 당부했다.

강 수석은 경제기획원에서 25년 동안 일하면서 경제정책을 총괄하는 기획국장과 기획차관보, 차관 등을 지냈다. 경제기획원이 합쳐진 재경부의 수장으로 돌아가는 것이니 감회가 컸다. 김대중 정부 들어서는 경제수석으로서 이규성 장관과 쭉 함께 일했기 때문에 위기상황에서 재경부가 그동안 추진해왔던 정책들을 잘 알고 있었다. 업무의 연속성이나 개혁의 일관성을 유지하는 것에는 아무 문제가 없다고 판단했다.

측근들 "재경부 장관 가지 마십시오" 만류

김중권 비서실장의 말을 전해 들은 후 경제수석실의 책임간부들에게 대통령의 뜻을 전달했다. 그런데 경제수석실 선임 비서관인 이윤재 재정경제비서관이 강 수석의 입각을 강하게 반대하고 나섰다.

이 비서관은 상기된 표정으로 "그렇다면 재경부 장관직을 수락할 예정입니 까?"하고 물었다. "대통령의 말씀인데 안 따를 수 없지 않나?" 했더니 그는 "경제수석 자리는 외환위기 수습을 총지휘하는 자리입니다. 위기가 아직 종료되지 않은 시점에서 자리를 옮기면 어떻게 합니까?" 하면서 반대논리를 폈다.

홍은주 이윤재 비서관께서 원칙적이고 강직하기로 소문난 분이시죠.

강봉균 이 비서관은 내가 재경부 장관으로 가면 자신은 재정경제비서관직을 그만두겠다고 그럽니다. 미안한 생각에 나와 함께 재경부로 가서 같이 일하자고 여러 차례 설득했으나 그의 뜻은 완강했습니다. 이윤재 비서관은 그 후 얼마 안 돼서 자진 사직하고 공직을 마감했습니다. 나는 지금까지도 이 비서관의 강직한 뜻을 높이 평가합니다. 그의 투철한 공직자로서의 사명의식을 후배들에게 여러 차례 전한 적이 있습니다.

홍은주 당시 청와대 참모들은 어떤 분들이었고 각자 어떤 역할을 했는지요?

강봉균 그때 나와 함께 청와대에서 개혁작업을 했던 핵심 참모들은 이윤재 비서관 외에 진동수, 오종남, 조원동 비서관 등이었습니다. 이윤재 비서관과 조원동 행정관이 4대 부문 개혁과 거시정책 총괄을 담당했고 진동수 비서관이 금융, 오종남 비서관이 산업부문을 맡아 고생이 아주 심했지요. 금융과 산업부문의 일상적 업무는 전적으로 이들에게 위임하여 이들이 다 책임지고 처리하였습니다. 이분들에게 항상 감사한 마음을 지니고 있습니다.

진동수　사실은 저 역시 '4인방 드림팀' 체제가 6개월 정도만 더 유지됐으면 좋겠다고 생각했습니다. 부총리직제가 없던 시절이라 청와대 서별관에서 이규성, 진념, 이헌재, 이 세 분의 장관들과 강봉균 수석이 각종 기업과 금융 구조조정 이슈에 대해 기탄없이 토론하고 이견을 조정하여 정책을 결정했습니다. 여기서 잠정적 결론을 낸 내용을 대통령에게 보고하고 재가를 받아 신속하게 집행하였는데 이 과정이 물 흐르듯 자연스럽고 효율적이었습니다. 이 정도 베스트 팀이 다시 형성되기는 어렵다고 생각했죠. 그 체제가 6개월만 더 갔으면 4대 개혁이 훨씬 더 진전되고 뿌리내릴 수 있지 않았을까 하는 아쉬움이 지금까지 남아 있습니다.

경제대책 조정회의 의장을 맡다

홍은주　권력은 핵심 중추에서부터 나오게 됩니다. 청와대에 계시다 재경부 장관으로 가시고 다른 분이 수석으로 오는 등 청와대의 판이 새로 짜였는데 정책결정이나 집행에 어려움은 없었습니까?

강봉균　재경부 장관은 청와대의 신임이 가장 중요한 자리였는데 나는 대통령의 전적인 신임을 받았기 때문에 비서실의 견제를 받지 않았습니다. 당시 경제수석은 이기호 씨였는데 나와 오랜 기간 같이 일한 적이 있어 관계나 의사소통에 큰 문제가 없었고 정책수석은 김한길 씨였는데 이분은 홍보전문가여서 가끔 경제홍보가 부족하다는 불만을 말하는 정도였습니다.

　예산권은 기획예산처에 있었지만 청와대 수석 때의 정책조율자로서의 권위가 있어서 경제부처를 이끌어가는 데 큰 어려움은 없었습니다. 사실 재경부 장관을 맡게 되면서 대통령께 "이제 경제는 제가 책임지고 끌고 가겠습니다" 하고 말씀드렸습니다. 그래서 대통령이 의장을 맡았던 경제대책 조정회의를 재경부 장관이 의장을 맡는 것으로 고치고, 주요장관 회의를 청와대 서별관에서 하지 않고 과천 재경부 장관실에서 개최하였습니다.

홍은주 인사(人事)가 만사(萬事)라고 하지 않습니까? 재경부 장관으로 가신 후 대우사태 수습 등 쉽지 않은 일들이 기다리고 있었을 텐데 어떤 원칙으로 핵심 공직자들을 인선(人選)하셨는지요?

강봉균 저는 자기 주관이 없이 시키는 대로만 하는 소극적인 공무원이나 머리를 너무 굴리는 사람을 좋아하지 않습니다. 소신이 뚜렷하고 공직에 충실하고 용기 있는 사람을 좋아해서 그런 원칙으로 주요 간부 인사를 선발했지만 당시 재경부 장관으로 갔을 때는 업무의 연속성을 생각하여 주요보직을 거의 교체하지 않았습니다. 가장 핵심보직인 경제정책국장만 바꿨죠.

대우사태로 '제2 외환위기 온다' 소문 흉흉

강봉균이 재경부 장관으로 간 지 몇 달 지나지 않아 대우사태가 터졌다. 금리가 급등하고 주가는 폭락했다. 제2의 외환위기가 올 것이라는 흉흉한 소문이 나돌면서 금융시장은 다시 불안하게 요동쳤다.

당시 대우는 총자산 규모가 77조 원(계열사 가운데 금융사 제외)으로 자산만으로는 국내 2위였고 국내외에 계열사가 무려 290개나 되는 엄청난 공룡기업이었다. 부채규모는 89조 원 정도로 추정되었다. (주)대우를 중심으로 자동차, 전자, 통신, 조선, 중장비, 건설, 호텔, 증권 등 온갖 사업분야에 진출해 있어 대우의 몰락은 전 산업분야에 심대한 타격을 줄 수밖에 없었다. 이 가운데는 흑자를 내는 우량 계열사들도 있었지만 순환출자와 상호지급보증으로 전 계열사가 복잡하게 얽힌 데다 대우의 수많은 해외법인에 국내기업들이 이중, 삼중으로 복보증을 선 상태여서 별건 처리는 한마디로 불가능했다.

김우중 회장, 돌연 출국 후 귀국 안 해

이런 와중에서 김우중 회장이 1999년 9월 돌연 해외로 나가 버렸다. 갑작스럽게 출국한 그는 계속 해외에 머물면서 한국으로 돌아오지 않았다. 그가 어떤 생각으로, 어떤 배경에서 출국했는지는 오랫동안 미스터리로 남았다.

강봉균 "대우그룹의 부실 계열사 몇 개만 떼어내서 따로 워크아웃을 할 수 없을까?"를 먼저 검토했었는데 이헌재 위원장이 "대우그룹 계열사들이 순환출자와 순환보증 등으로 너무 얽혀 있어서 몇 개만 따로 떼어내 할 수는 없다, 전체를 해야 한다"고 그럽니다. 그러던 중에 김우중 회장이 갑자기 해외로 출국해 버렸습니다. 김 회장이 왜 나갔는지는 나는 아직도 모릅니다.

대우그룹이 한국 경제에서 차지하는 비중이 너무 컸기 때문에 청와대를 비롯한 재경부, 금감위, 기획예산처 등 경제팀은 거시경제와 금융시장에 미칠 충격파를 최소화하기 위해 대책을 마련하느라 밤낮없이 고심했다.

그러나 대우그룹 내부 자금사정을 전부 다 알고 있는 유일한 인물인 김우중 회장이 한국에 돌아오지 않았기 때문에 난마와 같이 얽히고설킨 대우부실의 실체를 파악하는 데 큰 어려움과 난관이 있었다.

대우그룹 채권단은 긴급 운영위원회를 열고 대우에 약 4조 원 규모의 신규자금을 지원해 주기로 하고 급한 불을 껐지만 대우에 대한 급격한 여신회수의 소용돌이 속에서 4조 원은 어림도 없는 액수였다. 협력업체에 대한 물품대금도 결제하지 못하는 상황이 계속되었다.

대우그룹 처리 본격착수

8월 16일 (주)대우와 대우중공업 기계부문, 대우자동차 등 6개 회사를 살리고 나머지 계열사는 매각하는 등의 전반적 처리방침이 확정되었다.

8월 26일 대우그룹은 워크아웃에 넘겨진다. 대우그룹 계열사에 대한 처리는 ① 경쟁력이 전혀 없는 기업은 청산하고 ② 경쟁력이 있는 기업은 통째로 매각하며 ③ 전체 매각이 어려운 기업은 우량기업과 부실기업(good company-bad company)으로 분할하여 처리하는 방식이었다.

'우량기업-부실기업 분할모델'은 우량기업의 부실을 부실기업으로 이전하여 처리하고 우량기업에 대한 금융권 여신은 출자전환 및 신규자금 지원을 해줘서 살리는 모델이었다.[58] 예를 들어 대우중공업의 경우 경쟁력 있는 조선부문은 대우조선으로, 기계부문은 대우종합기계로 만들어 새로 태어났고[59] 대우중공업은 모든 악성부채를 떠안고 청산하는 식이었다.

대우그룹의 몰락으로 인한 천문학적 부실이 금융권에 곧바로 들불처럼 전이되어 금융 시스템 위기로 확산되는 것을 즉각 차단하는 것이 무엇보다 시급했다. 이에 따라 부실채권 전문 처리기관 한국자산관리공사(KAMCO)가 1999년 12월부터 2000년 1월까지 투신사들이 보유하던 대우관련 부실채권을 선매입-후정산으로 7차례에 걸쳐 매입한다. 당시 KAMCO가 인수한 대우 무담보채권은 장부가로 약 18조4천억 원이었다. 또 2000년 9월부터는 투신권 이외에 일반 금융기관들이 보유한 담보채권 5조 원을 추가 매입했다.

해외 금융기관 "손실부담에 동참" 설득

대우 채무재조정에서의 관건은 해외채무 재조정이었다. 해외채권단과의 대우채 채무재조정이 동시에 추진되어야 전체 채무재조정이 가능했던 것이다. 대우의 해외채권단들은 정부가 나서서 해결해 주기를 바랐으나 수십억 달러에 달하는 대우 해외채무를 과거처럼 정부가 나서 해결해 줄 수는 없었다.

정부는 '기업구조조정위원회'를 내세워 해외채권단과 협상을 진행했다. 기업

---

58 대우중공업과 (주)대우 등이 이런 방식으로 처리되었다.
59 대우조선은 2001년 7월 독자생존하여 워크아웃을 졸업했다.

구조조정위원회가 협상창구였지만 대우 해외채권단이 대부분 한국에 지점을 둔 은행들이었으므로 재경부 국제금융국이 막후 지원에 나섰다. 변양호 국제금융 과장이 기업구조조정위원회와 정부의 협의창구가 되어 추진했다.

김용덕 당시 우리 측 법률자문으로 미국 클리어리 법률회사의 마크 워커(Mark Walker) 변호사를 선임했는데, 그는 1995년 멕시코 외환위기 시 멕시코 해외 채무재조정을 성공시킨 월가에서도 이름난 채무재조정 전문 변호사였습니다. 협상이 지지부진할 때는 우리가 외국은행 서울지점장들을 별도로 만나 직접 설득했습니다. 이런 6개월간 우여곡절을 거쳐 대우 해외채무 재조정에 성공했습니다.

대우의 해외채무재조정 협상은 한국이 대기업 구조조정을 추진하는 과정에서 벌어진 최초의 대외채권 할인매입이었습니다. 그런 점에서 여러 가지 의미와 시사점을 가집니다.

첫째, 대우 해외채권의 처리는 국내외 동등대우(equal treatment) 원칙과 국제관례에 따른 손실부담(burden sharing) 원칙을 바탕으로 이루어진 첫 번째 사례라는 점입니다. 즉, 채권자가 내국기관이건 해외기관이건 구별 없이 동등한 원칙에 따라 과거 잘못된 여신행위에 대해 응분의 책임을 물어 채권원금을 일부 탕감시킨 사례라는 점입니다.

둘째, 대우라는 방대한 기업의 채무재조정을 국제관례에 따라 신속히 추진함으로써 당시 국내 금융시장의 가장 큰 불안요인을 제거하였다는 점입니다. 만일 당시 해외채무에 대한 처리가 신속히 이루어지지 못했더라면, 그리고 해외채권기관들이 대우 워크아웃 추진과정에서 거부권 행사 등을 통해 구조조정을 지연시켰더라면 지금의 대우계열사들의 재기(再起)를 보지 못했을 것입니다.

홍은주 대우 해외채권 협상 및 대우 후속처리에 대한 미국이나 IMF의 반응은 어떠했습니까? 대우처리와 관련하여 외교마찰 같은 것은 없었습니까?

강봉균 이들로부터 정부 차원의 특별한 이견이나 공식적 마찰은 없었습니다.

다만 미국의 서머스 재무장관이 "대우그룹 채권단에게 보상할 때 내외국인 투자자 간에 형평성 문제나 불이익이 없도록 해 달라"고 요청하는 전화를 해서 "내외국인 차별은 없을 것"이라고 답변한 적은 있습니다.

대우사태 해결 위해 공적자금 100조 원으로 늘려

대우그룹을 처리하는 과정에서 막대한 공적자금이 추가로 소요되었다. 외환위기 초반인 1998년 5월, 정부는 64조 원 규모의 공적자금을 조성해 금융시스템 정상화를 위해 투입했었는데 당시로는 전혀 예상치 못했던 대우의 몰락 등으로 인한 추가 금융부실 때문에 1999년 들어 공적자금 투입 규모가 눈덩이처럼 커진 것이다.

강봉균 대우사태가 나기 전까지는 공적자금 64조 원이면 금융 구조조정과 기업 구조조정을 다 할 수 있을 것이라고 생각했습니다.

대우그룹이 워크아웃에 들어가자 정부는 대우사태로 인한 경제와 금융권의 충격을 막기 위해 막대한 공적자금을 투입할 수밖에 없었습니다. 대우계열사들이 문을 닫지 않도록 해야 근로자들이 계속 일할 수 있고 무엇보다 금융기관의 동반부실을 막아야 했기 때문입니다.

1차 때 64조 원의 공적자금 조성에도 내가 깊이 관여했는데 나중에 대우사태가 터지면서 "대우 부실규모가 워낙 커서 그것으론 어림도 없다. 공적자금이 100조 원은 넘어야 한다"는 주장이 나왔어요. 그래서 내가 재경부 장관으로 가자마자부터 시작해 1999년 말까지 2차 공적자금을 조성하기 위해 계속 노력했습니다.

당시 공적자금을 수혈받은 대우조선 등 상당수 계열사들은 살아남아 일자리를 유지하고 있습니다만 주채권은행이자 경영권을 인계받은 산업은행이 부단한 구조조정을 소홀히 했기 때문에 오늘날 그 당시 못지않은 생존위기에 직면하고 있습니다. 정부의 구조조정 목표는 특정 재벌기업 회장을 살리는 것이 아니라 회사 자체를 살려 근로자를 보호하는 것입니다.

홍은주　1차와 2차 공적자금 외에도 나중에 현대그룹에 문제가 생기면서 추가로 또 공적자금이 들어가지 않습니까?

강봉균　내가 그만둔 후인 2000년에는 현대가 추가적 부실요인을 만들었습니다. 계속 대기업 추가부실이 생기면서 공적자금은 총 168조 원이 들어갔습니다. 1·2차에 걸쳐 조성된 공적자금 총규모 100조 원 외에 추가 투입된 자금은 기존에 투입되었다 회수된 자금, 즉 출자금 회수와 부실채권 매각대금 등이 재사용된 부분입니다.

이렇게 막대한 공적자금이 현금으로 사용되었다면 인플레이션이 발생했을 것이나 그 자금은 자산관리공사와 예금보험공사가 정부보증하에 공사채를 발행하여 사용했기 때문에 본원통화가 늘어나지 않았고 물가에는 영향을 미치지 않은 채 기업과 금융 구조조정의 윤활유 역할을 무난히 감당했습니다.

한편 자산관리공사는 구조조정된 기업의 부실채권을 50% 가격으로 인수하였는데 나중에 기업이 회생한 경우 부실자산 가격이 올라 이익을 보는 성공사례를 만들기도 했습니다.

재정의 2중 승수효과 낸 공적자금

1997년 11월부터 금융 구조조정 및 사회안전망 구축, 대우그룹 구조조정 등을 위해 투입된 공적자금은 총 168조 7천억 원에 달했다. 1997년 초부터 조성된 순수 공적자금 규모는 104조 원이었고 나머지는 이전에 금융기관 부실채권 매입 등에 투입했다 회수하게 된 공적자금을 재투입하는 방식으로 대응했다.

외환위기 당시 적극적인 적자재정 편성을 통한 대대적 공적자금 투입은 외환위기의 조기수습에 핵심적 역할을 한 것으로 평가된다. 일반적으로 재정지출은 승수효과를 동반하여 경기부양 효과를 낸다. 그런데 당시의 공적자금은 상당액이 금융부문으로 흘러갔기 때문에 금융기관의 생존을 담보했고 금융의 중개기능을 정상화시키는 데 결정적 역할을 했다. 재정이 통화승수까지 높이는 이중지렛대 역할을 한 셈이다.

당시의 공적자금 조성에 비판이 없었던 것은 아니었다. 중소기업을 살리기 위해 정부가 신용보증기금 등에 보증액을 대폭 늘리는 것은 정부의 우발채무를 늘리는 결과가 되었다는 우려도 나왔다. 그러나 이는 후유증이 심하니 폐렴환자에게 강한 항생제를 쓰지 말라는 것이나 다름없는 논리였다. 일단 치료를 끝낸 이후 약품의 부작용을 줄이는 문제는 전혀 다른 차원의 사안이었다.

내년부터는 다시 뛸 수 있을 겁니다

강봉균 재경부 장관의 취임 직후 한 언론과 가진 인터뷰를 보면 당시 경제상황에 대한 그의 인식이 어떠했는지 확연히 드러난다. "갑자기 쓰러져서 중환자실에 들어갔던 환자가 수술을 받은 후 회복실로 옮겨진 상태이며 내년부터는 다시 뛸 수 있을 것"이라는 말이 그렇다. [60]

개혁의 마무리를 잘하면 1년 후에는 완전히 정상화될 수 있을 것이라는 자신감의 표현이었다. "내년부터는 뛸 수 있다"는 표현은 외환위기를 극복할 수 있다는 뜻이다. 외환위기 극복의 구체적인 상태를 그는 어떻게 보고 있었을까?

IMF 관리체제에서 벗어난다는 의미는 단순히 성장률을 회복하거나 차입금을 갚는 데 있는 것이 아니다. 실질적 의미가 중요하다. 튼튼한 경제체질을 바탕으로 선진경제와 경쟁하고 협력할 수 있을 때 진정으로 IMF 영향권에서 벗어났다고 볼 수 있다. 이를 위해 4 + 1 개혁을 일관성 있게 추진하겠다. 하드웨어 개혁에서 소프트웨어 개혁을 관철시키겠다. 개혁이 성공적으로 이뤄진다면 우리 경제는 경제적 자유를 보장하되 자기 분야에서 책임감 있게 열심히 노력하는 모든 이에게 균등하게 기회를 보장하는 경제로 탈바꿈할 수 있다. 또 대내외적으로 차별이 없고 투명한 국제기준이 통용되는 개방경제, 사회적 갈등을 공정한 절차로 해결할 수 있는 경제, 시장경쟁을 통해 보상이 이뤄지고 경쟁에서 낙오된 사람을 보살피며 함께 사는 경제로 변화할 수 있을 것이다. [61]

---

60 〈매일경제〉, 1999. 6. 11.

당시 강봉균 장관은 IMF 위기극복을 위한 구체적 방법으로 세 가지 정책목표를 천명했다. 첫째, 이미 착수한 개혁조치들을 안착시켜 마무리하고, 둘째, 생산적 복지가 뿌리내리도록 하며, 셋째, 일자리를 창출하고 중산층을 복원시킨다는 것이었다.

대우사태가 본격화된 8월 무렵에도 기업 구조개혁의 고삐를 늦추지 않았다. 기업 구조조정을 위한 추가 3대 원칙이 발표된 것이다. 이에 따라 계열사 간 순환출자를 억제하고 출자총액 제한조치는 일정한 유예기간을 기쳐 2001년 4월까지 시행되도록 했다. 또 재벌계열사에 소속된 금융회사가 해당 계열사에 지원할 수 있는 여신한도나 계열사 발행 유가증권 보유한도를 낮췄다. 보험이나 증권 등 금융계열사가 그룹의 내부 금융조달에 악용되지 않도록 조치한 것이다.

일자리 창출과 중산층 복원에 주력

강봉균 당시 실물경제 회복세는 분명해져서 1998년에 −6%까지 급강하했던 GDP 성장률이 1999년에는 두 자릿수로 급속 회복될 전망이어서 재경부 장관은 경기대책에는 큰 신경을 쓰지 않고 개혁조치들이 안착되도록 하는 데 신경을 썼습니다. 그래서 재벌개혁의 큰 덩어리였던 대우그룹 워크아웃의 부작용을 최소화하고 금융기관들의 기능이 정상궤도를 회복하는 데 주력했습니다.

강봉균 장관은 또 재정기능을 통해 기초생활보장제도가 뿌리내리고 일자리를 잃었던 사람들이 재취업할 수 있도록 하며 외환위기 기간 동안 무너진 중산층이 복원되도록 하는 데 경제정책의 중점을 두었다. '중산층 복원'과 '일자리 창출'을 위한 구체적 전략으로 중소기업 지원과 벤처기업 육성을 염두에 두었다.

---

61 〈매일경제〉, 1999. 6. 11.

고실업 추세가 당분간 이어질 수밖에 없다. 그런 만큼 중소 벤처기업 활성화 등 일자리 창출노력을 강화하고 연금제도 개선 등 사회안전망 확충 노력을 지속해야 한다. … 중산층 대책은 인기를 위한 것이 아니라 IMF 위기 1년 반을 지나면서 받은 상처를 치유하기 위한 것이다. 사회적 통합은 성공적 개혁을 위한 필요충분조건이 아닌가. 대통령이 생산적 복지를 새삼 강조한 것이나, 또 세계은행이 사회적 안전망 구축을 강조하는 것도 경쟁논리만으로는 개혁이 성공할 수 없다는 현실 때문이다.

중소 벤처기업 창업과 투자활성화를 통한 생산과 고용촉진에 대한 다양한 세제지원책을 마련하고자 한다. 예컨대 현재는 중소벤처기업 창업 시 2년 동안 취득세 등록세를 75% 감면해 주고 있었는데 앞으로는 100% 면제할 예정이다. 또 벤처기업에 대한 개인 출자금액에 대한 소득공제를 현행 출자금 대비 20%에서 30%로 확대할 계획이다. [62]

야당과의 마찰, 설득과 뚝심으로 풀어

홍은주 재경부 장관은 국회의 협조를 많이 받아야 하는데 혹시 어려운 점은 없었나요? 예를 들어 2차 공적자금 조성할 때 야당이 많이 반대하지 않았는지요?

강봉균 당시 야당인 한나라당과는 별 문제가 없었습니다. 2차 공적자금을 조성할 때 물론 국회를 설득해야 했죠. 그런데 마침 재경위원장이 경남 고성 출신 김동욱 위원장이셨습니다. 이분은 성격 좋은 호인으로 개인적으로 나를 좋게 봐주시고 대국적으로 잘 처리해 주었기 때문에 크게 어려운 일은 없었습니다.

일단 요청을 하고 필요성을 설명하면 상임위원회에서 치열한 토론이 벌어지곤 했죠. 개별적 사안이나 디테일한 사안별로 약간의 반대는 있었으나 당 차원이거나 조직적 시비가 없었고 대국적 차원에서 잘 해결되었습니다. 당시 야당은 외환위기에 대한 책임이 있다는 생각 때문인지 제대로 해나가자는 일에 시비

62 "강봉균 재정경제부 장관에게 듣는다", 〈매일경제〉, 1999. 6. 11.

를 붙이지 않았어요. 여소야대 상황이지만 그렇게 협조를 잘해 줬으니 지금과는 하늘과 땅 차이였던 셈입니다. 재경위에 날카로운 논객인 박종근 선배가 있었으나 내 성격이 워낙 소문나서 그런지 같이 맞장 떠서 토론하는 정도였습니다. 그때 국회를 통과하려면 국민여론 형성과 공감대가 중요하다는 사실을 다시금 깨달았습니다.

한번은 본회의에서 김영선 전 의원이 김종필 총리에게 "경제상황이 어려운데 재경부 장관이 호텔에서 젊은 여자들과 해수욕을 즐기고 있었다고 합니다. 총리님은 이 사실을 알고 있습니까?"라고 질의했습니다. 그러자 김 총리가 "그 문제는 당사자에게 답변을 직접 들으십시오"라고 답변했어요.

사실은 몇 년째 여름휴가도 못 가고 가족들에게 미안해서 가까운 풀장에 아내와 딸을 데리고 가 잠깐 쉰 것이 고작인데, 그런 식의 질문을 받으니 제가 화가 날 수밖에 없었죠. 휴회가 끝나자마자 작심하고 답변하려고 했더니 김 의원이 "다 해명됐으니 답변 안 해도 됩니다"라고 했습니다. 기억나는 에피소드는 그 정도지요. 대(對) 국회 관계에서 특별한 어려움은 없었습니다.

홍은주 여소야대 상황이었는데도 국회와의 관계에 별 어려움이 없었다는 점이 놀랍습니다. 대우사태 이후로는 한국 경제에 큰 문제가 없었습니까?

강봉균 김대중 대통령께서 기대 이상으로 위기수습이 착착 진행되고 4대 부문 구조개혁까지 내실 있게 추진되는 것을 보고 매우 만족해하면서 1998년 하반기부터는 점차 여유를 갖고 위기수습에 임한 우리 경제관료들을 전적으로 믿고 맡기기 시작했습니다.

1999년이 무사히 넘어가고 대우사태가 수습국면에 접어들면서부터는 대통령께서 이제 벌여 놓은 개혁만 잘 수습하면 되겠다는 자신감을 가졌던 것으로 보입니다. 그래서 그 이후부터는 경제문제는 경제관료들에게 다 맡기고, 남북 정상회담에 신경을 쓰기 시작했습니다.

G20 재무장관 회의 창설멤버가 되다

홍은주 재경부 장관 시절에 해외에 자주 나갔고 1999년 9월 워싱턴에서 열린 세계
은행 연차총회에도 참석해 캉드쉬 총재와 서머스 미 재무장관 등을 만났는데 한국
의 외환위기 이후 진행상황에 대한 다른 국가들의 평가와 반응은 어땠습니까?

강봉균 1999년 IMF · IBRD 연차총회에 참석해 '외환위기 극복의 성공사례'를
각국 재무장관과 중앙은행 총재들을 대상으로 연설했습니다. 박수를 많이 받아
감개무량했고 고생했던 만큼 보람도 느꼈습니다. 캉드쉬 총재도 우리 구조개혁
의 강력한 추진력을 높이 평가했습니다. 귀국길에 워싱턴에 들러 서머스 재무장
관을 만났을 때는 주요 간부들을 장관실에 소집해서 우리를 칭찬하는 박수를 보
내주었던 기억이 납니다. 이 무렵에는 해외동포들의 반응도 아주 좋았습니다.

이때의 IMF · 세계은행 총회에서는 한국의 위상을 높이는 중요한 결정이 있었
다. 새로운 국제금융체제 구축을 모색하기 위해 추진된 G20 재무장관 회의에[63]
우리나라가 적극 가입의사를 표명하고 창립회원국이 된 것이다. [64] 그해 말 베를
린에서 1차 창립회의가 개최됐다. 강봉균 장관과 전철환 한국은행 총재가 한국
수석대표로, 김용덕 차관보가 차석대표로 참석했다.

홍은주 세계경제와 국제금융 관련 주요문제를 논의하고 기본의제를 결정하는
세계 20대 주요국가 반열에 한국이 오른 것은 의미 있는 일입니다. 외환위기 극
복 이후 국제적으로 한국의 위상이 그만큼 높아졌다는 뜻일 텐데요.

---

63 G20 재무장관 회의는 아시아 외환위기 이후 G7과 주요 신흥시장국 간의 경제·금융 정책이슈에 대한
   논의를 위한 새로운 협의체의 창설 필요성에 따라 만들어졌다
64 창립회원국은 G7(미국, 일본, 캐나다, 영국, 독일, 프랑스, 이탈리아), 아태(한국, 중국, 인도, 인도네시아,
   호주), 중남미(아르헨티나, 브라질, 멕시코), 유럽(러시아, 터키, EU의장국), 중동(남아공, 사우디) 및 국제기
   구(IMF, 세계은행, 유럽중앙은행) 등이다.

김용덕　그렇죠. G20 재무장관 회의에서 우리나라는 아시아 외환위기를 직접 겪고, 이를 가장 성공적으로 극복한 나라로서 적극 참여했고 많은 기여를 했습니다. 외환위기 극복경험을 담은 '한국 보고서'를 제출하고, 위기 시 민간채권자들의 책임분담 방안, 자본자유화 및 국제환율제도 개혁 등의 문제에서도 한국이 경험을 살려 신흥국 입장을 적극 대변하였습니다. G20 참여와 활동은 국제사회에서 한국의 위상이 한층 향상되는 계기였다고 평가할 수 있습니다.

홍은주　당시 1차 G20 재무장관 회의에서는 어떤 이슈들이 주로 논의됐습니까?

김용덕　초기 G20 재무장관 회의에서는 주로 ① 세계경제 동향 및 활성화 방안 ② 국제금융체제 개편논의(환율제도, 대외채무 관리, 국제기준의 개발 및 이행) ③ 세계화의 도전과 대응방안 ④ 테러지원자금 근절대책 등이 논의되었습니다. 또한 금융위기 예방 및 해결방안을 비롯해 국제적 채무불이행 사태 발생 시 민간채권자들을 참여시키는 방안, 세계화의 부작용을 최소화하고 혜택을 선·후진국 간 및 소득계층 간 공유하는 방안, 각국의 정책과 통계의 투명성을 개선하는 방안 등도 집중 논의됐습니다.

구조개혁과
한국 경제의 지각변동

기업부채비율 200% 근접

지각변동은 그 정의상 한번 발생하면 그 이후로는 영원히 이전으로 되돌아가지 않는 상황을 의미한다. 외환위기는 금융, 경제, 노동 등 대부분의 경제분야에서 큰 지각변동을 불러왔다.

금융기관을 통한 지속적인 재무구조 개선약정 모니터링과 채무상환, 유상증자 등의 조치는 그 과정은 고통스러웠지만 결국 한국기업의 부채 위주의 경영 DNA를 자기자본 강화 위주의 건전 경영체질로 바꾸는 데 결정적 역할을 했다. 기업의 재무구조가 획기적으로 개선된 것이다. 특히 1999년 이후에는 환율 상승에 따른 수출경쟁력 강화와 외화유동성 위기 극복에 따른 국내수요 및 투자 확대, 증시활황에 따른 자본시장 활성화 등 여러 요인이 힘을 더하면서 재무구조뿐만 아니라 수익성, 생산성, 성장성 등 모든 측면이 괄목할 만한 성과를 나타냈다.

한국은행의 기업경영 분석에 따르면 1997년 말 한국 제조기업의 평균 부채비율은 400% 가까웠으나 1999년 말에는 제조기업 평균 부채비율이 215%로 크게 낮아졌다. 정부가 설정한 200%에 근접한 수치다. 경기회복과 수출경쟁력이 높아진 데다 시장의 불안감이 크게 줄어들어 주식시장이 활황을 보임에 따라 기업들의 유상증자가 쉬워졌고, 기업 구조조정 약정을 성실히 이행한 기업의 경우 주채권은행들이 여신 일부를 출자로 전환했으며 자산 재평가 등으로 자기자본비율이 크게 늘어난 것이다.

높아진 기업 수익성

매출과 수익성도 높아졌다. 국내기업들의 무더기 도산과 외환위기 와중에는 제조업 매출액 증가율이 1997년 1%, 1998년 0.7%에 불과했으나 1999년 들면서 8%선을 회복했다. 수익성 측면에서도 큰 개선이 이뤄졌다. 기업들이 빚을 얻어 일단 규모부터 키우고 보는 몸집 불리기 경영보다 기름기를 쏙 뺀 수익성 위주의 경영으로 체질개선을 했기 때문이다.

1997년 외환위기 당시 제조기업들은 영업에서는 흑자를 냈으나(영업이익률 8.25%) 번 돈으로 이자를 내고 환차손을 막는데 급급해 경상이익률은 -0.34%를 기록했다. 그러나 부채비율이 크게 낮아진 1999년 말에는 이자보상배율이 낮아진 데다 환율도 안정세를 나타내 드디어 경상이익률이 소폭이지만 플러스

로 돌아섰다. [65] 3년 만의 일이었고 외환위기 이전 수준보다 개선된 수치였다. [66]

기업들의 투자여력 개선으로 투자와 국내소비가 늘고 수출이 증가하면서 1998년 -6.7%를 기록했던 GDP 역시 1999년에는 대우사태 발생에도 불구하고 10.9%의 높은 성장세를 기록했다. 경기 후행성향을 보이는 고용사정도 1999년 2/4분기를 기점으로 최악의 사태를 벗어나기 시작해 취업자 수가 전년도에 비해 소폭 증가했고 1/4분기에 170만 명을 넘어섰던 실업자도 연말에는 1백만 명 정도로 크게 줄어들었다.

외환시장에 부는 훈풍

1999년 1월은 기분 좋은 출발로 시작됐다. 1999년 1월 19일 유럽계 신용평가기관인 피치 IBCA는 한국 국가신용등급을 투자부적격에서 투자적격(BBB-)으로 상향조정했다. 1997년 12월 23일 B-로 투기등급 벼랑 아래로 굴러떨어진 이후 1년 만의 일이었다. 며칠 후인 25일에는 미국의 신용평가사인 S&P도 BBB-로 투자적격등급 판정을 알려왔다.

마침 1월 28일부터 스위스 다보스에서 열린 다보스 포럼에 모인 전 세계 정치·경제분야 학자들과 전문가들은 한국을 '외환위기 탈출의 성공사례'로 평가했다.

> 세계경제포럼(WEF) 연차총회에 참석 중인 세계적인 경제학자와 국제금융기구 관계자들은 한국과 태국이 아시아 경제위기를 겪은 국가 중에 가장 먼저 위기를 탈출하는 데 성공한 모범사례라고 평가했다. [67]

높아진 해외의 신뢰가 공식적으로 감지되는 시점이었다. 여기에 고무된 산업은행은 1998년 4월 17일 10억 달러 규모의 외화채권 발행을 조심스럽게 시도했

---

65 1.68% 플러스를 기록했다.

66 1998년에는 부채비율이 줄어들어 이자보상배율이 대폭 낮아졌으나 환차손이 더 극심해져 경상이익률은 여전히 -1.84%를 기록했다.

67 "한국 개혁지속 권고", 〈동아일보〉, 1999. 2. 1.

다. 결과는 대성공이었다.

　　JP모건과 체이스맨해튼을 주간사로 해서 이뤄진 이 발행은 5년만기 장기산금채로 미국 국채에 가산금리 2.25%p를 더한 좋은 조건이었다. 당초 예상보다 3배나 많은 청약자들이 몰렸다. 정부기관이 아닌 공기관이 독자적으로 해외에서 달러표시 외화채권 발행에 성공한 것은 외환위기 이후 처음 있는 일이었다. 그만큼 한국물(한국관련 증권)에 대한 국제시장의 평가가 호전되었다는 뜻이다.

> 　산은 관계자들은 한국의 국가신용등급이 투자적격으로 상향되면서 경제회복 가능성에 대한 해외투자자들의 기대가 높아 응찰액이 발행예정액의 3배나 더 들어온 덕에 애초 2.4%로 예상했던 가산금리가 2.25%p로 낮아졌다고 밝혔다. [68]

예상치 못했던 관광수지 흑자

국제금융시장의 분위기가 한국에 대해 호의적으로 바뀐 것은 지속적인 구조조정 노력으로 신뢰를 회복한 데다 고환율이 되자 수출경쟁력이 좋아져 기대보다 훨씬 많은 경상수지 흑자를 냈기 때문이다. 특히 한국이 전혀 예상하지 못했던 관광분야에서 큰 폭의 흑자가 났다.

조규향　내가 당시 관광업무도 맡아 했는데 환율이 확 올라가니까 우리나라 사람들이 해외에 나가지를 않아요. 그 대신 외국사람들이 자꾸 들어와서 IMF 체제가 지나고 1년 후부터 대한민국 역사상 최초로 관광흑자가 난 거예요. 관광으로 돈을 벌 수 있다는 사실을 그때 처음으로 알았어요. 그래서 대통령이 '관광입국'이라는 말을 했고 해외에 우리나라 관광광고도 좀 하라고 해서 홍콩에 본사가 있는 〈스타뉴스〉에 얘기해서 관광광고도 찍었습니다. 청와대 녹지원에서 대통령께서 청사초롱을 들고 저녁에 찍었어요.

---

68 "산업은행 외화채권 발행성공", 〈한겨레〉, 1999. 4. 17.

홍은주 달러 한 푼이 아쉬울 때라 대통령이 청사초롱을 들고 광고까지 찍었군요.

조규향 그렇죠. 그리고 관광객들의 불평불만을 수집해서 개선작업을 했어요. 당시 외국 관광객들의 가장 큰 불만이 김포공항부터 영어를 하는 사람이 없다는 겁니다. 말이 안 통하는데 택시는 바가지 씌우고 길거리에서 경찰에게 길을 물어도 잘 해결이 안 되고요. 또 화장실이 더럽다, 인사동에 가서 한식을 먹는데 주방이 더럽다, 이런 대답을 해요. 그런 것들을 전부 개선했습니다.

영어 표지판 개선작업을 하고 택시에 피커폰을 달아 필요하면 통역해 주는 것들을 그때 다 했어요. 일정 규모 이상의 주방은 개방하여 고객들이 볼 수 있게 하고, 대대적인 화장실 개선작업도 했습니다. 전국에서 제일 깨끗한 화장실 베스트 10을 발표하기 시작한 것이 그 무렵입니다. 그래서 관광수입이 처음으로 2년간 흑자가 났어요.

IMF 자금 195억 달러 조기상환

강봉균 경상수지가 1998년부터 점차 흑자를 보이기 시작해 다음해인 1999년은 대규모 흑자가 납니다. 이 때문에 내가 1999년에 뉴욕 투자설명회를 갔을 때 시장 분위기가 아주 좋았습니다. 경제수석이 국제금융시장 관계자들을 대상으로 한국 경제를 설명하는 자리가 있었는데 시장심리가 좋아져서 박수를 많이 받았습니다. 그때부터 국제금융시장에서는 그동안 한국을 너무 무시했다는 자성과 비판이 나오기도 했습니다. [69]

---

69 IMF는 2003년 한국 외환위기 처방에 대한 평가보고서에서 다음과 같이 밝혔다. ● IMF는 매년 또는 수시로 한국 경제에 대한 상황파악과 정책권고를 해왔는데 1997년 말의 외환위기를 예견하지도 못했고 예방노력을 하지도 못했다. ● 1997년 12월부터 1998년 4월까지 초기단계에서 고금리 처방을 내린 것은 환율방어 효과보다 부작용을 더 많이 초래하였다. 금리를 좀더 빨리 정상수준으로 복귀시켰어야 했다. ● 외환위기의 가장 직접적인 원인이 된 단기외자 도입을 개방하면서 장기외자 도입 자유화를 연기함으로써 일시적 상환압력이 발생할 수 있는 유동성 위기를 사전에 한국에 경고하지 않은 것은 IMF의 과오로 인정한다. ● 금융 구조조정이나 재벌개혁의 강도와 관련해서는 한국의 정책당국이 장기적 안목을 가지고 잘 추진했다.

한국은 늘어난 경상수지 흑자와 외환보유고를 바탕으로 IMF 차입금 195억 달러를 부지런히 상환하기 시작했다. 그리고 2001년 8월 23일에 최종적으로 잔액 1억4천만 달러를 IMF에 상환했다. 1997년 12월 외환위기 발발로 IMF 관리체제에 들어간 지 3년 8개월 만의 일이었고 당초 상환예정이던 2004년보다는 3년을 앞당긴 셈이었다.

한국 경제개혁에 대한 평가

외환위기 이후 한국 정부가 추진한 개혁에 대해 해외 언론들은 IMF나 그린스펀 의장 등 전문가들의 의견을 인용하여 지속적으로 높은 평가를 내렸다.

> 한국은 아시아의 리더로서 말레이시아와 달리 위기의 책임을 회피하지 않았고 외국인 투자 규제폐지, 중소기업 지원, 정치자유화 등 잘못을 바로잡기 위한 과감한 조치를 단행했으며 체제의 급격한 변화가 정치불안을 초래할 수도 있다는 등의 이유를 내세워 개혁을 외면한 적도 없다. (〈통상신문〉, 1998. 11. 25)

> 그린스펀 FRB 의장, 한국은 아시아 국가들 가운데 가장 큰 진전을 보였다. (〈사우스 차이나 모닝 포스트〉, 1999. 5. 7)

> 한국, 아시아 회복의 선두주자로서 다른 아시아 국가들에게 파급효과 미쳤다. (〈타임스〉, 1999. 5. 10)

> 위기 이후 한국은 개혁과 구조조정의 성공사례를 보여주는 교과서가 되고 있다. (〈아시안 월스트리트 저널〉, 1999. 6. 18)

> 한국, 대외신인도 회복과 경제개혁에 중요한 성과를 이뤘다. (〈AFP〉, 〈사우스 차이나 모닝 포스트〉, 1999. 11. 17)

> 한국이 아시아 지역의 경제안정을 리드했다. (〈워싱턴 포스트〉, 〈인터내셔널 헤럴드 트리뷴〉, 1999. 11. 14)

한편 IMF는 2003년의 아시아 외환위기 이후 5년간을 종합하는 평가보고서에서 "외환위기 이후 한국은 유능한 관료들에 의해 현실적이고도 과감한 금융개혁이 이루어졌으며, 1998년 이후 5년 동안 축적된 개혁의 누적성과와 내용은 대단히 인상적이다"라고 평가했다. [70]

선진국 수준으로 정비된 경제관련 법

외환위기 극복과정에서 추진된 개혁의 최대성과 가운데 하나는 선진적 경제제도와 법이 정비되고 신속하게 집행되었다는 점이다.

법은 국가가 보유한 핵심적인 사회적 자본이다. 경제법이 제대로 정비되고 정착될 경우 기업경영과 거래의 장기적 안정성과 효율성을 높여 경제성장을 촉진하는 데 결정적으로 기여한다. 관련법 도입이 경제성장에 기여한 가장 대표적 사례가 사유재산권과 관련된 법이다. 영국의회에서 사유재산권이 법적으로 공식 인정받으면서 산업혁명으로 이어졌다는 것은 잘 알려진 정설이다. 법률이 제대로 정비된 법치국가의 경제성장률은 그렇지 못한 국가보다 30년 동안 6배의 차이를 보인다는 연구결과도 있다. [71]

1997년 외환위기 이후 속도전으로 추진된 금융 구조조정과 기업 구조조정에 필요한 수많은 법이 무더기로 통과되었다. 부실기업의 신속한 정리와 퇴출을 지원할 수 있도록 기존의 도산 3법도 개정된다. 여기에는 기업들의 요구에 의해 만들어진 법들도 적지 않았다. 강도 높은 자구계획 이행을 전제로 공정거래와 국제규범을 해치지 않는 범위 내에서 기업개선 작업 및 구조조정, 지배구조 개선을 효율적으로 지원하기 위한 법이었다.

---

70 정확한 문장은 다음과 같다. "What emerged was a politically realistic, yet bold program of financial sector restructuring under a team of competent administrators. ··· The cumulative progress of reform over the past five years (1998~2003) has been impressive." (International Monetary Fund, 2003, *The IMF and Recent Capital Account Crises*, pp.108~109)

71 Dallar, D. and Krray, 2002, "Growth is Good for the Poor", *Journal of Economic Growth*, 7(3).

외환위기 직후에는 위기수습과 직접 관련 있는 법들이 통과됐고 위기가 어느 정도 가라앉은 이후에는 개혁이나 구조조정과 관련된 법이 주로 통과됐다. 외화 유동성 위기와 경기위축으로 인한 위기가 다소 가라앉은 1998년 9월 이후에 통과된 법만 해도 「증권거래법」과 「증권투자신탁업법」, 「회사정리법」, 「상법」, 「금융기관계법」, 「상속세 및 증여세법」, 「소득세법」 등 수십 개에 이른다.[72]

또한 경제관련 법이 시장경제 위주로 정비되었고 법에 기초하지 않은 채 일선 공무원들의 창구지도나 편의에 따라 집행되던 행정관행들이 상당부분 이 시기에 정비되었다.

기업지배구조 개선 위해 상법과 증권법 정비

당시 강도 높게 추진된 대표적인 법 개정안이 기업지배구조를 개선하기 위한 상법과 증권법 개정안이었다. 기업지배구조는 대주주나 경영진의 사적 이익추구 행위인 '스틸링'을 방지하고 '대리인 문제'를 최소화하여 기업의 경영효율성과 이익을 높이기 위한 각종 법적·제도적 장치의 총합을 의미한다. 따라서 여기에는 기업의 최고경영진과 이사회 간의 관계, 대주주와 소액주주의 관계, 기업과 주주, 사회·국가경제 간의 관계를 정립하는 각종 제도적 장치가 포함된다.

이를 위해 정부는 우선 지배주주로부터 독립적 사외이사를 이사회에 포함하도록 의무화하는 한편 이사회의 법적 권한과 책임을 강화했다. 또 기관투자자가 보유주식을 근거로 적극적으로 해당 기업에 목소리를 높이도록 해서 대주주와 경영진에 대한 통제시스템을 강화했다.

이와 함께 소액주주들이 주주권을 행사하기 위해 필요한 최소한의 법적 지분율을 대폭 낮췄다. 잘못된 기업경영에 대해 책임을 묻기 위한 대표소송에 필요한 지분율을 5%에서 0.01%로 획기적으로 낮춘 것이다. 주주제안권에 필요한 지분도 1%(대규모 상장회사의 경우 0.5%)로 낮아졌다.

---

72 허재성·유혜미, 2002, 《외환위기 이후 금융 및 기업 구조조정에 대한 평가와 향후과제》, 한국은행.

기업의 회계투명성을 확보하기 위한 법과 규정도 대거 신설되었다. 기업의 분식회계 사실을 알고도 눈감아 주는 회계법인에 대해 강한 책임과 벌책이 부여됐고 모든 상장기업은 국제기준에 맞춰 재무제표를 작성하여 반기마다 보고하도록 했다. 재벌기업의 경우 의미 있는 지분을 보유한 전체 계열사 회계를 결합한 연결재무제표를 작성하도록 했고 계열사 간 내부거래는 이사회 승인을 받아야만 가능하도록 했다. 금융계열사의 돈이 재벌그룹으로 흘러들어가지 못하도록 각종 규제가 강화되었고 금산(金産) 분리 원칙이 강조되었다.

또 한 가지 주목할 만한 법적 변화는 도산 3법의 개정안이었다. 문제가 생겨서 기업의 퇴출이 불가피할 경우 빠른 청산이 가능하도록 한 조치였다. 기업을 살릴 것인지 아니면 퇴출시킬 것인지에 대한 판단은 '청산가치와 존속가치의 비교'라는 분명한 기준을 만드는 한편 그 기준에 대한 판단은 법원이 하도록 하여 객관성을 높였다.

규제정비와 경제자유도 효과

기업지배구조의 규율을 엄하게 만든 반면 시장거래의 효율성과 속도를 높일 수 있도록 규제는 대폭 정비되고 완화됐다. 외환위기 극복과정에서 한국 경제가 시장경제체제로 구조를 전환하고 기업의 발목을 잡았던 각종 규제가 정비되었다는 사실은 프레이저 연구소가 세계 각국의 경제활동의 자유를 체계적으로 수치화한 경제자유지수(EFW: Economic Freedom of the World)[73] 추이를 봐도 알 수 있다.

프레이저 연구소가 경제자유도를 매년 측정하는 이유는 경제자유도가 경제발전과 선형의 관계이며 경제적 자유도의 증가는 정부 거버넌스를 포함한 사회적 자본의 개선이나 개혁과 상관관계가 있다는 이론에 근거한다.[74]

---

73 EFW에는 정부규모, 정부예산, 세금, 기업, 법적 구조, 개인소유권의 보호, 금융접근권, 국제무역 자유, 신용 및 노동, 비즈니스 규제 등 42개 조항이 포함되는데 최근 정부와 제도의 역할이 각국의 경제발전에 어떻게 작용하는지 알아보기 위한 비교연구에 많이 활용되고 있다.

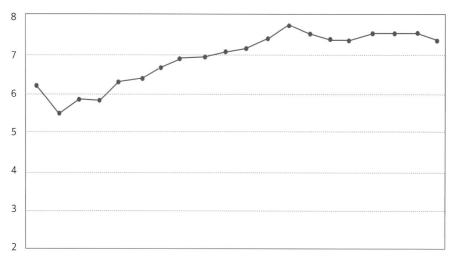

그림 2-1 **한국의 경제자유지수(EFW) 추이**

한국의 EFW는 1970년 초부터 1990년 이전까지는 대체로 5～6점 사이를 기록하다 외환위기 이후 7점대를 넘어서고 2007년 7.52를 기록한 후 현재까지 7점대 중반 정도를 10년 가까이 지속하고 있다(〈그림 2-1〉 참조). [75]

10점 만점인 EFW가 5점대에서 6점대 중반으로 개선되기 시작한 것은 한국이 OECD에 가입하고 세계화가 추진된 시점과 일치하며, 6점대 후반에서 7점대로 넘어서기 시작한 시점은 외환위기 이후 시장경제체제로 전환되고 회계투명성 등 경제제도나 법이 바뀌기 시작한 시점과 일치한다.

---

74 EFW는 그와트니, 로스, 그리고 블록(Gwartney, Lawson, and Block)이 1996년에 처음 개발하여 발표한 것으로 통계 및 객관적 기준을 바탕으로 지수가 산출된다는 점이 장점이다.
75 KDI, 2015, 《국가경쟁력 현황분석 및 시사점》, 304쪽.

현재진행형으로 남은 개혁과제

미완의 재벌개혁

외환위기와 관련된 개혁은 대부분 초기에 이뤄졌다. 생존을 담보하기 위한 개혁이었던 데다 이미 제도적 개념의 틀은 만들어져 있었기에 법과 제도 개선이 속전속결로 이루어졌고 단기간에 급속한 변화를 이뤄낸 것은 큰 성과이다.

반면 시간에 쫓긴 나머지 구체적 전략을 가지고 추진되지 못해 혼선과 시행착오가 있었고 김대중 정부 후기에는 개혁의 동력이 크게 줄어들어 제도가 도입은 되었는데 실질적으로 정착되지 못한 경우도 있었다. 개혁작업은 시작도 중요하지만 지속적 노력으로 정착시키는 것이 더 중요하다는 반증일 것이다.

홍은주 한 나라의 경제가 지속성장을 하기 위해서는 개혁이 영원히 현재진행형이어야 할 것입니다. 기업 구조조정 측면에서 당시 잘되었던 점과 향후 더 개선해야 할 방향을 말씀해 주시기 바랍니다.

강봉균 우선 기업 구조조정의 경우 단기적으로 재벌기업의 부채비율이 낮아져 재무구조가 개선되었기 때문에 국내외 금융시장에서 신뢰가 높아진 것은 큰 성과였습니다. 중장기적으로도 대기업 경영체제를 투명하게 전환시키기 위한 기업지배구조 개선의 기본 틀이 마련되어 미래에 대한 불확실성이 줄어들게 됐습니다.

그러나 기업지배구조 개선은 재벌총수나 총수가족 경영체제를 탈피시키는 효력은 발휘하지 못했습니다. 기업소유구조에 있어 계열기업 간 순환출자의 고리가 아직도 튼튼하게 남아 있기 때문입니다. 또한 투명경영에서도 완전 정착과는 거리가 멉니다. 사외이사제도나 감사위원회제도를 도입했지만 이들에 대한 인사권을 대주주에 맡겨 둔 채로 운영되고 있기 때문입니다.

한국의 재벌기업들은 스스로의 생존을 위해 사내유보금을 높게 쌓아 두었기 때문에 2008년 글로벌 금융위기 때도 큰 충격을 받지 않았습니다. 그러나 기업의 존재가치인 국내 일자리 창출을 중시하지 않는 기업풍토가 만연해 해외투자를 늘리고 국내에서는 자동화 투자에 주력하여 이른바 '고용 없는 성장'의 주범이 되었습니다.

따라서 청년 일자리 창출을 위해 고용흡수력이 큰 계열 중소기업들과의 동반성장 전략을 추구하고 청년들에게 직업훈련 기회를 적극 만들어주는 사회적 투자를 늘려야 할 것입니다.

또 최근 롯데그룹의 친족 간 경영권 분쟁사태를 초래한 상황은 아직도 기업지배구조 개선의 갈 길이 멀다는 사실을 명백하게 보여주고 있습니다. 선진적 기업지배구조의 확립과 경영투명성 확보를 위한 법적·제도적 장치와 규제감독기능이 강화되어야 할 것입니다.

중소기업과 지원위주 정책으로는 '강소기업' 탄생 어려워

경제수석실에서 산업비서관으로 기업 구조조정을 담당했던 오종남 비서관은 대기업 구조조정은 일정한 성과를 거둔 반면, 중소기업은 구조조정이 아니라 지원정책으로 일관하여 독일이나 일본 같은 강소(强小) 기업 탄생을 보지 못했다고 아쉬워한다.

오종남 당시 대기업 구조조정은 어느 정도 성공했다고 평가합니다. 부채비율이 크게 개선되고 경쟁력 있는 분야에 집중하게 되었으며, 인력 구조조정도 이루어졌고 재벌오너들의 기업지배구조나 회계가 과거보다 훨씬 투명해졌잖아요. 대기업들의 기초체력이 크게 보강되어 국제경쟁력도 갖추게 되었습니다.

한국기업이 외환위기 이후 세계적 기업으로 거듭난 것은 분명히 구조조정의 성과로 볼 수 있습니다. 그런데 중소기업의 구조조정은 당시 경제적 시각보다는 사회적 시각으로 접근했기 때문에 제대로 된 구조조정을 하지 못했습니다. 현재도 종업원 300인 미만 중소기업의 고용비중은 85%가 넘습니다. 그때는 비중이 더 높았어요. 외환위기 와중에 대기업 구조조정과 동시에 금융 구조조정까지 추진하다 보니 중소기업 구조조정까지 손댈 여력이 없었고 중소기업을 구조조정할 경우 전 국민들이 느끼는 실업의 공포를 감당할 수 없는 상황이었습니다.

중소기업 문제는 경제적 이슈가 아닌 사회적 약자의 문제로 인식했기 때문에 구조조정보다는 신용보증기금이나 기술신용보증기금을 통한 지원위주 정책이 지속됐습니다. 뼈아픈 구조조정의 경험이 없다 보니 강소기업의 탄생으로 이어지지 못한 채 중소기업 체질이 지금까지도 약한 상태로 남아 있다고 생각됩니다.

홍은주 '강소기업'들이 탄생하지 못한 것은 아쉽지만 외환위기 이후 등장한 새로운 벤처붐 때문에 대기업 못지않은 대형 온라인 기업들이 많이 생겼습니다. 벤처정책에 대해서는 어떤 평가를 할 수 있을까요?

오종남 벤처기업 육성의 경우에 소프트웨어나 온라인 및 통신 인프라, ICT (Information and Communications Technologies) 등의 분야는 상당한 성과가 있었다고 봅니다. 독자적으로 성공하여 이미 제조 대기업의 시가총액을 훨씬 넘어선 기업들도 있을 정도죠. 설령 생존하지 못했다고 해도 그 연구성과가 어디로 사라지거나 공중분해된 것은 아닙니다. 수많은 ICT 기반 기술들이 제조업의 생산현장과 물류과정에 깊숙이 흡수되어 기업들의 경쟁력을 높이고 한국 경제의 생산성을 높이는 밑거름이 되었다고 봅니다.

그러나 제조업 벤처 쪽은 몇몇 성공한 기업 외에는 육성이 잘되지 않았습니다. 또 일부 무늬만 벤처기업들이 주식 공개상장(IPO: Initial Public Offering)에 편승하여 돈잔치를 벌인 점도 일반 국민들에게는 좋은 모습으로 비치지 못해 지속적인 벤처산업 육성에 걸림돌이 되었죠.

한편 당시 벤처기업정책을 통해 기업의 자금조달 철학이 근본적으로 달라진 것은 큰 성과라고 생각합니다. 당시까지만 해도 기업은 무조건 은행에서 정책자금을 대출받아 사업하는 것이라고 생각했거든요. 그런데 벤처기업 육성과정에서 기업 자금조달을 부채성 대출에서 주식시장을 통한 투자개념으로 가져간 것은 큰 정책적 전환의 의미를 지닙니다. 기업들의 자금조달 철학을 180도 바꾼 거죠.

자본성 투자의 경우 만약 벤처기업들이 잘못되더라도 금융부실로 연결되지 않습니다. 또 자신이 소유한 지분만큼 손실부담 원칙이 자동 확정되기 때문에 부실기업 처리에 복잡한 법적 문제가 없습니다. 실제로 미국에서 나중에 닷컴 버블이 크게 터졌을 때도 중대한 금융 및 시스템 위기가 발생하지 않은 이유 역시 부채가 아닌 자기자본으로 충당되었기 때문이었습니다.

사외이사제도 제 기능 못해

미완의 개혁도 있었다. 이사회 기능과 소액주주 권한강화 등 기업지배구조와 관련된 법과 제도는 외형적 성공에도 불구하고 현실적 한계를 보여준다.

홍은주 당시 기업지배구조 개혁과 관련된 법과 제도가 많이 도입되었으나 그 이후의 과정을 보면 완전히 선진적 기업문화로 뿌리내리는 데는 다소 한계가 있었던 것 같습니다.

강봉균 외환위기가 터졌을 때 국제금융시장에서 한국재벌들의 재무구조가 계열기업 간의 상호출자, 순환출자로 얽혀 있고 부채규모도 상호보증으로 얽혀 있어 신뢰할 수 없다는 분위기가 팽배하여 가장 곤혹스러웠습니다. 그래서 정부는 재벌기업군의 연결재무제표 작성 및 공개를 법제화하여 2000년부터 시행토록 조치하였습니다. 이와 아울러 재벌그룹 등은 비서실과 구조조정본부 같은 회장 직속기구를 통하여 주요 의사결정과 인사권을 행사하고 있었기 때문에 주주들이 그룹총수들의 전횡을 견제할 만한 장치가 없었습니다. 그래서 이사회의 권한을 강화하고 의사결정 과정의 투명성을 확보하기 위한 수단으로 소액주주를 대표하는 사외이사제도를 법으로 강제 도입한 것입니다.

그러나 오늘날까지도 재벌그룹의 운영권한은 재벌총수와 그 가족들에게 집중되어 있으며 의사결정 과정의 투명성도 확보되지 못한 것이 현실입니다. 사외이사 추천권이 재벌총수 등 대주주에게 있기 때문입니다.

'빅딜'에 대해서도 평가가 엇갈린다. 당시 LG의 반발을 무릅쓰고 어렵게 합병됐던 현대전자는 1년 만에 자금난에 빠지고 경기침체까지 겹치자 10조 원의 빚을 내고 2001년 채권단에 넘어갔다. 석유화학과 조선 등의 빅딜이 결국 성사되지 못했다. 성사된 것은 현대모비스 · 대우중공업 · 한진중공업 등이 참여한 철도차량 사업 빅딜(1999년 7월 현대로템으로 통합)과 한국항공우주 정도였다. [76]

결과적으로 빅딜은 애는 많이 썼는데 대기업들의 반발과 이해관계 때문에 효과가 제대로 나지 못했다. 정부가 직접 개입해 강제 추진했던 1980년대 중화학공업 통폐합이나 정부가 간접적으로 독려했던 빅딜이나 크게 성공하지는 못했다는 사실은 대기업 구조조정에 있어 정부개입의 한계를 보여준다. 빅딜 자체가 재벌구조 개혁의 실질보다는 한국 정부가 결코 손 놓고 가만히 있는 것이 아님을 국제사회에 보여주는 '대외적 상징성'을 가지고 추진되었기 때문이기도 할 것이다.

금융산업, 글로벌 경쟁력 확보에 한계

홍은주　외환위기 당시 금융개혁의 성과와 향후 추진되어야 할 개혁의 방향은 어떤 것이라고 생각하시는지요?

강봉균　산업화 과정에서 대기업 투자를 뒷받침하는 지원기능을 수행했던 우리의 금융기관들은 IMF 위기 이후 대규모 부실구조를 걷어내는 전기를 마련했습니다. 160조 원이 넘는 공적자금을 투입하여 퇴출되는 금융기관의 예금자들이 구제되고 회생 가능한 금융기관들은 합병과 인력 구조조정, 경영진 교체 등을 통해 BIS 건전성 기준을 충족시키는 등 생존에 성공했습니다. 금융감독기관도 통합되어 방만한 여신행위는 제재를 받게 되었고 관치금융의 폐해도 줄었습니다.

---

76 당시 항공기 제조는 대한항공 · 대우중공업 · 삼성항공 · 현대우주항공으로 나뉘었으나 대한항공을 뺀 나머지가 통합해 한국항공우주산업주식회사(KAI: Korea Aerospace Industries)를 설립했다.

그러나 금융산업은 지난 15년 동안 단순한 생존을 넘어 글로벌 경쟁력을 키우는 데는 실패한 것으로 평가됩니다. 관치금융의 잔재를 털어내지 못하고 금융기관 스스로 경영혁신을 이끌어갈 능력을 배양하지 못했기 때문입니다. 은행들은 아직도 담보대출 관행이나 정부가 뒷받침하는 신용보증서에 의존하는 대출 행태에서 탈피하지 못하고 있습니다.

향후 금융기관의 경영체제가 타율적 준관치(準官治) 체제에서 자율적 경쟁체제로 하루빨리 전환되도록 해야 합니다. 금융지주회사나 금융기관 CEO의 임명절차가 선진화되어 정부의 입김이 차단되어야 하며 CEO의 투명경영을 감시하는 이사회 및 감사위원회 등이 독립적 기능을 수행할 수 있도록 해야 할 것입니다.

금융감독의 기능도 선진화되어야 합니다. 단순한 사고예방 기능뿐만 아니라 미래 건전성 감독기능으로 발전되어야 하며 금융기관들의 창의적 자율성을 침해해서는 안 될 것입니다.

노동개혁, 사회적 합의기능 취약

홍은주 2016년 들어 다시 노동개혁이 뜨거운 사회문제가 되고 있습니다. 어떻게 접근해야 할까요?

강봉균 노동개혁의 경우 당시 퇴출대상 기업의 정리해고를 가능하게 하는 정도의 효과만 있었을 뿐 대기업 정규직 노조의 과보호 장벽을 낮추지 못하였기 때문에 결과적으로 비정규직을 양산하여 노동시장의 이중구조를 심화시켰다는 반성이 있습니다.

현 정부의 노동개혁이 정년연장에 따른 청년 일자리 위축을 막기 위한 임금피크제 도입, 대기업 정규직의 과보호 축소, 주당 근로시간 단축, 정리해고 조건 완화 등을 목표로 하지만 정작 법개정에 협력해야 할 야당은 재벌개혁 필요성만을 주장하여 맞불을 놓고 있습니다.

IMF 위기 때도 노사정 협의체에 참여한 민노총 등은 외환위기의 주범은 대기업 총수와 CEO라면서 이들의 자기희생과 사재출연 등을 주장하였습니다. 그러나 김대중 대통령은 총수들에게 대한 사제출연 강제는 시장원리를 벗어나는 것이어서 개인 소유의 투자자산을 처분하여 기업재무구조를 개선하는 데 투입하라고 권유했던 적이 있습니다.

현 정부의 노사개혁은 대통령의 의지와 여당의 뚝심만으로 해결되기 어려운 과제입니다. 일반 국민들의 공감과 여론형성층의 선도역할이 뒷받침되어야 합니다. 이를 위한 대통령과 정부 책임자들, 여당 지도층들의 국민설득 노력이 효력을 발휘할 수 있도록 해야 합니다.

또한 대기업 정규직 노조를 설득하는 데 대기업 경영진들도 적극 나서야 합니다. 청년 일자리가 대기업 노조의 미래이익에도 부합된다는 공감대가 만들어지도록 대기업 총수들과 경영진들이 무엇을 보여줄 수 있는지 고민이 필요한 때라고 생각합니다.

공공개혁, 환골탈태와는 아직 거리 멀어

홍은주 공공부문 역시 영원한 진행형 개혁이 되어야 할 것입니다. 공공부문 개혁의 향후과제에 대해서도 말씀해 주십시오.

강봉균 공공부문 구조개혁은 공무원 조직(일반직, 교원, 군인 포함)이나 공공부문 종사자들(공기업, 산하출연기관, 협회 등)은 새 정부가 탄생하면 항상 개혁대상으로 지목되면서도 큰 성과를 거두지 못하고 용두사미(龍頭蛇尾)가 되는 것이 지금까지의 역사였습니다. 그 주된 이유는 정권을 쟁취한 세력들이 공조직을 압도할 만한 도덕성과 전문성, 비전이 부족하기 때문이었습니다.

김대중 정부 때는 야당시절 정치적 측근들의 국정참여를 스스로 포기하는 공개선언이 나오고 청와대 비서실부터 정무, 공보를 제외하고는 정치권 인사채용을 엄격히 제한했기 때문에 정권에 대한 나름대로의 신뢰가 있었습니다. 금융·재벌개혁처럼 판이 바뀌는 변화 속에서 관련 고위직들의 비리부정이 없었던 것은 당시의 쇄신 분위기를 반영한 것이었습니다.

그러나 산하 공공조직의 인적 구조조정은 공공노조의 저항 때문에 큰 진전을 보지 못했고 공직의 개방형 인사제도도 일단 제도적 형식은 도입했지만 그 후 내용 측면에서는 크게 달라진 것이 없지 않은가 반성하고 있습니다.

현 정부의 공공부문 개혁은 공기업의 부채감축과 공무원연금제도 개혁이 어느 정도 성과를 거두었으나 공직사회가 크게 달라졌다고 믿는 국민들은 많지 않습니다. 그리고 그보다 더 큰 걱정은 공직사회 내부적으로 혁신을 이끌어갈 의지와 열정을 잃어가고 있다는 점입니다. 청와대가 각 부처 장관들에게 직원들의 인사권을 전적으로 위임하여 조직의 능력을 최대치로 이끌어낼 채찍과 당근을 주어야 합니다.

공공기관 인사도 마찬가지입니다. 각 기관의 수장에 대한 인사는 청와대가 일부 관여하더라도 조직 내부의 인사권을 수장에게 위임하지 않으면 책임과 권한의 분권화가 이뤄지지 않습니다. 공공부문 개혁은 다른 분야 개혁보다 대통령의 능력과 의지를 보여줄 수 있는 분야이기 때문에 개혁의 정당성과 사기진작책을 조화 있게 만들어야 할 것입니다.

공공조직 개혁과 함께 나라살림인 재정건전성 개혁은 한 정권의 국가경영 성과를 측정하는 주요 지표입니다. 그러나 포퓰리즘을 탈피하는 확고한 철학과 신념이 없이는 달성하기 어려운 과제라고 봅니다.

개혁의 조건, 청와대 리더십과 국회협력

홍은주 종합적으로 봤을 때 당시 추진된 4대 부문 개혁의 결과 어떤 성과가 있었다고 자평하시는지요? 그리고 그 성과를 이루게 된 핵심원인은 어디에 있다고 보십니까?

강봉균 당시 IMF 외환위기가 외화유동성 위기였기 때문에 이 위기를 단기간에 수습하기 위하여 외채상환을 연기하고 다시 신규자금이 유입되면 문제는 해결될 수 있다고 단순하게 생각하는 사람도 일부 있었을 것입니다. 그러나 IMF가 요구하는 금융과 대기업 구조조정은 위기재발을 막기 위해서는 불가피했습니다. 차제에 위기발생의 근본적 요인을 제거하기 위한 구조개혁을 추진하지 않으면 한국 경제는 글로벌 경제시대에 생존하기 어렵다고 판단하여 김대중 정부가 4대 부문 구조개혁을 강도 높게 추진했던 것입니다.

외환위기 당시 추진했던 4대 부문 개혁은 30여 년의 성장 일변도 산업화 과정에서 누적될 수밖에 없었던 금융과 재벌의 부실요인을 도려내고 정부 주도 경제 시스템을 새로운 국제환경에 맞게 민간 주도 경제시스템으로 전환하는 데 어느 정도 성공했다고 자부합니다. 그리고 그 성공요인은 청와대와 경제부처의 리더십이 조화롭고 효율적으로 작동했기 때문이라고 생각합니다.

첫째는 대통령이 보여준 리더십입니다. 어려운 시대상황 속에서 개혁의지를 가졌고 개혁을 실천할 전문적 역량을 갖춘 경제팀을 자신이 잘 모르는 사람들인데도 정치적 이해관계나 고려 없이 발탁했습니다. 또 국민들에게 개혁정책의 결정과 진행과정을 잘 설명하고 동의를 얻은 다음 그것을 바탕으로 국회로부터 정치적 협력을 얻어냈습니다.

둘째, 발탁된 경제팀들이 이론 위주나 탁상공론형이 아니라 기획, 재정, 금융 등 각 분야에서 오랫동안 전문성을 인정받은 실무형 관료들이었습니다. 이들은 드림팀이라는 평가를 받을 만큼 팀워크가 좋았고 금융이나 재벌개혁 같은 경제에 지각변동을 일으키는 조치를 추진할 때 정치권의 개입을 차단하면서 몸을 사리지 않고 열심히 일했습니다. 대통령도 이런 점을 높이 평가해서 그들의 판단을 전폭적으로 신뢰하고 밀어 줬습니다.

셋째, 청와대 비서진은 대통령의 개혁의지가 일선 부처로 잘 전달되고 실천될 수 있도록 노력하면서도 장관들의 고유권한을 침해하지 않도록 조심했습니다.

홍은주 혹시 미흡한 점이 있었다면 어떤 점이 부족했다고 보시는지요? 한국 경제의 발전을 위한 향후 구조조정의 과제는 무엇이라고 보십니까?

강봉균 외화유동성의 해결과 달리 4대 부문 구조개혁은 2~3년 안에 완결되고 정착될 수 있는 성격이 결코 아닙니다. 당시 구조개혁은 어디까지나 제도적 도입과 실천의 초기에 불과했고 개혁의 성과는 지속적으로 추진되는 과정에서 얻어지는 것입니다.

외환위기가 발생하고 17년의 세월이 지나면서 대통령도 3번이나 바뀌었고, 경제개혁 정책 추진의 리더십도 끊임없는 도전에 직면하고 있습니다. 글로벌 경쟁의 정보기술혁명 시대에 항상 크고 작은 위기요인이 나타나기 마련입니다만 정치적 난관과 사회적 갈등 때문에 기대한 성과를 얻지 못하고 있습니다. 오늘날 우리 사회는 정치권의 포퓰리즘에 대한 유혹과 여론형성층의 미래비전 부족, 그리고 무엇보다도 공직자들의 개혁에 대한 열정이 식는 것을 심각하게 고민해야 합니다.

공무원,
소신과 정직으로 답하라

강봉균 장관은 외환위기의 와중에서 청와대에 들어가 경제수석을 지내고 이후 재경부 장관을 지낸 시간에 대해 힘들지 않은 일이 하나도 없었고 스트레스가 많았지만 정신없이 몰두하여 사태를 해결하느라 어떻게 시간이 갔는지 모르겠다고 외환위기 당시를 술회했다.

강봉균 김대중 정부 초기에 위기를 극복하기 위해 여러 가지 힘든 일이 많았지만 진짜 일 욕심이 있는 사람에게는 오히려 큰일을 할 수 있는 기회이고 축복이었

374

습니다. 지난 30년간 압축 경제성장과 산업화 과정에서 누적된 구조적 모순을 해결하는 일이었고 반드시 해야 할 일들이었기 때문에 보람이 있었습니다.

저는 새로 탄생한 정권과 정치적으로 큰 인연이 없는 사람으로서 청와대에 들어가서 추진해야 했던 구조개혁이 금융기관의 인적 쇄신과 재벌구조 개혁, 노조의 양보 얻어내는 일 등 힘들지 않은 일이 하나도 없었습니다. 엄청 힘들고 해결될 때까지 노심초사(勞心焦思) 걱정도 많았지만 하나둘씩 해결될 때마다 보람을 느꼈습니다.

청와대 수석 내정자 신분으로 외환위기 해결을 위해 일을 시작한 것이 1998년 2월이었고 2000년 1월에 마감했으니 2년간의 세월 동안 공직생활의 마지막을 보람 있게 보낼 수 있었던 축복을 받았다고 생각합니다.

홍은주   사범학교를 나와서 초등학교 선생님을 하시다가 서울대에 진학하고 공무원이 되셨지요? 어려운 변신을 결정하게 된 계기는 무엇이었습니까?

강봉균   내가 군산사범학교를 졸업하고 교사가 된 것이 1961년입니다. 그해 5 · 16이 발생했지요. 당시 교사들이 재건국민운동을 지도했는데 5 · 16 주체인 박정희 장군이 대구사범학교 출신이라는 소리를 듣고 나도 뭔가 나라 경제를 위해서 일을 해보자는 큰 꿈을 가지고 서울상대에 입학했습니다.

대학 3학년 때 행정고시에 합격해 경제기획원에서 공무원 생활을 시작했는데 처음부터 경제개발 5개년 계획 만드는 업무에 투입되었습니다. 그리고 3차 5개년 계획부터 시작해서 7차 계획까지 거의 경제개발계획에 관여하는 보직에서 일을 했습니다. 사무관 때는 경제기획국 종합기획과 사무관만 7년을 한자리에서 했습니다. 다음에 과장 때는 예산실에 주로 근무했는데 국장 승진을 할 때부터 다시 기획 쪽 일을 맡게 됩니다. 기획국장 4년과 기획차관보 4년 등 총 15년을 한국 경제개발 5개년 계획에 청춘을 바친 셈입니다.

한국 경제개발계획에 바친 평생에 대해 저 개인적으로는 큰 보람이고 영광이라고 생각합니다.

홍은주 이제 막 공무원 생활을 시작하는 젊은 후배 공무원들에게 전하고 싶은 개인적 소회가 있으시다면요.

강봉균 주어진 권한과 책임 내에서 소신 있게 열심히, 그리고 정직하게 일하라는 것입니다. 내가 1급에서 차관, 장관을 지내는 동안 차관급 이상 직위를 일곱 번 지냈습니다. 대통령으로부터 일곱 차례나 직접 임명장을 받았던 것이지요. 그 자리에 임명되어 일곱 차례 임명장을 받기까지 호남 출신이라는 핸디캡이 있었고 적잖은 설움도 느꼈습니다.

그러나 결국 공무원은 일처리 능력과 성과를 보여줘야 합니다. 공무원으로서 책임과 권한을 인식하고 이를 행사할 만한 배짱과 의무감이 있어야 합니다. 그러면 대통령이든 장관이든 대개 일의 결과를 놓고 사람을 평가하게 됩니다. 저 사람이 고집은 세지만 맡은 일을 열심히 해결하는구나 하는 평가를 받게 되는 거죠.

다만 그 과정에서 자기관리를 잘하고 깨끗해야 합니다. 투명하고 반듯하게 행동해야 온갖 질시와 비판을 장기간 견딜 수 있습니다. 그래서 후배 공무원들에게 이렇게 이야기하고 싶습니다.

"소신과 배짱을 가지고, 깨끗하고 정직하게 일하면, 반드시 길이 열린다."

금융의
큰길을 열다

3

이헌재(李憲宰)는 1944년 중국 상하이에서 태어나 경기고와 서울대 법학과를 졸업하였고, 미국 보스턴대에서 경제학 석사학위를 취득하고, 미국 하버드대 대학원 최고경영자과정을 이수하였다. 1968년 제6회 행정고시에 합격한 후 재무부에서 금융정책과장과 재정금융심의관을 지냈고, 1984년 대우반도체 대표이사 전무, 1985년 한국신용평가 대표이사 사장을 역임했다. 1997년 김대중 정부의 비상경제대책위원회 실무기획단장으로 공직에 복귀한 후 1998년 금융감독위원회 위원장, 2000년에는 재정경제부 장관을 역임하고, 2004년 부총리 겸 재정경제부 장관을 지냈다.

이헌재

전 경제부총리

한국 경제의 위기 불감증

숨겨진 미세출혈의 시작

처음에는 미세출혈이었다. 여기저기서 조금씩 새기 시작했는데 정맥이나 동맥이 아니라 모세혈관에서 처음 시작되었기 때문에 한국 경제의 미세출혈이 멈춰지기는커녕 갈수록 범위가 커지고 있다는 사실을 눈치챈 사람은 1990년대 후반에 많지 않았다. 그 대표적 징후는 기업들의 지속적인 수익성 악화였다. 10대 그룹을 제외한 자산규모 11~30위 그룹의 경우 1993년부터 1995년까지 3년 연속 적자를 기록했다. 1996년부터는 교역조건이 악화되면서 수출 채산성도 급격히 나빠졌다.

기업수익성의 지속적 악화에도 불구하고 외형적으로 나타난 거시 및 미시통계는 별로 나쁘지 않았다는 점이 미세출혈 문제를 더욱 키웠다. 1994년부터 1996년까지 GDP 성장률은 평균 8%를 기록했고, 1990년대 초반 9%를 웃돌던 소비자물가상승률은 수입개방 덕분에 5%선으로 낮아졌다. 어음부도율도 1996년 말까지 거의 변화가 없었다. 기업들이 더 많은 부채를 얻어 유동성 위기가 일시적으로 수면 아래로 숨겨졌기 때문이다.

기업들의 분식회계를 견제해야 할 은행들은 위기 불감증이었다. 1996년 제조업 전체의 평균 부채비율이 1년 전의 286.8%에서 317.1%로 높아졌으나, 금융기관들은 오히려 여신확장의 호기라고 봤다. 빚을 얻어 일단 몸집부터 키우는 성장 일변도의 쏠림현상이 수십 년 동안 지속되었기에 국가나 금융기관이나 갈수록 높아진 기업 부채비율에 둔감했던 것이다. 더구나 큰 기업은 정부가 어떻게든 구해 줄 것이라고 생각하는 이른바 '대마불사'의 잘못된 믿음이 시장에 팽배했다.

단기차입 자유화의 방향 착오

경제 말단부의 출혈이 겉으로 드러나지 않은 또 다른 이유는 금융의 건전성 감독 부재상태에서 추진된 국제시장 개방화 때문이었다. 1990년 이래 자본시장, 특히 단기금융시장이 단계적으로 자유화되면서 은행과 종금사 등 금융기관들은 해외에서 단기외채를 빌려와서 대기업들에게 장기로 빌려주는 예대(預貸) 마진 장사를 했다. 해외에서 쏟아져 들어온 풍부한 유동성 때문에 기업수익성 악화와 부채규모 증가는 잘 드러나지 않았다.

시장에서 미세출혈이 시작되었다고 해도 자동체크 시스템이 제대로 작동했다면 큰 문제가 없었을 것이다. 그런데 1990년대 중반의 한국 경제는 기업의 문제점을 발견하고 자동 교정하는 자본시장의 제도나 부실기업 구조조정이 자연스럽게 이뤄지도록 하는 시스템 자체가 부재한 상태였다. 도산 3법 등 법제도도 미비했고 거의 작동하지 않았다.

기업과 금융의 현장에서는 전체를 파악할 수 없었고 전체를 볼 수 있는 위치에 있던 사람은 시장에서의 이상징후를 알아차리지 못했다. 뒤늦게 이를 알아차린 사람들도 대부분 모세혈관 출혈 정도야 큰 문제없이 수습할 수 있을 것으로 생각했을 것이다.

심상치 않은 파열음

그 와중에 1996년 12월 26일 노동관계법 개정안이 통과되자 극심한 파업이 발생했다. '정리해고제'와 '파견근로자' 조항이 말썽이 된 것이다. 이 파업은 1997년 초 국회에서 정리해고 조항의 2년 유예가 확정될 때까지 파상적으로 계속된다. 파업으로 인한 생산 차질이 컸을 뿐만 아니라 대외적으로 한국 노동계의 강성 이미지가 각인되었다.

이곳저곳에서 발생한 미세출혈이 심상찮다는 사실이 확인된 최초의 큰 사건은

1997년 1월 들어 발생한 한보그룹 부도였다. 국내 재계 서열 14위, 22개나 되는 계열사를 거느린 한보철강이 무리한 과잉투자와 천문학적 부실, 악화된 수익성 때문에 부도처리된 것이다. 부도 당시 한보의 부채비율은 1600%나 됐다.

한보사태는 '아시아의 떠오르는 4마리 용' 중의 하나였던 한국의 경제성장세를 믿고 쉽게 돈을 빌려주던 해외 금융기관들이 한국 금융기관과 기업들에 대해 의구심을 가지게 된 최초의 사건이었다.

우선 한국의 금융기관이 얼마나 취약한지 드러났다. 금융기관으로서 가져야 할 최소한의 내부규준이나 위험관리 시스템도 없었던 데다 별다른 사업성 평가도 없이 정·관계 로비에 따라 거액의 돈을 빌려주는 관행에 젖어 있었다. 게다가 대기업 회계가 얼마나 부실한지, 계열사끼리의 상호지급 보증상태가 얼마나 복잡한지도 속속 밝혀졌다.

한보는 60억 달러에 이르는 외화대출도 받은 상태였다. 그동안 한국 경제에 대해 호의적이었던 국제금융시장은 의혹의 시선을 보내게 된다.

홍은주 외환위기 발생 직전까지 오랫동안 민간에 계셨지요? 현장에서 자세히 시장을 관찰할 기회가 있었을 텐데 기업부실의 심각성이나 시장의 이상기류를 눈치채셨는지요?

이헌재 1996년 12월 무렵에 윤진식 청와대 비서관을 만나 한보 등 부실 대기업들의 문제를 가볍게 보면 안 된다고 경고한 적이 있습니다. 내가 1985년부터 1991년까지 한국신용평가 사장을 지내면서 우리나라 기업들의 재무구조에 대한 데이터베이스를 6년간 구축하는 작업을 했기 때문에 상장기업이나 회사채를 발행하는 기업들의 재무구조를 시계열적으로 들여다볼 기회가 있었습니다. 또 1996년까지 증권관리위원회 상임위원으로 있으면서 감리위원장을 지냈는데 이 자리 역시 기업회계를 자세히 들여다보는 자리입니다. 그래서 기업들의 재무내용과 현금흐름을 구체적이고 상세하게 파악하게 되었습니다. 그런데 대기업들 수익성이 자꾸 악화돼요. 부채비율이 높아지고요.

홍은주 한양사이버대 교수(오른쪽)가 이헌재 전 경제부총리와 인터뷰를 진행하였다.

또 1996년 들어서는 어느 법무법인에 비상근으로 기업자문을 해주었는데 대기업 부실화 문제가 줄줄이 생기는 것입니다. 큰 기업들이 자꾸 도산위기에 몰리니 법무법인에서 이것을 처리하게 된 것이지요. 이른바 '도산 3법' 가운데 기업주들이 대주주 경영권이 박탈되는 법정관리[1]는 기피하고 법원의 개입이 덜한 상태에서 회사를 살릴 수 있는 화의(和議)[2]를 원하는데, 당시까지만 해도 화의는 주로 중소기업이 대상이어서 대기업에 적용된 사례가 없었습니다. 그런데 현실적으로는 대기업에서 자체적으로 감당할 수 없는 문제가 생겨 그런 법률수요가 자꾸 발생한 것입니다.

당시 기업금융의 최고 전문가인 정진영 변호사가 화의제도를 연구해서 법원에 화의를 신청했고 이것을 법원이 받아들여서 대기업 사례로는 최초로 진로 계열사에 대해 화의를 허용했지요. 진로가 처음에는 부도유예협약[3]에 들어갔지만

---

1 정확한 법적 용어는 '회사정리 절차'이다.
2 부실기업이 도산사건에 직면했을 때 기업경영을 책임진 대주주가 마련한 채무변제 방법에 대해 다수의 채권자가 이를 받아들이는 경우 화의의 가결이 성립된다. 회사 입장에서는 법원의 감독을 덜 받고 쉽게 회사 구조조정에 착수할 수 있지만 대주주의 악용사례가 많아 법원이 잘 받아들이지 않았다.

도저히 오래 못 버틸 것 같으니까 화의에 대한 법률검토를 의뢰해 왔어요. 법정관리가 되면 최종 결정이 날 때까지 상사채권 등 전체가 정지되잖아요? 그럼 영업도 사실상 중지상태가 되고 그 사이에 회사가 망해 버리기 때문에 진로를 살리기 위해서 법원에 법정관리 대신 화의를 신청한 사건입니다. [4]

아무튼 이런 화의를 검토해 달라는 법률의뢰가 대기업으로부터 자꾸 들어오곤 했어요. 그것을 보고 "아 이거, 대기업들 재무상태가 심상치 않다" 싶었지요. 그래서 한보철강 등의 대기업 처리문제에 크게 신경을 써야 한다고 건의한 것입니다.

금융개혁위원회 출범

홍은주 정부는 1997년 1월 금융개혁위원회를 꾸린 후 한국의 금융부문을 개혁하겠다고 나섰습니다. 당시 금융개혁위원을 지내셨는데 어떤 생각을 하셨는지요?

이헌재 1997년 1월초에 윤진식 비서관이 연락해서 만났더니, 대통령이 금융개혁을 한다고 소수정예로 할 테니 금융개혁위원을 맡아 달라고 합니다. 수락을 했는데 한 달이 다 지나도록 구성이 잘 안돼요. 나중에 보니 소수정예가 아니라 자꾸 숫자가 늘어납니다. 업계 대표, 신용협동조합 대표, 중소기업 대표, 대기업 대표, 여러 이익단체, 학계 등 숫자가 늘어나서 1월말이 되니 무려 31명의 위원회가 된 것입니다. 아무 대표성도 없는 사람은 나밖에 없었어요. 박성용 금호그룹 회장이 위원장이고 학계에서는 박영철 금융연구소장, 김병주 서강대 교수 등이 참여하고요. 여기에 실무 연구위원들이 또 한 30여 명 돼요. 이덕훈 당시 KDI 선

---

3 기업부도를 일시 유예하고 경영정상화 기회를 주는 제도로 1997년 4월 21일 발표되었다.
4 진로그룹은 1998년 3월 핵심 계열사인 (주)진로와 (주)진로종합식품 등 6개 계열사가 분리 매각을 통해 정리된다. 맥주사업 부문은 OB 맥주에 매각되고, 주력부문인 소주사업 부문은 2005년 4월 하이트그룹에 인수된다.

임연구위원(후일 우리은행 행장·수출입은행장), 최범수(후일 신한금융지주 부사장·코리아크레딧뷰), 함준호(후일 연세대 교수·금융통화위원회 위원), 최홍식(후일 금융연구원장·하나금융지주 사장) 등 전문 연구위원들이 또 30명 정도였지요.[5]

홍은주 각계각층에서 너무 많은 사람들이 위원으로 모이면 이해관계가 달라서 제대로 된 합의가 나오기 어렵지 않습니까?

이헌재 "내가 여기 잘못 들어왔구나" 싶었지만 마침 이석채 경제수석이 꼭 부탁한다고 하니 거절할 상황도 아니었습니다. 제가 보기에 당장 급한 문제가 대기업 연쇄부도 때문에 금융기관들의 행태가 급격히 보수화돼서 여신을 회수하고 시장이 제대로 작동이 안 되는 것이었습니다. 그런데 정작 위원회에서는 신용협동조합의 지급결제수단을 늘려 줄 거냐 말 거냐, 농협금융을 어떻게 할 거냐 같은 한가한 논의만 하는 거예요.

그래서 최범수 연구위원에게 "우리나라 대기업들 부실채권 규모가 어느 정도나 되는지나 한번 알아보라"고 조사를 시켰습니다. 요주의, 고정, 회수의문, 추정손실 등으로 나눠서 조사해 봤는데 6개월 이상이나 이자를 못 받은 무수익여신 규모가 15%가 넘는다는 것입니다. 1996년 하반기보다 2배 이상 늘었어요.[6] 요즘 은행의 3개월 이상 연체 고정이하 여신은 2%가 채 안됩니다. 그런데 6개월 이상 이자도 못 받은 부실여신이 15%면 얼마나 부실규모가 큰지 한번 상상해 보세요. 이자는 간신히 내는데 원금을 갚을 수 없는 잠재부실까지 합치면 30%가 넘을 것이라고 추정한 위원도 있었습니다.

그런데 그 자료가 어쩌다 언론에 흘러나가 기사로 대서특필되었어요. 사실

---

5 금융개혁위원회의 구성은 위원장 박성용 금호그룹 회장, 부위원장 김병주 교수, 간사 이덕훈 KDI 박사 등이었으며 금융계와 학계, 언론계 중진들이 각 분과별 위원으로 참석했다. 전문위원으로 30대의 젊은 박사들이 참여했다. 금융개혁위원회의 과제는 1차·2차·3차 개혁과제로 추진되었다. 1차 과제는 법령개정 없이도 개선이 가능한 단기과제, 2차는 중앙은행 독립이나 금융감독 기능 개편 등 법령개정이 필요한 중기과제, 3차 과제는 금융시스템과 산업을 장기적 관점에서 발전시킬 수 있는 장기과제였다.

6 6개월 이상 이자를 받지 못한 은행의 무수익여신은 1997년 9월의 6.8%에서 크게 증가한 수치이다.

다 공개된 자료들이고 부실채권을 취합한 것뿐인데 그게 언론에 보도되니 이것을 회수해서 없애라 어째라 하는 소동이 있있습니다. 급격하게 늘고 있는 금융권 부실을 근원적으로 처리할 생각은 하지 않고 원론적 논의를 하는 데에 아까운 시간이 많이 흘렀어요.

한국에 몰려든 NPL 장사꾼들

한보그룹 부도사태는 이후 대기업들의 연쇄부도로 이어졌다. 시장에 오랫동안 만연해 있던 '대마불사' 신화가 깨지면서 금융기관들이 부채가 많은 기업들에 대해 갑자기 경각심을 가지고 여신을 무더기 회수하게 된 것이다. 손쓸 틈도 없이 3월에 삼미특수강, 4월에 진로 사태가 터졌다. 5월에는 대농그룹, 6월에는 한신공영의 부도사태가 발생했다.

홍은주 대기업들의 연쇄부도 사건이 이어졌는데 이것 외에 시장이 심각하게 돌아간다는 것을 감지할 만한 다른 징후는 없었습니까?

이헌재 미국 월가의 사람들이 자꾸 한국을 방문해서 한국기업들의 사정을 알고 싶어 합니다. 그런데 내가 한국을 찾아오는 국제금융 사람들을 만나 보니 다들 명함에 찍혀 있는 직업들이 좀 이상해요. 벌처펀드(vulture fund) 관계자나 부실채권(NPL: Non-Performing Loan) 전문가들, 기업 구조조정 전문가 등이었지요. 그런데 당시는 우리가 씨티은행이나 골드만삭스 같은 대규모 은행, 투자기관이나 알았지 국제금융의 변방에 대기업 도산에 따른 어마어마한 부실채권 시장이 있는지는 잘 몰랐을 때입니다. 죽은 동물을 먹는 맹금류(vulture)들이 '시체냄새'를 맡고 몰려드는 것과 비슷하다고나 할까. 각 나라의 경제위기 때마다 귀신같이 냄새를 맡고 찾아오는 벌처펀드나 부실채권 장사꾼들, 기업 구조조정 전문가들이 우리나라를 찾아오기 시작한 거예요.

홍은주 그게 언제쯤이었습니까?

이헌재 그 사람들이 막 몰려들기 시작한 때가 5월말에서 6월 정도였는데 그러니까 이미 글로벌 시장에서는 한국 경제와 기업들에 대해 무슨 낌새를 알아차렸다고 봐야겠지요.

월가에 확산된 한국불신 분위기

한편 해외 금융시장에서도 심상찮은 이야기가 들려오기 시작했다. 한국의 기업이나 금융기관들이 작성한 재무제표를 믿지 못하겠다는 이야기였다. 한국기업들의 재무제표에 대한 불신을 표면화시킨 사람들은 한국기업에 투자한 미국 뉴욕 월가의 한국기업 지원 전담기구인 코리아 데스크(Korea desk)들이었다. 이들은 한국기업들이 도산하는 과정에서 적나라하게 드러난 대규모 분식회계와 상호지급보증으로 인한 우발채무(contingency liability) 등을 문제 삼았다.

이헌재 당시에 태일정밀이라는 한국회사가 있었는데 굉장히 내실이 좋은 회사로 알려져 있어서 뉴욕 여러 금융기관의 코리아 데스크들이 이 회사에 많이 투자했다고 해요. 그런데 이 회사가 5월쯤부터 문제가 생긴 것입니다.[7] 이 회사에 투자한 뉴욕의 코리아 데스크들이 내용을 들여다보고는 깜짝 놀랐다고 해요. 상호보증이 잔뜩 얽혀 있어서 대규모 우발채무가 존재하고 있었는데 자기네들이 본 재무제표에는 그런 우발채무가 전혀 명시되어 있지 않았다는 것이지요.

그때부터 별안간 월가 코리아 데스크들의 분위기 싸늘하게 악화됩니다. 자신들이 투자자들에게 법적 책임을 져야 할 문제가 생기니까 "한국 투자실패는 우리 책임이 아니라 한국기업들이 재무제표를 속인 탓"이라고 주장하기 시작한 거죠.

---

7 태일정밀의 공식 부도처리는 1997년 11월이다.

월가 주변에서 한국에 대한 불신 분위기가 꿈틀거리기 시작하고 코리아 데스크들이 투자회수를 시작합니다. 한국기업들의 경영투명성 문제나 재무제표에 대한 불신이 국제금융시장에 확산되기 시작했습니다.

1997년 아시아 외환위기 때 태국이나 말레이시아의 경우는 월가 투자은행들이 총수익 스왑(TRS: Total Return Swap) 같은 통화·금리 종합파생상품 투기를 했기 때문에 해당 국가나 기업들에 대해 꼬투리를 잡기 어려웠으나 우리나라에는 기업과 금융기관에 직접투자를 했기에 재무제표의 투명성을 문제 삼은 것입니다. 1997년 외환위기에 대해 유동성 위기다, 거시적 위기다, 감독정책의 부재로 인한 위기다, 여러 가지 시각이 있지만 나는 한국의 외환위기는 보다 근본적인 신뢰의 위기였다고 봅니다. 거시적 문제라기보다는 기업들의 상호보증, 재무제표에 대한 불신, 금융기관의 위기관리 취약성 등 미시적 신뢰의 위기라고 봅니다.[8] 나중에 우리가 IMF에 갔을 때 그들이 한국을 못 믿겠다고 일별, 주간별, 격주간별, 월별, 분기별 보고서를 내라고 독촉하는데 이게 신뢰의 위기라는 방증이죠.

홍은주 IMF 외환위기의 원인에 대해서는 방금 말씀하신 내용 외에 "IMF를 앞에 내세워 미국이 다 배후 조종했다"는 미국 음모론을 언급하는 사람도 있었습니다. 왜 그런 이야기가 나왔을까요?

이헌재 그런 이야기가 나온 배경은 이렇습니다. 마침 우리가 수출이 잘되기 시작하면서 너무 자신만만했던 것도 문제였어요. 미국을 자극해 미국이 슈퍼 301조를 동원해 반(反)덤핑 압력과 논의가 시작되던 무렵입니다. 워싱턴에는 대(對)한국 분위기가 상당히 적대적으로 변하고 있었고 뉴욕 월가의 코리아 데스크는 한국기업들을 불신해 돈을 빼고 있었습니다.

자본시장은 이미 대외적으로 크게 개방되어 대외의 움직임에 취약하게 노출

---

8 IMF는 2003년 발표한 평가보고서에서 "한국의 자본수지 개방에 따른 문제점 및 은행권의 취약성을 자신들이 눈치채지 못해 외환위기에 선제적으로 대응하지 못했다"고 밝혔다.

되어 있었고 금융과 기업에 온갖 문제점이 축적되어 위기가 커지고 있었는데도 우리는 그런 외부상황을 잘 모른 채 거시지표의 안정, 수출증가, 저물가라는 착시현상에 빠져 있었습니다.

홍은주 국제금융시장에서 감지되는 분위기를 정부 측이나 금융개혁위원회에 전달하셨는지요?

이헌재 걱정이 돼서 이윤재 당시 금융정책심의관을 만나서 "이것이 간단치 않은 일 같다"고 걱정의 뜻을 전달했지요. 강경식 부총리도 만났는데 일이 잘 풀리지 않아서 곤혹스럽다는 반응이었습니다. 한국 정부나 IMF는 계속 "한국 경제의 거시적 펀더멘털이 좋다"고 강조하는데[9] 시장은 계속 나빠지고 있고 느닷없이 중앙은행의 기능재편 문제로 한국은행과 큰 마찰이 생겨서 강 부총리가 아무런 경황이 없었어요. 강 부총리와 이야기해 보자고 만났는데 30분도 채 못돼서 일어나야 하는 상황이었습니다. 당시에 강 부총리가 국내는 물론이지만 해외 금융시장에도 이중적 부담을 가졌음을 느꼈습니다. 금융개혁위원회에서도 내가 이런 이야기를 전달하고 이 상황을 방치하면 안 된다고 말했지만 금융개혁위원회는 이미 전체적 분위기가 다른 쪽으로 가 있었습니다.

위기현실을 반영 못한 금융개혁위원회의 1차 보고서

1997년 4월 14일, 금융개혁위원회의 1차 보고서가 발표되었다.
주요내용은 • 은행의 지배구조 개선 • 금융기관의 업무영역 확대 및 상호진출 • 여신한도 관리제 폐지 및 동일계열 여신한도제 도입 • 해외금융규제 완화 • 벤처금융 활성화 • 저축증대를 위한 금융소득종합과세 기준금액 상향조정

---

[9] 이는 한국의 일방적 주장은 아니었다. IMF 역시 금융위기를 측정하는 지표로 주로 거시지표만을 이용하였고 2003년 아시아 외환위기 평가보고서에서 이 점을 반성하고 있다 (International Monetary Fund, 2003, *The IMF and Recent Capital Account Crises*, p.2).

•기업연금제 도입 등으로 다양한 개혁 내용을 담았다.

그러나 다급하게 문제가 되고 있는 기업부실에 대해서는 •금융기관의 6개월 이상 연체여신 공시 의무화 •성업공사의 부실채권 인수 및 정리 기능 추가 •채권 추심 전문회사 설립 등의 내용을 담는 데 그쳤다.

이헌재 금융개혁위원회의 1차 종합보고서가 나와서 내용을 들여다보니까 전체적으로 한가한 보고서예요. 원론적으로야 다 중요하고 맞는 내용이지만 성업공사의 기능강화 등 일부 내용을 제외하고는 그때 한창 다급하게 돌아가는 기업·금융의 도미노 위기상황과는 좀 동떨어진 내용이었습니다.

금융개혁위원회 2차 보고서와 한국은행의 반발

그런데 1차 보고서를 내고 난 직후 추진된 2단계 금융개혁안에서 큰 사단이 벌어졌다. 6월 4일 발표된 금융개혁위원회의 2차 보고서에 포함된 '영국의 통합 금융 감독 모델을 우리나라에 도입하고 중앙은행의 기능을 물가안정목표제(inflation targeting)로 단일화한다'는 내용이 문제가 됐다. 이 보고서에 따르면 한국은행의 기능은 물가관리로 단일화되며 금융기관의 건전성 경영지도 및 규제업무만을 수행할 뿐 은행에 대한 전반적 검사권은 신설되는 통합 금융감독원에 내주어야 했다. 금융통화위원회 의장이 한국은행 총재를 겸임한다는 내용도 문제가 됐다. [10]

당장 한국은행이 반발했다. 재경원이 보고서를 기초로 13개 금융개혁법안을 만들어 6월 임시국회 상정을 시도하자 한국은행 노조는 연일 국회 및 국민을 상

---

10 중앙은행의 목적을 물가안정을 위한 통화신용 정책의 수립 및 집행으로 단일화하고 금융통화운영위원회를 금융통화위원회로 환원하여 한국은행의 최고 의사결정기구로 한다. 금융통화위원회 의장은 한국은행 총재를 겸임하도록 하되 총리의 제청으로 대통령이 임명하며 임기는 5년으로 대통령 임기와 교차되도록 하여 그 독립성을 보장한다. ⋯ 금융감독에 대한 최고 의결기관으로 금융감독위원회(가칭)를 설치한다. 동 위원회는 금융기관 및 금융시장을 대상으로 전반적인 금융규제, 감독에 대하여 심의, 의결한다. 산하에 은행, 증권, 보험 감독원을 통합한 감독기관(금융감독원) 및 통합예금보험기구를 설치하며 별도로 증권, 선물거래위원회를 설치한다.

대로 「한국은행법」 개정안 및 금융감독기구 통합을 위한 법률안 등에 대해 대대적 반대시위를 계속했다.

　외환시장 불안을 진정시키기 위해 가장 힘을 합쳐 대응해야 할 두 개의 핵심 기관인 재경원과 한국은행은 이후 몇 달간 극심한 갈등국면에 접어든다. 태국 발 외환위기가 확산되면서 아시아 전체 금융시장이 파국으로 향하는 '설국열차'(雪國列車)를 탄 것 같은 상황에서의 국내 갈등이었다. 국회에 상정된 법률을 사이에 두고 두 기관이 여론전을 벌이는 사이에 사태는 돌이킬 수 없는 상황으로 치닫고 있었다.

금융개혁법안 사실상 무산

재경원이 상정했던 금융개혁 관련 13개 법안들은 결국 11월 19일 정기국회가 폐회되었을 때 겨우 4개만 통과되는 데 그쳤다.[11] 각종 금융개혁법안들이 법안통과에 사실상 실패한 것이다.

이헌재　당시까지 중앙은행인 한국은행은 경제성장과 물가안정이라는 거시적 양대 목표(two track target) 운용을 주 기능으로 해왔고 은행감독원을 산하에 두고 감독기능도 수행하고 있었습니다. 그런데 당시 영국과 호주, 뉴질랜드, 캐나다 등 영연방 계열 국가들은 중앙은행 제도를 바꾸고 중앙은행의 기능을 물가안정 목표제로 단순화하는 논의가 있었습니다. 그것을 재경원이 들고 나오니 한국은행 노조가 난리가 나서 크게 반발하고 싸움이 커졌습니다.

　이렇게 되니까 갑자기 시장이나 언론에서 '「한국은행법」이 통과가 되느냐 안되느냐가 금융개혁의 완성'이라는 이상한 상징성이 생겨 버렸습니다. 결국 우려했던 것처럼 국회에서 「한국은행법」 개정을 보류하게 됩니다. 그러니 난리가

---

11 이때 통과되지 못한 금융개혁법안은 11월 정기국회 때 「예금자보호법」, 「증권거래법」, 「보험업법」, 「신용관리기금법」 등이 추가 처리됐고 「한국은행법」, 「금융감독기구의 설치 등에 관한 법률」 등 쟁점 법안은 12월 IMF 체제에 들어간 이후 통과되었다.

낳지요. 마치「한국은행법」이 금융개혁의 완성인 것 같은 잘못된 상징성이 너무 커져 버려서 그게 보류되니까 '이제 한국의 금융개혁은 물 건너갔다'는 분위기가 형성되어 버렸습니다. 다른 중요한 금융개혁 내용도 많았는데「한국은행법」갈등 때문에 다른 것들이 발목이 잡혀 버린 것이죠. 환율과 금리의 현실화 등 시급한 거시경제 정책이나 현안도 모두 뒷전으로 밀렸고요.

환율의 경우 1997년 초 외국의 일부 학자들은 원화가치를 내려야 한다고 권고했고[12] "교역조건이 1년 전보다 10% 이상 악화되었으니 환율을 10% 올려(원화가치 절하) 수출가격경쟁력을 높여 달라"는 기업들의 민원이 계속 이어졌다. 그러나 이미 실질실효환율(REER: Real Effective Exchange Rate)이 오르고 있었던 데다[13] 정부는 무역수지 방어를 위해 환율정책 같은 대증요법은 바람직하지 않다는 생각을 갖고 있었다. "10% 원화절하를 통한 쉬운 돌파구를 기대하지 말고 뼈를 깎는 노력으로 경쟁력을 10% 이상 높이는 것이 바람직하다"고 설명했다.

그러나 생산성을 높이기 위한 투자를 하기에는 기업들의 부실의 골이 이미 너무 깊은 상황이었다. 거의 매달 한두 개씩 대기업 연쇄부도가 발생했고 그 위기가 부실채권이라는 형태로 금융기관에 곧바로 전이됐다. 7월에는 부채규모가 12조 원이나 되는 기아 부도사태가 터지면서 대기업 부도와 금융권 부실채권 문제가 본격적으로 수면위로 떠올랐다.

재계 서열 7위인 기아차 그룹까지 부도유예협약에 들어가자[14] 금융시장에는 극심한 신용경색 현상이 발생했다. 종금사를 통한 단기 자금중개 기능은 사실상 마비됐고 은행들도 극도로 몸을 사렸다. 신규여신을 기피한 채 조금이라도 부실징후가 있는 기업들로부터 다투어 대출을 회수했다. 은행과 종금사 모두로부터 자금줄이 막힌 기업들은 극심한 유동성 위기를 겪었다.

---

12 "MIT의 돈부시 교수와 하버드의 제프리 삭스 교수는 원화환율의 절하를 강력하게 권고하고 환율이 유일한 처방임을 지적했다."(강만수, 2005, 《현장에서 본 한국경제 30년》, 삼성경제연구소, 378쪽 재인용)
13 각국별 교역규모를 기초로 작성되는 실질실효환율은 1994년 99.1에서 1996년 6월 102.8로 상승했다.
14 기아는 7월에 부도유예협약 대상이 되었다가 결국 10월에 부도처리되었다.

한국 경제난국에 국제금융시장 민감반응

국제금융시장은 한국에서 벌어지는 대기업 연쇄부도 및 금융기관 부실채권 증가, 재경원과 한국은행의 대립으로 인한 금융개혁 지연 등 총체적 난국에 대해 민감하게 반응했다.

홍은주 기아그룹이 부도유예협약에 들어간 날 주택은행이 미국에서 ADR[15]을 발행했는데 물량소화에 난항을 겪었습니다. 한국기업들의 어려운 사정이 국제금융시장에서 이미 알려졌다는 뜻입니다. 그 무렵에 마침 영국 런던에 가 계셨지요? 국제금융시장 분위기가 어땠습니까?

이헌재 내가 런던에 있으면서 들어보니 한국기업들이 연쇄부도가 날 거라는 식의 이야기가 돌고 있어요. 〈매일경제〉가 미국 컨설팅 회사인 부즈 알렌 해밀턴 (Booz Allen & Hamilton)과 손잡고 "한국이 구조조정을 위한 해법은 다 알지만 액션을 취하지 않고 있다"는 보고서를 내서 문제제기를 시작합니다. 유명한 NATO (No Action Talk Only)라는 단어가 인구에 회자하기 시작한 것이 바로 이 무렵이었습니다. 한국이 구조조정 말만 하고 실제 행동은 하지 않는다는 취지였는데 '기아를 부도낸 것이 바로 액션을 취한 증거'라고 정부는 주장했지만 국제금융시장은 그것만으로는 부족하다는 반응이었어요.

당시 국제금융시장이 지적한 점은 첫째, 한국의 환율이 시장현실을 반영하지 못한다는 것이었습니다. 원화가치가 달러당 800선으로 지나치게 고평가되어 있다는 것이지요. 둘째, 금리가 의도적인 저금리 상태라고 지적했습니다. 한국 정부가 일부러 저금리 정책을 계속해 부실기업들을 구조조정하지 않고 그냥 껴안고 가고 있다, 그러니 한국 정부를 못 믿겠다는 것입니다. 여기에 태일정밀 사태 이후 기업의 재무상태를 믿지 못한다는 분위기가 국제금융시장에 갑자기 증폭되기 시작했습니다.

---

15 ADR(American Depository Receipts)은 미국시장에서 발행한 주식예탁증서이다.

홍은주 이 시점에 이미 국제금융시장에서 한국 정부가 신용을 잃은 거군요.

이헌재 그렇습니다. 국내든 국외든 시장에서는 이미 정부의 말이 잘 받아들여지지 않았습니다. "한국 정부의 정책이나 정부가 하는 말에 대해 무조건 반대로 나가야 이익이 된다"고 생각하는 역(逆) 선택 문제가 그때부터 본격적으로 발생했습니다. 나중에 외환위기가 본격화되어 IMF가 우리에게 자금을 지원해 주었을 때 시장이 진정되기는커녕 오히려 전부 돈을 빼가기 시작한 현상도 사실은 이미 이때부터 기인한 것이라고 봐야죠.

부실채권 처리 신(新) 성업공사 설립

정부는 대기업 연쇄부도로 금융기관이 떠안은 부실채권을 신속하고 효율적으로 처리하기 위하여 8월 22일 「금융기관 부실자산 등의 효율적 처리 및 성업공사의 설립에 관한 법률」을 임시국회에 넘겼다. 구(舊) 성업공사의 경우 채권의 단순 추심과 회수업무만 있었는데 법을 바꿔서 신(新) 성업공사에게(이후 한국자산관리공사로 이름이 변경됨) 금융기관의 부실채권을 조기에 인수하고 정리하도록 하는 업무를 부여한 것이다.

이헌재 기업부실이 커지니까 정부가 부실기업 정리를 위한 정책을 만들었습니다. 나중에 한국자산관리공사가 된 구 성업공사의 부실채권 관련법을 바꿔서 한국자산관리공사에 추가 출자하여 부실채권 정리를 맡게 한다는 것이었습니다. 한국에 부실채권 먹을 게 있다는 소문이 국제금융시장에 돌기 시작하면서 외국계 NPL 관련 기업이나 인사들이 본격적으로 들어오기 시작해요. 부실채권 매각 잔치가 그때 이미 시작된 셈입니다.

신 성업공사 설립이 추진되었지만 법률이 통과되고 발효된 것은 그로부터 몇 달 뒤인 11월 22일이었다. 그동안 금융기관의 부실채권은 처리되지 못한 채 계속 쌓여갔고 극심한 신용경색에 기업들이 무더기로 휘청거렸다. 1997년 후반 들어서도 대기업 연쇄부도는 계속 이어졌다. 10월과 11월에 쌍방울그룹과 해태그룹의 화의신청이 이어졌다. 한라와 청구 등도 부도 및 화의신청을 준비하고 있었다.

주가가 폭락하고 환율이 급등하는 등 시장이 다급하게 돌아가기 시작했다. 특히 외환시장에서의 달러유출이 심각했다. 차환율이 크게 하락하여 만기가 돌아오기가 무섭게 달러가 빠져나갔고, 신규 조달은 거의 이뤄지지 않았다. 9월 들어 사실상 정부신용이라고 할 수 있는 산업은행과 기업은행이 높은 가산금리를 주기로 하고 미국에서 양키본드를 간신히 발행했지만 다른 국내 대기업들의 해외증권 발행은 아예 불가능해졌다.

여기에 2차에 걸친 선물환, 현물환 시장 개입 등으로 외환보유고가 고갈되고 있었다. 그러나 이로 인해 발생할 수 있는 외환위기 가능성 문제는 1997년 10월 중순 정도까지도 정부 각료회의에서 별로 다뤄지지 않았다. 심지어 경제장관들조차도 그 심각성을 잘 몰랐다.

홍은주 위기상황에서 시장이 패닉에 빠지지 않도록 정부는 언제나 낙관적으로 이야기합니다. 그래도 정부각료 차원에서는 외환보유고 고갈 및 이로 인한 상황의 심각성을 공유해야 했던 것 아닐까요?

이헌재 정부가 상황의 심각성을 잘 몰랐다고 비난하기는 어렵다고 생각합니다. IMF 체제로 가게 된 상황 자체가 초유의 경험이었기 때문이지요. 과거에는 경제위기가 발생하면 대통령이나 장관의 지시에 따라 비밀리에 작업을 한 적이 많았기 때문에 그 과정이나 경험이 공무원 전체에 잘 공유되지 않았습니다.

예를 들어 1974년에도 외화유동성 위기가 발생했습니다. 외환보유고가 거의 바닥이 나서 금방이라도 국가부도가 날 만한 상황이었어요. 달러를 구하기 위해 김용환 당시 재무부 장관과 정인용 전 경제기획원 장관 겸 부총리가 뉴욕행을 했을 때 제가 김용환 장관께 월가에 제시할 자료를 만들어 드렸습니다. "단기외채

총규모가 얼마고 우리나라가 현재 보유한 외환이 얼마다. 앞으로 갚아야 할 외채가 기간별로 얼마인데 우리가 향후 수출로 벌어들일 외환이 얼마다." 이런 내용을 일목요연하게 표로 만들었습니다. 그것을 보여주고 "3억 달러를 빌려주면 우리가 3년 이내로 충분히 갚을 수 있다"고 주장했습니다. 그런 설득이 월가에 통해서 당장 급하니 연말에 브리지론을 받아 극적으로 위기를 넘기기도 했어요.

그런 자료와 표를 내가 다 만들었는데 사안의 성격상 철저하게 비밀리에 작업을 해야 하니까 나 말고는 아무도 아는 사람이 없어요. 외환위기 진행 및 위기극복에 따른 경험이 남아 있지도 않고 다른 사람들과 공유하지도 못했습니다. 1997년 외환위기가 1974년의 외환위기와 비슷했는데 그 개념과 경험이 단절된 채 공유되지 않았습니다.

두 번째는 외환위기의 쓰라린 경험이 너무 오래전에 발생했어요. 가령 1969년, 1971년 등에 외자도입 기업들이 부도사태가 나서 부실기업 정리도 있었고 사채를 강제로 정지시키는 8·3 조치도 있었으나 다 까마득한 옛날 일이었으니까요.

홍은주 1983년에도 또 한차례 외환위기가 발발해 일본에서 돈을 빌려오지 않았습니까?

이헌재 그건 외환위기라기보다는 2차 석유파동에 따른 후속위기로 원인이 단순하고 분명했습니다. 국제금융시장이 한국에 근본적인 의혹과 불신의 시선을 던질 만한 사안이 아니었죠. 게다가 김만제 장관 때부터 이른바 3저 현상 때문에 갑자기 수출이 급증하고 달러가 쏟아져 들어오기 시작하고 경제에 훈풍이 불기 시작해 1983년의 위기는 제대로 위기라고 인식할 만한 상황이 아니었다고 봅니다.

가장 결정적 원인은 우리 경제에 대한 착시현상이 오랫동안 계속되었던 것입니다. 우리가 1980년대부터 전자부문 수출이 잘되었어요. 반도체 등 수출은 좋은데 동시에 수입수요가 크게 늘었습니다. 경제성장에 따른 수입유발계수, 수입탄성치가 1이 훨씬 넘었어요. 그러다 보니 경제가 1% 성장하는데 수입탄성치가 높은 것이 당연하다는 생각이 만연해 있었습니다.

경상수지가 급격히 나빠졌지만 사실 우리나라는 1960년대 이후 지속적 개발수요 때문에 만성적 국제수지 적자를 기록해왔지요. 그래서 경상수지 적자 증가세에 둔감했어요. 또 그때 세계화가 추진되면서 개방에 탄력이 붙었기 때문에 개방화에 따른 당연한 현상이라고 생각하는 경향이 있었어요.

그러다 보니 외환위기는 다 옛날이야기로 감이 떨어지고 경험으로 공유되지 않았으며 다음 세대로 전수되지 않았습니다. 특히 1980년대 이후 정권이 5년 단위로 끊어지면서 더 단절이 심해졌죠.

관(官) 주도 패러다임이 불러온 착시현상

홍은주 오랫동안 정부 주도의 정책관행에 젖어 기업이나 금융기관 등 민간부문의 국제 진출 및 자본의 시장개방도가 얼마나 높아졌는지, 그리고 이로 인한 글로벌 변동성 위험이 얼마나 커졌는지 제대로 인식하지 못했던 요인도 있었던 것 같습니다.

이헌재 그 점이 문제였죠. 지금 중국이 말하는 것과 비슷한 상황이었습니다. 중국 정부가 "우리의 금융부실은 통제 가능하다. 정부가 나서서 손만 대면 다 해결된다"라고 큰소리치는데, 당시 우리가 그것과 비슷한 상황이었을 겁니다.

그런데 사실은 그때 이미 우리나라는 정부가 손을 대기 쉽지 않을 만큼 시장이 커졌습니다. 국제개방도가 높고 시장의 플레이어들이 다양화되었고, 시장에 대한 정부의 영향력이 급격히 줄어든 상황이었습니다. 특히 대외개방 부문이 걷잡을 수 없이 커져 버린 것은 예전에는 전혀 없던 현상인데 심각하게 인식을 못한 것이죠. 나를 포함해 학자들도 언론기관도 공무원도 아무도 인식을 못했습니다. 글로벌 금융에 대한 감각이 없었고 우리 금융기관이나 기업들 역시 개방에 크게 노출되어 있었는데 그것이 지니는 파괴적 위험도를 아무도 몰랐습니다.

또 우리 정부가 간단하게 생각한 게 우리는 정부부채가 없었거든요. 다른 나라들은 정부의 대외부채가 문제 된 깃인데, 우리나라는 정부 내외부채가 없었기 때문에 기업과 금융기관들의 대외 익스포저(exposure), 즉 위험노출의 정도가 그렇게까지 큰지 몰랐습니다. 따라서 이미 오래전부터 존재하던 IECOK(International Economic Consultative Organization for Korea), 대한국제경제협의기구를 활용하여 정부가 달러를 구할 생각도 못했습니다. 정부가 오랫동안 해외에서 돈을 빌리지 않아 감이 없었던 것입니다. 정부가 필요한 달러는 국책은행들을 통해 조달했거든요.

거시경제를 구성하는 핵심주체와 플레이어들이 이미 정부에서 기업으로 넘어갔고 정부는 부채가 없지만 금융기관과 기업들의 해외 위험노출은 천문학적으로 늘어났는데 이것을 제대로 파악하지 못한 것이 패인이지요. 자본시장은 개방화했는데 금융감독의 공백이 겹친 것도 불운이었습니다.

10월, 외환의 한국탈출 발생

10월 이후 외환시장의 수급기능이 마비됨에 따라 금융기관들이 일제히 외화대출 부도위기에 빠졌다. 그러자 외국은행들은 우량 국내은행들에게까지 무차별적으로 단기외채를 회수하기 시작했다. 그동안 평균 85%대였던 7대 시중은행의 차환율(revolving rate)[16]은 11월 들어 58.8%까지 급락했다. 기껏 만기연장을 해주더라도 기간이 월 단위, 주 단위로 점점 짧아졌다. 모든 은행 차환율이 동반 급락한 가운데 정부가 외환보유고를 풀어 금융권 외환부도를 막아 주다 보니 외환보유고 역시 급격히 고갈되기 시작했다.

또 이 시점부터 한국 정부가 발표하는 외환보유고 통계에 대한 국제금융계의 의혹이 커지기 시작한다. 외환시장은 수많은 자금을 운용하는 프로페셔널들이

---

16 차환율은 만기가 다가온 돈을 갚기 위하여 새로 돈을 빌리는 차환(re-funding)비율을 말한다. 차환율이 100% 이상이면 전액 만기를 연장하고도 외화가 남은 것으로 그만큼 만기 연장비율이 높았음을 보여준다. 반대로 차환율이 100% 이하이면 만기가 도래한 차입액보다 신규 차입액이 적다는 것을 의미한다.

24시간 지켜보는 시장이다. 1996년부터 급격히 증가한 경상수지 적자규모가 훤히 노출되어 있었던 데다 몇 달에 걸친 지속적인 외환시장 개입으로 한국 정부가 쓸 수 있는 외환실탄의 규모가 이미 다 읽힌 상황이었다.

블룸버그 '가용외환보유고' 보도의 충격

11월초 한국은행은 외환보유고가 3백억 달러라고 발표했으나 〈블룸버그〉, 〈월스트리트 저널〉 등 외국언론들은 한국은행이 당장 사용할 수 있는 가용외환보유고는 150억 달러에 불과하다고 추정하는 기사를 터뜨렸다. 가장 큰 타격을 준 기사는 "한국 외채 1,100억 달러 중 800억 달러의 만기가 연내에 도래한다"는 추측 보도였다. 가용외환보유고가 150억 달러에 불과한데 연내로 800억 달러의 단기외채 만기가 돌아온다니!

이때부터 외화유출은 빠른 속도로 가속화되었다.[17] 이렇게 가면 연말을 버틸 수 없다는 위기감이 팽배했다.

홍은주 〈블룸버그〉 통신이 한국은행이 외환보유고를 풀어 금융기관 해외법인에 빌려주어 단기외채 상환을 할 수 있는 가용외환보유고가 얼마 안 된다는 기사를 쓰면서 갑자기 달러의 한국탈출 현상이 가속화되었습니다. 한국 정부가 발표하는 외채통계를 못 믿겠다는 불신감이 생기고요.

이헌재 그때까지만 해도 가용외환보유고라는 개념이 우리에게 없었어요. 오히려 "중앙은행이 달러를 보유하고 있으면 뭐 하나, 달러를 기업들에게 빌려줘서 생산적 자금으로 활용하고 이자를 받는 것이 낫지 않느냐"는 목소리가 컸습니다. 그래서 한국은행이 외화를 빌려줘서 종금사, 은행들이 이것을 가지고 국내외에서 달러장사를 시작한 거죠. 그러다 보니 정작 한국은행 금고에는 가용외

---

17 실제로 한국은행의 가용외환보유고는 10월말 223억 달러에서 11월말에는 73억 달러로 급감한 상태였다.

환보유고가 얼마 없었습니다.

중앙은행이 외환을 담보로 제공하여 실제 가용할 수 있는 외환이 없어 문제가 발생한 경험이 1974년 외환위기 때도 똑같이 있었어요. 제가 보기에 IMF 외환위기와 가장 유사한 것이 1974년의 외환위기라고 할 수 있습니다. 당시 외화는 한국은행으로 집중되고 운용은 외환은행이 했습니다. 문제가 터져 수습하러 가서 제가 내용을 들여다보니 한국은행 계정에는 분명히 외환이 몇억 달러 있는 것으로 되어 있는데 외환은행이 이것을 담보로 돈을 빌려 썼더라고요. 대부분의 외환보유고가 사실상 '구속성 자산'(tied loan)이 되어 가용외환이 겨우 4천만 달러밖에 안 되는 것입니다.

그 당시 내가 장관보좌관으로서 외환국과 이 문제를 수습할 때 아무도 모르게 비밀리에 응급조치 작업을 했습니다. 그러다 보니 가용외환보유고의 개념과 현실적 문제점, 경험 역시 제대로 재무부 내에 공유되지 못했습니다. 1974년 사건을 직접 겪고 경험이 있었던 나는 오랫동안 민간에 나가 있었습니다.

흔히 1997년 외환위기의 원인으로 금융기관들이 단기외자를 빌려다 장기로 빌려주었다는 기간 불일치 문제가 지적되는데 저는 그 문제는 부차적이라고 봅니다. 우선 가용외화가 부족했고 문제발생 시 도움을 받을 수 있는 선진국 백업라인(back-up line)이 없었습니다. 그때까지 우리의 외환개념은 수출입 등 실물과 연계된 것뿐이라 선진국과 통화스왑 라인을 미리 만들어 두는 것 같은 준비개념이 전혀 없었습니다.

11월, 외환위기 본격 시작

11월초가 되자 이미 시장 분위기는 걷잡을 수 없이 흉흉해졌다. 10월 기아에 대한 법정관리가 확정됐고, 11월 1일에는 해태그룹이 부도를 냈다. 이제 모두가 위기상황이 단순히 끝날 것 같지 않다는 불길한 예감을 공유하고 있었다. 위기의 원인 진단은 제각각이었다. 답이 잘 나오지 않는 답답한 상황이 계속되자 대통령 선거 막바지였던 정치권이 관심을 갖기 시작했다.

이헌재 1997년 말 대통령 선거에서 자민련과 김대중 후보가 연합했어요. 11월에 자민련에 있던 김용환 전 재무부 장관이 나를 만나자고 해요. 김 장관은 제가 재무부에 공무원으로 있을 때 장관으로 모셨던 분입니다. 가 보니까 참석한 사람이 최우석 삼성경제연구소 소장, 김중웅 박사와 나, 세 사람이었는데 그 자리에서 전원이 한국 경제 위기론을 주장합니다. 이 사태를 그냥 놔두면 안 된다는 데 모두 동의했습니다.

최우석 소장은 대기업 과잉설비투자 문제를 들고 나왔습니다. 언론인 경력이 있었기 때문에 그런 문제를 제기한 거고, 김중웅 박사는 거시경제적 문제를 제기했습니다. 나는 미시적 측면의 금융대응과 외환 매니지먼트 문제를 언급했습니다. 거시적으로 대처하기에는 이미 늦었다고 생각했죠. 김용환 장관께 당장 집행 가능한 구체적이고 뚜렷한 해결방향을 드리지는 못했습니다.

1997년 11월 중반, 외환고갈을 더 이상 방치할 수 없을 만큼 상황이 악화되었다. 금융시장은 얼어붙었고 실물부문에서는 기업들 부도가 잇따랐다. 청와대와 재경원, 한국은행 간에 비상대책회의가 열렸다. IMF 체제로 이행해야 한다는 의견과 조금 더 다른 방법을 찾아보자는 의견이 엇갈렸다. 여러 우여곡절을 거쳐 1997년 11월 21일 정부는 결국 IMF에 긴급 유동성 자금 지원을 요청하기로 결정했고 11월 23일부터 IMF와의 긴급협상이 시작되었다.

유동성 자금 지원의 대가로 IMF는 한국의 거시경제 목표, 재정 및 통화정책, 금융 구조조정, 대외개방 등 광범위한 요구사항을 내놨다. 이 가운데는 우리 경제에 큰 충격을 줄 것으로 예상되는 것도 있었고 당장 들어주기 어려운 내용도 포함되어 있었으나 외환금고가 텅 빈 상태에서 진행된 협상에서 한국은 칼날을 쥔 쪽이라 별다른 선택의 여지가 없었다.

아예 모라토리엄을 선언하느냐 혹은 IMF로부터 자금지원을 받고 IMF의 모든 요구를 받아들이느냐 둘 중 하나의 선택에 불과했다. 그러나 한국 입장에서 모라토리엄은 후유증이 너무 클 것으로 예상됐다. IMF가 제시한 협상안을 대부분 수용하여 12월 2일 전반적인 합의가 이뤄졌다.

IMF 체제냐? 모라토리엄이냐?

홍은주 자서전[18]에 보면 IMF와의 협상 당시 "모라토리엄(채무불이행)을 선언할 각오로 외채협상을 해야 한다"는 취지의 개인적 보고서를 작성한 것으로 되어 있습니다. 모라토리엄이 선언적인 것인지 아니면 정 안되면 진짜 모라토리엄 선언을 해도 된다는 것이었는지 궁금합니다.[19]

이헌재 김용환 장관과 11월에 만난 이후 제가 모라토리엄을 검토해 본 것은 사실입니다. 다음해인 1998년에 러시아가 그랬던 것처럼 아예 판을 깨는 방법도 생각했죠. 1998년에 미국의 LTCM 사가 러시아 국채에 대량 투자했다가 러시아의 모라토리엄 선언으로 난리가 났잖아요? 그런 식의 모라토리엄도 개인적으로 검토를 했지요. 그런데 본격적으로 검토해 보니 우리나라는 모라토리엄 선언이 불가능하다는 결론이 나왔습니다.

다른 나라들과 가장 다른 점이 우리는 팔 수 있는 부존자원이 없었다는 점입니다. 말레이시아나 러시아가 부도를 내고도 버틸 수 있었던 이유가 우선 부채의 성격이 우리와 다르고 원자재 수출이 많아 끊임없이 달러가 들어왔다는 점입니다. 그것을 국제시장이 다 알아요. 그런데 우리나라는 기업들이 정월 초하루부터 연말까지 기껏 달러를 벌어 봐야 다시 원자재나 부품수입으로 다 빠져나가게 됩니다. 이미 설명한 것처럼 수입유발계수가 1보다 컸어요.

만약 우리나라가 모라토리엄을 선언하면 수출 제조업 위주라 모든 것을 현찰로 결제해야 하는데 이건 원료를 수입해다 가공하고 다시 수출하는 형태로 돌아

---

18 이헌재, 2012, 《위기를 쏘다》, 중앙북스.
19 아시아 외환위기에서 실제 말레이시아는 모라토리엄 선언을 했다.

가는 한국 경제에는 도저히 불가능하다는 결론이 나왔습니다.

홍은주 비슷한 시기에 외환위기를 겪은 다른 아시아 국가들이나 러시아 등을 우리나라와 병렬 비교하는 것은 말이 안 되겠군요.

이헌재 그렇지요. 12월초가 되니 IMF에 간다고 더 난리가 났죠. 금융시장은 갈수록 악화되고. "이거 이대로는 안 되겠다" 싶어서 나름대로 위기대응 보고서를 준비했습니다. 구체적으로 어떤 전략으로 가야 한다는 것을 정리한 문건을 만든 것이죠.

정치권에 흘러들어간 '위기대응 보고서'

그 문건이 기자들을 통해 정치권으로 흘러들어갔는지 어느 날 조순 신한국당 총재가 갑자기 만나자고 연락이 왔다. 대통령 선거가 있는 12월 18일을 며칠 앞둔 날이었다. 급히 조순 총재를 만나러 가 보니 조 총재의 사무실은 며칠 남지 않은 대통령 선거 때문에 유세관련자들이 몰려들어 온통 아수라장이었다. 기자들도 수없이 몰려들어 회의장 사진을 찍고 부산하기 짝이 없었다.

조 총재의 전화를 받고 갑자기 불려간 터라 무슨 영문인지 몰라 내용을 알아보니 '비상경제대책 회의'라고 소집되어 언론에 통보된 것이었다.

이헌재 조 총재는 선거유세용으로 언론 사진만 찍고 유세하러 간다면서 우리에게 대안을 준비하라고 합니다. 나는 아무것도 모르고 그 자리에 불려 나갔어요. 그날 회의에서는 선거 끝나자마자 미국이 신뢰할 만한 사람으로 구성된 특사를 월가에 보낸다는 내용을 확정했습니다. 특사는 조순 총재가 대표가 되고 사공일 장관, 박영철 수석 등이 함께 가서 "IMF와의 약속을 지키겠다. 그러니 최소한 외환관련 긴급 출혈만이라도 막아 달라"는 내용을 전달하기로 한 것이죠.

그렇게 정하고 선거가 끝나면 바로 그날 밤에라도 떠난다고 했는데 12월 18일 대통령 선거결과가 예상과 달리 완전히 뒤집혔어요. 이회창 후보가 떨어지고 김대중 후보가 당선된 것입니다.

그때 마침 월가의 한 금융인이 하와이에서 만나자고 연락이 왔습니다. 우리 아이들이 미국에서 공부하고 있었기 때문에 아이들을 만날 겸 하와이에 가려는데 경제상황이 그때부터 더 급격히 악화되기 시작했어요. IMF와의 협상이 타결되어 양측이 사인했는데도 돈이 더 빠져나가 상황이 더 나빠진 것입니다. 며칠 만에 기업들이 줄줄이 부도를 내고 금리가 뛰고 환율이 천정부지로 치솟았어요. 이런 상황인데 해외 나가서 달러를 쓴다는 것이 내키지 않아 가지 않겠다고 했습니다. 다행히 그 미국 금융인이 양해해 줬어요.

폭풍노도의 2개월

비상경제대책위원회의 탄생

하와이행을 포기하고 서울에 남아 있는데 정운찬 서울대 교수(후일 국무총리)로부터 연락이 왔다. 김대중 대통령 당선자 측근이자 경제통인 유종근, 유종일 씨 등과 만나서 금융의 디테일을 좀 설명해 달라고 부탁하는 전화였다.

저녁에 다른 약속이 있었지만 정 교수의 부탁 때문에 만나기로 한 사람들이 누군지도 잘 모르고 그 자리에 나갔다. 막상 가서 이야기를 나누었으나 "당장 나라가 급박하게 돌아가고 있으니 응급지혈부터 해야 한다. 그 방법은 이러이러하다"고 주장하는 그(이헌재)의 말을 별로 귀담아 듣는 분위기가 아니었다. 그냥 헤어지고 말았다. 그때까지도 유종근 씨가 누구인지 잘 몰랐다. 바로 다음날 비상경제대책위원회가 구성됐다는 뉴스가 발표됐는데 그 간사위원으로 선임된 사람이 유종근 씨였다.

12월 18일 대통령에 당선된 김대중 당선자 진영은 통상적으로 꾸리는 정권인수위원회 대신 김영삼 정부와 공동으로 비대위를 조직했다. 현 대통령과 당선자 진영에서 각각 6명씩 모두 12명으로 구성되어 위기상황을 공동대처하기로 한 것인데 DJP 연합정권을 대표하는 쪽 위원장이 김용환 자민련 부총재였다.

그런가 보다 했다. 비대위에 큰 관심을 두지도 않았다. 대선 당시 조순 총재의 부탁으로 대선 직전 이회창 캠프에 모습을 나타낸 적도 있고, 김대중 당선자와는 개인적으로 아무 인연이 없었기 때문에 자신이 비대위와 무슨 관련을 가지게 될 것이라고는 예상하지 못했던 것이다.

김용환 위원장과의 두 번째 조우

12월 25일 오후 6시. 외부에 있다가 귀가했더니 김용환 비대위원장의 비서가 문 앞에서 기다리고 있다가 반색을 했다. 휴대전화가 없던 시절이다. 그가 어디에 가 있는지 여기저기 수배해도 연락이 닿지 않아 문밖에서 기다렸다고 했다.

"김 위원장께서 지금 곧 좀 보자고 하십니다."

시내 모 호텔에서 오후 8시에 만나자는 전언이었다. 김용환 비대위원장은 예전 재무부 공무원 시절에 장관으로 모셨던 분이다. 1974년의 외환위기 때는 비밀리에 진행된 위기수습 작업을 옆에서 보필하기도 했다.

급히 약속장소에 가자 김 위원장이 정인용 전 부총리, 김민석 비대위 대변인과 함께 이미 도착하여 기다리고 있었다. 김 위원장은 얼굴을 보자마자, "당신이 무조건 나 좀 도와주게. 이제부터 사태를 수습해야 할 텐데 어떻게 하면 좋겠는가?" 하고 물었다.

"외환시장의 출혈을 멈추는 것이 가장 시급합니다. 미국 월가에 당장 누구를 보내야 합니다. 장관께서 믿을 만한 사람 중에 누구를 내보내야 합니다."

"누가 좋을까?"

"국제 쪽에 네트워크가 많은 김만제 포스코 회장과 정인용 전 부총리 두 분이

나가시는 게 어떻겠습니까?"

"그럼 그 문제는 그렇게 정리하고, 자네는 국내에서 나를 좀 도와주게."

"전 좀 해보려고 하는 일이 있습니다."

이렇게 거절했다.

"그럼 정부 바뀔 때까지 두 달만 좀 도와주게."

나라가 어렵다는데 그것까지야 어떻게 거절할까. 응낙할 수밖에 없었다.

12월 26일 아침에 김 위원장이 또 긴급회의를 소집했다. 해외에 보낼 특사로는 김기환 특임대사가 한 사람 더 추가되었다. 이들은 곧바로 해외로 나가 한국 정부의 뜻을 미국 정부 및 국제금융시장에 전달하는 역할을 기꺼이 수락했다.

"당장 일이 돌아가야 하니 당신은 내일부터라도 비대위에 출근하라."

김 위원장의 지시가 떨어졌다.

국가부도 초읽기 상황에 비대위 기획단장을 맡다

비상대책위원회는 말 그대로 명칭만 있는 조직이다. 실무를 처리할 조직이 필요했다. 비대위 실무를 총괄하는 기획단이 그 자리에서 만들어졌고, 이헌재 단장이 총책임을 맡았다. 재정경제원 이석준 과장(후일 기획재정부 차관·국무조정실장)과 이희수 서기관(후일 재경부 세제실장·EY 한영 부회장), 산업자원부 이창양 서기관(후일 카이스트대 교수), 조세연구원 유일호 부원장(후일 경제부총리 겸 기획재정부 장관), 한국금융연구원 서근우 연구원(후일 신용보증기금 이사장), 이성규(후일 유암코 대표이사) 등이 기획단의 초기 멤버로 선정됐다. 공무원뿐만 아니라 연구소, 민간, 한국은행 등의 인재들이 다양하게 모인 '다국적군'이었다.

이헌재 12월 27일 비대위 실무기획단이 만들어지면서 내가 단장으로 합류했습니다. 비대위에 들어오면서 우리가 당장 관심을 가져야 할 것이 뭔지를 정리했어요. 두 가지가 가장 시급하다고 봤습니다. 첫째 시장 복원. '경제가 부서졌으니 응급지혈을 해서 경제의 순환복원을 해야 한다. 비정상적 가격체계를 정상화시켜야 한다' 이렇게 생각했죠. 둘째, 단기외채 협상. 내가 들어가서 가장 먼저 챙겨야 할 일이 단기외채 만기협상과 외환보유고 방어였습니다.

김용환 비대위원장에게 "지금 이 상황은 우리가 빠져나가기 어려운 덫이다. 섣불리 모라토리엄을 주장하면 사태가 심각해진다, 저들과 만기연장 협상을 해서 외화유동성 덫에서 빨리 빠져나오는 것이 중요하다"고 주장했습니다.

12월초부터 외환은 하루가 다르게 속절없이 빠져나갔다. 달러를 사려는 사람만 있고 팔려는 사람은 없어 외환거래는 사실상 중단됐다. 12월 16일부터 자유변동환율제로 바뀌면서 환율은 천정부지로 올랐다.

단기외채 만기연장 외에는 방법이 없었다. 다급해진 국회는 12월 22일 국내 33개 금융기관들이 빌린 단기외채 2백억 달러의 원리금에 대해 한국 정부가 지급보장을 한다는 법안을 통과시켰다.

외환사정이 워낙 급하다 보니 비대위 기획단의 첫 임무는 〈외환일보〉의 작성이었다. 런던시장까지 모두 장이 마감되면 그날그날의 외환 입출입 상황을 작성하여 새벽마다 김대중 대통령 당선자에게 보고하는 것이다.

이헌재 단장은 "이 당시 한국의 외환보유고 줄어드는 속도가 마치 소금창고에 물이 차서 소금이 녹아내리는 것 같았다"고 표현했다.

홍은주 지금 복기해 보면 12월말이 정말 살얼음판처럼 위험했습니다. 달러가 들어오는 시점이 하루 이틀만 늦었어도 정말 국가부도가 날 뻔했죠?

이헌재 그렇지요. 비슷한 일이 1974년 외환위기 때에도 있었습니다. 1974년 12월 30일 우리나라 외환보유고가 겨우 4천만 달러뿐이었어요. 천만다행이었던 게 새해가 되면 미국은 1월 2일에 금융시장이 개장하는데 우리는 4일에 개장합니다. 그 이틀간의 영업일 차이로 브리지론이 들어왔어요. 그래서 간신히 살아났는데 1997년 말에도 외환잔고가 바닥난 상태에서 12월 30일에 IMF가 원래 1월 8일로 예정되어 있던 20억 달러를 앞당겨 보내줘서 12월 31일 외환보유고가 89억 달러로 늘어나 부도위기를 넘긴 셈입니다. 그렇게 위기를 넘기고 연초가 되자 미국 분위기가 극적으로 달라집니다. 만약 우리가 연말을 넘기지 못했으면 아마 사태가 걷잡을 수 없었을 것입니다. 그런데 연말을 넘기니까 상황이 좀 나아진 것으로 본 것입니다. 그래서 월가에서 본격적인 만기연장 협상으로 넘어가자는 분위기가 형성됩니다.

멕시코 사태의 교훈, 단기외채 만기협상

당시 비대위에서 김영삼 정부 쪽은 임창열 부총리가 위원장이었고 새 정부 쪽은 김용환 씨가 위원장이었다. 신구 정부에서 각각 6명씩을 인선하여 비대위가 합동으로 구성되다 보니 나가는 정부와 들어오는 정부 간에 바닥을 드러낸 외환창고를 보충하는 방법, 외환정보를 공유하는 방법 등을 둘러싸고 손발이 맞지 않아 삐걱거림이 생기기도 했다.

이헌재 김영삼 정부 측 대표인 임창열 부총리가 모든 사태에 대한 통제는 자신이 직접 하겠다고 주장했습니다. "비대위의 공식창구를 통하지 않고는 어떤 정보도 우리에게 주어서는 안 된다. 모든 조치는 자신을 통하라"고 엄명을 내렸어요. 그때 그분이 아마 대한민국에서 가장 바쁜 부총리였을 것입니다. 중앙청에서 국회로 은행회관으로 왔다갔다 하느라 밤이 되어야 재경원에 출근하는 지경이었습니다. 제가 맡은 비대위 기획단은 김영섭 경제수석과 강만수 재경차관과도 별다른 대화창구가 없었습니다.

그런데 당시 12월 중순 이후부터 하루하루가 국가부도 초읽기였습니다. 다급해지니까 12월말에 아랍권에서 돈을 빌려온다, 대만에서 2백억 달러를 빌려온다 어쩐다 하면서 여러 사람들이 돈을 구하러 해외로 나간다고 합니다. 그것을 내가 일단 막았습니다.

"섣불리 다른 나라에서 돈 끌어온다고 시도해서 미국이나 IMF를 자극하지 말고 월가를 먼저 설득해야 한다"고 주장했습니다. 나는 특히 미국을 움직여 일본의 추가인출을 멈춰야 사태가 해결된다고 봤어요. 당시에 가장 많은 돈을 빼내간 게 일본 금융기관들이었거든요.[20]

IMF와의 협상에 성공하여 돈이 들어왔지만 만기가 돌아온 외채상환용으로 모조리 빠져나가서 외환위기가 더 악화됐잖아요? 만기가 된 단기외채 차환이 안 되고 위기가 도무지 진정되지 않으니 단기외채를 한꺼번에 패키지로 묶어 직접 담판을 짓는 것밖에 길이 없다고 봤습니다.

한국 금융기관이 진 외채의 만기를 채권금융기관들과의 협상을 통해 한꺼번에 연장해 보자는 아이디어가 공식적으로 제기된 것은 12월 중순 무렵이다. 1997년 12월 14일 밤, 임창열 부총리 주재로 재경원과 청와대, 한국은행 등 관계자들이 모여 르네상스 호텔에서 비상대책회의가 열렸다. 다음은 이날 밤 회의에 참석했던 청와대 김용덕 비서관의 회고이다.

김용덕 그날 밤 회의에서 생각 가능한 모든 아이디어들이 등장했습니다. 그런데 가장 큰 문제는 어떤 좋은 아이디어든 추진할 시간이 없다는 것이었습니다. 외환사정이 불과 열흘도 못 버티는 상황이었습니다.

그런데 가령 외화국채를 발행하려면 사업설명서(prospectus)[21] 만들어야지, 시장과 사전 접촉해야지, 관련 법절차 밟아야지 아무리 빨라도 3개월은 걸립니다. 당장 가능한 것이 외국에서 브리지론을 빌리는 것인데, 이건 이미 임창열 부총리가 일본에 갔다가 다 거절당했습니다.

나중에 알았지만 G7은 이미 사전에 "모든 대출은 반드시 IMF를 통해서만 이뤄져야 한다. 그래야 전체 상황파악이 되고 질서 있게 대응할 수 있다"고 서로

---

20 일본 금융기관들은 11월부터 12월 초빈까지 130억 달러를 회수해갔다. 이는 일본 정부기 2선 자금으로 지원하기로 약속했던 100억 달러보다 많은 액수였다.

21 투자유치 전 투자자들을 보호하기 위해 재무상황, 법적 상황, 담보여부 등의 정보를 담아 제출해야 하는 서류.

합의한 상황이었으니 돈을 빌려줄 리가 없었죠. 우리는 그것을 몰랐습니다.

그날 밤 회의에서 내가 제시한 것은 단기외채 만기연장 방안이었습니다. "우리가 시간이 없다. 단기외채를 한꺼번에 만기연장하는 방법밖에 없다. 이건 이미 멕시코가 2년 전에 했던 방식이고 지금 부도를 막는 유일한 방법이다"라고 발언했습니다.

홍은주 만기연장 아이디어는 처음에 어떻게 나온 것입니까?

김용덕 1997년 11월부터 청와대 경제수석실이 "만약 우리가 IMF를 가지 않는다면 무슨 대안이 있는가?"에 대해 여러 가지 검토를 했습니다. 대안 마련을 위해 외환은행과 산업은행 등 각 은행의 국제금융 담당자들, 씨티와 체이스맨해튼 등 외국은행의 한국지점 대표들, 대형로펌의 외채관계 전문가들과 만나서 광범위하게 의견을 수렴했는데 그때 들은 방안 중 하나가 '집단채무조정'(collective debt restructuring)이었습니다.

채권단을 전부 한자리에 모아서 협상하고 부채를 한꺼번에 패키지로 만기연장을 하는 방식인데 멕시코가 외환위기를 겪었던 1995년에 그 방식을 썼다는 이야기였습니다. 그 아이디어가 좋다고 생각되어 구체적 자료를 모으던 차에 우리가 IMF에 가게 된 것입니다.

IMF 협상만 타결되면 모든 게 다 끝나는 줄 알았는데 IMF에 가고 난 이후에도 외환이 썰물 빠져나가듯 하니 제가 김영섭 수석에게 외채 만기연장 이야기를 한 적이 있었습니다. 그 아이디어를 그날 심야회의 때 언급한 것입니다. 임 부총리가 그 자리에서 단기외채 만기연장 아이디어를 받아들여 차관에게 "내일 아침 당장 나이스 IMF 단장과 이 방식을 협의해 보라"고 지시를 내립니다.

미국의 막후지원과 외채 만기협상의 현실화

이때부터 정부는 IMF 및 미국과 집단채무조정을 위한 의견조율에 들어갔다. 외채를 빌려준 전 세계 민간 채권금융기관들을 한국이 직접 접촉하는 것은 불가능했다. 특히 미국의 도움이 필수적이었다.

실제로 수많은 채권금융기관들 사이에 한국관련 채권의 만기연장 협상 분위기가 잡히기 시작한 것은 김대중 대통령 당선자로부터 "IMF와의 협상결과를 반드시 준수하겠다"는 약속을 받은 미국 정부의 막후지원이 결정적으로 작용했다.

12월 22일에 뉴욕 FRB의 윌리엄 맥도너 총재는 미국의 주요 투자은행(IB: Investment Bank) 및 은행 관계자들을 한자리에 불러 모아 "한국의 단기외채에 대해 만기를 연장하는 협상을 하는 것이 좋겠다"고 설득했다. 그는 "한국의 단기외채를 연장해 주지 않으면 세계금융 시스템이 위험에 빠질 수 있다"고 경고하고 미국은행들이 동의하면 일본과 유럽 등 다른 채권국들도 한국과 만기연장 협상에 나설 것이라고 밝혔다. 루빈 미 재무장관도 유럽 및 일본 등의 재무장관들에게 일일이 전화통화를 해서 비슷한 내용을 설명하고 협조를 구했다.

한국이 IMF 지원 프로그램하에서 국가부도 사태를 내는 초유의 위기상황에 처하자 당황한 IMF도 측면에서 지원사격에 나섰다. [22]

미국 재무부와 FRB로부터 설득과 회유를 당한 주요 채권국 민간은행들은 한국의 단기외채 회수를 일단 자제하기 시작했다. 그리고 12월 29일 미국 뉴욕에서 한국기업과 금융기관에 대한 채권단 회의가 열렸다. 미국과 유럽, 일본 등 8개국의 13개 은행 대표들이 참석한 회의였다. 참석자들은 한국의 국회가 이미 금융기관 외채지급을 보장하는 법안을 통과시켰다는 소식에 만기연장 협상을 긍정적으로 받아들였다. 잠깐 시간을 벌게 된 만큼 이제 단기외채 만기협상에 모든 역량을 집중해야 할 때였다.

---

22 정덕구, 2008,《외환위기 징비록》, 삼성경제연구소, 344쪽.

홍은주 외채만기 협상 실무는 누가 담당했습니까?

이헌재 협상의 방법론과 구체적 협상 실무는 재경원이 맡았습니다. 정덕구 차관보가 실무책임을 지고 변양호 과장 등이 아이디어를 검토하는 등 본격적으로 움직이기 시작했습니다.

그런데 한국에 대한 만기연장 협상의 방법론에 대해 채권은행단들끼리 혼선이 있었어요. JP 모건이 가장 적극적으로 나섰는데 한국 정부가 만기연장 협상과 동시에 신규채권을 발행해야 한다고 하고 금리 결정은 국채의 경쟁입찰 방식인 MDO (Modified Dutch Option) 를 주장했습니다. JP모건이 태국에서 TRS라는 파생상품을 팔았다가 문제가 되고 있었기 때문에[23] 한국 건의 성사가 이들에게 중요했죠. 그래서 적극적으로 나선 겁니다. 한편 리먼 브러더스는 특수목적법인 (SPC: Special Purpose Company) 방식을 주장했습니다. 페이퍼컴퍼니인 SPC에 단기외채를 전부 집어넣고 한국의 중앙은행이 뒷받침하고 미국 은행들이 신용보강을 해서 시간을 두고 정리하자는 주장입니다.

두 방식 모두 문제가 있었습니다. 리먼 브러더스가 주장한 방식은 시간이 오래 걸리는 단점이 있었어요. 또 가장 핵심이 미국 금융기관의 신용보강을 받는 것인데 미국이 우리에게 20억 달러의 초과자금한도 배정도 안 해주던 때라 이 역시 불가능했습니다. 한편 MDO 방식은 금리입찰을 통한 가격결정 과정에서 채권단들의 담합 가능성이 있다고 봤습니다.

홍은주 우리는 어떤 방식을 선호했습니까?

이헌재 정부보증으로 단기외채 만기를 한꺼번에 연장하는 방식이 가장 좋다고 봤습니다. JP모건의 보고서를 사전에 입수하여 이런저런 검토를 하고 논란을 벌이다가 결국 정부보증채를 발행해 만기를 연장하는 방식으로 하고 가격은 협상을 통한 '가산금리 협상방식'(spread negotiation) 으로 가자고 결정했습니다.

---

23 당시 TRS를 계약한 SK증권, 주택은행, 보람은행 등이 JP모건과 소송을 진행하고 있었다.

가산금리 협상방식이 사실은 위험해요. 가산금리가 협상을 통해 결정되었는데 일이 다 끝난 다음에 가산금리가 싸네 비싸네, 협상을 잘했네 못했네, 정치적 비난에 노출될 위험이 있습니다. 반면 JP모건이 주장한 MDO 방식은 상대방의 담합에 우리가 넘어갈 가능성이 있었어요. 우리가 정치적 비난을 감수하는 것이 상대방 담합에 넘어가는 것보다 낫다고 판단했습니다.

10일간의 외채 만기연장 협상 탐색전

양측은 외채 만기연장 협상방식 등을 두고 주고받으면서 10여 일간 탐색전을 벌였다. 이때 한국 측 실무책임자인 정덕구 차관보는 1월 5일 협상에 대비한 세 가지 원칙을 세웠다고 회고한다.

> 첫째, 단계적으로 접근한다. 기존 은행외채의 만기를 연장하는 데 집중한다. 둘째, 정부의 지급보증은 만기연장의 수단으로 사용한다. 기존채무를 국채로 대체하자는 JP모건의 안은 따르지 않는다. 셋째, 금리는 협상(negotiation)을 통해 결정한다. [24]

1월 11일 비대위의 임창열 부총리와 김용환 위원장은 이 같은 원칙을 공식적인 정부입장으로 확인했다. 정부가 지급보증하는 대상 외채는 1998년 말까지 만기가 돌아오는 시중은행의 외채로 제한했다. 이 과정에서 비대위 내의 신정부와 구정부 대표들 간에 논쟁이 벌어지기도 했다. 나가는 정부가 1997년 연말에 확정한 대로 골드만삭스를 앞세워 100억 달러 규모의 외평채를 발행하겠다고 나선 것이다. [25]

그러나 신정부를 대표한 김용환 위원장에게 이헌재 기획단장은 위기가 정점

---

24 정덕구, 2008, 《외환위기 징비록》, 삼성경제연구소, 354쪽.
25 결국 나가는 정부가 2월말 50억 달러 규모로 축소하여 외평채를 발행하는 것으로 사인했다.

에 있을 때의 외평채 발행에 대해 강하게 반대의견을 냈다.

"외평채 발행은 당장 급하지 않다. 시간도 많이 걸리지만 그 돈이 들어오는 걸 아는 순간 그 돈은 더 빠르게 회수된다. 더 이상 빠져나가지 않게 하려면 모라토리엄을 선언하겠다는 배수의 진을 치면서 단기외채 만기연장 협상에 집중하는 것이 우선이다"라고 주장했다.

이헌재 돈을 좀더 빌려오거나 외평채를 발행하면 뭐합니까? 들여오는 순간 다 빠져나가는데. 단기외채의 70%가 1998년 3월까지 만기가 몰려 있었어요. 외채 규모도 정확히 파악되지 않아서 한국 정부가 발표하는 통계에 대한 불신이 커지고 IMF가 계속 정확한 만기외채 규모를 내놓으라고 요구할 땝니다. 정부도 잘 파악하지 못한 역외 단기외채가 은행과 기업 사이에 막 엉켜 있었어요. 외국에 나가 외자 조금 더 들여오고 외평채를 발행한다고 해서 해결될 문제가 아니라고 봤습니다. "이건 무조건 저쪽과 일괄 협상(package deal)을 해서 만기연장으로 가는 수밖에 없다. 외평채 발행 등은 그 이후에 차분하게 해도 된다." 이렇게 판단했습니다.

"누가 협상 책임자인가?"

1998년 1월 14일 미국 채권단 측에서 한국 정부에 연락해왔다.

"우리가 더 이상 추가적이고 경쟁적인 회수는 하지 않겠다. 그러니 협상팀을 뉴욕으로 보내라. 방식은 당신들 주장대로 대량거래(block deal)이고 가격은 가산금리 협상방식으로 하자는 것이 큰 틀이다."

일단 협상단을 보내기로 하자 "누가 협상 책임자인가?"(Who is in the driving seat?) 하는 문의가 월가로부터 왔다. 실무진 구성은 재경원의 정덕구 차관보와 변양호 과장이 맡기로 했으나 협상의 최종 책임자가 문제였다. 이 문제로 우리 측 내부에서 다소 논란이 벌어졌다.

이헌재　그때 누가 협상을 주도하느냐가 문제가 되었던 이유는 김용환 비대위원장이 장관으로 입각하느냐 마느냐 하는 복잡한 사정이 있었기 때문입니다. DJP 연합으로 출범한 정권인데 경제부총리 제도가 없어지고 재경원에서 예산과 기획을 떼어내 기획예산위원회가 가져갔기 때문에 김용환 위원장이 재경부 장관으로 갈 이유가 없어지고 말았습니다.[26] 그래도 새 정부의 핵심 실세라고 할 수 있는 김 장관이 협상 책임자가 되는 것이 좋다고 해서 협상단 대표가 되고 실무 협상은 정덕구 차관보와 변양호 과장 팀이 맡게 되었습니다.

홍은주　당시 우리 협상단이 접촉한 월가의 상대역은 누구였습니까?

이헌재　민간에서는 씨티은행이 채권단의 선도은행이었습니다. 재경원의 정덕구 차관보, 변양호 과장 등이 "한국에 대한 노출도가 가장 높고 한국에 대한 이해도가 높은 상업은행인 씨티은행을 잡는 것이 좋겠다"고 판단한 것입니다. 나중에 협상테이블에는 씨티은행 외에 JP모건, 체이스맨해튼, 뱅크오브아메리카(BOA) 등이 나왔습니다.[27]

　　한편 그 월가를 막후에서 조정하는 미국 행정부의 당시 주역들은 재무장관인 루빈과 로렌스 서머스 부장관(후일 재무부 장관·하버드대 총장), 티모시 가이트너 차관보(후일 재무부 장관) 등입니다. 루빈이 직접 움직였다기보다는 가이트너 같은 30대의 젊은 실무자들이 실제로 막후에서 작용했는데 이런 사람들이 움직이지 않으면 IMF나 월가에서 꼼짝도 안 해요.

---

26 김용환 위원장은 박정희 대통령 시절 재무부 장관을 이미 역임한 바 있다.
27 실제 협상 테이블에는 4개 미국 은행들 외에 유럽계와 일본계 은행 등 총 13개 금융기관들이 협상단 대표로 참석했다.

모라토리엄에 대한 재검토

12월말의 위기를 간신히 넘기면서 1998년 1월초부터는 사태가 급속도로 진정됐다. 협상단이 뉴욕으로 출발하자 1월 23일까지는 재경부를 통해 통계자료를 뽑고 협상결과를 기다리는 것 외에는 외환과 관련해 별달리 할 일이 없었다. 진인사대천명(盡人事待天命)의 심정. "만에 하나 협상이 깨지면 어떻게 할 것인가? 외환보유고가 바닥나면 어떻게 할 것인가?" 고민하면서 비밀리에 모라토리엄 카드를 다시 꺼내어 만지작거렸다.

모라토리엄은 절체절명의 위기 때마다 이미 여러 차례 고려해 봤던 사안이었다. IMF 사태가 닥쳤을 때 개인적으로 검토한 적이 있고 12월말 외환보유고가 바닥을 보일 때도 맨 마지막 순간까지 모라토리엄을 고민했다.

그때 전면적인 모라토리엄이 어렵다면 외국에서 빌려온 돈에만 모라토리엄을 선언하자는 의견도 나왔다. 외환 대차거래 부분만 부분부도를 내고 나머지 수출입은 정상적으로 결제해서 실물 무역부문에는 문제가 발생하지 않도록 하자는 안(案)이었다. 그러나 현실적으로 이를 분리하기 쉽지 않았다. 효과도 전혀 예상할 수 없었다.

이헌재 제가 나중에 조사해 보니 1824년부터 2004년까지 국가 디폴트가 257건이 발생했어요. 해마다 1.5개의 국가가 어디선가 디폴트를 냈다는 뜻입니다. 지역적으로는 중남미가 126건으로 가장 많았고요. 국가 디폴트가 발생한 후 정상적인 금융시장으로 되돌아가기 위해서는 대략 4년이 걸리는 것으로 추정됩니다. 그럼 우린 왜 모라토리엄을 선택하지 않았느냐?

사실 1997년 12월 31일까지 모라토리엄 선언 여부를 놓고 고심에 고심을 거듭했는데, 판단의 기준은 과연 국가부도 선언 이후 각종 무역결제가 가능할 것인지, 시장이 언제 정상화될 것인지 등이었습니다. 그런데 당시만 해도 판단에 근거가 될 만한 통계자료가 아무것도 없어서 고민이 더 컸지요.

디폴트 선언하고 결제할 외환이 없으면 어떻게 되나? 물물교환을 해야 한다. 조사해 보니 특별한 수입 원자재를 빼면 기업의 수출용 원자재로 50% 이상 링크되어 있으므로 은행과 수출기업이 일람불[28]로 결제하는 무역금융을 협상하면 되지 않겠나 하는 계산이 나왔다. DA[29]나 유산스[30]는 날아갈 것이 확실했다. 한국 경제를 지탱하는 대기업들이 동시다발로 직격탄을 맞을 수밖에 없다. 더구나 한국은 전체 경제에서 무역이 차지하는 비중이 절대적으로 높다. 매일같이 무역자금을 결제해야 하는데 물물교환 경제로 환원되면 경제는 더욱 위축될 수밖에 없다.

이헌재 지금도 그때를 돌이켜 보면 아찔해요. 내 생각으론 그때 우리가 일본을 잘못 다룬 것 같습니다. 일본은 금융기관들에 대한 정부 영향력이 크기 때문에 정부에서 일본 금융기관들에게 인출을 멈추라는 사인을 줬으면 그 지경이 되지는 않았을 것입니다.

홍은주 김영삼 정부와 일본 정부가 사이가 나쁘지 않았나요?

이헌재 일본과 정치상황이 나빴습니다. 그것이 결국 어업협정 보복으로 나타났지요. 일본과의 관계가 나빴는데 반대로 만약 내가 일본 정부였다면 한국에 여유를 줬을 겁니다. 그랬다면 한국 금융이 일본에 상당한 빚을 졌다고 고맙다고 생각했을 텐데 일본이 싸늘하게 털었습니다. 단견(短見)이었죠.

홍은주 미국 음모설에 따르면 당시 일본은 배후에서 미국의 압력을 받아 자기 의견이 없었다는 주장도 있었습니다.

---

28 일람불신용장(at sight L/C): 신용장개설은행이 부여한 화환어음(documentary bill) 발행권을 가진 수익자(수출자)가 어음을 발행하여 은행에 제시함과 동시에 대금을 지급하도록 하는 신용장이다. 일정한 외상거래일이 지나야 대금을 지급하는 USANCE L/C와 대비되는 개념이다.

29 수출환어음(DA: Document against Acceptance): 수출업체가 수입업체를 지급인으로 발행하는 환어음.

30 유산스(Usance)는 수입업자에게 유리한 기한부 어음으로 무역대금 결제에 이용되는 방식이다. 수입업자는 당장 대금을 지급하지 않고 일정기간 동안 수입한 물건을 처분한 후 매각대금으로 지불하면 된다.

이헌재 설령 미국이 배후조정을 했더라도, 그래서 신규대출은 안 줬더라도 기존 대출을 회수하지 않는 것 정도는 독자적으로 판단할 수 있었을 겁니다. 뉴욕 협상 팀이 미국으로 간 이후부터는 그들이 잘해 주기를 기다릴 수밖에 없었습니다. 오히려 할 게 없으니 머리가 맑아져 다른 급한 현안에 대한 대책들을 구상했습니다.

홍은주 당시에 고민하셨던 주요 이슈는 무엇이었습니까?

이헌재 가장 시급한 것이 금융 구조조정이었죠. 무더기로 위기에 몰린 종금사를 어떻게 처리할 것인가 하는 것과 IMF가 은행 구조조정 기구(bank restructuring unit)를 만들어 은행 구조조정을 추진하라고 독촉하는데 혼란을 최소화하면서 이 것을 어떻게 효율적으로 추진할 것인가, 또 여기에 필요한 예산을 어떻게 확보할 것인가 이런 것들이 당장 급한 현안들이었습니다.

은행 구조조정이 가장 핵심문제라고 생각해서 외국계 은행이나 금융컨설팅 회사 전문가들, 영국에서 파견한 전문가들, IBRD의 구조조정 전문가들을 많이 만나서 전문적 아이디어와 실무적 디테일을 의논했습니다.

이 밖에도 기업에 대한 지속적 구조조정 시스템을 만드는 문제, 금리와 환율, 재정 등 거시정책의 정상화 문제, 중소기업에 대한 신용확대 문제 등 골치 아픈 문제들이 산적해 있어서 이것을 풀어가는 방법을 고민했지요.

외채 만기협상 극적 타결

다행히 1월 28일 뉴욕협상은 성공적으로 마무리되었다. 1998년 중에 만기가 도래하는 국내은행들의 1년 미만 단기외채 약 240억 달러를 정부의 지급보증하에 만기 1년, 2년, 3년의 외화 채무로 대체하기로 합의한 것이다.

LIBOR 금리에 1년물은 225bp, 2년물은 250bp, 3년물은 275bp의 높은 가산 금리를 적용하기로 했지만 채권단이 집요하게 요구했던 파산 종금사의 외채에 대한 부분은 한국 측에 유리하게 이끌어냈고[31] 금리 역시 최초 채권단이 요구했던 가산금리 350bp보다는 많이 낮춘 수준이었다.[32]

만기연장 협상에 참여했던 7개국 13개 금융기관들이 우선 동의했고 이 협상에 동참하지 않았던 다른 해외 금융기관들도 3월초까지는 96.4%가 동일조건의 협상안을 받아들였다.

유동성 위기가 사라지자 외환시장이 극적으로 진정됐다. 환율이 하루가 다르게 안정되었다. 계속 어둡게 가라앉아 있던 대통령 당선자의 얼굴빛도 달라졌다.

국내 금융시장 위기진화 시작

외환부문 출혈을 막은 기획단은 종금사 사태 등 국내 금융시장의 위기 진화작업을 서둘렀다. 1997년 말까지 종금사 14개가 영업 정지됐고 1998년 초 그중 11개가 인가 취소됐다. 은행도 극심한 위기에 몰려 있었다. 막대한 부실채권 때문에 사실상 폐쇄위기에 처한 서울은행과 제일은행에 대해 정부보유 주식을 현물 출자하여 자본을 확충하는 한편 구주에 대해서는 대폭 감자(減資)하여 사실상 정부은행으로 만들었다. 예금인출사태 위기를 넘기기 위해서였다.

금융시장은 사실상 마비상태였다. 대기업들도 문제였지만 중소기업들의 타격이 더 극심했다.

홍은주 국내시장 출혈을 막는 작업은 어떤 것들이 진행됐습니까?

---

31 3월말까지 종금사를 정리하여 회생 가능한 종금사의 외채만 정부가 지급 보장하기로 한다.

32 채권협상단이 '그 정도 선에서 받든지 아니면 협상을 중단하자'라고 강하게 나왔을 뿐만 아니라 협상에 참여하지 않은 다른 수많은 해외 채권금융기관들을 추후 설득하기 위해서라도 그 정도 양보는 불가피했다고 한다(정덕구, 2008, 《외환위기 징비록》, 삼성경제연구소, 424쪽).

이헌재 지혈작업의 하나로 중소기업에 대한 보증을 확대했습니다. 대기업 연쇄부도로 중소기업까지 도미노 부도가 나고 있어서 ADB 차관으로 들여온 자금으로 신용보증기금을 확충하는 작업을 했습니다.

지혈작업 두 번째가 예산확보, 재정확보였습니다. 재정 10% 절감계획을 짜고 그것으로 공적자금을 마련하기로 한 것입니다. 그 전해 예산불용액이 10% 정도였습니다. 그래서 그 정도는 실행예산 조성이 가능하겠다 싶어서 그것을 재경원에 넘겨서 짜도록 했고 김영삼 정부 국무회의에서 통과시켰습니다.

금융·기업 구조조정 전야

기업 구조조정 5대 원칙 수립

1998년 1월 1일, 김용환 비대위원장이 비대위 기획단 사무실을 찾아왔다. 그는 이헌재 단장에게 "이틀 안에 기업 구조조정 원칙을 만들어 달라"고 주문했다. 이미 김대중 대통령 당선자의 자택을 새해 첫날 방문하여 두 사람 사이에 재벌을 개혁해야 한다는 합의가 이뤄진 상태였다.

당시 국내외 언론들이 재벌을 바라보는 시각은 상당히 차가웠다. 부도기업 처리과정에서 검찰수사 결과 천문학적 부채비율과 분식회계, 횡령 등의 사실이 속속 드러났고 대기업들의 후진적 경영행태가 국민들에게 큰 충격을 준 것이다.

이헌재 김용환 위원장의 말을 듣고 내가 서근우 박사와 확정한 기업 구조조정 원칙은 원래 4개였습니다. 첫째 기업경영의 투명성 제고, 둘째 상호지급보증 해소, 셋째 재무구조의 획기적 개선, 넷째 핵심역량 강화 등이었습니다. 여기에 김 위원장이 기업주의 책임강화 원칙을 하나 더 추가해서 5대 원칙으로 만들어 김 당선자에게 보고했습니다.

420

마지막 다섯 번째 항목은 원래 이헌재 단장이 마련한 4대 원칙에는 없는 내용이었다. 당시 노사정위원회는 정리해고 법안을 통과시키기 위해 한국노총과 민노총 등 노동단체들을 설득하고 있었다. 그 과정에서 노동단체들은 "왜 외환위기의 책임을 노동자들만 져야 하는가? 경영을 잘못한 재벌총수에게도 책임이 있으니 이들의 재산을 환수해서 고통을 분담시켜야 한다"는 요구를 해왔다.

노사정위원회를 성공적으로 끌고 가기 위해서는 노동계 요구대로 재벌총수들의 사재출연을 요구하는 모양새를 보이는 것이 좋겠다는 것이 김 당선자나 김용환 위원장의 견해였다. 재벌총수의 재산환수를 통해 '실업기금' 같은 것을 만들어야 노동계를 전폭적으로 설득할 수 있다는 주장도 나왔다.

이헌재 단장은 그것을 반대했다.

"이미 1, 2항에 실질적으로 다 들어가 있는 내용입니다. 5대 그룹이 자기책임 하에 지급보증을 해소하고 부채를 대폭 감축하려면 오너의 사재 출연은 필연입니다. 따로 넣을 필요가 없습니다. 군사정권 시대도 아니고 시장경제 시스템을 존중한다는 원칙에 위배됩니다."

그러나 김 당선자와 김 위원장은 사재출연의 강제를 명시하지는 않더라도 노조 설득을 위해서는 경영진의 책임강화 원칙을 명문화하는 것이 반드시 필요하다고 봤다. 결국 기업 구조조정은 4대 원칙이 아니라 5대 원칙으로 확정 발표된다. 5번째 항인 '경영자의 책임성 강화'는 "부실경영에 책임이 있는 지배주주나 경영주가 사재를 출연해 증자하거나 지급보증을 하는 것"으로 정의되었다.

채권은행을 통한 간접 구조조정 추진

구조조정을 정부가 직접 추진하지 않고 채권은행을 통해 간접적으로 간다는 실천원칙에 대해서는 이헌재 위원장의 주장이 그대로 받아들여졌다. 이 단장은 김용환 위원장과 김대중 당선자를 다음과 같이 설득했다.

"재벌 구조조정은 쉽지 않은 일이다. 정권이나 권력이 직접 재벌을 다루기 시작하면 실패할 수밖에 없다. 박정희 대통령도 몇 번 실패했다. 전두환 대통령도 하지 못한 일이다. 필연적으로 재벌과 권력 간에 협상과 타협으로 흐르기 때문이다. 정부가 재벌과 협상하면 정부는 반드시 게임에서 지게 된다. 그런 것을 막고 제대로 개혁을 해내려면 시스템을 이용하는 방향으로 가야 한다. 지금 시점에서 가장 좋은 것은 은행을 통해서 하는 것이다."

김 당선자는 이 설명을 납득하고 받아들였다. 그는 1월 13일 국회에서 재벌기업들과 만난 자리에서 "기업개혁은 은행을 통해서 한다"는 원칙을 천명했고 2월의 기자간담회에서도 이를 다시 한 번 확인했다.

홍은주   정부가 직접 개입해서 신속하게 추진할 수 있는 「산업합리화 촉진법」이 있었는데 왜 채권은행단을 통한 간접적 구조조정 방식을 채택한 것입니까?

이헌재   '정부가 직접 구조조정에 나서면 기껏 몇 개 하고 끝나 버린다. 장기적 제도화가 안 된다.' 이렇게 생각했어요. 정부가 나서서 정리하려고 할수록 사태가 악화된다고 봤습니다. 경험적으로 봐도 1970년대 초에 외자기업 부실기업 정리도 몇 건 하다 손들었죠? 1980년대 중화학공업 빅딜도 별 성과 없이 끝났죠? 그래서 금융기관을 통해서 시스템적, 제도적으로 접근하는 것이 필요하다고 판단했습니다. 그리고 차제에 시장에서 금융과 산업 간의 올바른 관계설정도 필요하다고 생각했습니다.

홍은주   금융과 산업 간의 올바른 관계설정이란 무슨 뜻입니까?

이헌재   내가 그전에 한국신용평가에 있으면서 우리나라 금융시스템이 심각하게 잘못되었다고 계속 생각했습니다. 도산 3법을 연구하면서 보니까 우리나라는 기업금융이 정상적으로 작동하지 않고 있었어요. 대기업에게 여신을 해줄 때 은행이 철저히 심사해야 하는데 대기업과 금융기관의 역학관계를 보면 힘이 은행이 아니라 대기업에 편중되어 쏠려 있습니다. 그러니 심사가 제대로 될 리 없지요. 또 중소기업은 담보 없이는 돈을 빌리는 것이 불가능한 일종의 '전당포

비즈니스'였습니다. 중견기업은 사각지대에 있었고요.

　그런데 시장에 큰 영향을 미치는 문제는 항상 대기업에서 터졌어요. 당시에는 오늘날과 같은 가계금융 부채문제는 없었고 대기업이 항상 문제였습니다. 그래서 내 머릿속에 '차제에 대기업과 금융기관의 관계를 제대로 바로잡아야겠다. 금융기관을 통해 간접적 기업 구조조정을 지속적으로 추진해야 한다' 하는 생각이 항상 있었습니다. 금융기관이 기업 구조조정 주도권을 쥐면 대기업과의 관계가 바로잡아지지 않겠습니까? 그래서 기업들 각자가 주채권은행에 자구책을 내도록 하고 이것을 사회적 감시체제를 통해, 그때 나는 '시장감시'라는 용어를 사용했는데, 이것으로 가져가야겠다고 봤습니다.

　정부가 가이드라인을 제시하면 기업들이 스스로 구조조정 방안을 만들어서 채권은행에 제출하게 한다, 이후 기업들이 이 약속을 지키는지 여부는 채권은행단이 판단하도록 하고 만약 지키지 못하면 가차 없이 퇴출시킨다는 것이 실행원칙이었습니다. 그렇게 하면 은행들이 기업의 생사여탈권을 쥐게 되는 것이니 은행과 기업의 전통적 비대칭 관계가 역전되는 것입니다.

부채비율을 200%로 낮추라

홍은주　그때 정부가 기업 구조조정의 가이드라인으로 대기업들에게 강하게 요구한 것이 '부채비율을 200%로 낮추라'는 것이었습니다. 부채비율을 가이드라인으로 정하게 된 배경을 설명해 주십시오.

이헌재　시장을 통한 감시체제를 구축하려면 구체적인 수치설정을 통한 가이드라인이 필요했습니다. 그래야 시장이 노력 여부를 쉽게 판단할 것이라고 봤습니다. 원래는 금융기관이 기업들의 수익구조를 볼 때 현금흐름(cash flow)이 중요합니다. 기업 재무제표에서 거짓말을 하지 않는 것은 현금흐름밖에 없다고 봤습니다. 손익계정과 대차대조표 계정은 얼마든지 회계조작이 가능한 데 비해 현금흐름은 현금유입이 유출의 1. 2배 이상 5년간 갈 수 있느냐 없느냐로 간결하게 판단이 가능하거든요.

하지만 이건 시장이나 국민들이 이해하기 어려울 것이라고 판단했습니다. 'cash flow'라는 용어도 어렵고 회계학적으로 미래에 유입되는 현금흐름을 현가(現價)로 디스카운트도 해야 하고 추정치도 필요하고 복잡했어요. 그래서 좀더 측정이 쉬운 부채비율을 시장이 감시할 목표 수치로 제시한 것입니다. 사회적 감시를 하려면 감시의 주체인 국민들이 쉽게 이해하고 납득할 수 있는 지표가 필요하다고 봤습니다.

홍은주 부채비율 200% 가이드라인은 어떤 근거로 설정한 것입니까?

이헌재 기업들로 하여금 재무구조를 개선하고 생존가능성을 높이도록 부채비율 축소 자구안을 내도록 하자는 것인데 글로벌스탠더드보다는 조금 더 여유를 두고 설정하자, 선진국 기준보다는 좀더 높게 부채비율을 설정하자는 안을 구상했습니다. 그때 기업들 부채비율이 500~600%이던 때이니 이것을 반으로 줄이면 약 300% 정도입니다. 그런데 글로벌스탠더드가 100% 정도, 일본이 평균 150% 정도 되니까 우리는 그보다 좀 여유를 가지면 200% 정도, 그래서 200% 부채비율 가이드라인이 생긴 것입니다.

옛날처럼 금융이 낙후되지 않고 주식시장도 잘 돌아가니까 출자와 유상증자를 통해 자본을 보완하도록 하면 200~300% 미만은 충분히 가능할 것이라고 보고 기업들로부터 부채비율 개선 자구안을 제출하도록 한 것입니다. 미국 대기업들의 부채비율이 80%, 일본이 150% 정도였어요. 그러니까 200% 가이드라인은 우리 기업들 형편을 고려해 일본 등 선진국보다는 좀더 여유를 두고 높게 설정된 것이죠.

이 당시에는 부채비율 200%가 가이드라인의 성격이었는데 제가 금감위원장으로 공식 취임한 4월 이후부터 정부의 공식방침이 되었고 기업 구조조정 핵심 원칙가운데 하나로 확정됐습니다. 저의 금감위원장 취임 일성이 부채비율을 200%로 낮추라는 것이었지요.

"부채비율에 예외는 없습니다"

확정된 부채비율 200% 가이드라인을 대기업에 통보하는 자리가 1998년 2월 9일 서울 여의도 전경련회관에서 마련됐다. 30대 재벌그룹의 기획조정실장들이 모두 모인 자리였다. '살벌한 통보'를 예감한 탓인지 30명 전원이 착석한 채 기다리고 있었다. 이헌재 단장이 들어서자 나지막한 소음이 일제히 사라지고 바늘 떨어지는 소리까지 들릴 것 같은 침묵으로 바뀌었다. 이 단장은 회의장에 들어서면서 '일방적으로 통보한다. 예외를 일체 인정하지 않는다'는 원칙을 마음속으로 다시 다짐했다. 당시 상황을 재구성하면 다음과 같다.

회의장에는 팽팽하고 긴장된 분위기가 감돌았다. 그 침묵을 깨고 이 단장이 입을 열었다. 핵심 메시지는 이러했다.

"이번 주말인 2월 13일까지 각 그룹별로 부채비율을 200%로 획기적으로 낮추기 위한 구조조정 계획을 제출해 주십시오."

그리고 덧붙였다.

"구조조정 안(案)에는 오너의 도장이 반드시 찍혀 있어야 합니다."

누군가 손을 들었다.

"환율이 많이 올라서 원화가치가 크게 떨어진 상황입니다. 비행기를 사려면 큰돈을 빌려야 하는데 부채비율 200%는 어렵습니다."

그러니 예외를 두어 달라는 요청이었다. 항공회사에서 온 사람인 것으로 짐작됐다. 그의 말이 떨어지기가 무섭게 다른 사람들도 각자의 입장을 하소연했다. 해운회사를 보유한 그룹의 임원은 말했다.

"우리도 배를 빌려 장사하는 만큼 빚이 많을 수밖에 없다."

"건설회계는 일반 기업회계와 다르다."

건설회사가 있는 그룹은 부채비율 200%의 예외를 주장했다.

이헌재 단장이 이들의 말을 잘랐다.

"예외는 없습니다. 재무구조를 획기적으로 변화시켜야 하는 중요한 시점이라는 걸 다들 잘 아실 겁니다. 말씀하신 대로 예외를 자꾸 두면 기업들은 영원히 큰 빚을 지고 살게 된다는 뜻인데 그건 불가능합니다."

단호한 말에 회의장이 다시 숙연해졌다. 부채비율 감축을 추진하다 보면 헌

실적으로 예외가 발생할 것이라는 정도는 이미 감안하고 있었지만 처음부터 예외를 인정하고 시작하면 모두가 각자의 사정을 들어가며 예외를 주장할 것이기 때문에 일단 초강경 입장을 고수한 것이다. 재벌들과의 기싸움에서 밀리지 않기 위한 전략이기도 했다. 회의 말미에 이 단장은 다시 한 번 덧붙였다.

"이번 주말까지입니다. 기한을 넘기지 마십시오."

이날 회의에서 이헌재 단장은 "올 3월부터는 상호지급보증이 없어진다. 기업들이 알아서 자기신용으로 돈을 빌려야 한다. 그리고 법적으로 아무 근거도 없는 기획조정실을 통해 대기업 계열사를 사실상 지배하는 관행도 없앨 것이다"라는 내용도 함께 통보했다. 아무런 법적 책임을 지지 않고 계속되어온 재벌들의 지배구조를 뿌리부터 뒤흔드는 통보였다.

홍은주 주말까지 닷새 만에 부채비율을 200%로 줄이는 계획서를 내라니까 다들 쉽지 않았을 텐데요?

이헌재 외환위기로 분위기가 살벌할 때니 30대 기업들 전체가 기한인 2월 13일까지 구조조정 계획서를 제출했습니다. 30대 재벌기업들로부터는 직접 받고 나머지 64대 기업은 금융기관으로 하여금 받으라고 해서 내가 내용을 쭉 살펴봤습니다. 우리가 요구한 대로 총수 도장을 찍어 가져왔는데 대강 200% 안팎으로 맞춰 왔어요. 항공, 해운 같은 장치산업이나 차터(charter) 산업 빼고는 기업들이 가져온 목표 부채비율이 삼성이 200% 정도이고, 나머지 대기업들은 250% 안팎이었습니다. 해운과 항공은 장기로 비행기와 배를 빌려서 수익을 내는 차터 산업이라 부채인지 자산인지 복잡해서 예외로 했고요.

홍은주 5대 재벌 가운데 나중에 대우가 결국 문제가 되었는데 대우는 구조조정 계획을 어떻게 가져왔습니까?

이헌재 대우는 자구노력을 위한 계획은 제출했지만 부채비율에 대한 구체적 목표수치는 없는 상태로 가져왔습니다.

금융감독위원장으로 입각, '개혁의 기수'가 되다

비대위는 새 정부 출범 전 급한 상황에 대처하기 위한 임시조직이므로 새 정부 출범을 앞두고 2월 25일 해산됐다. 기업들이 제출한 구조조정 자료를 근거로 비대위에 최종 보고서를 만들어 제출한 것이 기획단의 최종 임무였다.

업무 인수인계를 하고 나서 이헌재 단장은 조세연구원에 돌아갔다. 구조조정 자료는 주거래은행에 돌려주고 "은행이 중심이 되어서 구조조정을 지속해 나가야 한다"고 지시한 상태였다.

2개월 전 비대위에 들어설 때 스스로 설정한 목표는 이미 달성되었다고 평가했다. 단기외채 만기연장 협상 성공으로 외환시장 출혈이 일단 멎었고, 국내시장도 일단 급한 불은 껐다. 은행을 통한 기업 구조조정의 상시화라는 목표도 첫 단추는 끼운 셈이다. 나머지는 새롭게 입각하는 사람들이 추진하면 된다. 기업 구조조정을 추진하면서 시스템적 접근을 시도한 것도 그 때문이었다.

'부채비율 200%로 설정한다, 그 후에는 채권은행단이 알아서 감시한다, 이런 내용을 시장이 다 알도록 확실하게 선언해 버렸으니 누가 오더라도 그 방향으로 갈 수밖에 없지 않나?' 싶었다.

당시 경제부총리제가 없어지면서 김용환 비대위원장이 입각하지 않겠다고 결정한 터라 자신도 물러나는 것이 당연하다고 여겼다. 김용환 위원장으로부터 "입각 대상에 당신을 추천했다"는 말을 전해 듣기는 했으나 김대중 당선자 진영으로부터는 아무런 언질도 없었다. 오히려 청와대에서 "그 사람은 이회창 캠프에 있었던 사람이니 안 된다"는 반대가 많다는 이야기를 전해 듣고는 큰 기대도 하지 않았다.

그러나 언제나 예측 불가능한 것이 인생이다. 처음에 생각했던 대로 자신의 일을 하려던 이헌재 단장에게 3월 7일, 뜻밖의 뉴스가 전해졌다. 신설 정부조직인 금융감독위원회 위원장으로 내정되었다는 것이다. 금감위는 1997년 12월 금융개혁 종합보고서를 토대로 「금융감독기구의 설치 등에 관한 법률」 제정과 함께 탄생한 신생기관이었다.

장관급 인사인데도 청와대로부터는 별다른 귀띔도 사전통보도 없었다. 친구가 방송뉴스를 듣고 먼저 전화해서 금감위원장 내정 소식을 알려줬다. 전혀 예상치 못한 뜻밖의 입각 소식이었다.

금융·기업
구조조정 드라이브

금융 구조조정을 위한 특수기동대, 구조개혁기획단 구성

1998년 4월 1일. 이헌재 금감위원장은 여의도 사무실로 첫 출근을 했다. 1970년대 말 재무부 이재국의 잘나가던 엘리트 공무원 생활을 그만두고 해외유학으로, 민간기업으로 낭인처럼 떠돌다 공직에 다시 돌아온 날이었다.

미리 정해진 운명이란 게 정말 있는 것일까?

"나이 쉰 살이 될 때까지는 배우기만 하고 절대로 관직에 들지 말라"는 충고를 어느 방외지사(方外之士)로부터 들은 적이 있는데, 그의 말이 정말로 들어맞은 셈이다.[33] 그러나 감상에 젖을 시간도 여유도 없었다. 끝이 보이지 않는 어둠이 크게 입을 벌린 채 기다리고 있었다. 그 어둠 속을 하루빨리 헤쳐나가야 했다. 금융시장 전체가 금감위의 움직임과 입만 지켜보고 있는 상황이다.

금감위는 금융관련 정책 결정 및 금융회사 인허가 등을 심의 의결하는 금융위원회와 집행 감독기관에 해당되는 통합 금융감독원이 합쳐진 조직이다. 그러나 새 정부 출범과 함께 급히 만들어진 신생부처였고 은행감독원, 보험감독원, 증권감독원 등 기존의 감독기관들을 통합하는 작업은 이제부터 시작이었기 때문

---

33 그 말을 해준 사람은 장감산이라는 도인이었다. 우연한 자리에 만난 그는 "조만간 관이 끊길 것이며 10년간 아무것도 하지 말고 50세까지는 인생을 배우라"고 충고했다.

에 법적 인정을 받는 공식적 행정조직이라곤 달랑 사무국 하나밖에 없었다.

금융과 기업 구조조정을 본격 추진해야 하는데 사람도 없었다. 실제로 일할 수 있는 태스크포스 조직을 급히 만들어야 했다.

이 위원장은 일단 큰 조직 2개만 만들었다. 구조개혁기획단과 통합기획실이다. 구조개혁기획단은 대통령 직속으로 해서 일단 권위와 무게감을 만들고 이헌재 위원장이 직접 관할하기로 했다. 또 다른 조직인 통합기획실은 한국은행 출신 정기홍 실장에게 전적으로 책임을 맡겼다. 구조개혁기획단이 금융 구조조정을 추진해가는 동안 금융시장 동향을 실시간으로 파악하고 시장의 현상유지를 책임지는 조직이다.

각 부처로부터 공무원들을 일부 지원받았고, 한국은행으로부터도 일부가 파견 나왔지만 인원부족이 심각했다. 임시로 민간 금융시장이나 연구원 등에서 사람을 데려다 쓸 수밖에 없었다. 조직도 처음부터 정교하게 짤 수 없었다. 조직을 잘게 쪼개 놓으면 칸막이 현상이 생겨 인원을 효율적으로 활용할 수 없기 때문에 큰 2개 조직 속에서 유기적 업무를 맡게 하여 필요에 따라 즉시 일에 착수할 수 있도록 했다.

조직을 만든 후에는 혼선을 막기 위해 각자에게 역할을 부여하고 모든 사안의 창구 일원화를 시도했다. 가령 시장의 현상유지에 관한 모든 책임과 권한은 정기홍 실장에게 집중되도록 했다.[34] 기업 구조조정 문제는 서근우 박사가 전담했다. 최흥식 박사에게는 각 업권별 감독원의 통합작업(PMM: Post Merge Management)을 맡겼다. 당시까지 은행감독원, 증권감독원, 보험감독원 등 세 감독원과 신용관리기금 등 4개 기관은 제각기 따로 움직이고 있었다. 법에 따라 이들을 통합하여 통합 금융감독원이 설립될 예정이었는데 최 박사에게 통합 금융감독원을 만드는 산파역할을 맡긴 것이다.[35]

---

34 이 역할 때문에 정 실장은 나중에 대우문제가 터졌을 때 대우도산의 시간을 연장하기 위해 큰 고생을 하게 된다.

35 해당 업권별로 노조 등의 반발이 대단했고 당연히 통합작업을 하는 사람은 여러 이해당사자들로부터 불만을 사게 되어 있다. 그래서 감독원이 통합된 이후 최흥식 박사를 기용할 수 없었다. 이헌재 위원장은 개인적으로 최흥식 박사에게 대단히 미안하다고 술회했다.

시급했던 제도정비와 조직개편

가장 시급한 과제가 금융부문 구조조정을 추진할 수 있는 최소한의 원칙 및 기준, 수단을 확보하는 것이었다. 즉, 금융기관의 부실이 가시화되는 경우 정부가 개입할 수 있는 근거를 마련하는 것이다. 그래서 도입된 것이 적기시정조치〈prompt corrective action〉다. 금융기관이 일정 기준의 자산건전성, 수익성을 확보하지 못하면 영업개선 권고나 자본금의 증자 혹은 감자, 신규업무제한 명령을 내리고 최악의 경우 점포폐쇄, 영업정지 및 영업양도, 합병 등의 강제조치를할 수 있는 제도였다. [36]

은행 구조조정을 위해 자산건전성을 평가할 때 차주의 미래상환능력을 선제적으로 고려하는 FLC도 급하게 연구됐다. 은행 구조조정을 추진하는 과정에서 예금자들의 동요와 예금인출을 줄일 수 있는 예금보험제도 및 부실채권을 처리할수 있는 자산관리공사 등 법적·제도적 인프라의 뼈대는 만들어져 있었지만 구체적 역할과 기능에 대해서는 아직 아무도 모르는 상태였다. 일단 빠른 시간 내에예금보험공사를 은행, 증권, 보험을 총괄하는 통합기구로 개편했다. 기존의 신용관리기금, 신용협동조합중앙회, 안전기금, 보험보증기금 등이 모두 예금보험공사로 통합됐다. 부보대상 금융기관도 은행뿐만 아니라 증권, 보험, 종금, 상호신용금고, 신용협동조합 등 대부분의 금융기관들이 광범위하게 포함됐다. [37]

---

36 • 적기시정조치의 내용
 - 경영개선 권고: 조직, 인력운영의 개선, 자본금의 증자, 혹은 감자, 신규업무제한 등
 - 경영개선 요구: 점포폐쇄 및 신설제한, 임원진 교체 요구, 영업의 일부정지
 - 경영개선 명령: 주식소각 영업양도 외부관리인 선임, 합병 및 개별예금이전 등의 조치
 • 적기시정조치의 발동기준
 - 종금사: 1998년 3월말까지 BIS 자기자본비율이 4% 이상 유지될 수 있는지 여부를 확인하는 1차 평가와 자본 및 자산의 적정성, 원화 및 외화유동성을 기준으로 한 2차 평가 결과 적기시정조치 적용
 - 은행: BIS 비율이 8% 미만, 6% 미만, 2% 미만, 경영실태 평가가 4등급 이하
 - 증권사: 영업용 순자본비율이 150% 미만, 120% 미만, 100% 미만, 경영실태평가가 4등급 이하
 - 보험: 지급여력비율이 50% 이상 100% 미만, 50% 미만, 0% 미만, 경영실태평가가 4등급 이하
37 새마을금고연합회의 안전기금은 관할부처가 달라 독자적으로 예금보호업무를 수행한다.

비상시국이다 보니 예금보험공사는 설립 1년도 채 안돼서 금융 구조조정 및 일부 감독업무까지 담당하게 되었다. 금융 구조조정 과정에서 금감위에 부보대상 금융회사의 검사를 요청할 수 있게 되는 등 기능이 보완된 것이다. 신생기관이다 보니 예금보험공사가 해야 할 업무범위와 권한의 한계가 어디까지인지 몰라 손발이 안 맞기도 하고 업무 하나하나가 다 생소하여 한편에서는 외국자료를 공부하고 다른 한편에서는 정신없이 부실금융기관을 정리하던 시절이었지만 그래도 법적·제도적 인프라가 갖춰져 있었던 것이 큰 다행이었다.[38]

SWAT과 수퍼거지의 사이

금융 구조조정을 추진하기 위한 제도와 기준을 연구하고 만들면서 동시에 시간에 쫓겨가며 실행도 해야 하는 숨가쁜 날들이 계속됐다. 금감위 직원들 모두가 밥 먹듯 야근을 하고 하루에 서너 시간밖에 눈을 붙이지 못했다. 연구하고 분석해야 할 자료들이 책상 위에 산더미처럼 쌓였다.

그런데도 구조개혁기획단은 정부 직제에도 없고 따라서 예산도 받을 수 없는 비정규 조직이다. 여기서 일하는 사람들 역시 파견받은 일부 공무원들 외에는 민간에서 온 비정규 인원들이었다.

예산을 받지 못하니 초반에는 수당은커녕 야근 때 자장면을 먹을 수 있는 식비도 제대로 받지 못했다. 구조개혁기획단 직원들은 자부심에 넘쳐 스스로를 스왓(SWAT: 특수기동대)이라고 부르고 기획단의 비좁은 사무실을 워룸(war room)이라고 지칭했지만 언론은 이들이 밤샘을 밥 먹듯 해도 야식비조차 못 받는다고 해서 '수퍼거지'라고 불렀다.

하는 일은 스왓 팀이지만 경제적 현실은 수퍼거지, 이것이 언론과 국민의 눈에 비친 금감위 구조개혁기획단의 두 가지 모습이었다.

---

38 인도네시아의 경우 이 같은 제도적 인프라 없이 은행 구조조정을 추진했다가 실패했다.

미네르바의 부엉이는 황혼에 난다

구조개혁기획단은 대통령 직속이라고는 하지만 법에 규정되지 않은 조직이다. 그 조직으로 금융 및 기업 구조조정 같은 초법적 조치를 수행해야 했다. 이 때문에 구조조정의 실제 행동은 기획단이 하고 구속력 있는 법적 결정은 금감위 의결이나 예금보험공사 의결, 신용관리위원회 의결 등을 통해 법적 외형을 갖추는 방식으로 일이 진행됐다.[39] 비공식적 조직을 통해 실질적 일을 하고 법적 마무리는 공조직을 활용한 것이다.

"법이나 제도가 없어서 구조조정을 추진하기 어렵다"라는 말로 물러서기에는 상황이 엄중했다. 실천의지만 있다면 법적·제도적 외형은 기존 조직을 활용해서도 얼마든지 우회해나갈 수 있다고 생각했다.

이헌재 헤겔의 《법철학》 서설에 보면 "미네르바의 부엉이는 황혼이 깃들 무렵에야 비로소 날기 시작한다"는 구절이 있어요. 내 나름대로 해석을 해보자면 미네르바는 지혜의 여신이고, 지혜는 현실 속에서 이미 일이 벌어져서 경험한 다음에 비로소 얻어진다는 뜻입니다. 외환위기 때가 바로 그랬습니다.

생전 처음 겪는 초유의 일이라 아무도 어떻게 될 것인지, 어떻게 수습해야 할 것인지 모르고 우왕좌왕했습니다. 일을 처리할 수 있는 법이나 규정, 조직 아무것도 없었어요. 조직이 있더라도 정확히 자신들이 해야 할 일을 잘 몰라서 혼선을 겪고 있었고요. 또 정권 교체기라 사태해결의 주도권을 누가 잡을지도 불분명했습니다.[40] 그래서 내 나름대로 어떻게 사태를 수습할 것인지 우선순위를 정한 다음 한편에서는 방법론을 연구시키고 한편에서는 시행해가기로 한 겁니다.

법과 규정이 없으니 법을 우회해서 시행하는 수밖에 없었고 조직이 없으니 비정규 조직을 만들어 일단 수습을 해나가기로 했습니다. 비공식 조직은 한창 일을 하고 난 다음에야 정식 조직이 됐고 관련법도 나중에 국회가 만들어 주곤 했

---

39 구조개혁기획단 등은 1998년 말에 가서야 예산을 받을 수 있는 법률상의 조직이 된다.
40 청와대 정책수석실에도 구조조정 조직이 만들어져 있었다.

습니다. 대표적으로 「기업 구조조정 촉진법」이 그런 사례이죠. 그때 채권금융 기관들이 합의해서 워크아웃을 하고 구조조정을 해나가는데 국회에서 박종근 의원 등이 "법에 근거하라"고 하면서 관련법을 나중에 만들어 줬습니다. 법이나 규정이 없다고 망설이지 말고 일이 벌어지면 일단 해결하겠다는 실천의지가 중요하다고 봅니다.

금융부문 구조조정의 밑그림

금감위가 만들어지고 난 후 첫 번째로 해야 할 중요한 일이 금융부문 구조조정이었다. 금융기관별 처리수순과 방식, 일정을 고민하여 대강의 계획을 만들어야 했다. 종금사는 3월까지 정리하되 시간을 벌어가면서 단계적으로 연착륙시키고, 은행은 6월말까지 정리하며 증권, 보험, 투신권 정리는 그 뒤로 미룬다는 시계열적 얼개만 있을 뿐 구체적이고 정밀한 계획은 아직 세우지 못한 상태였다.

　IMF가 시장복원을 위한 금융부문 구조개혁을 매일 재촉할 때라 정밀한 그림을 그릴 시간도 여유도 없었다. 일단 급한 문제부터 해결해가면서 전개되는 상황에 따라 처방과 방법과 수순을 고민해야 했다.

홍은주　금융부문 구조조정에 대해 IMF와 어떻게 이야기가 됐습니까?

이헌재　당시 IMF·세계은행의 데이비드 코 부국장이 한국에 자주 출장 와서 "IMF와의 협상에 따라 금융부문 구조조정을 서둘러 달라"고 계속 요구했습니다. 그의 요구 내용은 크게 두 가지입니다. "IMF와 맺은 정책의향서(LOI: Letter of Intent)에 따라 여기에 명시된 내용을 약속한 시한 내에 일사불란하게 처리하고 은행 구조조정 유닛(banking restructuring unit)을 만들라"는 것과 "투신사든 은행 신탁이든 거래목적 유가증권은 시가평가(mark to market)를 하라"는 것이었습니다. 그래서 우리가 IMF·세세은행과 협의한 것이 "금융 구조개혁을 위한 독자조직을 만들겠다. 대통령 직속으로 해서 우리가 확실하게 추진하겠다. 기업과 은행 구조조정 등 모든 것을 함께 진행할 것이다. 그러니 우리에게 6월말까지만 시간을 달라"고 했습니다. 몇 달간 시간을 번 것이죠.

IMF의 금융개혁 압박과 은행 구조조정 준비

왜 당장 은행 구조조정에 착수하지 않고 6월말까지로 시한을 늦춰 잡았을까? 은행퇴출과 구조조정은 한국 경제 역사상 단 한 번도 벌어지지 않은 엄청난 사건이다. 최악의 경우 금융기관 전체에 대한 불신이 확산될 수도 있었다. 불안해진 국민들이 금융기관을 믿지 못해 동시다발로 돈을 빼기 시작하고 예금인출 사태가 확산되면 금융시장이 붕괴할 수밖에 없다. 작은 계산착오나 이상이 발생해도 판을 뒤엎을 정도의 큰 사건으로 비화될 가능성이 높았다.

그러니 어설프게 건드려서는 안 된다. 실물경제에 충격을 최소화하도록 사전에 철저하게 준비해서 짧은 시간 안에 단번에 해치워야 한다. 또한 처리방식이 누가 보기에도 객관적이고 공정하지 않으면 안 된다. 이해관계자들이 다른 소리 못하고 수긍해야 할 정도로 철저해야 한다. 그런 준비에 최소한의 시간이 필요하다고 봤다.

그렇다고 너무 시간을 끌면 구조조정의 시급성에 대한 사회적 합의와 동력을 상실하게 된다. IMF로부터도 재촉이 심했다. 밤낮 없는 사전준비에 필요한 최소한의 시간, 그것이 6월말이라고 이헌재 위원장은 봤다.

금융·기업 구조조정은 금융기법과 재정, 세제 등을 광범위하게 아우르는 고도의 전문적 영역이다. 이헌재 위원장은 영국 런던은행으로부터 갖가지 자료를 받아 은행 구조조정의 틀에 대해 태스크포스 팀과 함께 심도 있는 검토에 들어갔다.

런던 어프로치 연구

구조개혁기획단의 이성규·서근우 박사팀은 1970년대와 1990년대 두 차례에 걸쳐 영국에 대규모 기업부실이 발생했을 때 시스템 위기로 전이되는 것을 막기 위해 영란(英蘭)은행이 주도했던 기업 구조조정 방식 이른바 '런던 어프로치' (London Approach)를 연구하기 시작했다.

위기상황에서 무더기 기업부실, 금융부실이 발생할 때 공식적인 법과 제도로 집근하면 부실채권 처리에 시간이 오래 걸린다. 그 와중에 금융경색이 발생해 기업들의 속절없는 추가부도로 이어지기도 한다. 그래서 영란은행의 중재로 기업과 금융기관 간 직접 협상을 통해 구조조정을 속도감 있게 추진함으로써 기업회생에 성공했던 사례가 있었다.

이 런던 어프로치를 연구하여 외환위기 때 한국이 도입한 것이 이른바 '기업 구조조정 협약' 및 '워크아웃'(workout: 기업가치 회생작업) 등이었다.

이 프로세스는 다음과 같다. 일단 주거래은행이 부실기업의 재무상태와 자금 사정, 회계와 경영 현황, 중장기 전망 등을 조사한 후 회생가능으로 판정이 되면 6~7명으로 구성된 채권금융기관 운영위원회를 설치한다. 이 위원회는 대상 기업과 협약을 맺은 후 채권행사를 유예하고 운영자금을 지원한다.

또 구조조정 특별지원팀을 발족해 자산매각 주선, 원가절감과 생산성 향상 지도, 경영합리화 등을 지원하며 자금 측면에서는 감자와 추가출자, 신규자금 지원 등을 통해 기업회생을 주도한다. 만약 해당 기업과 채권금융기관 간에 합의를 보기 어려운 갈등이 발생하면 영란은행이 주도해 중재하고 해결했다.

구조개혁기획단은 1980년대에 미국에서 기업 및 금융기관이 대거 쓰러질 때 사용되었던 미국식 구조조정 방식도 함께 연구했다. 이 방식은 금융부문 전문가들이 투입되어 기업 구조조정을 주도하는 것인데 '기업 구조조정 전문가'라고 불리는 고도의 프로페셔널 전문가들이 다수 필요한 방식이어서 한국 상황에는 맞지 않았다. 당시 한국에는 이런 방면의 구조조정 전문가도, 구조조정 시장도 거의 없었다.

구조조정 과정에서의 금융기관 건전성 확충을 위한 재정 측면은 재경부에서 파견 나온 이석준 과장, 이회수 과장 등이 검토했다. 금융기관과 기업들의 자산매각과 자산부채이전(P&A), 인수합병(M&A), 자산교환 등에서 발생하는 무수히 많은 세금이슈는 조세연구원 유일호 박사가 검토에 들어갔다.

홍은주 금융 구조조정을 추진할 때 금융업권에 따라 구조조정 추진 시기를 결정하거나 방법론적 디테일을 연구하는 것 등은 모두 우리가 자체적으로 알아서 한 것인가요?

이헌재 당연합니다. 왜냐하면 IMF도 직접 해본 적이 없는 일이고 한국에 와 있는 IMF 사람들 가운데 금융전문가들도 없었어요. 우리가 구체적인 방안을 다 마련해 IMF에 제시했습니다.

종금사는 3월말까지 일부가 문을 닫았고 그 후로도 가능한 시간을 벌어가며 단계적으로 정리하기로 했습니다. 한꺼번에 다 할 수는 없다고 봤던 이유는 종금사가 CP 등 기업들 단기자금의 주요 조달창구였거든요. 결국 나중에는 거의 다 문을 닫게 됩니다만 시장을 연착륙시키기 위해 유예기간이 필요했습니다.

은행은 6월말까지 구조조정을 하겠다고 약속하고 방법론을 연구했습니다. 투신사는 충격이 크더라도 한꺼번에 처리하자는 의견이 강하게 제시되었지만 최후 순위로 밀어두기로 했습니다.

결론적으로 '종금사는 시간을 벌어가면서 단계적으로 처리해나간다. 은행은 6월말까지 구조조정을 하되 그동안은 현상유지로 간다. 투신사는 은행을 성공적으로 처리한 후 가장 나중에 간다'는 방식으로 결론을 냈습니다.

투신사 구조조정 시기 논란

투신사 구조조정을 뒤로 미룬 점에 대해서는 학계에서나 금감위 내부에서도 상당한 논란이 있었다. 투신부문 위기가 심상치 않게 악화되고 있었기 때문이다.

1997년 초 한보사태 이후 은행부문 신용경색이 심해지면서 은행에서 돈을 구하기 힘들어지자 기업들은 자기신용으로 CP와 회사채 등을 발행해서 자금난을 해결했다. 이것을 주로 인수한 곳이 은행 신탁계정과 투신사 수익증권이었다. 이러한 관행은 기업들의 직접금융조달 비중이 커지고 은행에 대한 의존도가 낮아지는 장점이 있었으나 대기업 연쇄부도로 인한 금융부실의 뇌관이 은행뿐만 아니라 투신사 등 제2금융권 곳곳에 흩어져 뿌려졌다.

시중금리 폭등과 금융시장 혼란을 안정시키기 위해 정부는 1997년 11월 19일부터 2000년 말까지 한시적으로 은행, 보험, 증권, 종금, 상호신용금고 등의 수신상품에 대해 원리금 전액지급을 보장하는 조치를 시행했다. 투신사의 수익증권은 투자상품으로 봐서 이 같은 보장에서 제외됐는데 그러자 투신사 수익증권에 대해 대량 환매사태가 발생했다. 규모가 작은 투신사부터 당장 타격을 받았고 1997년 12월 신세기투자신탁이 부도를 냈다.

그대로 방치했다가는 펀드런이 대형 투신사로까지 확산돼 제2금융권 전체가 무너질 우려가 있었다. 사태가 심각해지자 정부는 투신사 MMF(Money Market Fund) 증권금융이 발행한 어음을 의무적으로 10% 이상 편입하도록 하는 조치를 내렸다.[41] 증권금융은 이렇게 조달한 자금으로 투신사 긴급지원에 나선다. 또 투신사, 투신운용사, 증권사, 투신협회의 출자로 1998년 2월 2조 원 규모의 투자신탁 안정기금이 긴급 조성됐고, 이 기금에서 신세기투자신탁의 신탁재산을 인수한 한국투자신탁증권에 자금이 지원됐다.

1998년 5월부터는 한남투신에서도 급격히 돈이 빠져나갔다. 수익증권 인출요구를 받으면 투신사는 보유한 주식과 채권을 '떨이'로 팔 수밖에 없기 때문에 시장교란을 일으켜 다른 주식과 채권까지 폭락한다. 그러면 멀쩡하게 운영되던 다른 투신사에도 인출요구 사태가 폭발적으로 늘어날 수 있다. 금융기관들끼리의 네트워크 연결성이 동태적이고 시스템적인 위기를 불러오는 것이다.

---

41 한국증권금융 발행 어음의 MMF 편입비율은 2003년 11월 40%로 상향조정됐다가 2004년 의무편입비율이 폐지된다.

〈홍길동 2〉 보고서 파문

한남투신 등 부실 투신사 문제를 어떻게 처리할까 고민하는 와중에 연원영 부단장(구조개혁기획단 부단장)과 김범석 과장이 이헌재 위원장의 사무실에 들어와 보고서를 내밀었다. 표지에는 〈홍길동 2〉라는 제목이 적혀 있었다.

이헌재 위원장이 이 보고서를 만들어 보라고 한 시점은 1998년 3월 금감위원장 내정 직후였다. 연원영 부단장과 재경부에서 파견 나와 있던 김범석 과장에게 금융 구조조정의 큰 그림을 그려 보라고 지시한 것이다. 보안을 위해 사무실은 여의도 관광호텔로 지정했다.

최종 보고서의 제목이 〈홍길동 2〉가 된 것도 다른 사람들이 무슨 내용의 보고서를 작성하고 있는지 눈치채지 못하도록 하기 위해서였다. 〈홍길동 2〉라는 우스꽝스러운 작명 감각과는 달리 이 보고서에는 살벌한 내용이 들어가 있었다.

> 은행과 증권, 보험, 투신사를 한꺼번에 정리한다. 투신상품은 손해가 난 만큼 실적대로 돌려준다. 시장이 무너지는 것을 막기 위해 긴급 재정명령을 내리고 증시는 1주일간 문을 닫는다. [42]

은행을 구조조정할 경우 부실문제가 투신과 증권, 보험 등 제2금융권으로 이동하여 터지는 것은 시간문제이니 아예 눈 딱 감고 모든 금융시장의 문을 '셧다운' 한 다음 한꺼번에 처리하자는 것이다. 연원영 부단장과 김범석 은행 구조조정팀장은 〈홍길동 2〉 작전을 유전화재 진압방식에 비유했다.

"유전에 대형화재가 났을 때 이것을 효과적으로 진압하는 방법은 유전시설을 아예 폭파시키는 수밖에 없습니다. 그래야 더 큰 사고를 막습니다."

당시 일부 학자들 가운데서도 비슷한 주장을 하는 사람들이 있었다. 보고서를 읽은 이헌재 위원장의 생각이 복잡해졌다.

'긴급 재정명령이라 … 과연 시장 전체를 셧다운 해서 한꺼번에 다루는 것이

---

42 이헌재, 2012, 《위기를 쏘다》, 중앙북스, 206쪽.

가능할까? 시장을 다시 열었을 때 예전처럼 회복할 수 있을까?'

머릿속에 온갖 시뮬레이션이 그려졌으나 뚜렷한 답이 나오지 않았다. 증권이야 수신기능이 없으니 파장이 제한적이었고 보험은 장기수신 상품이기 때문에 시급성에서 큰 문제가 되지 않았다. 뚜껑 열기가 가장 두려운 판도라의 상자가 바로 투자신탁이었다. 투신사들이 보유한 채권과 CP, RP, 주식 등의 부실규모는 파악조차 되지 않았다.

생각은 깊었으나 판단은 빨랐다. 모든 시장을 동시에 셧다운 하는 깃은 도저히 불가능하다는 판단이 들었다. 답이 나오지 않는 위험한 승부에 운을 걸기에는 상황이 나빴다. 이 위원장이 시급하다고 본 목적함수는 금융부실의 발본색원이 아니라 금융시장의 정상화였다. "〈홍길동 2〉는 당장 파기하고 아예 없었던 일로 하라"고 지시했다.

이헌재　금감원 내부에서 투신사 처리에 대한 검토가 있었어요. 김범석 과장, 이정재 예금보험공사 전무는 물론이고 연원영 부단장까지 투신사를 이대로 두면 큰일 난다 싶어 1998년 3월부터 6월 사이에 예금보험공사에 모여서 비밀작업을 했고, 이른바 〈홍길동 1〉, 〈홍길동 2〉 시나리오가 그때 만들어졌습니다. 실무자들은 당시에 〈홍길동 2〉를 주장했습니다. 재정명령 같은 과격한 방식을 동원해서라도 금융권 부실을 한꺼번에 털고 가자고요.

조윤제 당시 서강대 교수도 "은행보다 투신시장 부실이 더 크다. 투신사를 이대로 두면 안 된다"고 금융권 동시 구조조정을 주장하기도 했지요. 은행뿐만 아니라 투신사까지 동시에 구조조정해야 한다고요. 그런데 내가 〈홍길동 2〉를 파기하라고 지시했습니다. 투신사 구조조정 아이디어는 더 이상 꺼내지 말라고 하고 잘랐습니다. 금융권 체력이 극도로 떨어져 있는데 추가 수술을 할 수는 없다고 생각했습니다. 일단 은행을 먼저 손봐서 금융시장의 체력을 회복시킨 후 제2금융권은 다시 수술에 들어가는 것이 낫다고 본 것입니다.

'going concern' vs 'gone concern'

이헌재 위원장은 왜 은행을 가장 우선적인 구조조정 대상으로 골랐을까? 당시 제2금융권은 은행에 비해 상대적으로 발전기간이 짧고 자금순환 과정에서 기업과 가계에 대한 자금공급의 역할이 상대적으로 낮았다. 전통적으로 가계나 기업, 자영업에 돈을 빌려주고 한국 경제를 움직여온 것은 은행이기에 외환위기 이후 연쇄적으로 발생한 금융위기 수습과 시장정상화를 위해서는 은행정상화를 최우선순위에 두어야 한다고 봤다.

이헌재 만약 당시 금융 구조조정의 목적이 금융부실의 발본색원이었다면 〈홍길동 2〉처럼 재정명령을 내리고 전쟁하듯 동시다발로 부실을 처리했겠지요. 그런데 당시 금융구조 개혁의 목적은 다른 데 있었습니다. 망가질 대로 망가진 금융시장을 빠른 시간 내로 복원하고 상시 구조조정 체제 확립을 위한 시간을 버는 것이 주된 목표였어요. 그러니 일단 은행부터 빨리 손을 보는 게 옳다고 봤지요.

또한 은행은 실물과의 연계성에 있어 시스템적 위험을 지닌 금융기관이다. 은행이 부실화되면 그 파장의 크기가 경제시스템 전체를 위협한다. 은행부실에 대해 "예금자 보호 외에 정부가 더 할 일은 없다"는 식의 'gone concern'의 태도가 아니라, 은행은 경제의 근간이기 때문에 국가가 존재하는 한 영속적으로 지속되어야 하는 'going concern'의 대상이 되어야 한다고 봤다.[43]

기업자금 수요에 숨통 열어 줘야

금융시장 구조조정 과정에서 기업과 가계에 최소한의 숨 쉴 여지는 남겨 두어야 한다는 고려도 있었다. 은행 구조조정이 시작되면 당연히 극도의 신용경색이

---

43 2008년 금융위기 이후 대형은행에 대해 이 같은 태도가 확립되었다.

발생할 것이다. 그동안 기업들은 제2금융권에서 자금을 조달하여 연명할 수 있다. 은행이 모두 정리되고 난 후 제2금융권에 대한 정리에 착수하여 자금수요가 다시 은행으로 이동하게 만들면 된다.

그런데 제1금융권과 제2금융권을 한꺼번에 꽉 막아 버릴 경우 물줄기가 흐를 곳이 없다. 당장 하루하루 연명하기도 어려운 기업들의 자금사정은 어떻게 될 것인가? 자금흐름의 모든 물줄기를 한꺼번에 막아 버릴 경우 이들이 재정명령 및 그 이후의 회복기간 동안을 버텨낼 수 있을까?

시장의 반응은 군집행동이 특정 방향으로 쏠릴 때가 무섭다. 종금사 무더기 퇴출, 은행 퇴출이라는 사상 초유의 사건이 시작되었는데 제2금융권까지 자금줄이 모두 막혔을 때 공포에 질린 시장이 어떻게 반응할지 감이 잡히지 않았다.

국민들의 예금 및 수익증권 인출사태가 동시다발로 일어날 경우 재정명령 기간이 끝났을 때 그 혼란과 패닉상태를 단기간에 잠재울 수 있을까? 아니 잠재우는 것이 가능하기는 할까? 정부가 그동안 설계한 금융제도에 대한 불신이 커지면 다시 회복하는 데 너무 오랜 시간이 소요될 수도 있다. 또 한꺼번에 처리해서 일시적으로 부실이 사라진다고 하더라도 금융시장이 패닉에 직면하면 곧바로 기업들의 추가 연쇄부도로 이어질 것이고 그 기업부실이 다시 금융권으로 이어지는 순환적·동태적 위기로 연결될 가능성이 높았다.

이미 성장률 마이너스 상태인 한국 경제가 이 같은 순환위기를 견딜 수 있을 것 같지 않았다. 그래서 투신권 구조조정 스케줄을 미루기로 결심한 것이다.

IMF·세계은행과의 어려운 협상 끝에 투신사 구조조정은 2000년 7월로 연기된다. 대신 수익증권 시장 규모는 3백조 원 시장을 유지한 채 더 늘리지 않겠다고 약속했다.

개혁, 혁명보다 어렵다

금융 구조조정의 큰 방향과 순서는 정해졌지만 금융과 실물 전반에 걸쳐 대대적인 인적 청산과 물적·제도적 개혁을 해야 하는 어려운 수순이 기다리고 있었다. 혁명보다 어렵다는 것이 개혁이다. 혁명은 압도적 힘을 바탕으로 처음부터 새로 판을 짜고 그림을 그리면 되지만 개혁은 수많은 기존 집단들의 기득권을 모두 인정한 상태에서 이들로부터 기득권을 일부 혹은 전부를 빼앗아 재분배하는 과정이기 때문이다.

개혁은 수면 아래 있을 때는 그럴듯한 이상론이지만 막상 수면 위로 떠오르면 반대세력이 생긴다. 기득권으로부터의 강력한 저항에 직면할 것이다. 정치적 음해에 시달리는 것은 물론이고 때로는 예상치 못한 곳에서 반격을 당하기도 한다. 필사적으로 저항하는 상대의 반격 때문에 개혁이 엉뚱한 정치적 논쟁에 휘말리기도 하고 추진동력을 잃어 개혁 자체가 아예 물 건너가는 경우도 많다. 중국 송대 왕안석의 '신법개혁'44 실패 등 수많은 역사가 이 사실을 되풀이해서 증명한다.

또한 혁명은 단기간 안에 승패가 갈리지만 개혁은 상당한 시간을 필요로 한다. 오랜 시간이 걸릴 뿐만 아니라 반대세력으로부터의 저항을 최소화하고 고도의 전략적 실천을 필요로 한다는 점에서 개혁은 혁명보다는 전쟁수행 방식과 유사하다. '집단심리'의 중요성을 전쟁수행 전략으로 이론화한 클라우제비츠는 승리로 향하는 가장 중요한 요소가 '대(對) 국민 설득'이라고 강조했다. 국민들이 자신의 희생을 바탕으로 해서 얻게 되는 목표에 대해 분명히 이해하고 그 이유를 납득할 수 있어야 한다는 것이다.45

---

44 송(宋)나라 신종 때의 재상인 왕안석(王安石)은 대지주와 대상인의 이익을 환수하여 국가재정을 늘리고 자작농과 중소상인을 보호하기 위한 새로운 법(新法)을 만들어 추진하였다.

45 가령 제2차 세계대전에서 미국인들은 전쟁의 목표가 국가의 존재를 지키는 것이라고 믿었다. 목표가 명확하고 간명하며 국민들이 그 이유를 충분히 납득했기 때문에 100만 명이 넘는 사상자를 내고 국가의 모든 자원을 차출했어도 불만이 없었고 적극적으로 전장에 나섰다. 반면 베트남전쟁에서는 목표가 불분명했을 뿐만 아니라 전쟁의 수행 결과 어느 선까지 가게 될지에 대해 의견대립이 있었기 때문에 제대로 전쟁이 수행되기 어려웠다.

개혁도 마찬가지다. 국민과 시장이 개혁의 목표를 납득하고 공유할 수 있도록 간명하고 분명한 메시지를 전달해야 한다. 또 분명하고 통일된 지휘체계가 있어야 한다. 지휘권이 여러 곳으로 분산되어 있는 경우 방향이 다른 여러 메시지가 중구난방으로 쏟아지기 때문이다.

개혁과 전쟁은 또 결과와 승패를 예측하기 어렵다는 공통점이 있다. 장기간에 걸쳐 수많은 전략을 세우고 갖은 어려움을 돌파해가면서 작전을 실행하지만 반드시 이긴다는 보장이 없다. 진인사대천명. 마지막의 마지막까지 최선을 다하고 그 결과에 대해 무한책임을 질 뿐이다.

데마고기와 개혁의 칼날

개혁의 칼날이 기득권층을 향할 경우는 상대의 저항을 최소화하기 위한 전략적 고려도 반드시 필요한 작업이다. 개혁 과정에서 상대방의 대민(對民) 선동술인 '데마고기'(demagogy)에 휘말리면 개혁의 날카로운 칼날이 거꾸로 자신에게 돌아올 가능성도 얼마든지 있다.

> 개혁의 칼날이 기득권층을 향할 때 그 반발의 정도는 칼날을 부러뜨릴 수도 있을 만큼 막강한 법이다. 개혁이 좌절된 근본 원인은 바로 여기에 있다.[46] 상대가 부러뜨릴 수 없는 더 강한 칼을 휘둘러야 하느냐, 아니면 상대가 위험을 느끼지 않도록 칼날을 숨겨야 하느냐? 개혁을 꿈꾸는 이상주의자들이 반드시 고민해야 할 부분이다.[47]

현실적으로 상대보다 더 강한 칼날을 가지는 것은 군사정권이나 혁명 직후 등 특별한 경우가 아니면 불가능하다. 이헌재 위원장은 개혁의 성공확률을 높이기 위해서는 "상대가 위험을 느끼지 않도록 은근히 스며들었다가 나중에 보니 근본

---

46 여기서 언급한 개혁은 송나라 왕안석의 신법개혁을 뜻한다.
47 이유진, 2013, 《상식과 교양으로 읽는 중국의 역사》, 웅진지식하우스, 126쪽.

적 변화를 일으키는 경우가 가장 바람직하다"고 강조한다.

이헌재 정부 정책이나 개혁은 국민의 동의와 지지를 얻는 것이 중요합니다. 정책의 본질이 뭐라고 생각합니까? 국가적 차원의 효율적 자원의 재배치예요. 개혁하는 사람 입장에서는 효율성을 높이는 것이지만 그것으로 인해 기득권을 빼앗기고 크게 손해 보는 사람이나 그룹 입장에서는 억울하죠. 이 사람들은 죽을 각오로 반대합니다. 정치권에 줄을 대서 공작도 하죠. 반대세력이 20%만 돼도 추진이 힘들기 때문에 국민을 잘 설득해야 합니다.

개혁작업은 또 개혁의 결과로 기득권을 빼앗기는 상대방이 경계하지 않도록 전략적이고 신중하게 추진해야 합니다. 개혁의 목적은 무언가를 바꾸는 것이지 선명성을 내세워 자신의 존재감을 드러내는 것이 아닙니다. 실현가능성보다 자신의 이름을 알리는 것을 우선시하는 선명성 경쟁은 개인적 공명심이나 포퓰리즘의 또 다른 형태라고 봅니다.

그런 점에서 개혁은 뜨뜻미지근할수록 좋다는 것이 내가 찾은 해답입니다. 은근히 스며들었다가 나중에 보니 근본적 변화를 일으키는 경우가 성공확률이 높아요. 지나치게 선명한 개혁은 상대를 긴장시키고 방어벽을 높이고 반격하게 만드는 역효과를 초래합니다. 개혁을 한다고 전선을 함부로 넓히는 것도 금물입니다.

언론을 통한 '암묵지'의 확산

당시 금융개혁과 구조조정의 총대를 멘 금감위는 신생조직이고 공무원들로 구성된 행동조직도 없었다. 공무원 몇 사람 차출받고 대부분 민간인으로 구성된 별동대 비슷한 성격이었다. 법적 뒷받침도 불분명한 상태라 잠깐이라도 머뭇거리다간 지휘권과 주도권을 상실할 가능성이 높았다. 법률상으로 존재하지 않는 권위라면 무형의 실체적 권위를 스스로 만들어야 했다.

이헌재 "위기관리를 주도하던 비대위의 기획단장이 금감위원장이 됐다. 그러니 이제 구조조정의 최전선 야전사령부는 금감위이며 사령관은 금감위원장이다. 금감위는 어떤 정치적 압력도 받지 않는다"는 메시지를 분명하게 던져서 누구나 이것을 당연하게 생각하고 수긍하도록 해야 했습니다. 금감위가 하게 될 일을 '암묵지'(暗默知) 형태로 국민들과 시장에 확산시킬 필요가 있다고 봤습니다.

암묵지의 확산과 대국민 설득을 위해 언론의 힘을 빌렸다. 금감위원장에 취임한 이후 가장 먼저 한 일이 대변인 제도를 만든 것이다.[48] 브리핑룸을 설치하여 정책 담당자에게 직접 마이크를 쥐고 설명하도록 했다. 긴박하고 살벌한 개혁 분위기가 TV 화면을 통해서 매일 저녁 국민들에게 실시간으로 전달되도록 했다. 그래야 금감위가 향후 개혁을 계속 추진할 동력을 국민들로부터 얻게 된다.

이헌재 당시 나는 DJ 캠프에서 일하지도 않았고 정치적 배경도 없어, 대통령의 신임도 100% 받지 못하고 있었습니다. 금감위는 예산이나 법적 뒷받침도 받기 어려운 조직이었습니다. 또 청와대에서 김태동 경제수석이 교수, 학자들로 구성된 자문기구를 통해 구조개혁 기본계획을 마련하려고 했기 때문에[49] 잘못하면 구조조정과 관련한 정부의 메시지가 여기저기서 중구난방으로 나올 가능성이 있었습니다.

다행히 금감위가 총리직속이고, 총리실 업무는 정책기획수석실이어서 초기에는 강봉균 수석을 통해 갈등을 조율할 수 있었지요. 나중에 대통령이 강봉균 정책기획수석을 김태동 경제수석과 3개월 만에 자리를 맞바꾸도록 하는 바람에 자연스럽게 계속 강봉균 경제수석과 호흡을 맞추게 되었습니다.[50] 당시 김태동

---

48 이때 활약한 초대 대변인이 김영재 부원장보다. 그는 금감위원장을 대신해 메시지를 전하고 때로는 언론인들과 싸우기도 하면서 밤낮없이 금감위의 대언론 정책을 수행했다고 이헌재 위원장은 회고한다.

49 전 정부에서 만들어진 국가경쟁력기획단을 구조조정 전담기관으로 바꾸기 위한 구조개혁 기본계획을 수립했다.

50 강봉균 수석이 경제수석으로 가면서 구조조정 기능을 금감위 등 현업부처로 일원화했다.

수석이 추진하던 금융개혁작업은 아무래도 학자들 위주라 속도가 느렸어요. 그래서 금융개혁의 무게중심이 자연스럽게 금감위로 쏠렸습니다. 그런 상황이니 금감위가 하는 일이나 정책을 국민에게 설득시킬 수 있는 유일한 우군은 언론이라고 보고 언론에 필사적으로 매달렸습니다.

외환위기의 와중에 금융과 기업 구조조정의 칼자루를 쥔 조직이다 보니 언론사들이 경제와 금융담당 기자들을 금감위에 많이 배치해 취재기자 수가 엄청나게 늘어났다. 그 많은 기자들을 가능한 한 직접 만났다. 조찬은 물론 점심이고 저녁이고 시간만 나면 기자들과 만나서 폭탄주를 여러 잔 마셔가며 정책의 공감대를 형성하기 위해 애를 썼다.

　저녁이 메시지 전달에 가장 좋은 타이밍이었다. 일 끝나고 술을 적당히 마시면 누구나 마음이 살짝 풀어진다. 다음날 써야 할 기사도 이때 고민한다. 그럴 때 금감위가 시행하려는 정책에 대해 넌지시 화두를 던진다. 그러면 기자들끼리 토론이 벌어지고 그들로부터 아이디어가 쏟아진다. 좋은 아이디어는 정책에 참고한다. 이런 '음주 세미나'를 매일 끝도 없이 계속했다. 건강을 걱정해 몸을 사리는 것은 고려하지도 않았다. 문자 그대로 살신성인(殺身成仁) 할 각오였다.

이헌재　지성(至誠)이면 감천(感天)이라더니 그렇게 노력하니 많은 기자들이 나를 이해해 줬어요. 구조조정의 필요성과 논리를 받아들이고 널리 국민들에게 알려 주었습니다. "금감위의 초기 구조조정은 150명이 했다. 구조개혁기획단 50명과 출입기자 100명이다"라고 할 정도였습니다. 금감위 출입기자들이 회사와 데스크의 핀잔을 받으면서도 금감위의 논리를 옹호해 줬습니다.

위기상황에서의 정보관리

홍은주 기자들에게 화두를 던지고 즉석 세미나도 많이 하셨는데 성공적 개혁을 위해서는 핵심정보의 관리도 중요하고 적정한 시점에 정보를 던지는 기술적 노하우도 있어야 할 것 같습니다. 잘못된 정보, 불완전한 정보, 시기상조의 정보 등이 흘러나가면 시장불안이 확산되지 않습니까?

이헌재 그렇습니다. 위기상황일수록 정보를 적절히 통제하면서 꼭 필요한 정보를 시장에 효율적으로 전달하는 방법이 굉장히 중요합니다. 그래서 저는 처음 비대위 시절부터 직원들을 철저하게 입단속시켰습니다. 우리 직원들 보고 "여기서 이야기된 내용은 절대로 입도 벙긋하지 마라. 내 입에서 나오는 것과 김용환 위원장 입에서 나오는 것 외에는 일체 당신들의 개인 의견이나 다른 해석을 달지 말라"고 단단히 주의를 줬습니다. 심지어 김 위원장에게도 필요한 이야기 외에는 아예 디테일을 말씀드리지 않았어요. 괜히 자세히 알면 밖으로 흘러나갈 위험이 있으니까요.

또 비대위에 올리는 안건은 최대한 모호하고 짧게 만들어서 국회의원이나 비대위원들, 기자들이 봐도 무슨 말인지 모르게 원천적으로 봉쇄시켰습니다.

홍은주 가이트너 미 재무장관은 회고록[51]에서 하급관료 시절부터 시장에 미치는 영향을 고려하여 "결코 말이 많으면 안 된다"는 신조를 가지고 있었고 "말은 값싸거나 혹은 반대로 진정으로 값비싼 것이다"라고 여러 차례 팀원들에게 강조했다고 밝혔습니다. 위기상황에서 정책당국자의 말은 파급력이 아주 크기 때문이지요. 그런데 정보가 여러 입을 거치다 보면 각자가 자기식의 해석을 붙이기 때문에 완전히 왜곡되어 전달되곤 하죠.

---

51 티모시 가이트너, 김규진 외 역, 2015, 《스트레스 테스트》, 인빅투스 344쪽.

이헌재 그렇습니다. 여러 채널을 통해 이상한 유언비어가 확산되면 가뜩이나 불안한 시장이 더 불안해져요. 정보가 새는 것을 차단하고 일원화하여 불안의 확산을 차단시키는 것이 핵심이라고 봤습니다. 태도에 대해서도 "우왕좌왕하는 모습, 불안한 모습은 절대로 보이지 말라"고 주의를 시켰습니다.

그때 당시 다행이었던 점은 정권교체기의 비대위였기 때문에 정치부 기자들이 주로 취재했어요. 정치부 기자들은 경제 쪽 사람들을 잘 몰랐고 나도 민간에 오래 나가 있어 시간적 공백이 있었기 때문에 정치부 기자들을 잘 몰랐습니다. 그래서 주요 핵심정보에 대해 효율적으로 통제할 수 있었고 잘못된 정보가 엉뚱하게 새나가 시장에 혼란을 주지 않은 것이 천만다행이었습니다. 당시 시장은 한마디만 잘못 나가도 대혼란을 초래하는 상황이었거든요.

홍은주 반면에 때로는 효율적으로 정보를 흘려야 하는 경우도 있지 않습니까?

이헌재 그럴 때는 언론의 힘을 빌려 시장에 메시지를 던지곤 했습니다. 기자들이 많이 도와줬습니다. 가끔은 성급하게 잘못 흘러나간 정보를 희석시키기 위해 교란시켜야 할 때도 있습니다. 뮤지컬 〈시카고〉를 보면 처음에는 살인사건이 포인트였는데 나중에는 죄수가 임신한 포인트로 바뀌게 되지 않습니까? 제가 사석에서 기자들에게도 이것을 말한 적이 있는데 그럴 때는 다른 각도의 정보를 흘려내서 정보의 카오스를 의도적으로 연출해야 합니다.

위기상황에서는 정보의 통제가 정말 중요해요. 잘못하면 큰 혼란이 일어납니다. 정부가 원하는 정보만 시장에 전달되도록 하되 메시지는 가능한 모호하게 해서 시장이 자신들이 원하는 방향으로 추측해 움직이도록 유도해야 합니다.

혹독한 은행 구조조정

1998년 6월초, 은행 구조조정을 위한 카운트다운이 시작되었다. 1998년 2월 국제통화기금과의 제5차 의향서에서 BIS 자기자본비율이 8%가 안 되는 은행의 구조조정을 6월까지 끝내겠다고 약속했던 것을 이행해야 하는 시간이 다가온 것이다. 1단계 금융산업 구조조정의 정점이 되는 사건이었다. 64조 원 규모의 공적자금과 22조4천억 원의 공공자금 등 실탄도 이미 준비된 상태였다.

은행 구조조정의 핵심은 회생가능 금융기관과 회생이 도저히 불가능한 금융기관을 가려내는 것이었다. 옥석이 함께 타 버리지 않도록 판별해내야 했다. 회생불가능으로 판정난 금융기관은 P&A 방식으로 다른 은행들에 합병시키기로 방침이 정해졌다.

외환위기 당시 은행들이 위기의 핵심으로 떠오른 것은 은행 자본 건전성에 대한 회계적 착시현상이 깨지면서부터였다. 은행 건전성의 가장 중요한 지표가 BIS 자기자본비율이다. 그런데 1992년 이후 한국에서 BIS 자기자본비율은 한 번도 국제기준인 8% 이하로 하락한 일이 없었으며, 1996년 말에도 9.1%로 비교적 양호한 수치였다. 또 다른 건전성 측정지표인 6개월 이상 무수익자산 비율도 1990년대 초반 전체 자산 7%대로 다소 높은 수준이었으나 계속 축소되어 1996년에는 4%에 근접한 것으로 발표되었다.

그러나 이는 국제기준보다 느슨하게 적용된 회계에 의한 착시현상이었다. 자산건전성 분류기준이 엄격하지 못해 이자만 내고 있으면 원금을 갚지 못하더라도 정상여신으로 분류되는 등 부실자산이 과소평가되고 있었다. 대손충당금 산정 기준 역시 엄격하지 못해 자본비율이 지나치게 과대평가되는 경향이 있었다. [52]

매매목적 유가증권의 가격이 폭락하여 사실상 휴지조각이 되어도 실제 거래가 일어나기 전까지는 장부가로 기록되어 재무제표상으로는 아무 문제가 없는 것처럼 위장되었다.

---

52 1997년의 경우만 해도 정부가 발표한 전체 은행의 평균 BIS 자기자본비율은 8.92%였으나 IMF 요구에 의하여 주식평가손 및 대손에 대한 충당금을 완전히 반영한 뒤의 자기자본비율은 7.04%에 불과했다.

그러다가 외환위기가 닥치면서 한국 금융기관들의 부실회계 문제가 갑자기 부각됐다. 국제 금융기관들은 한국의 은행 및 기업들의 회계를 믿지 못하겠다고 선언했다. 정부가 발표한 통계도 신뢰하지 않았다. 이헌재 위원장이 1997년 외환위기를 '신뢰위기'라고 진단했던 이유다.

FLC와 스트레스 테스트

은행들이 외자조달 기관으로서 다시 기능하려면 건전성과 수익성에 대한 국제 금융기관들의 의심을 깨끗이 씻어내야 했다. 자산건전성을 객관적으로 평가하고 회계투명성을 확보하기 위해 자산건전성 분류기준(FLC: Forward Looking Criteria)을 도입하여 그 기준에 따라 BIS 비율을 엄격하게 산정하고 은행의 재무상태를 재평가하기로 했다.

매매목적 채권과 주식 등 각종 유가증권을 공정가로 시가(時價) 평가하고 각종 여신에 대한 신용위험과 자산별 위험가중치를 보수적으로 계산하여 1998년 3월말 현재의 BIS 비율을 산정하는 작업이 뒤따랐다.

여기에 더해 최악의 시장상황을 고려한 스트레스 테스트(stress test)까지 더하기로 했다. 스트레스 테스트는 '예외적이긴 하지만 실현가능성이 있는 사건에 대하여 금융시스템의 잠재적 취약성을 측정하여 금융시스템의 안정성을 평가하는 것으로 특정 거시경제 변수의 급격한 변동을 가정하고 이러한 상황 속에서 금융시스템이 얼마나 안정적일 수 있는지를 측정해 보는 것'으로 정의된다.[53] GDP 성장률 하락과 실업률 급증, 금리 및 원유가격 상승, 유가증권 폭락 등과 같은 변수들이 동시에 급격히 악화되는 상황을 가정해 은행이 어느 정도 견딜 수 있는지에 대해 테스트해 보는 것이다.

미국의 대형 투자은행들이 금융위험관리 차원에서 특정 금융자산의 시장위

---

53 "스트레스 테스트를 이용한 우리나라 금융시스템의 안정성 분석", 한국은행, 2005, 〈조사통계월보〉, 59권 (통권) 674호.

험에 대한 위험관리 차원에서 부분적으로 스트레스 VaR(Value at Risk)[54] 등을 산성하기도 하고 내부적으로 몇 개 변수를 달리하여 스트레스 테스트를 한 적은 있지만 감독기관 차원에서 전 은행을 대상으로 스트레스 테스트를 강제 실시한 것은 사상 처음 있는 일이었다.

미국이 2008년의 대형 금융위기 이후 불거진 거시건전성 감독 논란의 결과 시스템 위험을 보유한 19개 은행들에 대해[55] "질서 있고 순차적인 방식으로(orderly and sequential manner) 스트레스 테스트를 하라"고 의무화하기 시작한 것이 2012년의 일이다.[56] 그보다 훨씬 이전에 우리 정부가 먼저 전체 은행에 대해 스트레스 테스트를 실시한 것이다.[57]

이헌재 요즘 은행들이 BIS 비율을 맞추고 위험관리를 위해 상시적으로 하고 있는 FLC, 투자목적 유가증권의 시가평가(mark to market), 스트레스 테스트 등이 모두 그때 은행 구조조정 과정에서 도입된 제도들입니다.

당시 내 생각은 한국의 은행이 신용위기를 겪고 있으니까 우선 회계제도를 고쳐야 한다, 그러니까 회계투명성 개혁이 필요했고, 다음으로 상호지급보증 해소 및 우발채무 해소가 필요하다고 봤습니다. 이게 다 회계적으로 연결된 이슈였어요. 전체가 한 덩어리로 연결된 이슈였죠. 그래서 부랴부랴 회계연구원을 만들어 금융기관들에 대한 스트레스 테스트를 시켰습니다.

금융기관 자산건전성에 스트레스 테스트가 실제로 적용된 것은 세계에서 처음 있는 일이었습니다. 2008년 금융위기 때 미국이 경제적 충격에 견딜 만한 충분한 완충자본을 가졌는지 여부에 대해 은행들의 스트레스 테스트를 한다고 떠들었지만 그 한참 전인 외환위기 때 아무 경험이 없는 상태에서 우리가 독자적으로 이것

---

54 금융기관이 보유한 특정자산이 일정기간 내에 발생할 수 있는 최대 손실가능 금액.
55 자본금 규모 1천억 달러 이상의 대형은행들을 말한다.
56 2012년 미국 감독당국은 대형 미국은행들에 대해 1년에 2회, 한차례는 내부적으로 다른 한차례는 감독당국에 의해 스트레스 테스트를 거쳐야 한다는 새로운 규정을 도입했다.
57 2015년 미국 연방준비은행장과 오바마 행정부 재무장관을 지낸 가이트너가 《스트레스 테스트》란 저서를 낸 시기보다도 훨씬 이전의 일이다.

을 시도한 겁니다. 매매 유가증권에 대한 시가평가도 외국에서 부분적으로 하고 있었지만 본격적으로 통일된 개념으로 시작한 것은 우리가 먼저라고 할 수 있습니다. 당시 미국에서는 연방준비위원회 룰이나 인슈어런스 룰(insurance rule) 등이 제각기 통용되고 있었습니다.

우리나라는 당시 원금을 갚을 능력이 없어 대환을 해도 이자만 내면 정상여신으로 처리했을 때예요. 은행의 롤오버(roll-over) 혹은 대환채권[58]을 어떻게 평가할 것인지가 핵심이었는데 이 이슈가 바젤 II[59]에서도 아직 확정되지 않았을 때였어요. 그러나 보니 당시 IMF는 우리에게 시가평가를 해서 부실을 반영하라고 했을 뿐 구체적인 어떤 계정, 어떤 자산에 대해 시가평가를 하라는 지침은 주지 않았습니다. 그런데 우리가 자체적으로 FLC를 적용해서 척척 회계처리를 하니까 모두가 놀라더군요. 다행히 은행감독원이 보유한 우리나라 금융기관 회계기준이 상당히 잘 정비되어 있었습니다. 나름대로 축적된 노하우와 데이터베이스가 있었습니다. FLC만 없어서 새로 만들어 적용했죠.

시장신뢰 위한 선제조치 시행

홍은주 말씀하신 제도들은 나중에 바젤 II에서 의무화되고 지금은 은행에서 상시적으로 시행되지만 일부 항목의 경우 당시로서는 지나치게 앞서간 것 아닙니까? 불가피한 사정이 있었는지요?

이헌재 사정이 아주 절박했어요. 그것을 선제적으로 안 할 수 없었습니다. 이미 시장의 신뢰가 바닥에 떨어졌기 때문에 어떤 기준을 적용하더라도 우리가 더 이상은 속일 게 없다는 것을 국내외 시장에 투명하게 드러내 보여줘야 했어요.

---

58 기존의 채권을 갚기 위해 새로 발행되는 채권.
59 국제결제은행(BIS) 산하 바젤위원회가 추진한 것으로 기존의 은행 건전성 기준인 자기자본비율 바젤 I 을 강화한 새로운 BIS 협약이다. 2016년 현재는 바젤 III의 도입이 추진 중이다.

IMF에도 "한국이 은행 구조조정을 완결했다"는 분명한 시그널을 줘야 했습니다. '어떤 기준으로 어떤 은행은 문을 닫고 어떤 은행은 살아난다'는 분명한 기준을 시장에 제시할 필요가 있었습니다. 그 기준이 바로 스트레스 테스트였고, FLC였고, 시가평가였죠. 미국 오바마 행정부의 가이트너 전 장관의 회고록[60]도 마찬가지 논리 아닙니까?

이헌재 전 경제부총리

"은행 몇 개는 정리된다. 대신 이 엄격한 스트레스 테스트를 통과한 나머지는 다 산다"고 정부가 보증해 주는 거니까 시장이 믿어 줄 것으로 판단했습니다. 그러기 위해선 시장과의 교감이 필요했어요. 위기상황에서 시장과의 대화가 부재하면 문제가 생깁니다. 당시 시장도 더 이상 견딜 수가 없어서 "이제 그만 속아줄 테니 속아줄 명분을 달라"고나 했다고 할까요, 그런 분위기였습니다.

주식시장에서 주가가 바닥을 쳤다는 확신이 있어야 비로소 주식 추가 매입에 나서는 것처럼 정리된 일부 은행을 빼고는 더 이상 은행이 문을 닫지 않는다는 확신을 원했던 것입니다.

정부가 제시한 기준에 속아줄 마음의 준비가 되어 있는데 그러려면 선진국 수준 이상의 구체적 데이터와 분명한 가이드라인이 필요했어요. 그래서 FLC와 시가평가를 통한 재무제표를 근거로 스트레스 테스트까지 한 것입니다. 그 테스트를 통과한다고 해서 실제 은행이 살아나는지는 사실 아무도 몰라요. 그러나 속고 싶어하는 시장에 구체적이고 객관적인 숫자를 통해 움직일 명분을 줘야 했습니다. 안타깝지만 몇몇 부실은행은 털고 나머지라도 살리자는 뜻이었습니다. 당시 김대중 대통령은 노동시장과 부실기업을 겨냥해 "20%를 희생해서 80%를 살

---

60 티모시 가이트너, 김규진 외 역, 2015, 《스트레스 테스트》, 인빅투스.

리자"라고 호소했는데 이게 노동시장에 대한 시그널이었습니다. 안타깝지만 20%가 희생이 되면 나머지 80%는 안도감을 갖고 일에 전념할 수 있게 되어 경제가 돌아가기 때문이었겠지요.

12인의 경영평가위원회

퇴출시킬 은행과 살릴 은행을 가려내기 위한 작업이 추진됐다. 은행 경영평가위원회가 구성되고 12명의 평가위원들이 선정됐다. 대부분 회계사들과 대형 로펌의 변호사 등 고도의 전문가 집단이었다. 미국인도 1명이 들어갔다. 윌리엄 헌세이커 당시 ING 베어링 증권 이사, 그의 역할은 은행퇴출에 따른 국내외 정치적 압력을 막아내고 한국이 공정한 방법으로 투명한 평가를 했다는 사실을 전 세계에 객관적으로 증언하는 것이었다. 위원장은 양승우 안진회계법인 대표가 맡았다.

경영평가위원들은 새로 산정한 3월말 기준 BIS 비율을 기준으로 각 은행이 제출한 자구노력과 경영정상화 계획을 검토한 후 각자가 평가기준에 따라 점수를 적어 넣기로 했다. 개인적 선입견이 작용하지 않도록 평가위원들 각자가 점수를 입력하면 컴퓨터가 자동 계산하도록 했다. 그 결과에 따라 12개 은행을 승인과 조건부 승인, 그리고 불승인으로 분류하고, 불승인이 난 은행은 시장에서 퇴출시키기로 한 것이다.

1998년 6월 19일. 12명의 은행 경영평가위원들은 인천시 심곡동 한국은행연수원에 들어갔다. 평가를 다 마칠 때까지는 나올 수 없다. 모두가 비장하고 무거운 표정이었다. 12개 시중은행들을 살리고 죽이는 일이 오로지 자신들에게 달려 있으니 책임감을 강하게 느꼈을 것이다. 잘해야 기본이고 잘못하면 모든 후폭풍을 뒤집어쓸 우려가 있는 일인데도 기꺼이 맡아 준 이들이다. 고마울 뿐이었다.

이들이 합숙작업에 들어간 지 이틀 만에 이헌재 위원장이 이곳을 찾았다. 이들이 내심 가졌을지도 모르는 마음의 부담을 덜어주기 위해서였다.

"정치적 외압은 제가 막겠습니다. 결과에 대한 파장도 제가 다 책임질 것입니다. 여러분은 아무 걱정 말고 공정하게 평가업무에만 전념하여 주십시오. 선입견 없이 객관적으로 평가해 주면 됩니다."

이렇게 당부했다. 평가위원들을 격려하고 심곡동을 떠나 서울로 돌아오는 차 속에서 저절로 기도하는 경건한 심경이 됐다.

홍은주 은행을 정리하기 위한 '스트레스 테스트' 하느라 개인적 스트레스가 격심하셨겠습니다.

이헌재 밤에는 오만 생각이 떠올라 도저히 잠을 이룰 수 없었습니다. 하루 두어 시간 자는 게 고작이에요. 매일 술을 먹지 않으면 잠을 못 자고 부족한 수면은 차를 타고 다니면서 쪽잠으로 해결했어요.

은행들의 생사를 가르다

은행들은 나름대로 경영정상화 계획을 세워 서류를 제출한 후 경영평가위원회의 판정을 숨죽인 채 기다리고 있었다. 최종 결론이 나기까지 경영평가위원들은 사실상 연금상태나 다름없었다. 외부와의 접촉이 일체 허용되지 않았다. 하루 온종일 중노동이 계속되는데도 아무도 불평하지 않고 업무에 몰두했다. 평가기준을 만드는 데 쟁점마다 마라톤 난상토론이 벌어졌다. 양승우 위원장은 당시의 진지했던 평가 분위기를 이렇게 묘사한다.

하루 10~14시간 토론한 것 같습니다. 객관적이고 공정한 평가기준을 만드는 것이 핵심이었습니다. 자료 검토하느라 하루에 서너 시간 정도밖에 못 잤습니다. 그런데도 딴짓하는 사람이 한 명도 없었죠. 심지어 회의시간 중에 누가 잠간 회의실 밖을 나갔다 온 적도 없었습니다. [61]

---

61 이헌재, 2012, 《위기를 쏘다》, 중앙북스, 103쪽, 양승우 위원장 인터뷰 내용 참조.

이헌재 위원장이 "일체의 정치적 외압은 내가 책임지고 막겠다"고 약속한 대로 일체의 정치적 외풍은 없었다.

외압뿐 아니라 연락 자체가 없었습니다. 신기할 정도였죠. 내부에서도 철저하게 공정을 기하자는 분위기였고, 위원들끼리 12개 은행을 하나씩 맡아 검토했는데 이때 의원들의 소속 회사와의 거래 여부는 물론 위원들 고향까지 고려해 은행을 배분했습니다. 사심이 개입될 여지를 없앤 거죠. [62]

사상 초유의 은행 퇴출결정

평가에 들어간 지 5일째인 6월 24일, 경영평가위원들의 집계결과가 나왔다. 즉시 퇴출당하게 되는 은행이 5개, 일단 시간을 벌어 경영정상화를 할 수 있게 된 조건부 승인 은행이 7개였다. 즉시 퇴출대상에는 경기·동화·동남·대동에 더해 DJP 연합의 한 축인 자민련과 밀접한 관련이 있는 충청은행이 포함되어 있었다. BIS 비율이 낮아 경영평가위원회가 퇴출대상으로 판정했던 평화은행은 막판에 극적으로 구제됐다. 당시 「금융산업의 구조개선에 관한 법률」에는 자산이 부채보다 많은 은행은 퇴출시키지 못하도록 되어 있었기 때문이다. 조흥·상업·한일·외환·강원·충북·평화은행 등은 조건부 승인대상이었다.

예정 D데이는 7월 2일이었다. 6월 29일과 30일은 기업이나 개인들이 각종 이체거래를 마감하고 부가세 등 세금을 내야 해서 은행 창구가 붐비기 때문이었다. 시간이 얼마 남지 않은 상황, 대통령 보고와 퇴출발표 이후의 후속조치 마련 등을 서둘러야 했다. 퇴출이라고는 하지만 해당 은행의 이름이 없어진다는 것뿐이고 퇴출은행이 보유한 자산과 부채는 누군가 인수해야 했기 때문이다. 동화은행은 신한은행이 P&A 방식으로 인수하기로 했지만 나머지 은행들이 문제였다.

---

62 앞의 책.

6월 26일 금요일 저녁.

후속조치 마련을 위해 김진만 한미은행장, 김승유 하나은행장과 조찬을 하면서 각각 경기은행과 충청은행을 맡아 달라고 부탁했다. 김진만 행장은 이미 각오한 듯 선뜻 수락했으나 김승유 행장은 "국제금융공사로부터 출자를 받아 이제 막 보람은행과 합병하기로 했기 때문에 다른 은행을 인수할 여력이 없다"면서 완강히 난색을 표했다. 메시지를 전달했지만 충청은행 인수 여부에 대한 결론을 내지 못한 채 이날 저녁을 마칠 수밖에 없었다.

다음날인 27일 오후.

이헌재 위원장은 퇴출은행과 조건부 생존 은행명단을 들고 김대중 대통령을 찾아가 보고했다. 마침 주말이라 대통령은 청와대 바로 옆 삼청동 안가에서 쉬고 있었다. 강봉균 청와대 경제수석과 연원영 부단장이 함께 배석한 자리에서 대통령에게 보고서를 넘기자 내용을 읽기 시작했다. 겨우 두 장짜리에 불과한 간단한 보고서, 그러나 그 안에 담긴 것은 대대적인 구조조정의 회오리와 폭발성을 가진 내용이었다. 이북 사람들, 충청도 사람들 모두가 반발하여 크나큰 정치 쟁점이 될 수도 있었다.

안에 담긴 내용에 대해 김 대통령은 이미 각오한 듯했다. 별다른 언급 없이 "평가는 공정하게 했소?" 하고 물었다. 그렇다고 대답하자 한동안 말없이 보고서를 더 들여다보고 있었다.

이헌재 위원장은 회고록에서 만약 김 대통령이 "그럼 이렇게 정리가 되고 나면 나머지 은행들은 살아남는 것이오?" 하고 물었다면 답변이 어려웠을 것이라고 말했다.

경영평가를 통해 자세히 들여다본 은행의 재무상태는 엉망이었다. 비교적 건실하다고 꼽히던 조흥과 상업·한일·외환은행도 BIS 자기자본비율이 1~4%에 불과했다. 그야말로 가까스로 살아남았다고 봐야 했다. 경영평가위원회가 승인 판정을 내린 조흥·상업·한일·외환은행을 조건부 승인으로 최종 판정한 것은 그래서였다. '구조조정을 하지 않아도 계속 살아남을 수 있는 상태는 아니다'라는 경고 메시지를 준 것이다. 당시 평가에 참여한 윌리엄 헌세이커 이사가 이 4개

은행에 대해 '이런 은행에 승인판정을 해도 되는 거냐?'고 따진 것도 그래서다. 물론 부실이 은행 잘못만은 아니다. 기업이 쓰러지니 은행도 덩달아 부실해진 것이다. 그래서 더 미래가 두려웠다. 기업이 살아나야 은행이 살 수 있다. [63]

말없이 보고서를 내려다보던 대통령의 입이 무겁게 열렸다.
"은행퇴출은 원칙대로 집행하세요."
판도라의 상자가 열리는 순간이었다. 그 안에서 무엇이 튀어나올지 아무도 몰랐다.

DJ, "부작용을 최소화하시오"

대통령 보고를 마치고 돌아오는데 갑자기 금감위로부터 연락이 왔다. 돌아가는 정황상 사태가 심상치 않다는 것을 눈치챈 퇴출은행 노조들이 본점 점거 등 본격적인 행동에 들어가기 시작했다는 것이다. 월말 한창 바쁜 시기를 넘겨서 퇴출은행을 정리하려 했던 기대가 무리였다는 자탄의 한숨이 절로 나왔다.

다음날인 6월 28일 새벽.

이규성 재경부 장관과 강봉균 경제수석에게 각각 전화를 했다.

"D 데이를 29일로 앞당겨야겠습니다. 당장 대통령 보고를 할 수 있게 도와주세요. 6월 29일 새벽을 기해서 행동에 들어가야 합니다."

이날 아침 김승유 하나은행장에게도 긴급히 전화를 걸어 충청은행을 반드시 인수해 달라고 반강제로 수락을 받아냈다. 하나은행에 출자하기로 한 IFC에는 이 위원장이 직접 전화를 해서 양해를 받은 상태였다.

같은 날 6월 28일, 긴급 소집된 관계장관 회의는 은행퇴출 집행을 승인했고 그 내용을 대통령에게 보고한 시간은 오후 3시였다. 날짜를 당장 내일로 앞당기 겠다는 보고에 김 대통령은 각오한 듯한 표정으로 간단히 한마디만 덧붙였다.

---

63 이헌재, 2012, 《위기를 쏘다》, 중앙북스, 102쪽.

"준비를 철저히 해서 부작용을 최소화하시오."

그날 밤 자정 무렵 5개 퇴출은행장들에게 결과가 통보되었다. 한밤중에 전화를 받은 순간부터 이미 각오하고 금감위에 나온 행장들에게 연원영 부단장과 김범석 은행 구조조정팀장은 이들로부터 "통보를 받았다"는 동의서에 서명을 받았다. 내키지도 않는데 동의서에 서명해야 하는 이들의 마음이 어땠을까. 그래도 형식논리상 이들에게 공식 통보했다는 사인을 받아야 했다. 별것 아닌 것 같은 이 같은 디테일이 위기 시에는 중요하다. 대한생명을 처리할 때는 금감위 직원이 '직접통보'라는 절차를 깜박 잊고 생략하여 최순영 회장에게 반격을 당한 적이 있다. 실질적으로는 별 의미가 없는 절차라도 결정적인 순간에 법적 형식을 갖추는 것은 훗날의 부작용을 줄이기 위해 대단히 중요한 고려사항 중 하나다.

앞당겨진 D 데이인 6월 29일 새벽.

미명(未明)의 어둠이 가시지 않은 이른 시간에 경영평가위원들 12명이 평가가 진행되었던 심곡동 연수원을 버스로 출발해 여의도 금감위 사무실로 이동했다. 곧 발표될 사안의 급박함과 결과의 엄중성 때문에 버스 안은 내내 조용했다.

사무실에는 바로 전날 전격적으로 소집이 통보된 금감위원들이 오전 8시 이전부터 모여 있었다. 연원영 부단장이 경영평가위원회의 결과를 읽어 내려갔다. 금감위원들의 표정이 무거워졌다. 특히 민간 금감위원들은 내심 불편했을 것이다. 자신들이 직접 하지 않은 작업인데 다른 사람들이 한 일을 그대로 받아들여 5개 은행의 퇴출이라는 사상 초유의 결정을 내려야 했으니 부담이 됐던 모양이다.

한 금감위원이 양승우 평가위원장에게 물었다.

"정말 공정하고 투명하게 평가했습니까?"

양 위원장이 그 위원을 똑바로 보고 답했다.

"예, 경영평가위원들 명예를 걸고 공정하고 투명하게 평가했습니다."

그러자 또 다른 위원이 물었다.

"이 결정에 대해 책임질 수 있겠습니까?"

양 위원장이 잠깐 머뭇거리는 사이 이헌재 위원장이 양 위원장의 말을 가로막았다.

"이번 결정의 주체는 금감위입니다. 책임도 금감위가 집니다."

금감위원장이 단호하게 '책임지겠다'고 하자 금감위 위원들은 더 이상의 토론 없이 이를 의결했다. 위기의 한복판이었던 그때 '책임지겠다'라는 말은 이 위원장에게 가장 큰 화두 가운데 하나였다. 시장에 메가톤급 충격을 주는 중대결정이 매 순간 다급하게 내려질 때다.

이헌재   금감위가 아니라 결국 내가 책임져야 하는 거지요. '암만해도 이게 최선이다. 안 되면 내가 책임진다' 이런 각오가 없이는 그때 아무 결정도 내리지 못했을 것입니다. 그러다 보니 버릇같이 "내가 책임지겠다"는 말을 하고 다녔습니다.

은행 전산직원들의 사보타주

같은 날 새벽 바로 전날까지 금감위에서 도상연습을 하던 5개 은행의 인수팀은 각각의 퇴출은행으로 향했다.

그런데 집행과정에서 전혀 예상치 못했던 판단착오가 발생했다. 퇴출은행의 전산팀 직원들이 집단 사보타주를 한 것이다. 전산요원들이 집단 휴가를 가 버렸다. 단순히 사람이 사라진 것뿐만 아니라 전산망 비밀번호를 바꿔 버리거나 전산관련 자료와 서류를 모두 숨겨 놓았다. 전산 마스터키를 들고 잠적한 경우도 있었다.

이헌재   은행 전산망이 가진 복잡한 특성을 이해하지 못한 데서 온 실수였어요. 내가 직접 은행거래를 해본 일도 별로 없던 터라 전산 전문가만 있으면 저절로 인수되는 줄 알았습니다. 인수하러 간 다른 은행 전산직원들 역시 그 상황은 예측 못했겠죠. 퇴출은행을 접수하러 가면 직원들이 순순히 전산문제를 협조할 줄 알았을 것입니다.

유일하게 문제없이 인수한 은행은 동남은행이었습니다. 한국은행 출신으로 금융의 실무적 디테일을 잘 알고 공적인 결정의 무거움을 가늠할 수 있었던 허한도 행장이 미리 조치한 거예요. 사전에 전산팀을 집단으로 연수원에 보낸 후 인수팀들이 도착하자마자 전산 인수인계를 해주었습니다. 나머지 은행들은 대혼란이었어요.

당황한 인수팀들은 온갖 데를 뛰어다니며 잠적한 전산직원들을 찾아다녔다. 혼란은 전산에만 그치지 않았다. 퇴출당한 은행직원들은 "퇴직자 재고용을 보장하라!"고 외치며 격렬한 시위를 시작했다. 조건부 승인 은행들까지 자체적으로 인원 40% 구조조정에 들어가면서 금융노련(금융노동조합연맹)은 추원서 위원장의 단식투쟁과 함께 가두시위를 시작했다. 금융노련 총파업이 6월 29일로 예고됐다. 금융노련 간부들은 총파업을 위해 하루 전날 시위현장을 여의도에서 명동성당으로 옮겼다.

정부는 '불법파업 강경대응' 방침을 밝혔으나 금융노련은 "금융부실 책임을 왜 노동자들이 다 져야 하느냐? 40%는 안 된다. 양보하더라도 20% 이상의 감원은 용납 못한다"는 입장을 고수하고 있었다. 은행 전산망 사태는 예상하지 못한 것이었지만 금융노련의 반발은 이미 고려된 터다. 정치적 파업이라 적절한 명분을 주면 해결이 될 것으로 봤다.

이헌재 위원장은 추원서 위원장이 단식농성을 벌이는 텐트를 찾아가 정치적 해결을 모색했다. 시위를 벌이던 수많은 노동자들이 몰려들어 "우리 직장 살려내라", "여기가 어디라고 찾아왔느냐?" 고함을 지르고 몰려드는 사람과 말리는 사람들 사이에서 양복이 찢기는 아수라장이 벌어졌지만 텐트 진입에는 성공했다.

이헌재 위원장이 주장한 40% 구조조정과 추 위원장이 주장한 20% 사이에서 밀고 당긴 끝에 30% 안팎에서 구조조정안이 확정됐다. 29일로 예고되었던 금융노련 총파업은 결국 일어나지 않았다.

노조 반발이 무사히 진화되고 살아날 금융기관의 윤곽이 분명해지자 금융시장에 안개가 걷히기 시작했다. 기업들의 숨통을 조이던 신용경색도 비로소 조금씩 풀리기 시작했다.

이상한 금융산수, 1 + 1 = 1.2

퇴출을 간신히 면하고 조건부로 살아남은 은행들이라고 해서 멀쩡한 것은 아니었다. 한 달 이내로 경영정상화 계획을 내놓아야 했다. 증자나 외자유치를 해서 독자적으로 생존하는 것이 가장 바람직했으나 언제 문 닫을지 모르는 은행의 증자에 참여할 주주들은 없었다. 국가 전체가 투기등급으로 떨어진 마당에 한국에 투자하려는 외국인도 물론 없었다. 외환은행이 유일하게 독일의 코메르츠방크로부터 3,500억 원 규모의 외자유치를 확정해 독자생존 가능성을 열어 두었을 뿐이다.[64]

결국 부실은행들끼리 짝짓기를 하는 것이 유일한 돌파구였다. 그러나 단순 짝짓기는 부실을 2배 규모로 키울 뿐이다. "정부지원을 받으려면 그것으로는 안 된다. 자체 감량 노력이 전제되어야 한다"고 계속 강조했다.

이헌재   내가 여기저기 언론에 공공연히 천명하고 다녔습니다. "은행 구조조정은 '1 + 1 = 2'는 안 된다. '1 + 1 = 1.2'가 되어야 한다"고요. 부실은행 2개를 합병할 경우 그 결과가 200%, 2배의 부실이 되어서는 안 된다는 뜻이었습니다. 각 은행별로 허리띠를 졸라매고 구조조정을 하여 각각 인원을 40%씩 줄이고 2개를 합쳤을 때 120%가 되어야 정부가 공적자금을 투입할 명분이 생기고 은행이 살아난다는 내용이었죠.

홍은주   은행부실이 직원들의 잘못도 아닌데 인원 구조조정 40%는 좀 과하다는 것이 당시 금융노동자들의 주장이었습니다만.

이헌재   은행처리를 하는 과정에서 은행의 주주가 손해를 보고 은행 임원들이

---

64 외환은행은 코메르츠로부터 외자유치에는 성공했으나 당시 요주의 이하 여신규모가 무려 28.6%나 됐고 외자유치 이후에도 부실이 계속되어 결국 미국계 벌처펀드인 론스타에 매각되면서 정치적, 사회적 논란이 이어졌다.

해임당하고 문 닫은 은행들의 종업원이 다 해고됐어요. 살아남은 은행들도 부실책임을 분담하는 선에서 40%선의 대대적 인력 구조조정이 불가피했습니다.

왜 40%냐? 생산성 비율로 봐서 외국은행 생산성, 일본은행 생산성과 비교했을 때 인력 구조조정 목표가 40%로 나왔습니다. 현실적으로 내심은 30%로 잡았지만 일단 40%를 해 놔야 밀고 당기는 협상을 거쳐서 30% 목표를 달성할 수 있다고 예상했습니다. 김 대통령은 노동개혁을 위해 20%의 희생 위에 80%가 살 수 있다고 했지만, 은행은 이보다 구조조정 수준이 더 높아야 했습니다. 국민의 세금인 공적자금이 들어가야 하니까요.

그냥 시장논리에 따른 것이 아니라 공적자금이 들어갔으니 책임분담 비율이 그만큼 커졌습니다. 그래서 일반기업 구조조정 목표인 20%의 2배인 40%로 정하고 명동에서 그 난리가 나면서 타협 끝에 30%가 된 것입니다. 그것을 손실분담의 원칙으로 했습니다. 그리고 부장급 이상은 모조리 사표를 받아 거기부터 정리했어요.

인사 관련 오해를 받다

독자생존 가능성이 없는 조건부 생존 은행들 간에 '1 + 1 = 1. 2' 짝짓기가 가속화되었다. 기업금융 위주인 장기신용은행은 가계여신 위주인 국민은행과의 합병을 결정했다. 가장 덩치가 큰 상업은행과 한일은행이 문제였다. 그런데 배찬병 당시 상업은행장과 이관우 한일은행장은 1998년 7월 30일 서울 여의도 금감위원장실을 찾아와 두 은행이 전격 합병하기로 했다고 밝혔다. 합병 후 총자산이 무려 105조 원인 국내 최대 한빛은행의 탄생이었다. 한빛은행의 탄생은 향후 한국의 금융시장에 새로운 트렌드로 나타난 '메가뱅크' 시대를 여는 첫 계기가 된 합병사건이었다.

문제는 물리적 통합이 아니라 화학적 통합이었다. 양 은행들이 기선을 잡기 위해 치열한 기싸움, 인사싸움을 벌인 것이다. 양측을 모두 누르기 위해 오기 싫다는 김진만 은행장을 억지로 한미은행에서 끌어왔다. "모든 인사권을 주겠다"고 약속하고서다. 그런데 이 과정에서 "이헌재 금감위원장이 인사전횡을 한다. 멋대로 자기사람을 인사한다"는 음해를 받게 됐다.

김진만 행장이 경상도 출신이요, 기존의 상업은행과 한일은행 고위임원들에 대해 전원 사표를 받았으면서도 김 행장이 딱 한 사람 승진을 시킨 사람 역시 경상도 출신이다. 게다가 김 행장이 "믿을 만한 자기 사람이 꼭 있어야겠다"면서 외부에서 부행장으로 데려온 사람이 하필 이헌재 위원장의 서울대 법대 동기생이었다. 겉으로만 보면 충분히 오해받을 만한 상황이었다. 그러나 김 행장에게 인사의 전권을 주겠다고 이미 약속했으니 그의 인사방침을 말릴 수 없었다.

> 상업은행과 한일은행의 퇴직임원 가운데 영업에 밝은 사람을 한 명 쓰고 싶어서 추천받은 이가 이팔성 씨(후일 우리금융 회장)였습니다. 그전엔 잘 몰랐어요. 이수길 부행장은 내가 한국종합금융에서 가깝게 일하던 사람이라 수족처럼 쓰고 싶어 발탁했습니다. 이헌재 위원장이 '나랑 대학동기다'라고 펄쩍 뛰는 걸 내가 책임지겠다고 앉혔는데 욕을 엄청 먹었습니다. 인사만 하면 의심하니 웃긴다고 생각했었죠. (김진만 전 한빛은행장)[65]

인사 의심을 받게 된 배경에는 다른 이유도 있었다. 도처에서 "나는 이헌재의 사람"이라면서 모수(毛遂)가 스스로를 천거하듯 이 위원장과의 친분을 과시하는 사람들이 우후죽순처럼 생겨나는데 뒤에서 일어나는 일을 알 수도 없고 막을 방법도 없었다. 금융계의 '이헌재 사단', '이헌재 마피아' 등의 말들이 퍼지자 결국 청와대에서 내사를 하게 된 일까지 있었다.

내사 결과 아무 근거가 없다는 것으로 결론이 났지만 시중의 루머는 그가 공직을 그만둘 때까지 계속 따라다녔다.

---

65 이헌재, 2012, 《위기를 쏘다》, 중앙북스, 127쪽.

홍은주　당시 인사문제로 적지 않은 어려움을 겪으셨는데 어떤 원칙을 가지고 인사를 하셨습니까?

이헌재　민영화의 핵심은 관(官)에서 인사개입을 하지 않는 겁니다. 그 원칙을 지키려다 보니 한빛은행 인사에서처럼 오히려 오해받기도 하였지요. 같이 일하는 사람에 대해서는 선호를 따지지 않고 주는 대로 받았습니다. 그리고 외부에서 데려온 사람들은 일 끝내고 돌아간다는 원칙을 세우고 당사자들에게 사전에 통보하고 데려왔기 때문에 나중에 실제로 금감위에 남은 사람들이 거의 없었습니다.

나는 기본적으로 사람이 일정수준 이상을 넘어서면 능력 차이는 별로 없다고 생각합니다. 대신 특정 업무에 더 잘 맞는 사람들이 있어요. 그래서 일을 맡길 때는 평소에 잘 관찰해 두었다가 어느 쪽의 일에 더 맞는 사람인지 판단하여 업무를 부여합니다. 큰 틀에서는 실용적 추진력이 있는 사람인가, 아니면 전문적이고 이론적인 일에 맞는 사람인가를 판단했습니다.

다만 개인적으로는 실천력과 추진력이 있는 사람들을 더 중시했어요. 위기상황에서 일이 되게 하기 위해서는 모호한 신념이나 공허한 이론보다는 다른 생각하지 않고 똑바로 앞을 보면서 실천할 사람이 중요한 경우가 많았습니다. 예를 들어 박해춘 씨(후일 우리은행장·국민연금공단 이사장)가 대표적이었습니다. 복잡한 서울보증 사태를 해결하거나 대우를 정리할 때 그가 보여준 탱크 같은 추진력을 눈여겨봤어요.

당시에 인사를 할 때 나는 이곳저곳 순환보직을 많이 한 사람은 잘 안 썼습니다. 공무원 중에서는 임종룡(후일 금융위원장), 조원동(후일 청와대 경제수석) 등 딴생각 안 하고 억척스럽게 현장에서 실무적 고생을 많이 한 사람을 중용하고자 했습니다.

시오노 나나미가 한 말이 있어요. "사람의 창의력과 근육은 단련하기 나름이다." 미션을 주어서 뇌근육을 쥐어짜야 창의력이 나오더라는 것인데 나는 이 말에 공감합니다. 권한과 책임을 주어 업무를 맡겨 놓고 있는 대로 쥐어짜면 (웃음)

금융감독원 출범 (1999. 1. 4)
국내의 전 금융기관을 감독하는 통합 금융감독원이 여의도 사옥에서 현판식을 갖고 정식 출범했다.
왼쪽부터 전철환 한국은행 총재, 이규성 재경부 장관, 김종필 국무총리, 이헌재 금감위원장,
김중위 국회정무위원장, 강봉균 청와대 경제수석이 이날 현판식에 참석하였다.

다들 죽을힘을 다해서 그럴듯한 물건을 만들어내더라구요. 그것을 못 견디는 사람은 결국 조직을 떠나게 마련이죠.

홍은주 통합 금융감독원이 1999년 1월 출범합니다. 은행과 보험, 증권감독원과 신용관리기금 등 4대 감독원이 합쳐져서 거대한 조직이 탄생한 것입니다. 워낙 힘이 센 기관인 만큼 인사민원도 많았을 것이고 첫 인사에 쏠린 관심도 대단했습니다. 온 세상이 주시하고 있을 때였는데 어떤 원칙으로 인선을 하셨습니까?

이헌재 인사민원은 철저하게 배제했습니다. 정치권 말도 듣지 않았고 아무리 유능한 인재라도 외부에서 인사민원이 들어오면 일부러 승진에서 밀어낸 적도 있습니다. 통합 금융감독원 출범 당시 부원장 인선 때도 엄청나게 심모원려(深謀遠慮) 했습니다. 누가 보기에도 도덕성을 의심하지 않을 만한, 의심할 수 없는 사람들로 부원장을 포진하기 위해 고민했습니다.

대표적인 사람이 이정재 씨와 강병호 부원장입니다. 이정재 씨는 예금보험공사 전무를 하던 사람을 '언제든지 그만두어도 좋으니 처음에 어려울 때만 좀 도와달라'고 사정사정해서 데려왔습니다. 강병호 부원장 역시 고지식한 측면에서 둘째가라면 서러워할 사람입니다. 그 역시 하루 종일 보고서만 들여다볼 정도로 일밖에 몰랐어요. 이들은 결벽증으로 보일 정도로 맺고 끊는 게 분명했고 오해받을까 봐 늘 구내식당에서 밥을 먹었습니다. 내가 이들을 통해 시장에 전하고 싶은 메시지는 딱 한 가지였습니다.

"금감원에는 민원이나 청탁이 통하지 않는다."

기업 구조조정 작업 상시화

금융 구조조정과 동시에 진행했던 것이 채권은행단을 통한 간접 기업 구조조정 작업의 상시화였다. 정부가 시작되기 이전 비대위를 통해 진행되던 것이 금감위의 주요 공식업무가 된 것이다. 1998년 4월 경제대책 조정회의에서 "기업 구조조정은 주채권은행의 주도로 재무구조 개선약정을 맺고 금융기관이 주도하여 추진한다"는 원칙이 다시 한 번 확인됐다.

김대중 대통령은 5월 11일 국민과의 대화에서 "퇴출시킬 기업은 조기에 퇴출시키고 살릴 수 있는 기업은 확실히 살리겠다. 이달 말까지 부실기업을 선정해 퇴출시키겠다"면서 기업 구조조정에 강한 의지를 보였다. 대통령과 청와대가 직접 나서니 시장에 살생부 한파가 휘몰아쳤다. 가뜩이나 파장이 큰 은행 구조조정을 앞둔 마당에 그대로 시장이 얼어붙어서는 곤란했다. 금감위는 긴급히 시장진화에 나섰다.

"살생부가 아니라 소생부다. 옥석을 가려 살아날 만한 우량기업을 제대로 살리겠다는 뜻이다. 대부분의 기업을 살리는 쪽에 무게를 둔 리스트나."

채권은행단의 구조조정 작업 난항

금감위는 각 은행에게 주채권은행들이 책임지고 각자의 판단에 따라 퇴출기업을 가려내라고 요구했지만 난생처음 해보는 부실기업 판정에 대해 은행들은 전혀 기능하지 못했다. 그런 일을 해본 경험이 전무(全無)하기 때문이다.

은행들이 부실기업 판정에 소극적이었던 또 다른 이유는 부실기업으로 판정하는 순간 해당 기업의 부실이 모조리 은행 스스로의 부실로 되돌아오기 때문이었다. 특히 여신액수가 높은 대기업 계열사를 부실 판정하는 것은 당시 은행들로서는 상상도 못할 일이었다. 이 때문에 은행들이 1차로 제출한 명단에 오른 퇴출기업들은 이름도 들어보지 못한 중소기업 21개에 불과했다.

'자율로 하라'고 강조했는데 명단을 손댈 수는 없어서 은행들이 제출한 퇴출기업 명단을 그대로 들고 청와대로 들어가 보고하자 대통령은 "이 정도로 국제사회의 평가를 받을 수 있겠소?" 하고 물었다.

"이렇게 해서 무슨 구조조정이 된다는 말이오. 이것을 명단이라고 들고 왔어요? 금감위원장이 책임지고 일을 해야 하지 않소?"

이 위원장은 자서전에서 "이때 대통령이 버럭 소리를 질렀다"고 회고하고 있다.[66] 처음 보는 대통령의 노한 모습이라고 적었다. 금감위원장이 대통령에게 된통 깨졌다는 소문이 시장에 파다하게 돌면서 8일로 예정됐던 퇴출기업 명단 발표는 연기됐다. 은행들은 바짝 긴장했다. 다시 명단을 작성해 올렸지만 한 번도 해본 적이 없는 일을 며칠 여유를 더 줬다고 갑자기 다시 잘할 수는 없었다.

재작성 퇴출기업 명단 역시 청와대가 요구하는 수준에 한참 미달이었다. 다시 한 번 청와대의 질책이 나온 다음에야 5대 그룹 계열사들이 20여 개 포함된 55개 퇴출기업 명단이 최종 작성됐다. 이헌재 위원장은 대충 이 정도면 시장이 납득할 수 있는 수준이라고 판단했다.

---

66 이헌재, 2012, 《위기를 쏘다》, 중앙북스, 268쪽.

국정개혁 업무보고(1999. 3. 29)
이헌재 금감위원장이 김대중 대통령에게 금융 및 기업
구조조정 추진계획에 대한 국정개혁 업무보고를 하고 있다.

이헌재　기업들 역시 일부 계열사들을 퇴출시켜야 남은 기업들은 정리가 끝났다
는 것을 명분으로 내세워 금융기관으로부터 돈을 빌릴 수 있습니다. 그러면 은행
들도 해당 기업이 실제로 살아남을 수 있을지 어떨지 몰라도 이것을 근거로 기업
에 돈을 빌려줄 수 있는 명분이 생기게 됩니다. 그런 게임이었습니다. 그런데 은
행을 시켜서 퇴출기업 명단을 가져오라니까 잘 안 가져와요. 그래서 강하게 두
번째, 세 번째로 제출 요구를 합니다. 그런데 퇴출기업 목표 숫자를 정하는 것이
미묘했어요. 그리고 그것을 통해 시장에 던지는 메시지가 중요했습니다.

부실기업 퇴출명단을 발표하면서 18일 시장에 던진 메시지는 "은행이 앞으로는
스스로의 생존을 위해서라도 부실기업에 돈을 빌려주지 말아야 하고 빌려준 기
업이 부실화되었을 때는 알아서 퇴출시켜야 한다"는 것이었다.

　퇴출을 면한 다른 기업들에 대해서는 주채권은행 주도로 재무구조 개선약정
을 맺는 형태로 계속됐다. 5대 재벌들에게는 1998년 4월 금감위원장으로 취임
하면서 던진 기업 구조조정 가이드라인 "내년까지 부채비율이 200%가 넘는 기

업은 도태될 것입니다. 선택이 아니라 생존의 문제입니다"라는 화두(話頭)를 다시 일깨운 셈이다.

외자유치에서 얻은 교훈

기업과 금융의 생존 달린 외자유치

절체절명의 외환위기하에서 달러유치는 거의 신앙 수준이었다. 기업과 금융의 생존이 '외자유치'를 할 수 있느냐 없느냐로 결정되는 경우도 종종 있었다.

"달러부족으로 외환위기가 났으니 달러가 들어온다면 무엇이든 하겠다"는 생각이 광범위하게 확산되어 있던 시절이다. 그런데 외국투자자들은 금융기관을 매각하겠다고 해도 거들떠보지 않았다. 한국 경제가 지금이 최악이 아니고 더 바닥을 칠 것이라고 봤던 것이다.

외환위기 이후 새로운 달러 투자자금이 들어온다는 것은 단순한 외자유치의 문제가 아니라 국제금융시장이 한국 경제의 미래를 밝게 본다는 일종의 시그널로 생각됐다. 따라서 외자유치를 해온다는 금융기관에는 비교적 너그러운 잣대가 적용되었다. 대표적인 것이 외환은행이 코메르츠방크에서 2억 5천만 달러, 한화로 약 3,500억 원을 유치한 사건이다.

외자유치 성공으로 외환은행은 은행퇴출 과정에서 극적으로 퇴출을 면했다. 수십 년간 외환은행과 거래해온 코메르츠는 "한국 경제의 저력을 믿는다"면서 투자의사를 밝혔다. 다만 "출자를 했는데 그 직후에 정부가 공적자금을 집어넣는다고 감자를 하는 것은 곤란하다"는 입장이었다.

이헌재 당시의 그 어려운 상황에 외화자금이 들어온다는 사실 자체가 놀라웠어요. 더구나 한국은행의 외환분야에서 독립한 외환은행은 금융분야에서 발군의 실력을 지닌 인재들이 즐비한 은행이라 괜찮을 것이라는 최소한의 믿음이 있었습니다. 외환거래를 하기 위한 코레스(correspondent arrangement) 망[67]을 전 세계 각국에 둔 유일한 은행이어서 국내 외환거래의 90% 이상을 담당하고 있었고 부실이 있더라도 외국으로부터 추가출자가 되면 어떻게든 해결될 것이라고 생각했습니다. 출자의 조건으로 코메르츠방크가 손실보전을 요구하지 않은 것만도 감지덕지였죠.

언론들은 "가뭄에 단비", "금융권 외자유치 물꼬 트였다"는 식의 환영일색의 반응을 쏟아냈다. 모든 국민들이 단순한 수식어로서가 아니라 실제로 "가뭄에 단비"라고 반겼다. 홍세표 행장도 자랑스러워했고, 이헌재 위원장도 공식석상에서 "외환은행은 선도은행의 고지를 점령했다"라고 선언했다. 다른 은행이나 기업들의 외자유치를 독려하기 위해서였다. 다른 은행들은 외환은행의 행운을 부러워했다.
　그런 외환은행이 천당에서 지옥으로 떨어진 것은 불과 몇 달이 지나지 않아서였다. 1998년 6월말 은행 경영평가 후 뚜껑을 열고 보니 부실의 정도가 상상 초월이었던 것이다.
　당시 확인된 외환은행의 요주의 이하 부실여신 규모는 10조7,923억 원이었다. 외환은행 전체 여신의 28.6%가 부실이었다. 함께 평가받은 12개 은행 평균 부실여신의 3배나 되는 규모였다.[68] 코메르츠가 출자한 3,500억 원으로는 어림도 없는 천문학적 부실이었다.

이헌재　당시 외환은행에 대해 잘못 판단했어요. 외환은행은 국내 최고의 인재들이 포진해 있는 은행이라 그래도 상대적으로 괜찮은 줄 알았고 홍세표 행장이 코메르츠에서 출자 약속을 받아오기도 했기 때문에 설마 동남은행이나 동화은행과 비슷한 상황인 줄은 꿈에도 몰랐습니다. 외환을 전문으로 취급하는 은행이다 보니 대기업 거래가 대부분이었는데 대기업들이 오일쇼크, 중동사태 등을

---

67 외국환은행이 해외 은행들과 전반적인 외국환 업무와 관련된 환거래계약을 맺고 개설한 당방계정.
68 이헌재, 2012, 《위기를 쏘다》, 중앙북스, 140쪽.

겪는 과정에서 큰 부실이 쌓여 있었던 것입니다. 스트레스 테스트 결과를 받아 보니 외환은행이 가장 큰 문제은행 가운데 하나였어요.

독(毒)이 된 외환은행 외자유치

그러나 이미 상황을 되돌리기에는 늦었다. 감자를 하지 않겠다고 한 코메르츠 방크와의 약속을 깰 수도 없었고 온 국민들이 환호한 외환은행의 외자유치를 되돌릴 수도 없었다. 외환은행의 자체적 회생능력을 믿고 독자생존에 기대를 걸어 볼 수밖에 없다고 생각했다. 이헌재 위원장은 "이때의 판단을 두고두고 후회한다"고 자서전에 쓰고 있다.

> 약으로 생각되었던 외자유치가 사실은 독이 됐다. 그게 없었으면 정부는 1998년 6월 경영평가 직후 외환은행에 대해 뭔가 대책을 세웠을 것이다. 원칙대로 다른 은행들과 합병시키든지 공적자금을 투입했을 것이다. 그러나 그렇게 하지 못했다. 다 외자유치라는 명분과 허울에 홀려서다. 그렇게 머뭇거리는 동안 외환은행은 독자생존의 기회를 놓치고 만다. 오호근 기업 구조조정 위원장은 그때 "이런 상황에서 외자유치는 환상"이라고 내게 싸늘하게 말하곤 했다. 그런 위기상황에서 한국에 투자할 자본은 (부실채권 처리 자본인) 벌처펀드밖에 없다는 것이었다.[69]

코메르츠방크는 총자산 2,800억 달러 규모의 세계 30위권 우량은행이었다. 이런 은행이 한국이 한참 어려울 때 돕겠다면서 선의를 가지고 출자해 주겠다고 하는 바람에 마음이 약해진 것이 천려일실(千慮一失)이었다.

이후 외환은행은 바닥끝까지 떨어졌다. 코메르츠가 출자한 3,500억 원은 밑빠진 독에 물 한 바가지 붓는 것에 불과했다. 감자를 하지 못하니 공적자금을 넣을 명분도 없었다. 다급해진 코메르츠가 추가출자를 할 테니 한국은행이 함께 출자를 해 달라고 요청해왔다.

---

69 이헌재, 2012, 《위기를 쏘다》, 중앙북스, 141쪽.

그러나 전철환 총재가 이끌던 한국은행은 요지부동이었다. 한국은행은 외환 위기 발발 사태에 대해 중앙은행이 책임을 다하지 못했다는 자책감을 가지고 있었기에 매사에 원칙을 고수했다. 아무리 설득해도 "중앙은행이 시중은행 하나를 살리자고 발권력을 동원할 수는 없다"는 입장을 견지했다. 다시는 중앙은행이 정부의 정무적 판단에 휘둘리지 않겠다는 전의를 가다듬고 있던 시절이다. 전 총재는 금리문제, 통화문제 등에서 사사건건 재경부와 대립각을 세웠다. 서별관 회의가 길어진 이유가 한국은행의 반대 때문인 경우가 많았다.

논란 끝에 결국 한국은행이 수출입은행에 출자하고 수출입은행이 외환은행에 출자하는 우회출자의 묘수를 통해 해결의 실마리를 잡았다. 그러나 그렇게까지 했는데도 외환은행은 독자생존하지 못했다. 모질게 구조조정을 했어야 했는데 그것을 실기(失機) 한 데다 곧이어 터진 대우와 현대그룹 사태로 큰 타격을 입어 완전히 주저앉은 것이다. 외환은행은 대기업 여신이 유난히 많은 은행이었다.

이헌재 위원장은 자서전에서 외환은행 처리의 교훈을 다음과 같이 적고 있다.

도리 없이 외국자본(론스타)에 매각됐지만, 곧 '먹튀' 논란에 휩싸였다. 매각을 담당했던 공무원까지 험한 꼴을 당했다. 모두 내가 정부를 떠난 뒤에 벌어진 일들이다. 이 안타까운 일들을 속수무책 지켜만 봤다. 첫 단추를 잘못 끼우면 방법은 하나뿐이다. 처음으로 돌아가 원칙에 따라 다시 끼우는 것이다. [70]

대한생명의 허위 외자유치

외환은행은 외자유치가 이뤄졌으나 결과가 나빴던 반면, 대한생명은 외자유치를 명분으로 내세워 부실(不實)을 오랫동안 위장한 데다 결국 외자유치도 실패한 경우다.

1998년 5월 최순영 대한생명 회장이 금감위의 이헌재 위원장을 찾아왔다. "미국의 메트라이프사가 10억 달러를 투자하기로 했다"는 내용이었다. 부르지도

---

70 앞의 책.

않았는데 제 발로 찾아온 이유는 충분히 짐작이 갔다. 당시 최 회장은 회사 임원한 사람이 "최 회장이 거액의 회사 돈을 해외로 빼돌렸다"고 폭로하면서 구설에 휘말린 상태였다. 독실한 크리스천이던 최 회장은 해외 선교지원 등에도 씀씀이가 유난히 큰 것으로 소문나 있었다.

그런데도 크게 신경 쓰지 않았던 이유는 1998년 5월 보험감독원의 경영실적 평가에서 대한생명이 최우수등급을 받았기 때문이다. 워낙 은행 구조조정이 급할 때라 보험 쪽 핵심인력을 은행 구조조정하는 데 불러다 썼고 보험감독원에 남아 있던 사람들이 평가업무를 맡았었다. 그래도 최우수등급이라고 평가했으니 바쁜 상황에서 "그런가 보다" 하고 믿을 수밖에 없었다.

이헌재 솔직히 그때는 보험까지 신경 쓸 여유가 없었어요. 은행 구조조정이 목전에 닥친 상황이니까요. 문제가 있으면 검찰이 수사할 것이고 검찰이 아니라도 보험감독원이 어련히 알아서 잘할까 생각했습니다. 당시 금감위원장을 맡으면서 증권감독원, 은행감독원장은 겸임을 했지만 보험은 장기자금을 하는 곳이라 당장 급한 일이 벌어질 것 같지 않아서 보험감독원에 맡겨 둔 상태였습니다.

그런데 곧 투자한다던 메트라이프 투자가 몇 달이 지나도록 진전이 없고 최 회장을 둘러싼 의혹과 잡음만 갈수록 커졌다. 검찰의 수사가 점점 범위를 좁힌다는 소식도 들렸다.

대한생명의 거액 부실의혹이 밝혀진 것은 1998년 12월초였다. 대한생명에 대한 실사를 마친 메트라이프로부터 "대한생명 실사 결과 순자산이 3조 원 정도 부족한 것으로 밝혀졌다"고 연락이 온 것이다.

1999년 1월 14일에는 메트라이프 테렌스 레넌 부사장이 공식적으로 금감원을 찾아와 "대한생명의 순자산 부족액은 3조4천억 원이다. 우리가 10억 달러 (약 1조1천억 원 정도)를 출자하면 나머지 부실은 정부가 메워 달라. 이것을 전제로 지난해 연말 대한생명과 출자계약을 맺었다"라고 밝혔다.

시스템 위기를 야기할 수 있는 은행도 퇴출시키고 뼈를 깎는 구조조정과 합병

474

을 해야 공적자금을 넣었는데 아무리 외자유치를 해온다고 한들 보험사 하나에 천문학적인 공적자금 투입은 안 될 말이었다.

재벌사금고가 된 대한생명

이쯤 되면 아무리 다른 일이 바쁘고 보험사 구조조정이 후순위라고 해도 그냥 넘길 일이 아니었다. 당장 특별검사에 들어갔다. 그로부터 열흘 후 조사결과가 밝혀졌다. 최우수 경영평가를 받았다는 보험사의 재무상태가 자산이 부채보다 2조9천억 원이나 적었다. 이미 자본은 다 까먹은 상태였다.

> 부실계열사에 빌려준 돈이 2조 원이 넘었습니다. 최순영 회장이 개인적으로 빼 돌린 돈도 상당수준이었고. 대한생명은 금융회사가 재벌의 사금고가 된 대표적 인 케이스였습니다. 자산규모가 15조 원도 안 되는 회사에 3조 원 가까이 구멍 이 났는데 어떻게 살 수 있겠습니까? 결국 그 부실을 메우느라 3조 원 넘게 국민 세금이 들어갔습니다. (김기홍 당시 금감위 부원장보)[71]

바로 직후 이른바 '옷로비 사건'이 터지고 최순영 회장은 구속됐다. 결국 우여 곡절 끝에 금감위가 공적자금 투입을 통해 구 경영진을 퇴진시킨 후 대한생명 매각을 주도하게 된다.

1999년 5월 8일 대한생명에 대한 1차 입찰은 무산됐다. 가장 유력한 인수후보 인 LG에 대해 청와대가 제동을 걸었다. 스스로 구조조정을 해야 할 5대 재벌이 금융에 손을 내미는 모양새가 좋지 않았을 뿐만 아니라 제조업 기업이 금융산업 까지 가져가서는 안 된다, 가능한 한 금융기관이 금융기관을 인수하는 것이 좋 겠다는 분위기였다.

그런데 2차와 3차 입찰까지 잇따라 무산됐다. 남은 방법은 부실금융기관으로 지정하고 기존 주주의 지분을 완전히 소각한 후 국영으로 만드는 방법밖에 없었

71 이헌재, 2012, 《위기를 쏘다》, 중앙북스, 200쪽.

다. 그런데 금감원 실무직원이 부실금융기관 지정과 감자 명령을 서면으로 전달하고 진술기회를 주는 '요식행위'를 깜빡 생략한 것을 기회 삼아 최 회장은 "금감위의 부실금융기관 지정은 무효"라면서 8월 24일 대한생명의 자본금을 5백억 원으로 늘리고 이 지분을 파나콤이라는 이름조차 들어보지 못한 미국 투자사에 전액 인수시킨다는 내용의 안건을 이사회에서 기습 통과시켰다. 금감위로서는 실무직원이 요식행위 1건을 생략한 실수 때문에 뒤통수를 맞은 격이었다.

최 회장의 기습에 대해 금감위는 "파나콤이 증자를 하더라도 다시 감자할 것"이라고 선언했다. 결국 파나콤은 5백억 원의 신규자금을 넣지 못했다. 나중에 알고 보니 파나콤은 1997년에 급조된 이름뿐인 페이퍼컴퍼니였다. 돈을 넣을 만한 능력도 자금도 없었다. 직원이라곤 달랑 4명에 불과했다.

한국의 실세 정치인을 팔아 금감위를 찾아왔던 파나콤의 진실은 무엇이었을까? 하필 대우사건 처리에 정신없이 바쁜 와중에 많은 시간과 노력을 빼앗겨야 했던 어이없는 사건이었다.

달러부족으로 부도위기에 처한 상황이라 온 나라가 외자유치에 목을 매다 보니 파나콤 같은 외자 사기꾼들이 많이 찾아왔다. 어떤 자금줄이 있다는 둥, 투자이력은 어떻다는 둥 늘어놨지만 결국 정치인들을 앞세워 한국에서 현지금융(local financing)을 해서 알짜 매물을 거저 가져가 보려는 하이에나 같은 엉터리들이었다.

국내 법인들이 해외로 돈을 빼돌린 다음 외국인 투자사를 내세워 한국에서 알짜 매물을 값싸게 사들이는 '검은 머리 외국인'도 많았다.

대한생명은 결국 감자 후 공적자금을 투입하는 방식으로 정상화의 길을 걷게 된다. 대한생명과 파나콤 사건은 달러에 일희일비(一喜一悲) 하던 시절, 달러 유치가 절체절명의 가치요 신앙이나 다름없었던 어려운 시절에 벌어진 '웃픈'(웃기고 슬픈) 해프닝이었다.

난마 같은 대우사태 발발

노무라 증권 보고서 파동

어렵게 은행 구조조정, 기업 구조조정을 하는 가운데 대우그룹의 이상징후가 시장에 본격적으로 감지되기 시작했다.

계기가 된 사건은 1998년 7월과 10월에 각각 있었던 투신사와 은행 신탁계정에 대한 동일계열 CP와 회사채 보유 한도규제 적용이었다. 당시 은행들은 은행계정에서의 대기업 대출이 동일계열 여신한도 규제에 묶이자 대기업이 회사채나 CP를 발행하면 은행 신탁계정에서 이를 매입하는 방식으로 교묘하게 규제를 피해 나갔다. 신탁고객의 돈을 동원한 사실상의 편법대출이었다. 이 때문에 잘못하면 은행계정을 정리하더라도 신탁계정에서 시한폭탄이 터질 가능성이 있었다.

또 은행 구조조정 과정에서 대기업들이 회사채 발행으로 자금조달을 했는데 이것을 투신사들이 집중 매입했다. 투신사들은 삼성전자와 동일한 신용등급이면서 수익률은 2~3배 높은 대우그룹 채권을 많이 사들였다.

당시 투신사 문제를 미뤄 두는 조건으로 IMF와 투신시장 규모를 3백조 원 이상으로 더 키우지는 않겠다고 약속했기 때문에 최소한의 한도관리는 해 두어야 했다. 이런 맥락 속에서 1998년 10월에 각 금융사가 동일계열 회사채 보유한도를 자기자본의 20% 이상을 넘지 않도록 제한하는 조치가 나왔다.

이헌재 투신사 구조조정의 핵심은 보유증권에 대한 시가평가였습니다. 시장이 망가져서 보유 회사채와 주식가격이 폭락했으니까요. IMF와 미국 재무부의 서머스 사이에 한국의 투신사 보유 채권에 대한 시가평가를 어느 범위까지 해야 하느냐를 둘러싸고 논쟁이 발생하기도 했습니다. 거기서 타협이 이루어진 것이, 투신사 보유자산에 대한 시가평가는 2000년 6월 30일까지 하겠다고 한 것입니다. 투신사 구조조정에 약 2년 정도의 시간을 벌었던 셈입니다.

당시 유예기간은 모든 게 2년이었습니다. 기업들이 자구노력 목표로 제출한 부채비율 200%도 2년, 투신사의 시가평가도 2년으로 설정했지요. 대신에 3백조 원의 투신시장의 절대규모는 늘리지 않겠다고 IMF에 약속했습니다. 투신시장 규모를 더는 늘리지 않겠다는 조건하에 3백조 원 한도를 씌워서 2년의 시간을 벌었던 것입니다. 그래서 대기업들이 발행한 회사채는 그 한도 범위 내에서만 롤오버를 하라고 지시했습니다.

홍은주　대기업들이 그 한도를 지켰습니까?

이헌재　한도를 넘어서 크게 문제된 기업은 없었던 것으로 기억합니다. 그것도 한꺼번에 강요한 것은 아니고 1998년 12월, 1999년 6월 등으로 유예기간을 주었습니다. 30대 그룹 기업군이 대부분 지켰습니다. 다만 대우는 계속 회사채를 발행했고 그 바람에 그 한도를 지키지 못했습니다.

10월의 동일계열 회사채 보유한도 조치가 나온 직후에 노무라 증권사에서 "대우그룹 유동성에 빨간불이 켜졌다"라는 보고서가 나왔다. 5대 재벌 가운데 회사채를 통한 자금조달에 가장 목을 매고 있었던 그룹이 대우였다. "정부가 설마 대우 같은 큰 재벌을 손대겠는가?" 하는 '대마불사'라는 막연한 기대가 시장에 만연해 있을 때다. 그런 상황에서 대우가 이자를 많이 준다고 하자 시장에서는 대우채권의 인기가 높았다. 투신사 수익증권 여기저기에 편입된 대우채권 물량이 점점 커지고 있었다.

홍은주　왜 5대 재벌 가운데 유난히 대우가 문제가 됐습니까?

이헌재　대우가 다른 대기업들과 다른 점은 해외투자를 여기저기 크게 벌여놨는데 한국의 외환위기 이후 해외에서 자금이 전혀 돌아가지 않았습니다. 해외 현지의 달러조달 길이 막힌 것이죠. 해외 달러조달이 어려우면 국내 외환시장에서

라도 달러를 구해서 결제해야 하는데 국내에 달러가 없지 않았나요? 또 다른 그
룹들은 정부와 약속한 대로 자산매각 및 부실계열사 정리 등을 통해 나름대로 구
조조정을 해서 부채비율을 줄이고 유동성을 확보했는데 대우는 구조조정에 소
극적이었습니다. 자산매각이든 외자유치든 5대 그룹 중 꼴찌였습니다. 1998년
5월에 제출한 그룹별 구조조정 계획에 대해 삼성과 현대는 목표치의 100% 넘
게, SK와 LG는 90% 넘게 자구노력을 달성했지만, 대우는 고작 18.5%에 불과
했습니다.

대우그룹은 자체적 구조조정보다 GM으로부터의 외자유치에 목을 매다가 구조
조정 시기를 놓쳤다. 국내 주채권은행인 제일은행이 사실상 부도상태가 되고 해
외 주채권은행이나 다름없는 씨티은행까지 대우그룹에서 손을 떼기 시작한 것이
불운의 시작이었다. 해외에서 달러를 직접 조달하지 못하게 되자 국내에서 회사
채를 발행해 그것으로 비싼 달러를 조달했다. 외환시장과 투신시장 모두가 대우
때문에 불확실성이 높아졌고 대우그룹의 재무부담은 갈수록 악화되었다.
  그 점을 눈여겨본 노무라 증권은 동일계열 회사채 보유한도 조치로 대우가 가
장 타격을 받을 것이란 사실에 주목하여 "대우가 유동성 위기에 노출될 것"이라
는 보고서를 냈다. 시장이 발칵 뒤집혔다.

시중은행들의 대우여신 회수

그러나 사실 이 보고서가 나가기 훨씬 이전부터 이미 눈치 빠른 국내 금융기관
들은 대우여신을 계속 회수하고 있었다. 동원증권의 김정태 사장을 영입한 주
택은행은 그해 1998년 하반기에 대놓고 대우여신을 회수했다. 이헌재 위원장이
김정태 주택은행장을 사무실로 직접 불러 말려도 소용이 없었다.
  후발은행이지만 시장에서 비중을 크게 늘려가던 신한은행도 가차 없이 대우
그룹에 대한 여신을 회수했다. 신한은행 나응찬 행장은 당시 대우그룹의 김준

성 부회장과 떼려야 뗄 수 없는 사이다. 대구은행 시절에는 당시 김준성 행장을 비서실장으로 지근거리에서 보필했고 재일교포 이희건 회장이 신한은행을 설립하면서 사람을 구할 때 나응찬 행장을 추천한 사람도 김준성 부회장이었다. 개인적 인연으로 보자면 대우 측의 여신을 거절하기 쉽지 않았을 것이다.

그런데도 나 행장은 "대우 그룹 몇몇 계열사는 아직 괜찮으니 대출을 해주자"는 심사부의 의견을 물리치고 가차 없이 대우여신을 회수했다.[72]

노무라 증권 보고서 사태 이후 제2금융권까지 등을 돌리기 시작하여 12월 무렵 대우그룹은 사실상 부도상태였다. 투신사들은 잔뜩 거머쥔 대우채권을 어떻게 처리할지 골머리를 앓고 있었다.

대우그룹 긴급피난 조치

그대로 방치하자니 대우가 시장에 미칠 영향과 충격이 너무 컸다. 대우가 스스로 수습할 수 있는 최소한의 시간을 벌어 줘야 했다.

결국 12월에 정기홍 통합기획실장을 불러 대우그룹에 대한 처리가 확실해질 때까지 일단 '긴급피난'을 지시했다. 만기가 돌아오는 대우의 회사채나 여신을 일단 연장시켜 달라는 조치였다. 시장을 지키기 위해 시장에 깊숙이 개입할 수밖에 없는 곤혹스러운 상황이 오랫동안 계속됐다.

이헌재 대우부도를 막으려고 매일매일 정신없이 돌아가고 금감위 전체가 총비상이 걸려서 은행과 싸우는 판이었어요. 매일매일이 전쟁이었습니다. 정기홍 기획총괄실장과 김상훈 은행감독원 부원장 두 사람이 대우 부채 만기연장의 책임을 지고 매일 은행에 전화를 해서 전날 잔고를 맞추게 했습니다. 은행뿐만 아니라 투신이니 비(非)은행권 채권 돌아오는 것을 막기 위해 증권감독원까지 총

---

72 장명기, 2015, 《리더십 오디세이》, 나남, 73쪽.

동원돼 부도를 막으려고 정신없었습니다. 당시 나로선 현상유지와 롤오버가 최선이었습니다. 그것만큼은 그나마 명분이 있었어요. "비 오는데 우산 빼앗지 마라. 돈 빌려줬으면 은행도 책임을 져라. 시장을 파국으로 몰고 가지 마라." 이렇게 요구하면서 어떻게든 대우가 자체적으로 해결할 수 있는 시간을 벌어 주기 위해 노력했습니다.

시장은 늘 꼴찌부터 삼킨다

대우부도를 막기 위해 은행권과 증권, 보험 등 전방위로 시작된 시장개입 조치는 1999년 4월이 되자 거의 한계에 달했다. 대우전자와 삼성자동차의 빅딜 성사 여부가 유일하게 남아 있는 희망이었다. 청와대도 두 그룹의 빅딜을 성사시키기 위해 막후에서 엄청난 노력을 하고 있었다.

억지로 막아오던 '대우 방파제'는 6월 삼성그룹이 "삼성차는 빅딜 대신 법정관리로 가겠다"고 선언하면서 바로 무너졌다. 대우여신 만기연장을 부탁할 가느다란 명분과 실마리조차 끊기자 정부의 시장개입도 한계에 달했다.

1999년 7월 19일, 다급해진 대우그룹 김우중 회장은 그제야 보유주식을 전부 담보로 내놓고[73] "그룹의 주력업종을 자동차로 하고 조선과 상용차, 힐튼호텔 등 주력 계열사를 매각하며 김 회장 소유의 주식을 담보로 내놓겠다"는 7개 항의 구조조정안을 통해 최후의 회생을 시도했다. 그러나 한번 돌아선 큰 물줄기는 이미 되돌릴 수 없었다. 시장은 대우의 최후 노력을 냉정하게 외면했다. 당시의 대우사태에 대해 이헌재 위원장은 이렇게 말하고 있다.

"시장은 늘 꼴찌부터 삼킨다. 동물의 세계와 마찬가지다. 대우는 그런 시장의 법칙을 외면했다."

---

73 김우중 회장이 내놓은 대우그룹 계열사 주식의 가치는 1999년 7월 8조5천억 원이었으나 1년 후에는 약 1조7천억 원으로 감소되었다.

홍은주 김우중 회장의 《김우중과의 대화》를 보면 김 회장은 김대중 대통령과의 친분을 강조하고 있습니다. 대우가 한국 경제에서 차지하는 비중을 봐서라도 어떻게든 대통령을 통해 해결 가능하다고 생각했던 듯합니다.

이헌재 그건 김 회장께서 시장변화를 못 읽은 것이죠. 당시 대통령이건 누구건 시장에 간섭할 힘이 없었습니다. IMF를 비롯해 전 세계 금융시장이 우리를 어항 속처럼 들여다보고 있었지 않았나요? 대통령이 특정 기업을 살려 달라 말라 할 상황이 아니었습니다. 저도 정치적 압력을 받지 않았습니다. 워낙 사태가 어마어마해서 누구도 감히 압력을 행사할 엄두를 못 냈습니다. 조그마한 이권이라면 몰라도 대우처럼 큰 사건에 누가 감히 무슨 이야기를 할 수 있겠어요? 대통령께서도 강봉균 수석 보고 "대우의 수출금융 좀 지원해 주라, DA 자금 좀 지원해 주라"고 부탁했지만 강 수석이 누구에게 무슨 말을 할 수 있었겠어요? 누가 부탁해도 시장이 말을 듣지 않을 때입니다. 당장 자신들이 죽게 생겼는데 무슨 부탁을 받아요?

제일은행 부도와 대우파국의 서막

홍은주 은행들이 자기네도 퇴출위기에 있었으니, 부실이 우려되는 대우에 돈 빌려줄 여력이 없었겠네요.

이헌재 대우에 결정적으로 불행했던 사실은 대우의 주거래은행인 제일은행이 부실기업 대출이 많아서 한참 전에 무너졌다는 것이었습니다. 당시 서울은행과 제일은행이 가장 먼저 문제가 됐습니다. 제일은행이 대우의 주거래은행인데 주거래은행이 무너졌으니 그나마 대우를 지원해 줄 방법이 없었습니다. 결국 주거래가 아닌 다른 은행에 대출을 부탁하러 가야 하는데 모든 은행들이 스트레스 테스트를 받고 생사가 걸려 있는 처지였으니 누가 움직이겠어요? 대우도 그것을 아니까 당시 전경련 회장이던 김우중 회장이 "제일은행을 인수해서 전경련 은행으로 만들겠다"고 나섰는데 다른 기업들이 아무도 호응하지 않고 인수할 돈이 없고 해서 무위에 그쳤지요.

주거래은행이 없다는 건 대기업으로서는 치명적입니다. 비슷한 일이 나중에 LG카드 사태 때도 있었습니다. 도와주는 주거래은행이나 금융기관이 없어서 LG카드가 유동성 위기에 몰렸습니다. 대우 정도 되는 대기업이고 해외사업을 하는 그룹이면 주거래은행이 무너졌을 때 이미 그 정도의 상황판단과 위기 대응능력이 있어야 하는 것 아닌가요? 사태가 돌아가는 것을 판단할 수 있었어야 했지요.

외환위기 이후 시장에서 "이제 그만해도 된다. 도와줄 테니 명분을 달라"고 하고 싶은 분위기인데, 그 명분과 분위기를 대우그룹이 스스로 만들어내지 못했습니다. 해외에서 일을 크게 벌려 놨는데 해외 금융기관들이 도와주기는커녕 전부 손을 떼고 국내에서도 회사채와 CP를 너무 많이 발행했는데 당시 제도권이 그것을 다 소화하지 못하니까 그것들의 일부가 사채시장으로 넘어갔습니다.

홍은주 김우중 회장은 정부가 수출금융만 해줬어도 되었을 것이라고 합니다. 그런데 정부가 수출금융을 해주라고 아무리 부탁해도 해주는 금융기관이 없었다는 뜻이군요?

이헌재 정상적인 기업의 수출금융이라면 당시 그 어려운 환경 속에서도 이뤄졌습니다. 그런데 대우가 해 달라는 것은 DA, 유산스 금융을 달라는 것이에요. 외환위기로 달러가 그렇게 귀하던 시절에 외화 3억 달러를 은행에서 외상으로 빌려달라는 것이나 다름없는데 그게 가능할 리가 있어요? 청와대도 금감위도 은행에 그 큰돈을 빌려주라고 강제할 수 있는 상황은 아니었어요. 부실채권 구조조정하라고 은행을 퇴출과 감원으로 몰아세우면서 어떻게 부실이 확실시되는 대우여신을 더 해주라고 요구할 수 있었겠습니까?

홍은주 김우중 회장은 자서전에서 일부 공무원들이 자신을 고깝게 생각하여 회생이 안 되는 쪽으로 일을 몰아갔다고 주장했습니다.[74]

이헌재 당시 금감위원장 입장에서는 기왕의 대출연기나 차환은 가능하지만 은행의 신규자금 지원은 어려웠습니다. 대우가 제2금융권에서 천문학적으로 발행한 회사채와 CP 만기가 계속 돌아오는데 그것을 은행을 동원해서 막아 준다는 것은 제2금융권 부실을 제1금융권인 은행으로 떠넘긴다는 거잖아요? 은행들이 자기네도 언제 퇴출될지 모르는데 아무리 정부가 강권해도 그 부실을 떠안으려고 합니까? 은행 추가대출을 받으려면 복잡한 전제와 명분, 절차가 필요했는데 대우가 그 명분과 전제조건을 전혀 가져오지 못했어요.

지금 대우 이야기를 하는 사람들은 외환위기 당시 사태가 얼마나 심각했는지 기억을 못하는 것 같습니다. 그때 시장에 있었던 사람들이라면 금감위나 정부가 금융회사에 대우를 지원하라고 강압할 수 있는 분위기가 아니라는 것을 누구나 다 알고 있었습니다. 다들 자신들의 생존도 담보하기 어려운 살벌한 위기 상황인데 누가 누구를 돕고 말고 해요? 예를 들어 삼성생명이 왜 대우를 위해 유동성 위기를 감수하면서 자금지원을 하겠습니까? 아무도 말을 안 들어요.

홍은주 IMF 이전이라면 정부가 하라는 대로 금융기관들이 움직였을 수 있겠지요. 나중에 정부가 어떻게든 보전해 줄 것이라고 생각하니까요. 그런데 IMF 외환위기 발발 이후 지배구조 관련법들이 한꺼번에 도입되면서 금융기관들이 예금자나 보험가입자들에 대한 선관(善管) 의무가 강조되었습니다. 잘못되면 직무유기와 배임이 되는 거죠. 금융기관이라도 퇴출되고요. 이런 제도들이 도입되면서 특정 기업을 지원하라는 정부의 입김과 명분은 줄어들 수밖에 없었겠죠.

이헌재 바로 그랬습니다. 당시 대우를 조금만 도와줬으면 살 수 있었다고 하는

---

74 신장섭, 2014,《김우중과의 대화: 아직도 세계는 넓고 할 일은 많다》, 북스코프.

사람들은 당시 상황과 금융시장의 논리를 전혀 이해하지 못한 거예요. 가령 유가증권 담보대출의 경우도 대우의 채권과 주가 폭락으로 담보가치가 대폭 떨어졌잖아요? 추가여신은커녕 그것을 담보로 한 기존 여신한도를 지키는 것도 불가능했습니다. 또 은행이 대출해 준 돈을 출자전환 하려면 분명한 명분과 전제조건이 필요합니다. 은행은 손절매(loss cut)를 감수해야 하고 기존 주주의 지분은 대규모 감자를 해야 부채를 자본으로 전환할 수 있습니다.

나중에 대우 우량 계열사들을 살리기 위해 실제로 출자전환을 했을 때 대규모 감자를 해서 부실경영에 아무 책임이 없는 소액주주들까지 다 큰 손해를 봤잖아요? 일반인이라면 몰라도 조금이라도 금융산업에 상식이 있는 사람들이라면 반드시 그런 법적 절차가 필요하다는 것을 다 잘 알 겁니다.

대우그룹, 시장성 부채 많아 처리 어려워

대우그룹 처리를 놓고 정부는 사태수습을 위해 고심에 고심을 거듭했다. 대우는 자산규모가 엄청났고 부채도 천문학적 규모였다. 잘못 처리했다가는 한국경제에 치명적 타격이 명약관화(明若觀火) 했다. 많은 계열사와 하청업체, 거래업체들이 연쇄부도 나지 않도록 속전속결(速戰速決) 해야 했다. 또 대우 부채를 조기수습하지 못하면 천문학적 부실이 금융권으로 전이되어 총체적 난국이 예상되는 절체절명의 상황이었다.

문제는 대우의 경우 회사채와 CP 규모가 22조 원으로 추정되는 등 시장성 부채가 특히 많았다는 점이다. 당시 청와대 진동수 금융비서관의 증언을 들어보자.

진동수 과거에 부실기업들은 은행성 부채가 대부분이었기 때문에 상대적으로 처리하기가 쉬웠습니다. 은행권 부실문제만 해결하면 금융시장에 미치는 영향은 그리 크지 않았죠. 그런데 대우그룹의 경우는 과거와 달리 처리하는 데 두 가지 큰 어려움이 있었습니다. 첫 번째가 대우계열사들이 상호보증과 순환출자

등으로 실타래처럼 복잡하게 얽혀 있어서 이것을 어떻게 신속하게 풀어내어 효과적으로 구조조정할 것인가 하는 문제였습니다.

더 심각한 문제는 대우 부채의 경우 은행이나 종금사 등 기관 부채가 아니라 회사채와 CP 같은 시장성 채무 비중이 70% 이상이었다는 점입니다. 엄청난 물량의 회사채와 CP가 투신사, 증권사, 은행신탁 등을 통해 시장에 광범위하게 퍼져 있는 데다 개인투자자 등 관련 당사자들이 너무 많아서 큰 시장동요가 우려됐습니다. 시장성 채무가 많은 대기업을 과거에는 다루어 본 적이 없었고, 성급하게 구조조정할 경우 시스템 위기가 발생할 가능성이 있었기 때문에 "금융시장 불안을 최소화하면서 어떻게 대우그룹 구조조정을 연착륙시키느냐?" 하는 것이 큰 도전이었습니다. 담당자들로서는 결과를 장담할 수 없어 밤낮없이 긴장하고 매일 불안해할 수밖에 없었습니다.

나중에 대우사태가 본격화되었을 때 대우채 환매제한 같은 비상조치를 취할 수밖에 없었던 것도 시장성 채무로 인한 금융시스템 위기를 조기에 안정시키기 위해서였습니다. 지금으로서는 상상하기 어려운 비상조치지만 대우그룹이라는 엄청난 기업의 붕괴가 시장에 미치는 파장과 충격을 줄이고 연착륙시키기 위해서는 그 수밖에 없다고 당국이 판단했습니다.

기업 구조조정 협약으로 시간 벌어

대우채권단은 만기연장을 위해 긴급운영위원회를 개최하고 7월 28일까지 4조 원의 신규자금 지원을 결정하는 한편 대우를 법정관리에 넘기지 않고 기업 구조조정 협약에 넣기로 했다. 진일보한 종합적 조치를 마련하기 위한 시간벌기였다.

홍은주 김우중 회장은 자서전에서 "대우가 법정관리로 가려고 했는데 정부가 막았다"라고 말하고 있습니다. [75] 이게 무슨 뜻입니까?

이헌재 법정관리로 가면 모든 상사채권이 정지됩니다. 그럼 대우 자체만의 문제가 아니게 되지요. 법정관리에 들어가서 대우의 상사채권이 일제히 정지되면 수십 개 관련 대우계열사들이 상호보증으로 난마처럼 얽혀 있는데 모조리 문제가 되고 관련 채권자와 협력업체들, 대우 거래업체들이 총체적으로 난리가 나지 않습니까? 그런데 법정관리와 달리 기업 구조조정 협약이나 워크아웃은 금융기관의 교환채무는 지급중지가 되지만 실물거래에 따른 상사채권은 돌아가니까 회사는 급한 대로 돌아갑니다.

그래서 법정관리 대신 처음에 기업 구조조정 협약, 나중에 워크아웃으로 간 것입니다. 2016년 시점에서 대우조선해양을 법정관리로 보내느냐 워크아웃으로 하느냐의 선택에서 법정관리 못 보내는 것과 비슷합니다. 지금이라면 사태가 좀더 선명하고 객관적으로 보이지 않을까요?

거미줄처럼 복잡한 상호지급보증과 계열사 간 중개자금[76] 순환출자로 얽힌 대우계열사들을 처리하기에는 기업 구조조정 협약은 역부족이었다. 기업 구조조정 협약은 본래 부채구조나 채권자가 단순하고 규모가 작은 기업을 처리하기 위한 느슨한 형태의 제도였기 때문이다. 결국 8월 26일 대우그룹의 워크아웃이 결정됐다.

이헌재 워크아웃은 미국에서는 'Turnaround Specialist', 영국에서는 'London Approach'라고 하는 것입니다. [77] 런던의 은행들이 중심이 되어 채권은행단 협의체를 만들어 서로 손절매를 한 후 출자전환을 해주고 기업을 살려 돌아가게 한다는 의미였습니다. 우리나라가 법정관리나 화의를 신청하면 법원이 최종 판정할 때까지 시간이 걸리고 다른 문제도 있기 때문에 워크아웃을 기업개선 작업

---

75 신장섭, 2014, 《김우중과의 대화: 아직도 세계는 넓고 할 일은 많다》, 북스코프.
76 여신한도에 묶인 계열사를 지원하기 위해 다른 계열사를 통해 우회적으로 대출받은 자금.
77 1970년대 경기불황으로 기업들이 무더기 도산 위기에 처하자 영란은행의 중재로 금융기관 간의 협상을 통해 기업 구조조정이 이뤄졌다.

이라는 이름으로 런던 어프로치를 한국식으로 수정한 것입니다. 다른 도리가 없어서 곧바로 지급중지 명령을 내리고 워크아웃을 시작했습니다. 사실 대우그룹의 경우 채권관계가 복잡해서 워크아웃 대상으로 적절치 않았으나 다른 방법이 없었습니다.

이에 따라 워크아웃 계획이 확정되고 한국 경제개발 신화의 주요배역 가운데 하나였던 대우그룹에 대한 본격적 처리작업이 시작된다. 살리기로 확정된 12개 계열사 부채는 89조 원, 자산은 60조 원이었다. 나중에 검찰조사 결과 분식회계가 천문학적 규모였던 것으로 밝혀졌다. 과도한 부외(簿外) 부채 및 부채의 고의적 누락, 가공매출채권, 가공수출, 불용재고자산과 설비, 연구개발비의 과대계상 등을 통해 22조9천억 원의 분식회계를 했던 것으로 추정됐다.

동일 매출채권에 대해 계열사들이 이중으로 자신들의 자산으로 올려놓는 경우도 있었다. 복잡하기 짝이 없는 계열사 간 권리관계를 정리하는 데만도 오랜 시간과 노력이 소요됐다.

대우처리, 비(非)기관과 해외채권 많아 난항

대우처리 워크아웃이 특히 힘들었던 것은 복잡한 내부요인 외에도 두 가지 외부요인이 있었다.

첫째, 제2금융권을 중심으로 한 소액의 비(非)기관 채권자가 유난히 많았다는 점이다. 대우는 1997년부터 일반은행에서의 대출이 힘들어지자 대규모의 CP와 회사채를 발행해 연명했는데 그 엄청난 물량을 은행의 신탁계정과 투신사, 종금사 등 제2금융권에서 모두 사갔다.

백전노장 김우중 회장에게 뭔가 돌파구가 있을 것이라는 막연한 시장기대가 있었던 데다 당시 어려운 경제 분위기상 대우 같은 큰 기업을 정부가 감히(?) 부도낼 수 없을 것이라는 믿음이 깔려 있었다. 부도만 나지 않는다면 당시 삼성전자 채권보다 2~3배 높은 수익률인 대우채권이 인기를 끌 수밖에 없었던 것이다. 대우에 배팅한 도박성 투자와 도덕적 해이가 제2금융권에 만연했다. 외형적으로 제2금융권을 낀 사채 자금주들도 많았다.

둘째, 해외채권 규모가 엄청났다. "세계는 넓고 할 일은 많다"면서 유럽과 아시아 중남미, 구 소련연방 등으로 진출하여 이른바 '세계경영'을 해오는 과정에서 많은 해외 현지법인을 설립했다. 현지법인들은 국내 대우계열사들로부터 이중, 삼중의 복보증을 받아 런던과 프랑크푸르트 등에서 천문학적 금융거래를 했다. 전 세계 69개국에서 480개나 되는 금융기관들이 관련되어 있었고, 통화 표시도 제각각이었다.

이헌재 발행 회사채의 70% 이상이 수익증권 형태로 개인들에게 들어가 있어서 채권자를 일일이 확인하기가 어려웠습니다. 기관투자자들이면 몇 사람 안 되니까 만나서 이야기를 해서 풀어가면 되는데 비기관 채권비중이 너무 높았어요. 채권은행단이 신규자금 지원을 해주면 대우에 돈을 빌려준 비기관 채권자들이 모조리 회수해 버리는 바람에 은행들이 대우그룹 계열사에 신규대출을 해주지 못했습니다. 그리드락(Gridlock)이 되어 꼼짝을 못하는 상황이었어요. 그래서 워크아웃이 힘들었습니다.

그리고 무엇보다 대우의 해외채무 문제를 해결해야 했습니다. 대우는 세계경영을 한다면서 해외에서 빌린 돈이 워낙 많았으니까요. 채권자가 전 세계에 흩어져 있고 계열사 간 상호보증 관계가 너무 복잡해 "워크아웃이 힘들 것 같다"고 기업 구조조정을 전담하던 서근우 박사가 보고할 정도였습니다. 그래서 오호근 씨를 대표로 보내서 외국 채권은행단으로부터 손절매 협상을 시작하였습니다.

해외채권에 손절매 원칙 최초 적용

대우가 워크아웃에 넘어가자 해외 채권금융기관들은 한국 정부에 공식서한을 보내 "대우그룹 채권을 한국 정부가 해결해 주지 않으면 국제금융시장에서 다시는 한국 금융기관이나 기업들에게 대출해 주지 않겠다"고 압박했다.

워크아웃 불참 및 정부의 해외채무에 대한 지급보증 등 특혜조치 요구와 동시에 법적 소송 등을 진행하겠다고 위협하기도 했다. 만약 이들이 법원에 법정관리나 채무이행 청구소송 등을 개별적으로 신청할 경우 정상적으로 대우그룹의 워크아웃을 진행시키기는 사실상 어려워진다.

과거 한국의 대기업이 부도가 날 경우 주거래은행이 부채인수 형태로 외국 금융기관의 대출을 상환해 주었기 때문에 외국 금융기관들은 과거 전례를 들어 대우사태의 경우에도 정부가 나서서 과거방식으로 해결해 주기를 기대하고 있었다.

그러나 외환위기 이후 정부가 나서서 순수 민간기업의 대외채무를 대신 갚아 줄 수도 없었고 그렇게 해서도 안 될 일이었다. 정부는 외국 금융기관도 국제적 관례에 따라서 국내 금융기관과 함께 채무재조정에 참여하고 일정부분 책임을 분담해야 한다는 원칙을 세웠다.

69개국이 얽힌 대우 해외채권[78]

이 원칙에 따라 1999년 8월 18일부터 69개국 480개 해외채권단과의 본격적 협상이 시작됐다. 대우 해외채권단들은 9개 주요 금융기관들을 대표로 하여 한국 측 대우 협상단과 협상에 나섰다. [79]

---

78 이 부분의 내용은 《아시아 외환위기와 신국제금융체제》(김용덕, 2007, 박영사, 96~100쪽)와 《부실채권 정리》(정재룡·홍은주, 2003, 삼성경제연구소) 참조.
79 민간기업 워크아웃이기 때문에 대표단은 채권은행단 등 민간인들로 구성되어 있었다.

당시 대우그룹의 전체 외화차입금은 총 99억 달러로, 이 가운데 국내은행 외화차입금을 제외한 순수 외국 금융기관 차입금은 68억 달러 수준이었다.[80] 이 중 시중에 유통되어 최종 채권자가 불명확한 전환사채(CB: Convertible Bond) 등 19억 달러를 제외하고 대주가 명확한 외화차입금은 51억 달러 수준으로 파악됐다. 대부분 주력 4개 계열사가 빌렸거나 보증한 채무였다.[81]

대우 해외채권단 협상은 처음부터 난항이었다. 전 세계 480개 금융기관들이 관련되어 있었고 통화표시도 제각각이었으며 이들이 요구하는 해결책이나 채권 할인 비율도 중구난방이었다. 적용된 금리에 대한 일방적 주장,[82] 복보증 상태를 악용한 속임수 청구나 국경 간 거래(cross border deal)[83]도 있었다. 부실기업 처리에서 부딪힐 수 있는 모든 경우의 수가 다 포함된 복잡한 사건이었던 셈이다.

우여곡절을 겪은 협상의 최종단계에서 가장 큰 문제는 채권에 대한 양측의 가격차이가 현저했다는 것이다. 해외채권단은 80% 선에서 보상을 요구한 데 비해 한국은 대우여신 심사를 잘못한 채권단 책임을 주장하며 평균 34%를 주장했다.

5개월간의 마라톤협상 끝에 2000년 1월 22일 홍콩미팅에서 한국 측이 총대출금의 약 40% 안팎을 현금으로 매입하는 조건에 잠정합의가 됐다. 대신 워크아웃에 들어간 대우계열사 가운데 우량기업으로 거듭난 신설법인 주식의 60%를 예탁시키고 이 주식을 상장 4개월이 지난 후부터 20일간 평균주가의 150%에 매입할 수 있는 권리, 즉 환매(buy-back) 옵션을 달라는 것이 당시 해외채권단의 입장이었다.

이 같은 보증(warranty) 협상을 둘러싸고 또다시 뉴욕에서 한 달여 시간을 끌었다. 피 말리는 기간이었다.

---

80 1999년 6월말 기준이다.
81 (주)대우가 27억 달러, 대우자동차가 15억 달러, 대우전자 6억 달러, 대우중공업 2억 달러였다.
82 대우에 대한 여신의 롤오버가 하루 단위로 짧아지면서 구두로 주고받은 고금리의 경우 기록이 없는데도 해당 금리를 받기로 했다고 주장한 경우가 많았다.
83 해외발행 대우채 가운데 국내 금융기관들이 보유한 물량을 해외 금융기관들이 헐값에 몰래 사들여 이를 정식 채권인양 판매하려 한 경우이다.

대우 해외채권단 협상과정과 타결내용[84]

1999년 8월 26일 대우 12개 계열사의 워크아웃 절차가 개시되자 한국 측은[85] 해외채권금융기관 운영위원회(Steering Committee)[86]와 접촉하여 대우그룹에 대한 법률소송 중지 및 대우그룹에 대한 채무지급 유예(standstill) 등을 요청한다. 해외채권단은 대우그룹 워크아웃 플랜이 마련된 후 30~60일 이내에는 의결절차에 들어가지 말 것과 의결과정에서의 거부권을 인정해 달라는 요구를 했다. 10월 28일 도쿄에서 열린 공식 협상에서 한국 측은 해외 채권은행들로부터 법적 소송 자제 합의안을 이끌어내는데 성공했다. 시간을 번 한국 측은 해외채권 선매입 후 국내 워크아웃을 추진하는 2단계 전략을 구상하게 된다. 이에 따라 12월 7일 대우 4개사의 해외채권을 할인매입(buy-out)하는 방안을 해외채권단에 제안하였고(평균 할인매입률 34%) 12월 23일 해외채권단이 59%로 역제안을 해왔다. 양측은 2000년 1월 20일 홍콩에서 3일간의 최종협상을 통해 해외채권 매입률을 평균 39~40%로 하는 등의 4개 기본원칙에 합의한다. 다음은 주요 합의내용이다.

첫째, 채무조정 대상은 해외 금융기관들이 보유하고 있는 (주)대우, 대우자동차, 대우전자, 대우중공업 및 그 현지법인에 대한 무담보채권으로 국제금융시장을 통해 발행된 외화채권도 포함시킨다(총 49억 달러 규모).

둘째, 해외채권단은 추진 중인 대우그룹의 워크아웃 프로그램에 국내 채권금융기관과 동등한 조건으로 참여하거나, 아니면 할인된 가격으로 한국 측에 전량을 매각한다. 부분참여나 부분매각은 허용되지 않으며 할인가격은 평균 39~40%로 한다. (주)대우의 경우 본사와 현지법인 모두 32.3%의 할인율을 적용하고, 대우자동차 및 대우전자 본사는 35%, 대우중공업은 67%를 적용한다. (주)대우를 제외한 3개사의 현지법인은 8개 그룹으로 나누어 31.5~95%의 할인율을 적용키로 한다.

셋째, 이러한 해외채권 매입기관은 한국 측 채권금융기관이 출자하여 설립할 특수목적법인(SPC)으로 하고, 제한된 범위 내에서 보증(warranty)을 부여할 수 있는 방안을 추후 협의한다.

넷째, 이러한 할인매입은 현지법인을 포함한 계열사별로 매입할 채권액의 90% 이상이 되어야만 가능하다.

3월 29일 뉴욕에서 세부 실무내용이 확정되면서 한국의 자산관리공사가 특수목적법인을 설립하여 대우의 해외채무를 할인매입하기 시작하였다. 대우 해외채권 할인매입은 대상채권 총액 43.5억 달러 중 39.2억 달러가 신청되었고(90% 초과) 대금지급이 완료되면서 해외채권 구조조정이 마무리된다.

시험대에 오른 시장의 도덕

대우채 비상조치, 환매제한과 원리금 기간별 차등보상

국내 금융시장에서는 대우사태가 터지면서 다시 최악의 상황이 벌어지고 있었다. 하필 수출 주력품목인 반도체 가격이 하락하고 유가가 상승하는 등 대외 경제여건이 다시 악화된 시점에 발생한 일이었다.

대우사태 발발은 대기업 발행 회사채도 믿을 수 없다는 인식을 확산시키면서 금융시장, 특히 제2금융권에 큰 충격을 던졌다. 외환위기 이후 매달 3조 원 이하이던 회사채 발행 규모가 1998년 2/4분기 이후 월 7조 원까지 증가했는데 대우그룹 채권 수익률이 다른 대기업들보다 훨씬 높았기 때문에 대우관련 회사채가 가장 많이 팔렸던 것이다.[87]

대우사태가 가시화된 7월부터 회사채 관련 수익증권 환매사태가 본격적으로 시작됐다. 하루 평균 2조 원 가까운 돈이 빠져나갔다. 시장은 패닉상태였다. 어떻게 해서든지 환매사태를 중지시키고 시장을 안정시켜야 했다. 그래서 나온 조치가 기간별 원리금 차별보장 조치다. 이헌재 위원장은 "대우 회사채가 포함된 수익증권에 대해 지금 당장 돈으로 환매하겠다면 장부가격의 50%만 반환한다. 만약 3개월을 기다렸다가 찾아가면 80%를 주고 6개월을 더 기다리면 원금의 대부분인 95%를 보장해 준다"고 선언했다.

---

84 김용덕, 2007, 《아시아 외환위기와 신국제금융체제》, 박영사, 96~100쪽.

85 한국 정부는 기업구조조정위원회의 위원장(오호근)을 한국 측 협상대표로 결정하고 대우 측 자문기관으로 프랑스계의 라자드투자은행을, 법률고문으로는 미국계 클리어리 법률회사를 선정하였다.

86 미국계 시티은행, 체이스맨해튼은행, 영국계 HSBC은행, 일본계 도쿄미스비시은행, 다이이치캉교은행, 독일계 베스트도이체란데스방크(Westdeutsche Landes), 네덜란드계 아비엔암로(ABN Amro)은행, 호주계 NAB, 아랍계 아랍(Arab)은행 등 9개 은행으로 구성되었다.

87 1998년부터 1999년까지 발행된 회사채 가운데 부실화된 회사채의 78%가 대우채권이었다.

대우 회사채의 불완전 판매

이 조치에 대해 경제, 금융 전문가들은 물론 정부 내부에서도 반대가 극심했다. 시장의 규율이 무너진다는 우려였다.

"수익증권은 예금과 다르다. 투자자들이 자기책임하에 위험을 감수하고 투자한 것인데 손해가 났다면 그만큼 정산하면 되지 증권사와 투신사가 왜 원금 대부분을 물어줘야 한다는 것인가?" 하는 논리였다. 청와대 서별관에서 열린 대책회의에서도 투자자 책임론이 우세했다. 그러나 이헌재 위원장의 생각은 달랐다.

이헌재 그때 시장 현실을 조금만 더 들여다보면 일반 개인 투자자들에게 책임을 묻기 어려운 구조라는 걸 잘 알 수 있습니다. 금융사들이 아무것도 모르는 일반 투자자들에게, "예금과 마찬가지인데 수익률은 훨씬 더 높다"면서 수익증권 가입을 권유했어요. 투자자들은 수익증권 안에 뭐가 들어 있는지 아무것도 모른 채 가입했고요. 애초부터 증권사 창구에서 수익증권을 팔 때 이른바 불완전 판매가 일어난 것입니다.

투자자의 사전적 정의는 "위험을 감수하는 한편 그 위험을 시장에 전가할 수 있는 능력이 있는 사람", 즉 '위험전가 능력이 있는 투자자'를 의미한다. 그런데 대우채가 포함된 수익증권에 투자한 대부분의 사람들은 금융상품의 위험을 인지하고 시장에 전가할 만한 능력이 없는 일반 중산층, 그것도 수익증권의 내용을 잘 모른 채 창구직원들 권유에 따라 '묻지마 투자'를 한 사람들이 대부분이었다.
 전문투자자와 일반투자자를 구분해야 한다는 '적합성 원칙'[88]과 일반투자자에

---

88 「자본시장법」 제46조. ① 금융투자업자는 투자자가 일반투자자인지 전문투자자인지의 여부를 확인하여야 한다. ② 금융투자업자는 일반투자자에게 투자권유를 하기 전에 면담·질문 등을 통하여 일반투자자의 투자목적·재산상황 및 투자경험 등의 정보를 파악하고, 일반투자자로부터 서명(「전자서명법」 제2조 제2호에 따른 전자서명을 포함한다. 이하 같다), 기명날인, 녹취, 그 밖에 대통령령으로 정하는 방법으로 확인을 받아 이를 유지·관리하여야 하며, 확인받은 내용을 투자자에게 지체 없이 제공하여야 한다. ③ 금융투자업자는 일반투자자에게 투자권유를 하는 경우에는 일반투자자의 투자목적·재산상황 및 투자경험 등에 비추어 그 일반투자자에게 적합하지 아니하다고 인정되는 투자권유를 하여서는 아니 된다.

게는 위험성 높은 금융상품을 판매해서는 안 된다는 '적정성 원칙'[89] 및 수익증권에 포함된 상품의 위험성을 정확하게 알려야 하는 '설명의무'[90] 등이 전혀 적용되지 않은 전형적인 불완전 판매의 유형이었다.

당시는 법적으로는 이런 내용이 아직 명시되지 않았을 때였으나[91] 이 위원장은 증권사와 투신사에게 일정부분 책임을 물어야 한다고 생각했다.

수익증권 불법 편출입 다반사

이 위원장이 더 심각한 문제라고 봤던 부분은 투신사가 저지른 수익증권 간의 불법 편타(편입편출)였다. 수익증권별로 엄격한 '차이니즈 월'(Chinese Wall)이 존재하고 이를 지킬 수 있는 내부규준이 있어야 하는데 투신사들은 기관투자자나 사채시장 큰손들이 가입한 펀드에서 불량증권을 뽑아내어 일반 가입자들의 펀드로 불법 편출입시켰다. 대표적인 불량증권이 대우채(大宇債)였다.

이헌재　은행이나 종금사가 강도 높은 구조조정을 하자 돈이 사채시장에 흘러들어가 있었습니다. 사채시장에서의 가격은 할인율인데 그게 20~30%로 올라가

---

89 제46조 2항(적정성 원칙). ① 금융투자업자는 일반투자자에게 투자권유를 하지 아니하고 파생상품, 그 밖에 대통령령으로 정하는 금융투자상품(이하 "파생상품 등"이라 한다)을 판매하려는 경우에는 면담·질문 등을 통하여 그 일반투자자의 투자목적·재산상황 및 투자경험 등의 정보를 파악하여야 한다. ② 금융투자업자는 일반투자자의 투자목적·재산상황 및 투자경험 등에 비추어 해당 파생상품 등이 그 일반투자자에게 적정하지 아니하다고 판단되는 경우에는 대통령령으로 정하는 바에 따라 그 사실을 알리고, 일반투자자로부터 서명, 기명날인, 녹취, 그 밖에 대통령령으로 정하는 방법으로 확인을 받아야 한다.

90 제47조(설명의무) ① 금융투자업자는 일반투자자를 상대로 투자권유를 하는 경우에는 금융투자상품의 내용, 투자에 따르는 위험, 그 밖에 대통령령으로 정하는 사항을 일반투자자가 이해할 수 있도록 설명하여야 한다. ② 금융투자업자는 제1항에 따라 설명한 내용을 일반투자자가 이해하였음을 서명, 기명날인, 녹취, 그 밖의 대통령령으로 정하는 방법 중 하나 이상의 방법으로 확인을 받아야 한다. ③ 금융투자업자는 제1항에 따른 설명을 함에 있어서 투자자의 합리적인 투자판단 또는 해당 금융투자상품의 가치에 중대한 영향을 미칠 수 있는 사항(이하 "중요사항"이라 한다)을 거짓 또는 왜곡(불확실한 사항에 대하여 단정적 판단을 제공하거나 확실하다고 오인하게 할 소지가 있는 내용을 알리는 행위를 말한다)하여 설명하거나 중요사항을 누락하여서는 아니 된다.

91 적합성·적정성 원칙은 2009년 2월 3일자로 「자본시장법」에 신설된 조항이다.

긴 했지만 시장은 놀아갔고 단기금융시장도 돌아갔어요. 오히려 공금리와 사금리의 시장격차가 좁혀졌습니다. 한계기업만 쓰던 사채시장을 당시에는 일반기업들도 썼을 것입니다. 그 사채시장은 돌아갔고 단지 그 형태가 연불수표, 연불어음, 기업어음과 회사채라는 외형적 형태를 빌렸을 뿐입니다. 1998년 상반기까지 공금융시장이 마비되자 사금융시장이 그런 식으로 돌아갔습니다. 비제도권 시장의 사채자금이 회사채 매입, 수익증권 매입이라는 형태로 투신이나 은행신탁에 들어오게 된 것입니다. 증권사를 통해 회사채나 기업어음을 총액인수시킨 후에 사채전주가 돈을 대서 사주거나 했습니다. 물주는 따로 있었고요.

그런데 사채자금이 투신사 수익증권을 사는 과정에서 편타가 생겼습니다. 사채시장의 큰손들이 큰 금융기관을 통해 돈을 맡길 때 이들의 계정에는 양질의 깨끗한 회사채를 넣고, 나쁜 증권은 일반인들이 매입한 수익증권에 편입시키는 일이 벌어졌습니다. 개미 투자자들이 산 수익증권에 악성 채권을 불법 편입한 것이지요. 그래서 나중에 투신사 정리할 때 금융기관이 보유한 회사채는 보장을 안 해주고 개인 것은 보장해 주기로 한 것입니다.

대우발행 회사채와 기업어음 등은 1997년 6월부터 이미 사금융, 비제도권에서 많이 돌아가고 있었습니다. 대우 측은 마치 정상적 금융을 정부가 의도적으로 막은 것처럼 주장했지만 이미 시장에서 대우채는 사금융을 통해 움직이고 있었습니다.

나중에 대우채 환매 건으로 감사원 감사를 받을 때 감사 담당자가 "왜 투신사 처리를 할 때 개인에게 95%씩 보장해 줬나? 법에 신탁이나 투신은 원금 보장해 주지 않도록 되어 있는데 왜 그것을 마음대로 약속해 주었나? 그리고 손절매 기준이 왜 95%였나?" 등등을 질문했다. 거기에 대한 이 위원장의 답변은 이렇다.

"정부가 물어준 것이 아니다. 증권사, 투신사 등이 물어준 것이다. 나는 개인 투자자들이 억울하다고 판단했다. 정보비대칭을 악용한 증권사, 투신사들의 도덕적 해이와 역선택이 횡행하던 시절이라 개인들은 자신의 계정에 부실 대우채권이 포함된 것도 전혀 몰랐다. 반면 기관이나 큰손들은 이것을 사전에 알고 있었다. 그래서 기관투자자들은 상대적으로 가혹하게 처리했다."

역선택과 도덕적 해이

수익증권 불법 펀타 사건뿐만 아니라 외환위기로 인한 혼란의 와중에 금융시장의 도덕성을 시험하는 여러 가지 사건이 무더기로 발생했다.

이헌재 외환위기 당시 시장은 정보비대칭에 의한 '레몬마켓(lemon market) 현상'이 극심했어요. 시장이 혼란하고 정보가 불확실하니 누가 우량 금융기관이고 우량기업인지 가려내기 어려웠어요. 시장 곳곳에서 역선택(adverse selection)과 도덕적 해이(moral hazard)가 벌어지고 있었습니다.[92] 국내뿐 아니라 해외에서도 벌어지고 있었습니다. 모두가 돈을 빼내가는 상황이라 부실기업들이나 우량기업이나 다 같이 망할 수밖에 없어요.

부실기업은 돈을 돌려주지 못해 망하고 우량기업은 역설적으로 돈을 돌려줄 능력이 있어서 흑자도산을 하는 상황이 벌어졌습니다. 은행들이 자기네들 살기 위해서 돈을 돌려줄 능력이 있는 우량기업들로부터 집중적으로 여신회수를 했거든요. 그러니까 좋은 기업들까지 단기 유동성 부족으로 흑자도산했어요. 이런 현상을 막기 위해 ADB니 IBRD 등에서 지원을 받아서 신용보증기금이 중소기업이나 중견기업에 대한 신용보증을 대폭 확대했는데 그러다 보니 다른 방면에서 도덕적 해이가 나타나기 시작했습니다. 정리되어야 할 부실기업들이 신용보증으로 연명하게 되어 좀비기업으로 살아남는 것입니다.

홍은주 비슷한 예가 종금사도 있었죠. 1997년 12월 14개 종금사에 영업정지 명령을 내리자 우량 종금사까지도 예금인출사태가 발생하지 않았습니까? 이에 따라 예금보험공사는 기존에는 보호하지 않았던 거의 모든 금융상품을 2000년까지 한시적으로 보호한다고 발표했죠. 예금보험 한도도 높아졌고요.[93] 그랬더니

---

92 정보비대칭 시장에서 역선택은 사전적(ex-ante) 현상으로, 도덕적 해이는 사후적(ex-post) 현상으로 나타난다.
93 정부 지방자치단체 한국은행의 예금, 금융회사 간 예금, 외화표시 예금, CD RP 보증보험계약 등에 대해서도 보증한다. 예금보험 한도의 경우 출범 당시 보험금 한도는 1인당 원리금 2천만 원이었으나 1997년 7월 31일 이전에 가입한 예금에 한해서는 2000년 말까지 원리금 전액 보장을 약속했다.

일부 종금사들이 이 제도에 의존하여 무리하게 예금을 유치하는 등 도덕적 해이가 발생했습니다. 당시 언론에 가장 많이 등장한 단어 가운데 하나가 모럴해저드, 도덕적 해이라는 단어였습니다.

이헌재 그렇죠. 예금자들은 최악의 경우라도 원리금을 보장받을 수 있기 때문에 우량, 비우량을 가리지 않았을 뿐만 아니라 오히려 비우량 금융사를 선호하는 부작용이 나타났습니다. 비우량일수록 예금에 높은 금리를 지급했기 때문이죠. 비우량 채권을 담보로 한 RP 거래도 늘었고요. 그래서 정부는 1998년 7월말부터는 보증보험사가 발행한 보증보험 계약과 은행 및 증권사가 발행한 RP 등은 예금보호 대상에서 제외했습니다. 또 보장한도도 원금 2천만 원 이하인 경우만 전액보장하고 그 이상이면 원금만 보장하는 방향으로 축소했습니다. 정책을 펼 때는 시장의 도덕에 대해서 늘 생각해야 합니다.

우량기업-부실기업 모델로 대우 정리

대우그룹을 정리할 때 적용한 처리모델은 '분할 후 출자전환'이었다. 같은 회사라도 영업력 있는 사업부문을 따로 떼어내 우량기업 만들고 여기에 우량자산을 모두 인도하며 출자전환을 해서 갱생시킨다. 반면 희망이 없는 사업부문은 부실기업으로 만들어 부실을 모두 떠안게 한 후 청산하는 방식이었다.

워크아웃 결과 ㈜대우는 대우건설과 대우인터내셔널, ㈜대우로 분할하여 대우건설과 대우인터내셔널은 살리고, 기존법인인 ㈜대우가 모든 부실을 떠안고 청산에 들어갔다. 대우중공업의 경우도 경쟁력 있는 조선사업 부문을 분리하여 대우조선공업으로, 기계부문을 떼어내 대우종합기계로 신설법인을 설립한 반면, 대우중공업이라는 구 법인은 모든 악성부채를 떠안고 청산의 운명을 밟았다.

2009년 부실화된 GM이 파산신청을 했을 때 미국 정부가 동원했던 우량기업-

498

부실기업 분할처리 방식은 한국이 이미 10여 년 전에 대우그룹을 처리할 때 썼던 방식이었다. ㈜대우가 부실을 안고 사라진 것처럼 '구 GM'은 청산기업이 되었다. 우량자산만 인수한 '뉴 GM'에 미국 정부는 부실자산구제기금(TARP: Troubled Assets Relief Program)을 통해 495억 달러의 공적자금을 투입했다. 지분 60%를 보유한 최대주주가 된 미국 정부는 '뉴 GM'의 경영에는 일체 관여하지 않다가 4년 후 시장상황이 좋아지자 지분을 모두 처분했다. 뉴 GM이 시장에 다시 태어난 것이다.

대우 같은 큰 재벌그룹의 수많은 계열사들을 '우량기업-청산기업 모델'로 정리한 경험은 전 세계를 통틀어 한국이 유일했다. 외환위기가 끝나면서 그 같은 경험이나 지식이 미국 같은 M&A 시장으로 활성화되어 확장되지 못한 채 사장된 것은 안타까운 일이라고 이헌재 위원장은 회고한다.

한편 채권단이 떠안은 대우그룹 부실채권은 KAMCO가 한꺼번에 매입하여[94] 시간 여유를 두고 CRV, CRC,[95] AMC,[96] ABS,[97] 일반매각 등의 수단을 통해 회수절차를 밟기로 했다. 이때 한국이 동원한 다양한 부실채권 정리기법과 법조항은 나중에 중국으로 넘어가 중국 금융기관들의 부실채권 정리에 활용된다.

헐값매각 논란으로 기업가치 하락

기업분할을 통해 대우계열사들은 우량기업으로 거듭났다. 이 가운데 대우조선 등 몇몇 계열사는 워크아웃을 졸업하여 빠른 속도로 성공적 결과를 보여준 반면 처리에 가장 애를 먹었던 것이 대우차였다.

---

94 매입가격은 대우계열사에 대한 실사결과와 향후 현금흐름 등을 감안해 결정했는데 KAMCO가 매입한 대우채권 장부가치는 18조 4천억 원에 달했다. 해외 부실채권 인수에 따라 총액은 33조 원으로 늘어났다.

95 CRV(Corporate Restructuring Vehicle), CRC(Corporate Restructuring Company)는 모두 기업 구조조정 전문회사를 뜻한다.

96 AMC(Asset Management Company)는 자산관리회사를 의미한다.

97 ABS(Asset Backed Securities)는 자산유동화증권을 의미한다.

채권단이 자체적으로 킬렁하기 어려워 결국 법정관리에 들어간 대우차는 긴급자금을 수혈받으면서 해외매각이 시도되었으나 헐값매각 논란에 휘말려 매각이 자꾸 지연됐다. 결단을 내리지 못한 채 주춤거리는 사이 기업가치는 계속 하락했고 결국 오랜 시간이 지난 후 GM에 싼 가격에 매각됐다. 공적자금이 많이 투입된 기업을 헐값에 매각한다는 사회적 비난 때문에 적시에 매각이 이뤄지지 못했고 그 결과 기업가치가 급락하면서 '진짜 헐값'에 매각된 것이다.

기왕 투입된 자금이 향후 경제적 의사결정에 영향을 미쳐서는 안 된다는 것이 경제학의 기초인 매몰비용(sunk cost) 이론이다. 그런데 대우차 처리 때는 이 같은 기초적 이론이 무시됐다. 정치적 고려가 끼어들면서 결과적으로 큰 손해를 본 경우다.

이헌재 대우계열사들을 우량기업-부실기업으로 나눴습니다. 우량기업에서 부실을 떼어내어 청산대상 기업인 부실기업으로 넘겨 정리하는 거죠. 그러면 좋은 기업들은 부실이 정리되어 살게 되는데 대우차는 생존가능성이 높았습니다. 그래서 그때 내가 김우중 회장에게 "자동차는 워낙 복잡하니 회장께서 책임지고 경영을 맡고 나머지는 금융기관들이 알아서 하겠다"고 말했습니다. 그런데 이분이 갑자기 해외로 나가서 소식이 끊어져 버렸어요. 그러니까 경영주체가 없어졌고 별안간 대우차가 가장 큰 문제가 되어 버렸습니다. 규모가 너무 크고 복잡해 채권규모와 권리관계를 파악하는 것만도 힘들었습니다.

이미 다 지난 이야기지만 김우중 회장이 아마 남아서 버텼다면 개인적으로 참 어렵고 수모도 당했겠지만, 그래도 기업개선 작업은 훨씬 수월하게 돌아갔으리라 생각합니다. 일부에서는 김 회장이 국내에 있는 것이 빠른 구조조정에 방해가 된다고 본 사람도 있었지만 내 견해로는 대우차 정리에 경영자로서 주도권을 행사했다면 결국 국가경제나 대우차나 본인에게도 좋지 않았겠나 싶습니다.

홍은주 대우그룹 사태는 당시 워낙 파장이 컸습니다. 시장에 미친 파장도 컸지만 부실 대기업 처리와 관련하여 여러 가지 경험과 교훈을 남긴 것 같습니다. 대기업도산 시 손실부담 원칙과 비율에 대해서도 생각해 볼 여지를 남겼고요.

500

이헌재 대우에 대한 선호를 떠나 대우가 가지는 시장에서의 중요성과 파장 때문에 어떻게든 살리려고 정부가 많이 노력했는데 시장의 모든 여건상 더 이상은 끌고 갈 수 없는 상황으로 몰리게 됐습니다. 어떻게든 대우계열사들을 많이 살리기 위해 여러 가지 워크아웃 방식을 동원하고 관련된 금융기관들에게 책임을 분담시켰죠.

대우사태로 인한 피해로 보자면 소액주주들의 손실이 가장 컸습니다. 김우중 회장의 보유지분은 10% 미만으로 얼마 안 되지만 남은 90% 주주들의 지분은 대부분 손실을 보지 않았습니까? 그런데 이 소액주주들은 아무 말도 못했습니다. 김 회장께서 나중에 책에서 자기 회사를 빼앗겼다고 주장하는데, 김 회장의 지분은 얼마 안 되는데 비해 대부분의 소액주주들은 전체가 손해를 봤습니다. 이렇게 손실을 본 소액주주들을 생각해 봤을 때 과연 대우문제 처리에서 우리가 손실분담 원칙에서 충분했느냐? 소액주주들의 입장을 보호하기 위해 금감위가 최선을 다했느냐? 이런 문제에 대해 저는 아직도 최선을 다했는지 자신이 없습니다.

부실의 뇌관,
투신사 구조조정

자기실현적 예언의 방지

대우사태로 인한 투신사의 추가 부실화가 금융시장의 새로운 뇌관으로 등장했다. 금감위는 대우계열사 워크아웃과 동시에 그동안 미뤄 두었던 투신사 부실을 차제에 함께 정리하기로 했다. 금감위 관계자들은 대우사태가 터졌을 때 '올게 왔구나' 싶으면서 차라리 속 시원하다는 생각이 들기도 했다고 회고한다.

금융시장은 자기실현적 예언(self-fulfilling prophecy)의 특성을 나타낸다. 근거가 없더라도 "시장이 무너진다더라"는 풍문이 그럴듯하게 떠돌면 시장이 심한 동요를 일으켜 실제 그렇게 실현되는 경우가 발생하기도 한다. 자신의 채권을 빨리 회수하고 손해 보지 않으려는 합리적 개별행위가 집단화되어 시장붕괴로 이어지는 '구성의 오류' 현상이 금융시장에 적용된 전형적인 행태다.

이 같은 '자기실현적 예언'을 미리 차단하기 위해 금감위는 각종 보완조치들을 쏟아냈다. 시장을 안심시키기 위해 8월 12일 기간에 따라 원리금 상환비율을 달리하겠다는 수익증권 환매대책을 발표한 데 이어 9월 18일과 10월 4일에 잇따라 시장안정 대책을 발표했다. 여기에는 채권펀드와 채권안정기금을 조성하는 방안을 포함한 자금시장 안정화 대책들이 포함되어 있었다.

대우관련 금융시장 안정 종합대책 발표

1999년 11월 4일, 정부는 강봉균 재경부 장관과 이헌재 금감위원장 등 6개 부처 장관 및 이기호 경제수석, 전철환 한국은행 총재 등이 참석한 가운데 은행회관에서 경제정책 조정회의를 개최하고 '대우 기업개선 계획 관련 금융시장 안정 종합대책'을 발표했다.

이 대책의 주요내용은 개인투자자 손실을 투신(운용)사와 증권사가 이미 합의된 원칙에 따라 공동 부담하되 대주주가 있는 경우에는 대주주가 증자 등을 통해 자체 해결하도록 하고, 대주주가 없고 누적적자가 큰 한국·대한투신의 경우에는 국책은행, 정부 및 기존 주주들이 총 3조 원을 긴급 출자하여(한국투신 2조 원, 대한투신 1조 원) 경영을 정상화하도록 했다. 이 밖에도 부실규모가 큰 대형투신사 등에 대해 증권금융 등을 통해 총 2조 원 수준의 유동성을 추가 지원하며 대우채가 포함된 고수익 채권펀드(high yield fund)[98] 및 자산담보부채권 발행 등 새로운 금융상품을 개발·도입한다는 내용이었다.

은행권의 경우 1999년 말 새로운 FLC 도입과 관련하여 대우여신에 대한 대손충당금을 충분히 쌓도록 하여 건전성을 계속 유지하되 BIS 비율 유지 부담을 완

---

98 고위험, 고수익에 투자하는 펀드. 당시 대우채권 등이 이 펀드에 포함되어 처리되었다. 상대적으로 위험이 높은 펀드지만 대우그룹 처리 이후 경제가 좋아진 데다 경기가 회복되면서 기업 부도율이 떨어져 투자위험이 줄었고 채권가격도 상승하여 효율적으로 부실채권을 처리할 수 있었다.

화해 주기 위하여 대손충당금을 2년에 걸쳐 나누어 적립할 수 있도록 유예했다. 서울보증보험의 경우 대우그룹 워크아웃 계획에 따라 보증채권 가운데 원리금이 조정되는 부분에 대해서 우선 자체 유동성으로 이를 대지급하도록 하되, 나중에 서울보증보험의 경영상태를 보아가며 단계적으로 필요한 시기에 공적자금을 투입토록 하기로 했다.

한남투신 사태

대우사태 해결에는 엄청난 재원이 필요했다. 이 문제 해결을 위해 정부는 1998년 한남투신 사태 해결 때와 유사한 방식으로 한국증권금융[99]을 전면에 내세운다.

한남투신 사태는 1998년 초에 발생한 환매사건이다. 〈홍길동 2〉 보고서를 폐기 처분하면서 투신사 구조조정은 2000년 이후로 하겠다고 미뤘지만 외환위기 초기에 발생한 환매사태 때문에 당장 유동성 문제가 생긴 투신사들이 몇 개 있었다. 은행 처리를 앞둔 마당에 더 이상 시장교란 요인이 되지 않도록 어떻게 해서든 급하게 처리해야 했다. 문제가 발생한 투신사들 가운데 부산에 있던 제일투신은 CJ가 인수하기로 하고 대구의 동양투자신탁은 삼성생명에 인수하도록 요청했더니 선뜻 받아들여 자회사로 편입했다. 지금의 삼성투신운용이다. 보험사는 예금보험공사의 보장대상이라 런(run)이 발생하지 않았고 장기자금이어서 인수할 만한 유동성이 있었던 것이다.

문제는 한남투신이었다. 인수하겠다는 곳이 없어 결국 1998년 8월 14일에 영업 정지되고 말았다. 투신 가입자들은 원리금을 보장하라고 연일 시위를 벌였다. 2월에 있었던 신세기투신의 경우 원리금을 100% 보장해 주었던 것이 시위의 빌미가 되었다. 더구나 다른 지역 투신사들은 다 살려 주면서 왜 전라도 기반 한남투신은 문을 닫게 하느냐는 항의가 빗발쳤다.

---

99 한국증권금융은 "증권시장에 자금을 공급하고 특정 업무를 수행하여 자본시장 발전에 기여함으로써 국가경제 발전을 지원한다"는 목적하에 자본시장과 금융투자업에 관한 법규에 의거하여 1955년 10월에 설립된 상법상의 주식회사이다 [한국증권금융 홈페이지(http://www.ksfc.co.kr) 참조].

이헌재　광주은행이 인수할 형편이 아니었고 전라도 지역에 연고를 둔 재벌기업도 없어서 한남투신을 인수하려는 주체가 없었습니다. 그러니 당시 내가 정치권으로부터 오해를 받았습니다. 왜냐하면 부산의 제일투신과 대구의 동양투자신탁은 다 인수시켜 살리고서 전라도 한남투신은 이러지도 저러지도 못하고 있었으니까요. "한남투신에서 자금이 빠져나가고 런이 일어나는데도 금감위원장이 호남을 차별해 아무 조치도 안 하고 있다"고 난리가 났어요.

도리가 없어서 대한투자신탁의 김종환 사장을 불러서 인수하라고 반강제로 부탁했습니다. 내 주장은, "어차피 대한투신도 2년 후면 무사하지 못하다, 크게 털고 구조조정을 해야 하기 때문에 큰 부실이 작은 부실을 떠안고 2년만 더 가달라"는 것이었습니다. 그런데 김 사장이 "절대로 인수 못하겠다, 잘못하면 내가 형무소 간다"고 거부하는 것입니다. 정부가 증금채를 활용하여 낮은 금리로 2조 원을 지원할 테니 인수해 달라고 거듭 부탁했으나 끝내 이를 거절했습니다.

이익치 사장, 한남투신 인수 계기로 바이코리아 열풍 주도

죽어도 싫다는데 한남투신을 강제로 인수하게 할 수는 없었다. 처리가 어려움을 겪는 사이 우려했던 대로 시장이 요동쳤다. 한남투신이 영업정지가 되자마자 다른 투신사들에서까지 돈이 빠져나가기 시작했다. 8월 17일에는 빠져나간 액수가 1조 원에 가까웠다. 그냥 두면 다른 투신사들까지 영향을 받아 시장 자체가 무너질 판이다.

처리를 고심하는 사이에 마침 현대그룹의 국민투신(1999년 현대투신으로 이름이 바뀜)이 "한남투신을 우리가 인수해 보겠다"는 의사를 밝혔다. 이 위원장은 8월 24일 정몽헌 현대그룹 회장과 만나서 정부가 도와주는 것을 전제로 현대가 한남투신을 인수하는 것으로 결판을 냈다. 이 거래를 중재한 사람은 현대증권의 이익치 사장이었다. 이익치 사장은 현대건설 출신으로 현대증권 사장으로 와서 "한국의 주가지수가 곧 2000, 3000으로 오를 것"이라면서 1999년 초 '바이코리아 펀드'

열풍을 일으켰던 주역이다.[100] 배포가 컸던 이익치 사장이 판을 크게 키우기 위해 한남투신을 인수한 것이다.

이헌재 당시에 정부나 정치권과도 관계가 있고 영향력이 있었던 이익치의 국민투자신탁이 '바이코리아 2000'을 들고 나왔어요. 주가지수 2000이라면 별 근거도 없고 깜짝 놀랄 수치이지만 아무튼 시장에 희망을 줬을 때인데 그 이익치 사장이 한남투신을 인수하겠다고 나섰습니다. 최종 담판은 정몽헌 회장과 내가 했고요. 대한투신이 끝까지 한남투신 인수를 거절해 곤란한 상황인데 마침 현대 이익치 사장이 그것을 사겠다고 나서니 국민투신에 팔리게 된 것입니다.

홍은주 중소형 규모의 투신사를 처리하기 위해 정부가 적극 나섰던 이유는 무엇입니까?

이헌재 이미 문제가 생긴 중소형 투신사들을 다른 투신사나 기업에 요청하여 인수시키는 것 외에는 방법이 없었습니다. 여러 가지 검토 끝에 투신 구조조정을 2년 후로 연기시켰는데 당장 투신사 부실이 드러나면 안 되죠. 중소형 투신사 몇 개가 무너진다는 문제가 아니라 그것을 내버려 둘 경우 투신시장 부실이 시장에 다 드러나서 대형사들까지 펀드런이 생길까봐 걱정했던 것입니다.

당시 은행 5개를 퇴출시키고 남은 은행도 구조조정을 하니까 은행들이 자기들이 살기 위해 여신을 기피했습니다. 그래서 기업들의 자금수요가 제2금융권으로 넘어갔는데 제2금융권까지 한꺼번에 탈이 나면 기업들이 어디서 돈을 빌려요? 우량기업까지 모조리 쓰러지지 않겠습니까? 그래서 문제가 생긴 중소형 투신사들 인수시켜 부실을 표면에 노출시키지 않고 2년의 시간을 벌었던 것입니다.

---

100 이익치 사장이 견인한 바이코리아는 1999년 3월 2일 발매 시작 13일 만에 1조 원, 대우사태가 터지기 전인 8월까지 11조 원을 현대증권에 끌어 모을 정도로 인기를 끌었다. 그러나 대우사태가 터지면서 큰 손해를 봤다. 이익치 사장은 현대전자 주가조작 사건으로 수사를 받게 되면서 몰락의 길을 걸었다.

귀하신 몸 '비실명-무기명 채권' 등장

현대그룹의 한남투신 인수조건은 자금지원이었다. 이 자금을 마련하기 위해 정부가 한국증권금융을 전면에 내세워 발행한 것이 '비실명 증금채'다.

외환위기 당시 정부는 고용안정과 중소기업 구조조정, 금융권 지원 등에 필요한 자금을 마련하기 위해 6%대의 낮은 금리로 고용안정 채권(근로복지공단 발행), 중소기업 구조조정 채권(중소기업진흥공단 발행)을 발행했다. 10%가 훨씬 넘는 시중 실세금리보다 훨씬 낮은 금리의 공공기관 채권을 소화하기 위해 상속 및 증여세 면제, 자금출처조사 면제 등의 당근(?)을 제공하는 조건이었다.

투신사태를 해결하기 위해 이와 비슷하게 비실명의 혜택을 줘서 발행한 금융채가 증금채다. '비실명-무기명'으로 한 것은 외환위기 발생과 함께 지하에 숨어버린 사채자금을 제도권으로 끌어내기 위해서였다. 증금채 발행조건은 연복리 6.5% 5년만기 일시지급 조건이었는데, 실세금리에 비해 저금리인 데다 판촉에 애로가 있었기 때문에 금융실명제의 예외사항으로 '비실명'이라는 당근을 제공한 것이다. 이 채권은 나중에 비실명 조건이 빛을 발해 시중에서 '귀하신 몸' 대접을 받았다. [101]

1998년 10월 31일 '비실명-무기명' 증금채 1회차 2조 원이 발행됐다. 증권금융은 조달한 2조 원을 국민투신에 대출했다.

이헌재 국민투신의 한남투신 인수조건은 2조 원 규모의 증금채를 발행하여 조성한 자금을 빌려주는 것과 투신안정기금에서 5천억 원을 더 빌려주는 조건이었습니다. 증금채는 비실명 조건이라 조달금리가 낮습니다. 낮은 금리로 조달된 2조5천억 원을 빌려 국민투신이 시장에서 그보다 높은 수익률로 거래되는 산금채를 매입하면 안정적인 이자차익을 내는 구조였습니다. 한남투신은 자산규모가 몇 조 원도 안 되는 소규모였습니다. 일단 펀드런만 멈추면 문제가 되어도 연

---

101 이후 시중 실세금리가 하락세로 돌아선 데다 자금출처조사 면제 및 상속세 면제, 증여세 면제 등의 혜택 때문에 '묻지마 채권'이라는 별명과 함께 프리미엄이 붙어서 유통되기 시작했다.

간 1천억~2천억 원 수준일 것이고 따라서 그것으로도 충분하다고 봤습니다.

그런데 이익치 사장이 그 돈으로 크게 투자하다가 망가졌어요. 당초 정부가 말한 대로 산금채를 매입하지 않고 이자를 많이 주는 고위험 회사채, 특히 대우채를 많이 사들였습니다. 욕심을 내다가 무리를 한 것입니다. 그 바람에 국민투신(1999년부터 현대투신)까지 망가졌습니다. 그래서 나중에 현대투신을 월버러스에게 공적자금을 붙여서 2001년에 매각하게 된 것입니다.

중소형 투신을 그렇게 대충 정리하면 서울투신운용과 대한투신, 한국투신 등 큰 것만 남게 되고 증권사들은 분산되어 있으니 대충 2년은 버틴다고 봤습니다. 나중에 대우사태가 터졌지만 다행히 IMF가 믿고 2년을 기다려 줘서 시장도 무너지지 않았고 투신사들도 큰 문제가 없이 잘 수습되었습니다.

증권금융 앞세워 대우채 해결

비실명-무기명 증금채는 대우사태 해결을 위한 재원조달의 주요수단이 된다. 이를 위해 증권금융의 채권발행 한도를 자기자본의 10배에서 20배로 대폭 늘리고 비실명 증금채 발행을 늘려나갔다. 두 번째 무기명 채권의 발행은 2000년 1월 2조 원이 발행되었다. 대우채권의 95%가 지급되는 2월 8일 이후의 대규모 환매 사태에 대비한 것이다. 증금채는 이자가 낮았지만 비실명이어서 민간부문에서 상당액을 흡수했고 연기금과 증권사, 보험사 등도 이 채권을 매입했다.

이렇게 마련된 자금은 한국투신과 대한투신의 신탁형 저축에 각각 1조 원씩 가입하는 방법으로 유동성이 지원됐다. 증권사와 은행신탁 등으로부터 대우의 담보부 CP와 대우채를 할인 매입하기도 했다.

비실명 증권금융 채권은 2001년 1조5천억 원, 2002년 6천억 원 등 총 18회에 걸쳐 2005년까지 발행되어 투신사 구조조정에 총 4조1천억 원이 지원되었고 기타 증권산업 육성을 위한 장기재원으로도 쓰였다.

투신사 구조조정이라는 정부의 의지가 개입되어 있지만 자본시장에서 벌어진 사태해결의 핵심 거래주체는 어디까지나 증권금융이었다. 증권금융이라는 자본시장 내부의 특수기관을 전면에 내세워 자본시장이 위기상황에서 스스로의 문제를 자체 해결하는 방식이 처음 시도된 것이다.

이헌재 투신정리가 끝나야 금융권 구조조정이 완결되는데 대우사태가 발생하면서 대우처리와 함께 투신사 구조조정이 동시에 진행됩니다. 당시 수익증권 부실은 대우채와 대우 CP가 가장 많은 분량을 차지했습니다. 대우사태 해결이 투신사 구조조정과 맞물려 있었어요.

대우채가 포함된 투신사 수익증권에 대해서는 환매제한 조치와 함께 '기간별 원금보장' 선언을 했다. 지금 당장 찾으면 원금의 50%까지만 보장되지만, 중간에 찾으면 80%, 최대 180일을 기다리면 원금의 95%까지 보장해 주는 비상조치였다. 이 조치가 발표되자 펀드런은 현저히 줄어들었다. 대우사태가 터진 8월 한 달 동안 21조 원이 빠져나갔던 환매액수가 9월에는 14조 원, 10월에는 10조 원대로 줄어들었다.

대우관련 수익증권의 원금 80%를 돌려주는 시점이 11월이기 때문에 한때 시장에서는 11월 펀드 대란설이 흉흉하게 떠돌았다. 그것을 막는 것이 정부가 할 일이었다. 방송과 신문을 통해 "인내심을 가지고 조금만 더 기다리면 원금의 95%까지 보장된다"는 메시지를 지속적으로 전달했다.

환매제한 및 기간별 원금 차등보장 조치에 힘입어 다행히 11월 이후에도 펀드 대란은 없었고 시장은 더 안정되었다. 금감위는 투신사 및 투신사 수익증권을 판매한 증권사들에게 정부가 투자자들에게 약속한 대로 95% 원금을 보장해 주라고 요구했다. 투신사들이 사채시장의 큰손들이나 기관투자자들에게 유리하게 불법 편타를 저지른 것은 정상적일 때 같으면 당장 형사고발 대상이 되어야 한다. 죄지은 것이 있으니 이들은 꼼짝 못하고 금감위의 일방적 통보를 받아들였다.[102]

---

102 투신권 23개 회사는 18조5천억 원의 대우관련 무보증채를 6조4천억 원에 자산관리공사에 매각했다. 매각손실 12조1천억 원 가운데 7조4천억 원은 투자자가, 나머지는 투신과 증권사가 부담했다.

투신위기 조기수습과 금융시장 안정

투신사 환매사태가 진정되고 대우 12개 계열사에 대한 워크아웃이 속속 진행되면서 대우그룹 부도사태가 불러온 엄청난 경제적 파장은 점차 진정되기 시작했다.

이헌재 그때 90일 위기설, 180일 위기설 등이 쏟아져 나왔는데 결국 아무 일도 없었잖아요? 아무도 투신사에서 돈을 찾아가지 않았습니다. 정부가 보장해 주겠다는데 이자 계산해 보면 찾을 이유가 없으니까 그냥 맡겨 둔 것입니다. 투자자들이 180일의 금리를 계산해 볼 것 아니겠어요? 조금만 더 기다리면 원금을 거의 대부분 찾게 될 것이라고 국민들이 믿어줬습니다. 그리고 투신에서 돈 빼내서 어디 갈 데가 있는 것도 아니니까요. 결국 투신은 3백조 원 시장에서 2백조 원으로 연착륙하고 나중에 한국투신과 대한투신, 현대투신을 모두 매각하고 나자 투신사까지 구조조정이 모두 완료되었습니다.

홍은주 대우 워크아웃과 동시에 투신사 구조조정을 하는 과정에서 가장 어려운 점은 무엇이었습니까?

이헌재 투신사 구조조정이야 어차피 해야 할 일이니 별 스트레스가 없었어요. 가장 어려웠던 일은 대우그룹 처리였습니다. 대우는 시종일관 나쁜 예감이 들었는데도 부도를 막기 위해 오랫동안 억지로 끌고 나가려니 정부가 본의 아니게 시장에 무리를 주고 주주와 직원들을 비롯한 모든 관계자들에게 부수적 피해 (collateral damage) 를 준 것 아닌가 하고 반성합니다.

삼성과의 빅딜을 조기에 성사시켰어야 하는데 너무 늦어졌어요. 김우중 회장도 그 큰 조직을 지켜내려니 밀리면 죽는다는 생각이 있었겠지요. 그래서 삼성과 끝없는 줄다리기를 하는데 삼성은 빅딜로 1년여를 버티는 동안 삼성차 부실의 자체 처리를 위한 충분한 시간을 벌었습니다. 팔 것 다 팔고 그룹 전체가 구조조정을 해서 한숨을 돌렸습니다. 이제는 삼성자동차를 법정 관리로 넘겨도 견딜 만하다고 판단했을 것입니다.

대우는 그러지 못했지요. 강봉균 수석이 대통령의 지시를 받아 삼성차와 대우전자 빅딜을 어떻게든 성사시키려고 하는데 옆에서 지켜보니 잘 안 되는 것이 빤히 보여서 괴로웠지요.

대우사태 처리의 경험과 교훈

대우그룹 정리과정에서 전체 금융기관이 입은 손실은 약 31조 2천억 원으로 추정되었다. 은행권은 대우그룹에 대한 총여신 22조 원 가운데 12조 5천억 원을 채무조정했고 투신권은 18조 6천억 원의 채권 중 10조 4천억 원을 채무조정했다. 서울보증보험은 3조 4천억 원의 대지급 손실을 봤으며 제2금융권에서는 5조 7천억 원의 손실이 발생했다. 이들 금융기관들로부터 부실채권을 인수하고 출자전환 등을 하는 과정에서 30조 원 규모의 공적자금이 추가로 투입되기도 했다.[103]

그러나 제2의 환란을 불러올 것이라는 국내외 우려를 불식시키고 경제에 미치는 충격을 최소화한 상태에서 대우사태를 연착륙시킨 것은 천만다행이었다. 기업·금융기관 동시 구조조정이라는 귀중한 경험과 노하우도 얻었다.

진동수　대우 워크아웃은 시장성 채무가 많은 대기업을 체계적으로 정리한 첫 시금석 같은 케이스였죠. 경제와 시장에 미치는 충격을 최소화한 상태에서 잘 끝냈습니다. 투신권 구조조정도 동시에 추진되었고요. 시장성 채무가 많은 대기업을 구조조정하고 처리하는 과정에서 관련당사자 적정손실부담 원칙을 분명히 했고 각종 시장안정 조치를 통해 금융시장을 안정시키면서 대규모 기업 구조조정을 성공적으로 연착륙시킨 좋은 경험이라 할 수 있습니다.

---

103 공적자금관리위원회, 2000, 《공적자금관리백서》, 292~294쪽.

대우그룹 구조조정 내용

대우그룹 계열사가 채권금융기관에 신고한 채권액은 총 66조6천억 원으로 당시 83개 전체 워크아웃 기업에 대한 채권 신고액의 64.1%를 차지했고, 매출액 및 종업원 수도 각각 전체 워크아웃 기업의 59.3%, 57.1%를 차지할 정도로 큰 규모였다.

대우계열사 및 기타 워크아웃 기업의 외형 비교

(단위: 조 원, 천 명, %)

구 분	채권신고액	매출액	종업원 수
대 우 (16개사)	66.6(64.1)	32.3(59.3)	87.7(57.1)
비대우 (67개사)	37.2(35.9)	22.2(40.7)	66.0(42.9)
합 계 (83개사)	103.8(100.0)	54.5(100.0)	153.7(100.0)

주: 1) 종업원 수·매출액은 워크아웃 개시연도(1999년) 기준.
    2) 괄호 안의 수치는 구성비.
출처: 주채권은행 자료.

1999년 6월말 기준으로 대우그룹의 회계장부상 자산은 91조8천억 원, 부채는 77조8천억 원, 순자산은 14조 원으로 나타났다. 그러나 최종실사 결과 순자산 가치는 29조2천억 원으로(자산 59조7천억 원, 부채 88조9천억 원) 순자산 가치가 43조3천억 원이나 부족한 것으로 드러났다.

계열사에 대한 채무조정 내역을 살펴보면 총 12개 계열사에 대해 채무상환 유예 및 이자감면 대상 여신이 29조5,329억 원, 출자전환 등이 26조3,183억 원 (출자전환 5조4,557억 원, 전환사채 인수 20조8,626억 원), 채권채무상계 등이 1조6,495억 원으로 총 58조2,805억 원의 채무를 재조정했다. 이외에도 신규자금 4조7,847억 원을 지원했다.

대우사태를 우려의 눈으로 지켜보던 IMF는 한국 정부의 대우처리에 대해 훗날 다음과 같이 긍정적 평가를 내렸다.

대기업 부도로 회사채 가격이 폭락하고 투신사들이 약속했던 투자수익률을 지급하지 못하면서 시장에 광범위한 패닉이 발생했다. 이 사태로 많은 투자자들에게 손실이 발생하고 자본시장이 흔들렸으나 한국의 전반적인 투자와 성장 트렌드에는 크게 영향을 미치지 않았다. 당시 금융감독 부문에 추가적인 노력이 필요한 것은 사실이었지만 한국의 금융시스템이 이미 상당히 유연하게 복구되어 있었다는 증거라고 할 수 있다. [104]

제일은행·서울은행 매각의 진통

시한에 쫓긴 제일은행 매각

대우사태가 터졌을 때 하필 동시에 진행되다가 타격을 입었던 사안이 대우그룹의 주채권은행이었던 제일은행의 해외매각 작업이다.

제일은행의 해외매각 운명은 1997년 12월에 이미 결정되어 있었다. 당시 IMF는 대규모 부실로 예금인출사태가 일어난 제일은행과 서울은행에 대해 은행폐쇄를 요구했다. 정부는 펄쩍 뛰며 반대했다. 은행폐쇄는 한국에서 전례가 없던 일이다. 은행폐쇄가 가져올 시장충격이 어느 정도일지 전혀 알 수 없었던 캄캄한 상황.

---

104 International Monetary Fund, 2003, The IMF and Recent Capital Account Crises, p.110. 자세한 문장은 다음과 같다. "This episode(대우사태), while causing losses to many investors and disruption to Korean capital markets, did not have a substantial impact on the country's overall investment and growth trends - a sign that the system had become more resilient, even though clearly more effort was needed in the area of improved supervision."

정부는 일단 공적자금을 넣어 두 은행을 살린 후 해외에 매각하겠다고 IMF와 약속했다. 우리 정부가 IMF와 1998년 1월 8일 맺은 2차 합의서에서는 "서울·제일은행의 감자 시기와 구체적 방법을 정부가 1월 15일까지 발표하고 동시에 정부출자를 통한 정부인수와 경영진 퇴진을 1월 31일까지 마련한다"고 되어 있다. 그리고 2월 17일 3차 합의서에서는 "서울·제일은행 민영화를 위해 3월 31일까지 매각 주간사를 선정하고 11월 15일까지 공개 입찰한다"는 내용이 들어 있다. 매각시한까지 못 박은 것이다.

그러나 한국의 부실은행을 사겠다는 사람은 없었다. 미국계 투자은행인 모건 스탠리를 앞세워 세계 40여 곳의 금융회사에게 의사타진을 해봤으나 아무도 관심을 보이지 않았다. 당시 IMF·세계은행 측과 부실은행 매각시한 연장 협상을 했던 김용덕 국장의 증언이다.

김용덕 당시 제일은행과 서울은행 매각 일정에 대해서는 아직 매각 주간사도 확정되지 않았고, 주간사가 선정된다 해도 입찰안내서 작성, 송부 및 자산실사 등에 상당한 시간이 필요했습니다. 이러한 이유로 1998년 하반기에 국제입찰을 실시하기는 도저히 어렵다는 명분을 내세워 매각일정을 연기하기로 했습니다. 이 문제로 6차 협상이 상당한 난항을 겪었죠.

결국 매각시한을 한 달 앞두고 '제일·서울은행 입찰날짜를 1998년 11월 15일에서 1999년 1월 31일로 연기한다'는 것에 합의했습니다. 1999년 1월의 7차 합의서에서 다시 정부소유 은행주식 매각 계획을 1999년 6월말까지 마련하고, 제일·서울은행에 대해 1월말까지 구속성 있는 입찰(binding bid)을 이행하도록 한 일정 대신 3월 15일까지 인수의향자 측과 MOU를 체결하는 일정으로 변경하기로 했습니다.

계속 해외매각 시한을 미뤘던 데는 인수자가 마땅치 않다는 고민이 있었다. 씨티은행이 "제일은행 지점 중 100여 개만 선별해서 인수하고 싶다"고 했지만 이건 한국 측이 거절했다. 알짜 지점만 다 빼가면 남은 지점은 진짜 부실덩어리 취급을 받아 매각이 불가능해진다.

씨티은행을 제외하고 관심을 보인 것이 HSBC였다. 그러나 "지분은 우리가 100% 인수하겠다. 그런데 나중에 자산이 부실로 판명나면 한국 정부가 되사 달라"는 풋백옵션(put-back option)을 조건으로 내세웠다. 여기에 대해 한국 정부는 "정부가 이미 제일은행에 공적자금을 조 단위로 넣었다. 추가로 자산이 부실로 판정 나 매입할 수는 있지만 대신 나중에라도 우량은행이 되면 공적자금을 회수할 수 있도록 지분 40%를 달라"고 요구했다.

깜짝 등장한 뉴브리지 캐피털

HSBC와 한국 정부가 지분율 문제를 놓고 옥신각신하는 동안 갑자기 다른 경쟁자가 나타났다. 미국계 투자펀드인 뉴브리지 캐피털이었다.

경쟁자가 나타나 반갑기는 한데 캐피털이라니 약간 찜찜했다. 제일은행의 해외매각 목적은 단순한 외자유치가 아니라 선진 은행시스템을 한국에 이식하는 것이다. 기왕이면 은행이 인수해 주었으면 하는 것이 금감위의 입장이었다.

이를 눈치챈 뉴브리지 측은 재빨리 "세계적 경영자를 데려와 경영을 정상화시키고 한국 정부에 지분의 49%를 주겠다"고 약속했다. 한국 정부의 의도를 정확히 눈치챈 약삭빠른 대응이었다.

한국 정부가 뉴브리지와 MOU를 맺자 국제사회는 '은행 구조조정의 신호탄'이라면서 이를 반겼다. 미국의 신용평가사 무디스는 MOU 체결 이후 한국 신용등급을 Ba1에서 Baa로 한 단계 올렸다. 그만큼 당시 제일은행의 해외매각은 중요한 시그널로 작용했다. 외국의 금융기관이 한국에 새로운 자금(new money)을 넣는다는 사실 자체가 국제금융시장에 던지는 상징적 의미가 컸다. 외국 금융기관이 신규로 돈을 집어넣는다는 것은 향후 한국 경제의 미래를 다시 믿고 투자를 시작한다는 의미였기 때문이다.

제일은행 매각의 진통

그러나 모두의 축복 속에서 쉽게 진행된 것은 아무 구속력 없는 MOU 하나뿐이었고 더욱 구체적인 인수조건과 가격협상이 시작되자 오랫동안 진통이 계속됐다. 가장 큰 이슈가 뉴브리지가 제일은행에 대해 실사(due diligence)를 할 때 은행자산에 대한 시가평가를 하겠다는 것이었다. 기업에 빌려준 대출까지도 재평가하겠다고 했다.

이건 도저히 받아들일 수 없는 조건이었다. 첫째, 기업여신을 재평가하면 부실채권이 급증한다. 원금은 갚지 못하지만 이자를 내는 여신은 정상여신으로 분류하는데 재평가를 하면 무조건 고정이하 부실채권이 된다. 그뿐인가? 기업들의 신용등급을 재평가하면 무더기로 등급이 하락하여 대손충당금을 천문학적으로 더 쌓아야 한다. 보유 유가증권을 시가평가하면 보유자산 가치도 크게 하락한다. BIS 비율도 하락한다. 그렇게 되면 당초 5조 원 정도로 생각했던 제일은행 매각비용이 20조 원 이상으로 늘어나게 된다.

이래저래 가격과 실사조건의 타협점을 찾지 못한 상태에서 시간만 흘렀다. MOU를 맺었는데 진전이 없자 당장 외신들이 "한국이 금융 구조조정 의지가 없어 매각을 미루고 있다"는 기사를 올렸다. 뉴브리지가 압력을 넣은 것인지 미국 정치권에서도 압력이 들어왔고 한국 정치권의 오해도 받았다. 금감위가 제일은행을 해외에 팔지 않으려고 태업을 한다는 오해였다.

대통령이 수석들에게 "왜 매각이 빨리 안 되느냐?"고 짜증을 냈다는 소리도 들렸고 청와대에서 직간접적 독촉이 오기도 했다.

뉴브리지와 매각작업을 벌이던 제일은행의 매각 프로세스가 더 늦어지게 된 것은 하필 그 시점에 대우사태가 막 시작되었기 때문이었다. 대우의 주거래은행이 바로 제일은행이었고 대우채권을 많이 가지고 있었다. 대우관련 채권이 향후 어느 정도로 부실해질지 아무도 몰랐다. 그러니 합의가 더 어려웠다.

결국 뉴브리지를 대표한 웨이지안 샨과 이헌재 위원장이 7월 10일 다시 협상 테이블에 마주앉았다. "시가평가를 하지 않는 대신 자산가격을 3% 깎아 주고 추후 손실은 2년간 풋백옵션을 보깅하겠다"는 징부와 "10%를 꿰아 딜라"는 뉴브리지 쪽 의견이 밀고 당기다가 결국 1999년 7월 20일 샨이 양보했다.

"한국 측 제안을 받아들이겠습니다."

고심에 고심을 거듭한 투자약정서 검토

밀고 당기는 협상이 계속되는 한편 동시에 투자약정서에 대한 꼼꼼한 법률 검토가 시작됐다. 시간에 쫓기는 가운데 검토해야 할 세부조건은 산더미였다. 객관성을 유지하기 위해 금감위와 청와대 경제수석실, 재경부에서 각 2명씩 참가해서 수백 페이지의 투자약정서(Terms of Investment)의 자구 하나하나를 고쳐나갔다. 청와대 경제수석실의 진동수 비서관(후일 금융위원회 위원장), 임태희 행정관(후일 국회의원·이명박 대통령비서실장), 금감위의 남상덕 제1심의관(후일 한국은행 감사), 김범석 은행 구조조정팀장(후일 한국투자신탁운용 사장), 재경부 임종룡(후일 금융위원장) 과장 등이 투자약정서 검토 팀이었다.

이들은 서울 명동 은행회관연합회 회의실에서 무더운 여름 석 달을 꼼짝없이 갇혀 지냈다. 제일은행 매각조건을 둘러싸고 3개월간 고심에 고심, 검토에 검토를 거듭하고 끝장토론을 했다. 전문가들 각각의 조언을 받아가며 자구에 문제가 생길 때마다 이견을 제시하고 다시 뉴브리지의 의견을 전달받아 최종합의가 되면 자구를 수정하는 방식으로 진행했는데 수백 페이지를 이런 식으로 했으니 시간이 오래 걸릴 수밖에 없었다. 겨우 투자약정서가 체결된 것은 9월 17일이었다.

홍은주 투자약정서 검토와 작성에 이렇게 공을 들인 이유는 무엇입니까?

이헌재 공적자금이 천문학적으로 투입된 은행을 매각할 때는 언제나 뒤끝이 좋지 않다는 것이 내 직감이었습니다. 나중에 매각하고 난 후에 헐값매각이니 국부유출이니 말이 나기 마련입니다. 그런데 실제 어떤 것이 비싸고 싼지 확실히 아는 사람은 아무도 없습니다. 가격기준이 되는 것도 없죠. 다만 "매각작업을 할 때 최선을 다해 선관의무를 수행했는가? 그 외의 다른 방법은 정말 없었는가?" 하는 질문을 받았을 때 "정말 최선을 다했다. 그 외의 다른 방법은 없었다"고 답변할 수 있느냐 없느냐의 차이일 뿐입니다.

제일은행은 결국 1999년 말 미국의 사모펀드인 뉴브리지 캐피털에 매각되었다. 뉴브리지가 5천억 원을 투자해 제일은행 주식의 51%를 인수하고 경영권을 행사하는 조건이었다.[105] 정부는 1997년부터 제일은행의 경영정상화를 위해 이미 8조5천억 원의 공적자금을 투입한 상태였다. 또 뉴브리지와 본 계약을 체결하면서 향후 2년간 (워크아웃 기업 여신은 3년간) 추가부실이 생기면 책임지고 이를 보상해 주기로 약속했다. 그 대가로 재경부와 예금보험공사가 받기로 한 지분은 49%였다.[106] 제일은행은 2005년 4월 영국계 스탠다드차타드은행에 인수되었다.[107]

한편 서울은행은 해외매각되지 않고 영업을 계속하다가 2002년 9월 국내은행인 하나은행 그룹으로 넘어갔다.

부실은행 매각이나 정부의 은행지분 매각 등에 대해 정부는 IMF와 여러 차례에 걸쳐 매각을 최대한 연기하는 방향으로 협상을 추진했다. 국제적 압력이나 평판에 못 이겨 매각을 서둘렀다 헐값매각 시비에 휘말릴 가능성도 있었고 외환위기 회복 속도가 빨라지면 부실여신이 정상여신으로 전환되어 그만큼 매각가치가 오를 것이라는 계산이 작용했기 때문이다.

---

105 뉴브리지는 미국 종합금융회사인 '어소시에이트 퍼스트 캐피털 코퍼레이션'의 윌프레드 호리 수석부사장을 새 행장에, 로버트 바넘 전 '아메리칸 세이빙 뱅크'를 이사회 의장에 임명했다.

106 자본금은 9,806억 원이었다.

107 2016년 SC제일은행으로 상호가 변경되었다.

금융이 나아갈 길을 만들다

구조조정에 대한 복기(復碁)

홍은주 외환위기 발생 이후에 IMF와의 협약을 지키고 강도 높은 구조조정을 추진하느라 기업과 금융 등 전 부문이 어려움을 겪고 무더기로 실업자가 발생하여 국민들이 큰 고생을 했습니다. 그래서 당시 일각에서는 "차라리 말레이시아처럼 모라토리엄 선언으로 가는 게 낫지 않았느냐?" 하는 주장도 있었습니다. 우리가 죽을힘을 다해 노력해서 국가부도를 내지 않고 빚을 다 갚고 위기를 헤쳐나온 의미를 어떻게 설명해야 할까요?

이헌재 한마디로 국민 자존감의 회복과 망가진 경제시스템의 복구, 그리고 신뢰자본의 회복이라는 무형의 자산입니다. 거듭 강조하지만 나는 1997년 외환위기를 신뢰의 위기로 봅니다. "한국은 회계를 믿을 수 없다. 우발채무가 많은데 아무런 기록이 없다. 밀어내기 수출관행 때문에 매출채권도 믿을 수 없다. 단기 외자 부채규모 통계도 부실하고 기업들의 부채규모 역시 상호지급보증 때문에 제대로 파악할 수가 없다. 재벌들의 순환출자 때문에 문제가 생기면 함께 무너질 위험도가 높다"는 등의 문제의식이 월가에 확산되어 비롯된 것입니다.

　모라토리엄을 선언했던 말레이시아와 비교하는 사람들도 있는데 그 나라는 자원부국이라 부도선언을 해 버리고 물물교환 방식으로 결제해도 됩니다. 그런데 우리는 그게 안돼요. 1월 1일부터 12월 31일까지 수출하여 먹고살아야 하는 자원빈국입니다. 선택의 여지가 없었습니다.

　그런데 어렵게 외환위기를 헤쳐나오고 극복하는 과정에서 국제사회에서 신뢰자본을 과거보다 더 단단히 구축하는 데 성공했습니다. 예를 들어 나중에 노무현 대통령 탄핵사태가 벌어졌을 때도 국제금융계가 거의 동요하지 않았어요. 한국 경제나 금융은 이미 시스템적으로 안정되어서 정치적 사태나 변동이 있더라도 시장에는 별 문제가 없다는 강한 신뢰가 형성되었기 때문입니다.

외환위기 때 우리가 큰 대가를 치렀지만 대신 "한국은 반드시 약속을 지키는 나라이며 신뢰자본 차원에서는 이미 선진국"이라는 국제사회의 믿음을 얻을 수 있었습니다. 그것이 가장 큰 성과라고 생각합니다.

최대성과는 신뢰자본 회복

홍은주 외환위기 이후 금융부문, 기업부문에서 적어도 제도적 측면에서는 선진국 수준까지 단숨에 퀀텀점프(quantum jump), 큰 도약을 하게 되었지요.

이헌재 아시아 외환위기 때도 개혁의 주도권이 없었던 다른 나라들과 달리 우리는 미국과 영국 등 선진국 금융시스템을 척척 가져와서 우리 사정에 맞게 주도적으로 구조개혁을 추진했습니다. 개혁을 하려면 비교할 만한 표준이나 시스템이 있어야 하는데 우리는 미국이나 영국 등의 시스템을 독자적으로 도입해서 처음부터 선진국 기준에 맞췄어요.

그런데 중요한 것은 선진제도의 도입뿐만 아니라 그 제도가 장기적으로 정착되도록 하는 것입니다. 가장 좋은 제도는 일단 도입해 놓으면 시장 내부에 뿌리내려 정치적 개입 여지가 없고 정부가 일일이 모니터링하지 않아도 시장이 알아서 상호견제와 감시를 하는 것이 가장 바람직해요. 대표적인 것이 회계투명성을 보장하는 각종 제도들과 횡령이나 배임, 주가조작 공시위반 시 처벌하는 공시제도 등인데 이런 핵심제도들이 모두 IMF 외환위기 때 만들어졌습니다.

우리 민족이 미리 대비하는 능력은 좀 부족할지 모르지만 일을 당했을 때 극복하는 능력은 아주 당찬 구석이 있습니다. 윤리의식도 높고요. 전 세계 어디에도 이런 나라, 이런 국민들 없습니다. 외환위기 때 금모으기 운동만 해도 그렇지요. 한·중·일 3국을 비교해 보면 중국은 경제규모가 워낙 큰 국가이고 일본은 일본 스타일이 있죠. 한국은 중국에 비해 작은 국가인데도 국제사회에 믿음을 주는 데 성공했습니다. 우리 스스로 그런 자존감이 아직 부족합니다만 자부심을 가져도 됩니다.

홍은주 신뢰자본은 당시 위기의 전개 및 수습과정에서 국내의 시장안정에도 중요한 역할을 했다고 생각합니다. 정부가 한 여러 가지 약속을 국민들이 믿었다는 것이죠.

이헌재 '그동안 정부가 한 말과 행동을 계속 지켜보니 약속을 지키더라. 한다고 하면 반드시 그대로 하더라'라는 믿음이 생긴 거지요. 국민들이 정부를 불신하고 '뭔가 이게 아닌데 …' 싶었으면 돈이 모조리 빠져나갔을 거예요. 그런데 국민들이 정부를 믿었습니다. 은행과 종금사들이 무더기로 퇴출되고 전산이 다운되고 노조가 난리가 나도 동요하지 않았습니다. 국민들이 정부를 믿어 줬고 거기에는 언론의 역할도 아주 중요했습니다. 언론이 정부정책에 문제가 있다고 시비를 걸지 않았어요. 준비나 과정에서의 실수에 대해 일부 비판은 있었지만 정책의 궁극적 목표나 당위성을 의심하거나 비판하지는 않았습니다.

그런 사회적 신뢰자본이 위기 때 참 중요한 역할을 합니다. 그러니 금융시장이 제대로 돌아갔던 거죠.

또 제일은행이나 서울은행의 매각이 예정되었는데도 거의 인출사태가 없었습니다. 제일은행을 매각할 때까지 국민들이 제일은행에서 돈을 찾아가지 않았습니다. 외환위기를 겪었던 다른 나라들과 달리 예금인출사태가 없었어요. 따라서 그런 상황에서는 '정부를 믿으면 된다. 정부는 반드시 약속을 지킨다'는 신뢰를 시장에 먼저 확립하는 것이 가장 중요한 거죠.

위기상황에서는 신뢰를 확립하는 큰 목적이 중요하지 곁가지는 어쩔 수 없는 부분입니다. 나중에 해결이 된 후 곁가지가 잘못됐으니 책임지라는 것은 무리라고 생각합니다. 그 과정에서 억울한 기업도 있고 억울한 은행도 있었죠. 억울한 해고직원과 억울한 소액주주들이 왜 없었겠습니까?

해외 언론, 세계의 모범으로 한국 금융개혁 평가

한국의 외환위기 극복과정을 지켜본 외국언론들은 해외 금융기관들과 IMF 등을 인용하여 한국의 금융개혁 작업을 높이 평가했다.

다른 어느 국가도 은행권 개혁에서 한국 정부가 한 만큼 할 수는 없을 것. (〈뉴욕 타임스〉, 1999. 6. 1, 리먼 브러더스 의견 인용)

부실은행 처리, 증자, 은행업 개방, 대출결정 과정 합리화 등 한국의 은행권 정비는 다른 아시아국가와는 비교가 안 될 만큼 빠른 속도로 진행되었다. 김대중 대통령 임기 2년 동안 일본이 10년 넘게 걸린 일들을 다 해결했다. (〈아시아 위크〉, 1999. 4. 9)

IMF, 한국에 대한 포트폴리오 투자유입은 단순한 증권투자가 아니다. 진정한 금융 구조조정이 일어나고 있음을 반증하는 것이다. (〈싱가포르 비즈니스 타임스〉, 1999. 5. 4)

마하티르 총리가 위기를 외국 탓으로 돌리고 자본통제를 실시했던 것과는 대조적으로 한국은 변화와 개방의 이념을 받아들여 세계화를 향한 변화 의지를 보였다. (〈인터내셔널 헤럴드 트리뷴〉, 1999. 10. 28)

IMF 역시 2003년의 아시아 외환위기 종합 평가보고서에서 "당시 한국은 신속하게 금융권 부실채권을 제거하고 금융시스템 상의 취약점을 개선하는 등 IMF와 약속한 내용을 충실하게 지켰다" 면서, "한국의 금융 구조조정은 일부 프로그램의 경우 일정보다 다소 늦어졌고[108] 몇 가지 이견이 없었던 것은 아니지만 한

---

108 금융기관의 새로운 여신 분류기준 및 충당금 규정 등은 1998년 중반에 만들어졌으나 통합 금융감독원(금감원)의 설립이 1999년 1월로 미뤄지는 바람에 각종 규정의 시행 및 위험관리 역시 1999년으로 미루어졌다. 재벌기업에 대한 한도 설정 등도 점진적인 속도로 진행되었다 (International Monetary Fund, 2003, *The IMF and Recent Capital Account Crises*, p.109).

국의 금융개혁의 강도와 진정성에 대해서는 한 번도 의심하지 않았으며 지속적으로 강한 신뢰를 가졌다"고 밝히고 있다. 개혁작업이 다소 우회하는 경우는 있었지만 절대로 과거로 회귀하지 않았고 금융구조 개혁의 정신에 반하는 어떤 행위도 하지 않아 지속적 신뢰를 가졌다는 설명이다.

강한 개혁추진 의지 덕분에 한국은 무너진 금융시스템을 신속하게 복구하고 국제금융시장의 신뢰를 회복했다. 이 때문에 이후에 발생한 대우사태라는 대형 악재에도 불구하고 지속적인 경제성장과 시장회복을 할 수 있었다고 이 보고서는 덧붙이고 있다. [109]

하인드 사이트의 교훈

홍은주 영어 속담에 "후견시력(hind sight)은 언제나 20/20이다"라는 말이 있습니다. 사건이 벌어졌을 당시에는 정신없이 수습해가느라 아무 경황이 없고 나중에 복기를 해보면 그때 이랬더라면 더 좋을 텐데 하는 생각이 드는 경우가 있잖습니까? 혹시 그런 경우는 없습니까?

이헌재 퇴출은행을 처리할 당시 전산인수를 미처 생각하지 못했던 실수가 있었고 또 한 가지 지금이라면 다르게 처리했을 것 같은 생각이 드는 것이 P&A 처리방식입니다. 그때 미국에서 P&A 방식을 빌려왔는데 미국에서도 개별 금융기관 차원에서 이를 통해 합병한 적은 있지만 한국처럼 은행의 무더기 퇴출 때 P&A를 동시 다발적으로 처리한 경우는 없었어요. 초유의 사건이었습니다.

그런 걸 잘 모를 때니까 브리지 뱅크(bridge bank)를 만들어 일단 자산부채를 거기로 이전했다가 시간을 두고 정리할 생각까지는 하지 못한 채 퇴출은행들 전체를 다른 은행으로 인수시켰습니다. 상황에 따라 인수하겠다는 곳이 있으면

---

109 International Monetary Fund, 2003, *The IMF and Recent Capital Account Crises*, p.110.

522

P&A방식으로 인수시키고 아무도 나서지 않으면 브리지 뱅크로 처리하는 식의 정책의 유연성이 좀 부족했어요. 없는 제도를 만들어가면서 처리하던 시절이니까요. 나중에 다른 금융기관들을 처리할 때는 모두 예금보험공사를 브리지 뱅크로 해서 P&A 방식으로 자산부채를 이전하게 됩니다.

또한 나중에 뱅크 오브 런던으로부터 자료가 넘어오고 미국으로부터 기업 구조조정 전문가 보고서들이 막 들어와서 읽어 보니까 해당 은행을 우량은행-부실은행으로 나눠서 처리하는 방식도 있었어요. 그때는 외환위기 초기라 경황이 없고 내용을 잘 몰라서 못했지만 나중에 한빛은행 합병 때는 이것을 응용해서 한빛은행 내부에 부실채권을 떠안을 자산운용 자회사를 만들었습니다. 부실자산(bad asset)을 모두 자회사에 넘기니까 한빛은행의 계정은 깨끗해졌지요. 우량은행이 된 거예요. 나중에 한빛은행에서 엄청난 이익이 난 이유가 이 때문입니다. 부실자산을 처리하는 과정에서 자회사는 자회사대로 노하우와 경쟁력이 생겼고요.

이것을 나중에 중국 은행들이 똑같은 방식으로 활용합니다. 큰 은행마다 자체적인 부실자산을 처리하는 자회사가 있는데 우리나라에서 한 것을 다른 나라들이 따라하는 것입니다.

홍은주 P&A 방식으로 인수은행들에게 한꺼번에 넘기는 게 속전속결의 장점도 있지 않습니까? 부실이 쌓이게 된 데는 퇴출은행 내부의 구조적 문제도 있었을 텐데 다른 우량은행으로 인수되면 그런 점들이 빠르게 개선될 것 같은데요.

이헌재 그렇죠. '우량은행-부실은행' 모델은 처리에 시간이 걸리는 것이 애로사항입니다. 그리고 내부의 고질적 문제를 신속하게 정리하는 데 한계가 있습니다. 나중에 어차피 어디와 합병해야 하는데 시간을 끌면 은행 내부에서 내분이 생깁니다. 독자생존파도 생기고. 외부 정치가 끼어들고. 결론적으로 은행이 부실채권의 무게에 시달릴 때 시간을 벌어서 은행을 독자적으로 살릴 생각이라면 부실채권을 처리하는 '우량은행-부실은행' 방식이 좋고 어차피 다른 은행에 합병을 시킬 거리면 P&A 방식의 속전속결이 좋다고 봅니다. 내부갈등 비용을 줄일 수 있겠지요.

또 한 가지 후회가 외환은행의 경우입니다. 독하게 마음먹고 감자 후 증자를 했어야 하는데 어려울 때 한국에 의리를 지켜 투자해 준 코메르츠에 대한 정리 때문에 감자를 못했습니다. 나중에 수출입은행을 통한 간접 지원을 했을 때 한국은행과 수출입은행 지분까지 감자가 되므로 눈치를 보느라 감자를 못했어요. 역시 언제나 정공법(正攻法)으로 가는 것이 중요하다는 생각을 합니다.

죽을 각오로 하라

홍은주 외환위기 당시에 대해 쓰신 자서전에 보면 '죽을 각오로 한다'는 표현이 네 군데나 등장합니다. 실제로 그렇게 느끼셨는지요?

이헌재 정말 여러 차례 절체절명(絕體絕命)이라고 느꼈습니다. 퇴로가 없었습니다. 선택지도 없었고 꾀를 낼 여지도 없고, 그냥 전진할 수밖에 없었어요.

그 첫 번째가 은행 구조조정이었죠. 당시 우리는 일종의 목숨을 건 게임을 하고 있었어요. 만약 퇴출은행과 살릴 은행을 가려내는 첫 번째 시도에서 스트레스 테스트가 잘못되거나 그 결과를 시장이 믿어 주지 않으면 다음엔 어떻게 될지 깜깜한 밤에 절벽을 눈앞에 두고 달리는 것이나 다름없는 상황이었습니다. 만약 실패하면 2단계, 3단계 엄혹한 추가 구조조정을 해야 합니다. 그 과정에서 발생할 수 있는 시장혼란은 상상할 수 없고 최악의 경우 시장붕괴도 각오해야 했습니다. 그래서 "시장이 정상적으로 기능하여 실물경제에 최소한의 충격을 주면서도 단 한 번으로 끝나는 수준, 시장이 믿어 줄 정도의 수준이 어느 정도일까?"에 대해 고민하고 정해야 했습니다. 정치적으로 흔들리거나 조금이라도 각오가 부족하여 시장이나 IMF가 믿어 주지 않으면 아주 큰일이 나는 거죠.

대우사태 때도 그랬어요. 대우그룹이 잘못되지 않도록 억지로 끌고 나가고

있었는데 결국 대우사태가 터졌고, 그 결과로 일어날 투신시장의 붕괴를 막을
수 있느냐? 여기에 아무도 확신을 갖지 못했습니다. 만일 막아내지 못하면 그것
으로 모든 게 끝장이었습니다.

시장주의와 국가주의

홍은주　장관님께서 쓰신 회고록 《위기를 쏘다》를 읽어 보면 경제철학적 기반
은 대체로 시장에 근거하는데 1997년 외환위기를 극복하는 과정에서는 시장에
깊이 개입하셨던 경우도 많았던 것 같습니다.

이헌재　그래서 나를 '관치금융의 화신(化身)'이라고 부르는 사람들도 있어요.
외환위기 수습 당시 여러 가지 금융정책을 내놓고 시행하는 과정에서 붙은 딱지
입니다. 시장에 지나치게 개입한다는 뜻일 텐데 그건 오해입니다. 나는 웬만하
면 시장에 맡기자는 주의예요. 그러나 시장논리를 지고지선(至高至善)의 진리
인 것처럼 주장하지는 않습니다. 그 역시 절대선이 될 수 없습니다.

내 경험에 비춰 봤을 때 절대적 시장논리나 형이상학적 경제논리는 시장에서
전혀 작동하지 않아요. 경제현실에 절대논리는 없습니다. 경제는 그 사회를 구
성하는 구성원들의 삶에 대한 선택이에요. 모든 선택에는 이해관계자의 가치판
단이 담겨 있고 언제나 타협과 조정 과정이 필요합니다.

다만 시장이 해결할 수 없는 문제는 관이 나서야 한다, 또 기왕 나서야 할 문
제라면 늦어서는 안 된다, 특히 위기상황에서는 정부가 한발 앞서 선제적으로
개입하면 사회적 비용이 훨씬 적게 든다고 생각하고 있습니다.

홍은주　조지 소로스(George Soros)도 비슷한 말을 했습니다. "금융시장에서의
시장근본주의(market fundamentalism)와 자유방임은 잘못된 것이다. 금융시장
의 본질은 비도덕성이므로 금융시장이 제대로 작동하려면 정부간섭이 필연적이

다. 규제가 완벽하다는 뜻은 아니지만 규제가 불완전하다고 해서 규제를 받지 않는 시장이 완벽한 것은 아니다. 금융시장은 적절한 억제 메커니즘이 없이는 절대로 균형으로 회귀하지 않는다"는 주장입니다.[110]

이헌재 그렇죠. 그래서 금융기관에 대한 적기(適期) 시정조치 및 금융기관들에 대한 미시 건전성 감독 강화, 경영공시를 확대하는 조치 등을 그때 도입했습니다. 이런 의미에서 나는 스스로를 '적극적 시장주의자'라고 여기고 있습니다.

김대중 정부 때의 일인데 어떤 자리에서 "도대체 당신은 왜 좌파정부에서 일하느냐? 정체가 뭐냐?" 하는 질문을 받았습니다. 그래서 잠시 생각하다가 그 자리에서 "나는 시장주의자다. 그것도 적극적 시장주의자다"라고 대답한 적이 있었습니다.

홍은주 '적극적 시장주의자'라는 말의 뜻을 좀더 풀어서 해석해 주세요.

이헌재 '적극적 시장주의자'라는 말에는 시장주의냐 국가주의냐의 극단적 이분법을 경계한다는 의미가 있습니다. 나는 일단 시장에 많은 부분을 맡깁니다. 예를 들어 70~80%는 시장논리에 맡기는 겁니다. 다만 시장이 해결할 수 없는 문제가 발생하면 선제적이고 적극적으로 개입해야 한다는 입장입니다.

경제는 정치입니다. 경제정책은 정치적 과정을 통해 결정되기 때문에 이해관계자들은 모든 힘을 다해 게임의 룰이 자신에게 유리하게 작동되도록 노력합니다. 처음에 룰세팅을 할 때부터 룰이 자신에게 유리하도록 만들고자 합니다. 그런데 이러면 시장이 제대로 작동하지 않아요. 시장이 제대로 작동하도록 만들기 위해 시장에 필요한 개입을 선제적으로 하는 것, 이것이 내가 생각하는 적극적 시장주의자의 의미입니다.

---

110 조지 소로스, 2002, "부도덕한 금융시장", 〈매경 이코노미〉, 2002. 9. 18.

홍은주 70~80% 정도를 시장에 맡긴다면 대체로 무게중심을 시장에 두고 계신다는 뜻으로 들립니다. 그런데 이른바 잘나가는 젊은 공무원이었던 1970년대에는 정부 주도의 수많은 긴급조치와 정책에 직접 참여했잖습니까? 언제부터 시장위주로 사고가 달라지셨나요?

이헌재 사실 젊은 시절 내 시각은 국가주의 그 자체였습니다. 국가를 위한 해법은 한 가지 밖에 없고 그것을 찾아서 시행하면 된다고 생각했습니다.

그러나 공무원 생활을 그만두고 떠난 미국 유학생활은 내 생각을 뿌리째 흔들어 놓는 계기가 되었습니다. 개발경제 수업시간이었는데, 어떤 문제에 대해 정책적 해법을 찾는 과제를 제시했어요. 10년 동안 공무원 생활을 하면서 내가 다다뤄 본 이슈들이었습니다. 그때의 경험을 바탕으로 의기양양하게 답안을 적어냈는데 결과가 상상 밖이었습니다. 한국의 공무원식으로 적어 낸 답안지에 언제나 "더 많은 생각과 논의가 필요하다"는 교수의 코멘트가 달려오는 거예요. 그때 보니 미국 대학원의 모든 수업은 토론식으로 진행되었습니다. 온갖 관점이 자유롭게 토론되더라고요.

한번은 보스턴의 대중교통 문제를 논의하는 시간이었는데 일견 간단해 보이는 문제점을 해결하기 위한 방법을 찾는 데만 무려 26가지의 아이디어가 쏟아져 나오는 것을 보고 경악하지 않을 수 없었습니다. 동일한 사안에 대해 이렇게 다양한 시각이 존재할 수 있다는 것을 그때까지는 상상도 못했습니다. 세상을 보는 시각, 경제를 보는 시각, 경제문제의 해법에 대한 시각을 다양한 관점으로 바꿔야겠다고 생각한 것이 이때부터입니다.

길이 보이지 않을 때는 시장과 대화하라

홍은주 외환위기 당시에 금융시장을 규율하는 여러 가지 법과 규제들이 도입되었지만 그건 나중 일이고 막상 시장개입이 당장 필요할 때는 관련법이나 규제가 없는 경우가 많았지 않습니까? 위기상황을 돌파해야 할 때 법이 존재하지 않거나 정부개입 가능 여부가 불확실한 경우가 많았을 텐데 무엇을 기준으로 적정성 여부를 판단하셨는지요?

이헌재 관련법이나 규제가 없을 때 정부는 시장과 대화해야 합니다. 나름대로 들여다보고 시장이 뭘 원하나, 어떻게 시장이 가야 하나, 그걸 끊임없이 시장에 묻고 관찰하고 귀 기울여서 판단이 옳다고 결론을 얻으면 그것을 강행해야지 다른 방법이 없습니다. 기준이나 잣대가 없으니까요. 가장 보편적인 잣대는 법인데 위기상황에서는 법이 있더라도 이게 작동을 안 합니다. 위기가 왔다는 것은 평소의 잣대가 작동 안 한다는 뜻이고, 전례가 없다는 뜻이거든요. 비정상적 방법이 불가피한데 최선을 다하려면 시장과 대화하는 것이 꼭 필요합니다.

고백하자면 그렇게 최선에 최선을 다하고도 사실 결과를 확신하지는 못했습니다. 전쟁을 할 때 결과를 예측하는 것은 아니지 않습니까? 전쟁을 할 때 서로 최선을 다해서 이기려 하지 망하려 하는 것은 아니지 않나요?

그리고 모든 게 계기가 중요합니다. 스트레스 테스트를 하는 계기, 시장에 메시지를 주는 계기, 대우채를 정리하는 과정에서 소액투자자들에게 180일을 기다리면 95%를 주겠다, 지금 당장 찾아가면 50%만 주겠다고 선언하는 계기, 그 계기 때마다 적정하게 시장에 메시지를 던져야죠.

홍은주 시장과 대화하고 소통하는 데 시간이 오래 걸리고 효율성이 떨어지는 경우도 많다는 주장에 대해서는 어떻게 생각하시는지요?

이헌재 정책은 투명성이 의심받으면 집행 자체가 어려워집니다. 따라서 시장으로부터의 비판을 두려워하면 안 됩니다. 비판을 받더라도 열린 토론이 중요한 이유는 아무리 복잡한 이해관계라도 토론을 계속하다 보면 대부분 문제점이 드러나고 정책입안자나 국민들이 서로 더 생각해 볼 시간을 갖게 됩니다.

그리고 모든 사람들이 토론과정을 지켜보았기 때문에 정책이 현실에 적용되는 과정에서 다소의 실수나 삐걱거림이 있더라도 큰 동요가 일어나지 않고 엉뚱한 억측이나 음모론이 퍼지지 않습니다. 이게 어렵고 복잡하고 비효율적으로 느껴질지 모르지만, 이런 절차를 갖추지 않고 국민들과 소통을 제대로 하지 않아 발생하는 엄청난 사회적 갈등 비용보다는 훨씬 문제가 적다고 생각합니다.

홍은주   당시에 지도에 없는 금융 구조조정의 길을 일일이 만들어 가시느라 당시에 마음고생, 몸고생이 많았던 것 같습니다.

이헌재   위기는 늘 새로운 형태로 나타납니다. 1997년 외환위기 당시에도 눈에 보이는 길도 없고 모범답안이 없었어요. 우왕좌왕 서로 머리를 맞대가며 지혜를 짜내고 직소퍼즐 맞추는 것처럼 아이디어를 덧붙여갔습니다. 정책이 현실에 미칠 영향을 미리 짚어가며 복잡한 이해관계를 조정하고 해법을 찾아갔습니다. 많은 고비와 타협을 거치면서 관련자들 모두가 고생이 많았지요. 국민들이 정말 고생한 것은 더 말할 것도 없고요.

피로감 확산으로 개혁동력 줄어

김대중 정부 후반기로 접어들면서 외환시장, 금융시장 안정과 함께 전반기 2년 동안 폭풍노도(暴風怒濤)처럼 추진되었던 개혁에 대한 의지나 절박성이 많이 줄어들었다. 지속적인 경상수지 흑자와 유입이 드러난 자본수지로 외환보유고 확충이 증가했고 높은 경제성장률을 나타냈으며 대우사태로 인한 시장불안도 무사히 진정시켰다는 자신감이 커진 것이다.

　동시에 경제부문 곳곳에 개혁의 피로감이 스며들었다. 계속 증가하는 실업문제와 외환위기 이후 확대된 빈부격차 등으로 정권에 대한 지지율도 역시 많이 하락했다. 지지율이 낮아지면 정권은 개혁의 지속추진을 망설이게 된다. 해외 언론들은 그보다 훨씬 전부터 약화되는 개혁동력을 우려하는 기사를 쏟아냈다.

한국이 샴페인을 너무 일찍 터뜨렸다. (〈비즈니스 타임스〉, 1999. 6. 29)

김 대통령의 개혁의지가 정치적 이유로 점차 약화되고 있다. 은행매각과 공기업 민영화 지연, 재벌의 노골적인 대정부 도전, 회계조작과 뮤추얼 펀드를 이용한 부채 숨기기 등이 개혁후퇴 징후로 나타나고 있다. (〈뉴욕 타임스〉, 1999. 7. 30)

전문가들은 한국 경제가 자기만족과 개혁 피로현상에 빠짐으로서 개혁행보에 장애를 일으켜 문제가 재발할 수 있다고 우려하고 있다. (〈로이터〉, 〈비즈니스 타임스〉, 1999. 7. 29, 〈워싱턴 포스트〉, 1999. 7. 28)

재경부 장관 취임과 못 다 이룬 꿈

이런 상황에서 이헌재 금감위원장은 2000년 1월 14일 재경부 장관으로 취임하게 된다. 그러나 위기상황에서 권한과 책임을 지고 소신 있게 일했던 금감위원장 시절과는 달리 재경부 장관으로서 그가 할 수 있는 일은 많지 않았다. 예산권이 없고 청와대의 지원이 없는 재경부 장관은 '수석 경제부처'라는 외형적 타이틀에 비해 권한이 크지 않았다.

김대중 정부 1기 이규성 재경부 장관 때는 위기상황에서 구성원들이 무형의 권위를 존중했고, 2기 강봉균 장관은 그 스스로가 대통령의 신임을 받고 있었기 때문에 문제가 없었다. 그러나 김대중 정부 3대째 재경부 장관으로 취임한 이헌재 장관은 의약분업과 국민연금 관련 굵직한 정책논의에도 참여할 수 없었다. DJ 캠프에 있지도 않았고 금감위원장 시절에 인사민원도 받지 않았으니 정치적 인맥도 형성되지 않았다. 외로운 자리였다. 이헌재 위원장은 자서전에서 그 시절을 이렇게 묘사한다.

재경부 장관이 된 뒤 나는 마음껏 일하지 못했다. 1기 경제팀 때는 부처 간 협의에 어려움을 느낀 적이 없었다. 이규성 재경부 장관, 강봉균 경제수석과는 수시로 만나고 상의했다. 정권 초기에 구조조정이 일사불란하게 이뤄졌던 건 그래서였다. 1999년 개각 이후 청와대와는 대화가 끊겼다. 부처 간 협의도 거의 이뤄지지 않았다. … 2000년 초 재경부 장관이 된 뒤로 상황은 더 나빠졌다. 그해 3월 청와대는 아예 사회복지 정책 관계장관 회의란 걸 만든다. 재경부 장관을 빼고 환경, 노동, 복지부 등의 장관이 모이는 회의였다. 의약분업과 국민연금 관련 굵직한 정책논의가 거기서 이뤄졌다. 나라살림을 총괄하는 재경부를 배제한 채 말이다. 겨우 엄낙용 차관을 들여보냈다. 하지만 장관들 사이에서 그가 얼마나 의견을 펼쳤으랴.[111]

거시정책을 총괄하는 재경부 장관으로 갔지만 예산기능이 없고 개혁의 동력을 많이 잃은 데다 정치적으로 고립된 상태에서는 경제부처 맏형으로서의 기능을 하기 어려웠다. 결국 이헌재 재경부 장관은 2000년 7월 사의를 표명한다. 길지 않은 장관 재임기간이었다.

홍은주 2000년에 재경부 장관직을 떠나시면서 한국 경제를 위해 꼭 필요하다고 생각했으나 하지 못해서 아쉬웠던 정책이 있다면 무엇이었습니까?

이헌재 청년들을 위한 벤처산업의 토대를 만들고 싶었습니다. 젊은 사람들이 윗사람들이 시키는 대로 일만 하는 공작인(Homo Faber)으로 전락하지 않고 아이디어와 창의성을 실현시키면서 일자리 문화를 형성하는 유희하는 인간(Homo Ludens)이 되도록 정책적으로 지원하고 싶었어요.

정부가 전략산업 육성이나 산업정책에 직접 돈을 쓰는 시대는 이미 끝났고 잘하는 기업, 우수기업을 간접 지원하는 기업정책으로 바뀌어야 한다고 생각했습니다. 또 승계기업 시대에서 창업기업 시대로 분위기를 바꿔야 한다고 봤습니다. 가령 창업기업의 경우 10년간은 법과 회계투명성을 지키는 한 법인세나 소득세도 다 면제해 주고 투자자도 세제혜택을 줘서 창업 아이디어가 있는 청년들이 마음껏 일할 수 있는 벤처 놀이터를 정부가 만들어 줘야 합니다. 그리고 그 생각은 지금도 유효합니다.

---

111 이헌재, 2012, 《위기를 쏘다》, 중앙북스, 300쪽.

DJ와의 마지막 독대

홍은주 재경부 장관직 사표를 내고 난 후 김대중 대통령에게 마지막 독대 요청을 하셨지요. 독대보고를 요청한 이유는 무엇이고 어떤 이야기를 하셨습니까?

이헌재 정치적, 지역적 인연이 전혀 없는데도 두 차례나 중책을 맡겼던 데 대해 김대중 대통령에게 내 나름의 도리를 다하고 싶었습니다. 그래서 독대 요청을 했는데 딱 5분간 독대가 허락됐습니다. 그 짧은 시간 동안 그간 생각했던 몇 가지 중요한 점, 이른바 '위기 후 관리'(post crisis management)에 대해 말씀드렸습니다.

우선 당시 우리는 선진국 문턱이면서도 주택문제와 교육문제에 대한 제도적 지원이 크게 미비했어요. 선진국에서는 40% 수준인 공공 임대주택이 거의 없었고 장기저리의 주택금융이나 보증제도도 없었습니다. 또 대학생들에 대한 학자금 대출제도가 없었어요.

그래서 "앞으로는 주택과 교육문제에 힘을 쏟아야 합니다. 외환위기 이후 서민들의 고통이 심해졌습니다. 서민들을 살리는 정책을 펴나가야 합니다. 건설교통부에 지시해서 급한 대로 임대주택이라도 지어서 서민주거를 안정시키고 도심서민 주거환경을 개선할 필요가 있습니다. 대학학자금 지원제도도 본격 도입할 때가 됐습니다"고 말씀드렸습니다.

그리고 "외교적으로는 미국에 부시 공화당 행정부가 들어서면서 공화당과의 대화가 잘되지 않고 있습니다. 헤리티지 재단 등 싱크탱크 등을 통해 대미 채널을 공고히 해야 합니다. 마지막으로 개혁은 아직 마무리되지 않았습니다. 금융기관과 기업 쪽만 윤곽이 잡힌 상태입니다. 나머지는 전혀 아닙니다. 그리고 투입한 공적자금은 빨리 회수해야 합니다. 임기 안에 끝내셔야 합니다" 하고 건의했지요.

마지막 보고에 김 대통령은 말없이 고개를 끄덕이며 이 장관의 말을 듣기만 했다. 5분이 지나자 비서실 직원이 들어와 다음 일정이 있다고 기척을 했다. 만난 시간은 짧았지만 대통령이 마지막 독대의 내용을 기억했는지 이후 한화 김승연

532

회장이 헤리티지 재단을 접촉했다. 다음해에는 임대주택 15만 호 건설방침을 밝혔고 서민 주택금융을 지원하는 한국주택금융공사의 설립이 가속화되었다.[112]

홍은주 김대중 대통령과의 독대 이후 오랜 시간이 지났는데 김 대통령에 대한 평가와 회고는 어떻습니까?

이헌재 경제는 곧 정치이기 때문에 정부가 일을 추진할 때는 경제정책적 선택과 정치적 책임을 일치시키는 것이 바람직합니다. 선택하는 사람 따로 있고 책임지는 사람 따로 있으면 일이 제대로 추진되지 않습니다. 이런 면에서 나는 김대중 대통령을 높이 평가해요. 그분은 외환위기를 극복한 대통령입니다. 기업 투명성 확보와 지배구조 선진화를 위한 개혁과 제도를 도입했고 부실기업과 금융기관을 정리했습니다. 수많은 개혁작업도 이루어냈습니다.

김대중 대통령의 개혁이 성공할 수 있었던 것은 외환위기라는 상황적·외적 여건도 작용했지만 가장 중요한 이유는 그분이 정책적 선택과 정치적·법적 책임을 일치시킨 정치리더였기 때문입니다. 중요한 경제정책을 실행하기 위해서는 담당관료가 스스로 정치적 결단을 내리고 그것에 책임을 져야 합니다. 그 둘이 분리되면 어떤 문제도 해결할 수 없다고 봅니다. 김 대통령은 그것을 실천했습니다. 그는 핵심관료들에게 구체적 정책을 온전히 맡기고 책임지도록 했습니다. 정책의 완급에 대해 의견을 말한 적은 있지만 큰 방향이 결정되면 거의 간섭하지 않고 일을 맡겼어요. 일을 추진하는 사람이 더 큰 책임감을 갖고 일할 수밖에 없는 상황을 만들었습니다. 당시 관료들이 책임감 있게 일할 수 있었던 배경이기도 하죠.

---

112 주택금융공사는 「한국주택금융공사법」에 따라 2004년 3월 1일 출범했다.

한국 경제의
미래를 위한 제언

위기관리는 장기적으로 이루어져야

홍은주 당시 추진됐던 4대 구조조정 결과에 대해 간단히 평가해 주십시오.

이헌재 기업·금융·노동·공공부문 가운데 개방에 더 많이 노출된 순서로 개혁이 성공했어요. 4대 개혁 가운데 개방에 노출되지 않은 부문은 구조조정의 절실함이 적었고 양보하거나 게임의 룰을 바꿀 의사도 낮았습니다. 공공부문, 노동부문 개혁은 특히 어려움이 많았습니다. 개방과 경쟁에 노출되지 않았기 때문입니다. 구조조정 외에는 살아날 방법이 달리 없다는 절실한 환경이 있어야 개혁에 성공하는데 그 절실함이 부족했어요.

홍은주 1997년 외환위기가 조기에 극복되었지만 구조조정 과정에서 빈부격차 등 후유증을 낳았다는 비판에 대해서는 어떻게 보시는지요?

이헌재 사회구조 전체를 뒤흔드는 금융위기는 1회성 사건으로 그치지 않고 국민경제에 두고두고 악영향을 미칩니다. 표면적, 단기적으로는 위기가 끝난 듯해도 그 후유증과 결과는 사회의 근본을 뒤흔드는 경우가 많습니다. 그것을 수습하는 과정에서 또 다른 구조적 문제점을 잉태하는 경우도 많고요. 역사적으로 발생한 위기상황을 분석해 보면 큰 위기가 일어난 이후에는 거의 예외 없이 빈부격차가 벌어집니다. 양극화 현상이 가속화되고 고통받는 서민이 더 늘어납니다. 2008년 금융위기만 봐도 재정위기로 모습을 바꿔 현재진행형으로 지속되고 있죠.
　1997년 외환위기 이후 우리나라에서도 양극화가 급속히 진행되었습니다. 대기업과 중소기업의 양극화, 부동산 가격상승으로 인한 양극화, 재산과 소득의 빈부격차와 양극화를 겪었습니다. 위기가 형태와 모습을 바꾼 것이라고나 할까요. 따라서 대형위기 발생 후에는 언제나 다른 형태로 모습을 바꿔 위기가 다시 나타난다고 보고 위기관리에 노력해야지요.

2001년 8월에 정부가 IMF에서 빌린 195억 달러를 상환하면서 국내외에 "한국의 외환위기는 끝났다"고 선언했는데 나로서는 그게 참 아쉬웠습니다. 위기만큼 좋은 개혁 타이밍이 없거든요. 좋은 기업의 좋은 리더는 항상 조직에 '위기감'(sense of urgency)을 만들어냅니다. 그때도 위기 분위기를 좀더 연장해서 구조개혁을 더 강도 있게 밀고 나갔어야 했다고 생각합니다.

홍은주 말씀을 들어보면 큰 위기는 혜성처럼 긴 꼬리가 달려 있는 것 같습니다. 외환위기 이후 양극화가 심화되었다면 그 양극화 역시 위기의 긴 꼬리로 보고 이를 줄이는 노력을 계속해야 한다는 것이군요. 그런데 양극화에 대한 해법을 이야기하다 보면 반드시 이데올로기적으로 상반된 주장이 나오거든요.

이헌재 정치적 이념이 경제에 작용하면 국가경제가 직면한 문제에 대해 제대로 된 관찰이 어렵습니다. 관찰이 제대로 안 되면 올바른 해법도 나오지 않죠. 경제정책을 있는 그대로 보지 않고 뭔가 그 뒤에 다른 의도가 숨어 있다고 보는 이데올로기적 음모론은 토론과 비판을 기피하는 닫힌 사회에서 주로 발생합니다. 토론이 이뤄지지 않는 사회, 밀실에서 투명하지 못하게 정책이 결정되는 사회에서는 불신과 의심의 문화가 급속히 확산되는 사회적 조건이 만들어지는 것입니다.

아무리 사실을 이야기해도 '그 뒤에 분명히 뭔가가 있다'는 의심이 만들어지고 누군가 음모론을 확산시키면 한 방에 날아가 버립니다. 이는 홍수가 나서 강물에 쓰레기가 내려올 때의 상황과 비슷해요. 열린 사회에서는 "아 쓰레기가 떠내려 오는구나" 하고 건져 올리면 그만이지만 닫힌사회에서는 "윗마을 사람들이 아랫마을 사람들이 물을 못 마시게 하려고 일부러 쓰레기를 내다 버린 것이다"라는 음모론이 퍼집니다. 이래서는 아무리 정책이 좋아도 효과를 발휘하기 어렵고 갈등관리 비용만 커집니다.

따라서 투명하게 정책을 결정하고 토론과 비판에 열려 있는 열린 사회를 만드는 것이 위기관리의 선제조건이라고 봐야죠.

버퍼가 필요한 시대

IMF 위기를 극복하고 난 이후 현재 한국 금융의 현주소는 어떻게 변했을까? 건전성 측면은 분명히 양호해졌다. BIS 비율에 대한 바젤규제는 점차 강화되고 있지만 한국의 은행들은 대부분 14%가 넘고 향후 바젤 Ⅲ에서 경기완충자본 등을 더 쌓게 하더라도 별 문제가 되지 않는다. 건전성을 측정하는 또 다른 지표인 고정이하 여신비율은 모든 은행이 2% 미만이다.

반면에 부작용도 나타났다. BIS 비율 때문에 극단적으로 안전위주의 여신을 하다 보니 신용평가보다는 담보대출 관행이 커졌다. 규모나 수익성 측면에서도 글로벌 은행들보다 크게 뒤떨어져 있다. 국내 4대 은행 중 글로벌 상위 50대 은행에 포함된 은행이 한 군데도 없을 정도로 자산 및 자본금 규모가 작다.

수익성도 극히 낮은 편이다. 이헌재 장관은 은행의 수익성이 지나치게 낮은 점에 대해 우려를 나타냈다. 은행 수익성이 낮으면 향후 저성장 국면에서 실물부문에서 발생할지도 모르는 위기상황을 은행이 자체적으로 흡수할 능력이 떨어져서 위기가 확산될지도 모른다고 지적한다.

이헌재 2000년부터 미국의 IT 닷컴 버블이 붕괴했습니다. 그때 살아남은 기업체가 몇 개 안 됩니다. 아마존 등 몇 개에 불과하고 나머지는 다 쓰러졌어요. 그런데 버블붕괴로 벤처기업들이 무더기로 사라진 다음에도 금융시장은 멀쩡했습니다. 왜냐하면 금융시장에 그만큼의 위기를 흡수할 수 있는 충분한 '쿠션'이나 '버퍼'가 있었습니다. 그런데 요즘 우리나라는 금융시장에 이런 것이 없습니다. 가령 경제의 리스크를 최대 5%까지 본다고 하면, 즉 금융시장 기준이거나 실물시장 기준이나 5%까지 깨질 각오를 해야 합니다. 그런데 감독당국이 너무 각박하게 시장을 감시하기 때문에 수익성이 크게 악화되어 있습니다. 은행은 단순한 금융기관이 아니에요. 문제가 생길 경우 이를 실물부문으로 전가하지 않으려면 부실을 흡수할 충분한 버퍼가 있어야 하는데 현재 우리는 이런 것이 없습니다.

기업은 현금흐름이 중요하고 은행은 순이자마진(NIM: Net Interest Margin)[113] 이 중요한데 적어도 NIM이 3% 이상이 되어야 웬만한 위기를 흡수하는 것이 가능합니다. 그런데 우리나라 은행들은 NIM이 2%도 채 안 돼서 나는 그 자체가 금융의 시스템 리스크라고 봅니다. 우리나라 GDP가 2%p 이상 깨질 때 은행을 통해 그것을 흡수할 수 없다는 뜻입니다. NIM이 낮은데 수수료도 못 받게 하고 있어요. 은행 수수료에 대해서는 나는 '죄수의 딜레마'에 나라 전체가 걸려 있다고 봅니다. 은행에 NIM이나 수수료를 통한 버퍼가 없다는 것은 실물부문에서 어떤 위기가 발생했을 때 은행을 활용할 수 있는 여지가 없다는 뜻입니다. 은행 구조조정을 전제로 수수료를 현실화시키는 등 적정이익을 내도록 해서 이익 잉여금을 자기자본으로 대거 흡수하도록 해줘야 합니다.

은행뿐만 아니라 닥쳐올지 모르는 위기에 대응하려면 재정에도 항상 충분한 버퍼가 필요해요. 외환위기 때도 정부가 재정에서 돈 100조 원을 써서 해결하겠다고 각오하니까 대우사태로 몇십조 원 깨지는 것에 대해 비교적 여유를 가지고 대응할 수 있었잖아요?

당시 정부가 긴축을 했던 이유는 공적자금 투입재원 마련을 위해 책임 손실부담을 진 것입니다. 공적자금에 투입하는 재원을 마련하는 데 있어 적어도 그 일부를 정부가 긴축으로 덜 쓰겠다는 정책의지를 표명한 것이었죠. 다른 정부도 마찬가지라고 봅니다. 실업이 높고 실업지원금이 필요하면 기존 지출 가운데 일정부분은 줄이고 나머지를 추가로 마련하는 것이 원칙인데 그 일정 분이 일종의 버퍼인 것입니다. 그런데 요즘 보면 정부든 금융권이든 각박하게 바닥까지 긁고 있어요. 버퍼가 없어진 상태에서 만약 경제에 문제가 생기면 대응할 방법이 없게 됩니다. 바젤 III에서 은행에 경기완충자본 설정을 의무화한 것처럼 경제 전체에 버퍼를 두는 것이 좋다고 봅니다.

---

113 금융기관의 자산단위당 순이자 이익률.

기업부실 처리의 리더십

홍은주 한국 경제가 장기적으로 저성장 시대에 접어들면서 기업부실이 커지고 있습니다. 대기업 부실문제는 어떻게 해결해야 할까요?

이헌재 부실기업들이 나타나면 가능한 한 빠른 시간 내에 처리하는 메커니즘과 리더십이 필요합니다. 예를 들어 동양그룹 사태를 두 정권에 걸쳐 4년이나 걸려서 처리했습니다. 외환위기 당시에 기아그룹을 빨리 처리하지 못했다고 비난한 것 기억하세요? 그때 기아 처리에 9개월 걸렸습니다. 그런데 동양은 기아보다 훨씬 규모가 작고 비중이 낮은데도 불구하고 4년이나 걸렸어요. 책임지고 금융의 리더들이 나서서 부실기업을 처리하는 시스템이 있어야 합니다. 그런데 지금 보면 금융시장과 금융기관의 리더십이 부족합니다. 리더십은 묵시적 인정이 필요합니다. 시장의 인정. 리더십이 없으니 은행 책임자들의 행동이 조심스럽고, 은행들끼리 차별화가 안 되고 똑같아지고 있습니다. 부실기업도 잘 처리가 안 되고요.

홍은주 외환위기 당시의 금융과 기업 구조조정에서 배운 교훈을 향후의 경제위기에 어떻게 적용할 수 있을까요?

이헌재 시장이 자체적으로 문제를 해결할 수 없는 위기상황에서는 정부가 한발 앞서 선제적으로 개입하면 비용이 훨씬 적게 든다고 생각합니다. 선제적 개입 과정에서 발생하는 어쩔 수 없는 곁가지 피해는 각오해야 합니다. 예를 들어 최근의 동양종금 사태를 보면 누구에게도 비난받지 않고 해결하려다 시간을 흘려보내 사태만 더 키우지 않았습니까? 그런데 아예 문제가 터져서 손절매 하고 털고 나니까 모두가 다 좋아지지 않았나요?

대우사태 때도 김우중 회장 입장에서 보면 대우가 해체됐다고 하지만 대우계열사들이 공중으로 다 사라졌나요? 주요 핵심기업은 다 살아나지 않았습니까?

손절매와 출자전환으로 깨끗한 새 회사를 만들어서 대부분 다 살아났습니다. 지금 미국의 뉴 GM도 마찬가지입니다. 옛날 GM이 아니에요. 2008년에 금융기관들이 손절매 이후 출자전환을 하고, 주식도 1달러를 30센트로 감자하고 정부가 신규 출자하여 GM의 대주주가 됩니다. 부실을 다 털어 주는 대신 노조도 퇴직연금을 좀 손해 보고, 공장도 일부 문을 닫고 30% 정도가 정리해고 되고 난 다음에 뉴 GM이 탄생하여 다시 세계 최강으로 거듭난 것입니다. 정부는 뉴 GM 주식을 팔아서 공적자금을 회수했고요.

지금 대우조선해양 문제가 불거졌는데 정말 결단력이 있으면 산업은행이나 수출입은행이 주도적으로 나서서 털고 출자전환하고 자를 것 자르고 분리해서 살릴 것 살리고 해야 합니다. 정부의 책임 있는 리더십이 필요해요.

중진국 트랩을 뚫고 나갈 힘은 바로 '사람'

홍은주 한국 경제가 저성장 트랩에 걸려들어 일본의 '잃어버린 20년'을 답습할 것이란 우려가 나오고 있습니다. 이런 견해에 대해서 어떻게 생각하십니까?

이헌재 과거의 개혁으로 국민경제는 어느 정도 여유가 생겼는데 국민경제를 운용하는 시스템에는 버퍼가 없습니다. 가령 실업이 높더라도 몇 년간 버틸 수 있는 여유가 우리 경제에 있는데 노사관계 등 모든 면에서 버퍼가 없으니 위기가 자꾸 증폭되는 것입니다.

문제를 큰 눈으로, 전체적으로 봐야 합니다. 사실 우리 경제가 지금 상태라도 몇 년 끌게 되어 있습니다. 특별한 대외 변화가 없으면요. 다행히 전 세계에 자신 없는 리더투성이라 이들 가운데 누가 돌출행동 할 염려가 없으니 미국에 인플레이션이 생기지 않는 한 세계가 지금 상태대로 얼마간 갈 거예요. 중국, 인도, 브라질 등의 과잉생산으로 인플레이션 염려도 없습니다. 주택시장은 미국이 통제하기 쉽습니다. 그러니 전 세계가 이렇게 끌고 몇 년은 갈 것이라고 봅니다. 이럴 때 힘을 가지고 우리가 치고 나가는 스프링보드 효과를 낼 수 있는지가 핵심이라고 봅니다. 대강 질질 끌리면서 가느냐, 아니면 주체적으로 치고 나가느냐, 둘 중 하나의 선택이죠.

역사의 법칙에 장기적 중진국은 없습니다. 선진국으로 가지 못하면 후진국으로 다시 추락합니다. 그게 역사의 법칙이에요. 그래서 우리는 이 중진국 트랩을 무리해서라도 뚫고 가야 합니다. 그냥 이대로는 안 됩니다.

홍은주 중진국 트랩을 넘기 위해 구체적으로 어떤 점에 주목해야 할까요?

이헌재 다행인 것은 우리나라의 교육 인적자원 수준이 세계에서 가장 높다는 것입니다. 현재 교육투자한 사람들의 효율성만 보면 우리나라 사람의 가능성이 크게 높습니다. 이미 들어간 교육투자 비용은 잊고 이제부터 지금의 인력을 어떻게 활용하느냐를 고민해야 합니다. 인구절벽이 온다고 하는데 그게 오기까지 활용할 수 있는 인구에 주목해야 합니다.

그러다 보면 반드시 변화가 옵니다. 당장 여성인력을 활용 못하고 있고 50대 이후 지식노동자도 활용 못하고 있잖아요? 사장되고 있는 교육받은 노동력을 최대한 활용할 수 있는 시스템을 만들어야 합니다. 지금 20대가 노동시장에 본격적 주역으로 자리잡는 데 약 10년의 갭이 있습니다. 미래를 역동적으로 봐야 합니다. 그 사이에 반드시 변화가 생긴다고 생각합니다.

이전 세대를 예로 들어보면 당시 세대는 일하고 싶어도 일할 수 없는 유휴인력 세대였는데 갑자기 나이 40에 베트남 전쟁이니 오일머니니 중동건설이니 하는 큰 변화가 생겼잖아요? 그러자 이들이 실업자가 아니라 경제건설 인력이 되었습니다. 중요한 것은 이 사회의 역동성을 죽이지만 말라는 겁니다. 역동적이기만 하면 변화가 있을 때 곧바로 인원을 동원하는 것이 가능하거든요.

우리는 아직 여력이 있습니다. 인구절벽이 오더라도 역동성을 유지해야 합니다. 미국이 제2차 세계대전 때 군의 후방노동력 부족을 메우기 위해 급하니까 여자들을 일자리로 내보내서 군복과 실탄 공장에서 일하게 했습니다. 그랬더니 남자들이 제대하고 돌아왔는데 일자리가 없어요. 그 군제대 실업자들을 대학에 교육시켰습니다. 아무 쓸모가 없지만 대학교육을 시켰고 대학교육 받은 이들을 고속도로 건설 인부로 투입하곤 했습니다.

그런데 1960년대 무슨 일이 일어났습니까? NASA 플랜 등 우주과학, 컴퓨터 공학이 급격하게 발전합니다. 그러다 보니 대학교육, 고등교육을 받은 사람들에게 갑자기 일자리가 많이 생겼습니다. 에디슨이 혼자서 전등을 만든 것이 아니죠? 혼자서 발전소 송전한 것이 아니죠?

그런 점에서 우리는 5천만이라는 인구 전체가 높은 고등교육을 받은 나라이니 충분한 역동성을 가졌다고 생각합니다. 미래에 가능성이 터질 경우에 대비해 사람들을 훈련시키는 것이 필요합니다. 계기나 상황이 왔을 때 대응할 수 있는 교육받은 인력이 필요합니다. 현재 우리 경제가 중국 경제가 치고 들어오고 하니 어려운데 반드시 상황변화가 올 것입니다. 그때에 대비하는 교육훈련이 필요합니다.

정책 성공은 리더와 국민의 소통과 공감에 달렸다

홍은주 민간에도 계셨고 오랜 관료생활도 하면서 수없이 많은 문제에 부딪히고 이를 고민하고 해결하셨는데 문제해결을 위한 정책수립에 가장 중요한 점은 무엇이라고 보십니까?

이헌재 경제정책이 성공하려면 여러 가지 조건이 맞아야 합니다. 우선 정확한 현실인식을 바탕으로 한 실질적 해법이 나와 줘야 합니다. 타이밍도 맞아야 하고 사안의 시급성에 따라 정책의 우선순위를 잘 따져서 집행해야 합니다. 그러려면 대체 무엇이 문제인지 잘 관찰해 피드백을 얻어 성찰하고 그것을 바탕으로 미래에 일어날 일을 예측하는 통찰력을 가져야 해요. 어설픈 선입견을 가지면 안 됩니다. 제대로 된 관찰을 방해하기 때문에 잘못된 결론으로 이어집니다.

그럼 관찰된 정보가 정확하다고 치고 이를 기초로 해서 미래를 내다보는 통찰력이나 문제해결 능력은 어디서 나오는가? 리더와 국민의 경험지(經驗知)와 암묵지(暗默知)에서 나온다고 생각합니다. 경험지는 말 그대로 경험이 쌓이면서 얻어진 지식입니다. 암묵지는 굳이 말로 하지 않아도 지식을 서로 주고받는 과정에서 생겨난 구성원들의 통합된 지적 능력이죠. 사회가 공유한 정서라든가 감정 등도 암묵지의 일종이라고 보면 됩니다. 이 두 가지가 혼돈의 시대를 꿰뚫어 보는 통찰력의 원천이죠.

그중 암묵지의 역할이 갈수록 중요해지고 있습니다. 암묵지는 공감을 바탕으로 생겨요. 길게 설명하지 않아도 어떤 정책이 목표하는 큰 줄기에 공감하고 서로의 마음이 함께 움직이는 것이죠. 해결해야 하는 문제가 있을 때 암묵지는 더욱 중요합니다. 말을 하지 않는 것이 오히려 문제해결에 도움을 줄 때도 있기 때문입니다. 또한 이런 암묵지가 제대로 기능하려면 경험을 공유할 수 있어야 하고 소통할 수 있어야 합니다. 경험을 공유한다는 것은 사유(思惟)를 공유하는 것이며 사물을 바라보는 능력을 공유하는 것입니다. 어려운 과정이지만 이런 암묵지와 경험지를 쌓아가는 과정이 우리 사회에서 꼭 필요합니다.

이해관계가 상충하는 문제에는 배심원제 도입해야

홍은주 반복되는 위기를 지혜롭게 해결하기 위해서는 선제적이고 상시적 구조조정과 개혁이 필요한데 이해관계자가 많다 보니까 불필요한 잡음이 나오기도 하고 정치논리가 개입되기도 합니다. IMF 외환위기를 극복하는 과정에서 이런저런 경험을 하셨을 텐데 이런 문제는 어떻게 해결하는 것이 좋다고 생각하십니까?

이헌재 참여자와 이해관계가 제각기 다르고 복잡한 문제를 해결하는 것은 참 미묘합니다. 예를 들어 노사정위원회 같은 경우는 해결이 잘 안 됩니다. 구성원

전부가 이해당사자들이니 서로 자기들 주장만 되풀이하고 해결될 수가 없어요. 자기주장을 하지 않으면 자신들이 다 죽으니까. 그러니까 이해당사자 간의 정면충돌을 막자는 개념이 중요해집니다. 서로 최선을 다해 주장하되 판단은 이해당사자가 아닌 상식을 갖춘 제3자가 하도록 하는 거죠.

그 대표적인 예가 미국의 배심원 제도(jury system)라고 생각합니다. 검찰과 변호인이 증거를 내세워서 각자의 주장을 하면 이해관계가 없는 제3자의 보통사람들이 판결하는 것이 배심원 제도인데 이해당사자가 많은 중요한 정책을 결정할 때 이런 방식이 좋지 않을까 생각하곤 합니다. 전문가와 이해관계자들은 주장만 하도록 하고 최종 판단은 보통사람들로 배심원을 만들어 상식선에서 하도록 하는 것입니다.

예를 들어 은행퇴출을 위해 지금 다시 경영평가위원회를 만든다면 객관적인 전문가들이 문제를 제기하도록 하고 은행에게는 왜 자신들이 살아남아야 하는지 스스로를 방어하게 하는 거죠. 그리고 양측 주장을 모두 다 들어보고 일반 배심원들이 최종 판단하게 하는 방식이 좋다는 것입니다. 이해당사자나 전문가들이 부딪치면 각자 입장이 다 달라서 편견이 생겨요. 정치논리가 끼어들기도 합니다. 보통사람들은 관련정보를 잘 모를 수도 있지만 전문가 집단의 편견이나 왜곡이 더 심각한 문제가 된다고 봅니다.

예를 들어 부동산 개발을 할 때 100% 합의는 불가능합니다. 그래서 2/3, 70%룰이 서양에서 생긴 거예요. 전체의 3분의 2가 찬성한다면 이건 건전한 상식인들의 상당수 찬성하는 것으로 본다는 의미지요. 역사적으로 볼 때 공화정 시대의 로마가 성공한 이유가 호민관제예요. 집정관을 상식선에서 견제하는 거죠. 공화정이 오래간 이유는 상식(common sense)과 관습법(common law)이 작동했기 때문이라고 봅니다. 보통사람들이 편견 없이 제3자의 입장에서 판단하되 배심원의 3분의 2 정도가 찬성하면 대강 사회적 원칙에 맞는다고 봐야 하지 않을까요?

앞으로 혹시라도 집단 간의 이해관계가 상충하는 복잡한 문제가 생긴다면 이런 방식을 원용해 보는 것이 좋지 않을까 생각해 봅니다.

그리고 뒷사람의 길을 열다

외환위기 직후라는 폭풍노도의 시기에 금감위원장을 지낸 이헌재 위원장은 2000년 1월 13일 금감위원장 이임사에서 "나라가 위기를 맞아 뿌리째 흔들리고 있을 때 이곳에 부임하여 여러분과 함께 동고동락했다. 지난 2년간의 고통과 시련이 21세기의 자랑스러운 한국을 만들기 위한 산고(産苦)였기를 바라 마지않는다"고 담담하게 회고했다.

그리고 "문제가 있을 때 시장금융의 원칙이 예외 없이 적용되기 시작했다는 사실이 구조조정의 핵심임을 명심해 달라. 금융감독 기관의 독자성과 공신력을 확고하게 지켜 달라. 외부의 압력이나 유혹을 엄정하게 차단하고 시장경제 원리가 막힘없이 발휘될 수 있도록 사명감을 가져 달라"고 당부했다.

이임사에는 백범 김구 선생이 결단을 내리는 순간마다 자주 인용했다는 서산대사의 유명한 시(詩) 한 편이 담겼다. 이 위원장 본인이 공직생활을 할 때 언제나 머릿속에 떠올리는 시이기도 했고 금감위가 걸었으면 하고 희망하는 시이기도 하다.

눈 덮인 광야를 걸어갈 때(踏雪野中去)
이리저리 함부로 걷지 말라(不須胡亂行)
오늘 내가 남긴 발자국은(今日我行跡)
반드시 뒷사람의 길이 되리니(遂作後人程)

공공개혁의
새 틀을 짜다

4

진념(陳稔)은 1940년 전북 부안에서 태어나 전주고와 서울대 경제학과를 졸업하고 미국 워싱턴대에서 경제학 석사를, 스탠퍼드대에서 경영학 석사를, 한양대에서 경제학 박사를 취득했다. 1962년 제14회 고등고시 행정과에 합격하여 경제기획원에서 20여 년을 근무하였고, 2000년 경제부총리 겸 재정경제부 장관, 1999년 기획예산처 장관, 1998년 기획예산위원장, 1995년 노동부 장관, 1991년 동력자원부 장관을 지냈다. 3대 정권에서 한 번의 부총리와 다섯 번의 장관을 역임하여 '직업이 장관'이란 별명까지 얻었다. 공직을 떠난 후 청암재단 이사, 전북대 석좌교수 등을 지냈으며, 현재 한국개발연구원 국제정책대학원대학교 초빙교수로 활동하고 있다.

진념

전 경제부총리

잿더미 속의
불사조를 꿈꾸며

"잿더미에서 불사조는 날아오른다."

독일의 경제학자이자 관료, 그리고 정치가인 루트비히 빌헬름 에르하르트(Ludwig Wilhelm Erhard) 전 독일 총리가 전후 독일 경제를 이끌면서 내세운 슬로건이다. 그는 제2차 세계대전 패전 후 1949년 탄생한 독일연방공화국 정부에서 경제장관을 맡아 1963년까지 14년간 독일 경제부흥을 이끌면서 '라인강의 기적'을 일궈냈다. 그는 '사회적 시장경제'를 신봉하면서도 "인간은 사회복지의 단맛만을 탐닉하는 무기력한 사회복지형 노예가 되어서는 안 된다"고 주장한 학자이기도 하다.

1963년에 제1대 아데나워 총리(수상)의 뒤를 이어 제2대 총리에 취임한 그는 1964년 12월 서독을 방문한 당시 박정희 대통령과 한 시간 이상 정상회담을 갖고 한국의 경제개발을 지원하겠다고 약속했다. 당시 서독은 한국에 대해 1억 5,900만 마르크(약 3,950만 달러 상당)의 차관을 제공했는데 이는 미국이 한국에서 일어난 군사정변 때문에 경제원조를 기피하던 때여서 주목을 끄는 결단이었다. 어쩌면 '코리안 미러클'의 시발점이라 해도 손색이 없을 것이다.

"한국의 에르하르트가 되겠다."

이런 각오를 다졌던 사람은 '직업이 장관'이라는 별명을 가진 진념 전 경제부총리이다. 그는 개발연대의 경제정책 산실인 경제기획원의 사무관으로 시작해 5차례의 장관과 경제부총리를 역임한 대표적 경제관료이다. 경제관료로서 마지막 이력은 6·25 이후 최대 국난이라는 외환위기를 극복하고 IMF 졸업장을 받아든 경제부총리였다.

나의 아내보다 더 오랜 세월을 함께해온 사람, 진념. 그를 알고 지낸 지 벌써 40년이 되었다. 청년기의 열정을 공유했고, 중년의 우여곡절을 위로했으며, 이제 노년기의 아름다운 삶을 지켜봐 줄, 나에게는 너무 소중한 친구이다. 난 그를 이렇듯 '친구'라고 하는데, 그는 나를 늘 '선배'라고 부른다.

2002년에 출간된 《경제 살리기 나라 살리기: 진념의 집념 40년》이란 제목의 회고록에 실린 이진설 당시 서울산업대 총장(전 건설교통부 장관)의 추천사 첫머리다. 이진설, 최수병(전 보건사회부 차관), 진념 사무관은 1960년대에 '경제기획원 3총사'로 불렸다. 떡잎부터 알아볼 수 있었던 동량(棟梁)들이었던 셈이다.

진념에게 '직업이 장관'이라는 별명이 붙여진 것은 그때 이미 예약되었던 듯하다. 노태우 정부에서 동력자원부 장관을 시작으로 김영삼 문민정부에서 노동부 장관, 김대중 국민의 정부에서 기획예산위원장과 기획예산처 장관, 재경부 장관, 경제부총리를 지내는 등 3대 정권에서 한 번의 부총리와 다섯 번의 장관을 역임한 그다.

진념은 외환위기 극복과정의 전반부에 공공개혁의 선봉에 섰고 후반부에는 졸업장을 받는 영광도 맛보았다. 하지만, 긴장에서 벗어난 사회 분위기 탓에 노조를 비롯한 각계각층의 욕구가 분출되는 바람에 그의 말마따나 "울고 싶어라!" 하는 상황을 연이어 맞닥뜨리기도 했다.

그러나 성취와 발전에는 항상 고통이 따르는 법. 여기서는 그러한 진통이 오늘의 경제발전으로 이어진 과정을 되돌아보기로 하겠다.

'한국의 에르하르트'가 되겠다

이계민　진 부총리만큼 외환위기에 대한 전반적인 얘기를 해주실 분도 드물다고 생각합니다. 잠시였지만 외환위기의 원인이라고 할 수 있는 부도 직전의 기아그룹 회장을 맡아 정상화를 위한 노력을 기울였고, 공직에 돌아오셔서는 기획예산위원장, 기획예산처 장관, 재경부 장관, 그리고 경제부총리로서 정부개혁, 공공개혁을 이끄셨습니다. 또한 국민의 정부 2기 내각에서는 경제부총리로서 경제정책을 총괄하고, 재임 중에 IMF 졸업장을 받으셨습니다. 누구보다 그 극복과정과 남겨진 교훈을 꿰뚫고 있으시리라고 봅니다. 그런 점에 대해 얘기를 나눠 보도록 하겠습니다.

우선 분위기를 만들기 위해 가벼운 질문부터 드릴까 합니다. 진 부총리의 회고록 《경제 살리기 나라 살리기》에 보면 학창시절에 한국의 에르하르트가 되겠다는 꿈을 키웠다고 하셨는데 무슨 뜻인가요?

진 념 내가 중고등학교 다닐 때 독일 경제가 '라인강의 기적'을 이뤘다고 배웠습니다. 그때 전후 복구사업에 큰 관심과 흥미를 갖게 되었습니다. 물론 독일 국민이나 기업, 그리고 경제계가 잘해 주었겠지만 전후 경제부흥의 경제사령탑, 즉 경제상이 에르하르트였어요. 나중에 수상이 됐습니다만 이 양반이 기적을 일궈냈다고 생각했습니다. 감명을 많이 받았지요. 그런데 에르하르트의 스승이 누군가 하면 오이켄(Walter Eucken)이라고 질서자본주의 경제학의 원조이자, 사회적 시장경제의 창시자입니다. 그 정책라인의 영향을 많이 받아서 라인강의 기적을 일궈냈습니다. 그런데 그때만 해도 우리나라는 무척 못살 때였습니다. 점심을 먹지 못하는 경우도 많았지요. 그래도 제 딴에는 '한국 경제는 왜 안 될까?', '한국 경제도 그렇게 못할 이유가 없다'면서 경제학을 공부하게 됐고, 한국의 에르하르트가 되겠다는 포부를 품게 됐습니다.

이계민 그렇다면 그 목표는 얼마나 달성됐다고 평가하시는지요? 제가 보기에는 100%라고 해도 손색없을 것 같은데요.

진 념 몇 % 달성했다고 구체적으로 얘기하기는 어렵지만 솔직히 얘기해서 지난 50년 동안에 한국 경제는 '한강의 기적'을 이뤘다고 말하지 않습니까? 한강의 기적은 이룬 셈이지요.

이계민 한강의 기적을 말하는 것이 아니라 '진념의 기적'을 여쭤본 것입니다. '한국의 에르하르트' 목표를 얼마나 달성했다고 생각하시나요?

진 념 진념의 기적은 아니라 한강의 기적에 조그만 기여를 했습니다. 그러나 40년 공직생활을 하면서 그런 목표를 향해 열심히 뛰고 노력했다고 자부합니다.

이계민 전 한국경제신문 주필(왼쪽)이 진념 전 경제부총리와 인터뷰를 진행하였다.

이계민 한국의 에르하르트를 지향해서인지 한때는 정치를 하려고 하시지 않았습니까? 경기도지사 출마도 하시고요.

진 념 정치할 생각은 전혀 없었습니다. 그동안 정치에 대해 워낙 실망을 많이 해서요. 그런데 또 기회 있을 때마다 "국회의원 나가라"는 얘기는 참 많이 들었습니다. 해운항만청장 시절이나 재무차관 시절에도 국회에 진출하라는 권유가 많았지만 "정치할 생각이 전혀 없습니다" 하며 거절해왔지요. 심지어 어느 신문사 만평에 '도망병'이란 논평이 실릴 정도였어요. 왜냐하면 여당이 어려워 도와달라는데 전혀 끄떡도 안 하고, 특히 국민의 정부에서 장관까지 한 사람이 어려운 지역구에 나가라니 안 나가고 도망 다닌다는 겁니다.

　그런데 막판에 어쩔 수 없이 밀려서 경기도지사에 출마했습니다. 나는 국민의 정부 기획예산위원장부터 경제부총리까지 4년 2개월간 가장 오래 경제정책을 맡아온 사람입니다. 그래서 남은 10여 개월의 국민의 정부 경제정책을 마무리 지어야 한다는 소명의식을 갖고 있었습니다. 그런데 그것도 마음대로 되지 않더군요.

2002년 4월에 여당 쪽에서 "국민의 정부 탄생 때 기여도 하지 않은 사람이 그만큼 장관도 하고 혜택도 누렸으면 이제는 기여를 좀 해야 하지 않겠느냐"고 떠밀어서 어쩔 수 없이 경기도지사에 출마하게 됐지요. 그래서 '보기 좋게' 낙선했습니다.

이계민　이제 본론으로 들어가 외환위기 극복에 관한 얘기를 해보지요. 진 부총리에 대해 많은 사람들이 '한국 경제성장사의 야전사령관'이라고 평가합니다. 외환위기 극복과정에서도 직접적 원인의 하나인 부실기업 기아자동차 회장을 거쳐 기획예산위원회 위원장, 기획예산처 장관, 재경부 장관, 경제부총리를 역임하고 특히 재임 중인 2001년 8월 23일에 IMF로부터 빌린 대기성 차관 자금을 모두 상환하는 이른바 'IMF 졸업장'까지 받았습니다.

외환위기를 어떻게 기억하시는지요? 한국 경제발전사에서의 의미, 그리고 개인적 차원에서의 의미나 소감을 말씀해 주십시오.

진　념　그런 별명은 IMF 위기와는 상관없이 그 이전에 붙여진 것이지요. 사실 경제기획원 시절 차관보를 5년간(1983~1988년) 했습니다. 최장수 차관보입니다. 여기서 유래된 별명입니다. 경제기획원 차관보라는 자리는 관련부서 정책을 조율, 조정하고 부총리를 대신해 총대를 메는 자리입니다. 그래서 '미니 부총리'라고 말하기도 했는데 '해결사' 또는 '야전사령관'이라고 불렀습니다. 그것은 칭찬이기도 하고, 또 비난이기도 했습니다.

김영삼 정부에서 1995년부터 1997년까지 노동부 장관 생활을 마치고, 기업에 가거나 정치하는 것은 상상도 안 했습니다. 어디 지방대학에 가서 강의하면서 지내려고 마음먹었지요. 경제학 교수를 하면서 젊은이들에게 꿈을 키워 주겠다고 작정했고, 그것이 소명이라고 여겼습니다. 그런 소망 때문에 경제학 박사학위가 필요하다고 판단했지요. 당시 공직 선배이신 황병태 외국어대 총장이 권해서 이진설 장관과 함께 한양대 박사과정에 들어갔습니다. 그 뒤에 강봉균 장관 등이 들어왔어요.

어쨌든 박사학위를 받고 지방대학에서 강의해야겠다고 마음먹었는데 그때 기아부도 사태가 큰 문제였어요. 물론 기아뿐만 아니라 한보다 뭐다 해서 수많은 기업들이 부도위기에 몰렸지요. 그래서 기아의 법정관리 회장을 맡아 달라고 당시 강경식 경제부총리와 김인호 경제수석(후일 한국무역협회 회장)이 권유했습니다. 처음에는 기업에 갈 생각이 없다고 거절하다가 기아사태를 정리해 줘야 정부 경제정책을 바로잡는 데 도움이 된다고 설득해 어쩔 수 없이 맡게 되었습니다.

그때 기아는 부도가 나고, IMF 한파는 몰려왔습니다. 나는 IMF 한파를 현장에서 경험한 셈이지요. 당시 기아자동차의 수출 신용장을 가지면 은행에 가도 할인도 안 해주고 미국이나 독일 등에 출장을 가도 냉대받기 십상이었습니다. 특히 국내 경쟁업체들이 기아는 망했다, 기아차 사면 고객서비스도 못 받는다고 악선전하는 바람에 차도 팔리지 않았습니다. 참으로 서글펐습니다. 해외에서까지 경쟁업체들로부터 이런 대접을 받아야 한다는 것이 더욱 마음이 아팠습니다. 또 기아에 채권은행인 산업은행에서 자금관리인이 나와 있었지만 자금지원은 되지 않았습니다. 참으로 어려웠습니다. 은행문턱이 그렇게 높은 줄 그때 난생처음 절감했습니다. 어떤 때는 주거래은행의 지점에 음료수 한 박스를 가져가서 사정도 해보았습니다. "내가 여기에 올 때 정부가 약속했다. 자금 파이프라인을 복원시켜 주고, 절대적으로 지원해 주기로 했다. 나를 믿고 대출해 달라"고 사정하고 정부에 항의도 했습니다. 그런데 경제부총리를 만나 그런 얘기를 해도 약속이 잘 지켜지질 않았지요.

경우에 따라서는 경제부총리가 얘기가 다 돼 있으니 어디로 가 보라고 해서 그 지점에 찾아가면 모른다고 외면하는 겁니다. 나중에 알고 보니 그 은행의 자금담당 상무가 정부의 의사를 전달받고도 책상 서랍에 넣어 버리고 묵살했던 겁니다. 그런 수모를 겪으면서 기아 회생에 진력했고 현장경험을 했지요.

그런 측면에서 외환위기는 한국 경제사에서 쓰라린 경험이지만 새로운 도약의 전기(轉機)가 된 일대 전환점이라고 평가하고 싶습니다. 특히 졸업장을 받았던 장관으로서 조기극복에 대한 보람과 긍지도 느낍니다. 외환위기의 교훈이라면 'Change before we have to'(항상 미리 대비하고 변화해야 한다) 라고 생각합니다.

삼고초려 끝에 취임한 기획예산위원장

이계민　기아그룹 회장을 맡은 지 3개월이 지나 김대중 정부의 기획예산위원장을 맡게 됐습니다. 처음에는 거절했다가 결과적으로 맡게 된 연유와 각오는 어떤 것이었습니까?

진　념　나는 두 차례 사양했습니다. 처음 정부로부터 연락받을 당시에는 아시아자동차 노조 간부들을 만나고 있었습니다. 아시아자동차 노조가 무척 강성이었는데 '어떻게 기업을 살릴 것인가'를 논의하는 중이었습니다. "기업이 망하면 함께 죽는다!"며 설득하였지요. 그때가 1998년 3월 3일입니다. 그런데 김중권 비서실장이 전화해서 "대통령께서 기획예산위원장을 맡아 주었으면 하신다"는 얘기를 해서 사양했습니다. 이런 이유에서였지요.

첫째로는 김대중 대통령이 당선되는 데 기여한 바가 전혀 없다는 점을 들었습니다. 기아 회장을 맡고 있을 때 김 대통령께서 후보 시절 기아자동차를 방문하셔서 안내하기는 했지만 선거과정 등에 기여한 바가 없는데 요직을 맡는 것이 마음에 걸린다고 말했습니다. 특히 선거과정에서 선거승리에 기여한 사람들이 많았지요. 관료출신 중에서도 많았어요. 그런 분들이 가야지 내가 가는 것은 맞지 않고, 또 기아 회생을 위해서 올인해야 할 입장이라는 세 가지 이유를 들어 거절했습니다.

그런데 다음날 아침에 당시 기아의 핵심 지원세력인 산업은행 총재와 조찬 겸해서 만나 광주에 다녀온 이야기 등을 나누는데 김 실장이 다시 전화해서 또 같은 얘기를 했어요. 역시 똑같은 세 가지 이유를 들어 사양했습니다. 그런데 그 뒤에 김 실장으로부터 이 말을 전해 들은 대통령께서 중요한 일이 많으니 꼭 맡아 주었으면 좋겠다고 말씀하셨다고 합니다. 그 얘기를 들었을 때는 더 이상 거절할 수 없더라고요. 대통령께서 외환위기를 맞아 이를 극복하겠다는 취지에서 아무 연(緣)도 없는 사람을 중용하시겠다는데 그것까지 거절하는 것은 예의가 아니라고 생각해 수락하고 위원장직을 맡았습니다.

이계민   그런데 취임하시기 전입니다만 기획예산위원회는 대통령 직속기구로 출범했습니다. 왜 이런 조직이 만들어졌고, 그 핵심임무는 무엇이라고 들으셨나요? 이와 관련해 김대중 정부의 1차 조직개편은 어떤 점에 주안점이 두어졌는지 설명해 주시고, 그에 따른 징부조직 개편의 여러 가지 내막을 들려줄 수 있으신지요? 또 기획예산위원회가 예산을 다루는데 실제 편성과 집행을 맡는 예산청은 재경부 산하로 남아 있었는데 왜 그랬나요?

진　념   김대중 정부의 1차 조직개편은 김대중 대통령이 당선자 시절이던 1998년 1~2월에 이뤄졌는데 총 14명의 위원으로 구성된 초당적 기구인 '정부조직개편 심의위원회'에서 작업해서 1998년 2월 17일 국회통과 후 확정됐습니다.[1]
　　주요내용을 보면 우선 지나치게 권한이 부여됐다고 알려진 재경원의 위상을 낮추는 동시에 주요기능을 분할하는 작업이 진행되었습니다. 그래서 부총리제도 폐지된 것입니다. 대신 기획예산위원회를 신설해 공공부문 개혁과 재정개혁 등을 추진하고 정부 각 부처의 개혁정책을 뒷받침하도록 했습니다. 또 금융감독 업무는 '금융감독위원회'로 통합하고 통상교섭 기능을 외교통상부로 옮긴 것 등이 주요내용입니다.
　　그런데 당초 정부조직개편 심의위원회의 안에 따르면 기획예산처에서 예산 기능을 맡기로 돼 있었는데 국회 심의 과정에서 예산은 예산청으로 재경부 산하에 두는 것으로 변경해 버렸습니다.

---

1 제1차 조직개편에 대한 상세한 내용은 이 장의 세 번째 절인 '효율적 정부로 거듭나기 위한 제2차 정부조직 개편'에서 기술한다.

이계민   세간 일기도는 김종필 사민턴 총재 쪽에서 넝양닉을 낳이 행사한 것으로 알고 있는데요. 당시 DJP 연립정부였으니까요. 일설에는 JP 작품이라고 합니다. 원래 중앙인사위원회, 금감위와 기획예산위원회를 청와대 직속으로 하고 예산청도 기획예산위원회 산하에 두려 했는데 국회 심의 과정에서 중앙인사위원회는 백지화되고, 금감위는 총리실로, 예산청은 재경부 산하에 두는 조직개편이 이뤄진 것으로 압니다.

진 념   자민련이나 김종필 총재 쪽의 영향은 아니고 기획예산위원회에 기획과 예산 기능을 부여해 미국의 OMB[2] 형태로 만들어 청와대 직속으로 두려 했던 것이 당초의 구상이었습니다. 국회 심의 과정에서 청와대가 너무 막강한 권한을 가진다고 해서 예산청을 재경부에 남겨 둔 것입니다.

조직개편의 균형추로 태어난 예산청

안병우. 그는 김영삼 정부에서 마지막 예산실장을 맡다가 김대중 정부 때 초대 예산청장에 보임됐다. 역사상 처음이자 마지막 예산청장이면서 아직까지 유일무이한 예산청장으로 남아 있는 그는 당시 상황을 이렇게 말한다.

이계민   정부조직 개편과정에서 당초의 기획예산처가 불발되면서 재경부 산하에 예산청이 발족되는데 초대 예산청장을 맡으셨지요?

안병우   그렇습니다. 그에 앞서 예산청이 설립된 배경을 짚어 볼 필요가 있습니다. 조직개편안에서 예산청의 설립 배경은, 당시의 재경원이 지나치게 권한이

---

2 미국 예산관리국(OMB: Office of Management and Budget)은 1970년 제2차 조직개편에 따라 대통령실에 설치되었으며, 예산관리 국장은 각료회의에도 참석한다. 예산관리국은 대통령의 효율적인 행정 발전 및 유지 계획을 수립하고 행정부의 조직을 관리하며, 예산관리의 감독과 통제, 법률안의 제의에 관한 각 부처별 의견을 조정하는 기능을 한다.

안병우(安炳禹)

1947년 충북 괴산에서 태어나 청주고와 서울대 행정
학과를 졸업하고 충북대에서 명예 박사학위를 받았
다. 1970년 행정고시에 합격해 경제기획원 정책조
정국장·차관보, 재정경제원 예산실장, 기획관리
실장을 거쳐 1998년 예산청장, 1999년 중소기업특
별위원회 위원장, 2000년 국무조정실장을 지냈다.
공직퇴임 후에는 2005년 충주대 총장, 2010년 한반
도발전연구원 이사장을 지내고, 현재 건전재정포럼
운영위원장과 천고법치문화재단 이사로 있다.

집중된 공룡부서이므로 이를 분해해야 한다는 김대중 대통령의 생각 때문이었
습니다. 특히나 그런 조직 때문에 IMF 위기를 맞았다고 판단해 이를 해체해 금
융기능도 독립시키기로 했지요. 그래서 재경원의 예산기능을 떼어내 공공개혁
과 예산을 담당할 조직으로 청와대 산하에 기획예산처를 두는 조직개편안을 국
회에 냈어요. 이때 김광웅 서울대 교수(후일 명지전문대 총장)와 최수병 전 보건
사회부 차관(후일 신용보증기금 이사장), 이강래 국회의원 등이 작업을 주도한
것으로 압니다만 한나라당의 복잡한 상황 때문에 국회에서 통과하기 어려웠습
니다. 특히 조순 전 경제부총리가 당시 한나라당 총재를 맡고, 그 밑에 이한동
대표, 그리고 서청원 사무총장 등이 지도부를 형성하고 있었지요.

조순 총재는 "나도 부총리를 해봤는데 재경원에 예산기능이 없으면 막중한 시
기에 경제정책 관제탑(control tower)이 작동이 안 된다. 더구나 부총리제도도 없
어지는데 곤란하다"고 강력히 주장했습니다. 그러나 새로 들어설 정부 쪽에서는
몇 수 만에 당선된 대통령 당선자의 철학을 좀 들어달라고 간청했습니다. 하지만
결국 기획예산위원회는 청와대 산하기관으로 예산청은 재경부 산하기관으로 남
아 있도록 했습니다. 그러면서 기획예산위원회가 예산편성 지침을 만든다고 타
협한 것입니다.

그리하여 예산청은 재경부의 수석 청(廳)으로 발족했습니다. 청와대에 가서

발령장을 받았는데 그때까지도 예산청 직원은 나 혼자였습니다. 직원도 없고, 차장도 없고. 나중에 한 달 만에 조직을 갖추고 발족했지요. 그 후 1년 반 동안 예산청이 존속했습니다. 당시 정동수 차장(후일 환경부 차관)을 비롯해 박봉흠(후일 기획예산처 장관)·김태현(후일 정보통신부 차관·하나로텔레콤 회장)·김경섭(후일 조달청장)·변양균(후일 기획예산처 장관)·김영주(후일 산업자원부 장관) 국장, 정해방(후일 기획예산처 차관)·김유성 과장과 김동연(후일 국무조정실장·아주대 총장) 비서관 등 고생을 같이 한 얼굴들이 떠오릅니다.

이계민　당시 기획예산처가 처음부터 청와대 직속기구로 제안되지 않았으면 결과는 달라지지 않았을까요?

안병우　글쎄요. 그러나 당시에도 청와대에서는 암암리에 내게 기획예산위원장의 지휘를 받으라고 지시가 내려왔어요. 그래서 비록 몸은 분리돼 있지만 과도기적 조치라고 직감할 수 있었습니다. 더구나 8월초에는 청와대 지시로 서초동의 조달청 건물에 모두 집합합니다. 기획예산위원회도 통의동에서 반포 조달청 건물로 이사하고, 예산청도 들어와 함께 회의도 했습니다. 결국 그다음 조직개편에서 김대중 대통령의 원래 뜻대로 기획예산처로 발족됐지요. 역사상 단대 청장으로 끝난 것은 정부수립 후 내가 전무후무하지 않을까 싶습니다.

이계민　재경부와 기획예산위원회의 양쪽 눈치를 보느라 힘들지 않으셨나요?

안병우　그 대목에 관가에서는 물론이고 일반인들도 관심이 참 많았습니다. 그런데 나는 사실 생각보다 어렵지 않았어요. 우선 예산청장은 거의 모든 정책 업무에 관여하기 때문에 중요 회의에는 빠지지 않고 참석했습니다. 심지어 청와대 서별관 회의까지도 필요하면 참석했습니다. 그러다 보니 이규성 장관이나 진념 위원장, 이헌재 금감위원장 등은 모두 자주 뵙게 됐습니다. 또 재경부 장관이셨던 이규성 장관께서는 워낙 인품이 좋으신 분이어서 큰 사안만 챙기시고 예산청에 실무적 권한을 다 주셨어요. 물론 금융 구조조정 등 경제회복을 위한 대규모 재정소요의 지원이 불가피했지만 예산편성 프로세스 밖에서 결정되곤 하여 가끔 허탈감에 빠지기도 하였습니다. 실무진들은 어려움이 더 많았을 것입니다. 상전이 많았으니까요. 심지어 청와대에도 경제수석과 정책기획수석이 따로 있어서 실무적으로는 많이 힘들었겠지요.

앞으로도 경제정책총괄 기능과 예산기능의 관계에 대한 얘기들은 계속 논의의 대상이 될 것입니다.

안병우 예산청장의 고군분투 예산편성 스토리

이계민 1997년 12월 외환위기 당시 예산실장을 맡으셔서 여러 가지 애로가 많았을 것입니다. 국가부도 위기라는 점에서 재정의 역할은 어느 때보다 중요했겠지요. 예산실장에 임명되고 나서 어떤 생각이 드셨나요?

안병우 1997년 말 경제부총리가 갑자기 바뀌었지요. 12월 하순에 신임 임창열 부총리의 명을 받아서 예산실장을 맡았는데 참으로 긴박하고 막중한 순간이었습니다.

이계민 당시 가장 시급한 과제는 무엇이었나요?

안병우 무엇보다도 예산을 새로 손질하는 일이었지요. 당시 새해 예산은 이미 국회를 통과, 확정돼 정부에 이송된 뒤였습니다. 그런데 IMF 관리체제에 들어서면서 재정수지 등에 대한 협약내용이 새로 정해져 예산을 수정할 수밖에 없는 상황이었습니다. 그래서 예산실장도 바뀐 것입니다. 세수가 엄청나게 구멍이 나고, IMF가 요구하는 구조조정을 뒷받침할 예산 수요가 있었지요. 뿐만 아니라 환율이 높아져 환차손이 무척 많이 발생하는 상황이 벌어진 것입니다. 게다가 경기는 곤두박질치고 실업은 늘어나 경기대책적 예산 소요도 많았지요. 그런 요인들을 반영해서 추경예산을 짜려는데 규모가 8∼9조 원에 달했어요. 그런데 이를 추진하려니까 관련부처는 물론이고 예산실 간부들조차 흔쾌히 나서려 하지 않았어요. 참 애를 많이 먹었습니다.

추경예산을 짜고, 이를 국회에 제출하고 협조를 구하는데 각 부처 장차관들은 이미 나갈 사람들이라서 의욕이 없었어요. 한마디로 나를 도와줄 윗사람이 아무도 없었습니다. 물론 임창열 부총리야 당사자이기 때문에 많이 도와주시긴 했지만요.

이계민 1차 추경예산 편성이 1998년 3월인가요?

안병우 1차 추경예산이 편성된 것은 1월 초순이었는데 국회통과가 다소 늦어졌지요. 한나라당이 당시 집권당인데 대선에서 패배한 선거 후유증에 시달리면서 책임론이 제기되는 등 어수선한 상황이었습니다. 그래서 당의 구심점이 없었어요. 예산안을 가져갔더니 무척 소극적이었어요. 예컨대 새로운 대통령 당선자의 철학 같은 것이 반영이 안 됐지 않느냐, 우리가 짠 것을 그냥 약간의 손질만 해온 것 아니냐며 시큰둥해하는 겁니다. 참 안타까웠지요. 새 정부의 철학을 담아 새로 편성해 가져오라는 겁니다. 그러면서 예산심의를 미루는 겁니다. 참으로 난감했습니다. 이렇게 위중한 시기에 정치권이 너무 소극적이 아니냐는 생각에 정책 실무책임자로서 답답하기 짝이 없었습니다.

그런데 당시 김대중 당선자께서 정말로 파격적으로 국회에 공한을 발송해서 해결의 실마리를 찾았습니다. "예산편성 과정에 당시 야당이었던 우리도 참여했으니까 그대로 차질 없이 집행할 것을 약속한다"는 공한이었습니다. 그래서 한나라당의 명분도 세워 주면서 3월에 통과됐다고 기억합니다.

개혁추진의 징검다리가 된 김병일 사무처장

예산청은 재경부 산하의 청으로 발족하고 청와대에는 기획예산위원회가 설치되는 다소 기형적인 조직이 만들어졌다. 여기서 기획예산위원회 발족과 관련, 초대 사무처장을 맡았던 김병일 전 기획예산처 장관의 증언을 들어보자.

이계민 외환위기 이후 국민의 정부가 출범하면서 기획예산위원회가 청와대 직속기구로 설립됐습니다. 당시 김 장관께서는 통계청장이었는데 중앙부서장인 통계청장에서 1급 자리인 기획예산위원회 사무처장 자리로 오셨습니다. 어떻게 해서 그 자리에 뽑혀 오셨는지 말씀해 주시지요.

김병일 진념 위원장께서 나를 픽업한 배경은 우선 당시 예산청이 재경부 산하의 외청으로 되는 바람에 기획예산위원회에도 예산을 아는 사람을 옆에 두고 싶었던 것이 아닌가 싶습니다. 내가 예산총괄과장과 총괄국장을 지내서 재정을 아는 사람이라고 생각해서 데려온 것입니다.

두 번째는 기획예산위원회에서 가장 중요한 기능이 공공개혁인데 공기업의 재정개혁, 행정개혁, 공공관리 등 이 모든 업무가 차질 없이 진행되려면 예산을 아는 사람이 필요했다고 봅니다.

개인적으로는 진 부총리를 두 차례 직속상관으로 모셨는데 한번은 차관보를 하실 때 내가 물가조정과장 하면서 민주화 선언으로 표현되는 6·29 이후에 들썩거리는 물가를 안정시키는 데 함께 노력한 적이 있습니다.

또 한번은 내가 KDI에 갔다가 1년 만에 막 돌아왔는데 당시 재무부 차관이었던 진념 차관이 경제기획원 차관으로 새로 부임하시면서 나를 공보관으로 임명해 모시고 일한 경험이 있습니다. 그게 1991년입니다. 그러다 진 차관께서는 얼마 후에 동력자원부 장관으로 영전하셨지요.

그런저런 인연이 얽혀 사무처장으로 가게 됐습니다. 김대중 정부 초기엔 물가문제가 컸어요. 진 부총리께서 기획예산위원장으로 임명돼 인사를 갔더니 물가

김병일(金炳日)

1945년 경북 상주에서 태어나 중앙고와 서울대 사
학과를 졸업하고 서울대 행정대학원에서 행정학
석사학위를 받았다. 1971년 행정고시에 합격하여
주로 경제기획원 예산분야에서 공직생활을 오래
했다. 통계청장, 조달청장을 지내고 2000년 기획
예산처 차관, 2002년 금융통화위원, 2004년 기획
예산처 장관을 지냈다. 공직퇴임 후에는 2009년
한국국학진흥원 원장을 역임하고, 현재 도산서원
선비문화수련원 이사장을 맡고 있다.

문제를 질문하시더라고요. 그래서 몇 가지 말씀드렸더니 나중에 그것을 메모로
보내라고 하시다가, 결국 와서 설명하라고 하더라고요. 그래서 갔더니 기획예산
위 사무처장 자리를 권유하시는 겁니다. 그래서 어쩔 수 없이 "예스!" 했지요.

이계민　기획예산위원회에 가신 것은 언제인가요?

김병일　나는 3월 17일에 정식발령을 받고 부임했습니다. 이때는 이미 기획예산
위원회의 기능이 작동할 때입니다. 한시도 한눈을 팔 수 없는 분위기였습니다.
당시 감액 추경예산 편성을 했습니다. 한나라당 정부에서 통과시킨 예산을 다시
감액하려니 힘들었지요. 당시에 예산담당자들은 야당인 한나라당 의원들에게
모욕도 많이 당했습니다. 국회에서 깎자고 할 때는 죽어도 안 된다더니 이제 와서
깎아도 된다고 하느냐는 항의였지요.

　　내가 부임하기 전에 벌써 감액 추경예산 편성이 시작되고, 더구나 3월말까지
예산편성 지침이 내려가야 하는데 정말 눈코 뜰 새 없이 바빴습니다. 내가 가서
기획예산위 직원들을 구성하는 게 아니라 실무자들이 이미 착수한 상태에서 간
셈입니다.

이계민 기획예산위원회는 초창기 모두 99명으로 구성됐다고 들었습니다. 99명이 특별한 의미가 있었나요? 특히 민간전문가를 많이 발탁해 구성했는데 특별한 의도나 목적이 있었던 것인가요? 또 어떤 기준으로 선발했는지 궁금합니다.

김병일 기획예산위원회는 공무원뿐만 아니라 민간전문가들을 초빙해서 구성했는데 어쩌다 보니 99명이 됐습니다. 기획예산위원회 구성이 정부조직 가운데 맨 나중에 완료됐습니다. 맨 마지막으로 기획예산위원회 인사발령이 나고 정부 구성이 모두 끝났지요. 그런데 개혁을 주도할 조직이라 다소 상징적인 면에서 99명으로 채운 것 같습니다.

공공개혁은 민간전문가의 참여가 절실했습니다. 공공개혁은 개혁의 대상이 공직자라서 민간인이 필요했지요. 내가 부임해서 확인해 보니 엄정한 발탁기준과 절차를 거쳐 이미 어느 정도 구성원이 결정되었더라고요. 특히 각계 전문가를 모셔야 하는 국장급 3명은 재정에 기획위 배철호(후일 국회예산정책처장), 행정에 총무처 출신 김태겸(후일 강원도 정무부지사), 공공관리단장에 박종구 아주대 교수(후일 초당대 총장)를 초빙했습니다. 나머지는 공모절차를 거쳤습니다. 학계에서 옥동석 인천대 교수(후일 조세연구원장), 연구기관에서는 KDI 박진 교수(후일 안민포럼 이사장), 회계사 박개성, 국제변호사 공성도 씨 등이 팀에 합류했습니다. 사무관 이상 인원 59명 중에 14명이 민간계약직 전문가였으니 많은 셈이었지요.

공모절차도 굉장히 치열했어요. 외환위기 때니까 직장 얻기 무척 힘들었지요. 더구나 처음에는 공모하면서 기관장 추천을 받아오라고 했는데 비공개를 원하는 경우가 많아 나중에 추천서는 없던 일로 했다고 해요. 어쨌든 아주 우수한 인재들이 모였습니다.

이계식 정부개혁실장(후일 부산발전연구원장)은 2월 17일 「정부조직법」이 통과되고 바로 발령받은 것으로 압니다. 이 실장은 대통령직 인수위원회 시절에 정부조직개편 심의위원회에 참여한 관계로 미리 입성했던 것이지요.

이계민 정부개혁 업무를 하면서 많은 애로를 겪은 것으로 압니다. 예컨대 민간
전문가로 발탁된 이계식 정부개혁실장은 공직자들이나 심지어 출입기자들과 많
은 마찰이 있었던 것으로 알려졌습니다. 업무적인 면에서 공직자들과 업무추진
방식이나 절차 등에서 다른 점이 많았던 것이지요. 김 장관께서 이런 어려움을
원만하게 화해와 조정의 방향으로 이끄셨다고 들었습니다.

김병일 당시 영입한 민간전문가들은 그야말로 그 분야 전문지식을 가진 전문가
들이었던 데다 개혁의지가 넘쳐났어요. 어찌 보면 의욕이 너무 앞섰다고나 할
까요. 그런데 아무래도 행정경험이 부족하고 개혁대상인 공공부문 사람들과 친
분도 두텁지 않으니까 개인적, 조직문화적 차이도 있었지요. 즉, 민간인이 정
부조직에서 일을 하다 보니 업무추진 방식이나 접근방법, 문화 등에서 다소 다
른 면이 없지 않았습니다. 특히 이계식 실장의 경우는 주로 연구기관에 있었고,
순수하고 열정적인 사람이라서 구조조정에 대한 사명감이 대단했어요.

원칙과 필요성을 매우 강조하다 보니 정부부처나 공공기관 입장에서는 총론
은 찬성인데 구체적 방안에서는 이견이 많았습니다. 그러다 보니 관계부처나
기관 사람들이 밤낮없이 나를 찾아옵니다. 그래서 그때 조심스럽게 징검다리
역할을 했지요.

언론과의 관계에서도 계속 기삿거리를 제공하고, 내용을 알기 쉽게 설득도
시켜야 하는데 민간전문가들은 원칙론만 얘기하고 내용을 주입시키려다 보니
반발이 많았어요. 그럴 때 측면지원도 좀 했습니다. 사실 사무처장은 정책보다
행정이 주된 업무여서 상대적으로 시간 여유가 있는 편이었습니다. 그래서 과
거 공보관 경험 등을 밑천 삼아 많이 도와주는 입장이었습니다.

작고 효율적인 정부를 향한
공공개혁의 잰걸음

청년시절, 부산에서 해운회사를 차린 나는 전국에 지점을 설치하고 사장으로 일한 적이 있다. 그 경험을 통해 내가 터득한 것은 역시 경제는 실물 감각을 지녀야 제대로 알 수 있다는 것이었다. 하지만 이론 없는 경험은 주관주의에 빠지기 쉽고, 경험 없는 이론은 현실감이 없어 겉돌게 마련이다. 이론과 현실이 서로 보완적으로 어우러져야 비로소 현실 경제에 대한 정확한 처방을 내릴 수 있는 것이다. 따라서 나는 그 둘을 어떻게 하면 효과적으로 결합해낼 수 있을까를 염두에 두고 이 글을 썼다.

김대중 대통령이 대선을 앞둔 1997년 3월에 펴낸 《김대중의 21세기 시민경제 이야기》의 머리말 첫 문장이다. 자신의 경제철학(제1부)에서부터 한국 경제의 부문별 개혁과제와 대책(제2부), 그리고 한국 경제의 미래상(제3부)을 내용으로 하는 이 책은 국민의 정부 경제정책의 근간을 이루었다. 특히 제2부 5장 '작지만 효율적인 정부'편이 그러하다. 이 장의 주된 내용은 지금까지 정부의 역할과 기능은 권위주의적 관치경제를 전제로 한 것이었으므로 민주적 시장경제에 맞도록 정부의 역할과 기능이 재조정되고, 이에 따른 기구의 통폐합 및 인력의 재배치와 운영상의 일대 혁신을 단행하여 '작지만 효율적인 정부'를 실현해야 한다는 것이다.

물론 정부 출범 이후 김대중 대통령의 핵심 경제철학인 '민주적 시장경제'가 그 자체로 논리적 모순을 안고 있다는 논란이 제기돼, 국민의 정부 공식과제는 '민주주의와 시장경제의 병행발전'으로 수정되기도 했다.

그러나 그 내용은 그대로 수용됐다. 국민의 정부 출범 6개월을 맞은 1998년 9월 '대한민국 정부' 이름으로 펴낸 《국민과 함께 내일을 연다: '국민의 정부' 경제 청사진》의 제2부에서도 경제구조의 전면적 개혁 과제의 하나로 맨 먼저 꼽은 것이 '작지만 봉사하는 효율적인 정부'(제1장)였다. 규제는 없애고 공기업은 민영화해야 하며 정부 역할과 기능이 대폭 개편돼야 한다는 것이다. 이러한 개혁의 고삐는 진념 기획예산위원장에게 쥐어졌다.

첫 과제로 선택된 연구기관 통폐합

이계민 정책에 대해 얘기를 듣도록 하겠습니다. 취임 직후 김대중 대통령은 경제정책을 직접 챙기기 위해 경제대책 조정회의를 만들어 주재했습니다. 대통령이 직접 경제문제를 챙기겠다는 것이었습니다. 그런데 당시 김 대통령은 경제대책 조정회의는 주재하겠지만 "관계부처 이견이 생기면 기획예산위원장이 조정하라"고 지시했다는데 맞는가요? 당시 언론은 "DJ가 개혁의 방향타를 진념에게 맡겼다"고 평가하기도 했습니다. [3]

진 념 1998년 3월부터 경제대책 조정회의를 대통령 주재로 청와대에서 열었습니다. 총리와 장관들이 참석해서 회의를 하는데 우선 경제장관 회의가 없어졌고, 또 경제부총리도 없어져서 정책조정에 일부 혼선이 있었지요. 혼선이라기보다 재경부와 청와대 경제수석 간의 협조 미흡이 주요원인이었습니다. 그래서 당시 대통령께 직접 들은 것은 아니지만 청와대 쪽으로부터 수석을 통해서 '기획예산처가 정책조율'을 하라는 그런 얘기를 듣기는 했습니다.

그러나 이의를 제기했지요. 기회 있을 때 김 대통령께 "경제팀은 팀 단위로 움직여야 하고, 특히 이규성 재경부 장관이 수석장관으로 경제팀을 이끌고 있는데 기획예산위원장이 조정을 따로 하면 혼선이 생깁니다. 그건 안 됩니다"라고 건의드렸습니다. 그러면서 일부 정책혼선의 원인인 경제수석을 바꿔서 경제팀을 꾸려가는 것이 옳다고 얘기했습니다. 그래서 당시 김태동 경제수석(후일 금융통화위원회 위원)과 강봉균 정책기획수석이 자리를 맞바꾸는 인사가 있었던 것으로 압니다.

이규성 장관께서도 그런 분위기를 느끼고 있었습니다. 나는 "경제팀에 쌍두마차가 있어서는 안 됩니다. 경제팀은 재경부 장관이 이끌고, 기획예산위원장은 재경부 장관이 이끄는 데 필요한 부분에서 뒷받침하는 역할을 하겠습니다"라고 역할을 정리했습니다. 그 후 이규성 장관이 직접 경제수석 교체 건을 말씀드

---

3 〈한겨레〉, 1998. 4. 6.

린 것으로 압니다. 그래서 경제수석이 바뀌고 그다음에는 정책조율이 잘됐습니다. 이규성 장관께서 성품이 좋으시고, 특히 서별관 회의 참석자들 중 가장 선배여서 팀워크가 잘 짜이고 조율이 잘 이뤄졌습니다.

이계민　서별관 회의가 중요한 역할을 했다는 결론이네요.

진　념　그렇습니다. 아젠다에 따라서는 공정거래위원장이나 노동부 장관 등 여러 사람들이 참석하기도 했는데 나도 이규성 장관을 도와 정책조율을 지원했습니다.

이계민　제가 기억하기로는 정부개혁의 첫 사업이 정부출연 연구기관 통폐합인 것으로 알고 있습니다. 기록을 보면 정부출연 연구기관 통폐합은 김영삼 정부 때부터 시작됐고, 그 이전에도 거론된 적이 있습니다.

　그런데 김대중 정부도 58개에 달하는 정부출연 연구기관을 30여 개의 '1부처 1연구기관'으로 줄이겠다는 안을 만든 것으로 압니다. 그러나 결과적으로는 연구기관을 부처 소속에서 떼어내 국무총리실 산하 연구회 소속으로 보내고 실제로 통합된 연구기관 수는 몇 개에 불과했습니다. 이를 두고 "호랑이 그리려다 고양이도 못 그렸다"는 평가도 있었는데요, 왜 그랬나요? 각 부처의 반발은 예상했던 것 아닌가요? 김대중 정부 공공부문 개혁 첫 번째 작품의 이러한 결과가 후속 공공부문 개혁에 아픈 선례로 작용했다고 보지는 않는지요?

진　념　거기에는 동의하지 않습니다. 우선 정부부처 개혁은 내가 정부에 들어가기 전에 이미 1차 정부조직 개편에서부터 시작되었습니다. 물론 처음부터 정부개혁을 제대로 했더라면 모를까, 또 손을 대는 것은 맞지 않지요. 또 두 번째로는 기획예산위원회는 역할이 정부부문 구조조정하는 것, 산하 유관기관 구조조정하는 것, 공기업 구조조정 하는 것 등인데 기타 유관업무를 합리화하는 것, 재정개혁 하는 것도 있습니다. 우선 이런 방대한 업무를 99명이 잘할 수 있는 것은 아닙니다. 특히 14명의 민간 전사(戰士)들이 밤잠 못 자고 고생했습니다.

그런데 정부출연 연구기관 문제를 다룰 때 문제의식이 무엇이었는가 하면 우선 18개 부처 산하에 48개 정부출연 연구기관이 있는데 이들의 업무중복이 많고, 과도한 주관부서의 개입으로 연구사업이 제대로 이뤄지지 못하는 등 고쳐야 할 사항이 너무 많다는 것이었어요. 연구기관 종사자들은 스스로 주무부처 심부름꾼에 불과하다는 불만이 많았습니다. 심지어 "우리는 주무부처 사무관의 심부름을 하기 위한 연구원이 아니다"라고까지 얘기했어요. 예컨대 중립적이고 건설적인 정책대안을 제시하기보다는 주무부처 정책을 합리화시키는 데 치중할 뿐만 아니라 책임경영체제도 미흡했습니다. 연구원들의 불만이 굉장히 많았습니다.

어느 부총리 시절에는 특정인을 KDI 원장을 시키려다 안 되니까 다른 연구기관을 만들어 원장을 시키는 등 편의적으로 운영하는 사례도 있었습니다. 그만큼 비효율적이고 안이했다고 봅니다. 반면 민간기업 쪽에는 운영을 아주 잘하는 삼성, LG, 대우 등의 연구소들이 많았어요.

그래서 이제는 국책연구기관들도 정부에 전적으로 의존하지 말고 경쟁해서 싸워 이겨야 한다, 그런 문제인식을 갖고 구조조정에 착수한 것입니다. 그래서 토론을 많이 했는데 1안은 '1부처 1연구원', 2안은 물리적 통폐합보다 기능을 바꾸는 쪽으로 가자는 것이었습니다. 결과는 2안 쪽이었다고 봅니다. 많은 사람들이 물리적으로 '1부처 1연구원'으로 정리하지 못했다고 비난한 배경은 이런 것입니다.

그러나 내용을 들여다보면 그렇게 비난받아야 할 일만은 아닙니다. 물론 일부 부처의 반발이 없었던 것은 아니지요. 뿐만 아니라 일부 부처는 산하 연구기관이 없으니 우리에게도 하나 만들어 달라는 요구도 있었어요. 그래서 물리적 통폐합보다는 기능 조정하는 것이 좋겠다는 의견이 많아 방향을 그쪽으로 잡은 것이지요.

이계민 왜 출연 연구기관 구조조정이 공공개혁의 첫 번째 우선순위로 부각되고 추진되었느냐는 점은 어떻게 설명될까요?

568

진 념   하다 보니 그렇게 된 것입니다. 특히 연구기관들에 대한 문제의식이 높았던 데다 KDI만 해도 1970년대의 KDI와는 많이 달라져야 한다는 문제의식이 커지고 있었지요. 어렵지 않게 추진할 수 있으리라고 생각했는데 그게 아니더군요. 복병(伏兵)이 한두 가지가 아니더라고요.

김병일   우선 처음부터 정부출연 연구기관을 맨 먼저 개혁하겠다는 복안을 갖고 추진한 것은 아니었습니다. 공공개혁을 추진하기 전에 먼저 각 부서에서 분야별로 맡아 추진안을 검토했었는데 연구기관을 담당하는 부서에서 구체적 개혁안이 맨 먼저 나온 것입니다. 그러다 보니 우선적으로 추진된 것입니다.

연구기관 구조조정의 배경을 두 가지 측면에서 조금 더 부연 설명드리면 하나는 연구기관이 부처의 문제를 해결해 주는, 다시 말하면 부처가 산하 연구기관을 부려먹는 일은 근절해야겠다는 것이었습니다. 조금 이상한 표현이 될지 모르겠습니다만 수준이 떨어지는 부처일수록 산하 출연 연구기관을 함부로 대하는 경향이 있어서 재경부가 신사적으로 대해 주는 KDI를 부러워하는 연구기관도 많았습니다. 그래서 독립적으로 운영하도록 해야겠다는 것이 하나의 이유였고, 다른 하나는 출연 연구기관 연구자들도 경쟁을 시켜 업무 효율을 높이자는 것이었습니다. 경쟁 없이 지내다 보니 연구수준 자체가 낮아지는 것입니다. 그래서 부처에서 연구용역이 나오면 기본 연구예산은 주되 다른 부문은 경쟁을 통해 확보하도록 함으로써 수주경쟁을 부추기자는 그런 취지였습니다.

진 념   쉽게 얘기하면 대기업들이 계열기업을 일감 몰아주기를 통해 키우듯이 정부부처도 출연 연구기관에 편향적인 경향이 있었습니다. 어느 부처는 출연금 받아 놓으면 자기 산하기관에 몰아주어 버리기 때문에 경쟁력이 없어요. 그런 것을 고쳐 주자는 것이었어요. 기본 연구사업의 50%는 주되 나머지 50%는 경쟁을 통해서 확보하라는 것이었습니다.

역할과 기능 중심으로 개편을 하자, 그래서 연구기관들의 자율성을 확보해 주면서 경쟁을 통해 연구용역을 확보하도록 하자는 것입니다. 출연 연구기관을 역할과 기능 중심으로 개편하자는 원칙하에 여러 가지 개혁조치들이 이뤄졌습니다.

우선 이사회 제도는 종래의 개별 이사회 제도를 없애고 통합 이사회로 바꾸고, 운영방식도 아까 말씀드린 것처럼 기본운영비 50%는 지원하되 연구개발사업은 경쟁을 통해 수주하도록 했습니다. 특히 정책연구비는 부처 자체의 인력을 활용하는 것, 즉 내부 싱크탱크(in-house think-tank)를 활용할 수 있도록 함으로써 공직자들의 자질 향상도 함께 도모할 수 있도록 했지요.

다른 하나의 중요한 조치는 출연 연구기관 간의 유사·중복 기능을 조정했습니다. 예컨대 KDI의 노동연구 기능은 노동연구원으로 보내고, 조세연구원의 거시경제나 금융재정 연구는 KDI로, 산업연구원의 해외지역 연구는 대외경제정책연구원으로, 기계연구원의 선박해양공학 연구는 해양연구원으로 합치라는 등의 조치가 뒤따랐습니다.

기능 중심으로 바꿨는데 지금도 아쉬운 것이 기본적인 유사·중복 기능은 정리하고 핵심 연구기관으로 거듭나 국내 연구기관 간의 경쟁은 물론 국제 연구기관에 대해 경쟁력을 가지기를 기대했는데 결과는 그렇지 못했다는 점입니다. 연합 이사회의 의장은 정권이 바뀌면서 전리품으로 새로운 사람으로 바뀌고, 그렇게 선출된 사람은 목에 힘이 들어가 연구원의 기능은 제대로 작동되지 않았습니다.

결국은 사람이 문제라는 얘기입니다. 개혁이나 혁신에서 모양과 방법을 그럴듯하게 하는 것은 일부 저항은 있을 수 있지만 그렇게 어려운 일은 아닙니다. 그러나 혁신의 정신이 지속적으로 제대로 작동되도록 하기 위해서는 문화가 바뀌어야 하고, 그 핵심은 사람이라는 반성을 해 봅니다.

연구기관 개혁과 관련해 교육훈련기관의 구조조정도 적지 않은 성과였습니다. 당시 중앙행정부처 소속의 공무원 교육기관이 무려 23개나 됐습니다. 37개 중앙행정부처의 절반 이상이 독자적 교육훈련기관을 보유했지요. 여기에 대법원이나 국회, 감사원, 중앙선거관리위원회 산하의 교육훈련기관까지 합치면 33개에 이르렀어요. 비효율과 낭비의 전형이 아닌가요? 그래서 우선 중앙행정기관 소속 교육훈련기관을 23개에서 10개로 정비했습니다. 이에 따라 정원도 30% 가까이 감축시켰습니다.

김병일 이 과제에는 나도 약간 기여했습니다. 당시 기획예산위원회는 연구기관 통폐합을 비롯해 여러 가지 업무들이 산적해 있었습니다. 그런데 나는 사무처장이어서 직접적인 과제는 없었던 셈입니다. 그렇다고 가만있을 수도 없는 노릇이었습니다.

그래서 과거 예산업무를 했던 경험을 살려 개혁작업에 나서기도 했습니다. 종래에는 각 부처가 별도의 주머니를 차는 경우가 많았지요. 그중의 하나가 교육훈련기관이었습니다. 당시에 각 부처의 정부산하 교육훈련기관의 수가 23개였습니다. 이는 정부조직과는 별도로 개편할 수 있는 과제였습니다. 이 과제는 원래 정부개혁실에서 해야 하는데 인적 여력이 전혀 없어 나에게 넘어온 것이지요. 그런데 역시 문제는 사람이에요. 그래서 내가 나서서 예산청의 인력지원을 받았는데 예산청의 김영주 기획관리관(국장)과 최경환 법무담당관의 도움을 받아 함께 처리했습니다.

큰 과제였는데 각 부처 사람들과 소통하면서 추진했습니다. 애로가 많았지요. 23개 기관은 10개로 축소됐는데 교육훈련 인원이 연간 1만 명 이상인 7개 기관은 손을 대지 못했습니다. 중앙공무원교육원, 경찰종합학교, 통일연수원 등 7곳은 그대로 두고 나머지는 3곳으로 통합하거나 폐지했지요.

지방행정, 교육, 농업, 건설교통, 특허, 통계 연수원 등 6개는 원장을 없애고 전문행정연수원장만 놔두고 모두 내부 조직화시켰습니다. 노동부의 노동연수원은 노총의 노동교육원으로 합치고, 보훈처의 연수원은 보훈재단의 연수원으로 합치고 세무교육원과 관세연수원을 합치고, 그런 식으로 조정했습니다. 욕도 많이 먹었습니다. 임업연수원, 사회복지연수원, 기상연수원, 환경연수원 등은 모두 통폐합했지요.

결과가 좋았어요. 당시 자료를 보니 연간 예산절감이 인건비·업무비 삭감, 시설매각 등으로 1,696억 원에 달했어요.

공기업 민영화 청사진을 내놓다

이계민 공공개혁이 제대로 된 작품으로 나온 것은 1998년 7월 3일에 발표된 공기업 민영화 방안입니다. 개혁 중의 개혁이고 무척 어려운 일이었지요. 정부 구조조정의 신호탄이어서인지 노조의 반발이 극심했던 데다 국내외 경제상황도 여의치 못해 당초 계획한 만큼 성과는 거두지 못한 것 아닌가 싶습니다.

특히 처음에는 비능률의 개혁 이외에 당시 외환위기를 겪는 와중이어서 공기업 민영화 효과 중의 하나로서 외자유치(당시 100억 달러 정도 추산)를 내세웠던 것으로 아는데 그에 대한 실제 성과는 어떻게 평가하는지요?

진 념 기본적으로는 공기업들이 너무 많았어요. 출연 연구기관도 많고, 교육 훈련기관도 많고, 공기업도 많고, 기금도 많고, 정부가 아주 방만하게 운영해 왔던 것이 사실 아닙니까?

공기업 민영화는 역대 정부들이 모두 시도했지요. 그러나 계획은 세웠는데 실행은 안 됐습니다. 교육부 산하에 '국정교과서 주식회사'만 해도 15년 전부터, 그러니까 1980년대 초부터 민영화한다고 해놓고 그때까지도 안 되고 있었어요. 교육부 차관이나 차관보를 하고 나오면 사장을 하고 또 심부름도 시켜야 하니 놓아주질 않았어요.

외환위기란 것은 우리가 당하지 않았으면 좋았겠지만, 또 우리에게 모멸감과 좌절감을 안겨 주었지만, 어차피 당한 것이니 차제에 수술할 것은 수술하고, 뜯어고칠 것은 뜯어고치자고 시작한 것이 공기업 민영화입니다. 그래서 만든 것이 공기업 민영화 방안인데 1998년 7월 3일에 공기업 모기업 민영화 방안을 만들었고, 8월 4일에는 공기업 자회사 정리 방안을 내놓게 됩니다. 산하기관이 엄청나게 많았어요. 재벌 흉내까지 낼 정도였으니까요.

당시 원칙은 우선 공기업의 고유기능이 있을 경우 그대로 살리되 기업성이 강해 민간기업이 담당할 수 있는 부문은 민영화한다는 것이었습니다. 또한 구조조정을 추진하기보다 경영효율화를 기하자고 했고, 그 과정에서 매각대금이 생기면 이를 외환위기 극복에 활용하는 것도 바람직하다는 입장이었지요. 그리고 공기업으로 남는 기업들은 철저한 구조조정과 기능개편을 통해 능률화를 도모한다는 것이었습니다.

당시 공기업 민영화 방안의 정부 발표 내용을 간추려 보면 다음과 같다. 편의상 내용이 간결하게 정리돼 있는 당시의 신문기사를 인용해 살펴보자.

포항제철과 한국중공업, 한국종합화학, 한국종합기술금융, 국정교과서 등 5개 공기업이 21개 자회사와 함께 이달 중 매각 절차에 들어가 경영권이 완전히 민간에 넘어간다. 또 한국통신과 담배인삼공사, 한국전력공사, 한국가스공사, 대한송유관공사, 지역난방공사 등 6개 공기업은 2002년까지 단계적으로 민영화된다.

특히 포항제철의 경우 늦어도 8월부터 외국인 투자한도(현재 30%)가 폐지돼 외국인이 포항제철 주식을 100%까지 소유할 수 있게 되며 이달 중 동일인 소유한도(현재 내외국인 모두 1%)가 3%까지 확대된다. 정부와 산업은행이 가지고 있는 포항제철 주식(26.7%)은 이달부터 내외국인에게 매각되며 한국통신은 이달 중 증권시장에 직상장된다. 한국중공업은 곧 내외국인에게 공개경쟁입찰방식으로 매각되며 이 과정에서 우리사주조합에 주식 일부가 넘어간다.

진념 기획예산위원장은 3일 내외신 기자회견을 갖고 이 같은 내용의 제1차 공기업 민영화 방안을 발표했다. 진 위원장은 이를 통해 내년 말까지 60억~80억 달러의 외국자본이 공기업 매각대금으로 국내에 유입될 것이라고 밝혔다. 그는 또 정부 소유의 포항제철 등 공기업 지분을 계획대로 팔면 올해 1조~1조 2천억 원, 내년에 3조 원 등 총 4조~4조 2천억 원의 재정수입을 확보할 수 있으며 이 돈을 금융 구조조정, 실업대책, 중소기업 및 수출기업 지원에 쓰겠다고 말했다.

진 위원장은 또 내외국인에 대한 역차별 문제와 원활한 민영화를 위해 5대 재벌에 대해서도 공기업 참여제한 규정은 두지 않겠다고 설명했다. 그는 이어 관광공사와 석유개발공사, 수자원공사, 농어촌진흥공사, 주택공사 등 13개 공기업(자회사 24개 포함)의 경영혁신 방안을 이달 중순쯤 발표하고 이때 추가 민영화 대상 공기업도 선정, 발표하겠다고 밝혔다.

정부는 공기업 민영화를 체계적으로 추진하기 위해 공기업 민영화 추진기획단(단장 진념 기획예산위원장)을 구성·운영키로 했으며 세부적인 민영화 작업은 관계부처와 해당 공기업이 실무추진팀을 만들어 진행토록 했다. [4]

공기업 민영화 경영혁신 방안

완전 민영화	포항종합제철(16), 한국중공업(3), 한국종합화학(1), 한국종합기술금융(1), 국정교과서 등 5개 기관 (21)
단계적 민영화	한국전기통신공사, 한국담배인삼공사, 한국전력, 한국가스공사, 대한송유관공사, 한국지역난방공사 등 6개 기관
경영혁신 대상	관광공사(1), 석유개발공사(2), 수자원공사(2), 토지공사(2), 석탄공사, 농어촌진흥공사, 대한무역투자진흥공사, 농수산물유통공사(7), 주택공사(6), 도로공사(3), 한국감정원(1), 조폐공사, 공업진흥공사 등 13개 기관(24)

그해 7월 30일에는 공기업 자회사 정리방안도 발표했다. 역시 신문기사를 인용해 소개해 보면 다음과 같다.

정부는 완전 민영화 대상 5개 공기업과 KBS, 〈서울신문〉을 제외한 한국통신, 한국전력 등 19개 공기업의 인력을 현재의 14만3,063명에서 2001년 말까지 11만2,613명으로 줄이기 위해 총 3만450명을 정리해고하기로 했다. 또 19개 공기업의 55개 자회사 가운데 매일유업 등 35개사를 올해부터 2002년까지 단계적으로 민간에 매각하고 한국부동산신탁 등 6개사를 올해 하반기부터 통폐합하는 등 총 41개사를 정리하기로 했다.

기획예산위원회는 29일 이 같은 내용을 담은 '2차 공기업 민영화 및 경영혁신 계획'을 마련해 다음달 4일 국무회의에 보고한 뒤 공식발표할 예정이라고 밝혔다. … 기획예산위는 「정부투자기관관리 기본법」과 「공기업 경영구조 개선 및 민영화에 관한 법률」을 개정하고 「공기업관리기본법」을 제정하기로 했다. [5]

이계민 공기업 민영화가 결과적으로 잘되었다고 평가하시나요?

---

4 〈경향신문〉, 1998. 7. 4, 1면.
5 〈동아일보〉, 1998. 7. 30, 1면.

진 념   공기업 민영화는 어디에 내놓고 어떻게 물어보더라도 자신 있게 "잘했다"고 자부합니다. 전체 26개 공기업 가운데 대표적 공기업으로 포항제철이나 한국종합화학, 한국종합기술금융, 한국중공업, 국정교과서 등 5개 기업을 당장 완전 민영화했지요. 뿐만 아니라 한국전력이나 한국가스공사 등 6개 기업은 단계적 민영화를 추진했고, 나머지 도로공사나 수자원공사, 대한무역투자진흥공사 등 정부사업을 대행하거나 공공성이 강한 공기업 15개는 공기업으로 존치하되 철저하게 구조조정한다는 결론을 냈습니다.

공기업 자회사 정리는 모두 82개 자회사를 대상으로 했는데 이 가운데 50개는 민영화시키고 16개는 통폐합을 해서 66개를 정리했고 추진 중에 있거나 존치로 판명 난 것은 16개에 불과합니다.

내가 재경부 장관이던 시절에 일본의 고이즈미 정부에서 다케나카 교수가 개혁을 총괄했지요. 2000년경에 그분이 홍콩에서 열린 국제회의에서 별도로 만나자고 연락해서 응낙했지요. 그 만남에서 공기업 개혁을 어떻게 했고, 무엇이 문제였는지 물으며 자기들이 벤치마킹하고 싶다고 했습니다. 그때 우리나라의 성공사례를 면밀히 검토했던 것으로 기억합니다.

공기업 개혁의 핵심은 '변화의 리더'

이계민   초기에는 공기업들이 움직이지 않아 무척 더디게 진행되지 않았나요?

진 념   당연한 것 아니겠어요. 자기들이 사람도 줄여야 하고 아픈 일인데 하려고 하겠습니까. 그것을 밀어붙이다 보니까 어려움이 한두 가지가 아니었지요. 그것을 극복하면서 하자니 어려울 수밖에 없었지요. 내가 대통령께 말씀드린 것이 생각나는데 언제인지 명확하지는 않지만 그때 이런 건의를 드렸어요.

"공기업 개혁의 핵심은 '변화의 리더'(change leader)를 잘 고르는 것입니다. 변화와 혁신의 시대에 걸맞고 무엇보다 소명의식이 투철한 사람으로 바꿔 줘야 합니다. 공기업 사장 중에서 3명 정도는 저에게 맡겨 주십시오."

그렇게까지 말씀드렸습니다. 말하자면 아주 잘 못하는 세 사람은 공기업 사상으로서 부적격이라고 판단했던 겁니다.

이계민 《정부개혁 고해성사》를 보면 1998년 말 기획예산위원회는 비밀리에 모든 정부투자기관장에 대한 혁신성 평가를 하고, 그 평가결과를 대통령께 보고하여 적절한 인사조치가 내려지도록 한다는 복안이 있었다고 기록돼 있습니다. 그러나 평가결과에 따른 책임추궁은 없었던 것으로 조사됐습니다. 오히려 꼴찌를 하고도 영전한 사람들이 있었다고 합니다.

기획예산위원회는 1999년 4월 22일에 1998년도 공기업 경영혁신 평가결과를 발표했다. 지난 1년 동안의 기업 경영혁신 결과를 평가한 것이다. 그 내용은 한국감정원, 대한송유관공사, 대한석탄공사 등 3개 공기업에 대해 경영혁신 추진실적이 미흡하다며 엄중경고 조치를 했다. 기획위는 그러나 경영혁신 실적이 미흡한 기관의 기관장 해임을 건의한다는 당초 계획을 시행하지 않아 공기업 개혁이 더 이상 어렵게 됐다는 지적을 받고 있다.

기획위는 다만 경영혁신이 부진한 기업이 경영진에 대한 해임건의를 유보하는 대신 6월말까지 추진실적으로 점검해 부진하면 상응한 조치를 취하기로 했다. 이날 우수기관으로는 대한광업진흥공사, 한국가스공사, 한국도로공사, 한국수자원공사, 한국전력공사 등 5개 기관이 선정됐다. [6]

진 념 당시에 사정이 상당히 복잡하지 않았습니까? DJP 연립정부였으니 공기업 사장도 공동정부인 자민련 쪽에 몇 자리씩 할애해 주어야 하는 상황이었습니다. 그런데 그 공기업 사장들은 내 기대에 부응하지 못했어요. 그런가 하면 정치권에서는 얼마나 말이 많았습니까? 이를테면 나에 대한 불만이 이런 것이었습니다. "DJ 대통령 되는 데 하나도 기여하지 않은 사람이 내가 부탁하는데 잘 안 들어줘?", "장관을 바꿔야겠다"는 등의 얘기였지요. 그런 말을 실제로 내가

---

6 김현석·박개성·박진, 2006, 《정부개혁 고해성사》, 박영사, 176쪽.

들은 적도 여러 번 있었습니다. 그런 여건에서 추진하다 보니 여러 가지 얘기들이 나오지요.

김대중 대통령께서 그런 사정을 알고 기획예산위원장 말도 듣지 않는다면 내(대통령)가 직접 사장들에게 얘기하겠다고 나섰습니다. 그래서 사장단을 소집하고 관련 국무위원과 수석들이 모두 배석토록 했는데 실제는 김 대통령께서 불가피한 일정이 생겨 거기에 참석하지 못하셨어요. 그게 1998년 7월 23일입니다. 김중권 비서실장이 이날 참석해 김 대통령의 의사를 내신 전달했습니다.

이계민 당시 정부에서는 이규성 재경부 장관, 이기호 노동부 장관, 진념 기획예산위원장, 안병우 예산청장, 김태동 정책기획수석, 강봉균 경제수석, 조규향 사회문화수석 등이 참석했다고 기록돼 있습니다. 더구나 대통령비서실장이 왜 회의를 주재했는지 궁금했는데 그렇게 된 것이었군요. 당시 8개 항의 합의를 발표한 것으로 기록돼 있는데 무엇이었는지 기억나시는지요?

진 념 얼마나 와글와글했는지 짐작이 가지요? 그 회의는 공기업 사장들로부터 각 회사별 추진상황과 애로사항을 청취하고 대통령의 공기업 개혁의지를 전달하는 자리였습니다. 그때 "공기업 사장들은 원칙을 가지고 대응하되, 개혁은 사장 책임하에 확실하게 추진하라. 법과 질서를 확실히 확립하고 주인의식을 갖고 경영혁신에 나서라, 그 결과를 갖고 평가하겠다"는 메시지를 전달한 것입니다.

당시 신문기사를 보면 다음과 같다.

정부와 전기통신공사 사장 등 23개 공기업 사장들은 공기업 개혁을 위해 노조와 합의를 이루는 데 노력하고 구체적 실행계획을 사장과 경영진이 공동책임 아래 마련해 주무장관을 통해 정부에 제출하기로 했다. 또 공기업 사장과 경영진 모두는 해당 기업 노사문제 해결의 최종 책임자임을 명심하고 누구에게도 책임을 전가하지 않는다고 다짐했다. 공기업 측은 특히 경영개선에 적극 참여하는 종업원들에게 인사상의 우대조치와 상여금을 지급하는 제도를 강구키로 다짐했다.

이에 대해 정부 측은 공기업 경영개선에 걸림돌이 되는 인허가 등 각종 제도적 장애요인을 제거해 경영진의 노력을 뒷받침하고, 공기업 경영개선 실적을 평가해 실적에 상응하는 인센티브를 주기로 공기업 측에 약속했다.[7]

이 기사에서도 알 수 있듯이 공기업 사장들이 정부 편에서 경영개혁을 추진하지 않고 노조의 눈치를 보는 등의 행태가 나타나자 이를 다잡기 위해 대통령이 회의를 소집한 것으로 풀이된다. 사장과 경영진 모두가 해당 기업 노사문제 해결의 최종 책임자임을 명심하고 누구에게도 책임을 전가하지 않겠다는 합의가 이를 단적으로 보여준다.

단명에 그친 제2의 건국 범국민추진위원회

이계민　정부개혁과 관련해 한때 제2의 건국 범국민추진위원회가 관심을 끈 적이 있습니다. 제2의 새마을운동을 하자는 것 아니냐는 얘기들이 있었는데 그다음에는 유야무야됐지요. 당시 진념 기획예산위원장과 이계식 기획예산위 정부개혁실장이 당연직 위원으로 돼 있었는데 왜 흐지부지됐나요?

진　념　당시 기본적 취지는 매우 좋았습니다. IMF 사태로 인해 국민들의 사기가 떨어지고 모멸감은 깊어지고 해서 이를 극복하고, 어떻게든 국민들의 에너지를 한번 모아 보자, 특히 국민의 정부 출범과 함께 새로운 지평을 열어 보자는 취지로 출발했습니다. 그런데 일부에서 이것은 과거 새마을운동의 재판(再版) 아니냐, 정치적 제스처 아니냐, 동시에 5공에서도 국풍(國風)이란 것을 했는데, 그런 유의 운동이 아니냐는 비판이 많았습니다. 더구나 국민의 정부 출범후 4대 개혁을 비롯해 할 일이 태산인데 이런 것까지 정치적 이슈가 돼 버리면 개혁의 동력을 잃어버릴 수 있다는 안팎의 비판론이 제기돼 중단한 것이지요.

---

7 〈매일경제〉, 1998. 7. 24, 7면.

매우 중요한 결정이었던 것 같습니다. 추동력을 분산시키는 것은 적절치 않다고 판단했어요. 그렇지 않아도 정권 후반기로 가면서 개혁 피로 증후군이 나타났는데 만약 이런 문제까지 겹쳤다면 더 일찍 그런 현상이 생겼을 것입니다.

'제2의 건국 범국민추진위원회'는 국민의 정부 출범 이후인 1998년 10월 2일에 '제2의 건국 범국민추진위원회 규정'에 의거해 설립된 대통령 소속 자문기구이다. 제2의 건국이념을 바탕으로 민주주의와 시장경제를 완성하기 위한 국정 전반의 개혁과 범국민 운동의 효율적 추진 및 지원에 관해 자문하는 조직으로 참여민주주의 실현, 자율적 시장경제 완성, 사회정의 실현, 보편적 세계주의 구현, 창조적 지식기반 국가 건설, 협력적 신(新)노사문화 창출, 남북간 교류협력시대 개막 등 7대 국정지표 구현을 목표로 의식·생활 개혁을 적극 추진했다.
　　민관합동의 개혁 총괄기구 성격을 띤 제2의 건국 범국민추진위원회는 대통령이 임명, 위촉하는 위원 5백 명 이내로 구성되고, 이들은 2년 임기에 연임이 가능하며 당연직 위원으로 국무위원 등 정부 측 인사들도 포함됐다. 한마디로 국민의 힘을 모아 국난을 극복해 보자는 것이었다.
　　그러나 제2의 건국운동은 관(官)이 주도하는 운동이라는 문제제기와 제2의 건국 범국민추진위원회는 선거용 기구이며 한 해 30억 원 이상을 예산으로 쓰는 비효율적 기구라는 비판이 계속되자 2003년 4월 자진 해산하기로 결의해 해체되었다.

공기업 노조의 반발, "우리는 다르다"

이계민　공기업 개혁이 굉장히 난항을 겪은 것은 사실이지요. 특히 노조문제가 굉장히 어려웠던 것 아닌가요? 공기업 개혁이 상당한 진통을 겪은 것은 여러 가지 이유가 있었을 것입니다. 그중에서도 감원 문제가 가장 컸던 것 아닌가 싶습니다. 언론자료를 보면 1998년 9월초 진념 위원장은 "구조조정을 미루는 공기업은 예산삭감과 경영진 문책을 하겠다"고 강조했다고 나와 있습니다. 특별한 의미나 계기가 있어서 그런 것인가요?

진 념 아까 얘기한 대로 공기업 개혁은 '변화의 리더'가 핵심인데 그것을 이뤄내지 못했다는 깃이 나의 반성이었습니다. 그래서 참고로 2000년 재경부 장관으로 가서는 공기업 개혁을 김대중 대통령과 직접 담판해서 추진했습니다. 무슨 말이냐 하면 김 대통령에게 직접 "공기업 개혁이 일부 미진한 것은 사장을 제대로 뽑지 못해서 그런 것입니다. 금융부문 개혁은 저에게 맡겨 주십시오. 공정하고 투명하게 추진하겠습니다"라고 직접 건의드렸습니다. 여기에 더해 "정치권에서 여러 얘기가 나오더라도 저에게 떠넘기십시오"라고 말씀드리고 실행에 옮겼습니다.

예컨대 국민은행과 주택은행을 통합하면서 그런 원칙을 적용했습니다. 내가 직접 선임한다기보다는 서강대 김병주 교수에게 사장추천위원장을 맡겨 놓고 "마음대로 하십시오!"라고 해서 전권을 이양했습니다. "만약 누가 뭐라고 부탁하거나 하면 진념이 때문에 안 된다고 하십시오" 해서 그렇게 실행에 옮겼습니다. 그래서 대통령께 강력히 건의드렸던 것이고, 그것을 대통령께서 수용해 주셨습니다. 국민은행과 주택은행 합병뿐만 아니라 한일은행과 상업은행을 통합해 우리은행이 출범한 것 등도 그렇게 풀었습니다. 그렇게 해서 정치권의 영향력을 차단시킨 것입니다.

이계민 자료에 보면 1998년 9월초에 구조조정이 미진한 공기업에 대해 예산삭감과 경영진 문책을 하겠다고 강조한 것은 "현대차 구조조정이 정치적 타협으로 타결된 뒤 공기업들도 당초 약속한 감원 일정을 늦추는 등 구조조정에 소극적 자세를 보이고 있기 때문"이라는 설명이 있었습니다. 그러면서 어떤 반발이 있더라도 구조조정 원칙은 반드시 지키겠다고 다짐했다는 내용이거든요. 현대차 타협의 내용은 어떤 것이고, 지키겠다는 원칙은 어떤 것이었나요?

진 념 그런 것은 아니고요, 공기업 개혁에서 공공노조의 반발은 말로 하기 힘들 정도로 극심했지요. 1년 365일 중에 100일 정도는 데모를 했어요. 당시에 기획예산위원회는 현재의 서울조달청 자리에 있었는데 그 앞에 노조들이 관(棺)을 2개를 갖다 났어요. 하나는 기획예산위원장 관이고, 다른 하나는 진념 관이었어요. 그렇게 하고 그 관을 불사르고 그랬어요. 심지어는 우리 집 앞에서도 항의하고 시끄럽게 하니까 동네사람들이 항의하기도 했습니다. 꽹과리와 징 소리가 너무 시끄러워 업무를 보지 못할 정도였지요.

물론 그분들의 입장을 이해하지 못할 바는 아니지요. 일반 금융기관이나 대기업은 실직자가 많이 나왔습니다. 그런데 공기업은 왜 구조조정이 안 되느냐, 없느냐는 것이 금융기관이나 일반기업들의 생각이었습니다. 그러나 공기업 노조들의 입장에서는 일반기업이 금융기관 대출을 받고 공적자금을 받아 되살아난 것이 문제이지 우리(공기업)는 그런 것도 없는데 왜 구조조정을 하라고 하느냐는 얘기들이었지요, 일리가 있는 주장들이었습니다.

쉽지 않은 일이었습니다. 생존과 관련된 얘기들이었지요. 노조 간부들을 만나서 얘기를 해보고, 적절하게 이의를 제기하는 것은 들어줄 책임이 있다고 생각했습니다. 수십 차례를 만났지요. 그런데도 시위는 시위대로 진행됐습니다.

특히 어려웠던 것은 복리후생제도를 많이 바꾼 것에 대한 반발이었습니다. 우선 퇴직금 누진제를 폐지하고, 명예퇴직금도 많이 주지 못하게 하고, 학자금 융자나 주택자금 융자 같은 것도 지원조건을 종래의 특혜수준을 없애 버렸습니다. 그러니 반발이 클 수밖에요.

그런 애로를 감내하면서 구조조정을 했습니다. 동시에 경영공시제도 성과급 차등화제도, 계약제도 등도 도입했습니다. 그러나 뭐니뭐니 해도 정부가 끼고 있는 것보다는 매각하는 것이 좋다고 해서 민영화를 추진했습니다. 그 결과 민영화된 포항제철이나 담배인삼공사 등은 매출이 신장되고 경영이 개선되는 큰 효과를 보았습니다.

그런 의미에서 공기업 민영화는 어디에 내놓아도 손색이 없을 만큼 큰 성과를 거뒀다고 자부합니다. 물론 구조조정의 대상이 됐던 분들에게는 죄송한 마음이 한없이 크지만 어쩔 수 없는 일이었습니다.

공기업 민영화나 공기업 개혁 등은 정말 난제 가운데 난제였다. 그래서 역대정
부가 주요 국정과제로 내걸고 추진했지만 큰 성과를 거두기에는 역부족일 수밖
에 없었다. 여기서 잠시 우리나라 공기업 민영화의 과거 추진 내용을 간단히 짚
어보기로 하자. 기획예산처에서 2002년에 발간한 《국민의 정부 공공개혁 백
서》의 내용을 인용해 본다. 공기업 민영화가 얼마나 어렵고 힘든 일인지가 그
역사에서 나타나고 있기 때문이다.

과거 정부의 공기업 민영화는 1968년, 1980년, 1987년, 1993년, 1996년을 전
후하여 5차례 걸쳐 시행된 바 있으나 계획에 비해 실적은 저조했다는 것이 일반
적인 평가다.

제1차 민영화는 1968년부터 1979년까지 박정희 정부에서 추진되었다. 당시
에는 부실기업 정리 및 민간기업 육성을 위해 대한항공, 대한통운, 대한조선공
사, 인천중공업, 대한재보험 등 12개 기업을 민영화시켰는데 특혜시비에도 불
구하고 최초의 본격적인 민영화로 평가되고 있다.

제2차 민영화는 1980년부터 1986년까지 전두환 정부에서 추진되었는데 대한
석유공사를 비롯하여 은행의 경쟁력 제고 및 경제자유화를 위해 한일, 서울,
제일, 조흥은행을 공개경쟁입찰 방식으로 민영화하였으나 소유지분을 지나치
게 분산하고 정부가 은행경영에 대한 간섭을 계속하여 IMF 경제위기의 원인을
제공했다는 비판을 받고 있다.

제3차 민영화는 1987년부터 1992년까지 기간으로 전두환 정부가 계획하고 노
태우 정부로 이어진 것으로 포항제철, 한국전력, 한국통신, 담배공사, 증권거래
소, 국정교과서, 한국감정원, 국민은행, 중소기업은행, 외환은행 등 11개 기업
의 민영화 계획을 발표하였으나 증시침체 등으로 민영화의 실적은 미흡하였다.

이 기간 동안에는 분배형평성 제고 등을 위해 국민주 방식으로 한전과 포항제
철의 일부 주식을 매각하였는데, 국민주 방식은 자본시장의 발전에 어느 정도 기
여는 하였지만 민영화 원래의 취지인 공기업의 효율성 제고에는 별다른 성과를
거두지 못한 것으로 평가되고 있다. 당시에는 주식시장이 협소하여 국민주 방식
이 오히려 증시 침체를 유발하는 요인으로 작용하였고, 국민주를 매입한 서민계

층이 손실을 보는 역효과를 야기하였다. 또한 국민주 방식은 일반대중의 참여를 제한한 반면 종업원에게는 상대적으로 많은 물량을 배정하였으며 1인당 배정주식과 할인매각 비중이 낮아 주식시장에 대한 신규수요 창출과 장기보유를 유도하는 데도 한계가 있었다.

제4차 민영화는 1993년부터 1997년까지 김영삼 정부 시절에 진행되었는데 주인 있는 경영으로 전환하는 데 중점을 두고 가스공사, 담배공사, 국정교과서, 국민은행, 기업은행, 주택은행, 외환은행과 공기업 자회사 등 58개 기업의 민영화와 10개 기업의 통폐합이 추진되었다. 그러나 이해당사자의 반발, 경제력 집중 우려, 증시불안 우려 등으로 대한중석, 한국비료 등 자회사 중심으로 22개 기업의 민영화와 5개 기업의 통폐합이 이뤄졌다. 제4차 민영화는 한전, 한통, 포항제철 등 민영화 효과가 큰 대규모 공기업이 민영화 대상에서 제외되었고, 관련 산업에 대한 충분한 검토 없이 지분매각에만 치중했다는 평가를 받고 있다.

제5차 민영화는 1996년부터 1997년까지 김영삼 정부 들어 두 번째로 추진한 것으로 제4차 민영화 실적이 미흡함에 따라 대규모 공기업의 경우 우선 민영화 여건을 조성하기 위해 정부 소유권은 유지하되 경영 자율성을 제고하는 방법 (관리 민영화) 으로 추진되었다. 당시 정부는 「공기업의 경영구조개선 및 민영화에 관한 법률」을 제정하여 담배, 한통, 가스, 한국중공업은 전문 경영인에 의한 책임경영체제를 도입하고 추후 민영화 여건이 성숙되면 민영화를 추진하기로 하였다.

그러나 정부가 최대주주로 소유권을 가지고 있어 경영의 자율성 확보에 한계가 있었으며 대상기업이 속한 산업에 대한 산업정책과 규제정책의 정비가 수반되지 않고 자율성만 보장하여 경영효율성 제고보다는 공기업의 방만 경영을 부추기는 면도 있었다. 제5차 민영화는 결국 민영화 개념은 후퇴한 채 큰 진전 없이 종료되었다. [8]

이어 이 같은 상황을 근거로 민영화 추진의 주요 시사점을 다음과 같은 몇 가지로 요약해 지적했다.

과거 정부에서 민영화 추진이 부진하였던 이유로는 흔히 협소한 국내증시 여건, 경제력 집중 문제, 이해당사자 및 해당 공기업의 반발 등이 거론되고 있다.

---

8 기획예산처, 2002, 《국민의 정부 공공개혁 백서》, 84쪽.

그러나 이러한 문제들은 일시적인 문제가 아니라 공기업 민영화상의 구조적인 문제임을 감안 할 때 당시의 정책은 비록 기본방향은 설정되었지만 구체적 추진 방향에 대한 신중한 세부 전략이 부족하였던 것으로 보인다. 즉 정부가 강력한 리더십을 바탕으로 민영화 의지를 확고히 하여 구체적인 정책 개발과 사전준비를 철저히 할 필요가 있었으며, 경제력 집중과 증시 부담 우려에 대해서는 다양한 매각 방법의 개발 및 외국인 투자의 유치 등을 통해 보다 적극적으로 대처할 필요가 있었다고 하겠다. [9]

개혁의 치명타가 된 진형구 파업유도 사건

이계민 현대차는 정리해고를 둘러싸고 40일간의 조업중단 사태를 벌였으나 결국 정치권이 개입하면서 타협해, 당초 목표했던 정리해고 숫자가 축소되는 등의 결과를 초래한 것으로 기록돼 있습니다. 그러다 보니 공기업들도 우리도 구조조정을 안 해도 되는 것 아니냐는 분위기가 조성돼 그 같은 지시를 내린 것으로 이해하고 있습니다.

진 념 현대자동차 문제보다도 공기업 개혁의 치명타가 된 것은 1999년 6월 7일 진형구 파업유도 사건 발생한 때입니다. 당시 대검찰청 진형구 공안부장이 "조폐공사 파업은 우리가 유도했다"고 언급하면서 파문이 일었습니다. 기획예산위원회가 기획예산처로 바뀐 직후의 일입니다. 바로 그 직전에는 옷로비 사건이 있었지요. 그로 인해 당시 김태정 검찰총장이 퇴임하게 되고, 그러면서 공공노조의 기를 살려주는 셈이 됐습니다. 공공노조의 반발은 기세가 등등해졌고, 정치 문제로 비화해서 공기업 구조조정에 애로로 작용하게 됐습니다.

진형구 파업유도 사건이란 어떤 것이었나? 당시의 언론보도 내용을 토대로 엮어본 사건 개요는 이렇다.

---

9 기획예산처, 2002, 《국민의 정부 공공개혁 백서》, 86~87쪽.

1999년 6월 7일 오후 대전고등검찰청 검사장으로 발령을 받은 진형구 당시 대검찰청 공안부장은 집무실에서 기자들과 이야기를 나누는 자리에서 충격적인 발언을 하였다. 1998년 11월 조폐공사 파업은 공기업 구조조정의 '전범'으로 삼기 위해 검찰이 유도한 것이라는 내용이었다. 그는 점심 때 서초동 인근 음식점에서 대검찰청 간부들과 오찬을 하면서 '폭탄주'를 석 잔 정도 마신 탓에 취기가 채 가시지 않은 상태였다.

다음날 자신의 발언이 일부 언론에 보도되면서 엄청난 파문이 일자 진형구는 '취중실언'이라고 변명하고, 검찰은 '있을 수 없는 일'이라는 반응을 보였다. 그러나 발언의 진위 여부에 대한 조사에 나선 검찰은 파업유도는 사실이었지만, 진형구의 단독 범행이었다는 결론을 내놓고 수사를 종결하였다.

그러나 여야의 합의에 따라서 특별검사제가 도입되고, 특별검사팀은 2개월에 걸친 수사를 마치고 9월 17일 수사결과를 발표하였다. 특별검사팀의 수사 결론은 사실상 처음부터 파업을 유도하기로 하는 계획은 없었으며, 파업유도의 원인이었던 조폐창 조기 통폐합도 강희복 전 조폐공사 사장의 '1인극'으로 이 과정에 검찰은 물론 국가기관의 조직적인 개입은 없었다는 것이다.

이러한 특별검사팀의 수사결과에 대하여 노동계는 강력하게 반발하고 검찰을 배제한 수사진을 구성하여 전면 재수사에 나설 것을 촉구하였다. 이에 서울지방법원은 1년 반 정도의 시간을 가지고 관련 당사자들인 조폐공사의 임직원, 노동조합 간부를 비롯한 정부기관의 관계자들 모두의 증언을 청취하고 2001년 7월에 핵심사항인 파업유도에 대해 진형구 및 강희복에게 무죄 판결을 선고했다.[10]

이런 부류의 사건들은 종종 일어난다. 공식적 자리가 아닌 비공식적 자리에서 솔직한 뒷이야기를 털어놓는 경우가 많다. 이럴 경우 보통 '엠바고'를 전제로 이야기하지만 경우에 따라서는 그 같은 전제가 생략되는 경우도 있다. 이럴 때에도 기자들은 보통 정보수집에 그치고 기사화는 잘 하지 않는다. 그러나 간혹 기사화가 되면 큰 문제를 일으키게 된다. 진형구 파업유도 파문도 그런 경우에 속한다.

---

10 《두산백과》 참조.

문제의 발단이 된 〈한겨레〉의 1999년 6월 8일자 1면 머리기사 내용을 옮겨 보면 다음과 같다.

지난해 조폐공사 파업은 검찰이 이끈 것이었다고 진형구 대검공안부장이 7일 밝혔다. 진 검사장(6월 6일 대전고검장 승진)은 이날 기자들과 만나 (지난해 11월) "조폐공사의 파업은 공기업 구조조정의 '전범'(典範)으로 삼기 위해 우리(검찰)가 유도한 것이었다"며 "강희복 조폐공사 사장과 논의한 뒤 (파업을 유도하기 위해) 옥천조폐창이 기계를 (경산으로) 옮기도록 했다"고 말했다. 그는 "당시 계획은 공안부 이 아무개 과장이 만들도록 했고, 지금도 그 보고서가 남아 있을 것"이라고 덧붙였다.

지난해 11월 조폐공사 노조는 이미 7백 명의 인원을 감축한 회사 쪽이 이사회를 열어 예정보다 2년 앞당겨 옥천조폐창을 조기 폐쇄하기로 하는 등의 결정을 하자 이에 반발해 파업을 벌인 바 있다.

진 검사장은 이어 "조폐공사 파업에 대한 대응을 통해 공기업체에 파업이 일어나면 '우리(검찰)가 이렇게 한다'는 것을 보여주려고 했는데, 그쪽(노조)이 너무 쉽게 무너져 버려 싱겁게 끝났다"며 "조폐공사가 잘됐으면 서울지하철 파업 같은 것도 없었을 것"이라고 말했다. 그는 또 "그냥 두면 조폐공사의 구조조정은 2002년에나 가능했을 것"이라며 "우리가 구조조정을 앞당긴 셈"이라고 주장했다.

그러나 진 검사장은 이날 밤 〈한겨레〉의 재확인 전화에 "농담 비슷하게 후일담으로 얘기한 것일 뿐"이라며 "기사로 쓰려고 한다면 내 발언 내용을 전부 취소하겠다"고 말했다. 이 아무개 과장도 "그런 일 없다"며 "부장이 뭔가 잘못 알고 얘기한 것일 뿐"이라고 전면 부인했다.

조폐공사 강 사장은 "진 검사장이 무슨 근거로 그런 얘기를 했는지는 알 수 없지만 전혀 사실무근이고, 왜곡된 얘기"라며 "옥천조폐창 폐쇄를 애초 계획보다 조금 앞당겨 한 것은 사실이나 정부방침에 따라 실시되는 공기업 구조조정에 앞장서기 위해 한 것이었을 뿐"이라고 말했다.

효율적 정부로 거듭나기 위한
제2차 정부조직 개편

우리나라만큼 정부조직을 자주 바꾸는 나라도 없을 성싶다. 정부수립 이후 지금까지 50여 차례의 정부조직 개편이 이뤄져왔다. 역대의 모든 정권이 한 번 이상씩은 크고 작은 정부조직 구조를 바꿔온 셈이다. 그런데 이 같은 현상은 외국에서는 찾아보기 힘든 일이다. 미국의 경우 1960년대 이후 신설된 정부부처는 50여 년간 5개 안팎에 불과하며, 2001년 1부 22성청(省廳)을 1부 12성청으로 개편했던 일본의 성부소직 개편도 50여 년 만에 이루어진 것이었던 점을 감안하면 우리의 경우는 매우 특이한 사례에 속한다.

특히 우리나라에서 정권 교체기에 정부조직 개편이 이루어지는 이유 중 하나는 정권 초기의 높은 지지율을 기반으로 반대논리를 극복하기가 상대적으로 용이하기 때문이라는 지적도 있다. 이러한 의미에서 정권 초기의 정부조직 개편은 새 정부와 이전 정부를 차별화하는 일종의 상징적 행위라고 볼 수 있겠다. 문제는 이러한 정치적 필요에 의한 정부조직 개편이 과연 정부의 효율을 높이고 국가발전 전략에 도움이 되었느냐는 점이다. 결코 긍정적 평가만을 내릴 수 없다는 것이 많은 전문가들의 분석이다.

정부조직 개편은 다양한 의미를 지니고 있고, 성공하기 위해서는 갖춰야 할 조건들이 있다. 무엇보다도 먼저 정부조직 개편은 정부의 국정목표 달성을 위한 수단적 차원에서 합목적성에 근거한 기능적 합리성을 지니고 있어야 한다. 기능적 합리성이 결여된 정부조직 개편은 조직운영 과정에서 목표의 불명확성으로 인해 실패로 이어질 가능성이 높다. 다음으로 유의해야 할 과제는 정부조직 개편이 기존 정부조직 내외의 권력 배분을 재조정하는 과정이라는 점을 간과해서는 안 된다는 점이다. 따라서 조직개편 과정에서 다양한 목적과 가치관을 지닌 이해관계자 간의 의견조정이 필수적이다. 마지막으로 아무리 합리적이고 정치적 합의가 이루어진 조직개편이라도 정당성이 결여된 정부조직 개편은 성공하기 어렵다는 점이다.

외환위기 이후 출범한 김대중 정부 역시 예외는 아니었다. 정부조직 개편이 무려 3차례나 이뤄졌다. 출범 당시 정부조직 슬림화에 중점이 두어졌고, 2차는 기능 개편, 그리고 3차는 경제부총리와 사회부총리제 도입 등이 핵심과제였다. 과연 최선의 선택이 이뤄졌던 것인가?

제1차 조직개편에서 못 이룬 것들

이계민   정부조직 개편과 관련한 주제로 넘어가 보겠습니다. 1998년 하반기에는 역사상 처음으로 중앙행정기관에 대해 민간전문가들의 경영진단을 실시했습니다. 정부조직을 2차로 기능 중심의 개편을 하기 위한 기초 작업이었다고 알고 있습니다. 왜 처음 김대중 정부 출범 당시 정부조직 개편을 한꺼번에 하지 않고 2차로 나눴는지요? 특히 경영진단을 통해 정부조직 개편을 하겠다는 아이디어는 어떻게 제시된 것인지요?

진 념   1차 정부조직 개편은 국민의 정부 공식출범 이전에 이뤄졌지요. 1998년 2월에 실시했습니다. 당시에는 정부조직의 일부 기구 통폐합을 중심으로 정부조직을 슬림화하는 데는 기여했다고 볼 수는 있습니다. 예컨대 정무직이 100명에서 87명으로 줄고 국무위원 수도 21명에서 17명으로 줄었으니까요.

그런데 문제는 그렇게 하니 기능중복은 해소되지 못한 데다 부총리제의 폐지로 권한과 책임이 일치하지 않는 것 등이 큰 문제점으로 제기됐어요. 인력감축 비율도 민간에 비해 낮을 뿐만 아니라 특히 검찰이나 교원 등은 제외되고, 중앙부처본부 위주로 개편하다 보니 산하기관이나 소속기관에 대한 정비는 부족했다는 평가가 많았습니다.

말하자면 국민들의 기대수준에는 미흡하다는 것이 대체적인 평가였습니다. 결과적으로 정부조직개편 심의위원회가 짧은 기간에 하다 보니 미흡하다는 평가를 받았습니다. 그래서 2차 조직개편을 추진하기로 했던 것입니다.

김대중 정부 출범 전에 이뤄진 제1차 정부조직 개편 내용을 짚어 보면 다음과 같다. 1997년 대선에서 승리한 DJP 연합은 우선 대통령직 인수위원회를 구성하는 한편 정부조직 개편에 착수했다. 1월 6일이다. 이날 김 대통령은 정부조직개편 심의위원회를 출범시키고 심의위원과 실행위원을 임명했다.

심의위원 (13명)

위원장: 박권상

고문: 박동서 이화여대 석좌교수, 이문영 경기대 대학원장

위원: 김광웅 · 김철수 서울대 교수, 박상천 국민회의 원내총무
　　　박범진 국민신당 사무총장, 송자 명지대총장, 이세중 전 변협회장
　　　이연택 전 총무처 장관, 임동원 아태재단 사무총장
　　　정상천 자민련 부총재, 조창현 한양대 지방자치대학원장

실행위원 (9명)

위원장: 김광웅 서울대 교수

위원: 김범일 총무처 조직국장, 김병섭 서울대 교수, 김인수 고려대 교수
　　　안문석 고려대 정책대학원장, 이강래 · 최수병 국민회의 총재특보
　　　이계식 대통령정책기획위원, 정정목 청주대 교수

이들이 정부조직개편안을 마련해 발표한 것은 1월 26일이다. 20여 일 만에 나온 안이다. 물론 그 이전부터 대선 참모그룹에서 검토됐던 사안이기는 하지만 속전속결이었던 셈이다. 당시 〈매일경제〉 1998년 1월 27일자 3면에 보도된 "정부조직개편안 확정, 부처 16개로 축소, 장관 9명 줄여"라는 제목의 기사내용을 소개하면 다음과 같다.

정부조직개편 심의위원회(위원장 박권상)는 26일 대통령 직속기구로 장관급 기획예산처와 중앙인사위원회를 두고 현행 21개 부처를 16개 부처로 축소하는 것을 골자로 한 정부조직 개편 최종안을 확정, 발표했다. 정개위는 이와 함께 국무총리 권한 강화를 위해 현행 총리행정조정실장을 장관급 국무조정실장으로 격상시켜 국무총리의 행정 각부에 대한 정책조정업무를 보좌하도록 했다. 이에

따라 장관급은 현재의 장관 33명이 24명으로, 국무위원은 21명에서 16명으로 줄어들게 된다.

정개위는 이 같은 정부조직개편안을 김대중 차기 대통령에게 보고했으며 김 차기 대통령 측은 2월초 임시국회에서 정부조직법개정안 등 관련법률 개정안을 처리할 방침이다. 조직개편안의 내용을 보면 다음과 같다.

• 기획예산처는 예산의 편성과 기획, 정부조직 개편 작업도 담당하게 된다. • 중앙인사위원회는 공무원 보수 관련제도 등 담당 • 예산기능이 분리된 재경원은 재경부로, 통일원은 통일부로 축소하고 부총리제를 폐지한다. • 내무부와 총무처는 '행정자치부'로 통합 • 대외통상 기능이 분리된 통상산업부는 산업자원부로 축소 개편하되 중소기업청은 그대로 두고 • 해양수산부는 농림부와 합쳐 농수산부로 개편한다. • 과학기술처는 과학기술부로 승격하며 • 정무 1, 2장관실은 폐지하고 • 대통령 직속으로 여성특별위원회를 신설해 여성정책기능을 맡게 한다. • 보훈처와 법제처는 총리실 소속 차관급 기구로 둔다는 것 등이다.

특히 정개위는 16개부 「정부조직법」상 서열을 외교통상부, 재경부, 법무부, 통일부, 국방부, 행정자치부, 교육부, 과학기술부, 문화부, 농수산부, 산업자원부, 정통부, 환경부, 보건복지부, 노동부, 건교부 순으로 했다.

당시 정부조직개편안에 대한 언론의 반응은 대체로 긍정적이었다. 〈매일경제〉는 이렇게 논평했다.

조직개편안 특징

정부조직 개편에서 최대 특징은 대통령의 국정 리더십 강화이다. 개편안은 먼저 경제위기 극복과 효율적인 국정관리를 뒷받침하기 위해 장관급인 기획예산처를 대통령 소속으로 신설했다. 기획예산처를 중심으로 앞으로 예상되는 지방 행정체제 개편, 산하단체 정비 등 지속적이고 체계적인 행정개혁을 추진하는 구심체 역할을 맡긴다는 복안이다. 임명권은 없지만 공무원 인사에 전문성과 중립성을 확보하기 위해 대통령 직속으로 중앙인사 위원회를 신설한 것도 대통령 권한 강화와 관련된 사항이다.

두 번째로 지적할 점은 국무총리실의 내각통할 기능이 강화된 점이다. 개편안은 국무총리의 국정통할 업무를 장관급 국무조정실로 보강 개편하고, 또 부총리제를 폐지하고 장관급인 법제처와 비상기획위원회를 차관급으로 내려 국무총리의 지휘 감독을 받도록 했다.

셋째로 비대해진 행정조직이 간소해졌다. 공무원 수가 대폭 줄어든 것은 아니지만 정무직을 대폭 감축, 외형상 성공했다.

넷째로 장관 중심의 행정자율성이 확대되고 책임이 강화됐다. 총액예산세를 도입해 각 부처의 예산편성 권한을 강화하고 예산운영의 신축성을 도모하고 총정원제를 도입해 조직의 팽창을 막고 장관이 변화하는 행정수요에 기민하고 긴축적으로 대응할 수 있도록 했다.

외무부에 통상교섭 업무 부여

대외통상교섭권을 놓고 통산부와 외무부가 힘겨운 싸움을 벌였다. 21세기 외교는 경제외교 이외에 특별한 외교가 없다는 논리가 주효했다. 처음부터 해체로 의견이 모아진 공보처는 전략을 도중에 다시 세웠다. 존속에서 발언권이 있는 다른 부처로 통합하는 전략으로 바꾼 것이다. 따라서 문화부와 통합할 것을 적극 주장해 나름대로 성공했지만 신설되는 정보통신위원회에 알짜인 방송 인·허가권을 넘겨주게 됐다. 총무처는 최대 수확을 거뒀다. 재경원과 함께 축소돼야 할 부처로 손꼽혔던 총무처가 결국 행정자치부라는 이름으로 부활하게 됐다.[11]

그러나 이를 조정하고 확정하는데 그다지 순탄치만은 못했다. 물론 이러한 방안 역시 국회에서 손질이 가해지지만 정개위의 안이 마련되는 과정에서도 국민회의와 자민련 2여(與)의 신경전이 가장 큰 걸림돌이었다. 특히 대통령과 총리의 권한에서 인사와 예산에 관한 것이 핵심 중의 핵심이었다. 조직개편안 검토가 시작되자마자 서로의 신경전이 시작됐다. 〈경향신문〉 1998년 1월 15일자 5면, "정부조직 개편 2여 물밑 신경전, 예산실 이관, 인사위 설치 티격태격"이란 제목의 기사를 보면 당시의 첨예한 대립상황이 그대로 나타나 있다.

정부조직 개편 논의 초기에는 예산실 및 중앙인사위 모두 총리실 신하로 검토됐으나 총리 견제론이 고개를 들면서 논란이 빚어졌고, 자민련에서는 예산편성 기능을 청와대에 귀속시키는 것은 곤란하다는 주장이 많았다. 그러나 국민회의

---

11 〈매일경제〉, 1998. 1. 27, 3면.

측은 "금융감독위와 공정거래위가 총리실에 귀속된 만큼 예산실과 인사위까지 가는 것은 곤란하다"는 주장이 강했다. 결국 정부조직개편 심위위원회의 안은 국민회의의 승리로 귀결됐다. 대통령 직속기구로 장관급 기획예산처와 중앙인사위원회를 두기로 했기 때문이다.

그러나 이것으로 끝나지는 않았다. 「정부조직법」의 국회 심의가 기다리고 있었던 것이다. 국회에서 「정부조직법」 개정안이 통과된 것은 1998년 2월 17일 새벽 임시국회에서이다. 그런데 가장 역점을 두었던 조직 가운데 중앙인사위원회는 없던 일이 돼 버렸고, 기획예산처는 대통령실의 기획예산위원회로, 그리고 예산청은 재경부 산하에 두는 형식이 됐다. 정부개혁 정책은 기획예산위원회가 맡지만 실탄이라 할 수 있는 예산편성 기능은 그대로 재경부에 남는 기형적 조직이 탄생된 것이다. 통상교섭본부는 외교부로 이관됐다. 이는 크게는 대통령과 총리의 관할 다툼이자 거대 야당의 존재가 큰 부담으로 작용했던 것이다.
　정부조직개편안이 임시국회를 통과한 다음날인 2월 18일 정부조직개편 심의위원장을 맡았던 박권상 위원장의 기자회견 내용을 보면 불편한 심기가 그대로 드러난다.

정부조직개편 심의위원회 박권상 위원장은 18일 기자회견을 갖고 정개위에서 마련한 의욕적이고 개혁적인 개편안이 국회통과 과정에서 중앙인사위원회와 기획예산처가 없어지거나 수정되는 등 부분적으로 훼손된 것을 유감스럽게 생각한다고 말했다.

소감은? 대통령과 장관의 미흡한 인사를 보완하고 잘못을 견제하기 위해 신설하려던 중앙인사위가 좌절된 것이 안타깝다.

기획예산처가 이원화된 것은? 한 부처에서 예산을 편성, 입안하기보다 국가 전체를 포괄하는 곳에서 공정하고 균형 있게 예산을 편성하려 했으나 편성과 집행이 이원화돼 기형화됐다.

공무원 감축 방안은? 공무원 정년을 1년씩 단축하고 정년연기제도를 없애거나 이미 연장된 정년연장 허가를 철회토록 했다.

교육·경찰·검찰 분야에 대한 개편은? 신정부가 출범한 뒤 하게 된다. 또 지방정부 감축과 정부산하 기관 감축은 기획예산위 산하 행정개혁위원회에서 실시할 것이다.

책임경영 행정기관제에 대해 설명해 달라. 민영화하는 것은 아니고 기관의 장을 계약직으로 해서 성과에 따라 인센티브를 주며 잘했을 경우에는 계약을 연장하게 된다. 공공성이 강하거나 민영화해도 채산이 맞지 않을 경우에 이 같은 제도를 도입할 계획이다. [12]

2차 조직개편은 명분상으로는 정부기능 개편이란 차원에서 접근했지만 1차에서 실패했던 인사나 예산 문제 등을 보완하는 것도 빼놓을 수 없는 과제였다. 그렇다 보니 여전히 2여, 즉 국민회의와 자민련의 내재된 갈등이 되살아 날 수밖에 없었고, 거기에 당초 연대 조건으로 합의했던 내각제 추진 문제까지 표출되면서 양상은 더욱 복잡해질 수밖에 없었다.

사상 첫 민간의 중앙행정기관 경영진단

이계민   2차 정부조직 개편은 구체적으로 어떤 방향과 원칙하에 추진했는지요?

진 념   방향과 원칙은 이런 것이었습니다. 우선 강도 높은 정부 구조조정으로 국가경쟁력을 높여 보자는 것이었고, 특히 공공부문의 운영 규모가 전체 경제에서 차지하는 비중, 구체적으로는 국내총생산(GDP)의 50%대에서 40%대로 낮춰 보자는 것이었습니다. 그만큼 민간 영역을 넓혀 보자는 것이었지요.

실행방안으로는 우선 정부조직 진단을 과거에는 행정기관에서 했지만 이번에는 민간 컨설팅사에 맡겨 진단해 보자는 것이었고, 추진 내용은 기구 중심이 아니라 기능 중심으로 하면서 기구와 인력뿐만 아니라 업무 기능을 업그레이드할 수 있는 소프트웨어 개혁까지를 포함시키기로 했던 것입니다.

다시 말하면 정부를 국민의 입장에서 기능하도록 설계해서, 고객인 국민들에

---

12 〈경향신문〉, 1998. 2. 19, 3면.

대한 서비스의 절차나 품질을 향상시키는 데 중점을 두고, 여기에 시장경제의 기능인 자율과 경쟁을 도입한다는 것이 그 핵심 주제였습니다.

그런 원칙을 적용해 '작지만 유연한 정부'를 만든다는 방침을 세우고 정부업무 가운데 민간 수행이 가능한 것이나 지방정부가 할 수 있는 것은 되도록 많이 이양하고 집행기능은 최대한 책임기관화해서 독립적으로 업무를 수행하도록 한다는 것이었습니다. 쉽게 말하면 광범한 규제개혁을 통해 대국민 서비스 품질을 향상한다는 것으로 볼 수 있습니다.

이계민 경영진단은 어떤 식으로 진행됐나요? 정부를 대상으로 민간이 객관적 경영진단을 한다는 것이 쉬운 일은 아니었을 것 같은데요.

진 념 처음에는 전 부처를 진단하는 것이 아니라 시범부처를 정해서 경영진단을 해보기로 했어요. 그 대상으로는 산업자원부와 보건복지부, 중소기업청 등 3개 기관을 선정했습니다. 산업자원부는 통상업무의 외교부 이관 등에 따른 복잡한 문제도 있었고, 또 산업을 총괄하는 기업을 대하는 정부 창구라는 점에서 선정했고, 보건복지부는 복지정책의 창구로 서민들, 어려운 사람들을 대하는 복지전달체계를 비롯해서 서비스 기관이기 때문에 이런 기관에 대해서는 자문을 받자, 수요자 입장에서 어떻게 평가하느냐를 들어보자고 한 것입니다.

그동안 많은 정부조직 개편을 했지만 공무원들끼리 따지고 개편하는 것은 한계가 있기 때문에 민간의 의견을 들어보자, 시장 중심으로, 수요자 중심으로 생각해 보자고 시작한 것입니다. 그런데 이 같은 건의를 대통령께 말씀드렸더니 "아주 좋은 생각인데 왜 3개 기관만 하느냐, 차제에 모두를 한번 해보면 좋겠다"고 해서 일이 커져 버린 겁니다. 그래서 경영진단을 하게 된 것입니다. 그렇게 해서 민간경영진단팀이 꾸려지는데 여기에는 회계사를 포함해 연구기관 등 각계를 망라해 참여했습니다.

이계민 경영진단 결과를 어떻게 활용하셨나요?

진 념 경영진단의 결과를 활용하는 것은 두 가지를 생각할 수 있는데 하나는 결과에 따라 조직과 기구를 개편하는 것이 있을 수 있고, 다른 하나는 그 결과를 통해 그 부처의 핵심 간부들이 수요처의 사람들이 이렇게 생각하는구나, 고쳐야겠다고 깨닫는 교육의 효과도 있었다고 봅니다.

이계민 민간경영진단팀의 진단 보고서를 접수한 것은 1999년 2월 28일이었습니다. 이를 접수하고 나서 1999년 3월 11일에 조정위가 정부조직 개편 최종 건의안을 제출했습니다. 이날 국무회의에서 김대중 대통령은 보고를 받고 "총리와 상의해서 신중히 하라!"는 지시를 내렸다고 합니다. 이때부터 정부부처 태도가 180도 달라지기 시작해서 차질이 발생하기 시작했다는 기록들이 나옵니다. 왜 그랬나요?

진 념 일종의 공동정부의 한계라고 봐야지요. 경영진단 결과를 가지고 우리가 여러 가지 안을 만들었어요. 세 가지 안을 만들었는데 하나는 과감하게 대폭 개편하는 안이 있고, 다른 하나는 중도적인 안, 그리고 나머지 하나는 몇 가지 문제 있는 부처만 약간 조정하는 안 등이 있었습니다.

여기서 경영진단 조정위원회의 건의안을 살펴보자. 우선 정부조직 경영진단 작업을 총괄 지휘할 '경영진단 조정위원회'는 1998년 11월 17일에 오석홍(吳錫泓) 서울대 행정대학원 교수를 위원장으로 모두 11명으로 구성돼 경영진단 작업에 착수했다. 경영진단 보고서 최종안이 접수된 것은 2월 28일이었고, 이 안을 토대로 3월 8일에 조직개편 관련 공청회를 열고 의견수렴 절차를 거쳤으며 사흘 후인 3월 11일에 조정위원회의 최종 건의안을 제출했다. 이것이 사실상의 정부 시안이나 마찬가지였다.

그런 논리가 가능한 것은 당초 조정위원회가 작성한 초안이 공청회를 거치면서 우선순위가 바뀌고 기획예산처와의 조율을 거쳐 재조정되는 결과를 가져왔기 때문이다. 단적인 사례가 가장 논란이 많았던 예산기능에 대한 조직이었다.

당초 3월 8일에 만든 경영진단조정위원회의 안은 예산청을 재경부 외청으로 그대로 두는 것이었고, 2안은 기획예산위원회와 예산청, 그리고 정책조정국을 통합하는 안이었고, 3안은 예산만 다루는 예산부나 처를 신설하는 안이었다. 그러던 것이 3월 11일 최종 건의안에서는 우선순위가 바뀌어 기획예산위원회와 예산청을 통합해 기획예산부로 하는 안이 1안으로 조정되고 2안은 예산청을 재경부 내부 조직으로 하는 것, 그리고 3안은 예산부나 예산처를 신설하는 안 등으로 바뀌었다. 그런가 하면 산업통상자원부와 과학기술부, 정보통신부의 통합 조정도 당초 2안에서 1안으로 우선순위가 조정되기도 했다.

그러나 당시까지도 형식상 정부안은 확정되지 않았었다. 건의안을 중심으로 국무위원 간담회와 국무회의 등을 거치면서 수많은 힘겨루기와 로비가 성행했고, 그 결과 상당한 진통도 뒤따랐다. 그도 그럴 것이 국민회의와 자민련이라는 2여는 그들 나름대로 생각이 달랐고, 장관들의 계파도 나뉘어 있었던 만큼 복잡한 셈법이 쉽게 풀릴 리는 만무했다.

정부안이 공식 확정된 것은 3월 22일 김대중 대통령과 김종필 국무총리 그리고 진념 기획예산위원장의 마지막 조율에서 결말이 나고 3월 23일 국무회의 의결을 거쳐 최종 정부안이 탄생한다. 물론 그 과정은 너무 복잡했다. 그런가 하면 거대 야당인 한나라당 역시 강경한 반대가 주류를 이뤘다. 야당의 시비는 국정홍보처 신설과 중앙인사위원회 설치 등이 주요 대상이었다. 결국 「정부조직법」개정안은 정상적 처리가 이뤄지지 않아서 1999년 5월 3일 임시국회 마지막 날 야당인 한나라당의 저지를 뚫고 여당 단독으로 처리하게 된다.

자민련의 반발 "내각제는 어디 가고…"

진 념 조직개편안을 정부부처에서 논의하는 데 사연이 참 많았습니다. 경영평가 결과를 가지고 각 부처 장관들을 모두 내가 만났습니다. 일례로 강창희 전 국회의장은 당시 과학기술부 장관이었습니다. 특히 강창희 장관과는 상당히 친한 편이어서 과학기술위원회를 만든다는 데 사실상 합의했어요. 당시 설득의 논리는 이런 것이었습니다.

과학기술이 매우 중요한데 지금 과학기술부로 남아 있어서 과학기술 연구비를 산하기관에 나눠주는 것에 그쳐서는 곤란하다. 과학기술진흥은 과학기술부만이 하는 게 아니고 전 정부부처가 나서서 해야 하는데 그렇게 하려면 대통령 직속의 과학기술위원회를 만들어 거기에서 예산을 받아다가 총괄하고 모든 부처가 기술발전 정책에 참여하도록 하는 것이 바람직하다.

그런데 대통령께서는 걱정이 많으셨습니다. 정부 초기도 아니고 정권 중기에 이게 가능한가, 그런 힘이 있나? 직접 말씀은 안 하셨지만 그런 고민을 많이 하셨어요. 정말 김대중 대통령께서는 생각이 참 많으신 분입니다. 공기업 사장들도 공동정부니까 임명에 걱정도 많이 하시고 했습니다.

아니나 다를까 대통령께서 이 조직개편안을 보고받으시고 "총리와 상의해서 추진하라"고 말씀하신 것입니다. 물론 다른 쪽에서 반대의견도 많이 들어갔겠지요. 그런데 당시에 자민련과 공동정부를 만들 때 약속한 내각책임제 개헌 이행에 대한 부담을 많이 느끼시고 있을 때입니다. 일단 개헌은 하지 않고 유보하고 있는데, 그래서 김종필 총리에 대한 부담이 무척 컸습니다. 그 결과로 나타난 것이 "총리와 상의하라"고 하신 겁니다. 그런 과정에 다른 부처, 특히 자민련 쪽의 장관들의 이견이 많았어요.

그 안을 국민회의와 상의하고 또 자민련과도 상의했습니다. 그런데 자민련 쪽에 가니까 거기서 첫 번째 반응이 "왜 내각제 개헌 얘기는 나오지 않고 정부조직 기능 개편 말만 나오느냐? 이건 약속이 틀리지 않느냐?"고 따지는 것입니다. 그러다 보니 확정되기도 전인데 정부로서는 더 이상 할 말이 없게 돼 버렸습니다. 그런 어려움이 있었습니다.

당시에 재경부 개편도 중요한 이슈였어요. 당시 기획예산위원회와 예산청을 합치느냐의 여부도 중요한 안건이었어요. 그 안 가운데 하나로 '경제부'로 해서 중장기적 경제정책을 추진하는 기능을 복원하고, 과거의 경제기획원 복원은 아니지만 새로운 판의 경제기획원을 만드는 것도 있었고, 또 금감위와 금감원이 떨어져 있어서는 소통이 잘 되지 않기 때문에 함께 합치는 안, 경제재무부를 만들어 예산처를 함께 두는 방안 등 여러 가지 의견들이 많이 논의됐습니다.

그래서 이규성 재경부 장관과도 설전을 많이 벌였습니다. 나는 재경부 주장을 받아들이는 대신 이런 조건을 달아 얘기를 했습니다. '재경부에 예산기능을 주면 다시 공룡화된다. 그러니 그것을 무너뜨리자. 세무대학 같은 것을 왜 가지고 있느냐, 금융정책은 금융위원회로 이관해 주자' 등의 의견을 제시했습니다.

안병우 장관께서는 기억하시는지 모르겠는데, 당시 재경부의 주장은 재경부에 세제실이 있고, 그 아래 국세청, 관세청이 있듯이 재경부에 예산정책실을 본부에 두고 산하 외청으로 예산청을 두자는 안까지 제기했어요. 도대체 그게 말이 됩니까? 예산이란 것이 국가경영의 핵심적 보루인데 그것을 산하 외청으로 둔다는 것은 말이 안 된다고 했지요. 그래서 재경부와 예산정책기능을 합치면 도저히 안 되겠구나 하는 생각을 굳히게 됐습니다.

그래서 경제부가 안 되면 재경부, 기획예산부로 별도로 가자고 한 것입니다. 이규성 장관에게도 이런 생각을 얘기했습니다. 현재 있는 것의 잡다한 가지를 쳐내고 핵심 경제정책 조정기능만 가져가면서 예산기능을 갖자고 하면 모르되 현재 있는 기능과 산하기관은 그대로 두거나 더 키우고 예산기능도 가져가겠다는 것은 말이 안 된다고 얘기했지요. 그래서 한참 싸웠습니다. 국가의 핵심기능인 예산기능을 외청으로 두는 나라는 없습니다. 청와대 아래에 둔 미국처럼 OMB 형태로 가기 전에는 그런 형태는 있을 수 없다고 강조하였지요.

안병우 예산이란 것이 숫자가 아니고 정책인데 재무부 출신들은 그런 생각을 갖지 않은 것입니다. 그러니 외청으로 두자는 얘기를 하지요. 말하자면 예산 짜는 것을 정책이 아닌 기술로 본 것입니다.

기획예산처 태동의 전말

진 념 그래서 벽에 부딪힌 것입니다. 진전이 되지 않은 차에 마지막으로 대통령께 보고하기 전에 총리실에 가서 보고하고 최종 조율을 시도했지만 안됐어요. 결국 3월 22일이라고 기억합니다만 대통령과 김종필 총리, 그리고 나 이렇게 세 사람이 최종 조율을 하게 됐습니다. 대통령께서도 자민련에 빚은 있고, 또 김 총리는 김 총리네로 제경부 주장을 그대로 대변할 수도 없고, 아무 말 안 하자니 부담스럽고, 그래서 내가 마지막에 기획예산부를 기획예산처로 만들어 총리 산하로 들어가겠다고 해서 결론을 내린 겁니다. 그게 기획예산처 태동의 전말입니다.

이계민 생각보다 예산기능 배치 문제가 심각한 쟁점이었네요. 정부나 기업이나 개인이나 돈과 인사가 중요하기는 한 것 같습니다. 그런데 3월 19일에 자민련과 당정협의가 있었는데 김용환 의원이 "통합되어야 하는 부처가 많이 있는 것으로 아는데 내각제를 검토하는 상황에서 부처를 통합하는 조직개편은 바람직하지 않다"고 반대 이유를 설명했다고 알려져 있습니다.

진 념 나는 직접 들은 바는 없어요. 하여튼 자민련 쪽에서는 공동정부 하면서 약속한 내용을 지키라는 목소리가 아주 높았어요. 당시에 1안인지 2안인지 모르지만 '건설교통부와 해양수산부를 합쳐서 공공사업부로, 노동부와 복지부를 합쳐 노동복지부로, 산업부와 정보통신부, 과학기술부의 기능을 합쳐 산업기술부로 만들자. 그리고 과학기술부는 과학기술위원회로 가고, 정보통신부는 정보통신위원회로 가고, 중소기업특별위원회는 폐지하고, 중앙인사위원회는 신설하자'는 등의 상당히 파격적인 대안을 제시했습니다.

그런데 그대로 되지는 않았어요. 그래서 내가 지금 돌이켜보면 너무 순수하게 접근했던 것 아닌가 하는 느낌입니다. 당시의 정치공학적 사정을 충분히 고려하지 않고 접근했기 때문에 당초 뜻대로 가지 못하고 어려움을 겪은 것 아닌가 심각합니다.

어쨌든 2차 정부조직 개편은 3월 23일에 국무회의 의결을 거쳐 발표됐는데 당초의 의욕적인 개편안의 동력이 약화돼 처음의 의도가 많이 훼손된 측면이 있고, 이는 앞서 얘기한 대로 자민련의 내각제 거론이 주된 원인이었다고 볼 수 있습니다. 그런 점에서 연립정부의 한계를 체험한 셈입니다. 더욱 분명한 것은 정부조직 개편은 집권 초기에 집중했어야 한다는 반성을 해봅니다.

이계민 그런데 더 큰 문제는 민간 경영진단 대상 자체가 청와대 비서실과 감사원 등 힘 있는 부처는 제외됐다는데 왜 그랬나요?

진 념 그때는 정부부처가 문제였기 때문에 거기는 제외돼 있었지요. 그런데 사실은 당시 가장 중요하게 제기됐던 문제는 법무·검찰 개혁이었는데 이것은 대검차장인 신승남 차장도 만났지만 제대로 이뤄지지는 못했습니다. 아쉬운 부분이기는 하지만 이 문제는 일개 장관인 기획예산위원장이 할 만한 일은 아니었지요. 정권 차원에서 이뤄졌어야 할 일이지요.

이계민 《정부개혁 고해성사》에 정부개혁 결과에 대해 이런 멘트가 나옵니다.

골목대장이 분수를 모르고, 큰물에 나와 덤비다가 큰 코 다쳤다는 비아냥이 있었다, … 정부조직에 손을 대기 시작하면 힘 있는 부처는 늘어나고, 힘없는 부처만 줄어든다는 속설이 증명됐다. 특히 정치인 장관인 법무부나 건설교통부, 재경부(예전에 기획예산처와 출신 성분이 같은 곳) 등은 압력이 대단했다.[13]

특히 이런 부처들에 대해서는 개편안을 미리 보여주는 특혜(?)도 베풀었다고 기술하고 있습니다. 이에 동의하시는지요?

---

13 김현석·박개성·박진, 2006, 《정부개혁 고해성사》, 박영사, 30쪽.

진 념 사람 사는 세상이니 그런 일도 있을 수 있었겠지요. 그러나 분명 한계는 있습니다. 권력기관인 안전기획부의 경우 개혁의 대상에서 제외될 수 없어서 내가 안기부장을 만나 스스로 예산을 삭감하는 결단을 내려주도록 설득해서 개혁에 동참하도록 한 일이 있습니다. 실제로 예산을 3백~5백억 원쯤 줄였어요.

5년마다 되풀이되는 정부조직 개편, 이래도 되나…

이계민 정부혁신과 관련해 평소에 궁금했던 사안인데 정부가 들어설 때마다 정부조직을 바꿉니다. 어떻게 생각하시는지요?

진 념 물론 가까운 일본의 경우 근래에 통상산업성을 줄이고, 또 막강한 권한을 가진 대장성을 구조조정하는 등의 사례가 있지만 우리나라와 같이 이렇게 통합과 분리를 반복하고 더구나 자주 바꾸는 경우는 세계 어느 나라에도 없는 일입니다. 이름을 들어서는 무슨 일을 하는지 알 수 없는 부처들도 많아요. 지금도 미래창조과학부가 있지요? 그전에는 종래의 상공부를 지식경제부라고 했지요. 무슨 일을 하는 곳인지 공무원 사회에서도 헷갈리는 경우가 많아요. 지식경제부 산하에 에너지 관련 파트가 있는데 이해하기 어렵지요.

안병우 정보통신부의 전직 장차관 모임에 가 봤더니 도대체 언제 어느 때 장차관인지가 잘 모르겠다는 얘기들이 있었어요. 체신부에서 시작해서 정보통신부, 지식경제부, 미래창조과학부 등으로 기능이 왔다갔다 하면서 부처마다 관련부처가 7개 정도 되는데 어느 때 누구인지 헷갈린다고 할 정도입니다.

이계민 그런 문제점을 모르는 바가 아닐 텐데 왜 자꾸 반복이 된다고 보십니까?

진 념 여러 가지 이유가 있습니다. 시대 변화에 따른 조직개편도 있겠지만 그 것보다는 5년 단임제 대통령제하에서 나타나는 결과이기도 합니다. 새로운 정부가 들어서면 정책을 비롯해 모든 것을 새로 바꿔야 하겠지요. 예컨대 김대중 정부 때는 외환위기를 극복하고 새로운 성장동력을 키우기 위해 IT, BT, 소프트웨어에 더해 벤처산업을 적극 육성했습니다. 그런데 그때 논란들이 많았습니다. 물론 부작용도 없지 않았지만 일부에서 말했던 것처럼 벤처지원 자금은 '눈먼 돈'이라거나 벤처자금을 지원받아 흥청망청 써서 무늬만 벤처기업 육성이다, 그래서 실패했다는 것은 과장된 면이 없지 않습니다.

그다음 정부는 어땠나요? 혁신도시 만든다고, 혁신경제를 한다고 난리였지 않습니까. 그다음 정부 슬로건은 무엇이었나요? 녹색성장 아닙니까. 지금은 창조경제를 한다고 말하지요. 정부마다 다른 용어를 사용하지만 실제 내용은 다 같은 것 아니겠어요? IT, BT 산업분야와 소프트웨어 등을 혼합해 기술혁신을 통해 새로운 산업을 육성하는 것이지요. 내용은 같으면서도 이름을 자꾸 바꾸는 겁니다. 국민들이 헷갈립니다.

어디 산업뿐이겠습니까. 금융에서도 햇살론이다, 보금자리론이다, 뭐다, 사립학교도 자립형사립고다 뭐다 해서 이름만 바꾸는 일이 계속 반복되는 것입니다. 이것이 바로 5년 단임제의 병폐이자, 해프닝이 아닌가 싶어요.

더구나 우리는 전임자를 존중 또는 활용하지 않습니다. 부처도 그렇고 최고통치권자인 대통령도 그렇습니다. 예컨대 이 자리에 계신 김병일 장관이나 안병우 장관 같은 분들은 그동안 직무 수행하면서 얼마나 많은 고민과 경험을 했겠어요. 그런 경험을 현직들이 활용하면 좋을 텐데 우리 문화에는 그런 게 너무 없어요. 우리 사회가 고쳐야 할 문화입니다. 공직사회만이 그런 것은 아닙니다. 민간분야에서도 전임자를 존경하고 활용하는 아너 소사이어티(honor society), 시니어 소사이어티(senior society), 이른바 '원로사회'가 있어야 합니다. 조언을 들으려 하고 해주려 하는 그런 풍토가 조성돼야 하는데 그렇지 못한 것이 아쉽습니다.

이계민　2차 정부조직 개편은 부처 통폐합이나 신설이 핵심이 아니었지요. 목적 자체가 정부기능 개편 아니었습니까? 지금까지 말씀하신 것 이외에 어떤 것들을 개혁의 성과로 꼽을 수 있을까요?

진 념 공공부문 개혁은 이 밖에도 무척 많았습니다. 특히 정부의 각종 위원회를 정비한 것을 꼽을 수 있습니다. 당시에 정부산하 위원회가 모두 372개 있었어요. 그 가운데 320개를 대상으로 검토한 결과 117개 위원회는 폐지하고, 28개는 통합하는 등 모두 145개 위원회를 정비했습니다. 대한민국 정부수립 이후 처음으로 민간기관이 평가해서 문제 있는 것은 고치는 작업을 한 것입니다. 대단히 어려운 작업이었습니다.

지방행정도 많은 개혁이 이뤄졌지요. 당시 읍·면·동사무소를 '주민자치센터'로 바꾸어서 운영했습니다. 지금 보면 참으로 큰 변화가 아니었나 싶습니다. 주민자치센터에서는 민원과 생활정보 등 주민 일상생활과 밀접한 사무 중심으로 개편하고, 문화·복지·여가 활용을 위한 프로그램을 운영하면서 주민들이 모여 지역발전과 현안 문제를 논의하는 주민참여 공간을 제공한 것입니다. 또 당시에 '조세의 날'이 있었습니다. 그런데 왜 '조세의 날'이냐, '납세자의 날'로 하자고 해서 이름을 그렇게 바꿨습니다. 이런 것들이 무척 쉬워 보이지만 쉽지 않은 개혁이었지요.

법무관련 개혁도 문제가 많았습니다. 인사의 폐쇄성 문제, 검사의 직급조정 문제, 공익성 문제, 비상계획 기능, 법무 정보와 기능의 통합, 법률구조기능 강화, 총무기능의 통합과 강화, 법무부 검찰국과 대검의 기능조정 문제, 보호관 기능과 민간참여 기능 등 연구를 많이 했습니다. 그러나 이러한 문제의식과 개선방안을 끝까지 실현시키지 못한 것에 대해서는 많은 아쉬움이 남습니다.

2차 정부조직 개편의 방향과 특징은 "정부 운영 시스템의 혁신과 기능 조정에 중점을 두었다"는 것이 당시 정책당국의 자체적 설명이다. 《국민의 정부 공공개혁 백서》에 기록된 내용을 발췌해 옮겨 보면 다음과 같다.

운영 시스템의 개선에서는 '국민에 봉사하는 깨끗하고 효율적인 정부' 설계를 목표로 ①고객 지향적 행정서비스 체계 설계 ②시민참여 확대를 통한 협조체제 강화 ③부패 예방과 척결을 위한 투명성 공공성 확보 ④행정시스템에 경쟁·성과·품질 개념의 도입 등이 주로 고려됐다. 기능조정에 있어서는 ①정부역량을 핵심역량 위주로 개편, 간소화 ② 민간이 더 잘할 수 있는 기능은 민간 위탁 ③ 지방자치단체가 더 잘 수행할 수 있는 기능은 지방 이양 ④ 독립적 수행이 가능한 집행기관은 책임운영기관화 등이 고려됐다. [14]

2차 조직개편의 가장 큰 특징은 종전의 '기구 중심적 개편'과는 달리 '기능 중심적 개편'을 추구한 것이다. 조직의 3요소인 기구·기능·인력 중 기능에 개편의 중점을 두어 부처별 세부기능을 분석하여 임무·목표에 맞도록 기능을 재설계한 후 이를 토대로 기구와 인력을 재조정하였다.

적자국채 발행과 경제주권을 되찾기 위한 힘겨운 재정개혁

'경제주권 저당 잡힌 IMF 구제금융', '삼키기에는 너무 쓴 IMF 처방약' 한국 경제가 IMF 지원을 공식화할 때 언론들이 내세운 우리 경제상황이다. 이 밖에도 '캉드쉬 고집에 백기 든 한국', '지나친 내핍 강요한 경제 신탁통치' 등의 표현에도 드러나듯이 자조적 허탈감은 이루 말할 수 없었다.

사실이 그랬다. IMF는 우리에게 초고금리와 초긴축을 강요하면서 고세율 부담을 요구했다. 돈이 외국으로 빠져나가는 것을 막으려면 불가피한 조치로 받아들이기는 했으나 고금리에 기업들은 부도를 면치 못하는 상황에 빠져들고 가뜩이나 위축된 기업 활동은 파산지경에 이르렀다. 산업기반이 무너지고 실직자가 쏟아지는 형국에서 한국 경제가 뿌리째 흔들리는 것 아니냐는 우려의 목소리가 나왔다.

그래도 이런 시련을 겪어야 다시 일어설 수 있다는 전화위복(轉禍爲福)의 자세로 받아들여야 했지만 회복 불가능할 정도로 악화되는 실업 등 경제악화는 경계해야 마땅했다. IMF와의 힘겨루기는 이러한 문제의식에서 출발한다. 재정금융정책에 대한 근본적 견해차를 어떻게 극복해갈 것인가? 난제 중의 난제였

---

14 기획예산처, 2002, 《국민의 정부 공공개혁 백서》, 35쪽.

다. IMF와 처음으로 맺은 제1차 합의의향서의 재정정책 부분을 요약해 보면 이렇게 돼 있다.

재정정책

- 통화정책의 부담을 덜고 아직 규모를 특정할 수 없는 금융부문의 구조조정 비용을 충당하기 위하여 1998년에도 긴축재정 기조는 유지되어야 한다.
- 1998년 통합재정수지는 경기회복의 지연에 따라 GDP 대비 0.8% 정도 악화될 것으로 전망된다.
  - 금융부문의 구조조정을 위한 이자비용 추정치는 1997년 12월 현재 GDP의 0.8% 수준이다.
  - 재정수지가 최소한 균형 또는 약간의 흑자를 달성하기 위해서는 GDP의 약 1.5%에 해당하는 대응조치가 취해져야 한다.
  - 이 대응조치는 세입 및 세출 양 측면에서 취해져야 하며 구체적 방안이 곧 결정되어야 한다. 이를 위해 다음 조치들도 대안으로서 고려될 수 있을 것이다.

세입조치의 예

- 부가가치세의 과세범위 확대 및 면제 폐지
- 비과세 감면 등의 축소에 의한 법인세 과세기반 확대
- 특별소비세 및 교통세 인상

세출조치의 예

- 경상지출의 삭감, 특히 민간기업 부문에 대한 지원의 삭감
- 우선순위가 낮은 자본지출의 삭감[15]

한마디로 예상적자와 구조조정 비용을 합한 GDP 1.5%의 재정개선을 이루고 이를 위해 세금인상과 지출삭감을 요구한 것이다. 부당하지만 당장은 받아들일 수밖에 없었던 것이 우리의 처지였음은 잘 알려진 사실이다. 정부는 어떻게 풀어나갔는지 궁금할 따름이다.

---

15 이규성, 2015, 《한국의 외환위기: 발생·극복·그 이후》(제3판), 박영사, 165쪽.

IMF와의 '샅바싸움', 그리고 정책기조의 전환

이계민　IMF는 재정정책에서도 초긴축을 요구했습니다. 평상시 같으면 경제가 어려워졌으니 재정이 감당해야 할 역할이 오히려 커졌는데도 과도한 긴축을 요구한 것은 잘못된 것 아닌가요?

진　념　기본적으로 IMF의 처방에 대해 말들이 많았습니다. 당사자인 우리야 말할 것도 없었지만 세계적 석학들조차 견해가 달랐어요. 예컨대 제프리 삭스(Jeffrey David Sachs) 컬럼비아대 교수와 폴 크루그먼(Paul Krugman) 뉴욕대 교수는 전혀 다른 견해를 가지고 있었습니다. 제프리 삭스는 "IMF의 처방은 잘못된 것이다. 너무 타이트하다. 그것은 한국 경제를 잘 모르고 내린 처방이다. 적자재정을 통해서라도 경제를 살리면서 구조조정을 해나가야 한다"고 주장한 반면에 폴 크루그먼은 "긴축을 통한 구조조정이 먼저"라는 견해를 갖고 있었습니다.

　우리 정부는 당시 제프리 삭스 교수와 의견교환도 하고 여론조성도 하는 분위기를 만들어가면서 대처하는 전략을 세웠습니다.

이계민　김대중 대통령은 1998년 9월 28일에 특별 기자회견을 합니다. 당시 재경부에서는 '제1차 금융 구조조정 마무리 선언'이라고 설명했습니다만 김 대통령은 이날 기자회견에서 "10월부터 시중의 신용경색 해소를 과감히 추진하고 강력한 경기부양 조치를 취하겠다!"고 선언했습니다. 말하자면 이제부터는 성장전략으로 선회할 것임을 공식천명한 것인데 이는 달리 표현하면 외환위기를 극복했음을 선언한 셈이었다고 볼 수 있습니다.

　특히 당시 IMF와 재정적자 규모를 GDP의 5%(약 20조 원)까지 확대하기로 합의해 이를 재원으로 재정확대 정책을 통해 경기를 부양하겠다고 김 대통령이 선언했습니다. 그 과정은 어떻게 진행됐나요? 또 그 의미는 어떤 것이었나요?

진　념　여러 가지 복합적인 목적이 있었다고 봐야지요. 사실 1997년 12월에 그 수모 속에서 강력한 구조조정을 요구받았지요.

우선 대선과정에서 김대중 대통령이 "대통령에 당선되면 IMF와 협상을 다시 하겠다"고 말했다가 엄청난 반발에 부딪힌 사실이 있지요. 당시 조순 한나라당 총재와 이회창 대선후보 등으로부터 엄청난 공격을 받았습니다. 그러나 김 대통령이 당선되고 내용상으로는 사실상 재협상이 1998년 5월부터 꾸준히 진행된 것이라고 볼 수 있습니다. IMF와의 정책협의가 그런 과정이었지요.

진념 전 경제부총리

당시의 문제인식은 예산도 1차 추경 예산을 통해 깎고 금리는 고금리, 고환율이었으며, 또 강력한 기업의 구조조정은 필요하지만 이런 환경하에서는 시작도 전에 구조조정 대상이 없어지는 결과를 가져온다, 그러니 이대로는 곤란하지 않는가 하는 것이었습니다. 그래서 정책협의를 통해 이런 것을 시정하려 했던 것이 1998년 5월경부터로 기억됩니다. 사실 그 이전에는 IMF와 이런 얘기를 꺼낼 엄두를 못 냈지요. IMF와의 신의를 지키기 위해 약속을 이행해야 하니까요.

그래서 그때부터 IMF와 물밑 접촉과 대화를 시작했고 의견수렴을 하는 과정을 거쳤습니다. 특히 김대중 대통령이 6월 11일에 미국을 방문하는데 이때 IMF 총재를 만나 우리 경제의 상황과 구조조정 등에 대해 의견을 나누고 재정지출 확대와 금리의 지속적 인하에 합의합니다. 경제가 이래서는 안 된다, 구조조정도 경제가 살아야 의미가 있다고 IMF를 설득했습니다. 기본적 합의를 하고 구체적 내용은 양측 실무자들이 협의한다고 했습니다.

그런 과정을 거쳐 그 같은 의견이 반영된 것이 재정 측면에서 보면 1998년 9월 2차 추경예산안이라고 봅니다. 그 내용이 GDP의 5%까지 재정적자를 허용하고 특히 실업자에 대한 사회안전망을 구축하고 취로사업 등을 통한 일자리 창출과 사회간접자본(SOC: Social Overhead Capital) 투자 확대 등을 통해 경기회복을 유도하기 위한 것이 2차 추경예산안입니다.

이계민 샅바싸움이 치열했던 셈이네요. 재정문제만 별도로 다뤘나요?

진 념 금리나 환율문제 등 전반적 경제정책이 모두 협상의 대상이었습니다. 기획예산위원회로서는 재정문제이지요. IMF와 5%까지 재정적자를 용인하기로 한 결론이 나기까지는 힘든 과정을 겪었습니다. 그때 IMF 사절단 측의 협상자 아게블리 단장이 한국에 와서 기획예산위원회와 협상을 진행했는데 GDP 5%까지의 적자에 대한 합의를 해주었습니다. 다만 당시에는 5%에 대한 인식이 우리와는 많이 달랐어요. 그들은 1999년에 성장률이 0%다, 그런데 GDP 디플레이터가 5%다, 그러니 5% 정도로 한다는 것이었죠. 그러나 나는 '실질적으로 1999년에 3%는 성장을 한다, 기저효과도 있고, 그리고 GNP 디플레이터 2% 정도를 합쳐 5%다'라고 생각했던 것입니다. 결국 경상성장률 5%는 합의했지만 서로가 내다본 전망 내용은 다른 것이었어요.

여담입니다만 그때 아게블리 단장이 재정전문가 2명을 데리고 방한했는데 그들이 IMF 소속 직원들이었지만 미네소타 대학 출신의 재정전문가들이었어요. 그런데 우리 기획예산위원회에도 반장식 과장(후일 기획예산처 차관·서강대 교수)을 비롯해 미네소타대학 출신들이 있었어요. 그들이 함께 토론에 참여했습니다. "남미식 긴축은 안 된다. 한국은 건전재정이기 때문에 오히려 재정 역할을 키워야 한다"는 설득에 나섰던 것입니다.

그런데 내가 마지막에 그들에게 "어디에서 공부했느냐?"고 물어보았습니다. 그랬더니 "미네소타 대학"이라고 하기에, "지도교수가 누구냐?"고 물었더니 아무개라고 해서 그 양반은 남미 재정전문 학자 아니냐고 다그쳤지요. 그랬더니 어떻게 아시느냐고 놀라더라고요. 그런 토론과정을 거치면서 우리가 강하게 주장한 것은 남미식 긴축처방을 가지고는 안 된다, 우리는 오히려 재정의 역할을 키워야 한다고 주장했습니다.

그때부터 경제정책에 대한 인식의 공유가 조금씩 이뤄지기 시작했고, 재정적자를 통해서라도 일자리를 만들고, 실업대책, 사회안전망 구축, SOC 투자 확대 등의 노력을 해야 한다는 인식을 가진 것입니다. 김 대통령께서는 그런 인식의 공유를 바탕으로 자신 있게 경제회복에 나서겠다고 선언한 것입니다. 그것이 9·28 기자회견입니다.

이계민 말하자면 정책기조의 전환인 셈인데 실제로 그럴 만한 위기상황의 정리가 이루어졌던 것인가요? 당시에 너무 성급한 것이라고 생각하시지 않았나요?

진 념 내 기억으로는 국가경제 불안감을 씻어내고 자신감을 회복시키는 데 중점을 두었습니다. 물론 그동안의 과정에서 국민들이 겪은 고통에 대해서도 대통령으로서 위로의 내용도 있었다고 기억됩니다.

그래서 기자회견의 내용은 경기가 더 이상 악화되지는 않을 것이다, 특히 앞으로는 경기부양 조치를 정책의 최우선순위에 두겠다고 천명했습니다. 또 대기업 구조조정을 연내에 매듭짓고, 금융 구조조정이 끝나면 경기에 숨통이 트일 것이어서 날이 밝아오는 '새벽이 멀지 않았다!'고 강조한 것으로 기억합니다. 특히 "제2의 환란은 없다!"고 단정하고 수출증대와 외국인 투자유치에 총력을 기울이겠다고 약속한 것으로 알고 있습니다.

그리고 IMF와는 GDP의 5%까지 용인한다고 합의하고 약 20조 원의 2차 추경예산안을 편성해서 중소기업 지원과 수출확대, 그리고 SOC 투자 증대, 공공근로사업 확대 등 사회안전망 확충으로 실직자를 보호하고 아울러 수해복구 사업을 지원한 것이었습니다.

여기서 더욱 생생한 실무적 증언을 안병우 당시 예산청장으로부터 들어보자.

실업대책에 올인한 5번의 정부예산

이계민 무엇보다도 외환위기를 극복하는 과정에서 재정의 역할은 막중했다고 볼 수 있습니다. 그런데도 IMF로부터 균형재정을 요구받았으니 참 어려웠겠다는 생각이 듭니다. 어떤 상황이었나요?

안병우 알려진 대로 이미 국회를 통과한 1998년도 정부예산을 다시 짜야 하고, 그것도 균형예산을 편성하라고 하니까 정말 힘들었어요. 내가 예산청장을 햇수로는 1998~1999년 1년 반밖에 안 했는데 예산을 무려 5번을 편성했습니다. 본예산 2번에 추경예산을 3번이나 편성했습니다. 그것도 기록 아닌가 싶습니다.

1차 추경예산은 앞서 얘기한 대로 1998년 3월에 편성했습니다. 그런데 몇 달이 안 가 경제가 엉망이 되면서 걷잡을 수 없이 세수가 무너지니까 1998년 9월에 2차 추경예산을 편성하는데 당초 IMF가 제시한 정책지표로는 편성할 수가 없었어요. 그래서 IMF와 협상해서 재정적자를 GDP의 5%까지 확대하는 합의를 이끌어 2차 추경예산을 편성했는데 그야말로 실업대책에 집중됐습니다.

그 재원으로 특히 외환위기 극복에 절실히 필요한 분야에 투입하는데 대표적인 분야가 중소기업 신용경색 해소와 실업문제 해소였습니다. 실업해소를 위해 사람의 인력을 많이 필요로 하는 SOC사업, 사회안전망 확충 등에 투입했지요. 그리고 공무원 봉급은 10%를 삭감했어요. 이 재원으로 공공근로사업을 추진했습니다. 특히 실업자가 늘고 생활이 어려워지다 보니까 이런 사업들은 주로 현금살포 방식으로 추진했습니다. 숲가꾸기나 쓰레기 수거사업 등이 대표적인 사업입니다.

좀더 자세히 말씀드리면 당시 중소기업 신용경색이 너무 심했습니다. 이를 해결하려면 돈을 풀어야 하는데 당시에 은행은 모두 무너졌지 않습니까. 부실하기 짝이 없는 상태여서 제대로 은행 구실을 할 수 없는 지경에 이르렀지요. 그나마 약간의 기대를 할 수 있었던 것이 산업은행인데 사실 여기도 부실투성이였어요. 당시 BIS 자기자본비율이 4%에 불과했습니다. 그래서 산업은행을 대외창구로 활용하기 위해 금융당국이 예산 1조 원을 달라는 것입니다. 그래야 산업은행의 자본 증액을 통해 해외에 나가서 자금을 차입하는 등의 자금조달 창구로 활용할 수 있다는 것입니다.

이미 1998년도 본예산에도 5천억 원이 계상되어 있었지만 추가로 추경예산에 8,500억 원을 출자(이 중 5천억 원은 산업은행 경유 도로공사 출자분)로 편성하였고, 이듬해 1999년 본예산에도 2천억 원(산업은행 경유 출자분 1천억 원 포함)을 반영해 산업은행의 자본력을 키웠습니다. 이 돈은 산업은행의 자산으로 잡혀서 BIS 비율을 높이는 데 큰 도움이 되더라고요. 그래서 산업은행의 BIS 비율이 8%를 넘어간 것입니다. 그래서 해외차입을 할 수 있도록 지원해 준 것입니다. 산업은행 등이 자금차입을 통해 기업에 지원하는 구원투수 역할을 하도록 예산에서 지원한 것입니다.

또 1999년 5월의 2차 추경예산 편성 때는 세율을 건드렸습니다. 소득세 법인세를 인하해야 한다고 해서 세입에 중점을 두고 추경예산을 편성했어요. 세금을 깎아 줘야 경제가 살아나지 그렇지 않으면 안 된다고 해서 세율을 내렸습니다. 그리고 나서 1999년 6월에 중소기업특별위원장으로 갔습니다.

어쨌든 1980년대 초반에 제로베이스 예산 등 예산개혁 작업을 추진했던 공직자로서는 무척 안타까운 상황이었습니다. 어려운 여건을 극복하고 지켜온 건전재정의 근간과 그 같은 재정개혁의 정신을 내가 무너뜨린다고 생각하니 참으로 가슴이 답답했습니다.

1998년 9월 28일의 기자회견은 김대중 대통령으로서는 들뜬 마음으로 회견에 임했지 않았나 싶다. 위기 극복의 희망이 보였기 때문이다. 이제는 좀더 적극적인 확장정책으로 실업을 줄이고 취약계층을 돌보는 사업에 나서도 되지 않을까 하는 결론에 도달했던 듯하다. 물론 이에 대한 이견도 많았다. 정부의 낙관적 견해에 아직 멀었다는 비관론이 학계 등에서 제기됐다. 이를테면 기업 구조조정이나 부실금융기관 정리 등이 충분히 진척되지 못하는 상황에서 자칫 섣부른 경기부양으로 그간의 고통과 인내가 헛되지 않을까 하는 우려였다. 나름대로 전혀 근거 없는 얘기는 아니었다. 그렇기 때문에 1998년 하반기는 그야말로 기업들과의 전쟁이었다. 이른바 빅딜의 완성에 총력을 기울이는 형국이었다. 다시 진념의 얘기로 돌아가 보자.

사상 첫 일반회계 적자국채 발행

이계민 1998년 9월의 2차 추경예산 편성 때는 처음으로 일반회계 적자국채를 발행하는 순수한 적자재정(총 11조7천억 원 규모)을 편성한 것으로 압니다. 다음해인 1999년 본예산에서도 일반회계 적자국채 발행을 13조5천억 원을 편성했습니다. 외환위기로 실업자가 늘고 경기침체가 가속되는 상황에서 불가피했다고는 하지만 국가부채 누적의 시발이었다고 생각되는데, 어떻게 설명하실 수 있나요?

진 념 그때가 적자재정이 늘어나는 하나의 전기가 되었던 것은 사실입니다. 그러나 그렇게 부정적으로만 볼 것은 아니지요. 외환위기 직전까지 당시 우리 정부는 어떤 생각을 하고 있었습니까. 우리 경제의 기초체질(fundamental)이 매우 좋다고 봤고, 그런 결과 굴욕적 아픔을 당하는 IMF 지원을 받는 협상을 한 것 아닙니까.

그런데 그 후에 그런 것을 IMF와의 재협상을 통해 한국 경제의 회생 처방을 한국식 방식으로 바꾸고 재협상에 성공한 모델케이스가 되었다고 생각해야지요. 그런 기조하에서 GDP 5%의 적자를 수용한 재정계획을 세웠는데 결과적으로 어떻게 되었습니까.

당시 정부는 2000년 예산편성 시부터 균형재정으로의 복귀를 추진했습니다. 차기 정부에 재정운용 부담을 넘겨주지 않겠다는 약속이었습니다. 중기재정계획을 수립하여 재정규모 증가율을 경상성장률 전망치보다 낮게 책정하고 일반회계 적자를 메우기 위한 국채발행도 줄여 나갔습니다. 이러한 노력과 함께 우리 경제가 빨리 회복이 돼서 2000년부터 관리대상수지 적자가 GDP 대비 1% 수준으로 복귀해 거의 균형재정 수준에 근접했습니다. 더구나 임기말인 2002년에는 GDP 대비 0.7%의 흑자를 기록했습니다. 이는 엄청난 성과 아닙니까. 차기 정부에 부담을 주지 않겠다는 약속도 지켰습니다.

특히 재정개혁을 위한 노력은 정말 힘든 과제였습니다. 기획예산위원회의 빠듯한 인원으로 모든 부처를 상대로 하는 예산개혁 작업은 한마디로 '사투'(死鬪)였습니다. 죽을 고생을 했지요.

당시 기획예산위원회 사무처장과 기획예산처 차관, 그리고 장관을 역임한 김병일의 증언을 들어보면 그 애타는 속내와 큰 성과를 대충이나마 짐작할 수 있을 것이다.

투명예산 제도화를 위한 재정개혁의 사투

이계민 앞서 정부개혁 작업의 일환으로 교육훈련기관 통폐합 사례를 얘기해 주셨습니다만 예산편성이나 배정 관련 제도개선도 많이 추진한 것으로 압니다.

김병일 예산사업의 예비타당성 검토 제도를 도입한 것은 제도개선 과제 중에서 지금도 무척 보람된 것으로 생각하고 있습니다. 과거에 실무자로서 예산편성을 하면서 평소에 잘못됐다고 느꼈던 것입니다.

당시 예산편성을 하면서 모든 사업들에 대한 타당성 검토를 해당 부처에서 했습니다. 또 자신들이 하기 어려운 것은 자기편을 들어줄 외부에 용역을 의뢰했습니다. 자기 부처가 할 소관 사업의 타당성을 검토하라고 하니 거의 모든 사업이 '타당성 있다'로 나올 수밖에 없지요. 당시 1994년부터 1998년까지 각 부처에서 실시한 타당성 조사를 리스트업해서 따져 보니까 각 부처가 실시한 타당성 조사 33건 가운데 32건은 '타당성 있다'로 나오고 1건만 '타당성 없음'으로 나왔어요. '타당성 없다'는 사업이 뭔지 아십니까. 울릉도에 공항을 건설한다는 것이었습니다.

이래서는 안 되겠다고 봤습니다. 그래서 타당성 조사를 각 부처에서 하지 말고 기획예산위원회나 예산청에서 해야 한다고 주장했어요. 그런데 각 부처에서 반발이 너무 심했습니다. 이를 설득시키기 위해 내가 각 부처 사람들을 만나기도 하고 설명도 무척 많이 했습니다. 그런데 잘 안 되더라구요. 특히 건설교통부와 해양수산부, 철도청 등 공공건설사업 시행부처에서 반발이 심했는데 이들은 초기 추진단계에서부터 주도권을 예산당국에 빼앗기는 것을 우려했습니다. 그중에서도 건설교통부가 가장 문제였습니다. 그때 머리에 떠오른 것이 고속철도 사례였어요. 예비타당성 조사할 때는 3조 원이었는데 타당성 조사를 하니까 5조 원이 넘게 나와요.

그래서 대안으로 나온 것이 예비타당성 검토였어요. "타당성 조사는 관련부처에서 하되 예비타당성 조사는 예산당국에서 한다"고 결론을 내고 설득작업을 벌여 성공한 것입니다. 적용 대상은 총사업비 5백억 원 이상인 신규 국가사업 또는 지방자치단체 사업 가운데 국가의 재정지원 규모가 3백억 원 이상인 SOC 사업 등 대규모 신규 투자사업이며, 예산이 배정되기 전에 타당성 검토를 하기 위한 목적으로 1999년부터 시작됐습니다. 다만 당시 기획예산위 몇 명이 할 수 있는 일이 아니어서 KDI에서 하도록 한 것이에요. 지금까지 KDI의 주요업무 가운데 하나지요.

이계민 다른 재정개혁 사례들도 많은 것으로 알고 있습니다.

김병일 다른 하나는 총사업비 관리제도의 강화입니다. 정부예산의 낭비를 막기 위해서는 사업의 착수를 신중하게 결정하는 것도 중요하지만 사업 착수 후에도 올바르게 관리하는 것이 매우 중요합니다. 그래서 도입된 것이 총사업비관리제도인데 처음 시행은 1994년 4월부터였는데 총사업비 규모가 1백억 원 이상인 사업을 대상으로 실시했으나 1995년 3월부터는 토목사업은 5백억 원, 건축사업은 3백억 원 이상 사업으로 상향조정됐지요.

그런데 모든 사업들은 실시 과정에서 물가상승률 등을 감안해 조정해 줄 수밖에 없는데 이를 빌미로 사업비가 당초보다 너무 많이 늘어나는 겁니다. 특히 예산제도 자체가 단년도 편성을 하다 보니 전체 사업비를 관리하기가 쉽지 않아요. 그래서 이것을 관리하기 위해 당초 예산보다 20% 이상 늘어날 때는 예산당국의 승인을 받도록 했습니다. 말하자면 사업타당성을 재검증하겠다는 것이지요. 2001년부터는 그 내용도 국회에 보고하도록 했습니다. 이게 당사자들로서는 큰 부담을 느끼는 개혁과제였어요. 그 뒤에 「국가재정법」에 법제화도 됐습니다.

이계민 기획예산위원회가 기획예산처로 바뀌기 직전인 1999년에 5월초에 조달청장으로 가셨다가 2000년 8월에 기획예산처 차관으로 부임하셨습니다. 장관은 전윤철 장관이었지요? 그런데 당시에도 정부개혁 작업은 끝나지 않았고, 오히려 공기업 민영화 등은 한창 진행 중이 아니었나요? 대표적인 공공개혁 과제는 무엇이었으며 당시의 역할과 성과로는 어떤 것이 있었나요?

김병일 조달청장에서 1년 3개월 지난 뒤에 기획예산처 차관으로 왔는데 전윤철 전 경제부총리가 기획예산처 장관으로 왔지요. 이때가 4대 개혁이 지지부진하다는 비판을 많이 받았을 때입니다. 여소야대 정국이어서 정책운용에 애로가 많았던 시절입니다. 특히나 옷로비 사건, 파업유도 사건 등 복잡한 사건들이 터져서 정치·경제·사회 모든 분야에서 어수선할 때였는데 개혁 피로감도 느끼고, 진념 장관께서 재경부 장관으로 옮기시는 등의 변화가 있었어요.

개혁이 지지부진하다는 얘기를 많이 들었는데 공교롭게 국민의 정부 반환점을 돌았을 때입니다. 당시 전윤철 장관은 '개혁과 재정의 연계'를 내세웠어요. 그러면서 지금까지 발표된 개혁과제들을 코드화해서 지속적으로 점검하자고 한 것입니다. 당시 정부개혁실장으로 김경섭 실장이 부임했지요. 차관인 내가 각 부처 기획관리실장 회의를 소집해서 지금까지 발표된 것을 점검하자고 해서 지속적으로 점검하고, 추진 보완계획을 다시 세우도록 했어요. 그래서 주기적으로 점검하고, 안 되면 예산을 안 준다고 했지요. 그 악역을 내가 맡았습니다.

당시 기획예산처가 가장 대표적으로 내세울 만한 개혁작업으로 연기금 정비와 준조세 폐지도 꼽아 볼 수 있습니다.

우선 기금은 많기도 하고, 더 중요한 것은 기금에 대한 통제가 있어야 하는데 너무 느슨했어요. 당시에 기금은 정부기금과 기타기금으로 나뉘어 있었는데 그나마 정부기금은 예산당국까지 보고는 하는데 기타기금은 예산당국에 오지도 않고 장관들이 어느 정도 재량적으로 쓰는 쌈짓돈이나 마찬가지였어요. 그래서 정부기금과 기타기금의 구분을 없애고 기금에 대한 통제를 강화했습니다.

당시 61개 정도 되는 기금을 50여 개로 줄였고, 기타기금과 정부기금 구분 없이 모든 기금은 국회 예결위 보고와 의결을 거치게 했습니다. 쉽게 얘기하면 기금도 예산에 준하는 절차를 똑같이 거치도록 한 것이지요. 2001년(2002년도 기금 편성)부터 적용했습니다. 물론 IMF의 권고도 있었습니다. IMF는 기금도 국가재정이므로 예산과 동일한 절차상의 투명성과 우선순위 기준을 적용해야 한다고 권고했습니다. 이에 따라 국회는 2001년 12월 21일 국회에서 그런 내용을 담은 「기금관리기본법」을 의결해 시행했습니다. 그렇게 되자 기획예산처에도 기금을 전담하는 기금정책국이 만들어졌고, 각 부처가 운용하던 기금에 대해서도 운용계획 등에 대한 협의조정권을 발동해 관리하기 시작했습니다.

특히 이런 기금을 조성하기 위해 각 부처가 여러 가지 명목으로 출연금을 받아내던 것이 이른바 준조세로 볼 수 있습니다. 이러한 준조세도 대대적으로 정비했습니다. 예컨대 교통안전 분담금, 문예진흥기금, 진폐기금, 도로안전관리 분담금 등이 정비대상이었습니다.

이계민 예산은 편성도 중요하지만 편성된 예산을 얼마나 알뜰하게 집행하고 제때에 효과적으로 집행하느냐에 따라 그 성과는 하늘과 땅 차이가 난다고 해도 과언이 아닐 것입니다.

김병일 맞습니다. 2001년 하반기부터 역점을 둔 것은 예산 집행제도 개선이었어요. 2001년 하반기부터 경제가 무척 어려워졌지요. 미국에서 9 · 11 테러까지 터졌지요. 당시 재경부 장관이셨던 진념 장관은 국회에 가면 "언제 그만두느냐?"
는 핀잔을 받을 정도로 경제상황이 엉망이었습니다. 그런데 어느 날 진 장관께서
재정집행을 좀더 원활히 할 수 없느냐고 물어보시는 겁니다. 경제는 어려운데 예
산집행은 제때에 되지 않고 하니까 답답하셨던 모양입니다. 예산이 주무부처에
배당이 되더라도 집행이 늦어지면 재정정책의 효과는 거두기 어렵지요.

그래서 이대로는 안 되겠다고 판단해서 각 부처에 예산 집행실적을 보고하도
록 강세하면서 매주 점검회의를 했습니다. 실제로 지불한 돈의 금액을 보고하
라고 했습니다. 경기가 하도 나쁘니까 예산집행을 빨리 하기 위한 것이었지요.
그 결과 공무원들의 신속한 업무처리라는 매우 바람직한 현상이 나타났지요.

이런 과제는 위기극복과 공공개혁을 위해 나름대로 열정을 쏟았던 일이라고
자부합니다. 기획예산처 차관은 2002년 1월에 그만뒀습니다.

이계민　그다음 노무현 정부 때인 2004년에 기획예산처 장관으로 부임하셨지
요? 그때 되돌아와서 본 느낌은 어떠셨나요. 정부개혁이나 공공개혁 등이 많이
발전했다는 생각이 드셨나요?

김병일　노무현 정부 들어 2003년 12월에 기획예산치 장관으로 내정돼서 2004년
1월 2일에 취임했습니다. 그때 살펴보니 업무처리 분야가 많이 변했어요. 당시
에는 종래에 해오던 공공개혁은 행정자치부 쪽으로 나가고 기획예산처는 재정과
예산을 다뤘습니다. 예산실과 재정기획실이 투톱체제로 돼 있었어요.

그때 일하는 방식의 개선에서 예산의 총액편성과 자율편성 제도로 바꾼 것입
니다. 정식 명칭은 총액배분자율편성제도인데 일명 '톱다운(top-down) 제도'라
고도 했지요. 예산은 국가정책 우선순위를 숫자화하는 것인데 그래서 대통령
주재의 재정전략회의에서 결정해서 내려보내면 그 기준에 따라 각 부처가 예산
을 편성하도록 한 것입니다. 그런데 2004년에는 대통령 탄핵으로 4월에 내려보
내지 못하고 5월에 내려보낸 것으로 기억합니다.

이계민　기왕 말이 나온 김에 외환위기 극복과정에서 느낀 점이라고 한다면 어떤 것을 지적하실 수 있나요?

김병일　외환위기를 극복할 수 있었던 것은 상당규모의 재정을 빨리 투입했기 때문인데, 이것은 그동안의 건전재정 노력 때문에 가능했다고 봅니다. IMF 조기졸업했을 때 건전재정으로 돌아가기 위해 노력도 많이 했습니다. 예컨대 추경예산편성 요건을 강화하고, 세계잉여금은 국채상환에 우선하고, 예비비는 2% 이내에서 편성한다고 했습니다. 요즈음은 참 걱정스러워요. 경제규모에 대비한 재정적자가 아직은 괜찮다고는 하지만 통일 요인 등을 감안하면 더욱 걱정이 돼요. 재정하는 사람들의 걱정이 이만저만이 아닙니다.

안병우　사실 당시에 재정을 오래 다뤄온 우리 같은 사람들은 아무리 외환위기라 하더라도 적자를 만들어내는 것에 대해 정말 심정적으로 용납이 안 됐어요. 불가피하다고는 생각했지만 선배들이 몇십 년 동안 지켜온 건전재정 기조를 내가 허문다는 죄책감에 마음이 정말 아팠습니다. 미국이 닉슨대통령 때 재정적자를 많이 냈는데 적자 구렁텅이에서 빠져나온 것이 30년이 지난 클린턴 정부 때입니다. 그런 역사적 사실을 겪고 지켜보았던 우리로서는 쉽게 용납이 안됐습니다. 이제 이렇게 적자가 되면 헤어나기 힘들 텐데 하는 걱정이 많았는데 오늘날 걱정스러울 정도로 국가부채가 늘어난 상황에 이른 것입니다. 어쨌든 제로베이스 예산 등 1980년대의 예산개혁 작업을 추진했던 사람들로서 그 같은 재정개혁의 정신을 무너뜨리려니 참 안타까웠습니다.

흑자예산의 약속 지켰다

진　념　많이 무너졌지요. 옛날에는 대통령이 서명한 사업도 받아들여 주지 않았던 적이 있어요. 지금은 그런 일이 일어나리라고 기대도 할 수 없고, 어림도 없어요. 그런 일로 사정당국의 조사를 받고 그랬습니다.

618

그래도 국민의 정부는 막대한 공적자금을 투입하고 엄청난 실업대책을 강구하면서도 위기극복 이후에는 강력한 재정개혁 통해 관리재정수지를 GDP 대비 0.7%의 흑자로 만들어 다음 정부에 넘겨주었습니다. 당초의 약속을 지켰습니다.

김대중 정부의 재정정책에 대한 평가는 재정전문가들 사이에서 어느 정도 호의적이다. 《한국의 재정 60년》에 기록된 내용을 그대로 옮겨 보면 다음과 같다.

김대중 정부의 재정정책은 적극적이고 선제적인 역할을 수행한 것으로 평가된다. 예를 들어 1997년 말 외환위기가 발생하자 이미 국회를 통과한 1998년도 정부예산을 다시 삭감하기 위한 예산심의를 다시 했다. 또한 1998년 두 차례에 걸친 추가경정예산 편성과 예산의 조기 집행은 재정정책의 적극적이고 선제적인 역할을 보여준 좋은 예라고 할 수 있다. 특히 금융 구조조정과 기업 구조조정에 대규모 공적자금을 시의적절하게 과감히 투입하여 큰 성공을 거둔 것은 대외적으로 좋은 평가를 받았다.

그러나 적극적이고 선제적인 재정정책을 수행한 대가도 만만치 않았다. 막대한 재정규모의 재정지출에 따른 적자재정이 불가피 했고, 당연히 국가채무도 급증하기 시작했다.[16]

'국민의 정부' 후반기
경제사령탑을 접수하다

IMF의 혹한은 점차 누그러지기는 했지만 해야 할 일들은 태산이었다. 정부가 내세운 4대 개혁 가운데 공공개혁은 그나마 성과를 거두었지만 기업과 금융개혁, 그리고 노동개혁은 현재진행형이었다. 물론 쉽게 끝날 성질의 것은 아니지만 여전히 복잡한 양상을 띠고 있었다. 급한 불을 끄고 나니 사회 각계각층의 욕구는 분출되기 시작했고, 특히나 정부 및 기업, 금융 구조조정과정에서 실업과

---

16 재경회·예우회 편, 한국조세연구원 기획, 2011, 《한국의 재정 60년》, 매일경제신문사, 257쪽.

수입 격감에 시달려야 했던 계층들의 불만은 한꺼번에 분출되는 형국이었다. 1999년에는 경기과열을 걱정할 정도로 경기회복도 이뤄진 마당이어서 더욱 복잡해지는 양상이었다.

일부에서는 "한국이 IMF를 이미 졸업했다"는 선언까지 나왔다. 정부가 IMF로부터 빌린 돈을 조기상환하기로 결정하면서부터이다. 그러는 사이 국민의 정부는 임기 반환점에 이르게 된다. 2000년 8월은 김대중 대통령 임기의 절반에 해당하는 시기이다. 진념은 그 전반부를 정부조직 개편과 공기업 민영화 등 공공개혁의 고삐를 잡고 채찍을 휘둘러왔다.

이제는 재경부 장관으로 경제정책의 선임 장관으로 경제사령탑을 맡아야 했다. 그냥 정부개혁이 아니라 온갖 경제문제를 다뤄야 한다. 그만큼 성과를 거두기는 어렵고 부대껴야 하는 일은 많아졌다. 오죽했으면 회고록에 〈울고 싶어라〉를 애창했다고 적어 놓았을까?

사실 국민의 정부 후반기 경제정책 방향은 제대로 설정된 것이었다. 2000년 8월 발표된 '국민의 정부 제2기 경제운용 비전과 전략'은 '개혁과 도약'을 기본 목표로 '선택과 집중'을 추진전략으로 제시했다. 정책의 우선순위를 선택하고, 그 순위에 따라 시급한 현안에 대해 정책역량을 집중시켜 개혁의 가시적 성과를 끌어내면서 도약의 발판을 구축하겠다는 의미였다. 김대중 대통령의 임기 전반부인 국정 1기는 외환위기라는 엄청난 충격을 극복하면서 경제 활성화를 꾀해야 하는 절박한 현실 때문에 개혁의 방향과 전략에서 상당한 시행착오가 야기됐던 것도 사실이다. 그런 점에서 비록 국민들의 주목을 받지는 못했지만 국정 2기의 경제정책 추진전략을 '선택과 집중'으로 설정한 것은 매우 적절했다는 것이 당시 경제전문가들의 평가였다.

국민의 정부 후반기는 2000년 8월이 그 반환점이었다. 진념 재경부 장관을 새 사령탑으로 한 국민의 정부 2기 경제팀은 IMF의 지휘하에 금융, 기업, 공공, 노동 등 4대 개혁의 고삐를 당기면서 실업과 사회안전망 확충에 진력해온 것이 사실이다. 급박한 상황 극복을 위해 다소 전방위적으로 벌여온 정책들을 이제는 하나씩 가다듬고 완성도를 높여가는 작업을 하겠다는 구상이었다. 지

극히 당연한 수순이라 생각되지만 이 또한 마음먹은 대로, 의도하는 대로 이뤄질 수만은 없는 일이었다.

더구나 2000년 4월 13일에 치러진 제16대 국회의원 총선거에서 여소야대의 정국이 형성돼 험난한 여정이 예고됐다. 게다가 이때의 경제상황은 국내외를 막론하고 우리에게는 엎친 데 덮친 격이었다. 세계경제 여건은 자꾸 악화되는데 미국에서는 9·11 테러가 발생했고, 국내의 경제상황은 뒷걸음질을 치다 못해 '제2위기설'까지 등장하는 형국이었다. 기업들의 자금사정은 갈수록 긴급처방을 필요로 하는 상황으로 악화됐고, 특히 벼랑 끝에 몰린 현대그룹 등의 자금난은 경제를 휘청거리게 만들기에 충분했다.

"차라리 선임부처로서 경제정책을 책임지는 재경부 장관과 경제부총리(2001. 1. 1)에 임명되지 않았으면 하는 속내도 없지 않았다"는 진념의 회고가 결코 변명만은 아니었다는 생각이 든다.

재경부 장관 취임, 그리고 경제부총리

이계민 진 부총리께서 재경부 장관으로 부임한 것은 2000년 8월 7일입니다. 그런데 그 이전에 김대중 정부는 정부조직 개편에 따라 1999년 5월 24일에 내각을 새로 구성했습니다. 그 개각에서 재경부 장관에는 강봉균 청와대 경제수석이 임명되고 기획예산처 장관에 진념 위원장이 그대로 유임됐습니다. 후배인 강봉균 장관이 재경부 장관에 임명됐으니 서운한 마음이 들지는 않으셨는지요? 당시에 진념 재경부 장관 하마평도 무척 많았던 것으로 기억합니다.

진 념 뭐 솔직한 심정으로 서운한 점이 없지는 않았지만 기획예산위원장으로서 아직도 해야 할 일들 가운데 미진한 점도 없지 않았고, 또 국가발전의 핵심인 공공부문 개혁을 주도하고 금융 구조조정 지원에 적극적으로 나선 일들이 보람도 크고 긍지도 느끼고, 또 할 일도 더 많이 남아 있다는 생각에서 다른 생각을 가질 여유가 없었다고 기억됩니다. 지난 40년의 공직생활에서 꼭 무슨 자리를 해야겠다고 작정해 본 적은 한 번도 없었습니다. 맡은 바 임무를 충실히 해결하는 것이 공직자의 자세 아닌가요?

이계민 강봉균 장관과 이헌재 장관에 이어 경제가 무척 어려운 상황에서 재경부 장관으로 자리를 옮기셨는데 정치적 상황이나 경제정책 운용에서 새로운 변화나 정권 차원의 특별한 임무라든가 그런 것이 있었나요?

진 념 2000년 5월 어느 날에 청와대로 들어오라고 해서 대통령을 뵀는데 재경부를 맡아 주었으면 좋겠다는 얘기를 하셨어요. 그러니까 재경부 장관으로 공식 임명되기 3개월 전쯤입니다. 5월 하순인데 당시 내가 이렇게 답변을 드린 것으로 기억합니다.

"대우자동차 매각도 안 되고 구조조정이 한창 진행 중인데 도중에 사람을 바꾸면 좋지 않습니다. 나는 구조조정 전문가가 아닙니다. 또 이헌재 장관이 금감위원장으로서 금융 구조조정, 기업 구조조정 등 어려운 일들을 많이 처리해서 애를 많이 쓴 사람입니다. 그런데 1월에 취임해 5개월도 안돼서 그만둔다면 불필요한 오해를 낳을 수 있습니다. 그러니까 재고해 주십시오."

그래도 여전히 맡으라는 말씀이 있었습니다. 그래서 이렇게 건의드렸습니다. "그러면 6월 중순으로 예정된 남북 정상회담에 다녀오셔서 결정하시지요. 그 대신 그 과정에서 다른 사람도 좀더 검토해 주십시오." 그랬더니 대통령께서 "내가 내일 전화를 다시 하겠다"고 말씀하셨어요. 그 다음날 아침 일찍 전화를 주셨어요. 그러시면서 "진 장관이 얘기한 것처럼 평양에 다녀와서 다시 협의하겠다"고 말씀하셨습니다. 그렇게 됐던 것입니다.

그래서 평양에 다녀오셔서 7월 중순에 또 부르시고 재경부 장관 말씀을 하셨어요. '이제는 바꾸실 의향이 있으신 모양이구나!' 그렇게 짐작했지만 나는 기획예산처 장관을 더 하고 싶은 마음도 없지 않았습니다.

이계민 취임 당시 가장 큰 과제는 무엇이었고, 어떤 생각이 가장 먼저 떠오르시던가요?

진 념 국민의 정부 전반기는 국가부도가 우려되는 위기상황인 데다 IMF라는 시어머니가 있는 특수한 환경이어서 필요할 경우 그들과 협의하거나 아니면 우리 실정에 맞는 정책개발에 주력할 수 있어 정책추진은 오히려 복잡하지 않았습니다. 더구나 위기상황을 극복해야 한다는 국민적 열망과 개혁에 대한 합의는 정책당국으로서는 무척 든든한 후원자였지요. 그래서 일단은 세계가 칭찬하는 신속한 위기 극복과 경제회복을 이룰 수 있었습니다.

물론 최단기간에 위기극복에 성공했지만 경제를 더 성장시키고 내실을 다져 나가는 일은 후반기부터 해야 할 과제였어요. 그동안 추진해온 4대 개혁을 제대로 정착할 수 있도록 마무리하면서 새로 도입한 법률 체계와 제도들을 정착시키는 일이 다급한 현안으로 다가왔습니다. 게다가 성장동력 확보를 통한 선진경제로의 도약은 우리의 궁극적 목표가 아닐 수 없었습니다.

그런데 이런 막중한 과제 앞에서 정부의 정책 환경은 최악의 상황으로 바뀌고 있었어요. 우선 가장 큰 문제가 2000년 총선에서 형성된 여소야대 상황입니다. 예나 지금이나 야당은 정부정책에 반대가 심하지요. 법개정 하나라도 정부의 의도대로 이뤄질 수 없는 옹색한 처지에 몰린 것입니다.

그런가 하면 경제전반에서 개혁을 위한 제도와 기틀은 어느 정도 마련되었으나 경제주체들의 의식과 관행은 아직도 옛날을 탈피하지 못하고 있었어요. 위기를 조금 벗어났다 싶으니까 그동안 움츠리고 손해 보았다고 생각하는 사람들이 자기 몫 찾기에 나서는 집단이기주의가 곳곳에서 나타났습니다. 또 기업이나 가계를 막론하고 각 경제주체들의 개혁에 대한 의지는 다소 이완되고, 그동안 지속된 개혁에 대한 피로감도 불거지기 시작한 것입니다.

이런 어려운 환경을 정부가 자초한 측면도 없지 않았습니다. 1999년 12월에 IMF 완전졸업이라는 얘기들이 많았어요. 특히 김대중 대통령께서 그런 선언을 해 버리는 바람에 개혁의 추동력이 확 떨어지고 대신 개혁 피로감이 나타나기 시작했습니다. 당시는 내가 기획예산처 장관이었는데 이기호 경제수석에게 전화해서 항의하기도 했습니다.

"어떻게 그런 말씀을 하시도록 만드는가? 계속 고삐를 당겨도 시원찮은 판에 벌써부터 그렇게 해서 어쩌자는 것인가? 6·25 전쟁 이후에 가장 큰 재난이라고 하는 외환위기를 불과 1년 몇 개월 만에 완전히 회복했다고 선언하는 게 맞는가?"

물론 당시에는 정치상황 때문에 그랬습니다. 2000년 4월의 총선을 앞두고 분위기를 띄우기 위한 것이었지요. 이해는 하지만 경제정책을 담당하는 관료입장에서는 안타까웠습니다. 개혁 피로감을 주장하고 모든 경제주체들이 내 몫 찾기에 나설 수 있는 여건을 만들어 준 셈이지요.

"다시는 그런 말씀 안 하시도록 하는 게 좋겠다"고까지 청와대에 얘기했었습니다.[17] 그런데 재경부 장관으로 와서 보니 아직도 그런 상황이 계속되고 있었고, 오히려 예상보다 엉망이었어요.

이계민 금융 구조조정과 기업 구조조정이 마무리되지 못하고 후유증을 앓고 있었던 것 아닌가요? 특히 현대그룹 등의 자금난이 가중되면서 기업 구조조정 문제도 큰 과제로 남겨진 것으로 알고 있습니다.

진 념 현대그룹 문제나 대우그룹 문제를 어떻게 마무리할 것이냐가 촌각을 다투는 첫 번째 현안이었고요, 4대 부문 개혁을 어떻게 마무리할 것이냐가 두 번째로 중요한 과제로 꼽을 수 있겠습니다. 조금씩 살아나기 시작한 경기를 바탕으로 경제의 성장잠재력을 확충하고 경제체질을 강화시켜 나가야겠다는 것이 세 번째 과제였고, 네 번째는 「국민기초생활 보장법」을 도입하고 실업대책, 사회안전망 대책을 실효성 있게 정착시키는 것이 당시 내가 가졌던 문제의식이자 주어진 미션이었습니다.

---

17 처음 IMF 졸업설이 나온 것은 12월 20일께 청와대발이었다. 1999년 12월 중순으로 예정됐던 5억 달러의 추가 자금인출을 한국 정부가 유보하겠다는 의사를 통보하면서 나온 것이다. 그러나 일각에서 너무 성급한 낙관론으로 한참 진행 중인 4대 개혁 조치에 악영향을 미치지 않느냐는 것 때문에 우려가 제기됐었다.

큰 틀에서 보면 이런 과제들을 잘 마무리함으로써 후반기 내각이 '국민의 정부'의 남은 임기를 잘 마무리 짓고 어떻게 하면 역사의 좋은 평가를 받도록 할 것인가 하는 것이 초미의 관심사이자 사명이었다고 종합할 수 있습니다.

첫 시험대 '예금부분보장제' 논란

이계민 긴급한 위기를 넘기면서 현안 과제들이 봇물처럼 쏟아진 것으로 압니다. 그중에서 당장 해결하지 않으면 안 될 화급을 다투는 과제는 무엇이었나요? 취임 직후 재경부에서 열린 기자회견 내용을 보면 예금부분보장제 시행과 금융지주회사 제도, 그리고 공적자금 추가조성 문제 등이 주요 의제로 거론되었던데요?

진 념 당시 가장 초미의 관심사는 예금부분보장제였습니다. 외환위기가 터지면서 김영삼 정부는 예금인출사태를 막기 위해 예금전액보장제를 1997년 11월 19일부터 2000년 말까지 3년간 실시했습니다. 그런데 1997년 12월 3일에 IMF와 맺은 제1차 합의의정서에는 "현재의 예금전액보장제도는 3년 내에 끝내고 부분보장제도로 대체한다"고 명시돼 있었습니다. 그 3년의 시한이 그해 말로 다가오니까 이를 둘러싸고 갑론을박이 많았습니다. 금융계와 정치인들의 경우 아직 경제안정이 이뤄지지 못했기 때문에 좀더 연장 실시해야 한다는 주장이 많았지만 정부로서는 IMF와의 약속을 지키기 위해 대안을 마련해야 했지요.

그런데 그 과정에서 찬반의견이 많았습니다. 특히 여소야대 정국에서 거대 야당인 한나라당이 반대하고 나선 데다 집권여당인 새천년민주당 내에서도 반대 목소리가 나오는 형국이었어요. 외환위기 이전의 예금보험제도에서는 예금자당 2천만 원만 보장해 주도록 돼 있었습니다. 그러니까 우선 예금전액보장제를 연기해 실시할 것이냐와 함께 부분보장제로 간다면 보장한도를 종래의 2천만 원으로 할 것인지 여부가 논란의 대상이었습니다.

내가 취임기자회견에서 밝힌 것은 "예금부분보장제는 예정대로 폐지 시한을 지키되 보장한도를 늘리는 것은 검토해 보겠다"는 원칙을 천명한 것이었어요. 야당이나 금융계 일각에서 주장한 부분보장제 연기론은 "이 제도가 내년부터 실시될 경우 부실금융기관에서 자금이 급속히 이탈해 금융시장 불안을 초래할 수 있고, 특히 금융 구조조정이 아직 끝나지 않았다"는 이유를 들어 '시기상조'라고 주장했습니다. 그러나 정부로서는 받아들이기 어려운 주장이었지요. 정부는 그런 주장이 도덕적 해이의 전형적 사례일 뿐만 아니라 IMF와의 합의사항이기 때문에 예정대로 시행하겠다는 것이었습니다.

그해 10월 5일로 기억합니다만 민주당 이해찬 정책위의장과 국회 정무, 재정경제, 산업자원위원회 소속 의원들이 서울 여의도 전경련회관에서 나를 비롯한 경제장관들을 대상으로 정부가 추진 중인 12대 개혁과제의 타당성과 정책 추진 속도의 적정성 등을 따졌는데 일부 의원들은 예금부분보장제도 도입을 연기해야 한다는 주장을 펴기도 했습니다. 예컨대 "중환자실에 있는 환자에게 보약부터 마시라고 다그치는 꼴"이라고 연기를 주장했는데 이에 대해 찬성론자들은 "구조조정의 쓴 약을 지금 마시지 않으면 내년에는 한 말의 독배를 마셔야 한다"고 대응했었습니다.

우여곡절 끝에 예금부분보장제는 한도를 예금자당 5천만 원으로 올려 예정대로 2001년 1월부터 시행키로 했습니다. 자세한 과정은 말로 다 할 수 없습니다. 여소야대에서 야당총재와 전직 경제부총리들까지 가세한 연기론에 맞선다는 게 정말 어려웠습니다. 심지어 김대중 대통령이 여야 영수회담은 물론 전직 경제부총리 및 재경부 장관 오찬 간담회까지 가졌습니다.

그래도 꼭 가야 할 길이란 점에서 설득 노력을 게을리하지 않은 결과 시행할 수 있었습니다. 또 당시에 언론이 "시행해야 한다"는 데 손을 들어주고 여론 형성에 앞장섰던 것이 큰 힘이 되었습니다.

왕자의 난 겹친 '현대그룹 부실' 폭풍 잠재우기

이계민　기업 구조조정도 난관에 부딪혔던 것 아닌가요? 그중에서도 현대그룹 문제가 경제의 가장 큰 이슈로 등장했지요. 대우그룹은 이미 해체수순에 접어들었기 때문에 당장 급한 현안은 아니었던 것으로 기억되는데 현대그룹은 무엇이 가장 큰 문제였나요?

진　념　현대그룹 문제는 현대건설이 자구노력을 제대로 안 해서 1차 부도가 나는 상황에 몰렸던 것입니다. 건설뿐만 아니라 전자, 중공업 등도 마찬가지어서 이를 어떻게 마무리할 것이냐가 걱정이었습니다.

이계민　현대그룹은 이른바 '왕자의 난'이라 불리는 정주영 회장 아들들의 권력다툼까지 가세해 일촉즉발의 위기로 몰리고 있었던 것 아닌가요?

진　념　그렇습니다. 정주영 명예회장의 아들인 정몽구 회장과 정몽헌 회장 간의 경영권 다툼을 '왕자의 난'[18]이라고 이름 붙였는데 유명했지요. 어쨌든 외환위기 앞에서는 현대그룹도 무기력할 수밖에 없었어요. 1998년부터 간판기업인 현대건설을 비롯해 현대전자, 현대상선 등 대다수의 계열사들이 큰 폭의 적자를 냈고, 회사채 발행 등으로 연명했습니다.

---

18 현대그룹 경영권을 둘러싼 형제간의 다툼, 이른바 '왕자의 난' 전말은 이러하다. 2000년 당시 현대그룹은 정주영 회장이 경영 일선에서 은퇴한 후 정몽구, 정몽헌 형제의 불안한 투톱 공동회장제로 운영되고 있었다. 정몽구 회장은 1996년 1월에, 정몽헌 회장은 2년 뒤인 1998년 1월에 현대그룹 공동회장으로 취임했다. 왕자의 난의 시작은 2000년 3월 14일, 정몽구 현대 공동회장이 정몽헌 회장의 최측근 심복이었던 이익치 현대증권 회장을 고려산업개발 회장으로 전보시킨 보복성 내정인사에서 비롯됐다. 그러자 그 다음날인 3월 15일, 정몽헌 공동회장은 인사 보류를 지시하고, 24일에는 현대 구조조정위원회가 정몽구 공동회장의 면직을 발표한다. 이어 26일에는 정몽구·정몽헌 공동회장이 인사문제를 놓고 서로 발표를 거듭 번복한다. 3월 27일에는 현대그룹 사장단들의 모임인 현대경영자협의회에서 정몽헌 회장을 단독회장으로 승인한다. 당시 몽구, 몽헌 두 회장은 병원에 입원 중이던 '왕회장' 정주영 회장을 기자회견장에까지 불러내 '공개낙점' 하도록 하고, 아버지의 서명을 먼저 받았느니, 안 받았느니 문서까지 들이대며 싸우는 모습이 보도되어 현대그룹의 집안싸움을 국민들에게 모두 보여주었다. 결국 이 사건은 5월 31일에 현대 정주영 명예회장, 정몽구·정몽헌 회장이 3부자 퇴진이란 경영개선 계획을 발표하면서 일단락됐다.

그런 와중에 2000년 3월에는 현대그룹 회장 일가의 경영주도권 분쟁인 이른바 '왕자의 난'을 겪게 됩니다. 2000년 5월 25일, 정주영 명예회장이 계열사 지분정리와 현대차 지분 매입발표를 했는데 다음날인 26일에 현대 전 계열사의 주가가 폭락합니다. 결국 정부와 채권은행단은 현대그룹에 지배구조 개선, 경영진 문책 등을 요구합니다. 결국 현대 정주영 명예회장이 현대건설과 중공업, 현대아산의 이사직 포기를 발표하고, 5월 31일에는 현대 정주영 명예회장, 정몽구, 정몽헌 회장 등 3부자가 동반퇴진이라는 비상대책과 함께 경영개선 계획을 발표합니다. 그 내용은 이런 것입니다.

지배구조 개선을 위해 정주영 명예회장과 정몽구 현대차 회장, 정몽헌 현대 회장 등 3부자가 경영일선에서 물러나고 유능한 전문 경영인을 등용한다. 유동성 확보를 위하여 현대정보기술, 현대택배, 현대오토넷, 현대정유 등의 주식을 처분하고 현대건설 보유의 부동산을 매각한다.

물론 여기에는 정부의 거중조정이 있었습니다. 그러나 7월 하순부터 그룹 자금 사정이 급격히 악화되어 현대그룹과 채권은행은 8월 13일 자금지원의 전제가 되었던 자구계획의 구체안을 발표합니다. 현대자동차그룹 계열분리, 중공업 계열분리, 그리고 주식매각 등을 통해 유동성을 확보하는 것 등인데 이를 계기로 채권은행들은 채권 만기연장을 해주고 자체 구조조정을 추진하는데 그래도 역부족이었습니다. 결과적으로 현대건설에 대해서는 2001년 3월 구주주 주식의 완전 감자를 전제로 한 채무의 출자전환을 실시해 현대건설은 채권단 소유의 기업이 됐습니다. 옛날 주주들의 경영권을 배제한 채 현대건설[19]은 은행관리로 넘겨졌지요.

19 현대건설은 2001년 5월 채권단이 감자(減資)에 이은 출자전환을 단행, 54년 역사를 끝으로 정씨일가의 품을 떠나 채권단 관리로 들어갔다. 2006년 워크아웃을 졸업하고, 2010년 6월 채권단에 의해 매각 작업이 추진됐다. 현대건설 인수전은 채권단의 2대 주주인 산업은행 민영화 발표와 1대 주주인 외환은행의 매각 의지가 맞물려 M&A 시장의 최대 관심사로 부상했다. 2010년 8월 현대그룹이 현대건설 인수에 참여했고, 9월 현대자동차도 인수전에 뛰어들었다. 2010년 11월 채권단은 우선협상 대상자로 현대그룹을 선정했으나 이어 12월에는 현대그룹의 자금조달 능력을 문제 삼아 현대그룹에 대한 우선협상 대상자 자격을 박탈하고, 2011년 1월 우선협상 대상자로 현대자동차그룹을 최종 선정했다. 결국 현대건설은 정씨일가인 현대기아자동차그룹의 품으로 되돌아갔다.

이계민　그런 과정에 대해 시중에서 말들이 많지 않았나요? 현대그룹을 봐주기 위해 부도를 내지 않고 여러 가지 지원책을 썼다는 것이지요. 당시만 해도 현대는 '통일 소떼 방북'으로 알려진 정주영 회장의 북한방문 등 남북경협사업에 적극적이어서 정권과의 관계가 나쁘지 않았지요. 그래서 야당의 비난 표적이 되었던 것이고 실제로 현대그룹을 살리기 위해 여러 가지 노력을 한 것도 사실 아닌가요? 깔끔하게 부도처리 할 수는 없었나요?

진　념　당시에 그런 말들이 많았지요. 특히 여소야대 정국에서 경제부총리인 나는 정치권에서 여야를 막론하고 견디기 힘들 정도의 공격과 추궁을 받았습니다. 왜 현대건설을 부도처리하지 않고 봐주느냐, 특혜를 베푸느냐는 것이었습니다. 심지어 여당인 새천년민주당에서조차 그랬어요. 그런데 당시에 아무리 생각해도 그럴 수는 없었습니다.

함께 생각해 봅시다. 2001년 초인데 당시 현대그룹 등이 결제해야 할 회사채 만기 도래 금액이 25조~28조 원 규모였는데 이것이 한꺼번에 몰리게 돼 감당할 수가 없었습니다. 금융기관들도 지원할 수 없는 규모였지요. 그렇다면 야당의 주장대로 부도를 내면 그만 아니냐 할 것이지만 부도가 나면 어떻게 되겠습니까. 현대건설 등의 모기업은 그렇다 치더라도 하청업체나 계열기업 등 수많은 중소기업들이 줄도산해서 우리 경제가 무너지게 될 것은 불을 보듯 뻔했습니다.

그래서 부도를 낼 수는 없었습니다. 그런데 도와주려 해도 도와줄 방법도 마땅치 않았어요. 당시의 금융기관 여력으로는 한꺼번에 돌아오는 회사채 만기자금 25조~28조 원을 감당하기 어려웠습니다. 그래서 도입한 것이 회사채 신속인수제도[20]입니다.

물론 정부는 이런 상황은 예견하고 있었지요. 외환위기 직후 고사 직전의 회사들이 고금리로 회사채를 가능한 한 많이 발행했으니 3년 만에 한꺼번에 만기

20　회사채 신속인수제도란 일시에 대규모로 만기가 도래한 회사채를 상환하기 위해 기업들이 사모 방식으로 또 다른 회사채를 발행하면 이를 산업은행이 인수해 주는 제도. 회사채 물량의 80%는 산업은행이, 20%는 채권은행과 기업이 나눠 인수한다. 산업은행의 인수 채권 80% 중 대부분은 신용보증기금이 신용을 보강한 프라이머리 CBO(P-CBO)로 편입된다.

가 다가올 것은 너무도 당연한 것 아닌가요. 그래서 2000년 12월 26일에 '자금시장 안정을 위한 회사채 발행 원활화 방안'을 마련하여 '회사채 신속인수제도'를 도입했던 것입니다. 요약하면 한국신용보증기금의 보증력을 이용해서 산업은행이 자금지원을 하는 제도입니다. 그래서 야당이나 신용보증기금 노조 등에서는 신용보증기금이 대기업 보증해 주라고 설립된 것이 아니라고 주장했습니다. 이는 1년간 한시적으로 도입 운용되다 폐지됐습니다만 이 제도의 수혜자는 현대전자(현재의 하이닉스)를 비롯한 현대그룹 계열사들이었지요.

그때 정부가 야당을 비롯해 반대하는 이해당사자들을 설득한 것은 두 가지 논리였습니다. 하나는 현대그룹과 연관이 있는 수많은 하청업체와 협력업체들을 생각하면 신용보증을 통한 자금지원은 불가피하다는 것이었습니다. 현대건설에 특혜를 주는 것이 아니라 중소 하청업체와 협력업체를 살리는 길이라는 것입니다. 더구나 당시에 중소기업에 대한 특례보증제도가 있었습니다. 한 업체에 10억 원 정도의 특례보증을 해줄 수 있었는데 현대건설의 하청업체 몇백 개 업체를 보증해 주면 수천억의 자금이 필요합니다. 그렇다면 현대건설을 지원해서 그들 업체가 살아난다면 효과는 같은 것 아니냐, 중소기업 개별적으로 지원해 주는 것은 옳고, 대기업을 통해 같은 효과를 거두는 것은 잘못이라는 것은 바람직하지 못하다, 그렇게 노조를 설득하고 이해관계자들에게 설명하면서 회사채 신속인수제도를 만들었습니다. 물론 근본적으로는 이런 지원이 없으면 경제가 붕괴되기 때문에 어떤 방법으로든 대책을 강구해야 했지요.

다른 하나는 IMF 등에서 "구조조정 원칙에 맞지 않는다"는 이유를 들어 이의제기를 했습니다. 매각을 해야지 왜 지원해 주느냐는 것이었지요. 국제기구에서도 같은 의견을 내놓았습니다. 그러나 "현대건설의 결제수요를 충족시키지 못하면 부도가 나는데 부도나고 나서 구조조정이 무슨 의미가 있느냐?"고 따졌습니다. 특히 회사채 신속인수제도는 특혜가 아니라 구조조정 촉진수단이라고 주장했지요. 진정을 다해 설득한 결과 IMF의 동의를 얻어 1년 한시적으로 회사채 신속인수제를 시행할 수 있었습니다. 국내업계에서는 1년이 지난 뒤 1년 더 연장해 달라고 요청했지만 국제금융시장과의 약속을 지키기 위해 1년 만에 끝냈습니다. 물론 최근에 부활된 것으로 압니다만 약속은 지켰습니다.

이러한 과정을 되돌아보면서 우리가 눈여겨볼 대목은 첫째로 중소기업과 대기업과의 관계에서 생기는 자금 블랙홀을 어떻게 풀어갔느냐, 즉 대기업과 중소기업의 상생협력 방법을 생각해 볼 수 있고, 다음으로는 어려웠지만 법 해석을 실정에 맞게 잘 활용하고 특히 진정한 대화를 통하면 노조 등의 동의도 얻을수 있다는 점, 그리고 같은 맥락에서 IMF와의 협상을 어떻게 추진해 성공했느냐 하는 내용은 지금의 우리에게 많은 교훈을 준다고 생각합니다.

현대그룹의 수난사는 창업자 정주영 회장의 대선출마에서 시작된다. 1992년 창업자 정주영 명예회장이 대선출마를 선언하고 통일국민당을 창당했으나 낙선했다. 그 뒤 승자의 응징은 가혹했다. 이듬해인 1993년 김영삼 정부는 현대그룹계열사들에 대한 세무조사를 시작했고, 금융권의 자금지원도 동결돼 새 사업투자는 엄두를 내지 못한 채 버티어야 했다.

그러나 다음 정부인 김대중 정부로 정권이 바뀌면서 현대의 입지는 달라진다. 이전 정부의 압박을 되돌아보면 "용케도 살아남았다"는 것이 적절한 표현일 것이다. 인간지사 새옹지마(塞翁之馬) 라던가? '통일 소떼 방북'으로 알려진 정주영 명예회장의 방북 등으로 김대중 정부의 역점사업인 남북경협 사업에 현대그룹이 앞장서면서 정부와의 관계는 우호적으로 바뀌었다.

그러나 외환위기라는 엄청난 재앙 앞에서는 아무런 힘을 발휘할 수 없었음은 지금까지 엮어 본 자초지종이 말해 주고 있다.

이계민 대우 문제는 어떤 상황이었나요? 진 부총리께서 취임하신 때에는 그룹이 해체된 뒤였지요?

진 념 내가 재경부 장관으로 취임하고 대우차 문제로 포드 회장도 만나고 했어요. 한창 인수협상이 진행 중인 상황에서 포드는 처음에는 다소 긍정적으로 생각하다 나중에 꽁무니를 빼 버렸어요. 한국산업은행과 대우자동차가 거래를 해야 하는데 가격에 대해 말만 많고 진행이 안돼요. '헐값매각이다' 등의 말을 들을까 봐 무서운 것이었지요. 그래서 내가 대우 법정관리 사장을 새로 추천했습니다. 내가 기아에 있을 때 같이 일했고 자동차 사업을 잘 아는 이종대 사장을 그리로 보냈어요.

그리고 금융위원회 등에 대해 이런 지시를 내렸습니다. "대우자동차 매각 문제에 대해서는 어느 누구도 간섭하지 마라. 오직 산업은행 총재와 이종대 사장이 얘기해서 결론을 내리고 그 결과에 대해서는 전적으로 내가 책임지겠다"라고 공표했던 기억이 있습니다.

야당공세 속에서 공적자금 추가조성 나서다

이계민 당시 기업들의 처리문제도 있었지만 실제로 정부가 대처할 수 있는 공적자금이 부족해 어려움을 겪고 있을 때 아니었나요? 그런데 진 장관 부임 이전에 정부에서는 더 이상의 공적자금 조성은 없다고 선언해 버리는 바람에 이러지도 저러지도 못하는 진퇴양난에 빠졌지요?

진 념 초창기 금융 구조조정 등을 추진하면서 우리가 총 64조 원 정도의 공적자금을 동원했는데 대우 문제가 터지면서 그것으로는 턱없이 모자랐습니다. 더 확충하지 않으면 안 될 상황에 몰렸습니다. 대우에만 공적자금이 30조 원이 들어갔을 겁니다. 그런데 대우는 대우자동차를 처음에는 GM에 70억 달러에 판다고 하다 다음에는 포드에 판다고 하면서 갈팡질팡했지요. 구조조정이 잘 안 돼서 공적자금을 추가로 넣어야 하는데 총선을 앞둔 상황에서 이헌재 장관이, 정부가 더 이상 공적자금 추가조성은 없다고 말해 버렸어요. 정치 일정[21] 때문에 그랬다고 생각되는데 어쨌든 정부가 자기 덫에 걸려 버렸어요. 이를 어떻게 풀

---

21 2000년 4월 13일에 제16대 국회의원 총선이 예정돼 있었다. 결과는 당시 야당인 한나라당이 비례대표를 포함 133석, 새천년민주당(국민회의가 2000년 1월 21일 당명 개정) 115석, 자민련 17석 등으로 사실상 여당의 패배였다.

어나갈 것인가가 참 어려운 과제였습니다.

이계민 공적자금 추가조성 문제는 어떻게 풀어가셨나요?

진 념 공적자금 조성 문제는 2000년 4월에 예정됐던 총선을 앞두고 정부가 공적자금 추가조성은 없다고 신인하는 바람에 그것이 족쇄로 작용했습니다. 게다가 야당이 IMF 이후에 공적자금을 너무 헤프게 썼다는 문제를 제기했습니다. 비리가 많다고 했습니다. 회수도 안 되고요. 그래서 조사를 철저히 하자고 공세가 대단하던 때였어요.

당시 야당이었던 한나라당이 그런 문제를 해결하기 위해 「공적자금관리 특별법」을 만들자고 했습니다. 그런데 여당인 국민회의에서는 "무슨 소리냐, 불이 나서 불 끄는데 쓴 것을 왜 따지느냐"고 부딪혔지요. 그해 9월에 국정감사가 시작되는데 야당에서는 이규성 장관과 이헌재 장관을 증인으로 채택해서 따져야 한다고 공세를 폈어요. 이미 물러난 장관들이지만 공적자금을 실제로 집행했던 사람들이라는 것이었지요. 전임 장관들을 욕보이게 하는 것은 도리도 아니고 순리도 아니라는 생각에 내가 여당과 야당 간사들을 찾아가서 이렇게 설명을 했습니다.

"같은 정부에서 내가 같은 일을 하고 있습니다. 모든 문제에 대해서는 내가 책임지고 답변하겠습니다. 그렇게 고생하신 분들을 불러 따지면 무슨 소용이 있습니까?"

그렇게 설득해서 가까스로 증인에서 빠진 적이 있습니다. 그런데 결과적으로는 「공적자금관리 특별법」이 연결고리가 됐어요. 여소야대 정국에서 야당의 공세가 거칠었으니 감당하기가 버거웠습니다. 공적자금 추가조성은 절실한데 뾰쪽한 길은 없어서 내가 김 대통령께 직보했습니다.

"공적자금은 추가조성이 불가피한데 야당은 이렇게 얘기를 하고 있다"는 등의 사정을 설명드리면서, "문제는 초기에는 불이 났으니 있는 대로 물을 뿌렸지만 이제는 시스템을 정립할 때가 됐습니다. 그러니 야당이 주장하는 「공적자금관리 특별법」, 특별위원회 제안을 받아들이는 게 좋겠습니다."

그랬더니 대통령께서 "그렇게 하시오"라고 답을 주셔서 그게 문고리가 돼서 야당과의 문제가 풀리기 시작한 것입니다. 그래서 「공적자금관리 특별법」을 만들고, 공적자금관리위원회를 설치하고 했습니다. 그런데 그때 한 가지 문제가 당시 한나라당 이한구 의원이 공적자금관리위원회를 청와대에 대통령 직속으로 두라고 주장했어요. 겉으로는 대통령이 책임지라는 강력한 메시지였지만 실제는 공격의 대상을 김 대통령으로 삼겠다는 것이었지요.

그래서 그것은 안 된다고 버티고 재경부 장관이 책임지겠다고 해서 금융위원회 산하에 공적자금관리위원회를 구성했는데 우리 재경부 관리들은 불만이 무척 많았어요. 왜냐하면 그전에 재경부에서 결정하면 그것으로 끝나기 때문에 모든 의사결정이 신속히 이뤄졌는데 공적자금관리위원회에 가면 의사결정이 안 되고 열흘이고 스무날이고 결정을 미루기만 하니까 불만이 대단했어요. 그러면서 장관에게 와서 항의가 대단했어요, 일 못하겠다고요. 그럴 때마다 나는 이런 얘기를 해주었습니다. "고충은 충분히 알겠지만 시간이 좀 걸린다고 너무 조급해하지 마라. 그것이 자신들을 보호하는 길이기도 하다"고 설득해 시스템을 정착시켜 나갔습니다.

이계민　전체 공적자금 조성 규모는 어느 정도였나요?

진　념　약 168조 원입니다. 물론 순조성 규모로는 100조 원 정도 되는 것으로 알고 있습니다. 나머지 68조 원은 회수자금을 다시 사용한 것입니다. 그렇게 해서 구조조정을 추진하게 됐는데 사후적으로 보면 아쉬운 점이 많지요. 그러나 위급한 상황에서 대처하다 보니 그렇게 됐지만 그것도 단계별로 개선되면서 슬기롭게 대처해왔다고 평가하고 싶습니다.

안병우　처음 공적자금을 편성할 때 생각이 납니다. 처음에는 부실 금융자금 규모를 24조 원쯤으로 보고 이 정도의 공적자금이 있으면 된다는 숫자를 금융당국에서 가지고 왔어요. 그때는 내용을 따지고 할 겨를이 없던 때이지요. 예산을 다루는 우리는 왜 이런 숫자가 나왔는지도 몰랐고, 금융당국에서도 자료를 주지 않았어요. 그런데 24조 원의 이자가 연 15%에 달했는데 고금리 때니까 3조 6천억 원에 달해요. 그래서 1차 추경예산으로 우선 3조 6천억 원을 확보했어요. 이는 턱도 없는 규모였지요. 계속 불어날 수밖에 없었습니다.

그런데 당시 예산실 실무자들은 예산 아끼기에 고민이 많았습니다. 그때 간부들인 장석준(당시 기획예산처 예산실장, 후일 보건복지부 차관·한서대 부총장), 박봉흠, 정해방 등이 머리를 맞댔습니다. 예산청은 이 자금을 보조가 아닌 재정투융자특별회계에서 융자로 처리하되 이자는 무이자로 하기로 했습니다. 특히 예산당국으로서는 그 돈이 어떻게 쓰이는지를 따지면서 배정하려고 했습니다. 그런데 따질 만한 여유도 없었고, 겨를도 없었습니다. 그래서 우선 지원하는 형태였습니다. 그래서 초기에는 법적 근거도 없이 사용되다 보니 도덕적 해이 등이 많이 발생했습니다.

공적자금 소요는 당초 24조 원에서 64조 원으로, 또 100조 원으로 늘어나는 과정을 거칩니다. 결국은 총 168조 원으로 마무리되지요. 그중에 102조 원은 이미 회수했습니다. 그러다가 노무현 정부 때 69조 원은 회수가 곤란하다고 판단하고 이를 금융사가 20조 원, 정부가 49조 원을 부담키로 하고 종결지었지요. 그래서 그때부터 매년 2조 원씩 그러니까 2027년까지 25년 동안 공적자금을 국채로 전환하는 중입니다. 아직도 IMF의 상흔이 지워지지 않은 것이지요. 당시에 예산을 담당했던 사람들은 지금도 이 사실을 강조하면서 경각심을 일깨우고 있습니다. 아직도 IMF는 끝나지 않는 것이나 마찬가지이지요.

재정투입이 경제를 살리는 데 주효한 것은 사실이지만 금융의 문제를 재정이 담당했다는 비판도 제기됐습니다. 더구나 지금은 우리의 금융산업과 시장상황이 과거로 되돌아갔다는 비판들을 많이 합니다. 맞는 얘기 아닌가요? 안타까운 일입니다.

DJ표 사회안정 정책 "가난은 정부 책임"

이계민 외환위기 극복과정 때에 기자 신분이던 제 머릿속에 깊이 남아 있는 게 「국민기초생활 보장법」의 제정입니다. 실제로 김대중 정부의 가장 큰 업적 가운데 하나가 아닌가 싶습니다. 사회복지에 대한 개념을 바꾼 것이지요. 당시까지만 해도 빈곤은 개인의 책임이고 이를 정부가 부조해 주는 소극적 개념이었는데 「국민기초생활 보장법」 이후에는 빈곤을 국가 책임으로 명시하고 해결해 주는 책임을 정부에 부여한 것입니다.

진 념 김대중 대통령의 평소 생각이 가난은 정부가 책임져야 한다는 것이어서 그런 철학을 반영한 것이 「국민기초생활 보장법」입니다. 당시 예산청장을 하셨으니까 안병우 장관이 설명을 해주시면 좋겠는데 ….

안병우 기초생활 보장정책은 사회복지의 개념을 소극적인 시혜에서 적극적인 국민의 권리로 바꾸는 대전기였지요. 그러면서 김 대통령께서 한 가지 더 강조하신 것은 '생산적 복지'라는 것이었지요. 당시에 이기호 경제수석이 무척 고생했습니다. 그렇지만 당시 예산당국으로서는 애로가 많았어요. 재정지원을 턱없이 많이 요구했기 때문입니다. 사실 그때 다투기도 많이 했습니다. 너무 생경한 곳에 돈을 주라고 하니 논란이 일어날 수밖에요.

　　그러나 상황이 워낙 어려워서 이것저것 따질 겨를이 없었습니다. 실업자가 2백만 명에 이르고 중소기업 부도는 이어지고 하니 사회복지 쪽에서는 다급했지요. 「국민기초생활 보장법」이 제정되고, 빈곤은 국가 책임이라는 논리로 바뀌었습니다. 이를 바탕으로 노무현 대통령 때 더 발전시켰지요. 다만 김대중 대통령 때는 생산적 복지를 주장했지요. 고용보험특별회계 등도 활용하는 방법이 많았습니다. 그런데 당시 고용보험특별회계의 기금이 많이 적립된 상태여서 갑작스럽게 확대 시행했지만 감당이 가능했습니다.

진　념　얘기를 하다 보니 한 가지 생각나는 게 있는데 앞서 얘기한 추경예산과 관련해서 취로사업을 많이 했습니다. 물론 이것 역시 저소득층의 생활보호 차원의 시책이었지요. 굉장히 많이 했습니다. 그런데 무엇을 했느냐 하면 '숲가꾸기 운동'이란 것을 했어요. 전체 예산이 2천억~3천억 원을 넘게 투입했습니다. 이름은 '공공근로사업'이라고 했습니다. 이 사업과 관련해서 그때 내가 대통령께 이런 말씀을 드리니 흐뭇해하시더라고요.

"우리의 헐벗은 산을 푸르게 가꾼 것은 박정희 대통령의 공입니다. 그런데 김대통령께서는 푸른 숲을 경제림으로 바꾸는 대통령이 되십시오."

이계민　문제는 이런 숲가꾸기나 경제림 조성은 아직도 숙제로 남아 있습니다. 산에 나무는 빽빽이 들어섰는데 사람들이 들어갈 수가 없어서 이용하기는 수월치 않습니다. 과거에도 추진했지만 임도(林道)를 건설한다든가 해서 숲의 활용성을 높여야 하는데 아직 부족한 것 같습니다.

진　념　숲가꾸기 사업이 계속되었어야 하는데 몇 년 하다 그만두더라고요.

이계민　재경부 장관으로 임명된 후 2001년 1월 1일에는 경제부총리 겸 재경부장관으로 승진하셨는데 조직개편이 있었나요?

진　념　조직개편[22]이 있었습니다. 우선 재경부 장관과 교육부 장관을 부총리로 하고 경제부총리가 경제정책을 총괄 조정한다는 내용이었습니다. 또 여성의 역할 증대에 따라 여성특별위원회를 여성부로 개편한 것입니다. 말하자면 경제 사회 분야의 정책조정시스템이 잘 돌아가지 않으니 이를 보완하기 위한 것이었지요.

그런데 당시에 경제부총리는 다른 사람이 임명될 것이라는 소문도 있었고, 구체적인 이름도 거명됐어요. 예컨대 오랫동안 경제수석을 지낸 이기호 수석이 온다는 얘기도 있었고 소문이 많았는데 내가 변동 없이 부총리로 임명됐어요. 일

---

22 《국민의 정부 공공개혁 백서》(기획예산처, 2002, 41쪽)에서는 이를 '제3차 조직개편'으로 명명한다.

부 언론에서는 진념이 운이 좋다고 말하기도 했습니다. 조직개편을 통해 부총리 제를 부활한 것은 1차 조직개편으로 인한 부총리제 폐지가 문제가 많다는 결론을 내리고 역시 정책의 총괄조정 기능이 필요하다고 느꼈기 때문입니다. 아무리 수 석부처라고 하더라도 동급의 장관으로서는 정책조정이 만만치가 않았어요. 더 구나 예산은 기획예산처로 분리돼 있어서 더욱 그랬던 것 같습니다.

여소야대의 험난한 준령을 넘다

2000년과 2001년으로 이어지는 세계경기의 후퇴는 미국발이었다. 2000년 하반 기부터 IT산업의 불황 등으로 성장세가 둔화되기 시작한 미국 경제는 그해 9·11 테러 사건의 충격으로 소비심리 위축이 가세되면서 2001년 3/4분기 중에는 성장 률이 마이너스로 돌아섰던 것이다.

2001년 들어 그 여파가 세계경제에 전해지면서 그간 IT 산업을 중심으로 호황 을 이끌어오던 미국경기가 급속히 위축됐고, 그 영향이 전 세계로 파급되는 동반 위축 현상을 보였다. 이에 따라 세계 경제성장률은 2000년의 4%대에서 2001년 에는 2%를 약간 넘는 데 그쳐 1993년 이래 가장 낮은 수준을 기록했다. 세계 교 역성장률도 2000년의 10%대에서 1% 내외로 크게 떨어졌다. [23]

우리 경제라고 이런 흐름에서 예외일 수 없었다. 2001년 우리 경제는 2000년 하반기부터 시작된 전 세계적 경기침체의 영향으로 전반적 경기둔화를 겪었다. 이에 따라 경제성장률도 IMF 외환위기 이후 최저인 3.0% 수준에 그쳤다. 기간 별로 보면 1/4분기 3.7%에서 2/4분기 2.9%, 3/4분기 1.9%로 전 분기에 비해 1%p 내외씩 뚝뚝 떨어지다 4/4분기에는 민간소비와 건설투자가 크게 증가하

---

23 "세계 경제동향", 재정경제부, 2002, 《경제백서 2001》, 18쪽.

고, 설비투자와 수출의 감소폭이 둔화되어 성장률이 3.7%로 다시 반등했다.[24]

전반적으로 2001년의 우리 경제를 종합 평가해 보면 무척 어려운 국면이었음은 너무도 분명해 보인다. 2000년 4/4분기 이후 대내외 여건이 악화되는 가운데 금융시장 불안 등에 따른 심리적 요인까지 가세하면서 경기전망이 다시 불투명해지면서 '제2의 경제위기' 가능성까지 제기되는 상황을 맞았다. 대외적으로는 국제유가가 크게 상승하는 가운데 반도체 가격 하락과 IT산업의 침체 등으로 세계경제는 침체국면에 접어들게 되었다. 대내적으로도 현대건설 등 현대그룹 주요 계열사 등의 어려움이 심화되면서 전체 자금시장의 경색을 초래하는 등 우리 경제는 IMF 이후 가장 어려운 상황에 직면한 것이다.[25]

경제부총리로 승진했지만 진념의 머릿속은 복잡하기만 했다. 예사롭지 않은 경제상황에 맞물린 데다 여소야대 정국의 전개로 입지가 너무 좁아졌기 때문이다. 공동정부를 형성한 2000년의 제16대 총선은 한나라당이 133석, 새천년민주당이 115석, 그리고 자민련이 17석으로 공동여당을 합쳐도 야당 의석에 못 미쳤다. 특히 자민련은 15대 총선에서 52석을 확보했으나 16대에서는 원내 교섭단체 구성요건에도 미달해 새천년민주당 의원 4명이 자민련에 입당하는 이른바 '의원 꿔주기'를 통해 교섭단체를 구성했다.

이러한 참패의 이면에는 정권 반환점에 오기까지 이런저런 이유로 DJP 연합의 틈새가 벌어진 결과다. 1999년 8월 내각제 파동 논의 중단이라는 결정이 내려지고, 양당 합당 논의까지 나오면서 결속은커녕 서로 다른 셈법을 가져왔던 것이다. 결정적으로 임동원 통일부 장관의 해임 건의안이 자민련의 찬성으로 가결된 것을 계기로 양당은 갈라서게 되고 결국 김종필은 총리직을 박태준에게 넘기고 철수하게 된다.

이런 정치적 소용돌이 속에서 경제정책이 순조롭게 풀려나가기는 기대하기 어려웠다. 더구나 세계경제 환경의 악화와 여소야대 정국이 전개되면서 집권당 내에서조차 경제악화를 정부나 경제부총리 탓으로 돌리려는 움직임도 감지됐

---

24 "국내 경제동향", 재정경제부, 2002, 《경제백서 2001》, 28쪽.
25 "거시경제 개관", 재정경제부, 2002, 《경제백서 2001》, 12쪽.

다. 진념을 둘러싼 정치상황은 사면초가(四面楚歌)였던 셈이었다.

그런 탓에 당시 개각 얘기만 나오면 진념이 우선순위로 입방아에 올랐다. 국회에만 가면 "언제 그만두느냐"는 것이 인사일 정도였으니 그 분위기는 짐작하고도 남을 만하다. 그런 힘한 준령을 어떻게 넘어갈 수 있었을까?

민생경제를 위한 역사적 협력, 여야정 정책포럼

이계민 여소야대의 어려운 정치상황을 극복하려면 무척 힘드셨겠네요. 하지만 김대중 대통령의 경제부총리에 대한 신임은 높았지요? 그래도 대통령 신임만으로 난관을 극복하기는 힘들었을 텐데 밀려나지 않고 버틸 수 있었던 비결이라도 있었나요?

진 념 비결이 있었으면 얼마나 좋았겠어요. 그런데 궁지에 몰리면 못할 일이 없지 않습니까. 그래서 여당뿐만 아니라 야당까지를 포함한 정치권과 부딪쳐 보기로 했습니다. 결론부터 말씀드리면 2001년 5월과 8월, 두 차례에 걸쳐 여야정 정책포럼을 열고 현안을 논의한 적이 있습니다. 여당과 야당, 그리고 정부 관계자들이 한자리에 모여 토론하고 정책대안을 마련한 것입니다.

당시 경제상황은 무척 좋지 않았던 데다 대우와 현대그룹 등 기업 구조조정도 현안으로 걸려 있었고, 특히 국회는 공전(空轉)을 거듭하면서 기업 구조조정을 위한 입법조치나 정부정책을 뒷받침할 재정관련 3법은 논의조차 되지 않고 있는 등 문자 그대로 '난제산적'(難題山積) 상황이었습니다. 참 답답했지요. 거기에다 국회에 가면 계속 경제부총리 자리를 그만두라고 하는데 개인적으로도 정말 어려운 국면이었습니다.

이계민 어떤 묘수가 있었나요?

진 념 묘수라기보다 정말 진심을 다해 한번 부딪쳐 보자고 달려들었습니다. 그해 5월초로 기억됩니다만 야당대표인 이회창 한나라당 총재를 찾아갔습니다. 물론 안면은 좀 있었지만 아주 잘 아는 처지는 아니었어요. 그래도 부딪쳐 보자는 심산이었어요. 일단 뵙고, 당시의 국내외 경제상황을 별도로 말씀드리고 협조를 요청드렸습니다.

"「기업 구조조정 촉진법」을 비롯한 몇 가지 입법조치들을 해야 하는데 도와주십시오. 경제에서 여야가 어디 있습니까. 총재님께서 대통령이 되시더라도 경제가 좋아질 때 하셔야지 더 나빠지면 진짜 힘드십니다."

당시에 이회창 총재는 다음 대선에서 한나라당 후보는 물론 대통령 당선도 '따 놓은 당상' 아니냐고 할 정도로 알려져 있던 시절이었지요. 그랬더니 "그러면 어떻게 했으면 좋겠느냐?"고 물으시는 것입니다. 그래서 이렇게 요청드렸습니다.

"여당과 야당의 정책위 의장단과 정부 장관들이 함께 모여서 난상토론을 하겠습니다. 합숙토론을 하겠습니다. 그러니 이 총재께서 한나라당 김만제 정책위 의장(전 부총리 겸 경제기획원 장관)과 이한구 의원(후일 새누리당 원내대표) 등 경제관련 의원들께 정부 얘기를 듣고 따질 것은 따지되 협력할 것은 협력하도록 지침을 내려 주십시오."

한참 생각하시더니 건의를 수용해 주셨어요. 그래서 5월 19일과 20일 1박 2일로 천안에 있는 정보통신공무원교육원에 가서 합숙토론을 하게 됐습니다.[26] 그런데 당시는 2002년 12월 대선을 앞두고 야당의 정치공세가 최고조에 달할 때였습니다. 쉽게 협력하고 타협이 이뤄질 그런 상황이 못 됐습니다.

이계민 그래도 함께 머리를 맞댄다는 것은 의미가 크다고 생각되는데 진행은 순조롭게 이뤄졌나요?

---

26 강운태(姜雲太) 민주당 제2정조위원장, 김만제(金滿堤) 한나라당 정책위의장 등 여야 경제통 의원 12명과 진념 경제부총리 등 주요 경제부처 장관 5명이 참석했다.

진 념 순조로울 수는 없었지요. 그러나 처음부터 비공개로 진행하기로 한 것이 상당히 효과가 있었다고 봅니다. 만약 기자들에게 공개됐다면 참석자들이 진솔하게 개인 의견을 말하기도 어려웠을 뿐만 아니라 언론을 의식한 발언 등으로 당초 구상한 정책토론회의 의미가 사라질 것은 너무도 빤한 상황이었어요. 그래서 비공개로 하고 언론사에 대해서도 취재를 자제해 주도록 요청했지요. 물론 당초 정부가 계획했던 설명회나 이런 것들은 야당의 반대로 그대로 진행되지는 못했습니다.

우여곡절 끝에 토론이 이뤄지긴 했는데 초장부터 첨예한 대립이 불가피했지요. 이한구 의원이 "국가채무가 1천조 원으로 과다하다"고 주장하면서 한국전력이 발전소 지은 돈도 빚이고 자산으로 남겨진 것도 모두 부채라면서 '부채정부', '부채왕국'이라고 마구 몰아세웠어요. 당시 가장 민감한 주제는 국가부채와 대기업 규제완화를 둘러싼 재벌논쟁이었습니다. 그런데 당시 전윤철 기획예산처 장관(후일 경제부총리 겸 재경부 장관)은 이한구 의원의 얘기에 대해 "소도 웃을 얘기"라고 논평했어요. 그게 빌미가 돼서 또 감정이 격화되는 등의 우여곡절을 겪었지요.

당시에 특히 현대건설 부도처리 문제가 핫이슈였어요. 특히 야당은 부도를 왜 안 내느냐고 다그쳤습니다. 그때 내가 "정부도 고민이 많습니다. 오프더레코드로 해주신다면 여기에 계신 모든 분들께 솔직하게 모든 것을 말씀드리고, 가르침을 받겠습니다"고 제안했습니다.

그렇게 솔직하게 나오니까 야당의원들도 동의했습니다. 그러면서도 자신들도 잘 모르겠다는 반응이었습니다. 야당은 속성상 정부가 잘못했다고 몰아치고 닦달해야 하는데 그러지 못하는 상황이 벌어진 겁니다. 물론 처음에는 그런 제안을 "받지 않겠다"고 했지요. 그러나 진정으로 호소하니까 나중에 "받겠다"고 해서 일이 성사된 것입니다.

진심 어린 호소로 열린 '소통의 길'

이계민 그렇게라도 의사소통을 할 수 있었으니 다행이네요. 진심을 담은 호소
가 주효한 것인가요?

진 념 네, 그렇습니다. 정말 솔직하게 당면한 상황을 자세히 털어놓았습니다.
"현대건설의 경우 부도처리할 것이냐, 법정관리로 갈 것이냐를 놓고 정부도 여
러 가지로 고민하고 있습니다. 그래서 주거래은행인 외환은행과 함께 손익계산
서를 만들어 보았습니다. 그랬더니 현재 현대건설이 해외에서 공사하는 것이
120개나 됩니다. 이것은 정부보증이나 마찬가지인데 부도처리된다면 그로 인한
소송으로 엄청난 어려움이나 부담을 우리나라가 짊어질 것은 뻔한 일입니다.

그러나 이렇게 처리하는 방안이 1안이고, 다음으로는 현재의 현대 경영진,
즉 정주영 회장을 비롯한 그 일가족들이 주식을 모두 내놓고 이것을 은행관리로
가면서 출자전환하고 경영을 정상화시켜 매각한다면 비용 측면에서 후자가 훨
씬 저렴할 것이라고 봅니다. 내용에 따라 다르겠지만 최소한 1안의 비용이 10이
라면 2안은 3, 4 정도로 끝날 수 있습니다. 일자리도 확보할 수 있고요. 정부가
이런 안을 가지고 어떤 안을 택할지 고민하고 있는데 어떻게 할지 한 수 가르쳐
주십시오!"

그랬더니 많은 분들이 의견을 얘기했어요. 김만제 당시 한나라당 정책위의장
이나 이한구 의원 등 몇 사람이 의견을 개진했는데 밤 11시 반까지 토론을 했어
요. 그러고 나서 내가 "식사나 하고 계속 얘기합시다"고 제안했어요. 물론 밥도
먹었지만 소주나 한잔하자는 뜻이었지요.

그래서 구내식당에서 소주폭탄 7잔씩을 마셨습니다. 지금도 잊혀지지 않아
요. 물론 미리 준비를 시켜 놓았었지요. 그러면서 허심탄회하게 많은 의견들을
나누었습니다. 어느 정도 술이 거나하게 취한 김에 "우리가 남이냐?"고까지 얘
기했어요. 그리고 다음날 9시에 다시 회의를 열었는데 합의서를 만들자고 하니
까 또 야당에서 이의를 제기하는 거예요.

"우리가 들러리냐!"

그래서 내가 한참 실랑이를 하다가 다시 얘기를 했습니다.

"이회창 총재께서도 그러셨지만 지금 국민들이 국회나 정치권을 어떻게 생각하는지 아십니까? 민생이나 경세문제에서는 여야가 구분 없이 살려 주기를 바라는데 여기서 합의문도 없이 끝나면 국민들을 어떻게 대해야 합니까?"

그렇게 밀고 당기기를 하다 어찌어찌해서 6개 항의 합의문을 만들었습니다. 당시 합의한 6개 항은 •「기업 구조조정 촉진법」입법 •공적자금 회수 극대화 •재래시장 활성화 특별법 제정 •국가채무 및 기금운용 투명화 •기업 활동 행정규제 완화 •주택산업 및 첨단산업 육성 등이었습니다.

이렇게 마무리 짓고 나자 김대중 대통령께서 이틀 뒤인 5월 22일에 열린 국무회의 석상에서 잘했다고 칭찬도 해주셨고, 언론에서도 매우 의미가 컸다고 긍정적 반응을 보여주었어요. 뿐만 아니라 그 직후에 갤럽에서 여론조사를 실시했는데 당시 이회창 총재 지지율도 올랐어요. 그래서 내가 3주 후에 이 총재님을 찾아가 뵀는데 "우선 감사했습니다"고 말씀드리고 나서 "총재님도 보고받으셨겠지만, 총재님 지지율도 올랐습니다"라고 얘기했더니 무척 흐뭇해하셨습니다.

그러고 나서 8월에 2차 포럼을 했습니다. 과천의 중앙공무원교육원에서 1박 2일로 포럼을 하고 역시 집단소송제 단계적 도입 등 13개 항의 합의문[27]을 발표했습니다. 이것이 그 유명한 '1박 2일 사건'입니다. '여야정 1박 2일 경제포럼 실험'이지요. 경제정책을 추진하면서 여야의 협조를 이끌어낸 하나의 새로운 실험이었고, 대성공으로 끝났다고 말하고 싶습니다. 나는 정말 이 사건을 부총리 재임 중의 가장 큰 보람으로 생각합니다.

---

27 당시 여야의 관심사는 경기회복과 서민경제 활성화였다. 야당인 한나라당은 기업규제 완화와 감세 및 추경예산 편성 등이었고, 여당은 부실기업 신속정리와 집단소송제 도입 등 현안들이 많았다. 13개 항목에 대해 논의했으나 •감세와 추경예산 문제는 합의에 이르지 못하고 •30대 기업집단 지정제도 변경(자산순위에서 자산규모로) •부실기업 신속 처리 •집단소송제도입 및 보완책 강구 •소액신용대출 활성화 •수출보험기금 확충 •주 5일 근무제 •부채비율 200% 제한 폐지 •전기료 누진제 재조정 •지역난방공사 민영화 •재래시장 활성화 대책 •총액출자제한 규제완화 등에 대한 의견 접근이 이뤄졌다.

이계민 2차 포럼은 1차 포럼 뒤에 잡혀 있던 일정이었던가요? 야당이 그렇게 선뜻 나서기는 쉽지 않았을 텐데요.

진 념 처음 길이 트였으니 가능성은 높았다고 보았습니다. 그동안 여러 차례 정책포럼을 하자고 야당에 제의했지만 시큰둥했어요. 그런데 1차 포럼 결과, 야당이 여당에 이익을 줬다고 생각한 것 같아요. 8월 3일에 이회창 총재께서 당직자 회의를 하면서 여야 정책협의회와 경제포럼을 재가동할 것을 지시했습니다. 당시 언론보도를 보면 "야당이 다소 손해를 보고, 반사이익이 여당에 돌아가는 일이 있더라도 민생과 경제, 교육에 전력투구해야 한다"면서 "과거 여야정 포럼이 정권 홍보에 치우치고, 여야가 마치 모든 문제에 합의한 것처럼 보이는 부작용이 있었지만 민생경제를 살리기 위해서 실시하도록 하라"고 김만제 의장에게 지시했다고 나와 있습니다. 물론 나름대로 계산이 있었겠지요. 더구나 쉽게 결정한 것이 아니라 여름휴가를 보내면서 정국 구상을 한 뒤에 나온 결정이란 점에서 그런 생각을 해볼 수 있었습니다.

이계민 당시 김만제 한나라당 정책위의장은 이 총재의 지시를 받고 진 부총리께 "비공식 정책포럼보다는 공개적 정책협의회를 열자"고 제의했다는데 왜 공개회의를 하자고 한 것인가요?

진 념 아마 토론과정이 공개가 안 되니까 자신들이 손해를 보았다고 생각한 것이겠지요. 앞서 이회창 총재가 지적한 '정권 홍보에 치우쳤다 하더라도'라는 말과 같은 맥락이 아닌가 싶습니다. 그때 참석인원도 여야가 각각 10명씩으로 늘렸습니다.

이러한 당시 상황을 소개한 신문기사가 있다. 〈매일경제〉 2001년 8월 4일자 기사에서는 이렇게 진단하고 있다.

> 3일 휴가에서 돌아온 이회창 총재가 첫 화두로 경제와 민생을 꺼낸 것은 언론탄압 정국에서 여야 지지율이 동반 추락하고 있는 데 따른 '전략 수정'인 것으로 해

경제 살리기 여야정 정책협의회 (2001. 8. 9)
경기도 과천 중앙공무원교육원에서 열린 여야정 정책협의회에 참석한 국회의원과 경제장관들이
회의에 앞서 인사하고 있다. 왼쪽부터 강운태 민주당 제2정책조정위원장, 나오연 한나라당 의원,
진념 경제부총리, 장재식 산업자원부 장관, 장영달 민주당 의원, 김만제 한나라당 정책위의장.

석된다. 이 총재의 한 측근은 "일단 경제문제를 언론사 세무조사 정국과 분리해
서 대응, 경제난이 야당의 발목 잡기 탓이라는 여권의 공세를 차단하고 향후 정
국의 주도권을 장악하겠다는 전략"이라고 설명했다.

이 총재 측은 또 지루하게 계속되는 언론사 세무조사 공방을 효과적으로 펼
치기 위해서라도 다른 정쟁은 자제하는 것이 바람직하다는 판단을 하고 있는 것
으로 전해졌다. 여러 곳에서 '전선'을 형성, 전투를 벌여 초점을 흐리기보다는
'언론탄압'이라는 하나의 전선에 당의 전투역량을 집중하는 것이 대선을 앞둔
'장기전'에 유리하다는 것이다.

이 총재 측은 이 밖에 차별화된 리더십을 부각시키기 위해 오는 31일 총재 취임
3주년을 맞아 기자회견을 갖고 국민 대통합 선언을 발표하는 방안도 고려 중이다.

그런데 이 같은 여야정 포럼은 인기도 있었던 모양이다. 참석자들의 인선을
놓고 말들이 많았다. 특히 공동여당의 경우 경제문제를 논의하는 자리에 경제
전문가가 아닌 정치성이 개입됐다는 논란이 일었고 야당에서도 인선에 애를 먹
었다는 보도도 있었다. 역시 〈매일경제〉 2001년 8월 8일자 기사이다. 옮겨 보
면 다음과 같다.

국민적 관심 속에 오는 9일 열리는 여야정 정책협의회 참석자 선정을 놓고 논란이 일고 있다. 특히 여당인 민주당과 자민련 참석자 선정에 지나치게 '정치성'이 감안됐다는 주장이 제기됐다. 현재 민주당 참석자는 강운태 제2정책조정위원장과 정세균 기조위원장, 박상희, 장영달, 김민석, 조성준, 강현욱 의원 등 7명이다. 이해찬 정책위 의장의 참석 여부는 불투명하다.

이에 대해 일부 소속의원과 당직자들은 참석자 선정경위와 자질에 대해 의문을 제기하고 있다. 경제관련 상임위소속인 한 의원은 7일 "이번 협의회는 위급한 수출·경제난 극복을 위한 대책을 마련하는 자리"라며 "비경제전문가 의원들이 경제관련 상임위에 속해 있다는 이유 하나로 선정되는 등 문제가 많다"고 주장했다.

실제 일부 참여자의 경우 강운태 위원장이 모처의 전화를 받고 기존 참석대상 의원을 교체 투입한 것으로 알려졌다. 반면 한나라당의 경우 김만제 정책위의장 중심으로 인선과정에서 과열돼 조정에 고충이 따랐던 것으로 전해졌다. 여야정 경제포럼 당시에도 참석자 선정을 놓고 심각한 내홍을 치른 김 의장은 이번 선정 과정에서도 나머지 1~2명을 놓고 심각한 인선 로비에 시달렸다.

이계민　여당과 야당, 그리고 정부정책 책임자들이 모여 포럼을 연 것이 그 이전에는 없었나요?

진 념　잘 모르겠습니다만 무척 의미가 컸던 것은 분명합니다. 특히 이회창 총재께서는 정치적으로 첨예하게 맞서는 야당 지도자였지만 경제의 어려움을 이해하고 여야정 대타협을 이룰 수 있도록 결단을 내려주신 데 대해서는 존경하지 않을 수 없습니다.

경제팀 흔들기에 시름은 깊어지고 …

이계민　2000년 4·13 총선에서 여소야대가 되면서 야당공세 때문이라 생각되지만 제 기억으로는 당시 사회 각계각층에서 개혁 피로감이 나타나면서 사회분위기도 이완되고 정부정책에 대한 신뢰도 저하되고 그런 어수선한 상황으로 인해 더욱 힘드셨던 것 아닌가 생각됩니다.

진 념 경제상황은 어려운 데다 야당공세는 심해지고, 여당은 여당대로 나를 밀어내리려고 했어요. 대선에 아무런 기여도 하지 않은 사람이 요직을 섭렵하면서 경제총수를 맡아 정책을 좌지우지하면서 정치권이 요청하는 청탁이나 부탁은 들어주지도 않고, 그래서 '안 되겠다' 생각했는지 국회에만 가면 나가라고 했어요. 나를 공격할 때는 여야가 없었습니다. 그래서 당시에 정말 외로웠어요.

다행히 언론과는 아주 좋은 관계를 유지했었는데 그마저도 세무조사[28] 후에는 안 좋아져서 정말 어려웠습니다. 또 야당 측에서도 그랬고, 일부 학자들도 나에게 "개혁의지가 없다", "대기업 비호만 한다", "왜 현대건설 부도처리 안 하느냐?", 이런 것부터 시작해서 야당 일각에서는 '사회주의자'라고 몰아세우기도 하는 등 경제팀 흔들기가 극도에 달했었습니다.

당시에 국회에서 이런 일이 있었어요. 모 야당의원이 "현대건설은 왜 부도를 안 내느냐? 출자전환도 없다면서? 왜 거짓말을 하느냐?" 이렇게 다그쳤어요. 내가 공직생활 40년에 가장 모멸감을 느낀 것이 그때가 아닌가 싶습니다. 거짓말쟁이로 몰아세우니까요. 그래서 그때 정면으로 부딪쳐 버렸어요.

당시 국회법이 바뀌어 장관과 일문일답을 하도록 돼있었어요. 10분 동안. 그런데 모 야당의원이 나보고 "왜 말을 바꾸느냐? 재벌을 너무 비호하는 것 아니냐?"는 등의 질문을 무려 9분이나 하더라고요. 그래서 내가 중간에 말을 자르고 이렇게 말했어요.

"의원님! 저는 의원님 질문에 국민을 대표해서 답변을 할 책무를 가지고 있습니다. 그런데 10분 가운데 9분을 질문하시고 저는 어떻게 할까요. 지금부터 답

---

28 2001년 2월 8일부터 6월 19일까지 한국의 23개 중앙 언론사를 대상으로 국세청이 실시한 세무조사. 총 400여 명의 조사 인력이 투입된 가운데, 15개 언론사에 대해 조사기간을 추가로 30일 간 연장해 6월 19일까지 실시하였다. 조사 대상은, 해당 언론사와 계열기업의 법인세 및 주식 변동, 대주주 등 관련인의 증여세·상속세·소득세, 회계 및 세무처리 실태는 물론, 진정·탈세제보·소문 등에 의한 사실 여부 등 전반적인 분야에 걸쳐 이루어졌다. 국세청은 조사 결과에 따라 관련 사주를 고발하고, 23개 언론사에 과세한 5,056억 원을 추징했다. 민주언론운동시민연합을 비롯해 각종 시민·사회단체는 모든 결과를 공개할 것을 요구하면서 언론사가 비리의 온상이라는 불명예를 씻고 새롭게 거듭나기를 촉구하는 반면, 일부 거대 언론사는 이 조사가 언론탄압이며, 언론 죽이기라는 전제 아래 강력 반발하는 등 언론사 간에도 이견을 보인 바 있다.

변을 드릴까요?" 그랬더니 그 양반이 이렇게 말하더라고요. "안 됩니다. 내 얘기를 다 듣고 할 말이 있으면 기자회견을 하든지 해서 해명을 하시오" 그러는 겁니다. 그래서 나도 지지 않고, "그러면 제가 이 자리에 있을 이유가 없네요?" 하고 반론을 제기했더니 그 양반이 흥분한 상태에서 "가시오!" 그러는 거예요. 그래서 내려와 버렸더니 국회에서 난리가 났어요. 국회모독죄다 뭐다 해서 시끄럽더라고요. 그런 일이 한두 번이 아니었습니다. 참 어려운 시절이었지요.

이계민 회고록《경제 살리기 나라 살리기》에 보면 2001년 애창했던 노래가 〈울고 싶어라〉였다고 적고 있습니다.

진 념 사실은 〈울고 싶어라〉라는 노래는 기아그룹 회장을 할 때부터 좋아하기 시작했어요. 가기 싫다는 사람을 기아 회장으로 보내서 가기는 했는데 노조는 노조대로 강성을 벗어나지 못하고 있고, 채권단은 자금을 제대로 지원해 주지 않고, 또 해외에 나가면 기아는 망할 회사라고 해서 고객서비스도 안 되는 차라고 홀대받고, 정말 죽을 지경이었어요. 거기에다 외부세력, 즉 삼성 같이 큰 그룹에서 기아를 인수하려 한다는 음모설 등이 난무했습니다. 그런 어지러운 상황 속에서 진짜 〈울고 싶어라〉를 노래했었지요.

그런데 세월이 몇 년이나 흘러 경제부총리 취임해서도 2000년 후반부터 2001년까지 세계경제가 아주 어려워졌습니다. 2000년 9월쯤부터 유가가 35달러 이상으로 올라갔어요. 10년 만에 최고치를 기록했습니다. 2001년에는 세계경제 성장률이 1% 미만에 그쳤습니다. 그때 미국 경제도 나쁘고 일본의 니케이지수도 폭락하고 아르헨티나 사태(디폴트 선언)도 있었고, 그런 속에서 2000년 4월 총선에서 여소야대로 상황이 바뀌어 버렸습니다.

이런 상황에서 국회에서는 나만 보면 "그만두라"고 했어요. 국내에서는 극심한 가뭄으로 민심이 흉흉할 지경이었습니다. 9월에는 포드가 대우차 인수를 포기한다는 발표가 있었습니다. 모든 것이 뜻대로 되지 않고, 게다가 주가는 폭락하고, 현대그룹의 자구노력도 성과를 거두지 못했습니다. 이렇게 되다 보니 내가 설 땅이 없어져 버린 셈이었어요. 이런 속에서 답답하기 짝이 없었어요. 정말 울고 싶은 마음이 많았습니다.

이계민 오후만 되면 뒷목이 뻣뻣해지는 '재경부 장관 증후군'이 있었다는 것은 또 무슨 말인가요?

진 념 앞서 얘기한 〈울고 싶어라〉와 같은 맥락의 이야기입니다. 말씀드린 대로 2001년에 경제상황이 아주 안 좋았어요. 세계경제 성장률이 낮아져 OECD 30개국 성장률이 1% 미만으로 떨어졌습니다. 19년 만에 최악이라고 했어요. 거기에다 9·11 테러로 인한 여파도 컸고요. 사실상 지구촌에 불황의 공포가 덮치고 있었습니다. 미국과 일본의 경기 장기침체 우려, 아시아 지역 침체 도미노, 터키와 아르헨티나의 디폴트 선언, 나스닥 폭락, 일본 도쿄증시 16년 만의 최저치 추락, 미국의 2분기 성장률 0.2%, 3분기 성장률 0.4% 등으로 8년 만에 최저를 기록했습니다.

이런 세계경제 환경에 따라 우리나라도 반도체와 컴퓨터 등의 수출이 격감하고 민노총은 총파업을 계속해 사회분위기가 엉망인 데다 우리나라 기상관측 이후 최악이라는 가뭄이 덮쳤으니 경제총수로써 '울고 싶고, 뒷목이 뻣뻣해지지 않으면' 이상한 것이지요.

'대통령의 신뢰'라는 든든한 지원군

이계민 야당은 물론 여당 일각에서도 물러나라고 하는 분위기에서도 결과적으로는 살아남았지 않습니까. 실제로 개각이 있을 때마다 교체설이 나돌았지요? 대표적인 것이 2001년 9월 7일 개각이 있었는데 그때도 교체설이 나돌았습니다. 그러나 유임됐지요. 또 2002년 1월에도 개각이 있었고. 이때도 교체설이 나돌았는데 이때도 유임됐습니다. 그런 배경은 무엇이라고 설명하실 수 있나요.

김대중 대통령께서 무척 신임하셨나 봅니다.

진 념 김 대통령으로부터는 신임을 많이 받았다고 스스로 생각합니다. 나는 정말 김대중 대통령의 국정운영 스타일을 무척 존경했습니다. 여러 가지 이유가 있지만 중요한 것을 몇 가지만 들어보면 우선 국민의 정부 들어와 경제내각을 꾸릴 때 자민련과의 공동정부이면서도 자민련 몫의 장관들도 김용환 의원이 추천하는 전문 인력을 과감히 기용한 것입니다.

이규성, 이헌재, 진념, 강봉균 등이 그런 공직자 출신 경제전문가들입니다. 이 양반이 잘 알지도 못하는 사람들이었지만 경제위기 극복을 위해서는 전문가들을 기용해야겠다는 생각을 하셨어요. 인사를 그렇게 했습니다. 사실 김 대통령이 30~40년을 함께 투쟁하고 고통을 같이한 정치 동료들이 많이 있었지요. 그런 사람들에게 기회를 주어야 함에도 불구하고 그런 사람은 극소수이고 주류는 전문가들을 대거 기용해 경제정책을 맡겼어요. 쉽지 않은 일입니다. 대단한 장점이지요.

두 번째는 토론을 허용했다는 점입니다. 경제대책 회의 등에서도 토론을 했어요. 한번은 김 대통령이 내게 의견을 물은 적이 있습니다. 경제대책 회의에서요. 무슨 내용이냐 하면 1998년인가에 박승 교수가 〈한국일보〉에 글을 쓴 것이 있었는데 내용은 인플레이션을 일으켜 외환위기를 극복해야 한다는 것이었어요. 그 글을 마침 내가 우연히 읽었어요. 그런데 경제대책 회의에서 김 대통령께서 "어느 교수가 인플레 정책을 통해 위기를 극복해야 한다는 글을 쓴 적이 있는데 혹시 아는 사람 있느냐?"고 질문하신 겁니다. 아무도 대답이 없었어요. 그래서 내가 생각나서 답변했습니다. "혹시 박승 교수가 〈한국일보〉에 기고한 글을 얘기하십니까?" 그랬더니 대통령께서 그런 것 같다고 말씀하셨어요. 그래서 당시의 글 내용과 우리가 참고해야 할 과제 등을 조목조목 설명드린 적이 있습니다.

또 한번은 예산관계를 보고하기 위해 청와대로 가는데 시청 앞 부근에서 노인급식비 문제가 갑자기 생각나는 거예요. 그래서 당시 예산실의 정해방 국장에게 전화해서 노인급식비가 얼마냐고 물었어요. 그때 1,500원인가 했어요. 그런데 청와내에서 업무보고를 하는데 느닷없이 예산보고가 끝나갈 즈음에 노인급식비가 얼마나 되느냐고 물으시는 것이었습니다. 그래서 실무자에게 방금 들은 얘기라서 자신 있게 답을 드렸지요.

말하자면 하나하나 꼬집어서 테스트를 하신 겁니다. 가끔 그런 일이 있어요. 그래서 시험에 통과하면 신뢰를 주고 정책을 맡깁니다. 그런 과정을 통해 아무 연고도 없는 내가 신임을 많이 받았어요.

이계민 워낙 철저하게 준비하시기 때문에 그런 것 아닌가요? 김대중 대통령과 관련된 또 다른 에피소드도 있나요?

진 념 이런 일도 있었어요. 인천국제공항이 2001년 3월 25일에 개항했는데 그때 부실공사다 뭐다 해서 말이 많았어요. '개항을 한다, 못 한다' 할 정도로 문제가 됐습니다. 그런데 뭐가 문제로 대두됐느냐 하면 톨게이트 비용이었어요. 처음에 8천 몇백 원인가 제시됐는데 '너무 비싸다'는 의견이 나온 겁니다. 공항공사는 물론이고 항공관련 회사들이 "너무 비싸서 못 다니겠다"고 얘기하는 겁니다.

그러던 어느 날 새벽에 우면산 등산을 하고 돌아왔는데 그동안 김 대통령께서 전화를 하셨어요. 그래서 집에 도착하자마자 전화드리니까 "어디 갔다 왔느냐?"고 해서 "산에 갔다 왔습니다"라고 말씀드렸지요. 그랬더니 "영종도 국제공항을 개항해야 하는데 통행료 문제가 해결이 안 돼 어려움이 있다는데 어떻게 하면 좋지요?" 이렇게 물으시는 겁니다.

그래서 내가 "제가 해결하겠습니다. 해결하고 보고드리겠습니다." 이렇게 답을 드리고 그날 오후에 바로 은행연합회 회관에서 회의를 소집했습니다. 건설교통부 장관을 비롯해 기획예산처 장관, 아시아나 사장, KAL 사장 등 관계자들을 소집해서 회의를 열고 정부와 공항공사 업계 등 3자가 1/3씩 분담한다고 해서 내가 교통정리를 해 버렸어요. 현재 통행료가 6,600원으로 아는데 그때 정한 것이 지금까지 적용되고 있습니다. 그러고 나서 바로 김 대통령께 전화를 드려 "해결했습니다. 걱정 마십시오"라고 보고했어요.

그런 맛이 있어야지요. 공직자가 책임의식을 가지고 정책이나 문제 해결에 나서야 합니다. 그래야 부총리 자리도 의미가 있지요. 만에 하나 대통령께서 신임하지 않으면 하루도 제대로 직무를 수행하기가 힘들지요. 그런데 특히 정치권에서 온 장관들은 대통령 말씀도 잘 안 들었어요.

카드사태의 본질 '자율만 있고 책임은 없었다'

이계민 신용카드 사태도 진 부총리 재임 중의 일이 아닌가요? 신용카드 남발에 신용불량자 양산 등에 대한 문제가 상당히 복잡했고, 두고두고 비판의 대상이 되었다고 기억하는데 이 문제 좀 말씀해 주시지요. 당시에 카드발급을 늘리고 사용을 권장한 것이 소비촉진을 통한 경제위기 극복의 일환이라는 인식이 있었던 것 아닌가요?

진 념 별로 복잡하지도 않은 문제인데 복잡하게 돼 버렸지요. 김대중 정부는 1998년에 강도 높게 규제개혁을 추진했지 않습니까. 규제의 절반을 일거에 없애 버렸으니까요. 그런데 그 일환으로 신용카드의 현금인출 한도, 즉 카드론의 서비스 한도를 철폐한 것이 문제였습니다. 이를 1999년 5월부터 철폐하고, 신용카드 사용금액에 대한 소득공제 혜택도 부여하고, 그리고 영수증 복권제를 도입했습니다.

그래서 1997~2000년까지는 신용카드 규제를 풀고 카드사용을 권장했어요. 이때는 내가 기획예산처 장관으로 있을 때인데 국세청에서 영수증 복권제를 도입한다니까 기획예산처 사람들은 말도 안 되는 일이라고 반대를 많이 했어요.

그런데 내가 국세청의 설명을 들어보니까 내수진작을 위한 것이 아니었어요. 그것은 세원을 투명하게 하고 특히 탈세가 많은 유흥음식점 같은 불로소득의 진원지의 거래를 투명화시키고 그래서 세금도 더 거둬들인다는 취지에서 좋은 제도였어요. 그래서 카드거래도 활성화되고, 특히 당시에는 단기금융회사들이 파산되다시피 한 시기였기 때문에 카드를 통한 현금서비스를 많이 받아가는 그런 상황이었습니다.

그러니까 카드론이라도 해서 어려운 사람들의 자금 수요를 사채를 빌리기 전에 충족해 주는 그런 역할을 했었어요. 좋은 정책이었지요. 돈이 돌도록 해주는 정책이었으니까요.

이계민 그런데 왜 문제가 생겼나요?

진 념 문제는 과당경쟁이었어요. 특히 은행 이외의 삼성, LG 등 카드전업사들이 가두(街頭) 모집을 하는가 하면 모집 수당도 주고 해서 서로 치열하게 경쟁했죠. 게다가 2000년 초까지만 해도 신용카드사들의 경영실적이 무척 좋다 보니 신용평가 회사들이 카드회사들의 신용등급을 올려주고, 신용등급이 좋으니 은행들은 대출을 일으켜 카드사에 대해 자금지원까지 했지요. 이런 상황이 2000년까지 지속됩니다.

그런데 내가 재경부에 2000년 8월에 갔는데 2001년 1, 2월에 하루는 방송을 들으니까 길거리에서, 학교에서 일당을 얼마 받고 카드발급을 한다는 보도가 나왔어요. 그래서 내가 이게 무슨 짓이냐, 우리가 미국 가서 아메리칸 익스프레스 카드 하나를 발급받으려면 오랫동안 신용조사를 받아야 하는데 그런 식으로 발급하는 것은 옳지 않다고 판단해서 금감원에 전화를 해서 이것은 고쳐야 한다고 했습니다. 소득조사를 철저히 하고 소득이 있는 사람에 한해 카드를 발급해야 하는 것 아니냐고 따졌지요.

그래서 2001년 6월에는 금감위가 「여신전문금융업법」(여전법) 시행령을 고쳐 가두모집을 제한하는 방안도 제시했습니다. 그러나 규제개혁위원회와 업무협의가 안 돼 시행이 미뤄졌지요. 즉 규제개혁위원회는 소득조사를 철저히 해 발급하면 되지 장소가 문제가 아니라는 이유로 시행령 개정에 반대했던 것입니다.

그런데 금감위는 카드사의 부대업무, 즉 현금지원서비스를 제한하자고도 했어요. 그러나 당시 재경부에서는 카드발급은 제한하되 부대업무 축소는 좀더 두고 보자는 입장이었습니다. 당장 줄이면 은행 등 제도금융을 이용할 수 없는 서민들이 타격을 받을 수 있다는 이유를 들었어요.

특히 부대업무 제한은 '사전적 영업규제는 풀어주되, 사후적 건전성 감독을 강화한다'는 일관된 금융정책 방향에 어긋날 뿐만 아니라 카드 문제의 본질은 현금대출 자체보다 미성년자 등 결제능력이 없는 자에 대한 카드발급과 과다대출 등 위험관리 능력의 문제이기 때문에 감독 강화로 해결해야 한다는 입장에서 좀더 두고 보자는 것이었습니다. 즉, 어려운 사람들을 사채시장으로 몰아내면 안 된다는 생각이었고, 특히 카드는 신용조사도 하지 않고 발급하는 것이 문제라는 점에서 동의해 주지 않았습니다.

결국 2002년 2월에 가계부채 증가에 따른 장단기 종합대책에서 카드 모집 제한, 부대업무 제한 등의 조치를 취하도록 하고 그해 5월에 정부가 신용카드 종합대책을 발표하고 7월부터 시행에 들어갔습니다.

그런데 나중에 감사원 감사[29]에서 이때 재경부가 막았어야 했는데 못 막았다 해서 카드문제의 책임을 나에게 뒤집어씌웠어요. 일일이 대꾸하면 전임자들을 욕 먹이는 결과가 돼서 조용히 넘기긴 했습니다만 처음에 1998년에 규제개혁위원회에서 카드발급 제한을 풀자고 했을 때 재경부에서는 반대했어요.

"카드발급은 신중해야 한다. 카드규제가 자기권한을 확보하려 하는 것만은 아니다."

그런데 규제개혁위원회가 드라이브를 걸어 버렸어요. 또 한편으로는 1999년 5월부터 시행된 것인데 2년도 안 돼 또 현금인출 한도 축소도 말이 안 되지요. 그렇게 해서 감사원 감사 등으로 시끄러웠습니다. 그렇다고 전임자들이 있을 때 이뤄진 일이라고 변명할 수도 없지 않습니까. 그래서 내가 주공격 대상이 되고 말았지요. 어쨌든 결과적으로 신용카드 사태로 많은 신용불량자들이 생기고 했던 문제에 대해서는 상응하는 아쉬움을 가지고 있지요.

그런데 여기서 한 가지 짚어보아야 할 것은 공(公)과 사(私)를 막론하고 자율

---

29 노무현 정부 때인 2004년 7월 20일 감사원(원장 전윤철)은 '카드대란'에 대한 정책결정 등을 포함한 '금융기관 감독실태'에 대한 감사결과를 발표했다.

화를 하면 거기에 상응하는 책임이 뒤따라야 하는데 우리는 그렇지를 못해요. 예컨대 대기업 그룹의 카드전업사들이 경쟁할 때는 엄청나게 하다가 나중에 문제가 생기니까 은행이 대출을 해줬다거나 정부정책이 잘못이었다는 식으로 발뺌을 하려고 했던 것은 잘못이라고 봅니다. 당당히 나서서 자기들이 책임지고 해결했어야지요.

이계민　당시 저는 규제개혁위원회 민간위원으로 활동했습니다만 문제는 가두모집이 아니라 그 이전에 신용조사를 철저히 해서 자격이 충분한 사람에 한해 발급하는 형식을 지키지 못한 것이라고 봅니다. 그런데 카드전업사들이 과당경쟁을 하면서 그 같은 법조항을 지키지 않았을 뿐만 아니라 감독당국도 이러한 불법발급을 보고도 시정조치를 하지 않았어요.

IMF 졸업, 그리고 국가신용등급 'A' 복귀

옛말에 호사다마(好事多魔)라 했던가? 좋은 일에는 흔히 방해되는 일이 많다는 뜻이다. 중국 청(淸)나라 때 조설근(曹雪芹)이 지은 《홍루몽》(紅樓夢)에 "옥에도 티가 있고, 좋은 일에는 탈도 많다"(美中不足 好事多魔)라는 구절이 있다. 또 금(金)나라 때 동해원(董解元)이 지은 《서상》(西廂)에 "참으로 이른바 좋은 시기는 얻기 어렵고, 좋은 일을 이루려면 많은 풍파를 겪어야 한다는 것이다"(眞所謂 佳期難得, 好事多磨)라는 구절이 있다.[30] 요새말로 비슷한 말을 찾는다면 "세상에 항상 맑은 날만 있는 것은 아니다" 정도 아닐까 싶다.

　우리 경제는 2000년대에 들어 급격한 호전을 보이면서 IMF 대기성 차관의 조

---

30 최기호, 2009, 《최기호 교수와 어원을 찾아 떠나는 세계 문화여행》, 박문사.

기상환 문제가 거론됐다. 그러나 2000년 4분기부터 대내외 여건이 악화되는 가운데 금융시장 불안 등에 따른 심리적 요인까지 가세하면서 '제2의 경제위기' 가능성까지 제기되는 상황을 맞았다. 국제유가가 크게 상승하는 가운데 반도체 가격하락과 IT산업의 침체 등으로 세계경제는 침체국면에 접어들게 되었던 것이다.

게다가 대내적으로 현대건설 등 현대그룹 주요 계열사의 어려움이 심화되면서 전체 자금시장의 경색을 초래하는 등 우리 경제는 IMF 이후 가장 어려운 상황으로 빠져드는 양상을 보였다. 때문에 경제총수에 대한 학계의 비난이 늘어났고, 정치권은 여야를 막론하고 경제팀 흔들기를 일삼는 진풍경이 벌어졌다.

'IMF 졸업'을 둘러싼 엇갈린 견해들

이계민 2001년 8월 23일에 IMF 긴급 유동성 자금인 대기성 차관을 모두 상환해 이른바 'IMF 졸업장'을 받았습니다. 경제부총리로 재직 중이셨으니 의미가 크다고 봅니다. 당시의 심정은 어떠하셨나요? 또 이 같은 조속한 졸업의 가장 큰 공은 어느 기관, 또는 누구에게 있다고 평가할 수 있을까요? 《경제 살리기 나라 살리기》라는 책에서는 IMF 졸업으로 재정통화정책의 자율성을 회복한 것을 재임 중 가장 보람된 일이었다고 회고하셨습니다.

진 념 정부와 IMF가 정책협의는 2000년 6월 4일을 마지막으로 끝나고 더 이상 공식적 협의는 없었습니다. 사실상 그때 졸업한 셈이지요. 김용덕 장관이 당시 차관보이셨지요. 김 장관께서 더 잘 아실 텐데요.

김용덕 1997년 12월 4일 체결된 IMF 대기성 차관 협약에 의하면 IMF 자금 패키지는 총 350억 달러였습니다.[31] 이 돈을 빌리면서 우리는 IMF와 총 10회의 공

---

31 당초 지원받기로 한 금액은 총 210억 달러(대기성 차관 75억 달러, 보완준비금융 135억 달러)였으나 외환보유고의 꾸준한 증가로 대기성 차관 15억 달러는 인출하지 않기로 했다.

식 정책의향서(LOI) 협상과 그 외 수차례의 비공식 협상을 했습니다. IMF와의 협상은 우리 측이 칼날을 잡고, IMF측이 칼자루를 쥔 형국이었습니다. 초기에 협상은 당연히 IMF의 요구를 대부분 수용할 수밖에 없었고, 이로 인해 무리한 합의사항도 많았습니다. 우리 측이 절대적으로 불리한 입장이었기 때문에 초기 협상팀은 이루 말로 표현할 수 없는 고초와 수모도 겪었습니다.

초기 4회의 협상은 1997년 12월 4일부터 1998년 2월 7일까지 김영삼 정부에서 집중적으로 이루어졌고, 5차부터 10차까지 나머지 협상은 1998년 5월부터 2000년 7월까지 김대중 정부에서 진행되었습니다. 이규성 장관 재임 중에 4회, 강봉균 장관 재임 중에 1회, 이헌재 장관 재임 중인 2000년 7월 12일, 10차 협상을 마지막으로 더 이상의 협상은 없었습니다.

그리고 진념 장관께서 부임하신 직후인 2000년 9월 체코의 수도 프라하에서 열린 IMF·세계은행 총회에서 진 장관께서 "한국이 더 이상 IMF 차관을 들여오지 않고, IMF 협약이 종료되는 2000년 12월 3일 이후에 대기성 차관 60억 달러를 조기상환하겠다"고 선언했습니다. 대기성 차관 60억 달러는 진념 장관 재임 중인 2001년 1월부터 상환이 개시되어 2001년 8월 23일까지 조기상환함으로써 IMF로부터 빌린 195억 달러를 전액 모두 상환 완료하게 된 것입니다.

IMF 대기성 차관 자금을 조기상환하게 된 것은 2000년 7월경 미국과 IMF에서 조기상환을 희망해왔고, 우리나라의 외환보유고도 크게 증가하고 국제수지도 계속 흑자기조가 지속되었기 때문입니다. IMF 이사회에서 선진국 이사들이 "한국이 충분한 외환보유고에도 불구하고 저금리 자금을 계속 사용하는 것은 일종의 보조금 지급이다"라고 문제를 제기하고, 2000년 9월 10일 한미 재무장관 회의에서 미국 서머스 재무장관이 직접 조기상환을 요청해왔습니다.

정부는 이제 우리나라가 급박한 외환위기에서 벗어났기 때문에 이 자금을 조기상환함으로써 국가신인도를 높이고, 우리나라가 외환위기를 극복한 채권국이라는 국제사회의 인식에도 부응할 필요가 있다는 판단하에 조기상환하기로 결정했던 것입니다.

이계민 진 부총리께서 너무 성급한 얘기들이 나오면 어떻게 하느냐고 청와대에 항의했다는 IMF 졸업 관련 사안이네요. IMF 졸업 얘기가 근거 없는 얘기는 아니었네요?

김용덕 1997년 12월 4일 체결된 IMF 스탠바이 협약 기간은 1997년 12월 4일부터 2000년 12월 3일까지 총 3년입니다. 그러므로 공식적으로 우리나라가 IMF 프로그램을 졸업한 것은 협약이 끝나는 2000년 12월 3일입니다.

그러나 우리나라 외환사정이 호전되자 IMF 자금 중 금리가 높은 보완준비금융 135억 달러는 1999년 9월에 9개월 앞당겨 상환하였고, 2000년 9월 체코 프라하에서 개최된 IMF · 세계은행 연차총회에서 IMF 자금 추가인출 중단과 대기성 차관 자금 60억 달러를 2001년 초부터 조기상환하겠다고 공식발표한 것 등과 관련하여 'IMF 졸업 논란'이 일어난 것이지요.

따라서 보완준비금융 조기상환이 이루어진 1999년 9월, IMF와 마지막 협상이 마무리된 2000년 7월, 대기성 차관자금 60억 달러 조기상환 의사를 밝힌 2000년 9월, 그리고 최종 IMF 자금 상환이 완료된 2001년 8월 23일, 이렇게 4차례에 걸쳐 IMF 졸업 얘기가 나온 것입니다.

구조조정이 마무리되지 않은 상황에서 IMF 졸업이란 용어 사용은 성급하고 위험한 발상이라는 일부의 비판도 일리가 있었다고 봅니다. 그러나 한국 경제가 외환위기에서 벗어나 IMF 자금을 조기에 상환할 수 있게 된 것은 정치적 의도에도 불구하고 매우 다행스러운 일로서 당시 고통받는 국민들에게 희망을 주고, 국제사회에도 우리의 위기극복 메시지를 전달함으로써 대외신인도를 높이는 효과도 있었다고 봅니다.

당시 IMF 졸업을 둘러싼 논란들은 정부 내에서도 많았고 언론에서도 논의가 분분했다. 'IMF 졸업' 논란은 1998년 말께부터 대두되기 시작했다. 섣부른 낙관론이라는 논평들이 있기는 했지만 정부나 정치권 일각에서 그런 얘기들이 돌았던 것은 사실이다.

1999년 2월 2일 재경부 장관이었던 이규성은 연두 외신기자 회견을 열었다. 서울외신기자클럽에서 열린 오찬 기자간담회는 외신기자들뿐만 아니라 주한 외교사절 80여 명도 참석해 '1999년 새해의 경제정책 방향'의 설명을 듣는 자리였다. 이 장관은 여기에서 'IMF 졸업론'에 대해 이렇게 설명했다.

첫 번째, IMF 졸업의 의미를 유동성 위기를 극복하고 경제가 회복되는 것으로 규정할 경우 한국 경제는 이미 졸업장을 손에 쥐고 있는 셈이다.

두 번째, IMF 졸업을 IMF로부터 자금지원이 마무리되는 시기라고 규정할 경우 이때는 2000년 말이 졸업시기가 된다. 우리 정부는 1997년 12월 3일 IMF와 구제금융 협약을 맺었다. 이 협약에 따라 IMF는 2000년 11월 15일까지 210억 달러의 자금을 지원하게 된다. 따라서 IMF 차관지원이 끝나는 2000년 11월이 졸업시기가 된다.

세 번째, IMF 졸업을 국제기준(글로벌스탠더드)에 부합하는 패러다임으로의 이전을 의미할 경우 졸업까지는 적어도 5년은 걸릴 것이다. 단순한 요소투입에 의한 양적 성장보다 생산성 향상에 의한 질적 성장을 추가하는 일, 즉 지식경제로의 이전에 얼마나 일찍 합류할 수 있느냐가 IMF 졸업의 진정한 의미다.

네 번째, IMF 졸업을 과거로의 회귀를 의미할 경우 영원히 졸업장을 손에 쥐지 못할 것이다. [32]

그런데 IMF의 보완준비금융 조기상환이 이뤄진 1999년 말의 상황에서도 'IMF 졸업'은 여전히 논란의 대상이었다. 〈매일경제〉 1999년 12월 22일자 신문에 실린 해설기사를 보면 그런 정황은 분명하게 드러난다.

지난 20일 청와대에서 'IMF 체제 졸업설'이 흘러나오면서 시중에 구구한 억측이 나돌았다. 정말 한국이 IMF에 의존하지 않을 정도로 경제가 정상 회복된 것인가, 아니면 정치적 의도가 담긴 것인가, 해석이 분분하다. 이에 대한 시각을 정리하려면 무엇보다도 IMF 졸업에 대한 정확한 규정이 필요하다.

현시점에서 IMF 체제를 벗어났다고 자신하려면 세 가지 조건을 충족해야 한

---

32 〈매일경제〉, 1999. 2. 3, 3면.

다. 첫째, IMF에서 더 이상 돈을 빌리지 않겠다고 공식화하는 것, 둘째, IMF에 아직 갚지 못한 60억 달러를 조기상환하는 것, 셋째, 마지막으로 한국 경제의 운용에 대해 더 이상 'IMF의 조언'을 듣지 않아야 할 것 등이다.

이런 점에서 보면 아직 한국은 IMF 체제에서 졸업하지 못했다. 정부가 IMF에서 빌리기로 한 자금은 총 210억 달러인데 이 중 긴급 보완준비금융(SRF)이 135억 달러이고, 대기성 차관(SBA)이 75억 달러이다. 그런데 아직 돈이 다 들어오지 않았다. 대기성 차관 중 15억 달러가 남아 있다. 올 하반기 5억 달러를 추가로 끌어다 쓰고, 내년에 분기별로 2억 5천만 달러씩 모두 10억 달러를 도입한다는 게 당초의 계획이다.

'IMF 체제 졸업'은 바로 이 자금을 추가로 인출하지 않기로 한 데서 나온 말이다. 우리 정부가 필요하면 끌어다 쓸 수 있는데 "그럴 필요가 없다"고 처음으로 자금인출을 보류했기 때문이다. 재경부 관계자는 "지난 17일(1999년 12월) IMF 이사회에서 하반기 정책의향서(LOI)가 통과되면서 인출할 예정이던 대기성 차관 5억 달러를 유보했다"고 밝히고 "내년에 분기별로 들어올 총 10억 달러 차관도 현재로서는 인출할 필요성을 느끼지 않는다"고 말했다. …

그렇다고 해서 'IMF 체제 졸업'이란 표현을 쓰기는 성급한 면이 없지 않다. 아직도 우리는 IMF에 갚아야 할 60억 달러의 빚이 있기 때문이다. 정부는 아직은 이 자금을 앞당겨 상환할 계획이 없다.

그런데 1999년 12월 29일 IMF는 한국 정부가 이달 중순으로 예정됐던 5억 달러 규모의 자금인출을 유보했다고 공식발표했다. IMF는 이날 지난 17일 열린 이사회결과를 공식발표하면서 이같이 밝혔다. 동시에 스탠리 피셔 IMF 부총재는 "IMF 프로그램은 2000년 말까지 존속하지만 적어도 자금 면에서는 한국이 IMF를 졸업했다고 해석할 수 있다"고 언급해 '졸업'이라는 단어가 공식 등장하게 된다.

그러나 진짜 IMF를 졸업한 것은 2001년이다. IMF로부터 빌린 돈을 완전히 갚은 것이 2001년 8월 23일이다.

2001년 8월 23일 빛나는 졸업장 ··· 정책주권의 회복

진 념 2001년 8월 23일에 전체 IMF 대기성 차관 195억 달러 가운데 잔액 1억 4천만 달러를 약 3년 앞당겨서 완전히 상환합니다. IMF 이사회도 '한국의 졸업'을 공식 선언하고 더 이상의 이사회 점검이 없었고, 재정통화정책의 자율성을 되찾은 것이지요.

이계민 경제위기가 어느 정도 진정이 됐다고 판단한 2002년 들어 우리 경제의 최대 과제는 국가신용등급의 상향조정이었습니다. 그래서 2002년 3월에는 진 부총리께서 미국을 방문해 투자설명회를 여는가 하면 무디스 회장을 만나는 등 많은 노력을 기울인 것으로 알고 있습니다. 그런데 그 후 얼마 되지 않아 무디스가 신용등급을 A3로 2단계를 올려주었는데 왜 그렇게 빨리 효과가 나왔다고 생각하시는지요?

진 념 미국에 간 것이 2002년 3월 19일입니다. 한국 경제가 위기극복에 성공하면서 월가 투자가들도 한국 경제부총리의 방미를 기대하던 참이었습니다. 그때 김용덕 당시 국제금융 차관보와 함께 미국에 가서 뉴욕 컨티넨탈 호텔에서 한국 경제설명회를 개최하고 그랬어요. 그동안의 한국 경제 변화와 회생과정에 관한 설명도 좀 해주고 외환위기 극복과정에서 국제금융 사회가 지원해 준 것에 대한 감사인사와 함께 한국에 더욱 많은 투자를 해달라는 메시지를 전하기 위한 자리였습니다.

그때 김용덕 차관보와 상의하다 보니 한국 경제설명회란 것을 형식을 바꿔 보면 좋겠다는 생각을 했어요. 종래에는 장관들이나 한국은행 총재가 한국 경제에 대해 40~50분씩 발표하고, 나머지 10분 동안 질의응답을 하고 끝내는 것이 관례였습니다. 그런데 그렇게 하면 첫째로 임팩트가 없었고, 둘째로는 기왕에 하는 행사에 참석자들이 많이 모여야 하는데 종래에는 솔직히 한국관련 기관들에게 테이블의 참석권을 사도록 해서 의무적으로 참석하게 하는 것도 문제였습니다. 그래서 시장전문가들을 중심으로 바꾸어 진행하기로 하고, 김용덕 차관보가 골드만삭스의 한국 전문가들에게 상의한 결과 장소는 1998년 이규성 장관이 40억 달러의 외평채 발행을 위해 홍보했던 곳, 즉 인터컨티넨탈 호텔로 정했습니다. 외환위기 이후 첫 외평채를 성공시켰던 설명회 장소라는 상징적 의미도 있고 해서 같은 장소로 정한다는 것이었습니다. 그다음은 '한국 경제 발표는 15분 정도'로 간단히 하고 문답을 많이 하는 식으로 하자고 했지요. "Talk less, Q&A more." 그리고 테이블을 사는 것은 일체 하지 않는다는 세 가지 조건으로 진행하게 됐습니다.

그런데 예상외로 사람들이 많이 왔어요. 그날 행사의 사회는 골드만삭스의 로버트 호매츠(Robert Homats) 부회장이 맡았는데 처음부터 분위기를 잘 잡았습니다. 이 양반이 처음에 뭐라고 코멘트를 했느냐 하면 "한국 경제에 대해 관심을 가진 사람이 뉴욕에 이렇게 많은 줄 알았으면 양키스타디움을 빌릴 걸 잘못했다"고 하면서 분위기를 잡았지요.

그런데 내 걱정은 주제발표는 준비된 대로 하면 되니 괜찮은데 Q&A는 못 알아들을 수 있지 않을까 하는 점이었습니다. 그게 걱정이어서 그때 전광우 보좌관(후일 국민연금공단 이사장)과 강영선 당시 재경부 외신대변인이 배석하도록 했습니다. 질문을 메모해 전달해 주도록 했지요.

표면에 내건 주제는 'Invest in Korea's Future'로 한국의 개혁성과와 한국 경제의 역동적 미래를 제시하는 내용이었던 것으로 기억합니다. 그런데 질문이 무척 많았어요. "중국의 경제적 부상에 대해서 어떻게 생각하느냐?"를 비롯해서 "하이닉스는 어떻게 처리하느냐?", "남북관계는 어떻게 되느냐?" 등이었죠.

그런데 운이 좋게도 질문을 놓치질 않았어요. 당시 그레그(Donald P. Gregg) 전 주한미국대사 같은 이는 남북관계를 어떻게 보고 남북경협은 어떻게 진행되고 있느냐를 물어서 간단하게 "평양에 다녀오신 것으로 아는데 제발 북한 지도자들을 만나면 남북이 화해와 협력으로 공동번영을 추구할 수 있도록 조언해 주십시오!"라고 답했던 기억이 납니다.

또 중국 경제의 부상 문제에 대해서는 이렇게 답했어요.

"옛날 중국의 역사서 《사기》(史記)에 중국 사람들이 한민족(韓民族)을 동이족(東夷族)이라 해서 '가무(歌舞, Singing & Dancing)에 능하다'고 평가했다. 현재 한국의 문화나 드라마가 중국에서 엄청난 인기를 끌고 있고, 따라서 중국의 부상은 위협인 동시에 기회이기도 하다."

그랬더니 많은 박수가 터져 나왔고, 행사도 그야말로 성공적으로 잘 마무리됐습니다. 그러고 나서 무디스와 S&P 등 신용평가 회사들을 각각 방문해서 협조를 요청했습니다. 당시 권태신 국제금융국장(후일 한국경제연구원장)과 같이 갔는데 권 국장은 상당히 저돌적인 승부사입니다. 그래서 무디스 회장을 비롯한 신용평가사 간부들과 만나서도 거칠게 따졌어요.

"왜 한국이 우리보다 훨씬 뒤지는 동유럽 국가나 불가리아 등 이런 나라들보다도 못한 나라로 취급하느냐? 우리는 이렇게 잘하고 있는데…"

이런 식으로 거칠게 항의하고 따지고 그랬어요. 그러면서 우리의 구조조정 등을 감안해 볼 때 "한국의 신용평가는 최소한 2단계는 높여야 한다"고 주장했습니다. 그때 내가 주장한 내용이 'Invest in Korea's Future'였습니다.

"한국의 미래에 투자해 주십시오. 4년 전에는 우리 경제가 어려워 40억 달러를 빌리러 왔지만 그동안 우리는 엄청난 구조조정을 했고, 그래서 오늘의 건강한 경제를 만들어 놓았습니다. 여러분들은 이런 기회를 놓쳐서는 안 될 것입니다"이라고 강조했습니다. 그렇게 마무리하고 돌아왔습니다.

당시에는 국가신용등급의 상향조정을 크게 기대하지는 않았어요. 오히려 강등을 하니 마니 할 정도로 불확실한 상태였습니다. 그런데 한 열흘 정도 지나서 의외의 결과를 통보받고 놀랐습니다.

국가신용등급 2단계 상승 스토리

이계민   놀랐다는 게 무슨 뜻인가요?

진 념   2002년은 한국에서 월드컵이 열리는 해였지요. 월드컵 준비를 위한 여러 가지 행사가 있었는데 3월 28일에는 인천국제공항에서 김대중 대통령 참석하에 '경제 월드컵 준비 점검회의'가 있었습니다. 그런데 회의가 열리고 있는 중에 쪽지를 받았어요. 그 쪽지를 보니까 "무디스가 한국의 신용등급을 2단계 상향조정 했다"는 것이었어요. A3로 올렸다는 것입니다. 그것을 보고 우선 매우 좋은 일이긴 하지만 '정말 확실한 것인가?' 이런 의문이 들어 다시 한 번 확인을 하라고 했습니다. 그런데 "맞다"는 회신이 왔어요. 물론 이런 메모가 전달되는 것도 쉬운 일이 아니었습니다.

당시 김용덕 차관보로부터 부총리에게 쪽지를 전달하라는 지시를 받은 재경부의 현장 실무자인 정은보 과장(후일 금융위원회 부위원장)이 회의실에 들어오려고 하니 당연히 경호실에서 막았겠지요. 그렇다고 물러설 일은 아니었지요. 정 과장은 경호원들에게 "지금 당장 부총리께 보고하고 곧바로 대통령께 보고되지 않으면 안 될 사안인데 만약 차질이 생기면 당신들이 책임져야 한다"고 기선 제압하고 들어와 쪽지를 전달했습니다. 당시의 공무원들은 요즈음과는 달리 그런 기백과 사명감을 가지고 있었습니다.

어찌됐든 그런 쪽지가 오가는 소동을 김 대통령께서 보신 모양이었어요. 당시 비서실장이 전윤철 장관(후일 경제부총리)이었는데 전 장관을 통해서 무슨 일인지 문의가 있었습니다. 그래서 이런 보고를 드렸던 것으로 기억합니다.

"신용등급에 관한 것인데 무디스가 우리나라 신용등급을 2단계 상향조정했다는 전갈입니다. 그러나 좀더 확실히 하기 위해 보고드리기 전에 재차 확인을 시켰습니다."

그런데 조금 있다가 회신이 와서 대통령께 "무디스가 2단계 상향조정을 곧 발표한다고 합니다" 하고 보고드렸습니다. 그랬더니 김 대통령께서 얼마나 기뻐

하시던지 행사 도중에 일어서서 "우리 박수를 칩시다"라고 제안해서 참석자들이 모두 일어나 박수를 치며 환호했습니다.

그날 실내 보고행사가 끝나고 기념품 전시장 등을 시찰하도록 돼 있었는데 잠시 시간이 있었어요. 그때 김 대통령께서 휴게실에서 쉬고 계셨는데 나를 오라고 하셔서 갔더니 의자에 앉아 계시던 분이 자리에서 벌떡 일어나시면서 내 손을 꽉 잡는 것이었어요. 정말 감동적인 장면이었습니다. 나도 그 좋은 소식을 듣고 감격했지만 연세 많은 노인인 대통령이 그렇게 감동하시는 걸 보면서 정말 감사하다는 마음과 함께 그 자체가 더 감동적이었습니다.

그러고 나오는데 KBS의 라디오정보센터 박찬숙 앵커가 전화를 걸어와 축하한다면서 인터뷰를 하게 됐습니다. 그때 나는 이런 얘기를 했습니다.

"지난 4년 동안 어려움을 참고 견디어낸 국민과 기업들이 이긴 겁니다, 우리 국민 모두의 승리입니다"라고 했던 기억이 새롭습니다. 이것이 경제부총리로서 내 마지막 멘트였습니다. 그만두기 10여 일 전이었지요.

그러고 나서 4월 8일에 '신용등급 회복' 축하 리셉션이 신라호텔에서 열렸습니다. 그때 헤드테이블에 김대중 대통령 내외분이 자리하셨고, 나와 경제단체장들도 앉아 있었습니다. 그런데 행사가 진행되던 중간쯤에 박용성 대한상의 회장이 "대통령께 드릴 말씀이 있습니다"라고 말했습니다. 그러니까 대통령이 '말씀하시라'고 하니까 박 회장은 "우리 경제계는 진념 경제부총리와 함께 대통령 임기까지 같이 일하고 싶습니다" 그랬어요. 그러니까 대통령께서 "나도 생각이 같습니다" 그러시는 겁니다.

그게 4월 8일입니다. 그래서 당시에는 내가 경기도지사 후보로 차출될 것이란 생각은 하지도 못했어요. 그만두기 불과 5일전입니다. 그런데 당에서 나보고 자꾸 경기도지사를 나가라고 하는 겁니다. 그래서 내가 대통령을 뵙고 얘기를 해보겠다고 했지요. 불과 며칠 전에 대통령께서 임기 끝까지 같이 가자고 하셨으니 말씀드려 봐야겠다고 생각했지요. 그래서 비서실에 면담신청을 했습니다. 그런데 그때 대통령께서 몸이 약간 불편해서 국군통합병원에 입원해 계셨을 때입니다. 비서실에서는 면담신청을 해도 만날 수 없다는 겁니다.

경제부총리 사임 '미스터리'

이계민　그래서 어떻게 하셨나요?

진　념　당에서 무척이나 채근하여 4월 13일에 사표를 제출했습니다. 그날이 토요일인데 당시 이한동 국무총리께서 중국인가 외국 출장에서 돌아오시는 날인데 국제공항까지 나가서 사표를 제출했습니다. 그날 총리께 "제 문제 가지고 대통령께 거취 문제를 여쭤본 적이 있습니까?"라고 문의했던 것 같은데 대답이 없었던 것 같아요. 당시 국제금융기구나 통신 등에서는 진념 부총리를 바꾸면 안 된다는 얘기들도 많았어요. 지금도 미스터리가 대통령께서 나가라면 무엇이든 할 각오는 돼 있는 사람인데 대통령께서 그만큼 신뢰를 주셨으면 경기도지사 떨어지고 나서 한번쯤은 격려나 위로가 있을 줄 알았는데 임기가 끝날 때까지 열 달 동안 한 번도 그런 일이 없었어요. 그게 미스터리입니다.

　김 대통령은 정말 나를 아끼셨어요. 가끔 청와대 관저로 불러 여러 가지를 물어보시기도 하고, 식사도 함께 하시고 그랬어요. 예를 들면 한번은 내가 국회에 가 있는데 전화를 하셨어요. 당시에 정책기획수석이 필요한데 사람을 추천해 보라고 하셔서 내가 "정책기획수석을 어떻게 쓰실 것입니까? 혹시 마음에 두신 사람이 있습니까" 하고 물었습니다. 그랬더니 2~3명을 말씀하셔서 "한덕수 OECD 대사(후일 국무총리)는 부임한 지 얼마 되지 않았지만 대통령의 국정철학을 잘 이해하고 있기 때문에 한덕수 대사가 좋지 않을까요?" 하고 말씀드렸더니 그렇게 하셨어요. 뿐만 아니라 내가 부총리로 올 때 금감위원장은 누가 좋겠느냐고 하셔서 말씀드렸더니 이틀이 지나 다시 그 사람들에 대한 얘기를 다시 확인하셨어요. 그렇게 많은 일을 상의해 주셨어요. 그렇게 인정도 많은 분이 퇴임 후 한 번도 연락이 없었다는 것은 이해가 안 돼요.

이계민　진 부총리께서는 3개 정부에서 5차례 장관을 지낸 것으로 압니다. 그래서 가장 많이 알려진 별명이 '직업이 장관인 사람'인데 이에 대해 어떻게 생각하시는지요?

진 념 '직업이 장관'이라는 말은 안 맞는다고 생각합니다만 행운을 타고났다고 보지요. 사실 우리 사회로부터 많은 혜택을 받은 사람이지요. 출신 지역도 그렇고, 특정한 정치적 배경이 있는 것도 아니고, 키도 작고, 그런데 그렇게 여러 차례 장관직을 수행한 것은 운이 좋았다, 행운이다, 그렇게 생각합니다.

　장관이란 직은 명예를 누리기 위한 자리는 아니지요. 국가와 국민들을 위해 봉사하고 일을 열심히 하기 위해 있는 자리입니다. 내가 장관을 하면서 무엇을 해야 하고 내 임무가 무엇인가를 항상 생각하고 깨우치려고 노력했습니다. 어려움을 당했을 때는 과거 경제를 일으켜 놓으신 장기영 부총리라면 어떻게 대처했을까? 또 김학렬 부총리는 무엇부터 어떻게 접근했을까 이런 것을 항상 생각하면서 극복하려고 노력했다는 말씀은 드릴 수 있을 것 같습니다. 그러나 얼마나 달성했는지는 국민들의 평가에 맡겨야지요.

이계민 이 밖에도 공직생활을 하시면서 개인적으로나 업무적으로 여러 가지 별명이 더 있는 것으로 알고 있습니다.

진 념 우선 추억에 남는 별명으로는 학생시절인 1961년에 ROTC 훈련을 받을 때 생긴 '양념' 후보생이라는 별명입니다. 이 별명의 유래는 이렇습니다. 훈련 중에 아무래도 학생 신분이기 때문에 현역 교관들과 피훈련생인 학생들 간에 마찰이 많았는데 그럴 때마다 내가 끼어들어 조정하고 해결했습니다. 그랬더니 교관들이나 학생들이 그런 별명을 붙여 주었습니다. 한때는 '해결사'라는 얘기도 들었는데 그것은 경제기획원에서 최장수 차관보(1983~1988년)를 하다 보니까 자연스럽게 관계부처의 정책조정을 오랫동안 많이 취급하게 되고, 그러다 보니 그런 말이 나왔습니다. 그런데 별명다운 별명을 붙여준 것은 공공노조였습니다. 공공부문 구조조정을 진두지휘할 때인 기획예산위원장 시절에 공기업 구조조정과 공무원 봉급 삭감 등을 추진해가는 과정에서 내 이름인 '진념'을 '진짜로 염려되는 사람'으로 풀어서 불렀어요. 그분들 입장에서는 그럴듯해 보였지요.

참고로 미국의 〈비즈니스 위크〉 1999년 신년호에서는 진념 당시 기획예산위원 장을 '한국의 대처'로 묘사했고, 2002년 〈아시아 머니〉에서는 진념 당시 재경부 장관을 '올해의 아시아 재무부 장관'으로 뽑았다. 국내에서도 2011년 6월 〈중앙 일보〉에서 '행정학자가 뽑은 베스트 장관'에 진념 경제부총리를 선정했다.

이계민 진 부총리의 음주법 가운데 '좌삼삼 우삼삼 앞으로 한 잔'이 있습니다. 그 유래는 어떻게 되나요? 지금도 그 원칙은 변함이 없으신지요?

진 념 별걸 다 끄집어내네요. 그것은 해운항만청장을 할 때 도입한 소통의 방법 가운데 하나입니다. 항운노조가 보통노조가 아니지요. 그런 항운노조와 소통하기 위해서는 비상한 방법이 불가피했어요. 그래서 소통에 조금이나마 도움이 될까 해서 모든 사람들이 돌아가면서 좌우로 한잔씩 돌리고 나중에 균형을 잡기 위해 앞 사람에게 한잔씩 권하는 것입니다. 노동부 장관 시절에도 노조간부들, 그리고 언론사나 부처의 신입사무관 등 젊은 사람들과 만날 때 대화하는 하나의 방법으로 사용했습니다. 그렇게 한 잔씩 돌리고 나면 일단 서로 긴장을 풀게 되고, 솔직한 의견교환이 가능하고, 좀더 진전되면 공동체 의식 같은 것을 만들 수 있어 몸은 고달파도 효과를 볼 때가 많았습니다. 물론 지금은 술을 거의 하지 않아서, 그 방법도 옛것이 돼 버렸습니다.

한국 경제의 도전과 응전,
그리고 남은 과제들

영국의 사학자인 아놀드 토인비(Arnold Toynbee)는 그의 역저 《역사의 연구》(A Study of History)에서 문명의 흥망성쇠를 '도전과 응전'(challenge and response)이라는 인식틀로 분석했다. 토인비는 문명도 생명체처럼 탄생과 사망이라는 필연적 과정을 밟는 것이라고 본 기존의 서구의 숙명론적 역사관에 반기를 들고, 창조적 소수에 의한 진보의 가능성을 역설했다. 그는 인류의 역사를 도전과 응전의 과정으로 보고, 외부의 도전에 효과적으로 응전했던 민족이나 문명은 살아남았지만 그렇지 못한 문명은 멸망했다고 보았다. 특히 한 나라의 멸망은 외부의 침입에 원인이 있다기보다 내부의 타락으로 비롯되며, 이러한 내부의 문제에 적극적으로 대응하는 나라와 민족만이 발전하고, 생존할 수 있다는 결론을 내린 것으로 유명하다.

우리가 겪은 6·25 전쟁 이후 최대 국난(國難)이라는 외환위기는 분명 한국 경제에 대한 도전이었고, 이를 극복하기 위한 노력 또한 응전의 일환이었다고 볼 수 있다. 그렇다면 우리의 응전은 충분하게 이뤄졌다고 보는가? 새로운 발전의 동력을 얻었다고 보는가? 흔히 '위장된 축복'이라는 말로 응전의 성공을 암시하기도 하지만 결론적으로 "불충분하다"는 것이 적절한 답변이 아닌가 싶다. 저성장의 고착화가 우려되는 데다 빈부격차와 계층 간, 지역 간, 세대 간 갈등과 불균형이 심화되는 경제구조는 여전히 우리에게 주어진 숙제임에 틀림없다.

그런 점에서 보면 "아직 외환위기는 끝나지 않았다"고 강변해도 틀린 말은 아닐 것이다. 설령 긍정적 결과를 가져왔다고 자부하더라도 정말 최선의 선택이었는가를 반성해 보는 것은 또 다른 책무다. 아직도 끝나지 않은 위기극복을 위해서는 응전의 전략과 방법에 대한 끊임없는 성찰과 새로운 구상이 절실히 필요하다는 얘기다.

강요당하기 전에 변해야

이계민　마무리 단계로 넘어가도록 하겠습니다. 외환위기를 처음부터 끝까지 지켜보시면서 재임 중 가장 어려웠던 때는 언제였고, 또 '이제는 위기가 극복이 될 수 있겠구나' 하는 확신을 가졌던 계기나 전환점은 언제였다고 생각하시나요?

진　념　외환위기 극복과정은 어려움과 고통의 연속이었지요. 16개 재벌기업을 비롯한 수많은 기업이 도산하고 150만 명이 넘는 실업자가 발생했습니다. 거기에다 금융기관의 정리와 공기업 구조조정 등 어느 것 하나 쉬운 일이 아니었습니다. 특히 어려웠던 것은 앞서도 얘기했지만 2001년에 밀어닥친 세계경제의 불황과 이에 따른 수출 감소, 국제원유가 폭등, 현대그룹 사태와 대우차 부도처리, 가뭄과 노조파업 등으로 경제가 곤두박질치고 사회불안이 가중됐던 때입니다.
　뿐만 아니라 정치적으로는 여소야대 정국이 조성되면서 정치권 공방이 심해졌고, 언론사 세무조사로 인해 언론과의 관계도 좋지 않아 정부에 대한 비판적 시각이 형성되던 때에 백방으로 노력해도 성과가 나질 않았습니다. 참으로 답답하고 힘든 난제들이 많았었다고 생각됩니다.
　그러나 다행히도 2001년 4분기 들어서면서 경제상황이 생각보다는 기대 이상으로 좋아지는 모습을 보이기 시작했습니다. 그래서 2001년 말에 한국은행 총재를 만났어요. 당시 한국은행은 금리를 좀 올리자고 한 때입니다. 그래서 당시 재경부의 변양호 금융정책국장(후일 금융정보분석원장)에게는 금리에 대한 얘기는 일체 언급하지 말라고 해놓고, 한국은행 총재와 만나서 경제상황에 대한 의견을 나누고 금리를 단계적으로 조정하십시오, 그렇게까지 언급할 정도였습니다.

이계민　지금도 그렇습니다만 그때도 금리에 대해서는 한국은행 총재만이 얘기할 수 있고, 경제부총리조차 금리의 '금'자도 꺼내면 안 된다고 하던 시절 아닌가요?

진 념 경제부총리와 한국은행 총재가 만나는 것이 매스컴의 뉴스거리로 등장하는 것을 이해할 수 없어요. 경제부총리와 한국은행 총재는 수시로 만나 금리를 포함해서 경제문제에 대해 당연히 의견을 나누고 토론을 해야 하지요. 그런데 그게 어떻게 뉴스가 되나요? 또 금리문제는 한국은행 이외에는 말도 못 꺼낸다는 것은 이해할 수 없는 일입니다.

어쨌든 2001년 말의 경기 회복세를 보면서 2002년에는 경제가 정상화될 수 있겠구나 하는 기대감을 갖게 됐습니다. 그래서 2002년 말까지 경제정책을 잘 마무리 지으면 나도 국민의 정부에서 경제위기 수습을 잘한 경제부총리로 남지 않겠느냐는 희망을 가졌었는데 정치권에 밀려서 결과를 보지 못하고 물러나고 말았습니다.

김용덕 진념 부총리께서는 재임 중에 두 가지 중요한 업적을 이루신 겁니다. 첫째는 IMF를 공식졸업한 부총리였다는 점입니다. 처음 부임하셨을 때 국내경제 상황은 매우 좋지 않았습니다. 1999년 하반기부터 2000년까지 현대그룹 사태나 대우차 부도 등으로 굉장히 어려웠습니다. 그러나 다행히 대외부문은 좋은 편이었어요. 2000년 7월 IMF와의 마지막 협상을 마무리한 직후였습니다. 부임 직후인 2000년 9월 IMF 자금 조기상환도 발표하고, 2001년 8월까지 IMF 자금을 모두 조기상환 완료하고 2001년도에 외환보유고 1천억 달러를 넘겼습니다. 실질적인 졸업인 셈이지요.

다른 하나는 국가신용등급 A단계를 회복한 것입니다. 그 배경을 조금 말씀드리면 2001년 8월에 IMF 대기성 차관을 모두 상환하고, 국가신용등급도 3개 신용평가사로부터 BBB 수준은 회복한 상태였습니다. 이제 국가신용등급을 외환위기 이전 수준인 A단계까지 올리는 것이 중요한 과제였어요. 그래서 2002년에 '신용등급 A'를 회복하기 위한 전략을 세웠습니다. 재경부에 '국가신용평가 대책협의회'를 만들고 제가 위원장을 맡았습니다. 또 세계 3대 투자은행인 골드만삭스를 자문기관으로 선임하고 전문적 자문도 받았습니다. 우리나라 국가신용등급 자문역할을 해준 미국 골드만삭스의 아시아담당 부회장이던 코르데이로(Carlos

A. Cordeiro) 와 이찬근 한국대표의 전문적 자문이 크게 도움이 됐습니다.

2002년 초 다른 2개 평가사보다 등급이 한 단계 낮은 무디스부터 집중 공략하였습니다. 연초 이들에게 우리 국가신용등급이 상향조정되어야 하는 이유를 상세히 설명한 편지를 보내고, 2월초 제가 뉴욕의 무디스사를 방문하여 빈센트 트루글리아(Vincent Truglia) 부사장 및 톰 번(Tom Byrne) 한국담당 국장 등과 등급상승 협의를 했습니다. 그리고 3월초 진념 부총리가 멕시코 몬테레이에서 개최되는 UN개발성상회의 국가내표로 참석하러 가는 길에 뉴욕에 들러 한국 경제설명회를 하고 이어서 무디스사를 방문, 회장 등에게 마지막 등급조정 요청을 한 것입니다. 무디스는 예상보다 빨리 2001년 3월 28일 두 단계 상승의 낭보를 전해온 것입니다.

여기서 국가신용평가사와의 그간 협의에 대해 몇 가지 말씀드리겠습니다. 1997년 말 외환위기가 발생했을 때 우리에게 가장 무서운 것은 IMF였습니다. 그다음이 세계 3대 신용평가사들이었습니다. 이들은 외환위기 발생 직전 1997년 10월 하순부터 불과 2개월 반 만에 우리나라 국가신용등급을 무려 6~12단계나 낮은 정크본드 수준으로 떨어뜨렸습니다. 이로 인해 외국투자자들의 '한국탈출'(Exodus from Korea) 에 기름을 부었습니다. 환란 직후 한동안 이들이 공항에 도착하면 국내 언론사들이 취재하느라 구름같이 몰려들었습니다. 이들의 일거수일투족과 한마디 한마디가 국내외 언론에 대서특필될 정도였습니다.

저는 매년 IMF와 1~2차례 정책협의 외에 무디스, S&P, 피치 등 3대 신용평가사와 1~2차례 신용평가협의를 하고 해외출장 시에는 매번 이들 회사를 직접 방문하여 한국의 상황을 전달하는 회의를 가졌습니다. 초기에는 이들이 공식미팅 이외에는 별도로 차 한잔도 하지 않으려 했습니다. 참 어려웠지요.

그러나 만남이 지속되고 서로 신뢰가 쌓여가면서 저와는 별도로 저녁도 같이 하는 사이로 발전했습니다. 비공식적 대화도 오가고, 여러 가지 애로사항도 나눌 수 있는 단계로 발전한 것이지요. 그리고 이들 중 일부는 미국의 평화봉사단원(Peace Corps) 으로 한국에 근무한 적이 있었고, 그들의 부인들도 한국인이라는 사실도 알 되었습니다. 이들과는 지금도 교분관계를 이어오고 있습니다.

'선택과 집중'으로 국민의 힘을 모아야

이계민 이제부터 드리는 질문은 재임 중 외환위기 극복에 나선 부총리를 비롯한 장관들에게 공통으로 드리는 질문입니다. 외환위기를 어떻게 볼 것인가에 대한 것이 첫 번째입니다. 외환위기를 맞아 강력한 금융 및 기업 구조조정을 거치고 경제의 기본질서를 바꾸라는 IMF의 정책 간섭을 받은 것을 놓고 일부에서는 위장된 축복이라는 시각도 있는 반면, 위기 본질과 관계없는 가혹한 구조조정으로 필요 이상의 고통을 안겨주었다는 이른바 IMF 낙인이라는 시각이 있습니다. 돌이켜 보면, IMF와의 협의내용 중 가혹하거나 잘못된 부분은 무엇이고, 잘된 부분은 무엇일까요? 다시 그 당시로 돌아가 협상할 수 있다면 꼭 고치고 싶은 것은 어떤 것인지요?

진 념 우선 외환위기는 있어서는 안 되는 고통이었지만 우리 스스로 경제체질을 바꾸고 미리 대처하지 못한 결과라는 점에서 안타까운 일이라고 생각합니다. 1996년 11월에 이뤄진 이른바 선진국 그룹이라는 OECD 가입과 함께 반도체 호황 등에 취해 국제금융 환경의 급격한 변화에 따른 기업체질 개선을 게을리한 것이 문제였지요, 그런 점에서 보면 IMF의 혹독한 처방으로 4대 부문 개혁을 비롯해 경제체질을 과감하게 개선한 것은 그나마 다행이 아닌가 싶습니다. 다시 말하면 국제사회에서 경제사회의 위기를 가장 성공적으로 극복한 사례로 평가받은 것은 좋은 일이지요.

다만 IMF 외환위기와 관련해서 우리가 얻어야 하고, 얻을 수 있었던 교훈은 우리가 적정한 때에 스스로 변화하지 않으면 우리는 변화를 강요당할 수밖에 없다는 것입니다. 이러한 강요는 국민의 고통과 좌절로 귀결될 수밖에 없다는 것이지요. 즉 "Change before We have to", 강요를 받기 진에 우리 스스로 변하자 하는 것이 가장 값진 교훈이라고 생각합니다.

고통 속에서도 IMF 극복과정에서 우리 국민들이 가장 슬기롭게 대처해 주었습니다. 대표적으로 금모으기 운동을 들 수 있지요. 이렇게 국민들이 단합된 힘

금모으기 운동 (1998. 1. 14)
범국민적인 금모으기 운동에 동참한 전국 주부교실 중앙회 소속
회원들이 각 가정에서 가지고 나온 금붙이를 접수하고 있다.

을 보여주고 또다시 일어설 수 있다는 자신감을 금모으기 운동을 통해서, 뼈아픈 구조조정을 통해서 국제사회에 심어준 것이 우리가 외환위기를 빨리 극복할 수 있었던 원동력입니다.

종합하자면 우리가 스스로 변화하지 못했기 때문에 강요당할 수밖에 없었는데 그런 혹독한 조건하에서 "우리가 쓰러지면 안 된다, 다시 일어서야 한다!"는 각오로 일을 했기 때문에 경제체력을 강화하고 보강한 것은 분명히 인정을 하자는 것이 내 결론입니다.

이계민　2008년 글로벌 금융위기 때 우리 경제가 선전(善戰)한 것은 IMF 때의 구조조정의 효과인 반면, 최근 우리 경제가 장기침체로 들어간 것은 그 구조조정의 효과가 다하고 새로운 구조조정에 실패했기 때문이라는 시각이 있습니다. 이러한 구조조정 지연에 대한 판단은 어떻게 내려야 할까요?

진 념 ㄱ 점이 바로 아쉬운 대목입니다. 외환위기 직후에는 금융이나 기업 구조조정을 정부가 직접 주도하면서 강력하게 추진했지 않습니까? 그런데 시스템이나 체질을 바꾸는 것은 그것이 일회성이 아니라 지속적으로 꾸준히 이뤄져야 의미가 있습니다. 처음의 구조조정, 즉 1998년부터 2000년까지의 개혁을 거쳐서 제2기 내각 이후에는 상시 구조조정 체제로 간다고 해서 법과 체제를 정비했는데 이것이 잘 이행되지 않았어요. 그래서 지금도 이른바 '좀비기업 구조조정'이다 뭐다 해서 논란들이 많은 데 참으로 안타깝다는 얘기를 하고 싶습니다.

이계민 지금 우리 경제는 매우 어려운 국면에 처해 있습니다. 중국에 따라 잡히고, 일본은 도망가고, 우리의 설 땅이 없다는 분석이 일반적입니다. 1인당 소득 2만 달러에 갇혀 있은 지 오래됐고, 앞으로도 암담하다는 얘기들이 많습니다. 현재 가장 문제가 되는 것은 무엇이고, 경제정책은 어떻게 꾸려져야 하나요? 많은 사람들은 정치개혁이 절실하다고 하는데 어떻게 해야 하고, 탈출구는 무엇이라고 생각하시는지 한국 경제의 진로에 대해 마무리 말씀 부탁드립니다.

진 념 한국 경제가 안고 있는 과제가 적지 않다는 정도가 아니라 무척 많은 편이지요. 세계경제는 뉴노멀(New Normal)이라고 해서 회복된다고 하지만 완전 회복까지는 상당한 시간이 걸릴 것이고, 특히 중국 경제의 하향이나 미국의 금리 인상 등 여러 가지 불확실성이 많은 상황이지요. 더구나 우리 경제의 성장을 지탱해온 버팀목인 수출이 부진한 상황에서 가계부채는 쌓여가고, 기업도 위협을 많이 당하고 있고, 재무구조도 악화되고, 구조조정은 더디고, 특히 청년실업은 정말 심각한 상황이지요. 무척 많은 애로가 쌓여가고 있습니다.

이런 상황에서 정말 더 중요한 것은 과거 우리는 위기를 당하고, 그러면서 이를 극복하는 의지를 발휘해 성장해온 경제인데, 지금은 과거 위기 때처럼 극복 의지도 없고, 결기도 없는 것 같습니다. 우리 경제사회의 역동성을 상실해 버린 것이 큰 위기이자 문제라고 봅니다.

지금 현재 해결해야 할 과제들을 이제는 진짜 선택과 집중으로 정리해야 합니다. 개혁 시에 애매한 수사적 개혁방향은 충격도 없고 효과도 실현가능성도 없습니다. 지금 정부가 4대 부문 개혁을 추진한다고 하는데 실체는 무엇인가요. 예컨대 교육개혁을 한다고 하는데 뭐를 한다는 것인가요. 공공부문 개혁 무엇을 말하는가요? 외환위기 때는 아주 간명하고 구체적 메시지를 내보냈습니다. 그래서 국민들의 역량을 모아갔습니다. 그런데 지금은 담론만 있고, 구체적 실천계획은 없는 실정입니다. 이린 문제를 빨리 정리하고, 너무 자꾸 벌리지 말고, 해야 할 일을 집중적으로 선정해서 공략하고 거기에서 성과를 내보이는 것에 국력을 집중해야 한다는 것입니다. 물론 그 대전제는 소통과 배려라는 큰 리더십을 배경으로 국력을 모아가는 노력이 매우 절실한 때라고 말하고 싶습니다.

위기는 항상 올 수 있고, 또 우리가 극복할 수 없는 위기는 없습니다.

변화와 혁신의 리더십이 나라를 살린다

이계민 중복감이 없지 않습니다만 우리가 국가부도라는 외환위기에 몰리고, 또 국력을 모아 이를 극복하고, 또 세계에서 IMF 지원을 받아 가장 성공적으로 재기한 사례로 기록되는 성과를 거두었습니다. 그런 과정을 통해 우리가 교훈으로 삼아야 할 자기성찰과 대안은 어떻게 종합할 수 있을까요?

진 념 무엇보다도 먼저 변화와 혁신을 꼽고 싶습니다. 이는 우리의 생존전략이자 국가발전의 동인(動因)입니다. 앞에서 말씀드렸듯이 우리가 변화해야 할 때 변화하지 못해 생긴 것이 혹독한 IMF 체제라고 봅니다. 그래서 우리의 생존전략은 변화와 혁신입니다.

그런데 변화와 혁신을 이루는 요체는 사람입니다. 사람이란 높은 사람, 즉 리더들만을 말하는 것은 아닙니다. 국정 최고책임자인 대통령부터 시작해 장관과 정치인, 기업체 사장, 기술인, 또는 사회단체 지도자들까지를 포함해 우리 사회의 모든 구성원들에게 해당하는 것입니다. 특히 우리 사회를 이끌어가는 리더늘을 어떻게 발탁하고, 그들에게 변화와 혁신을 이끌어낸 충분한 권한과 책임을 주는 것이 무엇보다 중요하다고 봅니다. 이것을 첫 번째로 꼽고 싶습니다.

두 번째는 시스템 개혁은 계속 모니터링되고, 때를 놓치지 않는 것이 중요합니다. 국민의 정부 전반기는 워낙 다급한 상황이라서 정부 주도의 구조조정이 이뤄졌지만 후반기에는 상시 구조조정 체제로 전환했습니다. 그런데 지속적인 모니터링이 안되고 개혁이 제때에 이뤄지지 못했습니다. 최근 논란이 되고 있는 조선산업 등도 그때그때 구조조정이 이뤄졌어야 하는데 그렇지 못한 결과라고 봅니다.

세 번째는 전체적인 국가 기강과 규율이 정립돼야 한다는 점을 들고 싶습니다. 예컨대 산업은행 같은 경우 이명박 정부 때 민영화한다고 정책금융공사를 만들었는데 박근혜 정부 들어와서 그 이전으로 돌아가 버렸어요. 그에 따른 비용과 낭비는 누군가 책임져야 하지 않나요? 지금 아무도 책임지는 사람이 없습니다. 그리고 산업은행이 국민의 정부가 끝난 2002년 이후 15년이 다 돼가는데 산업은행 자회사가 그렇게 많아졌는지 알 수가 없습니다. 근래 자회사인 대우조선해양의 낭비사례가 밝혀졌는데 이에 대해서도 책임지는 사람이 없습니다. 대한민국 최고의 재벌은 산업은행 아닌가요? 이는 국가의 기강과 규율이 안 서 있기 때문이라고 봅니다. 일을 안 해도 책임지는 법이 없으니 적당히 넘기려는 것입니다.

네 번째는 규제개혁과 자율성은 높여 나가되 책임과 의무도 함께 높아져야 한다는 것을 강조하고 싶습니다. 앞서 얘기했던 카드사태가 하나의 사례가 될 수 있을 것입니다. 신용카드 현금서비스는 서민금융을 용이하게 해주고, 신용카드 사용에 조세감면을 적용한 것은 유흥음식점 등 탈루세원이 많은 업종의 세원 공개 등에 긍정적인 기능을 했습니다. 그럼에도 카드발급 규제를 완화하니 신용조사도 없이 마구잡이로 남발을 하는가 하면, 은행 자회사 등 카드회사들은 문제가 생기니까 정부 책임으로 떠넘기려는 발상을 했어요. 자율만 누리고 책임은 지지 않은 대표적 사례라고 봅니다.

마지막으로 공직사회의 소명의식과 열정을 어떻게 불러일으킬 것이냐가 매우 중요하다고 봅니다. 과거의 공직자들은 어떤 업무를 맡고 어떤 자리에 있든

678

투철한 사명감과 책임지는 자세를 갖고 있었습니다. 그러나 대통령 5년 단임제 하에서는 대통령직 인수위원회 구성에서부터 정치의 영향력이 커지면서 공직자들은 눈치 보기가 우선시됐고, 소신껏 일하기보다는 정권의 비위를 맞추는 적당주의가 팽배해 있습니다. 최근에 내수진작을 위한답시고 명품들에 대해 개별소비세를 내렸는데 가격이 내려가지도 않았을 뿐만 아니라 내수진작에도 별 도움이 안 되는 일이 되고 말았어요. 이러한 정책 시행이 하나 둘이 아닙니다. 그래 놓고도 책임지는 공직자들이 없습니다. 이런 상태에서는 나라의 중심이 잡힐 수 없고 변화와 혁신은 이룰 수가 없습니다.

　IMF를 다시 성찰하면서 교훈으로 삼았으면 합니다.

"역사가(歷史家)는 과거에 눈을 돌린 예언자이다."
독일의 낭만주의 문학평론가 슐레겔(August Wilhelm Schlegel)의 말이다. 우리 주변에서 일어나는 일상적인 모든 변화는 겉으로 보기엔 우발적이고, 우연적인 사건처럼 보이지만 그 내면에는 항상 역사적인 인과관계가 숨어 있다. 다만 이러한 인과관계는 우리가 뚜렷한 역사의식을 갖고 마주 대할 때만 인식이 가능하고, 예언으로서의 가치를 발휘할 수 있다.

　외환위기의 아픈 경험이 우리에게 더욱 소중한 것은 그래서일 것이다. 진념이 겪었던 소중한 경험이 나라 발전의 밑거름이 되기를 기대해 본다.

한국 경제의 재도약과
대외부문의 성과*

경제모범생 A등급 회복

1997년 이후 5년 동안 한국의 IMF 외환위기 극복과정은 국제금융시장에서 큰 주목을 받았다. 한국은 단순히 외화유동성 부족문제를 해결하는 데 그친 것이 아니라 정크본드 수준으로 추락했던 국가신용등급을 경제모범생 수준인 A등급으로 다시 높였으며 사상최초로 순(純)채권국의 지위에 오르게 됐다.

자유변동환율제를 빠른 시간 내에 정착시키고 외환자유화를 추진하였으며 다양한 국제금융 제도와 상품을 도입하여 외환시장의 폭과 깊이를 심화시켰다. G20의 원년 멤버가 되어 글로벌 경제와 금융의 주전선수로 등장했으며, 특히 통화스왑을 통한 상호지원체제인 CMI 창립을 주도하여 ASEAN + 3 회원국이 모두 참여하는 동아시아 역내(域內) 금융협력체제를 구축하는 데 기여했다.

외환위기 극복 첫해인 1998년은 단기외채 만기연장협상의 성공과 40억 달러

---

* 이 부분은 외환위기 직후 5년간 이규성 재경부 장관, 강봉균 재경부 장관, 이헌재 재경부 장관, 진념 부총리 겸 재경부 장관, 전윤철 부총리 겸 재경부 장관 등의 재임기간에 최장기 국제금융입무를 담당했던 김용덕 전 금융감독위원장이 제공한 자료를 대부분 활용하였다. 그는 1998년 후반기 재경부 국제금융심의관(1998.8~1999.1)을 거쳐, 국제금융국장(1999.1~2001.4) 그리고 초대 국제업무정책관(차관보, 2001.4~2003.3)으로 재직하였다.

규모의 외평채 발행으로 외화유동성 위기가 조기에 수습된 시기였다. 이해 4월 초에 한국 정부가 발생한 외평채는 5~10년의 장기채임에도 불구하고 가산금리가 각각 345bp와 355bp에 그쳤다. [1] 이는 같은 시기에 JP모건 신흥시장채권지수(EMBI+)가 제시한 464bp보다 훨씬 낮은 수준이다. 국제금융시장에서 이미 한국의 신용이 상당부분 회복되어 위험도가 다른 신흥국보다 훨씬 낮은 것으로 평가되고 있다는 사실을 보여주는 지표였다.

또한 극도의 외환수급 불균형 속에서도 자유변동환율제가 정착되었고 외환위기 재발을 방지하기 위해 국제금융시장 동향을 실시간으로 모니터링하는 '국제금융센터'가 설립되기도 했다. 외환자유화와 선진화가 추진되면서 단기외화자금 유출입 동향을 파악하기 위해 한국은행에 '외환전산망'이 설치된 것도 이시기에 이루어진 일이다.

한국 경제는 1999년 1월부터 4월 사이 세계 3대 국제 신용평사회사로부터 '투자적격 신용등급'(investment grade)을 회복한다. [2] 1998년 한 해 동안의 유동성 위기 극복 및 외환시장 선진화 작업이 국제금융시장의 인정을 받은 것이다. [3]

1999년에는 대우사태 발발로 인한 큰 후폭풍 속에서도 지속적인 외채감축과 외환보유액 확충을 통해 순채권국의 지위에 오르게 된다. [4] 한국이 순채권국이 된 것은 건국 이래 처음 있는 일이었다. 이에 힘입어 금융기관과 기업의 해외차입 여건이 크게 호전되었고 외환보유고도 확충되어 IMF 지원자금 중 고금리인 '보완준비금융'(SRF) 135억 달러를 예정보다 9개월 앞당긴 1999년 9월에 전액 상환 완료했다. [5] 이에 따라 국가신용등급이 다시 한 단계씩 상승한다.

1999년 연말에는 'G20 재무장관·중앙은행 총재회의'에서 창립회원국 지위를 확보했다. 이로써 한국은 국제금융의 아키텍처(Architecture)를 구축하는 작업에 직접 참여할 수 있게 되었다. [6]

---

1 외평채의 기준금리는 미국 재무성 채권(TB: Treasury Bill) 기준.
2 1999년 1월 피치로부터 BBB-, 1999년 2월 무디스로부터 Baa3, 1999년 4월 S&P로부터 BBB-를 받았다.
3 위와 같은 일은 이규성 재경부 장관 재임기간인 1998년 3월에서 1999년 5월 사이에 이루어졌다.
4 순채권국이 된 것은 1999년 9월의 일이었다.
5 1999년 9월 16일에 상환이 이뤄졌다.

2000년 5월 'ASEAN + 3 재무장관 회의'는 '치앙마이 이니셔티브'(CMI)를 출범시켰다.[7] CMI는 동아시아국가 회원국들끼리 위기 시에 통화스왑을 통해 자금지원을 해줄 수 있는 상호자금지원 제도로서 2000년 2월에 한국 측이 제안하고 중국과 일본의 협력하에 추진된 제도이다. 이후 ASEAN + 3 회원국들이 전원 참여하는 다자간 협력체제로 발전된 CMI는 아시아 외환위기 이후 역내 국가들이 이뤄낸 가장 큰 금융협력의 하나로 평가된다.[8]

같은 해 말인 2000년 12월 3일에는 'IMF 대기성 차관 협약'에 의한 정책협의를 마무리하고 IMF 프로그램을 성공적으로 종료하였다.[9] 외환위기 발생 이후 3년 만에 경제정책의 주권을 되찾게 된 것이다. 한국은 다음해 2001년 8월 23일에는 대기성 차관 60억 달러까지 전액 상환하여, IMF로부터 실질적 졸업을 하였다.

2001년 4월 한국은 IMF 창설 50년 역사상 처음으로 이사국이 된다.[10] 국제금융 외교현장에서 2년 이상 끈질기게 IMF 이사국 지위 확보를 위한 협상을 거듭한 결과 얻어낸 개가였다. 같은 해 9월에는 꾸준한 외환보유고 비축 노력으로 외환보유액이 사상 처음 1천억 달러를 돌파하였다.

기업과 금융, 공공부문 등 4년에 걸친 꾸준한 구조조정의 결과, 2002년 3월 28일에는 국제 신용평가사인 무디스로부터 국가신용등급 2단계 상승을 획득함으로써 국가신용이 외환위기 이전 수준인 A등급을 회복하였다.[11] 국제금융시장에서 잃었던 경제우등생의 지위를 다시 찾은 것이다.

---

6 이는 강봉균 장관 재임 시(1999. 5~2000. 1)의 일로서 1999년 12월 독일 베를린에서 개최된 G20 창립총회에는 강봉균 장관이 한국 수석대표로 참석했다.

7 태국 치앙마이에서 개최된 회의에서 출범했기 때문에 '치앙마이 이니셔티브'가 되었다.

8 이헌재 장관 재직 시(2000.1~2000.8)의 일로서 이헌재 장관은 CMI의 원년멤버가 되었다.

9 IMF 대기성 차관 협약은 그동안 10차례의 공식협의가 이루어졌다.

10 2004년부터 2006년까지 2년간 처음 이사국 지위를 차지했으며 지금은 호주와 함께 번갈아가며 이사국을 수임하고 있다.

11 IMF 졸업 및 국가신용등급 A등급 회복 등은 진념 장관 재직 시(2000. 8~2002. 4)에 이루어졌다.

외환시장의 안정과
IMF 체제 극복

자유변동환율제의 정착

1997년 12월 16일 IMF의 권고로 한국은 자유변동환율제를 전격 도입했다. 외국인 투자자금이 썰물처럼 빠져나가고, 국내 금융회사와 기업들이 외화부도를 막기위해 달러 확보에 사활을 거는 상황에서 갑작스럽게 도입된 자유변동환율제는 팽팽하던 화살 줄이 갑자기 끊어진 듯한 충격을 시장에 던졌다. 외환시장에서 달러거래가 실종됐고 환율은 1997년 12월 23일에는 장중 한때 1,995원까지 치솟았다.

그러나 1998년 초반 이후 급박한 단기유동성 위기에서 벗어나고 경상수지가 흑자를 내면서부터는 거꾸로 가파르게 절상되기 시작한 환율이 한국 경제를 괴롭혔다. 매달 100원씩이 뚝뚝 떨어져 마침내 12월말에는 1,200원대가 무너졌다. 환율이 급등락하는 상황에서는 외환시장이나 수출입이 몸살을 앓을 수밖에 없다. 자유변동환율제가 안정적으로 자리잡기 위해서는 무엇보다도 외환시장이 선진화되어야 했다. 외환시장의 폭과 깊이가 심화되어 다양한 현·선물환 및 외환파생상품이 거래되어야 하고, 외환딜러들도 육성하여 외환시장 규모를 키워야 한다. 그래야 외환시장의 자체 수급조절 여력이 늘어나고, 위험이 헤지(hedge) 되며 환율의 변동폭도 줄어든다.

그러나 외환시장 육성을 위해 도입한 다양한 외환파생상품과 새로운 형태의 외환거래들이 도입 초기에는 오히려 급격한 변동성의 원인이 되었고 외환의 단기적 수급 불일치와 투기적 거래로 인해 외환시장이 주기적으로 흔들렸다. 그럴 때마다 외환당국은 수많은 딜러들과 신경전을 벌이며 시장이 마비되지 않도록 미세관리(smoothing operation)에 들어갔다.[12] 변동환율제의 원칙을 지키기

---

12 일시적 외환수급 불균형이나 투기적 세력들로 인해 환율이 크게 흔들릴 때에는 당국이 적절한 시장안정조치를 취해야 한다. 이를 미세관리라고 한다.

그림 5-1 1997년 이후 원·달러 환율 동향

위해 개입은 자제하되 시장이 왜곡되지 않도록 세심한 관리기술을 동원해야 하
는 고도의 심리전이 되풀이되었다. 정해진 궤도 위에서 기관차를 몰다가 갑자
기 혼잡한 도심 한복판에서 자동차 운전대를 잡은 격이었으니 외환시장에 대응
하는 실무진들은 24시간 긴장의 끈을 놓을 수가 없었다.

이후 3~4년 동안 이 같은 과정을 거쳐 국내 외환시장 규모가 확대되고, 질적
으로도 선진화되었으며 변동환율제가 완전히 정착되었다. 이에 대해 IMF와 외
환시장 참가자들, 그리고 국내외 언론은 "한국이 외환위기 이후 시장을 비교적
안정적으로 관리하면서 자유변동환율제를 성공적으로 정착시켰다"는 평가를
내렸다.[13]

13 이 과정에서 당시 환율, 외환수급, 외환시장 관리업무를 담당했던 재경부 외화자금과와 한국은행 국제국
   실무자들이 고생을 많이 했다. 허용석, 최중경, 윤용로, 박대동, 최종구 등 재경부 외화자금과장과 실무담
   당자들, 그리고 윤귀섭, 이재욱 등 한국은행 국제국 책임자들이 긴밀하게 협조했다.

지상명제 "외환보유고를 확보하라"

외환위기 직후에는 국제금융시장에서 정상적 외화자금 조달이 어려웠고, IMF 사태로부터 졸업하기 전에는 한국 경제가 독자적 경제 및 금융정책을 집행할 수 없었다.

외환위기를 조속히 벗어나기 위해서는 외환보유고 확충이 지상명제였지만 외환시장개입에 대해 IMF가 눈에 불을 켜고 일일 단위로 체크하던 시절이라 정부가 명시적으로 외환보유고 확충목표를 설정할 수 없었다.

이에 따라 외환당국은 IMF와 줄다리기를 하면서 외환보유고를 확충하는 데 노력을 기울였다. 그 결과 외환위기 발생 당시 거의 텅 비어 있었던 외환보유고는 지속적으로 증가하기 시작했고[14] 2000년 말에는 1천억 달러에 육박하여 세계 5위권의 외환보유국이 되었다. 꾸준한 구조조정 노력으로 국제금융시장의 신뢰를 회복하면서 외국인들의 직간접 투자가 늘어나기 시작했고 경상수지 역시 꾸준한 흑자를 냈기 때문이다.

2016년 3월말 현재 우리나라의 외환보유고는 총 3,698억 달러로서 세계 7위 수준이다. 충분한 외환보유고에 힘입어 2008년 글로벌 금융위기 때도 위기를 비켜갈 수 있었다.

표 5-1 **외환보유고 추이**

(단위: 억 달러)

1997년 12월 18일	1998년 12월	1999년 12월	2000년 12월	2001년 12월
39.4	485.1	740.5	962.0	1,028.2

---

14 2년 후인 1999년 말에 740억 달러로 증가했다.

순채권국 지위에 오르다

외환위기 직전 한국은 568억 달러나 되는 대규모 순(純)대외채무를 지고 있었다.[15] 그러나 외환위기 이후 빠른 속도로 외채를 갚아 나가면서 1999년 9월말에는 해외에 갚을 돈보다 빌려준 돈이 4억 달러 더 많은 순채권국의 지위에 오르게 되었다. 순채권국이 된 것은 대한민국 정부수립 이후 최초의 사건이다. 순채권 규모는 이후로도 지속적으로 늘어나[16] 2004년 6월말에는 순대외채권 1천억 달러 시대를 열게 된다.[17]

같은 시기에 외채상환능력의 대표적 지표인 GDP 대비 총외채 비율은 세계은행 기준 '외채문제 없는 국가 수준인 30% 미만'으로 안착했다.[18] 외환보유고 대비 단기외채의 비율도 1997년 말의 731%에서 40%로 크게 호전되었다.

표 5-2 외환위기 이전 대비 외채수준 비교

(단위 : 억 달러)

	1997년 말(A)	2001년 11월말(B)	증감(B−A)
총대외지불부담	1,592	1,203	△389
- 단기외채	636	405	△231
대외채권	1,052	1,636	584
- 외환보유액	87	1,017	930
순채권	△540	432	972
외환보유액 대비 단기외채비율	731.0%	39.9%	△691.1%p

---

15 1997년 9월말 한국의 총외채는 1,642억 달러였던 반면 대외채권은 1,056억 달러였다.

16 2001년 11월말의 총대외지불부담(external liabilities)은 외환위기 발생 시점에 비해 398억 달러가 감소한 반면 대외채권은 증가했다.

17 순대외채권은 2002년 말 450억 달러를 기록했다. 이후 한국은 지속적으로 순채권국 지위를 유지하고 있다.

18 2001년 기준 25.6%.

IMF 자금 조기상환과 정책주권 회복

외환보유액이 계속 증가하자 한국 정부는 IMF로부터 도입한 차관 가운데 금리가 높은 보완준비금융(SRF) 135억 달러를 1999년 9월 전액 조기상환했다. 당초 예정보다 9개월이나 앞선 시점이었다. [19]

2000년 7월에는 IMF와의 10차 협상을 끝으로 2000년 12월 3일 IMF 프로그램이 종료된다. 10차 정책협의의 내용은 GDP 성장률과 물가상승률, 이자율, 통합재정수지와 경상수지 등 일반적인 거시정책 목표를 수립하고 9월말까지「금융지주회사법」을 국회에 제출하는 등의 일반적인 내용에 그쳤다. 10차 협상 이후 한국은 경제정책의 주권을 되찾게 된다(10차에 걸친 외환위기 시 IMF 의향서 주요내용 및 정책대응의 요약은 〈부록〉 참조).

2001년 1월부터 8월까지는 IMF로부터 빌린 자금 가운데 남은 대기성 차관자금 60억 달러를 전액 조기상환했다. [20] 이로써 한국은 아시아 외환위기 발생 이후 IMF 구제금융을 받은 국가 중 최단기간 내에 해당 자금을 조기상환한 국가가 됐다.

이날 호르스트 쾰러 IMF 총재는 김대중 대통령에게 서한을 보내 "한국의 IMF 외채 조기상환은 획기적인 일이며, 한국의 경제안정과 회복, 그리고 한국 금융의 건전성을 높이 평가한다"고 전했다.

해외 언론들도 비슷한 시기에 외환위기를 겪은 국가들 가운데 한국을 가장 성공적으로 위기를 극복한 국가로 평가했다.

---

[19] 당초 예정은 1998년 12월부터 2000년 5월이었다.
[20] 당초 예정은 2001년 3월부터 2004년 5월이었다.

688

멀고 험했던
국가신용 회복의 길

경제성적표 A학점 회복의 낭보

2002년 3월 28일, 세계 3대 신용평가사 중 하나인 무디스는 우리나라 국가신용 등급을 Baa2에서 A3로 두 단계 상향조정했다고 한국에 통보해왔다. 1997년 말 위기 이후 무려 4년 4개월 만에 위기 이전 수준인 A등급을 회복한 것이다.

이날 오전 10시 30분, 과천의 재경부 기자실에는 기자들이 웅성거리며 대기 하고 있었다. 긴급 발표가 있다는 소식을 듣고 몰려든 것이다. 김용덕 차관보는 "긴급발표 사안이 도대체 뭐냐?"고 묻는 기자들을 진정시키면서 미리 준비한 원 고를 침착하게 읽어 내려갔다.

"무디스는 우리나라 국가신용등급을 A3로 두 단계 상향조정하기로 결정했다" 고 김 차관보가 첫 줄을 읽자마자, 여러 기자들이 동시에 "몇 단계요?" 하고 일 제히 되물었다. 믿어지지 않는다는 듯 흥분된 질문이었다.

"두 단계입니다."

다음날 국내외 모든 언론은 1면 머리기사로 국가신용등급 두 단계 상승 뉴스 를 다뤘다. "한국 신용 A등급 회복", "한국 경제 4년 만에 '메이저리그' 복귀", "국가신용 사실상 환란 전 수준 회복" 등의 헤드라인이 대문짝만 하게 뽑혔다. 장문의 해설기사가 뒤따랐고 사설로 다루기도 했다. 〈인터내셔널 헤럴드 트리 뷴〉, 〈로이터〉, 〈블룸버그〉 등 외신들 역시 일제히 우리나라의 국가신용등급 2단계 상승을 주요 기사로 보도했다.

외환위기가 발생한 1997년 말 한꺼번에 무려 10여 단계나 신용등급이 하락해 국가신용이 정크본드 수준으로 떨어졌던 울분과 수모를 말끔히 씻어내는 순간 이었다.

외환위기와 국가신용등급 폭락

외환위기 당시까지 한국 정부는 외화국채를 전혀 발행하지 않았고 S&P, 무디스, 피치 등 국제 신용평가사들이 한국의 국가신용등급을 모두 A등급으로 평가하고 있었기 때문에 이들의 국내평가 활동에도 별 신경을 쓰지 않았다. 국제 신용평가사들이 한국을 방문해도 정부 고위관리들과 접촉할 기회를 갖지 못했다.

그러나 사태가 갑자기 악화되기 시작한 1997년 10월부터 12월까지 두 달이라는 짧은 기간 내에 무디스는 6등급, S&P는 무려 12등급이나 한국의 국가신용등급을 떨어뜨렸다. 외환위기가 정점에 달한 12월 23일에는 한국의 국가신용도가 정크본드 수준인 BB+ 이하로까지 추락했다.

아무 문제가 없을 때는 있는 듯 마는 듯하던 국제 신용평가사들의 존재감이 외환위기가 닥치자 엄청나게 큰 비중으로 부상했다. 금융기관이나 기업은 국가신용도 이상의 평가를 받을 수 없다. 따라서 국가신용도가 정크본드 수준으로 추락했다는 것은 이들이 국제금융시장에서 절대로 자금을 조달할 수 없다는 것을 의미했다.

국가 IR 전담반을 만들다

이 사건을 계기로 한국 정부는 국제금융시장에서의 국가 IR이 매우 중요하다는 교훈을 얻었다. 1998년 3월에 재경부 국제금융국에 '국가 IR 전담반'을 설치하고 주요 국제 기관투자가와 금융회사, IMF·세계은행 등 국제기구, 신용평가기관 등 800여 곳을 대상으로 정부의 경제정책, 최신 경제데이터, 주요한 법령의 제·개정 등 정보를 실시간으로 제공하는 시스템을 구축한다.

세계 3대 국제 신용평가사들과 1년에 수차례씩 연례협의도 개최했다. 이들이 한국을 방문하면 주요 경제부처를 직접 방문하도록 주선하고, 재경부 장관을 비롯한 국제금융국장, 차관보 등 국가 IR 담당 간부들이 이들을 직접 면담했다.

중요 국제 신용평가사가 위치한 뉴욕, 런던 등에 출장을 가면 이들 기관을 방문하여 신용등급 관련 협의를 벌였다.

수시로 뉴욕, 런던, 홍콩 등 국제금융센터에서 한국 경제설명회를 개최했다. 1998년 4월 외평채를 발행할 때는 전 세계 주요 금융도시에서 한국 경제를 설명하는 투자설명회를 열었고, 그 결과 40억 달러 규모 외평채를 성공적으로 소화할 수 있었다. 이후에도 매년 홍콩과 뉴욕 등에서 경제부총리 등이 주관하는 설명회를 개최했고 1주일에 서너 차례 이상 재경부 고위관료 및 정책담당자가 직접 해외투자가들과 면담했다.

정크본드 수준으로 하락한 한국의 국가신용등급을 다시 외환위기 이전으로 되돌리는 것은 힘든 작업이었다. 그러나 1998년 들어 외환사정이 좋아지고 금융기업 구조조정이 착실하게 추진되면서 한국에 대한 국제금융시장의 평가가 차츰 좋아지기 시작했다. 여기에 체계적인 국가 IR 활동 노력이 계속되자 1999년 1~2월에 국제 신용평가사들은 한국의 국가신용등급을 투자적격인 BBB등급으로 회복시켰다. [21]

투자적격 여부는 외국인 투자유치와 차입금리 결정에 중대한 기준이 된다. 한국 국가신용등급이 투자적격이 되지 않으면 민간 금융기관과 기업의 등급 역시 투자부적격이 되고 부적격 등급은 국제금융시장에서 정상적으로 자금을 조달하는 것이 불가능하기 때문이다.

2년 반 동안 정체된 신용등급 상승

신용평가사들은 신용등급을 떨어뜨릴 때는 신속했지만 다시 올려주는 일에는 인색하기 짝이 없었다. 1999년 초 투자적격등급을 회복한 이후 한국의 국가신

---

21 가장 먼저 한국을 투자적격등급으로 올려준 곳은 피치사였다. S&P는 1999년 1월 19일 투자적격등급인 BBB-를 부여한 후, 같은 해 4월 BBB로 다시 상향조정했다. 무디스는 한 달 뒤인 1999년 2월에 한국을 투자적격등급으로 회복(Baa3)시켰다가 그해 말 추가로 한 단계 추가 상승시켜 Baa2가 됐다. S&P 역시 비슷한 신용등급 상향조정 과정을 거친다.

용등급 상승은 한동안 정체상태에 빠진다.

1998년 말부터 대우, 현대 등 재벌기업이 자금난에 빠지고 구조조정이 흔들리자 신용평가사들은 신용등급 조정을 미루다가 1999년 12월 16일에야 다시 신용등급을 한 단계 올려주었다. 그러고 나서도 재벌기업들의 워크아웃, 투신사 회사채 환매 문제로 인한 금융시장 불안을 이유로 다시 2년여 동안 등급상승을 미루었다. 무디스가 한꺼번에 두 단계를 올려 처음 국가신용등급을 외환위기 이전 수준인 A로 회복시켜준 시점은 1999년 12월 Baa2로 한 단계 더 올려준 후 거의 2년 반이나 경과한 2002년 3월이었다.[22]

2002년 3월 무디스의 한국에 대한 2단계 신용등급 상향조정은 일본, 대만, 인도네시아, 인도 등 대부분의 아시아국 신용등급이 하락하는 가운데 이뤄진 것이 특징이다. 다른 아시아 국가들과 대비하여 한국 경제에 대해 분명한 차별성을 인정해 준 것이다.

A학점으로 되돌리기 위해 치밀한 준비

무디스로부터 A학점을 다시 돌려받기 위해 재경부는 치밀한 준비를 했다. 2001년 하반기 들어 대우, 현대 등 부실기업 사태와 투신사 문제로 인한 금융 및 실물부문 혼란이 대부분 사라지자 거시경제 여건과 국내 금융시장도 안정을 되찾기 시작했다. 외환보유고도 1천억 달러를 넘어섰다. 따라서 2002년에는 국가신용 A등급 상승을 노려볼 수 있겠다고 생각하고 구체적인 전략을 수립한 것이다.

우선 각계 전문가를 중심으로 민관합동 '국가신용평가 대책협의회'[23]를 발족했다. 미국 최대 투자은행 중 하나인 골드만삭스를 자문기관으로 선정, 이들의 전문적 자문을 받으며 신용평가사들의 주요 관심사항을 파악, 대응논리를 개발하고 강조할 사항을 집중 발굴했다.

---

22 6단계 하향조정 후, 1999년 2월부터 4단계 오른 A3로 상향조정되었다.
23 김용덕 국제업무정책관(차관보)이 위원장을 맡았다.

신용평가사들이 한국에 올 때마다 반드시 문제로 삼는 것이 북한문제와 전투적 노사관계였다. 그래서 국가신용평가 대책협의회에 외교 안보 국방 라인도 포함하고, 국제 신용평가단들이 방한 시 정부기관뿐 아니라 민간 연구기관, 여야 정치인, 한국노총과 외국은행 지점장까지 다양한 인사를 면담하도록 주선하고, 방문기관 책임자들이 일관된 설명을 하도록 조율하였다.

2년 반 동안이나 정체되어 있던 한국의 국가신용등급이 상향조정되어야 하는 이유를 자세히 담은 공식 평가요청 문서를 2002년 초 주요 신용평가사에 보냈다. 그리고 김용덕 차관보와 실무진이 2002년 2월 4일 월요일 오전 뉴욕의 무디스사를 방문하여 빈센트 트루글리아 부사장 및 톰 번 한국담당국장 등과 1차로 집중적인 등급조정 협상을 했다.

특히 한국과 경제사정이 비슷한 나라들과 객관적인 신용등급 자료를 비교하며 한국의 국가신용등급을 조속히 상향조정해 줄 것을 요구했다. "한국 경제의 향상된 대외신인도가 외국투자자들에게 정확히 전달되도록 하는 것이 국제 신용평가사의 의무이기도 하다"는 지적과 함께 "조만간 한국에 대한 신용등급조정위원회를 개최해 달라"고 요청한 것이다.

한국 측의 성의 있는 준비와 요구에 대해 다행히도 무디스는 "충분히 한국 입장을 공감한다"는 긍정적 반응을 보였다. 2월 6일 무디스는 비공식위원회를 개최, 한국 국가신용등급 조정을 위한 공식 검토절차에 착수(under review for possible upgrade)한다고 발표한다.

진인사대천명(盡人事待天命)

2002년 2월 25일부터 28일까지 나흘간 서울에서 열린 무디스와의 연례협의는 준비된 대로 착실하게 진행되었다. 무디스 측의 질문은 한국의 예상에서 크게 벗어나지 않았다.

화룡점정(畵龍點睛)을 찍은 사람은 진념 부총리였다. 당시 진념 부총리는 3월

19일 뉴욕에서 한국 경제설명회를 마치고 이튿날 오후 무디스사를 방문하여 맥대니얼(Raymond McDaniel) 회장을 비롯한 신용평가팀을 만났다.

진 부총리는 한국의 개선된 경제상황과 확고하고 지속적인 구조조정 의지를 다시 한 번 강조하고 "한국이 충분한 노력을 기울이고 있는 만큼 차제에 2등급 상승이 반드시 이뤄지기를 희망한다"고 요청했다.

무디스의 등급조정위원회를 앞두고 주어진 기회를 최대한 활용하기 위해 할 수 있는 일은 다했다. 그리고 2월말 무디스 협의단이 서울을 다녀간 지 불과 한 달 만인 3월 28일 아침 김용덕 차관보는 무디스의 톰 번 국장으로부터 예상을 뛰어넘는 2단계 등급상승의 낭보를 전달받고, 영종도에 가 있던 진념 부총리에게 쪽지를 전달한 것이다.

국가신용평가 자문회사인 골드만삭스는 재경부가 '국가신용평가 대책협의회'를 구성하고 관계기관이 사전에 치밀한 대책을 세우는 등 체계적이고 조직적으로 대응한 결과 신용평가 대응능력이 크게 향상되었고, 예상 이상의 성과를 거두었다고 평가했다. 특히 경제부처뿐만 아니라 비경제부처, 여야 정치권, 학계, 언론계, 노동계 등 광범위한 인사들과 사전에 업무협조 체제를 구축하고 일관된 논리를 개발하여 대응한 것이 큰 효과가 있었던 것으로 평가했다.[24]

---

24 국가신용평가 업무는 김우석(1998. 3~1999. 1), 김용덕(국제금융국장 1999. 1~2001. 4 ; 국제담당차관보 2001. 4~2003. 3), 신동규(2001. 4~2001. 11), 권태신(2002. 1~2003. 4) 국제금융국장과 변양호(1998. 3~1999. 9), 허경욱(1999. 1~2001. 8), 이명규(2001. 8~2001. 12), 신재윤(2002. 1~2002. 9), 최종구(2002. 9~2004. 8) 국제금융과장이 담당했다. 우리나라의 국가신용등급 추이는 〈부록〉을 참조할 것.

외환시장 선진화와
외환건전성 보완

외환시장 선진화

자유변동환율제를 조기에 정착시키고 외환시장 선진화를 위해서는 외환시장의 자체 수급조절 여력이 커져야 한다. 이를 위해 재경부 외환당국은 다양한 외환시장 상품과 새로운 외환거래들을 도입하였다.

첫째, 1999년 4월 1일 처음 환(換) 리스크 헤지를 위한 홍콩 등의 차액결제선물환[25] 거래를 허용했다. NDF 거래가 활성화되자 국내외 외환딜러들 간 NDF 거래액이 크게 증가하고 우리 외환시장 규모도 급속하게 확대되었다.[26]

둘째, 1999년 4월 한국 선물거래소에 달러선물을 처음 상장하여 기업들의 환위험관리 및 외환상품 투자수단을 제공했다. 달러선물 상장은 국내 외환시장 상품의 다양화와 함께 외환시장 규모 확대에 기여하게 된다.[27]

셋째, 2001년 4월에는 모든 공기업이 선물환시장을 통해 외화부채[28]에 따른 환위험을 헤지하도록 지침을 마련하여 시행하였다. 기업들에게도 외화자산과 부채의 환리스크를 헤지하도록 권장하고, 거래은행이 기업대출 시 해당 기업의 환헤지 여부를 반영하도록 금감원 규정을 마련했다.

이러한 다양한 정책적 노력과 외환리스크 관리 대책으로 국내 외환시장은 단기간 내 양적, 질적으로 크게 성장했다. 첫째, 은행 간 외환시장 거래량이 크게 확대됐다. 2001년 은행 간 외환시장 거래규모는 하루 평균 36.7억 달러로 1997년의

---

25 차액결제선물환(NDF: Non-Deliverable Forward)은 만기에 계약원금의 교환 없이 계약선물환율과 현물환율 간의 차이만을 계약 당시 약속한 지징통화(통상 미 달러화)로 결제하는 외환 파생금융상품을 말한다.
26 비거주자 NDF거래(매입·매도 합계)는 1999년 406.8억 달러에서 2001년 1,250.2억 달러로 증가했다.
27 한국 선물거래소 달러선물 거래량은 1999년 거래금액 기준 15조3천억 원에서 2001년 108조7천억 원 수준으로 증가했다.
28 시행 당시 약 135억 달러, 총외채의 약 10% 수준이었다.

표 5-3 은행 간 외환거래 추이[1]

(난위: 일평균, 백만 달러)

	1996년	1997년	1998년	1999년	2000년	2001년
현물환	1,659	1,825	1,002	1,644	2,384	2,729
선물환	25	96	6	4	0	1
외환스왑	0	8	88	696	757	880
파생상품[2]	0	0	0	40	54	56
합 계	1,684	1,929	1,096	2,384	3,195	3,666

주: 1) 외환중개회사를 경유한 은행 간 원·달러 거래 기준.
    2) 통화스왑, 통화옵션, Average Price Strike 옵션, Average Price F/X 등.

표 5-4 자유변동환율제 정착에 따른 환율변동성 확대 추이

(단위 : 일평균, %, 원)

	1996년	1997년	1998년	1999년	2000년	2001년
전일대비 변동폭	1.2	12.7	14.5	3.46	3.3	4.8
일중 변동폭	2.0	15.8	23.9	6.7	5.3	6.7
전일대비 변동률[1]	0.15	0.94	0.99	0.29	0.28	0.37
일중 변동률[2]	0.25	1.19	1.64	0.57	0.46	0.52
표준편차	21.8	185.1	138.4	25.3	30.60	20.22

주: 1) (금일 종가 - 전일 종가) / 전일 종가의 절대값 × 100(%)
    2) (일중 최고가 - 일중 최저가) / 당일 평균환율 × 100(%)

2배, 1998년의 3. 5배 수준으로 확대됐다.[29] 2016년 1/4분기 중 우리나라 은행의 일평균 외환거래량은 256. 4억 달러로서 1997년 대비 무려 13배 정도 성장했다.

  둘째, 전체 외환거래 규모[30]도 크게 확대되었다. 2000~2001년 중 총 외환거래 규모는 일평균 90억 달러 수준으로 외환위기 초기인 1998년 40억 달러보다 2. 5배 증가하였고 2016년 1/4분기 중에는 529. 8억 달러로 역시 13배 이상 증가했다.[31]

  셋째, 환율의 지나친 변동성이 자연스럽게 시장내부에 흡수되었다. 자유변

---

29 2015년 일평균 은행 간 외환거래 규모는 235.8억 달러로 성장하였고, 국내기업의 선물환 거래규모는 1,351억 달러, 비거주자의 NDF 순매입 규모는 308.1억 달러에 이르렀다.
30 대고객 거래와 은행 간 거래를 합친 것이다.
31 1998년 4월 평균 기준.

동환율제 도입 초기에는 환율의 1일 변동폭이 크게 확대되었으나 외환거래 자유화와 선진화 조치로 절대 거래규모가 늘어남에 따라 환율변동성이 감소하기 시작한 것이다. [32]

이 같은 과정을 거쳐 국내 외환시장 규모가 확대되고, 질적으로도 선진화되었으며 변동환율제가 무리 없이 정착되었다.

IMF와 외환시장 참가자들, 그리고 국내외 언론은 "한국이 외환위기 이후 시장을 비교적 안정적으로 관리하면서 자유변동환율제를 성공적으로 정착시켰다"는 평가를 내렸다.

자본시장 개방과 외환자유화

1998년 새 정부 출범 이후 재경부는 자본시장과 외환시장을 선진국 수준으로 자유화하기로 했다. 자본시장 개방과 외환자유화 등은 IMF와 미국 등 국제금융계의 지속적 요구사항이기도 했지만 "위기발생의 주요원인 가운데 하나가 자본시장의 폐쇄성과 외환관리제도의 후진성에 기인한다"는 뼈아픈 교훈 때문이기도 했다.

이에 따라 1998년 6월 재경부는 2단계에 걸친 '외환거래 자유화 기본계획'을 수립, 추진한다. 1단계는 1999년 4월 1일부터 추진하고 자유화 단계에서의 미비점을 보완하여 2001년 1월 1일부터 2단계를 시행하는 일정이었다. 1~2단계 외환자유화를 통해 개인과 기업의 경상거래와 자본거래가 전면 자유화되었다. 외환위기와 같은 위기 시에만 제한적으로 외환통제를 할 수 있는 안전장치(safe guards)[33]를 남겨 두고는 모두 자유화한 것이다.

외환자유화로 인한 빈번한 외화자금의 유출입과 이로 인한 국내 금융시장의 불안에 대비하기 위해서는 가종 외환통계 작성과 외환거래의 집계를 위한 통계작업 전산화를 추진하기로 했다. 외환통계를 근거로 한 종합 보완대책도 마련했다.

---

32 1998년 일중 변동폭이 무려 23.9원에 달했으나 2001년에는 6.7원으로 축소되었다.
33 대외결제거래 정지, 외환집중제, 자본거래 허가제, 가변예치의무제 등.

국제금융센터 설립

1998년 8월, 이규성 장관이 김용덕 국제금융심의관을 불렀다. 김 국장은 청와대에서 금융관련 위기관리 업무를 하다가 막 재경부로 귀임한 터였다.

이 장관은 특유의 느릿하면서도 분명한 어조로 "1997년 한국의 외환위기 요인 중의 하나는 우리가 경제와 시장을 대폭 개방하면서도 국제금융시장 동향과 투자자들의 움직임에 너무 신경을 쓰지 않았다는 점이다. 자유화, 개방화에 따른 다양한 시장 변동성과 위험을 모니터링하고 적절히 대응할 수 있는 준비도 체제도 마련되어 있지 않았다"면서 "이 같은 사태가 재발되지 않도록 종합대책을 세워 보라"고 지시했다.

위기 이후 가장 시급한 것이 시시각각 변화하는 국제금융시장 동향과 단기 핫머니의 유출입 등을 집중 관찰하여 정확한 내용을 실시간으로 정부에 전달하는 전문모니터링 기구라고 본 것이다. 이 같은 목적에 따라 1998년 하반기 설립사무국을 만들어 1999년 4월에 공식출범한 것이 국제금융센터이다. [34]

신설된 국제금융센터의 주요기능은 국제금융시장의 문제발생 징후를 선제적으로 포착하여 즉각적 정책대응이 가능하도록 하는 것이었다. 매일매일의 시장흐름을 실시간으로 모니터링하고 이상징후가 감지되면 정부 등 관계기관에 통지해 주는 임무가 부여되었다.

출범 이후 국제금융센터는 금융위기 징후를 조기에 포착할 수 있는 '조기경보시스템'(EWS: Early Warning System) 을 구축한다. EWS는 세계은행과 공동개발이 추진되어 1999년 4월부터 운영되고 있는데 정부는 EWS가 추출한 결과를 정부의 거시경제 및 금융정책 결정의 참고지표로 활용하고 있다.

국제금융센터는 이후 2001년 미국 9·11 테러사태, 2008년 글로벌 금융위기 등 주요 사건이 발생할 때마다 비상대책반을 가동하여 운용하는 등 효과적인 감시활동을 수행해왔다.

---

34 어윤대 고려대 교수(현 고려대 명예교수)가 초대 소장을 맡았다.

외환전산망 개발

외환자유화 시행에 따른 단기자금 유출입 등의 효율적인 모니터링과 각종 외환통계의 전산화를 위해 재경부는 한국은행에 외환전산망을 구축하여 운용하기로 했다. 1999년 4월 1단계 전산망 개발 시에는 한국은행과 외국환은행 간 전산망 연결을 통해 외환관련 통계 작성·보고가 실시간 처리되고, 외화자금 유출입 등 신속한 외환정보 활용 및 정책대응을 할 수 있게 되었다.

2000년 9월, 2단계 시에는 외환수급·국제수지·대외채무 등을 포함한 외환정보 DB망을 확충하고, 투자자별로 투자상품 종목별 거래내역, 자금유출입 등 상세 투자내역의 일괄 조회가 가능하도록 했다.

그림 5-2 외환전산망의 기본체계

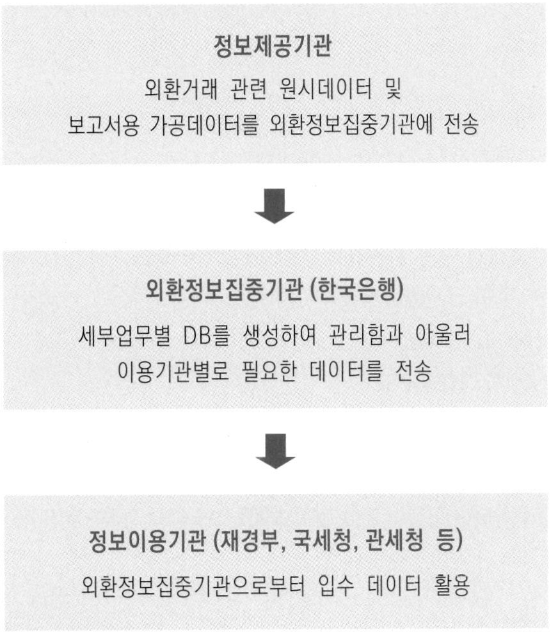

정보제공기관

외환거래 관련 원시데이터 및
보고서용 가공데이터를 외환정보집중기관에 전송

외환정보집중기관 (한국은행)

세부업무별 DB를 생성하여 관리함과 아울러
이용기관별로 필요한 데이터를 전송

정보이용기관 (재경부, 국세청, 관세청 등)

외환정보집중기관으로부터 입수 데이터 활용

금융기관과 기업의 외환건전성 규제

1997년의 외환위기를 불러온 직접 원인 가운데 하나는 금융기관들이 무분별하게 단기외채를 들여온 탓이다. 이에 따라 1998년 6월 외환거래 자유화 추진과 함께 금융회사 외환건전성 규제(prudential regulations)를 대폭 강화하는 내용을 포함하였다.

첫째, 금융기관의 외화자산과 부채를 만기별 6단계로 구분하여[35] 외화자산·부채의 만기불일치 현황을 보고하도록 했다. 1999년 4월에는 금융기관의 외화유동성 비율, 외화자산·부채 만기불일치(GAP) 비율, 중장기조달 비율 등 단기외화차입을 억제하고 단기외채를 적정 수준으로 관리하기 위한 외환건전성 규제를 「외국환거래법」에 규정하였다. 외환당국은 2008년 글로벌 금융위기 직후 단기 투기성 외화자금의 유입을 억제하기 위해 '외환건전성 규제 3종 세트'[36] 제도를 시행, 대외부문의 건전성 관리에 성공적으로 임해오고 있다.

금융기관 외화건전성 규제의 내용
- 외화유동성 비율 규제 :
  (잔존만기 3개월 이내 외화유동성 자산/외화유동성 부채) > 80%
- 외화자산·부채 만기불일치(GAP) 비율
  – 7일 이내 : 0% 이상
  – 1개월 이내 : 10% 이내
  * GDP 비율 : [기간별 누적 외화자산 – 외화부채] / 총 외화자산
- 중장기 외화대출재원조달 비율 :
  상환기간 1년 이상 중장기 외화대출 재원을 1년 이상 자금으로 50% 이상 조달

---

35 1~7일, 7일~1개월, 1~3개월, 3~6개월, 6개월~1년 및 1년 이상의 6단계이다.
36 은행의 선물환포지션 규제, 외국인 채권투자 과세 부활, 외화부채 관련 거시건전성 부과금 제도.

둘째, 금융기관이 외환거래에 따른 종합적 리스크 관리를 위해 자체적으로 외화영업 익스포저 한도를 내부지침으로 정하여 시행하도록 했다.

셋째, 정부 내 외환부문 감독업무의 효율성을 높이고 감독책임을 명확히 하기 위해 금융기관에 대한 모든 외환관련 감독업무를 금감원이 전담하도록 했다.

기업의 무분별한 외화영업을 제한하고 이들의 외환건전성을 관리하기 위한 방안으로는 은행을 통한 간접관리 방식이 도입된다. 금감위는 2001년 4월 은행 등이 기업의 외환리스크 현황을 심사·평가토록 하는 방안을 마련했다. 즉, 금융기관이 거래기업의 신용등급, 대출한도나 금리 등을 결정할 때 해당 기업의 외환리스크 관리상태를 의무적으로 반영하도록 한 것이다. [37]

높아진 한국의 위상, '글로벌 플레이어'가 되다

G20 회원국이 되다

1997년 아시아 전체를 휩쓴 외환위기 이후 G7과 주요 신흥시장국 간에 경제금융 현안에 대한 협력을 강화해야 한다는 논의가 활발해졌다. 이 같은 논의는 자연스럽게 새로운 협의체 창설 필요성으로 이어졌고, 결국 1999년 9월 G7에 아시아태평양 국가들과 중남미, 남아프리카공화국 등 각 대륙별 주요 신흥국을 포함시킨 G20 재무장관 회의가 창설된다. G7이라는 '그들만의 리그'가 각 지역별로 대표성을 가진 국가들을 포함시킨 진정한 글로벌 공조체제인 G20으로 확장된 것이다.

1999년 9월 워싱턴에서 개최된 IMF·세계은행 총회에 앞서 우리나라는 G7의 이러한 G20 창설 움직임에 적극 가입의사를 표명하고 창립회원국이 됐다. [38]

---

[37] 금감원은 금융기관이 기업의 외환리스크 관리현황을 적절히 관리하고 있는지를 평가하여 이를 금융기관의 경영실태평가(CAMELS)를 할 때 반영하기로 했다.

그림 5-3 G20 그룹별 의장국 수임 현황

제1그룹 (2001, 2006)	제2그룹 (2002, 2007)	제3그룹 (2003, 2008)	제4그룹 (2004, 2009)	제5그룹 (2005, 2010)
캐나다 (2001)	인도 (2002)	멕시코 (2003)	독일 (2004)	중국 (2005)
호주 (2006)	남아공 (2007)	브라질 (2008)	영국 (2009)	한국 (2010)
사우디	러시아	아르헨티나	프랑스	일본
미국	터키		이탈리아	인도네시아

출처: 기획재정부 자료.

G20 회의 의장국 수임은 2000년 10월 캐나다 몬트리올에서 개최된 제2차 G20 재무차관 회의에서 결정되었다. 우리나라는 한·중·일, 인도네시아와 함께 제5그룹에 속해 있었는데, 몬트리올 차석대표 회의에서 중국이 2005년, 한국이 2010년 의장국을 수임하기로 합의했다.

초기의 G20 재무장관 회의에서 주로 논의된 내용은 ① 세계경제 동향 및 활성화 방안 ② 국제금융체제 개편논의(환율제도, 헤지펀드 규제, 자본자유화와 대외채무관리, 각종 국제기준의 개발 및 이행) ③ 세계화의 도전과 대응방안 ④ 테러지원자금 근절대책 등이었다.

특히 아시아 외환위기 발생 직후인 1999년에서 2002년 사이에 열린 제1~4차 회의에서는 금융위기 예방 및 해결방안 등이 집중 논의됐다. 국제적 채무불이행 사태가 발생할 경우 민간채권자들을 손실분담에 참여시키는 방안(private sector involvement)과 각국의 정책과 통계의 투명성을 개선하는 방안 등이 논의되었다.

G20에의 참여는 한국 경제의 국제화에 중대한 의미를 지닌다. 한국이 세계경제와 국제금융 관련 주요문제를 논의하는 세계 20대 주요국가의 반열에 처음 오르게 된 사건이며, 국제사회에서 한국의 위상이 한층 높아지는 계기가 되었다.

특히 회원국 사이에서 한국은 '아시아 외환위기를 직접 겪고, 이를 가장 성공적으로 극복한 나라'로 인식되어 위기극복 경험을 공유하고 대안을 제시하는 데

---

38 1999년 12월 베를린에서 열린 1차 창립회의에는 강봉균 재경부 장관과 한국은행의 전철환 총재가 한국 측 수석대표, 재경부 김용덕 국제담당차관보가 차석대표로 참석했다.

앞장섰다. 외환위기 극복경험을 담은 한국보고서를 제출하기도 하고, 위기발생 시 민간채권자들의 책임분담 방안, 자본자유화 및 국제환율제도 개혁 등 논의에서도 외환위기를 극복한 경험을 바탕으로 신흥국의 입장을 적극 대변했다.

이렇게 시작된 G20 재무장관 회의는 2008년 9월 글로벌 금융위기 발발 이후 부시 미국 대통령 주도로 G20 정상회의로 격상되어 금융위기 극복을 위한 정상 간 주요 협의체 역할을 수행하고 있다.

진동수 2008년 글로벌 금융위기 발생이후 G20 정상들이 여러 차례 모여서 금융부문 수습대책을 고민하다가 "금융규제 개혁을 주도할 별도 조직이 있어야 한다"는 데 의견을 모으고 기존의 G7 중심의 금융안정포럼(FSF: Financial Stability Forum)을 금융안정위원회(FSB: Financial Stability Board)로 확대 개편하게 됩니다. FSB는 G20 회원국들의 금융수장들이 모여서 금융의 시스템 위기를 줄일 수 있는 금융규제 개혁을 논의하는 기구로 출발했습니다. 주요 금융개혁은 모두 FSB를 거쳐 정상에게 보고되는 형식이었죠.

그런데 당시 미국발 글로벌 금융위기를 보면 스케일이 커졌을 뿐이지 우리가 외환위기 때 경험했던 것과 상황이 비슷해요. 그래서 2009년 6월 스위스 바젤에서 열린 FSB 창립총회에서 제가 한국대표로 "한국의 예금보험제도 등 위기대응 정책 및 감독경험"을 발표했습니다. 한국 예금보험공사와 자산관리공사의 역할, 부실금융사에 대한 자본확충 문제, 부실채권 처리의 방법 및 교훈 등을 정리한 내용인데 비슷한 위기에 직면한 회원국들이 큰 관심을 나타냈습니다. 우리가 외환위기 때 미리 경험한 내용을 글로벌 금융위기 때 선진국들에게 한 수 가르쳐 준 셈입니다.

IMF 이사국 지위 확보

국제사회에서 한국의 위상이 높아지게 된 또 다른 사건은 IMF의 이사국 지위를 확보한 일이다.

IMF에 대한 출자금은 지분율(quota)로 표시하는데, 우리나라가 소속된 '아시아남태평양 국가그룹' 중 1996년 호주의 지분율이 1.5인데 한국의 지분율은 그해 2배로 늘어나 기존의 0.38에서 0.77이 됐다. 외형상 호주의 절반이 되었기 때문에 호주가 두 번에 걸쳐 이사국을 할 때 한국이 적어도 한 번의 비율로 이사국이 되어야 합리적이다. 그러나 호주는 이사국의 지위를 한국에 내주지 않고 영구 독점하고 있었다.

IMF 이사직은 국제금융 사회에서 한국의 발언권이 높아지는 중요한 지위여서 한국은 지분율 상승을 계기로 이사국 지위 협상을 벌이기로 했다. 1999년 초 엄낙용 재경부 차관 이름으로 "지분율이 바뀌면 이사국 로테이션 계획(rotation scheme)을 다시 논의할 수 있다"는 IMF 관련조항을 근거로 들어 호주에 "IMF 이사국 로테이션 문제를 재논의하자"는 서한을 보냈지만 호주에서는 답장조차 보내오지 않았다.

1999년 5월 ADB 총회 때 김용덕 재경부 국장은 호주 국제금융국장과 만난 자리에서 작심하고 이 문제를 거론했다. 외교적 수사를 거두절미하고 단도직입적으로 말을 꺼냈다. 공식적인 요청 편지에 답장조차 안 보내는 상황이고 보면 외교적 수사보다는 강한 주장이 필요한 시점이라고 봤기 때문이다.

"우리나라의 IMF에 대한 지분이 귀국 지분의 절반이 됐습니다. 그러니 이사국 로테이션 계획을 다시 이야기합시다. 규정에도 있지 않습니까?"

호주 국제금융국장은 당황해가며 대답했다.

"아태지역을 대신해 호주가 이 역할을 충실하게 이행해왔고, 이는 국제사회와 아태지역에 대한 기여라는 호주의 국가목표 및 이해와 관련된 사안입니다. 그러니 IMF 이사국 지위는 절대로 양보할 수 없어요. 대신 세계은행 이사 자리는 한국에도 양보하지 않았나요?"

"한국의 경제교역 규모가 호주보다 커졌고 이제 우리도 국제사회에서 우리의 경제적 위상에 맞는 역할을 할 때가 됐다고 봅니다. IMF 이사국 지위는 우리에게도 귀국과 같이 우리 국익에 관련된 사안입니다."

서로 논리를 내세워가며 2~3시간 열띤 토론을 했으나 도저히 결론이 나지 않았다. 실무 국장차원에서 논의가 마무리될 수 있는 사안은 아니었다.

마침 그 해 '한·호주 정상회담'이 서울에서 개최되어 하워드 호주총리가 방한했다. 당시 우리 측 총리가 공석(空席)이어서 이헌재 재경부 장관이 총리를 대신하여 하워드 총리와 롯데호텔에서 공식오찬을 하게 되었다. 마침 좋은 기회다 싶어 이헌재 장관에게 하워드 총리와의 오찬자리에서 "IMF 이사국 지위를 로테이션 하는 문제를 꼭 제기해 달라"고 요청했다.

오찬이 끝나기를 밖에서 초조하게 기다렸다. 그런데 밖으로 나온 이헌재 장관의 표정이 좋지 않았다. "내가 이야기를 꺼내자마자 마치 기다리고 있었던 것처럼 왜 안 되는지에 대한 논리를 줄줄 이야기하더라"는 것이었다. 한국이 이 문제를 제기할 줄 알고 미리 대응논리를 준비해온 것이다.

그러나 이 정도는 이미 예상된 반응이었다. 그 뒤로도 여러 국제회의에서 한국은 지속적으로 IMF 지분구조의 불합리성에 대해 공식적으로 집요하게 문제를 제기했다. 일본과 중국에도 도움을 요청했다. 이들도 우리와 비슷하게 경제력에 비해 IMF 지분이 낮은 입장이라 모든 아시아 국가들이 우리의 발언을 지지하고 나섰다.

김용덕 G20 재무장관 회의에서 새로운 국제금융체제를 논의할 때마다 우리가 IMF 지배구조의 정당성 부족 문제를 제기했습니다. 1944년 IMF 창설 당시 각국의 경제력에 따라 배분된 지분율은 G7과 유럽국가들 중심으로 되어 있고, 이후 신흥국들의 경제력이 크게 늘어났으나 지분율 조정이 제대로 이루어지지 않았습니다. 이로 인해 IMF 지배구조의 정당성이 결여되어 있다는 신흥국들의 불만이 지속되었습니다. 우리나라가 이러한 입장을 대변하면서 호주에 우리 그룹의 이사국 로테이션 조정을 압박한 것입니다.

호주와의 이사국 지위 협상과 관련하여 IMF 최대 지분국이고 호주와는 가까운 사이인 미국의 동의를 얻는 것이 중요하다는 데 생각이 미쳤습니다. 당시 미 재무부의 국제담당 차관은 스탠퍼드대학의 저명한 경제학자인 존 테일러(John Taylor)였습니다. 그와 저는 G20 재무차관 회의 차석대표(Deputy)로서 국제회의에서 자주 접촉하고, 특히 국제금융체제 개편논의 등에서 긴밀하게 협의하면서 친분을 쌓은 관계였습니다.

특히 G20 회의에서 테일러 차관이 "외환위기가 발생한 국가의 외채를 효율적으로 정리하기 위해서는 채권을 발행할 때 절대 다수가 합의하면 손쉬운 채무구조조정이 가능하도록 하는 '집단행동시스템'(Collective Action Clauses)[39]을 도입하자"는 제안을 했고, 이 같은 방식에 한국이 동의해 줬으면 좋겠다는 요청을 해왔습니다. 내가 이때다 싶어서 테일러 차관을 만난 자리에서 IMF 이사국 로테이션 문제를 꺼내고 협조를 구했습니다.

"우리의 IMF 지분이 호주의 절반인데도 지금까지 단 한 번도 한국이 이사국을 해본 적이 없습니다. 매번 대리이사만 했지요. IMF 지분율이나 한국 경제 위상을 봤을 때 이는 정말 불합리합니다. 이 문제에 대해 우리를 도와주시오."

김 차관보의 주장에 테일러 차관은 난감한 표정을 지었다. 그러나 이야기가 계속되자, "미국 정부가 직접 나서지는 못하지만 미국이 반대하지는 않겠다"는 정도의 양보의 뜻을 비쳤다.

그 이후에 호주의 완강한 입장이 꺾였다. 그리고 2001년에 로테이션 방식을 재조정해서 8년 임기 가운데 2년은 한국이 IMF 이사가 되는 것으로 협상에 성공했다. 지금은 호주와 이사 임기를 4년씩 나누어 하고 있다. 한국이 IMF 24개 이사국 중 하나가 되어 세계경제와 국제금융의 주요 이슈를 결정하는 IMF 이사회에서 우리의 입장을 직접 대변하는 것이 가능해진 것이다.[40]

---

39 국가가 외화채권 발행 시 채무재조정을 위한 절차와 방법을 규정하는 조항이다.
40 IMF 업무는 재경부 국제기구과 담당으로, 호주와의 IMF 이사국 협상 시 담당과장은 김성배(1999. 1~1999. 10), 우주하(1999. 10~2000. 2), 남진웅(2000. 2~2001. 8)이었다.

한·중·일과 ASEAN의 금융협력 시대

ASEAN + 3 협력체제 출범 [41]

1997년 아시아 외환위기 이후 동아시아국가들은 대규모 금융위기가 발생할 때 아시아 각국의 개별적 힘만으로는 대처하는 데 한계가 있다는 사실을 절감했다. 이에 ASEAN과 한·중·일 3국 사이에 역내 금융협력을 강화하자는 목소리가 크게 높아졌다. 이러한 분위기 속에서 1998년 10월 말레이시아 쿠알라룸푸르에서 개최된 ASEAN 정상회의 때 마하티르 말레이시아 총리가 한·중·일 3국 정상들을 초청하여 처음 ASEAN + 3 비공식 정상회의가 개최되었다.

여기에서 정상들 합의에 따라 이듬해인 1999년 4월에 필리핀 마닐라에서 제1차 ASEAN + 3 재무장관·중앙은행 총재 회의가 ADB 연차총회와 함께(back to back) 개최되었다. 이후 ASEAN + 3 재무장관 회의는 해마다 정례화되었다.

치앙마이 이니셔티브 (CMI)

ASEAN + 3 재무장관 회의가 만들어낸 역내 금융협력 중 가장 가시적이고 핵심적인 성과물 가운데 하나가 '치앙마이 이니셔티브'라고 할 수 있다. 치앙마이 이니셔티브는 2000년 2월 일본 벳부에서 개최된 제2차 한·중·일 국제금융국장 회의에서 한국이 처음 제안하여 추진된 것으로[42] 아시아 역내 외환위기가 발생할 경우 IMF와는 별개로 역내 국가들 간에 통화스왑을 통해 위기를 공동 극복한다는 것을 핵심내용으로 한다. [43]

---

41 ASEAN+3 정상회의와 재무장관·중앙은행 총재 회의 출범.
42 한·중·일 국제금융국장 회의는 1999년 8월 한국 재경부 김용덕 국제금융국장의 주선으로 제1차 회의가 제주도에서 개최되었다.

첫 발단은 1999년 3월 시울에서 열린 김대중 내동령과 오부지 일본 총리 간 한일 징상회담이 계기가 되었다. 낭시 한국 정부는 일본수출입은행 자금을 빌려 쓸까 검토했고 미야자와 플랜[44]도 활용할 작정이어서 정상회담 의제에 한일 간 자금지원협력을 포함시켰다. 일본 측에서는 재무부의 구로다 하루히코 국제국장이 한일 정상회담 멤버로 참석했고 한국에서는 재경부 김용덕 국제금융국장이 정상회담 멤버로 들어가게 되었다.[45]

이 시기에 한국 측의 제안으로 한·중·일 3국 국제금융담당 국장들의 모임이 성사된다.[46] 외환위기 이후 "한·중·일 재무당국 간의 국제공조 및 협조 강화"라는 주제를 논의하기 위해 성사된 실무적 성격의 모임으로 1차 회의가 제주도에서 열렸다.

김용덕 1999년 3월 청와대에서 개최된 한일 정상회담에 참석한 저는 일본 측 상대역인 구로다 일본 재무부 국제국장에게 회담이 없는 토요일 오후에 차나 한잔 하자고 명동 은행회관으로 초빙했습니다.

"금년부터 ASEAN + 3 재무장관 회의가 정례화되는데 ASEAN과 같이 우리 한·중·일 간에도 국장급 협의라인을 만들자"고 제안했습니다. 구로다 국장

---

43 최초에 만들어진 CMI는 한·중·일 3국과 ASEAN이 참여하는 '10+3' 통화스왑 협정과 회원국 간 '경제정책 검토 및 정책협의'(ERPD: Economic Review & Policy Dialogue)라는 두 가지 핵심요소로 구성되었다.

44 아시아 지원 특별 엔차관. 일본이 1998년 아시아 경제위기 해소와 국제금융시장 안정을 위해 한국을 포함, 아시아 5개국에 3백억 달러를 지원키로 한 계획이다. 미야자와 기이치 대장상이 주도했기에 그의 이름을 딴 것이다. 중장기자금은 일본 수출입은행을 통한 직접 차관, 채권발행 및 민간은행 융자에 대한 보증용 등으로 지원됐다. 단기자금은 통화스왑식으로 사용됐다. 한국도 미야자와 플랜에 따라 1999년에 일본과 50억 달러의 통화스왑 협정을 맺은 바 있다. 미야자와 플랜은 외환위기 당시 경제대국으로서 일본의 위상을 세우고 아시아 금융시장을 안정시키기 위한 의도로 실행되었으며 또한 일본이 추진하고 있는 아시아통화기금(AMF: Asia Monetary Fund) 및 엔블럭을 구축하기 위한 사전단계이기도 하다. (《네이버 지식백과》,《박문각 시사상식 사전》 참조)

45 당시까지 우리나라는 국장급이 정상회담 대표단에 들어가지 못하는 분위기였다. 그런데 일본 측에서 재무부 국제국장이 참석하게 되어 김용덕 국장이 정상회의 멤버로 참석하게 된 것이다.

46 제주도에서 개최된 제1차 회의에는 한국 재경부에서 김용덕 국제금융국장, 일본 재무부에서 미조구치 젬베이(溝口善兵衛) 국제국장(현 일본 시마네현 지사), 중국에서는 재정부 주광야오(朱光耀) 국제국장(현 중국 재정부 부부장)과 중국인민은행 리뤄구(李若谷) 국제담당 부총재(현 중국수출입은행 총재) 등이 참석했다.

이 "좋긴 한데 중국이 동의하겠나?" 그래요. 그래서 "중국은 내가 이야기해 보겠다"고 했죠. 그리고 바로 3월말 호주 멜버른에서 개최된 '제4차 마닐라 프레임워크'(Manila Framework) 회의[47]에 참석해서 진리쿤(金笠君) 중국 재정부 차관을 만나 "한·중·일 간에 국장급 실무회의를 만들자"고 제안했습니다. 진리쿤 차관은 흔쾌히 동의했습니다. "나도 필요하다고 본다. 내가 돌아가서 검토해 보겠다." 1주일 후쯤 중국도 긍정적으로 생각한다는 반응이 왔습니다.

그래서 저는 그해 8월 제주에서 제1차 한·중·일 국제금융국장회의를 개최하자고 제안했습니다. 여기에서 동아시아 금융협력에 관해 3국간 협의를 하기로 한 것이지요. 세 나라 재무부 국제금융국 사무관 이상 직원들의 이메일과 전화번호도 교환하고 수시로 현안을 조율하기로 했습니다. 이후 문제가 있을 때마다 3개국 국제금융국 간에 서로 긴밀한 협의채널이 가동되고 있습니다.

그러다가 2000년 2월 일본 벳부에서 제2차 한·중·일 국제금융국장 회의가 열렸다. 이 자리에서 한국의 김용덕 국제금융국장이 외환위기 시에 활용할 수 있는 한·중·일 3국 간 외환스왑을 제안했다.

"아시아 외환위기 재발 시에 IMF만으로는 한계가 있다. 아시아 지역 내에서 외환스왑을 맺어 두면 동아시아 지역에 제2의 외환위기를 예방할 수 있다. 이를 위해 한·중·일 중앙은행들 간에 통화스왑[48]을 맺는 것이 어떤가?"

일본과 중국은 흔쾌하게 "좋은 생각이다"라는 반응을 보였다. 일본과 중국이 "한·중·일 3국에 더해 ASEAN까지 확대하자"고 추가 제안을 했고 모두가 동의하면서 역내 통화스왑 논의가 급물살을 탔다. ASEAN과의 접촉은 일본이 맡고, 스왑계약의 기본구조와 법률검토는 한국이 만들기로 역할분담이 이뤄지면서 실

---

47 1998년 일본의 AMF 설립 제안에 반대한 미국이 대신 동아시아국가와 미국 캐나다, 호주 등이 포함된 아시아태평양 연안국 재무차관급으로 구성된 위기예방과 해결 관련 국제회의이다. 제1차 회의가 1997년 11월 마닐라에서 개최됐다. 여기서 위기국에 대한 IMF의 대규모 자금지원제도인 보완준비금융 제도(SRF)가 합의되었으며, 한국이 최초로 SRF 135억 달러의 수혜국이 되었다.

48 통화스왑 계약(currency swap arrangement)은 자국통화를 대가로 외국 통화를 차입하고 일정기간 후 환매하는 중앙은행 간 단기 신용공여 계약이다.

무절차가 빠른 속도로 진행되어 ASEAN + 3 간에 기본적 합의가 이뤄졌다.

이제 남은 것은 공표시섬이었다. 2000년 5월초 태국의 치앙마이에서 ASEAN + 3 재무장관 회의가 열리게 되었는데 이때를 D데이로 잡았다. 2000년 5월 5일 저녁, 태국 재무장관 주최의 만찬이 끝나고 주요 대표들만 만나 ASEAN + 3 재무장관 회의 핵심의제인 '중앙은행 간 통화스왑 협정'의 발표형식과 명칭 등을 논의하는 자리가 마련되었다. 이 자리에서 태국의 타린 재무장관의 제안으로 '치앙마이 이니셔티브'(CMI)로 명칭이 결정된다. 이튿날 재무장관 회의 종료 후에 합동 기자회견장에서 CMI 계획이 처음 발표되었다. 당시 한국에서는 이헌재 재경부 장관이 수석대표로 참석하여 치앙마이 이니셔티브의 창립자(founding father)가 되었다.

그로부터 6개월간 계약서 등 구체적이고 법적인 협의절차가 마무리되고, 한일 간 스왑협정 체결을 시작으로 각국 간 스왑협정이 체결되기 시작하였다. 이 사실이 국제사회에 알려지면서 동아시아 문제를 연구하는 학자들은 물론 미국과 유럽 등도 동아시아 금융협력의 가시적 성과물로서 큰 관심을 나타냈다.

다자간 채널(CMIM)로의 전환과 AMRO의 출범

출범초기 한·중·일과 ASEAN 주요 5개국[49] 간에 이뤄진 양자간 통화스왑[50]형태로 출범한 CMI는 이후 역내 회원국의 전체 참여로 확대되었다. 또 2008년 미국발 글로벌 금융위기 이후에는 통화스왑 방식도 양자간 스왑에서 다자간 채널 (CMIM: CMI Multi-lateralization)로 전환된다. 전체 규모도 2,400억 달러로 확대되었다.

다자간 채널 전환과 함께 '역내 거시경제 감시기구'이자 CMI의 사무국 역할을

---

[49] ASEAN 빅 5는 태국, 말레이시아, 인도네시아, 싱가포르, 필리핀 등이다. ASEAN 스몰 5는 베트남, 캄보디아, 라오스, 미얀마, 브루나이 등이다.
[50] 중앙은행 간 통화스왑으로 외환위기가 발생하면 자국 통화를 상대국 중앙은행에 맡기고 외국통화(달러화)를 단기차입할 수 있도록 하는 계약이다.

수행할 공식조직인 AMRO가 출범한다. 동아시아 통화스왑 및 금융협력 초기부터 독립사무국이 필요하다는 논의가 꾸준히 제기되었는데[51] 회원국 간의 합의부족으로 설립이 지연되다가, CMI의 다자화 기구 발전을 계기로 2011년 5월 하노이 재무장관 회의에서 AMRO의 출범이 확정된 것이다.

이 기구는 역내 거시경제 및 금융상황을 상시 감시하고, 필요한 정책 권고를 하며, 정기적으로 재무장차관 회의에 보고서를 제출하기로 되어 있다. 위기발생시 역내 회원국으로부터 통화스왑 자금지원이 요청되면 자금인출 및 관리 업무 등도 담당한다. 또한 역내의 단기자금 이동 모니터링이나 조기경보시스템 운영 및 경제정책 협의를 뒷받침하고 있다.

김용덕 아시아 외환위기 당시 동아시아국가들은 외환위기 재발을 방지하기 위해 역내 금융협력에 매우 적극적이었습니다. 그리고 위기발생 시 지역 차원에서 공조하는 방안에 대해서도 매우 긍정적이었습니다. 당시 일본이 제안했던 AMF와 같은 국제기구 설립은 사실상 현실성이 없다고 판단했기 때문에 더욱 현실적인 방안으로 치앙마이 이니셔티브를 제안한 것입니다. 다자간 기구 설립이 아닌 양자간 협정이라면 미국이나 IMF도 반대할 수 없을 것으로 보았습니다. "당장 AMF는 안되더라도 외환위기가 또 닥치면 아시아 내부자금을 서로 활용할 길을 터놓자"는 것이었고, 이게 잘 운영되다 보면 자연스럽게 AMF 같은 동아시아 금융기구가 될 수도 있을 것이라는 계산이 있었죠.

CMI는 이제 다자간 협정으로 발전하고, 산하에 AMRO라는 상설기구까지 두게 되었습니다. CMI가 앞으로 2010년 유로존 재정위기 이후 설립된 유럽판 통화기금인 유럽안정화기구(ESM: European Stability Mechanism)와 같이 아시아의 독립기구로 발전하기를 기대합니다. [52]

---

51 역내 경제동향 점검 및 정책협의 시 재무장차관 회의 업무를 보조하는 기구로 ASEAN+3 체제 출범 이후 일찍부터 논의되었다.

52 이러한 국제금융협력 업무는 외환위기 이후 4년 동안 재경부 국제금융국 금융협력과에서 담당했다. 최중경, 허경욱, 김성배, 이명규, 남진웅, 홍영만 과장 등의 수고가 매우 컸다.

아시아 채권시장 이니셔티브(ABMI)를 주도하다

아시아는 자본시장 특히 채권시장이 발달하지 못해 직접금융보다 은행차관 중심의 간접금융에 주로 의존하던 지역이다. 이 때문에 투자자금을 주로 단기 해외차입이나 은행차관 등에 의존함으로써 만기불일치(maturity mismatch)와 통화불일치(currency mismatch)라는 이중 불일치가 발생했고,[53] 이것이 외환위기의 주요원인으로 작용했던 것은 잘 알려진 사실이다. 외환위기를 겪은 후에도 이 같은 문제는 계속 남아 있었다. 여전히 은행차입 규모가 회사채 규모보다 훨씬 높았던 것이다.[54]

외환위기 이후 동아시아 국가들은 대규모 경상수지 흑자를 내면서 외환보유고를 크게 늘려왔지만[55] 축적된 외화자금이 아시아 역내에서 활용되지 못한 채 해외 투자형태로 뉴욕, 런던 등 선진 국제금융시장에 다시 유출된 것이다. 그러다 보니 아시아 외환위기 이후 글로벌 불균형이 더욱 심화되는 악순환이 발생했다.

선진국 금융기관들은 이 투자자금을 아시아시장으로 재투자했고 아시아 지역에 유입된 자금은 여건이 불안해지면 일시에 빠져나가 지역금융시장을 교란시키는 요인으로 작용하곤 했다. 아시아 지역의 돈이 거꾸로 아시아 시장을 위협하는 역설이 반복적으로 발생했던 것이다. 이 같은 문제를 해소하기 위해서는 역내 잉여자금을 역내국들이 활용할 수 있도록 아시아 역내 채권시장을 육성하는 것이 급선무였다.

---

53 만기불일치란, 아시아 역내 국가들이 해외에서 빌려온 단기자금을 국내에서 장기 투자자금에 활용함에 따라 나타나는 문제를 말한다. 통화불일치란, 해외에서 조달한 외채가 아시아 역내통화가 아닌 대부분 달러화 표시 부채임에 따라 발생하는 문제를 말한다.

54 한국은 은행차입을 통해 GDP 대비 60%에 달하는 자금을 조달하고 회사채 발행을 통한 조달은 26%에 불과했다. 이에 비해 미국은 은행차입 비중이 GDP 대비 39%에 불과하고 45%인 거의 절반을 회사채 발행을 통해 조달한 것이다. 그리고 주식시가 총액도 한국은 GDP 대비 36%에 불과하나 미국은 180%에 가깝다. 이는 기업들이 주식 공개상장(IPO) 등 주식시장을 통한 자금조달 규모가 신흥국들보다 훨씬 크다는 것을 의미한다.

55 일본을 포함한 동아시아 국가의 외환보유고는 1991년 말 2,500억 달러로서 전 세계 외환보유고의 19.2%에 불과했으나, 2013년 12월말에는 총 7조190억 달러로 세계 외환보유고의 55.6%에 이르게 되었다.

이 같은 인식을 바탕으로 ASEAN 및 한·중·일 역내 채권시장 발전을 위한 논의가 시작되어 결실을 본 것이 '아시아 채권시장 이니셔티브'(ABMI)이다. 2003년 2월, 일본 도쿄에서 이 프로젝트 추진을 위한 ASEAN + 3 실무자급 회의가 개최된다. 이 회의에서 한국은 '아시아 채권시장 발전추진을 위한 기본제안서'를 발표했고[56] 이후 ASEAN + 3 재무장관 회의에 ABMI가 정식의제로 채택됐다. ABMI는 2003년 초 출범 이후, 동아시아국가들의 역내 채권거래 활성화를 위해 채권의 수요 및 공급 확대방안과 기관투자자 육성, 채권시장 인프라 구축 등 주요 과제별로 실무그룹을 설치하여 작업을 추진해오고 있다.

김용덕 2002년 7월 덴마크 코펜하겐에서 ASEM 재무장관 회의가 열렸는데[57] 회의를 마치고 귀국길에 마침 일본 측 차석대표인 구로다 재무관(차관)과 같은 비행기를 타게 되었습니다. 구로다 재무관과는 아시아 외환위기 이후 G20, ASEAN + 3 재무장관 회의, 한·중·일 국제금융국장 회의 등을 통해 매우 긴밀한 협력관계를 지속해오던 동아시아 금융협력의 파트너였습니다. 그에게 CMI 후속과제로서 동아시아 지역 잉여자금을 역내에서 활용하기 위한 동아시아 채권시장 활성화 방안을 추진하자고 제안해서 합의를 봤습니다. 이후 ASEAN + 3 재무장관 회의 정식의제로 채택되어 지난 10수년간 많은 성과와 진전을 이루었습니다.

---

56 일본이 ABMI 추진을 위한 ASEAN+3 실무회의를 2003년 초 도쿄에서 개최하고, 이 회의에서 한국 측이 추진 기본계획을 마련하여 제안하였다.
57 수석대표는 전윤철 부총리 겸 재경부 장관이 맡았다.

외환위기가 준
국제금융의 교훈

1997년 외환위기로 극심한 어려움을 겪었던 한국은 위기를 극복하는 과정에서 G20과 ASEAN + 3 등 국제협력 체제에서 국제사회의 주역으로 인정받게 됐다. G20에서는 신흥국을 대변하고 있고, 동아시아 금융협력에서도 위기를 성공적으로 극복한 나라로서 '치앙마이 이니셔티브', '아시아 채권시장 이니셔티브' 등 여러 분야의 역내 협력을 주도하고 있다.

1998년부터 김대중 정부 5년간에 걸쳐 최장수 국제금융업무 담당관으로 이같은 업무를 추진하고 국제금융시장에서 '미스터 원'이라는 별명을 얻었던 김용덕 전 금융감독위원장으로부터 당시에 얻은 국제금융의 교훈을 들어봤다.

홍은주 외환위기 이전에는 청와대 조세금융비서관실 선임 행정관으로 일하면서 국가가 부도위기에 몰려 IMF 구제금융을 받게 되는 전 과정을 직접 지켜보았고 1998년부터는 재경부 국제금융업무를 맡으면서 외환위기 극복과정을 생생하게 경험했는데 당시 사태에 대해 어떻게 인식했는지요?

김용덕 1997년 국가가 부도위기에 몰려 IMF 구제금융을 받게 되는 전 과정은 마치 거대한 댐이 무너지는 것과 같았습니다. 1997년 초부터 여기저기 조금씩 금이 가기 시작한 거대한 댐이 마침내 어느 임계점(臨界點)을 넘어서니까 한꺼번에 전체가 무너져내리는 형국이었습니다. 네덜란드의 댐 붕괴를 막은 한스 브링거 소년의 이야기를 떠올리곤 했습니다만 역부족이었습니다.

잘못된 곳이 한두 군데가 아니었습니다. 근본적으로는 한국 경제가 개방되어 세계경제와 하나로 통합되었음에도 불구하고 모든 경제주체들이 국제사정에 어두운 채로 과거의 성공에 도취되어 과욕을 부린 결과라고도 볼 수 있습니다.

동아시아 외환위기에 대해 이들 국가들의 구조적 문제라고 비판하는 사람도 많지만 제프리 삭스나 스티글리츠 같은 학자들은 구조적 결함보다는 단기 외화유동성 위기로 해석하기도 합니다. 거시경제 펀더멘털이 비교적 견실했음에도 불구하고 단기 외화유동성 부족과 외국은행들의 무차별적 자금회수로 인해 벌어진 날벼락과도 같은 사건이라는 것입니다.

한국의 외환위기도 직접적 원인은 단기외채 관리실패로 인한 외화유동성 위기라고 할 수 있습니다. 한국의 외환위기는 과거 1970~1980년대 남미의 위기와는 달랐습니다. 재정은 비교적 견실했고 성장과 물가, 실업률도 대체로 큰 문제가 없었습니다. 우리가 실수한 것은 금융기관들과 기업들이 단기외채를 너무 많이 빌려 무분별하게 투자하고 있었는데 그 점에 대해 사전에 정부당국이 관리감독을 잘못했던 것입니다.

당시 저뿐만 아니라 재경원, 한국은행 등 경제를 담당하는 모든 분들이 다 참담한 심경이었을 것입니다. 나라가 부도위기까지 이른 데 대한 자괴감과 어떻게든지 위기를 벗어나야 된다는 책임감을 동시에 느꼈을 것입니다.

위기를 극복하기 위해 모든 사람들이 밤잠을 제대로 못 자고 열심히 노력했습니다. 그 결과 한국은 단기간 내 가장 성공적으로 위기를 극복하고 경제체질도 강화했습니다.

이를 교훈 삼아 외환위기 이후에는 정부의 대외채무 관리와 금융기관이나 기업의 외환리스크 관리를 한층 강화해오고 있습니다. 외환보유고를 늘리는 한편 국가 IR를 통해서 한국의 대외신인도를 높이는 노력도 지속하고 있습니다.

그러나 한국의 외환위기도 근본적으로는 경제 사회 각 분야에 만연한 비경제적 논리, 도덕적 해이 등으로 인한 구조적 문제들에서 비롯되었다는 사실을 간과해서는 안 됩니다.

부록

외환위기 주요 일지*

1997. 1 ~ 6	한보철강그룹 부도(1. 23), 삼미그룹 부도(3. 19), 진로그룹 부도유예(4. 21), 대농그룹 부도유예(5. 28)
1997. 7. 2	태국 바트화 폭락
1997. 7.15	기아그룹 부도유예
1997. 8.13	인도네시아 루피아화 폭락
1997. 8.25	재경원, 금융시장 안정 및 대외신인도 제고대책
1997. 8.29	재경원, 무역관련 자본자유화 폭 확대
1997.10.17	대만 중앙은행, 환율방어 포기
1997.10.19	재경원, 외국환관리규정 개정
1997.10.23	홍콩, 주가 10. 4% 대폭락
1997.10.28	주가폭락(종합주가지수 500선 붕괴) 및 달러화 폭등
1997.10.30	재경원, 금융시장 안정대책(외화유입 확대 및 금리인하 유도)
1997.11.10	원화환율, 달러당 1,000원 돌파
1997.11.21	재경원, 국제통화기금(IMF) 유동성 조절자금 지원 요청
1997.11.26	미국 S&P, 한국 국가신용등급 하향조정 〔장기(2단계): A+ → A−, 단기(1단계): A1 →A2〕

---

* 이 부분은 《경제백서》(1997~2001, 재정경제부)에서 일부 발췌하였다.

1997.12. 2	재경원, 9개 종금사 업무정지
1997.12. 3	재경원, IMF와 자금지원 합의(1차 의향서 승인)
1997.12. 5	재경원, IMF 자금지원 합의내용 발표
	고려증권, 한라그룹 부도
1997.12.10	미국 무디스사, 한국 국가신용등급을 준정크 수준으로 하향조정
	〔장기(2단계): A3 → Baa2(준정크), 단기(1단계): P-3 → N·P(투자부적격)〕
	재경원, 금융시장 안정대책 발표
1997.12.12	재경원 채권시장 개방 확대
1997.12.16	재경원, 환율변동폭 완전 자유화
	재경원, 제3차 경제대책회의 내용 발표
	(최고금리 확대: 연 25% → 40%)
1997.12.18	제15대 대통령 선거, 김대중 후보 당선
1997.12.19	아시아개발은행, 한국에 40억 달러 긴급지원
1997.12.21	무디스사, 한국 국가신용등급을 투자부적격 등급으로 하향조정
	〔장기(2단계): Baa2 → Ba1(투자부적격)〕
1997.12.23	미국 S&P사 한국 국가신용등급을 4단계 하향조정
	〔장기(2단계): BB → B+(투자부적격)〕
1997.12.24	IBRD 30억 달러 지원
1997.12.25	재경원, IMF 및 주요 선진국 자금 조기지원 발표
	(1997년 12월말 및 1998년 1월말에 걸쳐 100억 달러 조기지원 약속)
1997.12.29	이자제한폭 완전 폐지
1997.12.30	IMF 20억 달러 조기지원(3차 지원)
1998. 1. 5	제1기 노사정위원회 발족
1998. 1. 8	IMF, 한국 정부 3차 의향서 승인(20억 달러 인출 승인)
1998. 1.29	재경원, 단기외채 문제 해결을 위한 뉴욕협상 결과 발표
1998. 2. 6	노사정위원회, '노사정 공동협약' 체결
1998. 2.12	대통령직 인수위원회, '신정부 100대 국정과제' 발표
1998. 2.17	미국 S&P, 한국 국가신용등급 3단계 상향조정(B+ → BB+)
	IMF, 한국 정부 4차 의향서 승인(20억 달러 인출 승인)
	재경원, 10개 종금사 인가 취소
1998. 2.25	15대 김대중 대통령 취임
1998. 2.26	재경원, 종금사 최종경영평가 결과 조치 발표
1998. 3.27	IBRD, 한국에 대한 1차 구조조정 차관 20억 달러 승인

1998. 4. 1	금융감독위원회 공식출범
1998. 4. 8	재경부, 달러표시 외국환평형기금채권 40억 달러 발행 성공
1998. 5. 6	재경부, 42개 외국인 투자 제한업종 중 20개 업종을 추가 개방
1998. 5. 7	정부, IMF와 제6차분 자금인출과 관련한 주요 합의내용 발표
1998. 5.25	재경부, 외국인 투자자의 국내증권투자 자유화 폭 확대
1998. 6. 3	제2기 노사정위원회 발족
1998. 6.18	금융감독위원회, 55개 기업을 부실기업으로 판정 발표
1998. 6.29	금융감독원, 외국인 투자대상 유가증권에 대한 제한 폐지(7월 1일 시행)
	금융감독위원회, 은행 구조조정 관련 동화, 동남, 대동, 충청, 경기
	등 5개 퇴출은행 발표
1998. 7.29	정부, IMF와 제7차분 자금인출과 관련한 주요 합의내용 발표
1998. 8. 5	기획예산위원회, 2차 공기업 민영화 및 경영혁신 계획 발표
1998. 8.12	금융감독위원회, 20개 보험회사에 대해 경영개선 조치
1998. 9.25	재경부, IBRD와 제2차 구조조정차관 20억 달러 도입 관련 정책 프
	로그램 협상 타결
1998. 9.29	재경부, 금융 구조조정을 위한 64조 원 규모의 재정지원
1998.11.17	정부, IMF와 제8차 자금인출을 위한 4/4분기 주요정책 협의내용 발표
1998.12.31	금융감독위원회, 미국의 투자기관인 뉴브리지사를 주축으로 하는
	투자 컨소시엄과 제일은행 해외매각을 위한 양해각서 교환
1999. 1.19	피치 IBCA, 한국의 장기 외화채권등급을 투자적격단계인 BBB⁻로
	상향조정
	노동부, 1999년 종합실업대책 발표
1999. 1.25	S&P, 한국의 장기 외화채권등급을 투자적격단계인 BBB⁻로 상향조정
1999. 2.13	무디스사, 한국 국가신용등급을 투자적격(Ba1 → Baa3)으로 상향조정
1999. 4. 1	재경부, 「외국환거래법」 시행
1999. 5.21	정부, 1999년도 2/4분기 지원예정 IMF 자금 2.5억 달러 도입
1999. 6.24	피치 IBCA, 우리나라의 국가신용등급과 산업은행의 신용등급을
	BBB⁻에서 BBB로 한 단계 상향조정
1999. 8.16	대우·주요 채권금융기관, '재무구조 개선을 위한 특별약정' 체결
1999. 8.25	재계·정부·금융기관, 대기업 구조개혁을 위한 3대 개혁과제 및
	7개 실천사항 합의
1999. 9.18	정부, '금융시장 불안요인 해소대책' 발표
2000. 3.27	재경부, 2단계 금융 구조조정 추진방식 발표

2000. 7.15	금융감독위원회, IMF와의 최종 정책협의 결과 중 금융·기업부문 주요내용 발표
2000. 8.23	정부, 금융감독위원회 및 한국은행, 기업자금 안정대책 발표
2000. 9.25	정부, 제2단계 금융 구조조정 추진계획 발표
2000.12.16	금융감독위원회, 한빛 등 6개 은행에 대한 예금보험공사 앞 공적자금지원 요청 및 자본금감소명령 부과 등 조치
2000.12.26	정부 및 금융감독위원회, 자금시장 안정을 위한 회사채 발행 원활화 방안 발표에 대해 35억 달러의 구제금융 지원 결정
2001. 1. 6	정부 및 한국은행, IMF 차입금 상환계획 발표
2001. 2. 6	재경부 및 금융감독위원회 등, 4대 부문 12개 핵심 개혁과제에 대한 추진 실적 및 향후 계획 발표
2001. 8.23	한국은행, IMF 차입금 상환완료

외환위기 시
주요 협상 및 통계

IMF 의향서 주요내용 및 정책대응

IMF와의 대기성 차관 협약 기간 및 의향서 작성

- 프로그램 기간: 1997년 12월 4일 ~ 2000년 12월 3일 (3년)
  - 프로그램 종료: 2000년 12월 3일

- 자금인출을 위한 협의 시마다 의향서 (Letter of Intent) 작성
  - 최종 의향서: 제10차 의향서 (2000. 7. 12)

의향서 주요내용 및 정책대응

1차 의향서 (1997. 12. 3)

주요 합의내용	시행 조치
• **1998년 주요 거시지표** - GDP 성장률 : 3% - 물가상승률 : 5% - 이자율 : 금리상승 용인, 콜금리는 24% - 통합재정수지 : 균형 또는 소폭 적자 - 경상수지 : 43억 달러 적자(GDP의 1% 이내)	- 최고금리 연 25% → 40%(12. 16)
• **금융 구조조정** - 금융개혁법안 통과, 금융감독기구 통합 - 부실금융기관 정리, 부실채권 정리 가속화 - 예금전액보장제도를 3년 내 부분보장제로 전환 - 모든 은행은 BIS 충족을 위한 일정 수립 - 건전성 감독을 BIS 핵심원칙에 맞게 수정	- 13개 금융개혁법안 국회통과(12. 29) - 금융감독위원회 출범(1998. 4. 1) - 부실채권 정리기금 · 예금보험기금재원 확충(12. 10) - 신규예금 부분보장(1998. 6. 4) - 14개 종금사 업무정지(12. 2. 9개사, 12. 10, 5개사) - BIS 미달 12개 시중은행 경영정상화 계획 제출(1998.4) - 건전성 감독기준을 BIS에 맞춰 상향조정(1998. 4)

• **기업 구조조정 및 지배구조 개선**
 - 정부의 은행경영 및 대출결정 개입금지
 - 개별기업 구제를 위한 보조금 · 세제지원 금지
 - 독립적 외부감사, 공시 강화 및 기업집단 결합
 - 재무제표 공표 등을 통한 투명성 제고
 - 높은 부채비율 축소 및 상호채무보증 관행 지양
	- 「주식회사의 외부감사에 관한 법률」 개정(1998. 2)
	 → 결합재무제표 도입, 외부감사인선임위원회 의무화
	 - 금융감독 규정 개정해 상호채무보증 관행 규제
	   (1998. 4. 1)
	 - 「법인세법」을 개정하여 과다차입금 이자 손비부인
	   (1998. 2)

• **자본자유화** - 외국인 주식투자한도 확대(종목당 50%) - 단기금융상품 시장 및 회사채 시장 개방	- 외국인 주식투자한도 확대(12. 12) - 환율변동폭 완전자율화(12. 16) - 모든 장단기 국공채 · 회사채에 대한 외국인 투자한도 폐지(12. 30)
• **노동시장 유연성 제고 및 기타** - 구조조정 시 정리해고 제한규정 완화 - 고용보험제도의 기능 강화	- 고용조정제에 관한 법률 및 「고용보험법」 개정 (1998. 2. 14)

724

1차 의향서 일부 수정 (1997. 12. 18)

주요 합의내용	시행 조치
• 제2차 지원분부터 1년간 지원되는 금액 (1999. 5억 SDR ≒ 135억 달러)에 대해 보충준비금융(SRF) 조건 적용	– 스탠바이 협약(SBA) 조건 : SDR 이자율 + 수수료(4.5%) – 보완준비금융(SRF) 조건 : SBA 조건 + 300bp (1년 후 매 6개월마다 50bp 가산)

2차 의향서 (1997. 12. 24)

주요 합의내용	시행 조치

• **1998년 주요 거시지표**
   – 이자율 : 상한선 폐지, 콜금리 30% 이상 허용
 	
 • **금융 구조조정**
   – 「한국은행법」 개정
   – 파산절차 개선을 위한 초안 마련
   – 은행·종금사 경영정상화 방안 구체적 추진 일정 제시
 	
 • **노동시장 유연성 제고 및 기타**
   – 경제주체 간 고통분담을 위한 합의문 발표
	– 이자 제한폭 완전 폐지(12. 29) (1997.12. 콜금리: 31.32%)
	
	 – 「한국은행법」 개정(12. 29)
	 – 「회사정리법」, 「화의법」, 「파산법」 개정 (1998. 2. 14)
	 – 모든 종금사 경영정상화 계획 제출(12. 30), 서울·제일은행 자구계획 제출·검토(1998. 2)
	
	 – 제1기 노사정위원회 발족(1998. 1. 5)
	 – 노사정위원회, 노사정 공동협약 체결 (1998. 2. 6)

3차 의향서 (1998. 1. 7)

주요 합의내용	시행 조치

● 1998년 주요 거시지표
– GDP 성장률 : 1~2%
– 물가상승률 : 9%
– 이자율 : 외환시장 안정 시까지 고금리 정책,
   콜금리 30% 수준 유지
– 통합재정수지 : 적자 불가피
– 경상수지 : 30억 달러 흑자
	– 1998. 1. 콜금리: 27.21%
	– 추경예산 제출
	  (세출 8.4조 원 삭감, 세입 4조 원 확대)(2. 6)

● 금융 구조조정
– 상업적 베이스에 의한 성업공사의 부실채권
  매입
– 정부가 서울 · 제일은행의 자본을 확충하고
  은행의 경영권 인수
– 한국은행의 대금융기관 외환지원 시 엄격한
  지원적격 기준 마련
	– 성업공사 업무방법서 개정(2. 11)
	– 제일 · 서울은행의 감자와 동시에 정부출자
	  (1. 31)
	– 종금사 1차 폐쇄대상 10개사 발표(1. 30)

● 노동시장 유연성 제고 및 기타 – 고용보험, 구직 프로그램의 강화	– 고용보험 적용대상 사업장 확대(3. 1) – 「근로자 파견법」 제정(2. 14)

726

4차 의향서 (1998. 2. 7)

주요 합의내용	시행 조치
• **1998년 주요 거시지표** 　- GDP 성장률 : 1%(마이너스 성장 가능성) 　- 물가상승률 : 9%대 　- 이자율 : 외환시장 안정에 따라 점진적으로 　　인하가능, 콜금리 인하 조심스럽게 허용 　- 통합재정수지 : GDP 대비 0.8% 적자 　- 경상수지 : 80억 달러 이상 흑자	- 1998. 2. 콜금리: 24.70%
• **금융 구조조정** 　- 금융기관 폐쇄, 손실 배분, 지분감자에 대한 　　입법 강화 　- 폐쇄 종금사의 자산·부채를 인수, 관리, 운영, 　　매각하는 가교 종금사 설립 　- 감독당국은 BIS 기준 미달은행에 대해 　　재무구조 개선계획 제출 요구 　- 거액여신 한도 및 주주에 대한 대출에 관한 　　규정·법규의 단계적 도입 　- 모든 금융기관에 시가주의 회계 도입	- 「금융산업의 구조개선에 관한 법률」 개정 　(1997. 12. 29), 「은행법」 개정(6. 30) - 한아름 종금 설립(1997. 12. 31) - 10개 종금사 인가 취소(2. 17) - BIS기준 미달은행에 대한 경영개선, 　권고조치(2. 26) - 대주주 여신한도 축소 위한 은행법 시행령 　개정(2. 20) - 시가회계제도 도입 검토방향 발표(2. 19)
• **기업 구조조정 및 지배구조 개선** 　- 상장회사 및 재벌에 대해 외부감사인 　　선정위원회 설치 의무화 　- 상장회사의 사외이사 선임 의무화 　- M&A 활성화 위해 의무공개매수제도 폐지	- 「주식회사의 외부감사에 관한 법률」 등 기업 　구조조정 관련 10개 법률 국회통과(2. 14) - 상장법인의 사외이사 선임 의무화(2. 21) - 의무공개매수제 폐지(2. 24)
• **자본자유화** 　- 외국은행과 증권사의 자회사 설립허용 　- 금융기관의 외화차입 규제 및 주식시장 개방	- 외국은행과 증권사의 자회사 설립 조기허용(3.31)
• **노동시장 유연성 제고 및 기타** 　- 실업급여제도 확대	- 총사업비 7.9조 원 규모의 실업문제 종합대책 　수립(3. 26)

5차 의향서 (1998. 5. 2)

주요 합의내용	시행 조치
• **1998년 주요 거시지표** - GDP 성장률 : 1% (하향조정 가능) - 물가상승률 : 한 자릿수 - 이자율 : 외환시장 안정을 바탕으로 계속 인하 - 통합재정수지 : GDP 대비 1.2% 적자 　(1.7%까지 용인) - 경상수지 : 210~230억 달러 흑자	- 1998. 5. 콜금리: 16.71%
• **금융 구조조정** - 경영정상화 계획이 승인된 종금사에 대한 　지침서 발부 - 제일·서울은행의 민영화 추진 - BIS 비율 8% 미달한 12개 은행의 재무구조 　개선계획 제출 - 기타 금융기관은 국제적으로 공인된 　회계법인의 경영진단을 위한 계약 체결	- 제일·서울은행 매각을 위한 주간사와 계약 체결 　(5. 19) - 경영정상화 계획 제출(4. 30) - 경영진단을 위한 6개 국내회계법인 선정(4. 17) - 경영진단 실시(1998. 8)
• **기업 구조조정 및 지배구조 개선** - 적대적 M&A의 전면적 허용입법안 제출 - 소수주주권 행사에 필요한 최소지분율 　하향조정을 위한 법률안 제출	
• **자본자유화** - 외국인의 부동산 취득 허용	- 「외국인 투자 촉진법」 개정(5. 15) - 대표소송 요건을 0.01%로 하향하는 「증권거래법」 　개정(1998. 5) - 외국인 주식투자한도 폐지(5. 25) - 「외국인의 토지취득 및 관리에 관한 법률」 　국회통과(5. 15)
• **노동시장 유연성 제고 및 기타** - 사회안전망의 확대	

6차 의향서 (1998. 7. 24)

주요 합의내용	시행 조치
• 1998년 주요 거시지표 　- GDP 성장률 : 4% 　- 물가상승률 : 9% 　- 이자율 : 금리는 필요한 범위 내에서 　　신축적으로 운용, 콜금리는 외환시장 　　안정을 바탕으로 계속 인하 　- 통합재정수지 : GDP 대비 4% 적자 　- 경상수지 : 330~350억 달러 흑자	- 1998. 7. 콜금리: 12.7%
• 금융 구조조정 　- 12개 부실은행 중 7개 은행 이행계획서 제출 　- 공적자금은 부실금융기관의 청산이나 생존력이 　　있지만 취약한 은행 구조조정을 위해서만 사용 　　(7, 8, 9차 의향서에도 동일한 사항 합의) 　- 건전성 규제를 BIS 핵심준칙에 근접시키는 　　이행계획 마련	- 이행계획서 제출(7. 29) - 감자, 합병 등 경영정상화 계획 이행 　(1998~1999) - 증권회사 재무건전성 감독규정 개정 　(1999. 5)
• 기업 구조조정 및 지배구조 개선 　- 긴급대출 축소 및 상호지급보증의 해소 　- 5대 재벌에 의한 자율 구조조정 촉진 • 자본자유화 　- 뮤추얼 펀드 설립허용을 위한 법령 제출	- 5대 재벌 3.4조 원의 상호지급보증 해소 　(1999년 상반기) - 9개 업종에 대한 사업구조조정 추진 　(1998. 12 재계합의) - 뮤추얼 펀드 설립 허용(1998. 9)

7차 의향서 (1998. 10. 27)

주요 합의내용	시행 조치
• 1999년 주요 거시지표 - GDP 성장률 : 플러스 성장, 물가상승률 : 5% - 이자율 : 금리는 필요한 경우에 상향 또는 하향조정하는 등 신축적 운용 - 통합재정수지 : GDP 대비 5% 적자 (1998) - 경상수지 : 200억 달러 흑자	- 1998. 10. 콜금리: 7.3%

• 금융 구조조정
 - 정부소유 은행들은 시장 조건이 이루어지는 대로
  민영화(8차 의향서도 동일한 사항 합의)
 - 회계, 감사 및 공시기준을 국제 최선관행에
  맞도록 개선
	- 뉴브리지 캐피털과 제일은행 매각 양해각서 체결
	 (12. 31)
	 - HSBC와 서울은행 매각 양해각서 체결(1999. 2. 22)
	 - 기업회계기준을 국제회계기준 수준으로 개정
	 (1998. 12)
	 - 상장법인 파생상품 거래공시의무 강화(1999. 2)

• 기업 구조조정 및 지배구조 개선 - 5대 재벌의 재무구조 개선약정 합의	- 5대 재벌 재무구조 개선약정 수정 체결(1998. 12)

8차 의향서 (1999. 3. 10)

주요 합의내용	시행 조치
• 1999년 주요 거시지표 - GDP 성장률 : 2% 성장, 물가상승률 : 3% - 이자율 : 외환시장 안정 및 물가 안정 목표하에 지속적인 저금리 정책 실시 - 통합재정수지 : GDP 대비 5% 적자 - 경상수지 : 상당수준의 흑자지속 전망	- 1999. 3. 콜금리: 5.0%
• 금융 구조조정 - 정부소유 은행에 대한 정부지분 처분계획 마련(9차 의향서에도 동일한 사항 합의) - 보험사에 대해 EU의 지급여력기준 도입	- 제일·서울은행 경영정상화 조치 발표(7. 25, 8. 31) - 뉴브리지와 제일은행 매각협상 5천억 원에 타결 (9. 18) - 생명보험사 지급여력제 개정(5. 24)
• 기업 구조조정 및 지배구조 개선 - 결합재무제표 도입 및 상호지급보증 해소	- 결합재무제표 조기도입(당초 2000년 → 1999년)
• 자본자유화 - 개정외환법 시행을 위한 시행령 공포	-「외국환거래법」 시행으로 외환거래 1단계 자유화(4.1)

9차 의향서 (1999. 11. 24)

주요 합의내용	시행 조치

• 1999, 2000년 주요 거시지표
 - GDP 성장률 : 8~9%(1999), 5~6%(2000)
 - 물가상승률 : 1% 미만(1999), 3% 내외(2000)
 - 이자율 : 현재의 저금리 정책 당분간 유지
 - 통합재정수지 : GDP 대비 4% 적자(1999)
  GDP 대비 3.5% 적자(2000)
 - 경상수지 : GDP 대비 6% 내외 흑자(1999)
  다소 감소하나 흑자지속(2000)
	-1999. 11. 콜금리: 4.76%

• 금융 구조조정 - 차주의 미래상환능력을 감안한 자산 건전성 분류기준 시행	- 새로운 자산건전성 분류기준 도입(1999. 12)
• 기업 구조조정 및 지배구조 개선 - 5대 재벌의 구조조정 강화 및 빅딜 점검	- 5대 재벌 재무구조 개선약정 실행(1999~2000)

10차 의향서 (2000. 7. 12)

주요 합의내용	시행 조치
• 2000년 주요 거시지표 - GDP 성장률 : 8~8.5% 성장 - 물가상승률 : 2.5% 미만 - 이자율 : 현재의 저금리 정책 당분간 유지 - 통합재정수지 : GDP 대비 2~2.5% 적자 (2003년까지 균형재정 달성) - 경상수지 : 흑자폭이 줄어드나 흑자지속	- 2000. 7. 콜금리: 5.14%

• 금융 구조조정
 - 2000년 9월말까지「금융지주회사법」
  국회제출
 - 시중은행의 정부보유 주식 매각계획을
  2000년 7월 15일까지 발표
	-「금융지주회사법」국회통과(2000. 10. 23)

국가신용등급 변화 추이

무디스			S&P			피치		
일자	등급	전망	일자	등급	전망	일자	등급	전망
2012. 8. 27	Aa3	stable	2012. 9. 14	A⁺	stable	2012. 9. 6	AA⁻	stable
2012. 4. 2	A1	positive	2005. 7. 27	A	stable	2011. 11. 7	A⁺	positive
2010. 4. 14	A1	stable	2002. 7. 24	A⁻	stable	2009. 9. 1	A⁺	stable
2007. 7. 25	A2	stable	2001. 11. 13	BBB⁺	stable	2008. 11. 9	A⁺	negative
2006. 4. 25	A3	positive	1999. 11. 11	BBB	stable	2005. 10. 23	A⁺	stable
2004. 6. 11	A3	stable	1999. 1. 25	BBB⁻	positive	2005. 9. 19	A	positive
2003. 3. 12	A3	negative	1999. 1. 4	BB⁺	positive	2002. 6. 27	A	stable
2002. 11. 15	A3	positive	1998. 2. 18	BB⁺	stable	2002. 5. 13	BBB⁺	positive
2002. 3. 28	A3	stable	1997. 12. 22	B⁺	negative	2000. 3. 29	BBB⁺	–
2001. 11. 30	Baa2	positive	1997. 12. 11	BBB⁻	negative	1999. 6. 24	BBB	–
1999. 12. 16	Baa2	stable	1997. 11. 25	A⁻	negative	1999. 4. 26	BBB⁻	positive
1999. 2. 12	Baa3	positive	1997. 10. 24	A⁺	negative	1999. 1. 19	BBB⁻	–
1997. 12. 21	Ba1	–	1997. 8. 6	AA⁻	negative	1998. 2. 3	BB⁺	positive
1997. 12. 10	Baa3	–	1995. 5. 3	AA⁻	stable	1998. 1. 21	B⁻	positive
1997. 11. 27	A3	stable	1994. 11. 9	A⁺	positive	1997. 12. 23	B⁻	negative
1997. 10. 27	A1	negative	1994. 6. 9	A⁺	negative	1997. 12. 11	BBB⁻	negative
1997. 3. 7	A1	stable	1989. 6. 26	A⁺	positive	1997. 11. 26	A	–
1990. 4. 4	A1	–	1988. 10. 1	A⁺	–	1997. 11. 18	A⁺	–
1986. 11. 18	A2	–				1996. 6. 27	AA⁻	–

외국환은행의 일평균 외환거래 현황

(단위: 억 달러)

구분	연도	1997	1998	2000	2002	2004	2006	2008	2010	2012	2014	16.2Q
은행 간 (A)	현물	-	-	-	-	-	102.0	156.7	131.6	141.3	83.3	111.9
	선물	-	-	-	-	-	41.5	80.1	53.3	54.1	5.4	10.4
	외환스왑	-	-	-	-	-	72.6	155.4	164.3	176.9	115.1	107.8
	기타 피생	-	-			-	-	-	6.8	7.1	4.4	3.7
	소계	-	-	51.5	55.1	113.7	216.1	392.2	356.0	379.4	208.2	233.9
대고객 (B)	현물	-	-	-	-	-	25.5	40.2	34.3	38.3	42.0	46.4
	선물	-	-	-	-	-	9.4	15.0	11.9	12.4	14.9	13.7
	외환스왑	-	-	-	-	-	4.9	11.5	14.9	21.1	28.7	33.8
	기타 파생	-	-	-	-	-	-	-	1.9	2.6	3.6	2.5
	소계	-	-	32.0	27.7	53.6	39.8	66.7	63.0	74.4	89.2	97.4
비거주자 (C)	현물	-	-	-	-	-	-	-	-	-	41.1	41.0
	선물	-	-	-	-	-	-	-	-	-	55.6	70.6
	외환스왑	-	-	-	-	-	-	-	-	-	46.3	49.2
	기타 파생	-	-	-	-	-	-	-	-	-	3.5	1.3
	소계	-	-	-	-	-	-	-	-	-	146.5	163.1
외환매매 (D = A + B + C)		73.4	38.5	83.5	82.8	167.3	255.8	458.9	418.9	453.8	444.0	494.4
외환파생거래(E)		5.2	1.7	5.1	9.1	18.8	45.8	94.7	-	-	-	-
총계		78.6	40.2	88.6	91.9	186.1	301.6	553.6	418.9	453.8	444.0	494.4

주: 1) 매년 외환거래 현황의 구성과 분류에 일부 변동 있음.
   2) 1999년까지는 현물환(D)과 외환파생상품(E)으로 구분.
   3) 2000년부터 전통적 외환거래(A+B)와 외환파생거래(E)로 구분하고, 2006년부터는 세부내역을 상세화.
   4) 2010년부터 은행 간(A)과 대고객(B)으로 분류를 변경하고, 외환파생거래(E) 중 금리 관련 파생을 제외.
   5) 2013년부터는 비거주자(C)를 추가하였음.
   6) 외환파생거래(E)는 통화 및 금리 관련 외환파생상품거래.
출처: 한국은행, 〈외국환은행의 외환거래동향〉(보도자료).

해외 언론에 비친
한국의 외환위기 극복사*

IMF 긴급구제금융 지원 요청에서부터 IMF 차입금을 모두 상환하고 정책주권을 회복하기까지 외국언론에 비친 한국 경제의 반전 스토리는 한 마디로 '한 편의 드라마'라 할 만하다.

위기발생 직후 국가부도를 우려하던 해외의 시각은 IMF 시대 1년을 넘기면서 회복을 낙관하는 쪽으로 바뀌기 시작했고, 2년차인 1999년 상반기에 들어서는 급속한 경기회복에 대해 '또 다른 아시아의 기적', '위기극복의 모델국가' 등으로 지칭하기도 했다. 그러나 이 같은 찬사와 동시에 인플레이션 가능성과 개혁의지의 후퇴를 우려하는 목소리를 높이기도 했다.

고통스런 구조조정을 회피하거나 재벌 등 개혁 저항그룹들의 반발에 밀려나게 되면 또 다른 위기에 노출될 위험이 있다는 경고를 발하기도 했다. 실제로 정리해고 문제를 둘러싼 현대자동차 파업을 비롯해 대우그룹의 파산 등 기업 구조조정의 지연은 해외에서뿐만 아니라 국내 전문가들의 한결같은 지적을 받았다.

그러나 •금융 •노동 •기업 •공공 등 4대 개혁의 꾸준한 추진으로 IMF로부터 빌린 이른바 구제금융(대기성 차관)을 약 3년 앞당겨 완전 상환하고 정책주권을 되찾은 것에 대한 외국언론의 평가는 인색하지 않았다.

---

* 이 자료는 한국개발연구원(KDI) 경제정보센터가 발간한 《해외에서 본 한국의 IMF 2년》(1999. 12)과 《해외에서 본 2000년 한국경제》(2001. 1), 그리고 국정홍보처 해외홍보원이 발간한 《해외언론이 본 국민의 정부 5년: 경제위기 극복에서 월드컵 4강까지》(2003. 2)에서 발췌해 작성했다.

IMF 위기극복에 대한 평가와 과제 등에 대한 외국 주요 매스컴의 논평은 그 자체로 현대 한국 경제사의 한 페이지라고 생각돼 여기에 정리해 본다.

1. 국가부도 위기의 긴박한 상황(1997. 11~12월)

외환위기는 재벌중시 정책과 민간부문의 과도한 단기채무 때문

국가부도 사태 가능성을 우려하는 가운데 한국 정부의 안일한 위기대응을 비판하는 내용이 많았다. 특히 외환위기는 동남아 위기의 여파라는 시각도 있었지만 그보다 한국의 재벌중시 정책과 민간부문의 과도한 단기채무 등에 기인한다는 내용이 주종을 이뤘다. IMF 구제금융 신청 이후에도 지급불능 사태에 대한 우려도 많았다. 일부 저명한 경제학자들은 한국에 대한 IMF 구제금융 조건이 지나치게 가혹해 부작용을 낳는 게 아니냐면서 IMF를 비판하기도 했다.

  한국 정부가 자금지원 신청을 회피하기 위한 모든 수단을 동원하고 있지만 역부족일 것이다(〈파이낸셜 타임스〉, 1997. 11. 19).

  한국은 IMF 구제금융 신청으로 한국인의 자존심이 무참히 깨졌다(〈파이낸셜 타임스〉, 1997. 11. 22).

  한국 경제의 위기는 정부와 재벌이 투자와 성장 결정을 인위적으로 주도했기 때문이다. 따라서 한국 정부가 IMF 구제금융으로 부실은행을 살리려는 것은 유감이다(〈아시안 월스트리트 저널〉, 1997. 12. 3).

  한국이 희생을 수반하는 IMF 조건을 이행할 의사와 능력이 있는지 의문이다(〈월스트리트 저널〉, 1997. 12. 8).

  한국은 정경유착 청산과 시장경제 이행 등 경제시스템의 변혁을 수용할 의지가 부족해 자칫 금융지원이 중단될 수도 있다(〈워싱턴 포스트〉, 1997. 12. 10).

  제프리 삭스 미국 MIT 교수, "한국의 금융위기는 단순한 동요에서 비롯된 것임에도 불구하고 IMF는 가혹한 조건의 정책을 한국에 요구했다. 아시아 국가들에 재정긴축을 요구하는 것은 경기후퇴와 정치적 불안정을 유발할 뿐이다. 한국은 재벌이 과

중한 부채를 안고 있고, 은행들이 기업에 많은 대출을 해주었기 때문에 고금리를 적용하면 가장 심각하게 타격을 받을 것이다"(〈파이낸셜 타임스〉, 1997. 12. 11).

루빈 미 재무장관, "한국이 약속한 개혁에 착수하면 상태는 호전될 것이나 반드시 성공한다는 보장은 없다"(〈월스트리트 저널〉, 1997. 12. 26).

고용안정보다는 한국 경제의 경쟁력 강화가 더 중요하다는 김대중 대통령 당선자의 입장표명은 미국 행정부와 IMF의 한국지원을 이끌어 내는데 도움이 됐다(〈워싱턴 포스트〉, 1997. 12. 28).

금융개혁법안의 통과는 김대중 대통령 당선자의 개혁자로서의 이미지를 부각시키고 투자자들로부터 개혁 이행에 대한 우려를 완화시켜 외환시장이 안정될 것이다(〈월스트리트 저널〉, 1997. 12. 30).

2. 외채협상과 금융개혁(1998. 1/4분기)

김대중 대통령 당선자의 개혁의지 표명에 국제투자자들 '긍정' 반응

국제금융기구들의 지원과 동시에 김대중 당선자의 개혁의지 표명에 따라 한국 경제는 국제투자자들로부터 점차 신뢰를 회복하는 과정을 거쳤다. 그러나 막대한 부채와 고금리로 인해 제2의 위기가 닥칠 수 있다고 경고하고 한국 정부의 개혁정책 이행 부족과 외국인 투자에 대한 반감 등을 문제시하는 보도 경향이 나타났다.

금모으기 운동은 위기로 인한 한국인의 실직 우려 등 경제불안을 반영한 것이다(〈이코노미스트〉, 1998. 1. 10).

루빈 미 재무장관, "한국의 외채협상 타결은 매우 건설적이었고 중요한 일이지만, 여전히 중대한 도전에 직면해 있다"(〈인터내셔널 헤럴드 트리뷴〉, 1998. 1. 31).

최대 현안이던 정리해고 문제가 타결됨으로써 한국에서는 금융통화 위기를 타개할 토양이 정비되기에 이르렀다(〈니케이〉, 1998. 2. 6.).

민노총의 노동개혁 거부 움직임은 최근 진전된 한국의 경제개혁에 대한 외국투자자들의 신뢰를 손상시킬 것이다(〈월스트리트 저널〉, 1998. 2. 9).

한국의 외국인 투자 환경이 개선됨에 따라 대한투자에 대한 관심이 고조되고 있지만 대다수 투자자들이 관망 자세를 유지하고 있는데 이는 한국의 외국인 투자에 대한 편견과 규제가 여전히 존재하기 때문이다(〈인터내셔널 헤럴드 트리뷴〉, 1998. 3. 9).

한국의 단기외채 장기전환은 국제금융권의 한국에 대한 신뢰회복의 중요한 단계이며 장기부채 전환규모는 당초 은행인들의 예상을 뛰어넘는 수준이다(〈뉴욕 타임스〉, 1998. 3. 13).

단기외채 협상에서 합의된 높은 장기전환율은 자금유출을 최소화하고 국제 자본시장 복귀의 발판을 마련하게 될 것이다(〈파이낸셜 타임스〉, 1998. 3. 16).

3. 재벌 및 금융개혁의 압박과 실행(1998. 2/4분기)

외평채 발행 성공 '환영', 재벌개혁에 더 큰 관심 쏟기 시작

외평채 발행 성공은 국제투자자들의 한국 경제에 대한 신뢰도 회복을 의미한다는 평가들이 많았다. 금융기관 퇴출 문제에 대해서는 평가를 유보하면서 금융기관 구조조정보다 재벌개혁에 더 많은 관심을 쏟기 시작했다. 다만 기업 구조조정 기금 설립을 통한 재벌지원에 대해 은행권 부담만 늘릴 뿐 개혁에는 효과가 없을 것이라는 부정적 평가가 많았다.

한국 정부가 40억 달러의 외평채를 당초 예상보다 좋은 조건으로 발행하게 됐다는 사실은 해외투자자들의 한국 경제에 대한 신뢰를 반영하는 것이다(〈월스트리트 저널〉, 1998. 4. 9).

매달 3천3백여 개 중소기업이 도산하고, 기업부채가 급증하고 있음에도 한국 정부는 IMF가 제시한 금융 및 기업 구조조정을 포함한 주요 개혁안의 이행을 지체하고 있다(〈인터내셔널 헤럴드 트리뷴〉, 1998. 4. 23).

한국 정부의 경쟁과 개방원칙에 의한 시장경제 건설의 신념을 확인할 수 있는 본보기는 재벌개혁의 성공 여부이다(〈파이낸셜 타임스〉, 1998. 4. 24).

한국 정부와 은행들의 취약기업 지원관행은 한국 경제의 위기를 장기화시킬 수 있다(〈월스트리트 저널〉, 1998. 5. 15).

클린턴 미국 대통령, "성세개혁, 부식·부사 사유화, 금융시스템 강화 및 IMF 프로그램 이행 등을 위한 김대중 대통령의 노력을 신뢰하며 미국은 한국의 개혁에 강한 지지를 보낼 것이다"(〈월스트리트 저널〉, 1998. 6. 10).

(55개 퇴출기업 명단 발표에 대해) 이번 퇴출명단은 재벌과 은행들이 문제를 지연시킨다는 외국투자자들의 비판에 대응하기 위해 만든 것이나 한국 경제의 핵심인 공급과잉을 해결하지는 못할 것이다(〈월스트리트 저널〉, 1998. 6. 19).

(5개 부실은행 퇴출에 대해) 과감한 금융개혁을 기대했던 사람들을 실망시키고, 고통스러운 경제 구조조정이 느린 속도로 이루어질 것임을 보여주는 것이다(〈월스트리트 저널〉, 1998. 6. 30).

4. 노동시장 불안과 경기침체 우려(1998. 3/4분기)

한국 경제 낙관·비관론 교차 속 '신속한 부실기업 정리' 촉구

경제가 호전 국면에 접어들어 위기타개 조짐이 보인다는 낙관론이 8월부터 본격적으로 대두되기 시작했고, 9월 들어서는 언론보도에 이러한 견해가 두드러지게 반영됐다.

그러나 한편으로는 노동시장 불안, 고금리, 높은 부채비율 등이 경기회복을 저해할 수 있다고 우려하며 단호한 금융개혁, 기업잉여인력 감축, 신속한 부실기업 정리 등을 주문하는 평가들도 많았다.

한국의 경제전망이 더 비관적으로 바뀌고 있다. 노동불안이 경제회복을 지속적으로 위협하고 있으며, 엔화 약세하의 원화 강세는 수출경쟁력을 약화시킬 것이라는 우려가 증대되고 있다(〈인터내셔널 헤럴드 트리뷴〉, 1998. 7. 15).

OECD, 한국의 GDP 성장률을 올해 -4. 7%, 내년 2. 5%로 전망했다(〈월스트리트 저널〉, 〈인터내셔널 헤럴드 트리뷴〉, 1998. 7. 31).

현대자동차 파업이 한국 경제회복에 위협이 되고 있다. 한국 정부는 대기업들에 대해 과감한 구조조정을 통해 경쟁력을 갖추라고 촉구하면서, 한편으로는 정리해고를 최소화해 달라고 요청하는 등 이중적 자세를 취해 노사 양측으로부터 비난을 받고 있다(〈월스트리트 저널〉, 1998. 8. 7.).

스티브 마빈[1] 자딘플레밍증권 서울지점 조사담당 이사, "앞으로 한차례의 위기가 은행권을 덮칠 것이며, 주가폭락과 노동불안 및 반도체 가격폭락 가능성으로 한국 경제전망을 어둡게 하고 있다"(〈사우스 차이나 모닝 포스트〉, 1998. 8. 21).

(현대차 분쟁타결에 대해) 정리해고 방침을 후퇴시킨 노사분쟁 타결은 IMF와 합의한 구조조정 정신에 역행하는 것으로 개혁에 걸림돌로 작용할 것이다. 이 파업을 불법이라고 선언했던 정부가 중재에 간여한 것도 문제다. 앞으로 노조들은 정리해고 계획에 저항하는 수단으로 이용할 것이다(〈월스트리트 저널〉, 1998. 8. 24).

(김대중 대통령의 9·28 경제기자회견에 대해) 한국 정부는 재정적자를 통해 경기를 부양할 것이며 성장회복이 내년 중반으로 예상된다(〈로이터〉, 〈블룸버그〉, 〈요미우리〉 등, 1998. 9. 28~29).

5. 경기회복에 대한 낙관과 기업 구조조정의 진전(1998. 4/4분기)

내수침체로 경기회복 '험난' … IMF 차관 상환 결정 '호평'

이 시기 해외 언론은 한국이 아시아 국가들 가운데 가장 **빠른** 위기극복이 가능하다는 긍정적 평가를 내리면서도 내수침체와 투자감소로 경기회복으로 가는 길은 험난할 것이라는 전망이 지배적이었다.

그러나 구조조정의 진전과 함께 12월 들어 무디스의 국가신용등급 상향 검토, IMF 차관상환 결정에 대한 호평, 위기극복 노력에 따른 고무적 변화 등에 대해 긍정적 평가에 무게가 실리는 보도들이 잇달았다.

클린턴 미국 대통령, "한국이 취한 힘든 조치들에 대해 감탄한다. 금리인하와 통화안정은 고무적이다, 재벌문제만 제외하고 한국의 경제개혁에 지지를 표명한다. 특히 대기업을 포함한 사회 전체가 경제개혁을 위해 각자의 역할을 다하는 것이 매우 중요하다"(〈파이낸셜 타임스〉, 1998. 11. 23).

---

1 스티브 마빈(Steve Marvin)은 나중에 도이치증권 리서치센터장을 맡았는데 한국 경제에 대해 지나친 비관론을 제기한 독설가로 주식투자자들의 관심을 끌었던 인물이다.

피치IBCA, 현재 BB+인 한국의 장기 외화표시 채권의 신용등급에 대한 진망을 긍정적 검토대상으로 상향조정했다 (〈사우스 차이나 모닝 포스트〉, 〈로이터〉, 〈니케이〉, 1998. 12. 24).

한국 경제는 1999년에 다시 큰 고비를 맞을 것으로 전망된다. 이는 재벌 구조조정이 조기에 실현되면 실업문제가 극심해지는 반면, 재벌의 저항으로 구조조정이 지연될 경우 경기가 다시 하락세로 돌아설 위험이 있기 때문이다 (〈마이니치〉, 1998. 12. 29).

6. 경기회복 궤도의 진입(1999. 1/4분기)

국제 신용평가기관들, 일제히 한국의 국가신용등급 상향조정

김대중 대통령 취임 1주년을 맞아 지난 1년간의 경제개혁 추진성과와 예상보다 빠른 경기회복을 높이 평가했다. 특히 국제 신용평가기관들은 일제히 한국의 국가신용등급을 상향조정함으로써 팽배해진 낙관론을 뒷받침했다.

그러나 기업부문의 과잉설비와 과도한 부채 등 경제회복을 위협하는 난제들이 여전해, 경기회복의 토대가 취약하다는 지적과 함께 여러 가지 대안제시가 봇물을 이뤘다.

한국은 금융 구조조정 전반에서 일본을 압도하고 있다. 한국은 금융 구조조정을 과감하게 추진, 인원감축 및 경영진 교체 등 모든 항목에서 개혁에 미온적인 일본보다 가시적 성과를 내고 있다 (〈타임〉, 1999. 1. 18).

피셔 IMF 수석부총재, "한국이 회복되고 있다는 사실은 의심의 여지가 없다. 올해 한국 경제는 2% 이상의 성장률을 기록할 것으로 전망한다" (〈비즈니스 위크〉, 1999. 1. 25).

한국 경제는 회복세를 보이고 있다. 그러나 노동불안, 금융기관 부실, 과잉설비, 재벌 빅딜 미진, 민간소비 침체 등 난제가 많아 투자자들은 신중해야 한다 (〈월스트리트 저널〉, 〈인터내셔널 헤럴드 트리뷴〉, 1999. 1. 29).

한국 경제의 장기적 문제는 재벌문제로, 재벌개혁은 지난 1년 동안 거의 이뤄진 것이 없고, 과도한 부채와 과잉인력 문제도 경제위기 이전에 비해 달라진 것이 없다 (〈비즈니스 타임스〉, 1999. 3. 8, 〈워싱턴 포스트〉, 1999. 3. 11).

7. 빠른 경기회복과 재벌개혁
   후퇴 우려(1999. 2/4분기)

재벌들의 개혁저항에 대한 비판론 고조

경제개혁에 대한 긍정적 평가들이 많았지만 재벌들의 개혁저항을 비판하면서, 특히 현대·대우 구조조정안 발표에 대해 실현 가능성이 불투명하다는 회의적 반응이 주류를 이뤘다.

그러나 1999년도 경제성장률 전망이 계속 상향조정되는 가운데 경기과열, 막대한 은행 부실채권, 그리고 재정적자에 대한 우려가 대두되면서 지나친 낙관을 경계하는 반응들이 많았던 시기다.

도즈워스 IMF 서울사무소장, "올해 한국 경제는 4% 성장도 가능하나, 2000년에는 팽창정책에 따른 재정적 어려움을 겪게 될 것이다(〈사우스 차이나 모닝 포스트〉, 1999. 5. 3).

한국의 경제회복은 착각일 수 있으며 개혁이 신속히 이뤄지지 않으면 심각한 국면으로 빠질 수도 있다(〈월스트리트 저널〉, 1999. 4. 19).

캉드쉬 IMF 총재, "한국 대기업들의 구조조정 속도는 실망스럽다. 기업부문의 개혁노력을 지금보다 한층 더 가속화해야 한다"(〈로이터〉, 1999. 5. 20).

캉드쉬 IMF 총재, "한국 경제가 크게 향상돼 조만간 IMF 차관을 더 이상 필요로 하지 않을 것이다"(〈사우스 차이나 모닝 포스트〉, 1999. 5. 20).

한국의 FDI(외국인 직접투자) 급증세는 한국 경제회복의 또 다른 지표이다(〈블룸버그〉, 〈로이터〉, 〈비즈니스 타임스〉, 1999. 6. 8).

8. 대우그룹 해제와 김 내통령의
  재벌개혁 선언(1999. 3/4분기)

'개혁 피로감' 언급, 구조조정 강도 낮춰서는 안 된다

김대중 대통령의 재벌개혁 선언과 대우그룹 해체, 제일은행 매각협상 타결 등에 큰 의미를 부여하는 보도들이 잇달았다. OECD는 꾸준하게 시장경제 원칙에 입각한 구조조정 추진을 권고했다. 1999년 경제성장률 전망치를 8%까지 상향 전망하는 보도가 많아졌고, '개혁 피로감'이라는 용어가 처음 등장하면서 구조조정의 강도를 낮춰서는 안 된다는 충고들이 잇달았다.

나이스 IMF 아태국장(초대 서울사무소장), "한국은 서울 제일은행 매각협상을 서둘러 타결해야 하며, 지연되고 있는 재벌개혁을 가속화해야 한다. 한국이 샴페인을 너무 일찍 터트렸다. 완전한 회복을 자신하는 것은 시기상조다"(〈비즈니스 타임스〉, 1999. 6. 29).

전문가들, "회복세의 한국은 자기만족과 개혁 피로현상에 빠짐으로써 개혁 행보에 장애를 일으켜 문제가 재발할 수 있다"(〈워싱턴 포스트〉, 〈로이터〉, 〈비즈니스 타임스〉, 1999. 7. 28~29).

무디스, "대우그룹 해체 움직임은 한국 정부의 개혁의지를 보여주는 또 다른 증거이다"(〈로이터〉, 〈월스트리트 저널〉, 〈인터내셔널 헤럴드 트리뷴〉, 〈비즈니스 타임스〉, 1999. 8. 11).

김대중 대통령, 광복절 경축사에서 재벌개혁 없이는 경제개혁이 불가능하다며 재벌개혁을 가속화해 연내 완결할 것임을 천명했다(〈뉴욕 타임스〉, 〈파이낸셜 타임스〉, 〈월스트리트 저널〉, 〈인터내셔널 헤럴드 트리뷴〉, 〈일본경제〉, 〈아사히〉, 1999. 8. 16).

5대 재벌의 부채비율이 낮아진 것은 재벌들이 주로 유상증자를 통해 자산을 늘렸기 때문이며, 부채규모는 크게 변하지 않았다(〈월스트리트 저널〉, 1999. 8. 25).

폴 크루그먼 MIT 교수, "현재 아시아의 경제회복은 착각일 수 있다. 아시아 지역은 진정한 개혁이 이뤄지지 않았으며, 기업부채 문제도 효과적으로 해소되지 않았다. 한국 등 일부 국가들이 회복세를 보이고 있지만 연고자본주의 문제가 척결되지 못했고, 낙관론이 팽배해 여전히 위기상태이다"(〈블룸버그〉, 1999. 8. 26).

한국 경제가 현저한 반등을 보이고 있지만 실업 등 고통이 지속돼 많은 사람들이 정부에 불만을 느끼고 있어, 김 대통령에 대한 지지도가 줄어들고 있다(〈이코노미스트〉, 1999. 9. 4).

9. 고성장 전망과 자만에 대한 경고(1999. 4/4분기)

경제성장률 8% 전망, 아시아 경제회복의 선도적 위치

한국 경제에 대한 긍정적 시각과 전망이 주류를 이루는 가운데 자만하지 말고 구조조정 노력이 지속돼야 할 것이라는 제언이 거듭됐다. 1999년 경제성장 전망치가 8% 이상으로 상향조정되면서, 이를 두고 '작년까지 누구도 예상치 못했던 놀라운 일로 위기에서 벗어났다'는 신호로 해석하는 경향이 나타났다.

특히 한국은 아시아를 불황에서 끌어내고, 아시아 지역의 경제회복을 지원하는 선도적 위치에 섰다고 평가하는 경향이 늘었다.

한국이 IMF 융자를 상당부분 상환한데다, 자금조달에 여유가 생긴 시중은행들이 대외채무를 상환해 1979년 이래 처음으로 순채권국가로 돌아섰다(〈니케이〉, 1999. 11. 5).

10월중 산업생산이 전년동기 대비 30.6% 급증했다는 통계청 발표는 내년에 경기과열 위험이 있음을 시사한 것이다(〈파이낸셜 타임스〉, 1999. 11. 29).

루디 돈부시 MIT 교수, "한국은 저금리를 유지하면서 아시아 국가 중 가장 빨리 회복하고 있다"(〈파 이스턴 에코노믹 리뷰〉, 1999. 12. 2).

캉드쉬 IMF 총재, "한국은 금융위기 극복에 놀라운 성과를 보여 외환보유고 및 수출 급증, 실업률 하락 등 위기 이전 수준으로의 회복 등 경제전반에 걸쳐 호전양상을 보이고 있다"(〈다우존스〉, 1999. 12. 2).

10. 외환위기 극복 선언(2000년)

피셔 IMF 수석부총재, "한국은 지금 면에서 사실상 IMF를 졸업"

한국은 IMF 3년차를 맞아 구조조정 추진으로 위기를 극복하고 고성장을 일궈낸 아시아의 대표적 국가로 평가받았다. 피셔 IMF 수석부총재는 1999년 12월 29일 "한국은 지금 면에서 사실상 IMF를 졸업했다"고 한국 관료들에게 귀띔했다. 그러나 금융권의 과다한 부채, 답보상태의 기업지배구조, 막대한 구조조정 비용 등으로 여전히 난제가 쌓여 구조개혁의 후퇴를 우려하는 경고가 많았다. 더구나 국민들의 위기의식이 약화되고 노동불안이 재연되면서 구조조정 추진에 한층 더 노력을 촉구하는 지적들이 많았다.

한국, 일본, 대만, 홍콩 등 북아시아 국가들은 지난 1년간 강도 높은 구조조정을 단행, 불황에서 빠져나와 기업구조와 투명성이 강화된 국가들로 부상했다. 특히 한국은 대우사태 처리 및 기업파산 허용이 경영 마인드에 변화를 가져와 큰 것이 아름답다는 종래의 생각을 버리게 됐다(〈비즈니스 타임스〉 칼럼, 2000. 2. 25).

경제위기로 인한 실직 등으로 고통받는 한국의 중산층 유권자들은 경제위기 때는 고금리로, 이제는 주식투자로 큰돈을 벌어들이는 많은 부유층 사람들에 대해 분노를 느끼고 있다(〈타임〉, 2000. 4. 3).

현대그룹 경영권 분쟁(일명 왕자의 난)에서 보듯 한국 재벌들의 지배구조는 바뀐 것이 별로 없다. 한국 정부가 재벌들의 구시대적 경영관행을 방치한 것은 중대한 실수로 이제라도 고쳐나가야 한다(〈비즈니스 위크〉, 2000. 4. 17).

금융노조의 총파업 돌입은 경제위기 이후 정리해고 및 임금삭감 등을 경험해온 노동자들이 경제가 회복되면서 정부의 구조조정에 대해 인내심을 잃어가고 있음을 보여주는 것이다(〈월스트리트 저널〉, 2000. 7. 11).

IMF, "아시아는 올해 6.7%, 내년에 6.6% 성장할 전망이며, 한국은 구조조정 면에서 진전을 보여 올해 8.8%, 내년에 6.5% 성장할 것이다"(〈로이터〉, 〈비즈니스 타임스〉, 〈블룸버그〉, 2000. 9. 20).

포드의 대우자동차 인수 포기 이유는 실사과정에서 막대한 부채 등 대우자동차의 숨겨진 문제점들이 드러났기 때문이다(〈이코노미스트〉, 2000. 9. 23).

김대중 대통령이 작년(1999년) 말에 IMF 위기가 끝났음을 선언했지만 올(2000년) 여름부터 미국 주식시장 하락 및 유가 급등으로 종합주가지수가 급락했으며, 금융 기관도 거의 부실채권 처리에 고전하고 있다(〈요미우리〉, 2000. 11. 22).

IMF 체제 3년을 마친 한국은 과감한 개혁 추진과 급속한 경기회복으로 'IMF의 우 등생'으로 잠시 불리었으나, 최근 그러한 평가가 개혁 정체, 노사분쟁 격화, 경기둔 화 등으로 퇴색되기 시작했다(〈니케이〉, 2000. 12. 4).

한국개발연구원(KDI), "기업·금융 구조조정이 지연되면 성장률은 더욱 하락할 수 있으므로 정부는 구조조정에 집중해야 한다. 그러나 거시경제적 여건들이 예상보 다 급속히 악화된다면 구조조정과 경기부양책을 병행하는 것이 바람직하다"(〈다우 존스〉, 2000. 12. 27).

11. IMF 졸업 이후(2001~2002년)

서울의 찬가: IMF 대출 완전 상환 … 아시아 국가들의 모범

한국은 국제통화기금 대출 잔액을 예정보다 2년 8개월 앞당겨 22일 당당하게 상환 했다. 한국은 찬사받을 충분한 이유가 있다. 1997년의 금융시장 붕괴로부터 그렇게 신속하게 벗어난 것은 극적 성취인 것이다. 게다가 이 성취는 적기에 이뤄졌다. IMF 대출금의 조기상환은 아르헨티나가 IMF 중환자실로 다시 실려 들어가는 지금 그들에 대한 초조감을 잠재울 수 있는 상징적 자랑이다.
한국의 전반적인 경제는 미국의 경제적 퇴조로 인한 세계적 불경기도 잘 헤쳐나 가고 있다. 한국은 고통스럽지만 극적 개혁을 통해서 이런 능력을 키웠다. 한국은 다른 아시아 국가들이 주목하고 열심히 따라가야 할 모범을 보여주었다(〈타임스〉, 2001. 8. 23).

불경기를 넘긴 한국: 한국에 투자한 영국투자자 "유례없는 이익 보상받아"

4년 전의 한국은 현재의 아르헨티나와 같았다. 한국은 연이은 외환위기로 흔들렸으 며 최대 회사들은 치솟는 부채에 짓눌렸고, 정치시스템은 마비상태에 있었다. 경제 학자들은 한국을 '폐인' 취급하면서 병든 이웃 일본보다 못한 나라로 취급했다. 하 지만 한국은 금년에 비관론자들의 예상을 완전히 뒤엎었다. 그리고 한국의 급속한 회복을 믿는 소수의 영국투자자들은 전 세계 어디에서도 볼 수 없는 이익으로 보상 받았다.

한국은 다른 아시아 국가들보다 성공적으로 구조조정을 단행했나. 한국은 서대회사들을 끌고 가는 일본과는 달리 대우의 도산 같은 고통스러운 처방을 기꺼이 받아들였다. 일본, 대만 및 홍콩이 모두 경기후퇴를 겪고 있는 2001년에 한국의 GDP는 2.7% 성장했다(〈가디언〉, 2001. 12. 29).

스승 되기에 충분한 제자 한국 경제:
일본의 경제적 제자 한국, 이제 가정교사로 떠올랐다

수세기 동안 한국은 강력한 이웃 일본의 그늘에 가려 맥을 추지 못했다. 그러나 최근 수년 사이 한국은 빛이 비치는 자리를 차지하기 시작했다.

일부 경제학자들은 금주 서울을 방문하는 고이즈미 준이치로 일본총리도 금융위기에서 회복한 한국을 연구해 보는 것이 이득이 될 것이라고 말한다. 한때 일본의 경제적 제자였던 한국은 이제 일본의 가정교사로 떠오르고 있는 셈이다. 한국전쟁 이후 역대 한국 정부들은 일본의 개발방식을 본받아 재벌로 불리는 기업집단에 저리의 은행대출금을 쏟아 부었다. 이 재벌들은 점차 철강, 선박, 자동차 같은 고품질의 제품을 만들어내면서 세계시장으로 나갔다(〈파이낸셜 타임스〉, 2002. 3. 21).

개혁을 선도하는 한국: 한국은 이제 세계의 모범경제가 되었다

상암 스타디움에서 열리는 월드컵 개막을 3주 앞두고 모든 시선은 공동개최국 한국과 일본에 쏠리고 있다. 그러나 이번 월드컵을 보기 위해 한국과 일본에 오는 축구팬들은 두 나라가 다른 길로 가고 있는 것을 발견할 것이다. S&P는 최근 일본의 국가신용등급을 'AA-'로 하향시켰으며 무디스는 'A1' 혹은 'A2'로 하향을 발표할 예정이다. 이렇게 되면 도쿄는 한국의 한 단계 위에 놓이게 된다. 무디스는 한국의 구조조정 노력을 인정, 국가신용등급을 두 단계 올린 'A3'로 상향조정했다.

한국의 개혁은 정부명령에 의한 것이 아니라 제도강화를 통한 것이기 때문에 더 계속될 것으로 보인다. 한국은 이제 세계의 모범경제가 되었다. 세계 최고인 80% 이상의 브로드밴드(초고속인터넷) 접속률을 자랑하는가 하면 주식거래의 65%는 온라인으로 이뤄진다. 재벌개혁의 결과 현대자동차와 삼성전자 같은 월드클래스 회사들이 탄생했다(〈아시안 월스트리트 저널〉, 2002. 5. 8).

다른 나라 시장은 비틀거려도 한국은 여전히 튼튼:
미국 경제 위축으로 세계경기 '휘청', 한국은 '예외'

얼마 전까지만 해도 금융위기를 맞아 한국 경제가 무릎을 꿇다시피 하는 등 아시아 증시가 세계에서 가장 수익성이 없는 축에 끼었다. 지금은 상당수 선진공업국들의 경기회복이 멈칫거릴 것이란 우려 때문에 구미증시가 계속 하락세인데도 한국은 눈에 띄게 회복력이 빠른 것으로 드러났다(〈뉴욕 타임스〉, 2002. 8. 2).

학생에게서 배우기: 한국의 것을 흉내 낸 일본의 금융개혁 시도

일본 경제가 태엽시계처럼 매 6개월마다 죽음의 경련을 일으키는 이유를 이상하게 생각해 본 적 있는가? 어째서 매 3월과 9월에 도쿄 주가는 폭락하고 은행은 손실을 기록하고 위기를 직감한 분석가들은 절박한 목소리로 개혁을 호소하는가? 이유는 간단하다. 1997년 기업의 투명성 회복을 위해 '빅뱅' 회계제도가 채택된 이후 기업들은 매 회계연도 중 두 번 대차대조표를 공개해야 한다. 그러나 형식에 그쳐 실질적 변화는 거의 이뤄지지 않았다. 한국은 1997년 금융위기 이후 부실은행을 정리했다. 일본도 금융개혁을 시도하는 듯했다. 이 개혁은 지도자들이 시인하든 말든 한국의 것을 흉내 낸 것이었다. 다케나카 헤이조 일본 경제재정상은 자신이 한국 금융개혁의 학생임을 부인하지 않는다. 그는 작년 한국의 금융개혁 방식을 모방할 것이냐고 질문받고 "우리는 할 수 있고 해야 한다"고 의욕적인 답변을 했다(〈뉴스위크〉, 2002. 10. 14).

아시아 국가들에 본보기로 환영받는 한국:
세계 3대 신용평가기관, 한국을 '높은' 신용 상징 'A'로 상향

1997년의 위기를 몰고 온 구조적 결함을 제거하기 위해 실시되었던 공격적 조치로 한국의 장래에 대한 신뢰는 강해졌다. 1997년 바닥을 드러낸 서울로 하여금 국제통화기금의 580억 달러 구제금융을 모색해야만 했던 외환보유고는 1, 160억 달러에 달하고, IMF 채무는 모두 상환됐다.

세계의 3대 신용평가기관인 무디스와 스탠더드앤드푸어스, 피치 등은 모두 한국의 신용등급을 '높은' 신용성을 의미하는 'A'로 상향시킴으로써 한국의 개혁을 보상하였다. 그러나 한국은 극적 성장을 거두었지만 모든 경제 결함이 제거된 것은 아니다. 기업지배 수준과 금융 분야의 위험률 분석은 최고 국제기준에는 많이 떨어져 있다(〈파이낸셜 타임스〉, 2002. 10. 29).

한국, '경제우등생'으로 부상:
IMF 체제 5년 만에 국제사회가 인정한 경제우등생

1997년 11월 21일은 한국 경제발전 역사에서 이른바 '국치일'이었다. 이날 한국은 IMF에 구제금융을 신청하였고, 사상 초유의 금융위기가 한국이 이뤄냈던 '한강의 기적'을 산산이 부숴 버려 한국은 IMF 관리체제에 놓이게 되었다. 5년이 지난 현재 한국은 국가신용등급이 'A'등급으로 상향조정되었고 외환보유액은 1, 170억 달러에 달했다. 세계경제의 불황 속에서도 금년 한국의 경제성장률은 6%에 달했고, 이미 국제사회가 인정하는 '경제우등생'이 되었다.

한국은 금융위기를 이겨내는 과정에 산업구조를 대대적으로 조정하였고, 이 과정에서 정보기술산업이 괄목할 만한 성과를 이룩하였다. 현재 한국의 정보산업 경쟁력은 OECD 30개 회원국 중에서 7위이다. 한국 정부의 정보화 수준 역시 세계 2위로 부상하였다(〈인민일보〉, 2002. 11. 27).

지금 세계 언론에 비친
한국 경제에 대한 평가는?

한국의 IMF 관리체제는 이렇게 막을 내려가고 있었다. 2000년 들어 2월 28일에는 세계은행이 한국기업 및 금융부문 구조조정 차관 종결을 선언했고, 2000년 12월 4일에는 김대중 대통령이 "국제통화기금의 모든 차관을 상환하였고, 우리나라가 IMF 위기에서 완전히 벗어났다"고 선언했다.

2001년 8월 23일에는 IMF 구제금융 195억 달러 가운데 1999년 9월 SRF 자금 135억 달러를 상환한 데 이어 대기성 차관 60억 달러 중 남은 1억 4천만 달러를 이날 완전 상환, 국제통화기금으로부터 빌린 돈을 약 3년이나 앞당겨 모두 갚았다. 이날 정책주권이 훼손된 IMF 체제를 공식 졸업하고 정책주권을 회복하는 쾌거를 이뤘다. 짧았다면 짧았고, 길었다면 한없이 길었던 외환위기의 어두운 터널은 세계 언론의 주목하에 그렇게 빠져나올 수 있었다.

그러나 정작 한국 경제가 세계의 주목을 받았던 것은 그 이후다. 위기극복의 세계적 성공사례로 평가받은 것이다. '아시아 국가들의 본보기'로 꼽힌 것은 모든 세계 언론의 공통된 보도 내용이었다. 더욱 세계 각국의 관심을 끌었던 것은 당시 비틀거리는 일본 경제에 빗대어 '스승 되기에 충분한 제자, 한국 경제'라는 등의 찬사다. 일본 경제에서 배웠던 학생이 이제는 일본 경제를 가르치게 되었다는 지적이었다. 외환위기 극복 이후 '세계경제 우등생'으로 칭찬받았던 한국 경제는 벌써 20년 가까이를 우여곡절 속에 성장해왔다.

그런데 지금 세계 언론에 비치는 한국 경제에 대한 평가는 어떤 것인지, 궁금하기만 하다.

이계민

경희대 경제학과를 졸업하고, 서강대에서 경제학 석사학위를, 경희대에서 경제학 박
사학위를 받았다. 〈일간 내외경제〉 기자, 〈한국경제신문〉 증권·경제부장, 편집
국장, 논설실장, 전무이사 주필을 거쳐 〈한경닷컴〉(온라인 한국경제신문) 대표이사
사장을 지냈다. 한국신문방송편집인협회 부회장, 규제개혁위원회 민간위원(행정사
회분과 위원장), 정부투자기관 운영위원회 민간위원, 우리금융지주 비상임 이사, 한
국무역보험공사 비상임 이사, 경희대 경제학과 겸임교수 등을 역임하였으며, 현재
한국산업개발연구원 고문으로 있다. 저서로는 《시장경제를 읽는 눈》이 있다.

홍은주

미국 오하이오주립대에서 경제학 석사학위와 박사학위를 받았다. 문화방송(MBC)
경제부장, 논설실장을 거쳐 iMBC 대표이사를 지냈다. 한국여기자협회 부회장, 회
장 직무대행, 한국 여성경제학회 회장 등을 역임하였으며, 현재 한양사이버대 경제
금융학과 교수로 있다. 저서로는 《경제를 보는 눈》, 《초국적시대의 미국기업》 등
다수가 있다.

육성으로 듣는 경제기적 IV

코리안 미러클 4

외환위기의 파고를 넘어

2016년 11월 11일 발행
2016년 11월 11일 1쇄

기획 및 집필_ 육성으로 듣는 경제기적 편찬위원회
발행자_ 趙相浩
발행처_ (주) 나남
주소_ 413-120 경기도 파주시 회동길 193
전화_ 031) 955-4601 (代)
FAX_ 031) 955-4555
등록_ 제 1-71호(1979. 5. 12)
홈페이지_ www.nanam.net
전자우편_ post@ nanam.net

ISBN 978-89-300-8888-6
ISBN 978-89-300-8655-4 (세트)

책값은 뒤표지에 있습니다.